Bettermann/Hankofer/Lomb/Nolte/ter Voert
Kaufleute für Büromanagement – Infoband 1

Lernfelder 1-4

kiehl DIGITAL

Freischaltcode für Ihre digitalen Zusatzinhalte:

BUPWGEJSHQSSUOHEXFYIMB

Bettermann u.a., Kaufleute für Büromanagement-Infoband 1

Ihr digitaler Mehrwert

Dieses Buch enthält zusätzlich folgende Inhalte, die Ihnen in Kiehl DIGITAL zur Verfügung stehen:

- Online-Buch
- Online-Training

Schalten Sie sich das Buch inklusive Mehrwert direkt frei. So einfach geht's:

1. Rufen Sie **go.kiehl.de/freischaltcode** auf oder scannen Sie den QR-Code.
2. Geben Sie Ihren Freischaltcode in Großbuchstaben ein und folgen Sie dem Anmeldedialog.
3. Fertig.
4. Sie finden die Inhalte zu diesem Buch jetzt in Kiehl DIGITAL (digital.kiehl.de) unter dem Icon „Bücher".

Infoband 1

Kaufleute für Büromanagement

Lernfelder 1-4

Von
Verena Bettermann
Sina Dorothea Hankofer
Ute Lomb
Nicole Nolte
Ulrich ter Voert

2., vollständig überarbeitete Auflage

kiehl

ISBN 978-3-470-**65652**-6 · 2., vollständig überarbeitete Auflage 2017

Kiehl ist eine Marke des NWB Verlags

Druck: Griebsch & Rochol Druck GmbH, Hamm – ptkl

Vorwort

Dieser Infoband ist Teil der dreibändigen Buchreihe für den Ausbildungsberuf Kaufmann/Kauffrau für Büromanagement in der zweiten Auflage. Er orientiert sich an den Richtlinien des Rahmenlehrplans und beinhaltet die folgenden vier Lernfelder des ersten Ausbildungsjahres:

Lernfeld 1: Die eigene Rolle im Betrieb mitgestalten und den Betrieb präsentieren

Lernfeld 2: Büroprozesse gestalten und Arbeitsvorgänge organisieren

Lernfeld 3: Aufträge bearbeiten

Lernfeld 4: Sachgüter und Dienstleistungen beschaffen und Verträge schließen

Die anschaulich vermittelten Inhalte bilden für Sie die Grundlage für die Erarbeitung der Lernjobs im Band „Lernsituationen" und stellen gleichzeitig ein ausführliches Nachschlagewerk für eine spätere Prüfungsvorbereitung dar.

Der Rahmenlehrplan verlangt die Anwendung von Text- und Kalkulationsprogrammen eingebettet in die Inhalte der Lernfelder und keine zusammenhanglose Vermittlung der Datenverarbeitung. Im vorliegenden Band werden diese zusammen mit den betriebswirtschaftlichen Inhalten eingeführt und in den Lernsituationen geübt. Zur Vermittlung der Grundlagen haben wir am Ende des Buches noch Tutorials zu Office-Programmen (Word, Excel, PowerPoint) mit Grundlagen zur Handhabung angehängt.

Gleichzeitig fordert der Lehrplan die Anknüpfung an die Arbeit mit betrieblichen Softwareprogrammen, die für die Warenwirtschaft und das Online-Zahlungsverfahren relevant sind. Daher enthält dieser Band zahlreiche Illustrationen von Bildschirmmasken und verdeutlicht Ihnen damit zum einen die große Bedeutung der elektronischen Datenverarbeitung im Büroberuf. Zum anderen werden Ihnen hier Beispiele dafür gegeben, wie die Aufgaben mithilfe betrieblicher Software zu lösen sind. Ausschnittsweise wird die Bearbeitung von Einkaufsprozessen mit dem ERP-System Sage New Classic 2015 veranschaulicht.

Zur Wiederholung und Übung der Inhalte umfasst das Angebot des vorliegenden Infobands die Möglichkeit eines Online-Trainings. Hier bieten Ihnen Single- und Multiple-Choice-Aufgaben sowie Lückentext- und Zuordnungsübungen die Möglichkeit, Ihr Wissen zu reflektieren. Der Zugang zum Online-Training erfolgt über den vorne im Buch abgedruckten Freischaltcode. Nutzen können Sie es überall dort, wo Sie über einen mit dem Internet verbundenen PC verfügen.

Wir wünschen Ihnen nun viel Erfolg und Spaß beim Arbeiten mit diesem Buch und hoffen, Ihnen sämtliche für Sie relevanten Inhalte klar und deutlich zu vermitteln sowie alle Fragen zu beantworten. Sollten Sie Anregungen oder Kritik an uns weitergeben wollen, so wenden Sie sich gerne unter feedback@kiehl.de an uns.

Herne, im Juni 2017 *Ihr Autorenteam*

Benutzungshinweise

Diese Symbole erleichtern Ihnen die Arbeit mit diesem Buch:

TIPP
Hier finden Sie nützliche Hinweise zum Thema.

MERKE
Das X macht auf wichtige Merksätze oder Definitionen aufmerksam.

ACHTUNG
Das Ausrufezeichen steht für Beachtenswertes, wie z. B. Fehler, die immer wieder vorkommen, typische Stolpersteine oder wichtige Ausnahmen.

INFO
Hier erhalten Sie nützliche Zusatz- und Hintergrundinformationen zum Thema.

RECHTSGRUNDLAGE
Das Paragrafenzeichen verweist auf rechtliche Grundlagen, wie z. B. Gesetzestexte.

WISSENSCHECK
Der WissensCheck verweist Sie auf http://onlinetraining.kiehl.de. Dort steht Ihnen zu jedem Lernfeld ein kostenfreies Online-Training zur Verfügung, das Sie mit dem in diesem Buch abgedruckten Freischaltcode nutzen können.

WEBTIPP
Hier erhalten Sie Internetadressen bzw. Weblinks, auf denen Sie vertiefende Informationen zu den Sachverhalten des jeweiligen Textabschnitts finden.

VERWEISE
Die Pfeile verweisen Sie auf andere Kapitel oder auch Arbeitsblätter desselben Bands sowie auf die anderen Titel aus dieser Reihe.

Aus Gründen der Praktikabilität und zur besseren Lesbarkeit wurde darauf verzichtet, jeweils männliche und weibliche Personenbezeichnungen zu nennen. So können z. B. Schüler, Auszubildende, Kollegen grundsätzlich sowohl männlich als auch weiblich sein.

Inhaltsverzeichnis

Die eigene Rolle im Betrieb mitgestalten und den Betrieb präsentieren

Zu Beginn der Berufsausbildung strömen viele neue Erfahrungen auf die neu eingestellten Auszubildenden ein, mit denen sie zunächst umgehen lernen müssen. Welche Rolle habe ich im Unternehmen? Wer darf mir Aufgaben zuteilen? Warum muss ich in die Berufsschule? Sind „Lehrjahre keine Herrenjahre" – oder habe ich auch Rechte? Wer kann mir bei Problemen helfen? In welchem Betrieb bin ich überhaupt angekommen und welches Leistungsspektrum bietet er?

Diese und noch mehr Fragen stellen sich Berufseinsteigern im Betrieb. Und auf diese Fragen erhalten sie im Lernfeld 1 eine Antwort. Sie informieren sich über die Beteiligten an der Ausbildung, erhalten einen Überblick über das duale Ausbildungssystem in Deutschland und die an der Ausbildung beteiligten Institutionen. Sie lernen, die Struktur ihres Ausbildungsbetriebs zu analysieren und machen damit verbundene Kompetenzbereiche aus.

Zudem lernen die Auszubildenden, ihre eigenen Kompetenzen besser einzuschätzen und sich selbst zu beurteilen. Aus Defiziten leiten sie ihren eigenen Entwicklungsbedarf ab und erarbeiten sich so die Grundlage für lebenslanges Lernen. Sie erkunden Möglichkeiten der beruflichen Fortbildung und formulieren erste Berufsziele.

Die Auszubildenden beschäftigen sich mit dem Leitbild und den Zielen ihres eigenen Unternehmens und identifizieren sich so mit dem Betrieb. Sie machen sich bewusst, welche Stellung ihr Ausbildungsbetrieb in der Gesamtwirtschaft darstellt und können erste wirtschaftliche Grundprinzipien erläutern.

Um ihren Betrieb besser kennen zu lernen, wird von den Auszubildenden eine Präsentation ihres Unternehmens gefordert. Auch hier werden vielfältige Kompetenzen verlangt, die sich die Auszubildenden im Laufe des Lernfelds und ihrer kommenden Schullaufbahn aneignen sollen. Sie erlernen Präsentationstechniken und -methoden, werden dazu angeleitet, sich selbst und andere einzuschätzen und ein Feedback zu geben.

1

1. Das System der dualen Berufsausbildung

1.1 Das grundlegende System

Die meisten Ausbildungsberufe in Deutschland werden nach dem Prinzip der dualen Berufsausbildung ausgebildet. Das bedeutet, dass Auszubildende im dualen Ausbildungssystem an **zwei unterschiedlichen Lernorten ausgebildet werden:**

- **im Betrieb:** Als Grundlage für die betriebliche Ausbildung wird zwischen Auszubildendem und Ausbildendem ein Ausbildungsvertrag geschlossen. Dieser beinhaltet wichtige Rahmendaten der Ausbildung und die Rechte und Pflichten während der Ausbildungszeit.
- **in der Berufsschule:** Hier erfolgt die Ausbildung auf Grundlage des Rahmenlehrplans der Kultusministerkonferenz (KMK), des Lehrplans des jeweiligen Bundeslandes und des Schulgesetzes des jeweiligen Bundeslandes.

Lernort Betrieb

Rechtliche Grundlagen
- Ausbildungsvertrag
- Ausbildungsrahmenplan
- Ausbildungsordnung

Praktische und berufsbezogene Tätigkeiten werden erlernt und das Sammeln von Berufserfahrung wird ermöglicht.

Lernort Berufsschule

Rechtliche Grundlagen
- Schulgesetz (Bundesland)
- Lehrplan (Bundesland)
- Rahmenlehrplan (KMK)

Überwiegend theoretische, berufsbezogene Inhalte werden vermittelt. Außerdem wird die Allgemeinbildung erweitert oder vertieft.

Damit die duale Berufsausbildung funktioniert, ist eine enge Zusammenarbeit zwischen Berufsschule und Betrieb erforderlich. Das bedeutet zum Beispiel, dass
- Zeugnisse auch vom Ausbildenden unterzeichnet werden müssen.
- Krankmeldungen sowohl im Betrieb, als auch in der Berufsschule erfolgen müssen.
- der Betrieb über schulische Fehlzeiten informiert werden sollte.
- Urlaub in den Berufsschulferien zu nehmen ist.

1.1.1 An der Ausbildung Beteiligte

Laut Berufsbildungsgesetz werden vier Personengruppen unterschieden, die an der Berufsausbildung beteiligt sind:

- die Auszubildenden (Azubi)
- die Ausbilder
- die Ausbildenden
- die an der Ausbildung Mitwirkenden.

Beteiligte	Definition	Beispiel
Auszubildender (Azubi)	Ein Auszubildender ist derjenige, der einen bundesweit anerkannten Ausbildungsberuf aufgrund einer staatlichen oder bundesweit gültigen Ausbildungsverordnung erlernt.	Marina Krimmel hat zum 1. August d. J. eine Ausbildung als Kauffrau für Büromanagement begonnen. Sie hat mit Herrn Daube, dem Personalchef des Unternehmens, einen Ausbildungsvertrag geschlossen. Dieser ist bereits bei der Industrie- und Handelskammer eingetragen.
Ausbildender	Als Ausbildender wird die Person bezeichnet, die in seinem Unternehmen eine Ausbildung anbietet. Sie sind Vertragspartner und übernehmen die Verantwortung für die ordnungsgemäße Erfüllung des Berufsausbildungsvertrages. Sie haben die Pflicht, dafür zu sorgen, dass der Auszubildende eine berufliche Handlungsfähigkeit erlangt, die zum Erreichen des Ausbildungsziels erforderlich ist. Der Ausbildende kann die Ausbildung selbst durchführen oder einen Ausbilder beauftragen.	Herr Daube ist als Personalchef des Unternehmens und als Vertragspartner von Frau Krimmel der Ausbildende. Er hat Marion Weber mit der Ausbildung beauftragt.
Ausbilder	Wenn die persönliche und fachliche Eignung vorliegt, können Ausbilder stellvertretend für den Ausbildenden die Durchführung der Ausbildung übernehmen. Ihre Hauptaufgaben liegen darin, die Ausbildung nach Ausbildungsrahmenplan zu planen. Damit die Ausbildungstätigkeit ausgeübt werden kann, müssen Ausbilder die sog. Ausbildereignungsprüfung bei der zuständigen Kammer abgelegt haben.	Marion Weber ist Ausbilderin im Unternehmen. Sie hat den sog. AdA-Schein bei der Industrie- und Handelskammer abgelegt und wurde von Herrn Daube mit der Ausbildung von Frau Krimmel beauftragt.

Beteiligte	Definition	Beispiel
Ausbilder	Persönliche und fachliche Eignung: Fachlich geeignet ist, wer ▸ die beruflich- und arbeitspädagogischen Fertigkeiten, Kenntnisse und Fähigkeiten besitzt, die für die Ausbildungstätigkeiten notwendig sind. Persönlich nicht geeignet ist, wer ▸ Kinder und Jugendliche nicht beschäftigen darf (z. B. wegen schwerer Straftaten) oder ▸ wiederholt oder schwer gegen das BBiG oder darauf basierende Vorschriften verstoßen hat.	Da sie selbst Bürokauffrau gelernt hat und einen Ausbildereignungs-Lehrgang besucht hat, ist sie fachlich geeignet. Sie hat keinerlei einschlägige Vorstrafen und ist sehr gut in der Lage, Wissen zu vermitteln, sodass auch die persönliche Eignung vorliegt. Ihre Hauptaufgabe ist es, den Ausbildungsplan von Frau Krimmel zu erstellen und dafür zu sorgen, dass Marina während ihrer Ausbildung die notwendige Handlungskompetenz erlernt.
an der Ausbildung Mitwirkende	Neben den Ausbildern können auch weitere Personen an der Ausbildung im Unternehmen beteiligt werden. Diese sind nicht für die Ausbildung verantwortlich, tragen aber mit ihren Kenntnissen und Fähigkeiten zum Gelingen bei.	Herr Hahn ist Sachbearbeiter in der Buchhaltung. Bei ihm soll Marina die nächsten drei Monate eingesetzt werden, um die wichtigsten Grundlagen der ordnungsgemäßen Buchhaltung zu erlernen. Er ist ein „an der Ausbildung Mitwirkender".

1.1.2 Die Kammern

Für die Organisation der unterschiedlichen Ausbildungsberufe sind in Deutschland die Kammern zuständig. Sie prüfen, ob ein Betrieb geeignete Voraussetzungen für die Durchführung einer Ausbildung hat, betreuen und beraten die Betriebe, sind Ansprechpartner für die Auszubildenden in rechtlichen Fragen und Vermittler bei Konflikten. Weiterhin gehören die Durchführung von Prüfungen und Zusatzqualifikationen zu ihren Aufgaben.

1.2 Rechtliche Grundlagen der Berufsausbildung

Das **Berufsbildungsgesetz** (BBiG) regelt in Deutschland neben Fortbildungen und Umschulungen auch die Berufsausbildung. Es ordnet zudem den Erlass von **Ausbildungsordnungen**, die neben der Bezeichnung des Ausbildungsberufes auch die Ausbildungsdauer, die beruflichen Fertigkeiten, Kenntnisse und Fähigkeiten (das sog. **Ausbildungsberufsbild**) und die Prüfungsanforderungen enthält.

Das Berufsbildungsgesetz stellt für alle, die an der Ausbildung beteiligt sind (Auszubildende, Ausbilder, Ausbildender, Kammern, Berufsschule usw.) eine Orientierungshilfe dar. Ergänzende Gesetzesgrundlagen sind außerdem das Arbeitszeitgesetz, das Jugendarbeitsschutzgesetz, das Arbeitsschutzgesetz, das Mutterschutzgesetz und Tarifverträge.

1.2.1 Die Ausbildungsordnung

Die Ausbildungsordnung (AO) zum/zur Kaufmann/-frau für Büromanagement fasst die ehemaligen Ausbildungsberufe „Bürokaufleute“, „Kaufleute für Bürokommunikation“ und „Fachangestellte für Bürokommunikation im öffentlichen Dienst“ zusammen.

Sie beinhaltet folgende Regelungen:

- staatliche Anerkennung des Ausbildungsberufes
- Dauer und Struktur der Berufsausbildung
- Ausbildungsrahmenplan und Ausbildungsberufsbild
- Durchführung der Berufsausbildung
- Zwischen- und Abschlussprüfung
- Gewichtungs- und Bestehensregeln
- Zusatzqualifikationen und deren Prüfung.

1.2.2 Das Ausbildungsberufsbild

Das Ausbildungsberufsbild gibt eine Übersicht über die zu erwerbenden Fertigkeiten, Kenntnisse und Fähigkeiten des Berufes. Es zählt im Prinzip Pflichtqualifikationen (gegliedert in Büro- und Geschäftsprozesse) sowie profilgebende Wahlqualifikationen und integrative Fertigkeiten, Kenntnisse und Fähigkeiten auf.

Diese Aufzählung wird in der sachlichen Gliederung des Ausbildungsrahmenplans konkretisiert und in der zeitlichen Gliederung mit ungefähren Richtwerten hinterlegt.

1.2.3 Die zeitlich-sachliche Gliederung

Die zeitlich-sachliche Gliederung dient dem Ausbildenden als Grundlage, einen Ausbildungsplan für den Auszubildenden zu erstellen. Dieser wird während der Berufsausbildung durchlaufen und stellt sicher, dass alle wesentlichen Inhalte des Berufsbildes im Betrieb erlernt werden.

1.2.4 Der Ausbildungsplan

Beispiel

1. AJ	September	Oktober	November	Dezember	Januar	Februar	März	April	Mai	Juni	Juli	August
Marina	Einführung	Einsatz Sekretariat Geschäftsleitung							Trainingscenter	Pflichturlaub 3 Wochen		
Sabine	Einführung	Einsatz Sekretariat Einkauf							Trainingscenter	Pflichturlaub 3 Wochen		
Christian	Einführung	Einsatz Sekretariat Finanzbuchhaltung/Controlling							Trainingscenter	Pflichturlaub 3 Wochen		
Michael	Einführung	Einsatz Sekretariat Personalabteilung							Trainingscenter	Pflichturlaub 3 Wochen		

2. AJ	September	Oktober	November	Dezember	Januar	Februar	März	April	Mai	Juni	Juli	August
Marina	Sachbearbeitung Einkauf und Logistik							Trainingscenter				
Sabine	Abteilung Öffentlichkeitsarbeit/Veranstaltungsmanagement							Trainingscenter				
Christian	Sachbearbeitung Personalabteilung							Trainingscenter				
Michael	Assistenz Sekretariat Geschäftsleitung							Trainingscenter				

Ausbildungspläne können in den einzelnen Betrieben ganz unterschiedlich aussehen. Entweder gibt es Einzelversetzungspläne, oder – in Betrieben mit mehreren Auszubildenden – Gesamtversetzungspläne. Inhaltlich sollten sie aber folgendes umfassen:

- Erstreckung über die gesamte Ausbildungsdauer
- inhaltliche Umsetzung der zeitlich-sachlichen Gliederung
- Angaben zum Lernort/zur Abteilung und den entsprechenden Betriebskräften.

1.2.5 Das Berichtsheft

Eng verbunden mit dem Ausbildungsplan ist in diesem Zusammenhang auch das zu führende Berichtsheft. Es dient als Nachweis, dass die Inhalte des Ausbildungsrahmenplans auch betrieblich umgesetzt werden. Auszubildende sollten daher beim Schreiben des Berichtsheftes unbedingt darauf achten, nicht einfach Themen der Berufsschule aufzuschreiben, sondern tatsächlich erlernte Fähigkeiten und Kenntnisse aus dem Betrieb noch einmal schriftlich zu fixieren.

Oft wird das Führen des Berichtsheftes als unnützes Beiwerk oder Gängelei verstanden. Tatsächlich ist der Ausbildungsnachweis ein Kontrollinstrument, das besonders dann zum Tragen kommt, wenn der Auszubildende die Abschlussprüfung nicht besteht und mithilfe des Ausbildungsnachweises eine mangelhafte Ausbildung nachweisbar ist.

Beispiel

Marina Krimmel hat die Prüfung zur Kauffrau für Büromanagement nicht bestanden. Mehrere Fragen des Prüfungsausschusses konnte sie nicht beantworten, da sie im betrieblichen Alltag nie mit diesen Tätigkeiten in Verbindung kam. Die gesamten drei Jahre ihrer Ausbildung hat sie im Archiv verbracht und Akten sortiert. In ihrem Berichtsheft hat sie die letzten Jahre sehr schöne Fachberichte über alle in der Berufsschule behandelten Themen verfasst. Über den Einsatz in ihrem Ausbildungsbetrieb hat sie nichts geschrieben. Das bereut Marina mittlerweile sehr, denn sie kann nun dem Ausbildungsbetrieb nicht nachweisen, dass seine Ausbildung mangelhaft war.

1.2.6 Der Rahmenlehrplan

Der Rahmenlehrplan regelt die Ziele und Inhalte des Berufsschulunterrichts und ist inhaltlich und zeitlich mit dem Ausbildungsrahmenplan verzahnt. Die Lerninhalte beziehen sich dabei auf den berufsbezogenen Bereich des Berufsschulunterrichts.

1.3 Der Ausbildungsvertrag

Die wesentlichen Inhalte des Ausbildungsvertrages sind durch das Berufsbildungsgesetz festgelegt und regeln die Rechtsbeziehungen zwischen dem Auszubildenden und dem Ausbildenden für die Dauer der Ausbildung.

Zustande kommt der Ausbildungsvertrag durch zwei übereinstimmende Willenserklärungen. Zwar kann das Zustandekommen des Vertrages zunächst mündlich erfolgen, er muss aber anschließend schriftlich niedergelegt werden.

Ist der Auszubildende noch minderjährig, so ist der Vertrag zusätzlich von den gesetzlichen Vertretern zu unterzeichnen.

Der Ausbildungsvertrag wird nach Unterzeichnung bei der zuständigen Kammer eingereicht, dort überprüft und anschließend in das Verzeichnis der Berufsausbildungsverhältnisse eingetragen.

Die Besonderheit des Ausbildungsvertrages liegt darin, dass es sich hierbei sowohl um einen Zweck-, als auch um einen Zeitvertrag handelt:

- Zweckvertrag: Er endet mit dem Erreichen des Zwecks der Berufsausbildung, d. h. mit Bestehen der Abschlussprüfung.
- Zeitvertrag: Er wird darüber hinaus für eine bestimmte Vertragszeit abgeschlossen.

Für das Ausbildungsende gilt die Faustregel: **Zweckvertrag geht vor Zeitvertrag!**

Beispiel

Marina Krimmel schließt zum 1. August 2015 einen Ausbildungsvertrag ab, der bis zum 31. Juli 2018 läuft. Am 20. Juni 2018 besteht sie ihre Prüfung vor der Industrie- und Handelskammer. Der Vertragszweck wurde damit erfüllt und der Vertrag ist damit trotz „Laufzeit“ bis zum 31. Juli 2018 beendet.

Nach § 11 des BBiG muss der Ausbildungsvertrag folgende wesentlichen Punkte enthalten:

Art, sachliche/zeitliche Gliederung sowie Ziel der Berufsausbildung, insbesondere die Berufstätigkeit, für die ausgebildet werden soll	Die einzutragende Berufsbezeichnung muss der jeweiligen Ausbildungsordnung entsprechen. Sollte eine Fachrichtung erforderlich sein, muss diese angegeben werden.
Beginn und Dauer der Berufsausbildung	Die Regel-Ausbildungsdauer ist in der Ausbildungsordnung festgelegt. Sie darf unter bestimmten Umständen verkürzt werden. Der Verkürzungsgrund muss im Ausbildungsvertrag angegeben werden. Mögliche Verkürzungsgründe sind: ▸ Abitur/Fachhochschulreife: bis zu 12 Monate ▸ abgeschlossene Berufsausbildung: bis zu 12 Monate ▸ Alter > 21 Jahre: bis zu 12 Monate (im Einzelfall).
Ausbildungsmaßnahmen außerhalb der Ausbildungsstätte	Können die in der Ausbildungsordnung genannten erforderlichen Kenntnisse und Fertigkeiten nicht in vollem Umfang in der Ausbildungsstätte vermittelt werden, muss dieser Mangel durch Ausbildungsmaßnahmen außerhalb der Ausbildungsstätte behoben werden. Beispiele dafür sind: ▸ außerbetriebliche Schulungsmaßnahmen ▸ Einsatz in unterschiedlichen Betrieben im Ausbildungsverbund.
Dauer der regelmäßigen täglichen Ausbildungszeit	Die regelmäßige tägliche Ausbildungszeit ist gesetzlich und tariflich geregelt (Arbeitsrecht, Tarifverträge, Jugendarbeitsschutzgesetz) und kann zum Teil auch innerhalb des Betriebes abweichen. Für Jugendliche gilt, dass sie nicht mehr als acht Stunden täglich bzw. nicht mehr als 40 Stunden wöchentlich beschäftigt werden dürfen. Die Berufsschulzeiten inklusive Pausen werden auf die Arbeitszeit angerechnet. Bei volljährigen Auszubildenden gelten 48 Stunden als maximale Wochenstundenzahl. Auch für sie gilt: Berufsschulzeit ist Arbeitszeit!
Dauer der Probezeit	Die Probezeit muss mindestens einen Monat und darf höchstens vier Monate betragen. Liegen während der Probezeit **erhebliche** Unterbrechungen von Seiten des Auszubildenden vor, kann sie entsprechend verlängert werden.
Zahlung und Höhe der Vergütung	Die Ausbildungsvergütung muss jährlich ansteigen und angemessen sein. Sie ist meist tariflich festgelegt. Sollte kein Tarifvertrag vorliegen, kann der Branchentarifvertrag bis zu 20 % unterschritten werden.

Dauer des Urlaubs	Der Urlaub wird im Ausbildungsvertrag für jedes Kalenderjahr (nicht Ausbildungsjahr) eingetragen. Er wird anteilig eingetragen, wenn sich die Ausbildungsdauer nicht über alle Monate eines Kalenderjahres erstreckt. Der Urlaubsanspruch wird entweder durch den Tarifvertrag des Unternehmens, das Bundesurlaubsgesetz oder das Jugendarbeitsschutzgesetz geregelt. Das Jugendarbeitsschutzgesetz regelt den Jahresurlaub wie folgt: Jugendliche, die zu Beginn des Kalenderjahres noch nicht ▸ 16 Jahre sind: mind. 30 Werktage ▸ 17 Jahre sind: mind. 27 Werktage ▸ 18 Jahre sind: mind. 25 Werktage. Bei volljährigen Auszubildenden richtet sich der Mindesturlaubsanspruch nach dem Bundesurlaubsgesetz (BUrlG). Demnach sind Volljährigen 24 Werktage zu gewähren.
Voraussetzungen, unter denen der Berufsausbildungsvertrag gekündigt werden kann	Bedingungen für eine Kündigung könnten beispielsweise von Seiten des Auszubildenden sein: ▸ überfällige Zahlungen der Ausbildungsvergütung ▸ massive Verletzung der Fürsorge- und Erziehungspflicht des Ausbildenden. Von Seiten des Ausbildenden könnten Kündigungsgründe sein: ▸ andauernde Unpünktlichkeit ▸ Gewalt gegen andere Auszubildende, Mitarbeiter, den Ausbilder oder den Ausbildenden ▸ Diebstahl. Während der Probezeit ist von beiden Seiten fristgerecht eine Kündigung ohne Angabe von Gründen möglich.
allgemeine Hinweise zu Tarifverträgen, Betriebs- oder Dienstvereinbarungen	Sollten für den Ausbildungsbetrieb bestimmte Vereinbarungen bestehen, können diese im Ausbildungsvertrag aufgelistet werden. Vertragsvereinbarungen, die dem Sinn und Zweck der Berufsausbildung widersprechen oder zuungunsten des Auszubildenden von den gesetzlichen Vorschriften abweichen, sind jedoch nichtig.

Mit Vertragsabschluss ergeben sich für beide Vertragsparteien Rechte und Pflichten, an die sie für die Dauer des Vertrages gebunden sind.

	Der Ausbildende ist laut Ausbildungsvertrag dazu verpflichtet, dass ...	Der Auszubildende ist laut Ausbildungsvertrag dazu verpflichtet, dass ...
Ziel der Ausbildung	► dem Auszubildenden die berufliche Handlungsfähigkeit vermittelt wird, die er zum Erreichen des Ausbildungsziels benötigt. ► die Berufsausbildung planmäßig, zeitlich und sachlich so gegliedert ist, dass der Auszubildende das Ausbildungsziel erreicht (Erstellung eines Ausbildungsplans).	► er an der eigenen Ausbildung aktiv mitwirkt und sich bemüht, die Fertigkeiten, Kenntnisse und Fähigkeiten zu erwerben, die erforderlich sind, um das Ausbildungsziel zu erreichen (Lernpflicht!).
Ausbildungs- und Prüfungsmittel	► er dem Auszubildenden kostenlos die Ausbildungsmittel (Werkzeuge, Werkstoffe) zur Verfügung stellt, die zur Berufsausbildung und zum Ablegen von Prüfungen erforderlich sind. Hierzu zählen weiterhin der Ausbildungsnachweis, eine erforderliche Sicherheitsausrüstung, Zeichen- und Schreibmaterial, Fach- und Tabellenbücher. Nicht dazu zählen jedoch Materialien, Lehrbücher und Unterlagen, die für den begleitenden Berufsschulunterricht benötigt werden. ► er den Auszubildenden im Umgang mit den zur Verfügung gestellten Arbeitsmitteln (insbesondere Maschinen) vertraut macht.	► er die ihm zur Verfügung gestellten Arbeitsmittel pfleglich und schonend behandelt.
Berufsschulunterricht/ überbetriebliche Ausbildung	► er den Auszubildenden für die Teilnahme am Berufsschulunterricht und vorgeschriebenen Ausbildungsmaßnahmen außerhalb der Ausbildungsstätte freistellt. Die Zeit der Freistellung umfasst den Unterricht einschließlich Pausen und Wegstrecke zwischen Ausbildungsstätte und Unterrichtsstätte. Für jugendliche Auszubildende gelten zusätzlich Regelungen aus dem Jugendarbeitsschutzgesetz. ► er den Auszubildenden auch für Veranstaltungen der Berufsschule, die außerhalb der Unterrichtszeit stattfinden, freistellt.	► er an den Ausbildungsmaßnahmen, zu denen er freigestellt wird, auch teilnimmt.

	Der Ausbildende ist laut Ausbildungsvertrag dazu verpflichtet, dass ...	Der Auszubildende ist laut Ausbildungsvertrag dazu verpflichtet, dass ...
ausbildungsgerechte und körperlich angemessene Beschäftigung	▸ er dem Auszubildenden nur Aufgaben überträgt, die dem Ausbildungszweck dienen und den körperlichen Kräften des Auszubildenden angemessen sind. Grundsätzlich dienen dem Ausbildungszweck nicht: private Besorgungen, wie Einkaufen oder Kinder betreuen. Unzulässig sind auch Tätigkeiten, die fehlende Arbeitskräfte ersetzen (z. B. Putzhilfen, Lagerarbeiten, Boten, Fahrer). Zumutbar dagegen sind Tätigkeiten, die mit der Sauberkeit und Pflege des Arbeitsplatzes, von Waren, Maschinen, Geräten und Werkzeugen zusammen hängen.	
schriftlicher Ausbildungsnachweis		▸ er sein Berichtsheft ordnungsgemäß führt und dem Ausbildenden regelmäßig vorlegt.
Weisungen		▸ er den Weisungen des Ausbildenden, der Ausbilder oder anderen weisungsberechtigten Personen Folge leistet.
Ordnung in der Ausbildungsstätte	▸ er den Auszubildenden auf die bestehenden Ordnungen hinweist. Diese dürfen jedoch nicht in das Recht auf die freie Entfaltung der eigenen Persönlichkeit eingreifen (z. B. Verbot von langen Haaren oder bestimmter Kleidung). Ausnahmen bestehen dort, wo Gesundheitsvorschriften beeinträchtigt werden oder eine Geschäftsschädigung eintreten könnte.	▸ er die geltende Ordnung für die Ausbildungsstätte beachtet. Diese kann z. B. Sicherheits- und Unfallverhütungsvorschriften, Anlegen von Schutzkleidung, Rauchverbote, Vorschriften über das Betreten von Werkstätten und bestimmten Räumen, Benutzungsordnungen für Sozialeinrichtungen, die allgemeine Hausordnung enthalten.
Pflicht zur Verschwiegenheit		▸ er über Betriebs- und Geschäftsgeheimnisse Stillschweigen bewahrt.

	Der Ausbildende ist laut Ausbildungsvertrag dazu verpflichtet, dass …	Der Auszubildende ist laut Ausbildungsvertrag dazu verpflichtet, dass …
ärztliche Untersuchungen	▸ er jugendliche Auszubildende nur beschäftigt, wenn sie innerhalb der letzten 14 Monate von einem Arzt untersucht worden sind und eine Bescheinigung des Arztes vorliegt. Durch die Untersuchung wird der Gesundheits- und Entwicklungsstand der jugendlichen Auszubildenden festgestellt, insbesondere auch, ob die Ausführung bestimmter Tätigkeiten während der Ausbildung den Gesundheitszustand gefährdet.	▸ er, sollte er noch minderjährig sein, nachweisen muss, dass er sowohl bei Beginn der Ausbildung als auch nach spätestens einem Jahr ärztlich untersucht wurde. Wird der Nachweis der ersten Nachuntersuchung nicht vorgelegt, muss er damit rechnen, dass sein Ausbildungsverhältnis bei der zuständigen Kammer gelöscht wird.

Bei Verstoß gegen diese Vorschriften können beide Vertragsparteien mit Geldbußen bis 5.000 € rechnen.

2. Interessenvertreter und ihre Aufgaben

Damit die Gesetzlichkeiten und Vorschriften, die die Ausbildung regeln, auch eingehalten werden, gibt es unterschiedliche Organe, die die Einhaltung der gesetzlichen Regelungen überwachen.

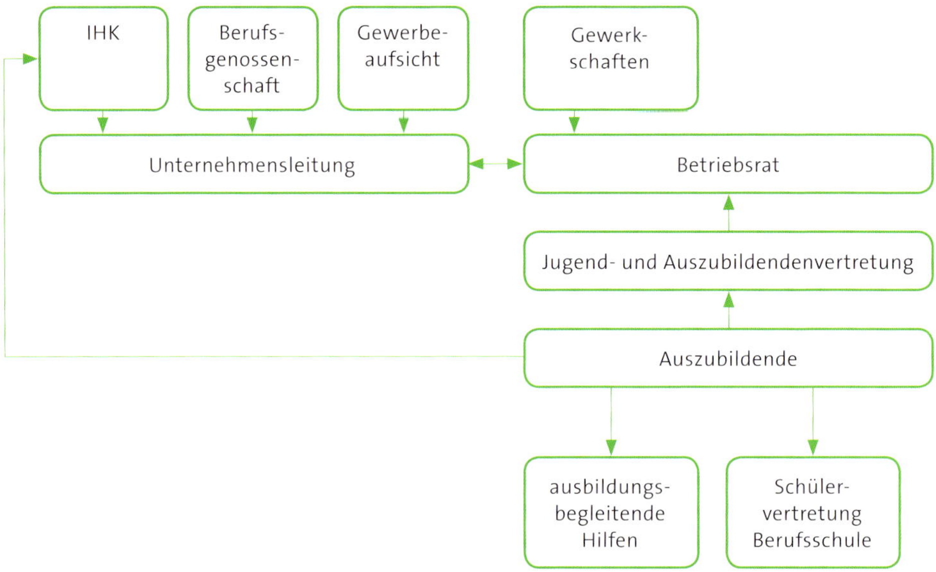

2.1 Mitbestimmungsorgane im Unternehmen

2.1.1 Die Jugend- und Auszubildendenvertretung (JAV)

Die Jugend- und Auszubildendenvertretung ist ein Organ des Betriebsrates, welches insbesondere bei Belangen der jugendlichen Arbeitnehmer und Auszubildenden bis 25 Jahre beratend zur Seite steht. Die Bildung und Aufgaben der JAV sind durch das Betriebsverfassungsgesetz geregelt. In Betrieben mit Betriebsrat, in denen mindestens fünf jugendliche Arbeitnehmer oder Auszubildende, die das 25. Lebensjahr noch nicht vollendet haben, beschäftigt werden, werden Jugend- und Auszubildendenvertretungen gewählt.

Wählen dürfen:	**Wählbar sind:**
▸ alle jugendlichen Arbeitnehmer, die nicht älter als 18 Jahre sind ▸ Auszubildende, die nicht älter als 25 Jahre sind	▸ alle Mitarbeiter, die das 25. Lebensjahr noch nicht vollendet haben **Mitglieder des Betriebsrates sind nicht wählbar!**

Alle zwei Jahre (in den geraden Jahren) im Zeitraum vom 1. Oktober bis 30. November werden die neuen Jugendgremien im Betrieb gewählt. Voraussetzung für eine JAV ist ein vorhandener Betriebsrat und mindestens fünf Wahlberechtigte.

Je nach Anzahl der Wahlberechtigten ergibt sich die Größe des JAV-Gremiums, das immer aus einer ungeraden Anzahl Mitglieder besteht. Wahlberechtigt sind alle Auszubildenden, Praktikanten und betriebliche Studenten bis 25 Jahre und alle jugendlichen Arbeitnehmer des Betriebes bis 18 Jahre.

In besonders großen Betrieben gibt es zusätzlich eine GJAV (Gesamt-JAV) oder KJAV (Konzern-JAV). Diese setzt sich aus Mitgliedern der einzelnen JAVen zusammen.

Größe der Jugend- und Auszubildendenvertretung			
Anzahl der wahlberechtigten Jugendlichen/ Auszubildenden	5 bis 20	**Anzahl der JAV-Mitglieder**	1
	21 bis 50		3
	51 bis 150		5
	151 bis 300		7
	301 bis 500		9
	501 bis 700		11
	701 bis 1.000		13
	mehr als 1.000		15

Als nachgeordnetes Organ des Betriebsrates nimmt die JAV mindestens mit einem Vertreter an den Sitzungen des Betriebsrates teil und vertritt dort die Interessen ihrer Wähler. Der Betriebsrat hat die Pflicht, die JAV zur Erfüllung ihrer Aufgaben rechtzeitig und umfassend zu unterrichten und ihnen alle erforderlichen Unterlagen zur Verfügung zu stellen. Die JAV kann unabhängig vom Betriebsrat Sitzungen abhalten, muss ihn aber entsprechend informieren. Zur Wahrung ihrer Aufgaben ist die JAV von ihrer beruflichen Tätigkeit freizustellen.

Die allgemeinen Aufgaben der JAV sind nach § 70 BetrVG (Betriebsverfassungsgesetz):

- Überwachung der Einhaltung von geltenden Gesetzen, Verordnungen, Unfallverhütungsvorschriften, Tarifverträgen und Betriebsvereinbarungen
- Weiterleitung und Durchsetzung von Anregungen zur Berufsausbildung beim Betriebsrat
- Durchführung von Sprechstunden
- Beratung des Betriebsrates bei Themen der Berufsausbildung.

Sie gibt Anregungen und Beschwerden von Jugendlichen und Auszubildenden an den Betriebsrat weiter und wirkt auf deren Lösung ein.

Um ihre Aufgaben wahrzunehmen kann die JAV regelmäßig während ihrer Arbeitszeit JAV-Sitzungen, Sprechstunden und Auszubildendenversammlungen durchführen.

Als engagierte Interessenvertreter kann es durchaus vorkommen, dass JAV-Mitglieder mit dem Arbeitgeber aneinander geraten oder als unbequem empfunden werden. Aus diesem Grund sieht das Betriebsverfassungsgesetz einen Schutz für JAV-Mitglieder vor. Ab dem Zeitpunkt, ab dem das Wahlergebnis feststeht, genießen die ordentlichen Mitglieder der JAV einen besonderen Schutz, der für die Dauer der Mitgliedschaft und für ein weiteres Jahr nach der Mitgliedschaft gilt. Außerdem haben JAV-Mitglieder einen Anspruch auf Übernahme, sofern sie fristgerecht einen Antrag beim Arbeitgeber stellen.

Auch ein Wahlbewerber genießt in der Phase der Wahl einen besonderen Kündigungsschutz. Dieser beginnt mit der Aufstellung des Wahlvorschlages und endet mit Bekanntgabe des Wahlergebnisses.

Gesprächs- und Verhandlungspartner der JAV ist der Betriebsrat, nicht die Unternehmensleitung.

2.1.2 Der Betriebsrat

Ein Betriebsrat kann immer dann gewählt werden, wenn der Betrieb ständig mehr als fünf wahlberechtigte Arbeitnehmer hat. Wahlberechtigt sind auch Auszubildende, Aushilfen, Studenten und längerfristige Praktikanten. Der Betriebsrat hat die Aufgabe, die Beschäftigten des Unternehmens vor der Willkür des Arbeitsgebers zu schützen.

Er wirkt in vielen Themenbereichen mit, wie bei der Einstellung von Mitarbeitern, bei Kündigungen, Betriebsvereinbarungen usw. Der Arbeitgeber darf den Betriebsrat weder verbieten noch in seiner Arbeitsweise behindern.

Die Grundlage für die Betriebsratsarbeit bildet das Betriebsverfassungsgesetz (BetrVG). Das Gesetz verpflichtet den Arbeitgeber, den Betriebsrat über alle Angelegenheiten (Sachverhalte, Ereignisse, Planungen usw.) die die Arbeitnehmer betreffen, rechtzeitig und umfassend zu informieren. Darüber hinaus werden dem Betriebsrat in bestimmten Fällen Mitwirkungsrechte und Mitbestimmungsrechte eingeräumt. Kommt es zwischen dem Arbeitgeber und dem Betriebsrat zu keiner Einigung oder verletzt der Arbeitgeber die Beteiligungsrechte des Betriebsrates, kann der Betriebsrat Rechtswege (Einigungsstellenverfahren, Arbeitsgerichtsverfahren, Strafverfahren, Ordnungswidrigkeitenverfahren) beschreiten.

Beteiligungsrecht	Beschreibung	Beispiel
Mitbestimmungsrecht	Ohne die Zustimmung des Betriebsrates kann der Arbeitgeber bestimmte Angelegenheiten nicht wirksam entscheiden.	soziale Angelegenheiten
Zustimmungs-verweigerungsrecht	Dies ist eine abgeschwächte Form des Mitbestimmungsrechtes. Hier kann der Betriebsrat die Durchführung von vorgesehenen Maßnahmen durch die Verweigerung der Zustimmung verhindern.	personelle Angelegenheiten
Mitwirkungsrechte	Dies ist die schwächste Form der Beteiligungsrechte und wird nochmal untergliedert in ▸ Widerspruchsrecht ▸ Beratungsrecht ▸ Anhörungsrecht ▸ Informations- und Unterrichtungsrecht.	

Allgemeine Aufgaben des Betriebsrates:

- Er achtet darauf, dass die Gesetze, Verordnungen, Unfallverhütungsvorschriften, Betriebsvereinbarungen und Tarifverträge eingehalten werden.
- Er beantragt beim Arbeitgeber Maßnahmen, die den Mitarbeitern des Unternehmens dienen.
- Er achtet auf die Gleichberechtigung von Mann und Frau, besonders bei der Einstellung, Aus-, Fort- und Weiterbildung und dem beruflichen Aufstieg.
- Er führt die Wahl der Jugend- und Auszubildendenvertretung durch.
- Er verhandelt mit dem Arbeitgeber Anregungen der Arbeitnehmer und der JAV.
- Er kümmert sich um die Eingliederung Schwerbehinderter und sonstiger besonders schutzbedürftiger Personen.
- Er schließt Betriebsvereinbarungen mit dem Arbeitgeber.

2.1.3 Betriebsvereinbarungen

Betriebsvereinbarungen sind im Betriebsverfassungsgesetz geregelt und stellen eine betriebliche Einigung zwischen Arbeitgeber und Betriebsrat dar. Sie sind das wichtigste Instrument, um innerbetriebliche Absprachen zu regeln. Eine Betriebsvereinbarung kann nur in beiderseitigem Einverständnis erstellt werden. Ihre Regelungen sind dann ungültig, wenn sie gegen geltende Gesetze oder Vorschriften verstoßen. Sind die Regelungen jedoch zugunsten des Arbeitnehmers, sind sie gültig (Günstigkeitsprinzip).

Man unterscheidet zwischen erzwingbaren und freiwilligen Betriebsvereinbarungen. Erzwingbare Betriebsvereinbarungen können für alle Angelegenheiten abgeschlossen werden, bei denen der Betriebsrat mitbestimmungspflichtig ist. Freiwillige Betriebsvereinbarungen sind in Angelegenheiten möglich, die nicht der Mitbestimmung des Betriebsrates unterliegen.

Erzwingbare Betriebsvereinbarungen	Freiwillige Betriebsvereinbarungen
▸ Sprechstunden des Betriebsrates und der Jugend- und Auszubildendenvertretung ▸ Mitbestimmung in sozialen Angelegenheiten ▸ Personalfragebögen, Formulararbeitsverträge, Beurteilungsgrundsätze ▸ personelle Auswahlrichtlinien ▸ usw.	▸ zusätzliche Maßnahmen zur Verhütung von Arbeitsunfällen und Gesundheitsschäden ▸ Maßnahmen des betrieblichen Umweltschutzes ▸ Errichtung von Sozialeinrichtungen ▸ Maßnahmen zur Förderung von Vermögensbildung ▸ usw.

Eine Betriebsvereinbarung kommt – wie ein Vertrag – durch übereinstimmende Willenserklärungen von Arbeitgeber- und Arbeitnehmerseite zustande. Die erzwingbare Betriebsvereinbarung kann außerdem durch den Schlichterspruch einer Einigungsstelle entstehen.

2.2 Interessenvertreter außerhalb des Unternehmens

2.2.1 Gewerbeaufsichtsämter

Das Gewerbeaufsichtsamt überwacht den Arbeitgeber, ob er die Vorschriften des Arbeits-, Umwelt- und Verbraucherschutzes einhält. Die Bezeichnung der Gewerbeaufsicht kann von Bundesland zu Bundesland verschieden sein und ist von den Berufsgenossenschaften abzugrenzen.

2.2.2 Berufsgenossenschaften

Die gewerblichen Berufsgenossenschaften sind Träger der gesetzlichen Unfallversicherung und haben die Aufgabe, Arbeitsunfälle und Berufskrankheiten zu verhüten und Präventionsmaßnahmen zu arbeitsbedingten Gesundheitsgefahren anzubieten. Sie unterstützen Beschäftigte, die einen Arbeitsunfall erlitten haben oder an einer Berufskrankheit leiden.

2.2.3 Schülervertretung der Berufsschule

Auch in der zuständigen Berufsschule gibt es laut Schulgesetz eine Schülervertretung, die die Interessen der Schüler vertritt. Sie ist das Bindeglied zwischen der Schülerschaft und den Lehrern.

2.2.4 Ausbildungsbegleitende Hilfen

Die Arbeitsagentur unterstützt Auszubildende mit schulischen Problemen mit sog. abH-Maßnahmen (ausbildungsbegleitende Hilfen). Dieses Programm sollte genutzt werden, bevor es zu spät ist. Wenn man also feststellt, dass gerade im schulischen Bereich Unterstützung notwendig ist, sollten die abH bei der Arbeitsagentur beantragt werden.

Mindestens drei Stunden in der Woche erhalten Auszubildende persönliche Unterstützung bei:

- Nachhilfe der Theorie und Praxis
- Vorbereitung auf Klassenarbeiten und Prüfungen
- Nachhilfe in Deutsch
- alltäglichen Dingen (z. B. vermittelnde Gespräche mit Eltern oder Lehrern).

2.2.5 Gewerkschaften

Da sich Arbeitnehmer immer in einem Abhängigkeitsverhältnis zum Arbeitgeber befinden, ist es für sie schwierig, alleine ihre Belange zu vertreten.

In Gewerkschaften vereinigen sich Mitarbeiter von Unternehmen, damit ihre sozialen, wirtschaftlichen und kulturellen Interessen vertreten werden. Sie setzen sich seit ihrem Bestehen hauptsächlich für höhere Löhne, bessere Arbeitsbedingungen, Arbeitszeitverkürzungen und mehr Mitbestimmung in Unternehmen ein. Betriebsräte arbeiten meist eng mit Gewerkschaften zusammen.

Gewerkschaften sind die Verhandlungspartner der Arbeitgeberverbände. Beide schließen beispielsweise überbetriebliche Tarifverträge ab oder führen Lohnkämpfe. Nicht selten auch mithilfe von Streiks oder Boykotts.

Als Gewerkschaftsmitglied zahlt man einen gewissen Teil seiner Vergütung an die Gewerkschaft. Auszubildende zahlen meist einen sehr geringen Prozentsatz. Dafür genießt man als Gewerkschaftsmitglied auch jede Menge Vorteile:

- Es besteht zum Beispiel ein Rechtsanspruch auf tarifliche Bezahlung, wenn der Arbeitgeber tarifgebunden ist.
- Man hat Anspruch auf einen kostenlosen Arbeitsrechtschutz. Gewerkschaften haben meist sehr gute Anwälte für Arbeitsrecht.
- Einige Gewerkschaften bieten sehr gute Seminare an, die für ihre Mitglieder kostenlos oder kostengünstiger sind.
- Gemeinsam organisiert ist man stärker und kann seine Interessen wirkungsvoller vertreten.

- Man erhält zudem professionelle Beratung rund um das Arbeitsleben. So bieten einige Gewerkschaften zum Beispiel Beratungen in Steuer- oder Mieterschutzfragen an.
- Gewerkschaften kümmern sich außerdem um die besonderen Interessen von Jugendlichen. So hat jede Gewerkschaft eine Jugendabteilung.

2.2.6 Tarifverträge

Tarifverträge sind rechtlich bindende Verträge, die zwischen Arbeitgeber- und Arbeitnehmervertretungen (z. B. Gewerkschaften) abgeschlossen werden. Gesetzliche Regelungen zu Tarifverhandlungen finden sich im Tarifvertragsgesetz (TVG). Tarifverträge haben mehrere Funktionen:

Schutzfunktion	Verteilungsfunktion	Wettbewerbsfunktion	Kooperationsfunktion
▸ sie sichern Mindestarbeitsbedingungen und den Lebensstandard ▸ sie stellen humane Arbeitsbedingungen her	▸ Arbeitnehmer werden am wirtschaftlichen Wohlstand beteiligt	▸ sie sichern den Unternehmen gleiche Konkurrenzbedingungen in Bezug auf die Arbeitskosten	▸ Gewerkschaften werden für die Laufzeit der Tarifverträge in die Friedenspflicht gezwungen

In Deutschland gilt das Prinzip der Tarifautonomie, deren Ziel es ist, dass die Vertreter von Arbeitnehmern und Arbeitgebern die Arbeitsbedingungen in ihrer Branche eigenverantwortlich in Tarifverträgen regeln. Der Staat bleibt dabei außen vor, kann aber die Rolle des Vermittlers wahrnehmen. Die Tarifautonomie genießt verfassungsrechtlichen Schutz, denn sie findet sich in Artikel 9 des Grundgesetzes (Koalitionsfreiheit) wieder.

Neue Tarifverträge sind immer dann erforderlich, wenn ein Tarifvertrag abgelaufen ist oder eine Tarifpartei den bestehenden Vertrag gekündigt hat. Die Entstehung von Tarifverträgen sieht folgendermaßen aus:

Tarifverhandlung

Verhandlung von Arbeitgeber- und Arbeitnehmervertretern

↓

Tarifverhandlung scheitert

Beide Parteien können sich nicht auf ein Ergebnis einigen und erklären die Verhandlung für gescheitert.

↓

Schlichtungsverfahren

Sind beide Tarifparteien einverstanden, erfolgt eine Schlichtung mit einem neutralen Dritten.

↓

Schlichtungsverfahren scheitert

Der Schiedspruch wird nicht angenommen.

↓

Urabstimmung über Streik

Die Mitglieder der Gewerkschaft werden zur Urabstimmung gebeten.

Es sind 75 % der Stimmen erforderlich.

↓

Streik

Die Arbeitnehmer erbringen keine Leistung mehr.

Der Arbeitgeber kann mit Aussperrung reagieren.

↓

Neue Verhandlungen

neue Verhandlungen beginnen

beide Parteien interessiert an einer Lösung

Abstimmung der Gewerkschaftsmitglieder bei Einigung

↓

Neuer Tarifvertrag

Bei einer Zustimmung von mindestens 25 % kann die Gewerkschaftsleitung den Streik beenden.

Der neue Tarifvertrag kann in Kraft gesetzt werden.

Es gibt verschiedene Formen von Tarifverträgen. Hinsichtlich der tarifvertraglichen Regelungen unterscheidet man:

Rahmentarifverträge
- Tätigkeiten und Qualifikationen für die verschiedenen Lohn- und Gehaltsgruppen

Lohn- und Gehaltstarifverträge
- Höhe der Löhne, Gehälter und Ausbildungsvergütungen

Manteltarifverträge
- regeln die übrigen Arbeitsbedingungen (Dauer und Verteilung der Arbeitszeit, Zahl der Urlaubstage, Kündigungsfristen, tarifliche Jahresleistungen, Probezeit)

Spezielle Tarifverträge
- etwa zu Altersteilzeit, vermögenswirksamen Leistungen, Qualifizierung oder Rationalisierung usw.

Auch nach Geltungsbereichen können Tarifverträge unterschieden werden:

- Branchen- oder Flächentarifverträge gelten für einen ganzen Wirtschaftszweig.
- Firmen- oder Haustarifverträge werden zwischen der Gewerkschaft und einem einzelnen Unternehmen geschlossen.

Tarifverträge haben nicht nur Vorteile für Arbeitnehmer; auch die Arbeitgeber profitieren davon:

- Dadurch, dass tarifgebundene Unternehmen gleiche Arbeitsbedingungen und gleichen Lohn anbieten, gelten auch für alle gleiche Wettbewerbsbedingungen.
- Während der Laufzeit von Tarifverträgen gilt Friedenspflicht, dies bedeutet, dass der Arbeitgeber in dieser Zeit nicht permanent mit Konflikten im Betrieb rechnen muss.
- Auf dem Arbeitsmarkt hat ein tarifgebundener Arbeitgeber bessere Chancen auf mehr Bewerber.

Da Tarifverträge eigentlich nur für Gewerkschaftsmitglieder gelten, muss ein Arbeitgeber damit rechnen, dass sich seine Mitarbeiter gewerkschaftlich organisieren. Das wollen Arbeitgeber meistens nicht. Deshalb wenden sie Tarifverträge in der Regel allgemein für alle Beschäftigten eines Unternehmens an. Einen Rechtsanspruch auf Leistungen aus dem Tarifvertrag haben letztendlich jedoch nur die Mitglieder der Gewerkschaft.

3. Das Jugendarbeitsschutzgesetz

Das Gesetz zum Schutz der arbeitenden Jugend regelt die Rechte von arbeitenden Kindern und Jugendlichen. Es zählt zu den Gesetzen des sozialen Arbeitsschutzes.

Das Gesetz zielt darauf ab, Kinder und Jugendliche vor Überlastung zu schützen.

3.1 Geltungsbereich

Das JuArbSchG gilt für die Beschäftigung von Personen unter 18 Jahren zum Zweck der Berufsausbildung, als Arbeitnehmer/Heimarbeiter oder einem der Berufsausbildung ähnelnden Ausbildungsverhältnis. Es gilt nicht für gelegentliche geringfügige Hilfeleistungen aus Gefälligkeit, aufgrund familienrechtlicher Vorschriften, in Einrichtungen der Jugendhilfe oder in Einrichtungen zur Eingliederung Behinderter. Als Kind wird definiert, wer noch nicht 15 Jahre alt ist. Jugendlicher im Sinne des Gesetzes ist, wer zwischen 15 und 18 Jahre ist.

3.2 Dauer der Arbeitszeit

Jugendliche dürfen nicht mehr als acht Stunden täglich und nicht mehr als 40 Stunden wöchentlich beschäftigt werden. Wird an einem oder mehreren Tagen die Arbeitszeit verkürzt, so kann sie an den übrigen Werktagen der Woche achteinhalb Stunden betragen. Ausnahmen gibt es in der Landwirtschaft.

3.3 Berufsschule

Für die Teilnahme an der Berufsschule muss der Arbeitgeber die Jugendlichen freistellen.

Vor einem um 09:00 Uhr beginnenden Berufsschultag dürfen Auszubildende (auch über 18 Jahre) nicht beschäftigt werden. An Berufsschultagen mit mehr als fünf Unterrichtsstunden (à 45 Minuten) darf der Arbeitgeber den Auszubildenden einmal in der Woche nicht beschäftigen.

Der Arbeitgeber darf den Jugendlichen bei Blockunterricht mit mindestens 25 Stunden in der Woche an fünf Tagen nicht mehr zusätzlich beschäftigen. (Zusätzliche betriebliche Ausbildungsveranstaltungen bis zu zwei Stunden wöchentlich sind zulässig.) Berufsschultage mit mehr als fünf Unterrichtsstunden werden mit acht Stunden auf die Arbeitszeit angerechnet. Die Anrechnung der 8 Stunden erfolgt dabei jedoch nur 1x pro Woche. Berufsschulwochen (Blockunterricht) mit mindestens 25 Stunden an fünf Tagen werden mit 40 Stunden auf die Arbeitszeit angerechnet.

Ist ein Berufsschultag kürzer als fünf Unterrichtsstunden wird die Schulzeit inklusive Pausen auf die Arbeitszeit angerechnet. Der Arbeitgeber darf Berufsschulzeiten nicht von der Ausbildungsvergütung abziehen.

3.4 Prüfungen und außerbetriebliche Ausbildungsmaßnahmen

Der Arbeitgeber muss den Auszubildenden für Prüfungen und außerbetriebliche Ausbildungsmaßnahmen freistellen. Jugendliche Auszubildende müssen zudem einen Tag vor der Abschlussprüfung freigestellt werden. Der Arbeitgeber darf die Teilnahme an Prüfungen und außerbetrieblichen Ausbildungsmaßnahmen nicht von der Vergütung abziehen.

3.5 Ruhepausen und Aufenthaltsräume

Als Ruhepausen gelten Arbeitsunterbrechungen von mindestens 15 Minuten. Bei einer Arbeitszeit von mehr als viereinhalb bis zu sechs Stunden muss die Ruhepause mindestens 30 Minuten betragen. Bei einer Arbeitszeit von mehr als sechs Stunden muss dem Jugendlichen eine Ruhepause von mindestens 60 Minuten eingerichtet werden. Die Ruhepausen müssen zeitlich angemessen liegen. Sie dürfen frühestens eine Stunde nach Arbeitsbeginn und spätestens eine Stunde vor Arbeitsende liegen. Jugendliche dürfen nicht länger als viereinhalb Stunden am Stück beschäftigt werden.

Während der Ruhepausen dürfen sich Jugendliche nicht in den Arbeitsräumen aufhalten, es sei denn, die Arbeit ruht in den Räumen während dieser Zeit (Ausnahmen beim Bergbau unter Tage).

3.6 Schichtzeit

Im Schichtbetrieb dürfen Jugendliche nicht mehr als zehn Stunden beschäftigt werden. Ausnahmen gelten im Bergbau unter Tage (maximal acht Stunden), im Gaststättengewerbe, in der Landwirtschaft, in der Tierhaltung, auf Bau- oder Montagestellen (elf Stunden).

3.7 Tägliche Freizeit

Nach Beendigung der täglichen Arbeitszeit dürfen Jugendliche nicht vor Ablauf einer ununterbrochenen Freizeit von mindestens zwölf Stunden beschäftigt werden.

3.8 Nachtruhe

Jugendliche dürfen nur in der Zeit von 06:00 Uhr bis 20:00 Uhr beschäftigt werden. Im Gaststättengewerbe dürfen Jugendliche ab 16 Jahren bis 22:00 Uhr beschäftigt werden. In mehrschichtigen Betrieben dürfen Jugendliche ab 16 Jahren bis 23:00 Uhr beschäftigt werden. In der Landwirtschaft dürfen Jugendliche ab 16 Jahren ab 05:00 Uhr oder bis 21:00 Uhr beschäftigt werden. In Bäckereien dürfen Jugendliche ab 16 Jahren ab 05:00 Uhr beschäftigt werden. Am Tag vor der Berufsschule dürfen Jugendliche generell nur bis 20:00 Uhr beschäftigt werden, wenn der Berufsschultag vor 09:00 Uhr beginnt. Es ist möglich, von diesen Regelungen geringfügig abzuweichen, wenn die Ausbildungsstelle verkehrstechnisch besser erreicht werden kann. Dies erfordert eine Zustimmung der Aufsichtsbehörde.

3.9 5-Tage-Woche

Jugendliche dürfen nur an fünf Tagen in der Woche beschäftigt werden. Die Ruhetage sollten aufeinander folgen.

3.10 Samstagsruhe

Jugendliche dürfen an Samstagen nicht beschäftigt werden.

Ausnahmen:

- Krankenhäuser, Alten- und Pflegeheime
- offene Verkaufsstellen, Bäckereien, Konditoreien, Friseure
- Verkehrswesen
- Landwirtschaft und Tierhaltung
- Familienhaushalt
- Gaststätten- und Schaustellergewerbe
- außerbetriebliche Ausbildungsmaßnahmen
- beim Sport
- beim ärztlichen Notdienst
- in Reparaturwerkstätten.

Mindestens zwei Samstage im Monat sollen beschäftigungsfrei bleiben. Werden Jugendliche an einem Samstag beschäftigt, müssen sie an einem anderen berufsschulfreien Tag derselben Woche freigestellt werden.

3.11 Sonntagsruhe

An Sonntagen dürfen Jugendliche nicht beschäftigt werden.

Ausnahmen:

- Krankenhäuser, Alten- und Pflegeheime
- Landwirtschaft und Tierhaltung
- Familienhaushalt
- beim Sport
- beim ärztlichen Notdienst
- in Reparaturwerkstätten.

Jeder zweite Sonntag soll und mindestens zwei Sonntage im Monat müssen frei bleiben. Auch hier gilt die 5-Tage-Woche wie gehabt.

3.12 Feiertagsruhe

Am 24. und 31. Dezember nach 14:00 Uhr und an gesetzlichen Feiertagen dürfen Jugendliche nicht beschäftigt werden.

Ausnahmen (außer am 25. Dezember, 1. Januar und 1. Mai):

- Krankenhäuser, Alten- und Pflegeheime
- offene Verkaufsstellen, Bäckereien, Konditoreien, Friseure
- Verkehrswesen
- Landwirtschaft und Tierhaltung
- Familienhaushalt
- Gaststätten- und Schaustellergewerbe
- außerbetriebliche Ausbildungsmaßnahmen
- beim Sport
- beim ärztlichen Notdienst
- in Reparaturwerkstätten.

Wird ein Jugendlicher an einem Feiertag beschäftigt, muss er einen Ausgleich an einem berufsschulfreien Tag erhalten.

3.13 Urlaub

Der Erholungsurlaub beträgt jährlich mindestens 30 Werktage, wenn Jugendliche zu Beginn des Kalenderjahres noch nicht 16 Jahre alt sind. Er beträgt jährlich mindestens 27 Werktage, wenn der Jugendliche zu Beginn des Kalenderjahres noch nicht 17 Jahre alt ist. Ist der Jugendliche zu Beginn des Kalenderjahres noch nicht 18 Jahre alt, beträgt der jährliche Erholungsurlaub mindestens 25 Werktage.

Der Urlaub sollte Berufsschülern in den Berufsschulferien gewährt werden.

3.14 Gefährliche Arbeiten

Jugendliche dürfen nicht beschäftigt werden, wenn die Arbeit

- ihre physische oder psychische Leistungsfähigkeit übersteigt
- sie sittlichen Gefahren aussetzt
- mit Unfallgefahren verbunden ist, von denen auszugehen ist, dass Jugendliche sie aufgrund ihrer mangelnden Erfahrung noch nicht richtig einschätzen können
- ihre Gesundheit durch außergewöhnliche Hitze, Kälte oder starke Nässe gefährdet
- schädlich ist (durch extremen Lärm, Strahlung, Erschütterung, Chemikalien).

Ist der Umgang mit den oben genannten Einflüssen für das Erreichen des Ausbildungsziels erforderlich, so muss der Schutz der Jugendlichen durch die Aufsicht von Fachkundigen gewährleistet sein.

3.15 Akkordarbeit und tempoabhängige Arbeiten

Jugendliche dürfen nicht beschäftigt werden, wenn mit Akkordarbeit oder sonstigen Arbeiten mit gesteigertem Arbeitstempo ein höheres Entgelt erzielt werden kann. Sie dürfen auch nicht in Arbeitsgruppen eingesetzt werden, für die diese Beschreibung gilt. Sollte die Tätigkeit zur Erreichung ihres Ausbildungsziels notwendig sein und die Jugendlichen entsprechend betreut werden, kann von der Regelung abgewichen werden.

3.16 Erstuntersuchung

Tritt ein Jugendlicher in ein Beschäftigungsverhältnis ein, muss er innerhalb der letzten 14 Monate von einem Arzt untersucht worden sein und dem Arbeitgeber diese Bescheinigung vorlegen.

3.17 Erste Nachuntersuchung

Ein Jahr nach Aufnahme der Beschäftigung muss der Arbeitgeber eine Bescheinigung vom Arzt anfordern, dass der Jugendliche nachuntersucht worden ist. Diese Nachuntersuchung darf nicht länger als drei Monate zurückliegen. Der Arbeitgeber hat den Jugendlichen ausdrücklich auf diese Nachuntersuchung hinzuweisen. Legt der Jugendliche die Bescheinigung über die Nachuntersuchung nicht nach Ablauf eines Jahres vor, hat ihn der Arbeitgeber innerhalb eines Monats unter Hinweis auf das Beschäftigungsverbot aufzufordern, den Nachweis zu erbringen. Die Durchschrift dieser Aufforderung muss den Erziehungsberechtigten sowie dem Betriebsrat zugehen. Sollte eine Nachuntersuchung dennoch nicht erfolgen, so gilt nach Ablauf von 14 Monaten nach Beschäftigungsbeginn ein Weiterbeschäftigungsverbot, bis die Bescheinigung vorgelegt wird.

4. Handlungskompetenz

Die Ausbildung im dualen Ausbildungssystem soll junge Menschen dazu befähigen, eine berufliche Handlungskompetenz zu entwickeln, anzupassen, zu erhalten oder weiterzuentwickeln. Handlungskompetenz ist sowohl die Fähigkeit, als auch die Bereitschaft, Kenntnisse, Fertigkeiten und persönliche, methodische und soziale Fähigkeiten im Arbeits- und Privatleben einzusetzen.

Die **Handlungskompetenz** entfaltet sich in den Dimensionen Fachkompetenz, persönliche Kompetenz (Humankompetenz) und Sozialkompetenz. Der vierte Kompetenzbereich, die Methodenkompetenz, findet sich in den eben genannten Dimensionen wieder.

Unter **Fachkompetenz** versteht man die Bereitschaft und Befähigung mit fachlichem Wissen und Können Aufgaben und Probleme zielorientiert, sachgerecht, methodengeleitet und selbstständig zu lösen und das eigene Ergebnis zu beurteilen.

Die **persönliche Kompetenz** bezeichnet die Bereitschaft und Befähigung, eigene Lebenspläne zu verfassen und weiterzuentwickeln. Sie umfasst Eigenschaften wie Selbstständigkeit, Kritikfähigkeit, Selbstvertrauen, Zuverlässigkeit usw. Die Entwicklung durchdachter Wertevorstellungen und die selbstbestimmte Bindung an diese Werte gehören insbesondere zur persönlichen Kompetenz.

Im beruflichen und gesellschaftlichen Alltag spielen diese Kompetenzen – Werte – eine zentrale Rolle. Sie charakterisieren jede einzelne Person und machen sie individuell.

Fachkompetenz
Anwenderwissen MS Office, Beherrschung von SAP-Programmen, Fachwissen, Sprachkenntnisse ...

Methodenkompetenz
Strategien zur Ideenfindung und Problemlösung kennen und anwenden, Recherchefähigkeit ...

Handlungskompetenz

Sozialkompetenz
Teamarbeit, Strategien im Umgang mit Konflikten, Feedbackkultur ...

Persönliche Kompetenz
Kritikfähigkeit, Zuverlässigkeit, Entwicklung von Wertvorstellungen und Lebensstrategien ...

Persönlichkeit lässt sich nicht mithilfe einer Checkliste erarbeiten. Man kann sie auch nicht in Weiterbildungskursen erwerben. Lediglich die Fachkompetenz lässt sich durch Qualifikationszertifikate nachweisen. Man gewinnt und entwickelt Persönlichkeit nur nach und nach – durch die Interaktion mit anderen Menschen, in Beruf, Freizeit und Partnerschaft. Um diese Fähigkeiten bewusst zu entwickeln, muss man sich jedoch selbst wahrnehmen und realistisch einschätzen können.

Um seine eigenen Fähigkeiten zu analysieren, kann man sich folgende Fragen stellen:

- Was sind meine wichtigsten Charakterzüge/Stärken/Schwächen?
- Wie wirke ich auf andere Menschen?
- An welchen Werten orientiere ich mich?
- Arbeite ich mehr analytisch, rational und überlegt oder mehr spontan und gefühlsmäßig?
- Hole ich mir gezielt Feedback ein und bin ich bereit, aus Fehlern zu lernen?
- Wie oft reflektiere ich mich und meine Handlungen?
- usw.

Erst wenn man sich seiner persönlichen Eigenschaften bewusst ist, kann man authentisch auftreten.

5. Ziele setzen und verwirklichen

Um an der eigenen Entwicklung zu arbeiten, ist es wichtig, sich regelmäßig Ziele zu setzen und die Erreichung bzw. den Weg zum Ziel anzupassen und zu reflektieren. Dabei sollte man bereits bei der Zielformulierung auf die Ermöglichung des Ziels achten:

- Ziele müssen konkret, positiv und handlungsorientiert formuliert sein, ansonsten sind sie nicht umsetzbar. „Nicht-Ziele" (Ich will nicht mehr rauchen!) demotivieren mehr, als dass sie stärken.
- Ziele sollten im Bereich des Machbaren sein.
- Große Ziele sollten Schritt für Schritt geplant werden, um sie nicht aus den Augen zu verlieren. Hierbei unterscheidet man:
  - langfristige Ziele (z. B. Anerkennung, hohes Einkommen)
  - mittelfristige Ziele (z. B. Bestehen der Abschlussprüfung)
  - kurzfristige Ziele (z. B. gute Note im nächsten Test)
- Ziele schriftlich festhalten (in Tages-, Wochen- oder Monatsplänen).

Die Zielformel SMART fasst einprägsam zusammen, auf welche Punkte bei der Zielformulierung geachtet werden sollen:

S	spezifisch simpel (einfach)	Das Ziel sollte genau beschrieben und möglichst einfach formuliert sein, damit es für alle nachvollziehbar ist.
M	messbar	Wie kann das Ziel überprüft werden? Können Kennzahlen/ Qualitätskriterien festgelegt werden?
A	anspruchsvoll	Das Ziel sollte (bis zu einem gewissen Grad) anspruchsvoll sein, das Erreichen darf eine Herausforderung darstellen.
R	realistisch	Die Erreichung des Ziels sollte (trotz Anspruch) realistisch bleiben.
T	terminiert	Es wird festgelegt, in welchem Zeitraum das Ziel erreicht werden soll.

Hat man sein Ziel erreicht, sollte man sich zunächst darüber freuen, aber auch kritisch die Zielerreichung reflektieren:

- Habe ich die Zielschritte eingehalten?
- Wann kam es zu einer Abweichung und warum?
- Wie erfolgreich war meine Zielerreichungsstrategie? Würde ich beim nächsten Mal etwas ändern?
- Wer hat mich unterstützt? Wer hat mich behindert?
- usw.

6. Ausgelernt – was dann?

Viele Nachwuchskräfte stellen nach ihrer Ausbildung fest, dass ein Ausbildungsberuf alleine nicht reicht, um mit dem technischen und gesellschaftlichen Wandel der Arbeitswelt Schritt zu halten. „Lebenslanges Lernen" ist gefragt. Viele entscheiden sich selbstständig für eine berufliche Weiterentwicklung, andere entscheiden sich aufgrund äußerer Einflüsse für eine Neuorientierung.

Im Allgemeinen werden zwei Fortbildungsmöglichkeiten unterschieden:

Anpassungsfortbildung	Aufstiegsfortbildung
▸ fachliche Qualifikation der Mitarbeiter soll verbessert werden ▸ berufliche Fähigkeiten und Kenntnisse sollen erhalten, erweitert und angepasst werden	▸ eine höhere berufliche Qualifikation soll erreicht werden ▸ Maßnahmen können in Vollzeit oder berufsbegleitend erfolgen

Bereits während der Berufsausbildung können unterschiedliche Weiterbildungsangebote gewählt werden. Dies macht durchaus Sinn, um seinen Einstieg in das Berufsleben zu festigen und sich gegen Mitbewerber durchzusetzen.

Angebote von Berufsschulen

- Fremdsprachenzertifikate
- Erwerb der Fachhochschulreife (begleitend)
- Stütz- und Förderkurse
- ggf. Arbeitsgemeinschaften

Angebote anderer Bildungsträger

- Angebote der Kammern (z. B. Zusatzqualifikationen in Fremdsprachen und Betriebswirtschaft)
- EU-Förderprogramm Leonardo da Vinci
- Angebote von Volkshochschulen (z. B. PC-Kurse, Buchführung, Sprachkurse)
- Angebote von Bildungsträgern und Berufsverbänden
- Angebote von Gewerkschaften

Für eine Aufstiegsfortbildung nach der Berufsausbildung hat die Industrie- und Handelskammer ein dreistufiges System entwickelt, das bis zum Bachelor- bzw. Masterniveau reicht und auf der jeweiligen Ebene mit öffentlich-rechtlichen Prüfungen nach dem Berufsbildungsgesetz angeboten wird. Dieses System sollte jedoch nicht als geschlossen betrachtet werden, sondern es bietet auch die Möglichkeit von Quereinstiegen.

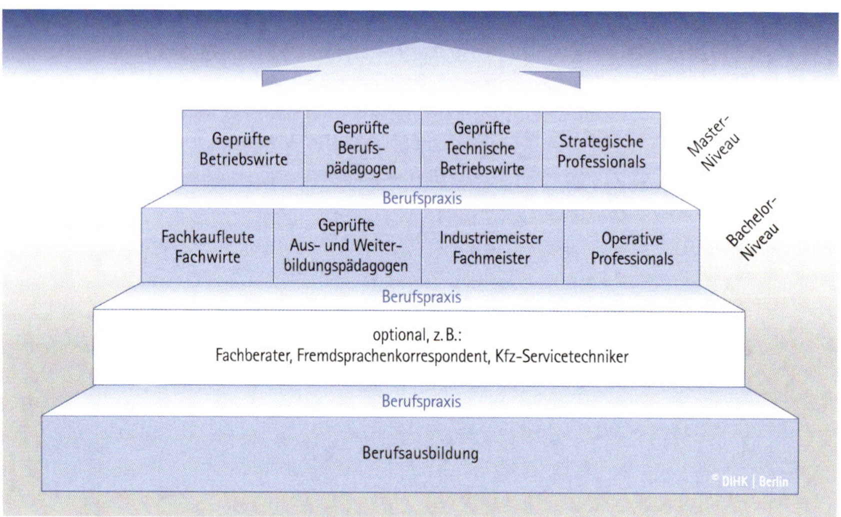

Struktur der IHK-Aufstiegsfortbildung

Neben der Möglichkeit der **Fortbildung** bieten sich zudem unterschiedliche **Weiterbildungen** an. Die berufliche Weiterbildung ist ähnlich wie die Aufstiegsfortbildung zu sehen. Auch durch sie soll ein höheres Qualifikationsniveau erreicht werden. Allerdings gelten auch berufsspezifische Seminare (z. B. „Verkaufsprofi werden", „Durchsetzungsvermögen für die Assistenz") zur betrieblichen Weiterbildung.

6.1 Finden der richtigen Weiterbildung

Der Erfolg einer betrieblichen Weiterbildung hängt zum größten Teil vom eigenen Engagement ab. Je nachdem, welches Ziel mit der Weiterbildung verfolgt wird, sind unterschiedliche Aspekte für die Auswahl der richtigen Weiterbildung wichtig:

- Welche Motive habe ich? (Freude am Lernen, veränderte Lebenssituation, Verbesserung der beruflichen Chancen usw.)
- Was will ich erreichen? (Wo stehe ich – wo will ich hin?)
- Was sind meine Stärken und Schwächen beim Lernen? (Lerne ich lieber alleine oder in Gruppen?)
- Wie viel Zeit habe ich realistisch für eine Weiterbildung?
- Wie viel darf die Weiterbildung kosten?

Weiterbildungsmöglichkeiten lassen sich meist sehr gut über Fachzeitschriften, Weiterbildungsprogramme, Volkshochschulen und Weiterbildungsberatungszentren finden. Auch Kollegen oder der Bekanntenkreis können eine gute Informationsquelle sein, wenn man nach Weiterbildungsmöglichkeiten sucht.

So unterschiedlich die Bedürfnisse der Angebotssuchenden sein können, so unterschiedlich breit fächert sich auch das Weiterbildungsangebot. Wichtig ist, dass das Angebot die Erwartungen und Bedürfnisse der Interessierten erfüllen kann. Wichtige Kriterien sind:

- Gibt es schriftliche Informationen zum Angebot und zum Anbieter?
- Werden Ziele, Inhalte, Dauer, Arbeitsweisen/-methoden, Kosten usw. klar benannt?
- Ist ein Ansprechpartner für eine persönliche Beratung erreichbar?
- Wie groß ist die Gruppe der Teilnehmenden? Gibt es eine Begrenzung?
- Wie können Vorkenntnisse eingebracht werden?
- Wie werden Lernerfolge überprüft?
- Ist der Abschluss/das Zertifikat überregional oder bundesweit anerkannt?

6.2 Finanzierung der Weiterbildung

Eine gute Recherche im Vorfeld kann Gold wert sein. Denn neben den Teilnahmekosten können unter Umständen weitere Kosten anfallen, die vielleicht nicht auf den ersten Blick erkennbar waren. Diese Nebenkosten könnten sein:

- Anmeldegebühren und Prüfungskosten
- Studienmaterialien und Literatur
- Verbrauchsmaterialien
- Fahrtkosten, Unterbringung, Verpflegung
- Kinderbetreuung.

Für Weiterbildungen gibt es eine Reihe von Fördermöglichkeiten, die in Anspruch genommen werden können:

- Bildungsgutscheine der Arbeitsagenturen
- Bildungsprämie vom Bundesministerium für Bildung und Forschung
- (Teil-)Finanzierung durch den Arbeitgeber
- Bildungsurlaub: Recht auf die bezahlte Freistellung für die Teilnahme an Weiterbildungen (in den meisten Bundesländern, nicht in allen)
- begleitende staatliche Förderungen (z. B. BAföG, Meister-BAföG) oder andere Darlehen
- Begabtenförderung für Personen bis 25 Jahre
- steuerliche Vergünstigungen (Werbungskosten).

7. Lernen als lebenslanger Prozess

Die umfangreichen Fort- und Weiterbildungsmöglichkeiten und deren breitgefächertes Inhaltsspektrum machen deutlich, dass das Lernen nicht mit der Berufsausbildung endet. Dauerte es im 18. Jahrhundert noch 100 Jahre, bis sich Wissen verdoppelte, so geschah dies im 20. Jahrhundert bereits im Abstand von fünf Jahren und seit Beginn des 21. Jahrhunderts im Abstand von vier Jahren.

Der Begriff des lebenslangen Lernens hat sich deshalb bereits fest etabliert. Lebenslanges Lernen bedeutet, dass mit wachsender Lebenserwartung und Lebensarbeitszeit auch die aktive Lernphase verlängert wird. Es bedeutet außerdem, sich stetig Wissen und Können anzueignen, das auch unter wechselnden Bedingungen Bestand hat und den Umgang mit außerplanmäßigen Situationen routinierter gestaltet.

Komponenten für erfolgreiches Lernen im Hinblick auf Lern- und Arbeitsstrategien
Erfolgreiches Lernen kann durch mehrere Komponenten beeinflusst werden:

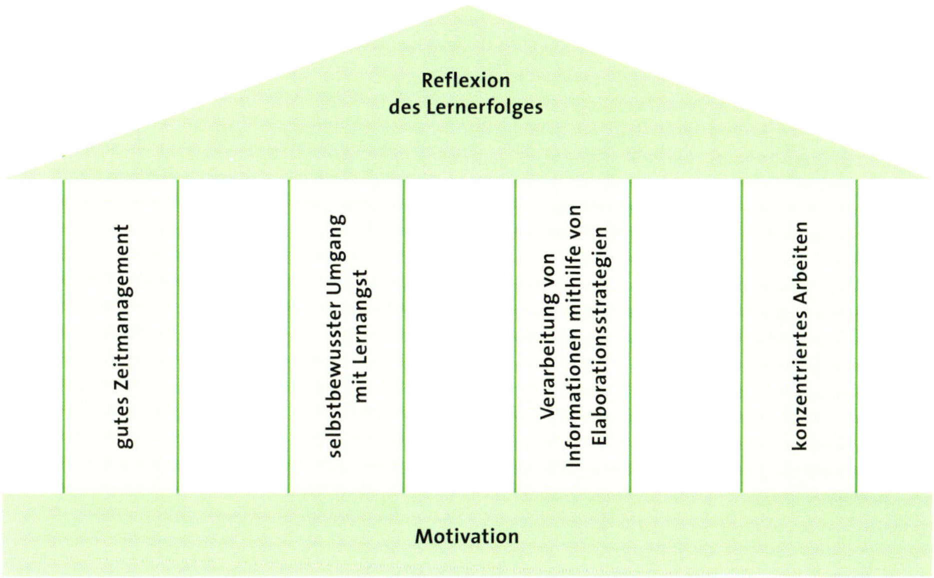

7.1 Motivation

Motivation ist der Antrieb oder die Bereitschaft zum Lernen. Sie entsteht zum einem aus dem Wert, der dem Lerngegenstand beigemessen wird und aus der Erwartung, das Lernziel auch erreichen zu können. Je höher diese beiden Faktoren sind, desto höher ist die Motivation. „Positive" und „negative" Motivation ist nicht angeboren, sie entwickelt sich im Laufe des Schülerlebens durch Einflüsse, wie:

- Ärger mit Eltern
- Schwierigkeiten mit der Schule oder dem Unterrichtsstoff
- Schwierigkeiten mit der Lehrkraft
- Auseinandersetzungen mit Mitschülern.

Schlecht motivierte Lernende sollten einige ihrer Gewohnheiten im Zusammenhang mit ihrem Leben ändern. Das Arbeiten an der eigenen Motivation wird dann zum Arbeiten am Einsatz, am Willen und an der Selbstdisziplin.

TIPP

Motivationssteigerung:

- Machen Sie sich klar, warum Sie lernen!
- Definieren Sie das Ziel Ihrer Lernaktivität (SMART)!
- Fangen Sie mit dem Leichtesten an!
- Teilen Sie den Lernstoff in überblickbare Portionen auf.
- Lernen Sie regelmäßig! (Nicht erst fünf Minuten vor der Angst!)
- Auch bei kleinen Frustrationstiefs sollten Sie durchhalten!
- Wiederholungen sichern das neuerworbene Wissen!
- Variieren Sie regelmäßig Lernstoff und Lernkanal!

7.2 Zeitmanagement

Eine vernünftige Planung des eigenen Lernens und eine gute Zeiteinteilung sind für den Lernerfolg sehr wichtig. Lernende können mit einem geschickten Zeitmanagement ihr Lerntempo, ihre Lernzeit und die Lernpausen bestimmen. Dies steigert die Motivation und sorgt für eine Zielerreichung in einem angemessenen Zeitrahmen.

Lernziele werden am besten in „Portionen" geteilt, damit man nicht das Gefühl hat, in einem riesigen Haufen Arbeit zu ersticken. Kleine Lernportionen verschaffen Erfolgserlebnisse.

TIPP

Bessere Zeiteinteilung:

- Überprüfen Sie Ihre Zeiteinteilung!
- Nutzen Sie Leistungshochs!
- Wie hoch ist Ihr Leistungswille? Überprüfen Sie ihn!
- Richten Sie sich feste Arbeitszeiten ein, vermerken Sie diese irgendwo!

7.3 Konzentration

Es ist gar nicht so einfach, sich immer auf das zu konzentrieren, was gerade wichtig ist. Überall lauern Ablenkungsmöglichkeiten! Viele glauben, mehrere Sachen gleichzeitig erledigen zu können – also multitaskingfähig zu sein – wodurch sich jedoch die Anfälligkeit für Flüchtigkeitsfehler erhöht. Auch wenn man glaubt, sich nicht genug konzentrieren zu können, gibt es Situationen, in denen man sich geistig mit seiner ganzen Energie auf eine Aufgabe konzentrieren kann – zum Beispiel bei der Ausübung eines Hobbys. Dies zeigt deutlich, dass sich grundsätzlich jeder konzentrieren kann und Konzentration eng mit Motivation und Interesse zusammen hängt.

Nur im Zustand hoher Konzentration ist effektives Lernen möglich. Erkennt man äußere und innere Störfaktoren und beseitigt sie, kann sich Konzentration entwickeln und üben lassen.

Äußere Konzentrationshindernisse	**Innere Konzentrationshindernisse**
► störende Geräusche	► Probleme und Ängste
► unordentlicher Arbeitsplatz	► schlechte und unregelmäßige Ernährung
► unvollständige Arbeitsmaterialien	► fehlende Pausen
► unschöne Arbeitsatmosphäre	► Zeitdruck
	► Übermüdung

Die Steigerung der Konzentration ist eng verknüpft mit der Steigerung der Motivation. Nur wer gut motiviert ist und sich realistische Ziele steckt, kann auch über längere Zeit eine hohe Konzentration aufbauen.

TIPP

Konzentrationssteigerung:

- Ordnen Sie Ihren Arbeitsplatz! Verbannen Sie alles, was eine Störung verursachen könnte!
- Führen Sie Konzentrationsübungen durch!
- Motivieren Sie sich, indem Sie sich vorstellen, wie es ist, wenn Sie die Aufgabe erledigt haben!
- Arbeiten Sie mit To-Do-Listen!

7.4 Der Umgang mit der Angst

Das Verhältnis von Angst und Lernen ist sehr kompliziert. Einerseits haben viele Menschen Angst vor dem Lernen, denn etwas zu lernen bedeutet Veränderung und Veränderung erzeugt Angst. Angst hemmt zudem kreative Prozesse. Angst ist eine relativ bedeutsame Form von Stress – dem sog. Distress. Distress ist die negative Form von Stress, die sich von der positiven Form (dem Eustress) abgrenzt. Dieser wirkt sich leistungssteigernd aus.

TIPP

Umgang mit Angst und Nervosität:

- Wenn Ihnen immer wieder der Zeitdruck in die Quere kommt, sollten Sie sich einen Arbeitsplan erstellen.
- Versuchen Sie, entspannte Erfahrungen an Stresssituationen anzuknüpfen!
- Lernen Sie in einer Gruppe; das macht Spaß und gibt neue Kraft!
- Setzen Sie sich realistische Ziele!
- Machen Sie aus bremsenden Gefühlen positive! Lächeln Sie!
- Verwandeln Sie Ihren Lernstoff in Dinge, die Sie ansprechen!

7.5 Verarbeitung von Informationen mithilfe von Elaborationsstrategien

Um Informationen überhaupt gut zu verarbeiten, ist es im Vorfeld wichtig, das Wesentliche einer Information erst einmal zu erkennen. Passiert dies nicht, fällt zielgerichtetes Lernen sehr schwer. Als Folge daraus passiert es, dass auswendig gelernt wird, oder der Schwerpunkt auf Einzelheiten anstatt auf Zusammenhängen liegt.

Um das Wesentliche einer Information zu erkennen, müssen Lernende ihre Wahrnehmungskanäle (sehen, hören, tasten, schmecken, riechen und fühlen) situationsgerecht einzusetzen lernen und den Aufbau und die Form einer Information erkennen und beachten können.

Eng verknüpft mit dem Erkennen von wesentlichen Sachverhalten ist die Informationsverarbeitung. Oft ist zu beobachten, dass Lernende zwar erkennen, was wichtig ist, aber die Informationsfülle letztendlich nicht verarbeiten können, es nicht verstehen oder es sich nicht merken können.

Um dies gezielt zu fördern, sollte man lernen

- sich Notizen zu machen,
- strukturiert und intensiv zu lesen und ggf.
- überzeugend zu präsentieren.

Dabei können folgende Elaborationsstrategien hilfreich sein:

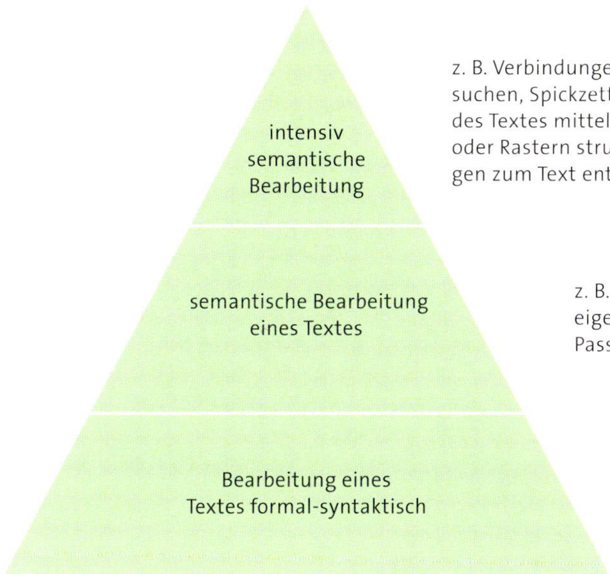

z. B. Verbindungen zu persönlichen Erfahrungen suchen, Spickzettel zum Text erstellen, den Inhalt des Textes mittels Mindmap, Beziehungsnetzen oder Rastern strukturieren und visualisieren, Fragen zum Text entwerfen

z. B. Text zusammenfassen, bzw. eigene Überschriften zu bestimmten Passagen bilden

z. B. Text durchlesen, ihn abschreiben, bestimmte Textteile unterstreichen oder Synonyme für Begrifflichkeiten finden

7.6 Sich selbst reflektieren mithilfe von metakognitiven Fähigkeiten

Metakognitive Strategien oder Methoden, wie zum Beispiel das Reflektieren des eigenen Lernprozesses, können im Zuge eines selbstständigen und lebenslangen Lernens nicht einfach „miterworben“ werden. Das Lernen selbst muss hier zum Thema gemacht werden. Dazu müssen Lernende ihr Können und das eigene Verstehen laufend kontrollieren und ihren Lernprozess gezielt lenken. Dadurch erleben Lernende das bewusstere Arbeiten mit Lernstrategien gewinnbringender und sind in der Lage, motivierter zu sein und bessere Ergebnisse zu erzielen.

TIPP

Reflexion von Lernprozessen
Stellen Sie sich nach einer Lerneinheit folgende Fragen:

- Was waren die Inhalte der Lerneinheit?
- Was war für mich ein Höhepunkt?
- Was war für mich ein Tiefpunkt?
- Welche Erkenntnisse kann ich aus dem Höhepunkt/dem Tiefpunkt gewinnen (in Bezug auf mich, mein Thema, die Arbeitsgruppe, die Lehrperson)?
- Welche Methoden/Vorgehensweisen haben mir besonders gut gefallen?
- Welche Fähigkeiten habe ich an mir festgestellt?
- Welche Fähigkeiten will ich weiterentwickeln?
- Woran will ich bei dieser Lerneinheit noch weiter arbeiten?
- Was ist mir sonst noch wichtig, festzuhalten?

Machen Sie sich am besten Notizen. Ein sog. „Lerntagebuch" hilft später, den Lernprozess nachzuvollziehen.

8. Die Organisationsstruktur des Ausbildungsbetriebes darstellen

Mit Organigrammen bilden Unternehmen ihre Struktur ab. Durch Kästchen, Kreise, Pfeile und Linien lassen sich Zusammenhänge zwischen einzelnen Einheiten wie Abteilungen oder Mitarbeitern sehr gut darstellen (Aufbauorganisation) oder erläutern, wie bestimmte Arbeitsabläufe organisiert sind (Ablauforganisation).

8.1 Die Aufbauorganisation

Bei der Aufbauorganisation stehen die Verbindungen dabei meist für:

- Wer ist verantwortlich für wen oder was?
- Wer ist Vorgesetzter oder Untergebener?
- Wie verlaufen die Kommunikationswege?

Wichtige Spielregeln der Organisation werden durch Organigramme schnell und für jeden erkenntlich abgebildet. Deshalb darf die Wirkung und Bedeutung des Organigramms auf Kunden, Geschäftspartner oder Mitarbeiter nicht unterschätzt werden. Es ist eine Landkarte des Unternehmens.

„Im Grunde stellen Organigramme Fotoalben der Unternehmen dar."
(Henry Mintzberg, Organisationsexperte)

Organigramme helfen bei folgenden Aufgaben:

- Einführung neuer Mitarbeiter: Durch die bildhafte Darstellung kann der Mitarbeiter Zusammenhänge und Funktionen schneller erkennen und sich merken.
- Durchführung von Umorganisationen: Mithilfe eines Organigramms kann eine Grobstruktur der neuen Organisation erstellt und entwickelt werden.
- Externe Partner (Kunden, Banken usw.) sollen die Funktionsweise des Unternehmens verstehen: Diese Personen können sich durch ein Organigramm ein „Bild" vom Unternehmen, den wichtigsten Funktionen und Mitarbeitern machen.

Organigramme der Aufbauorganisation müssen nicht für ein gesamtes Unternehmen stehen. Es lässt sich auch für die einzelnen Abteilungen entwickeln. Diese Teilorganigramme sollten sich aber in das Organigramm des Unternehmens einfügen lassen.

Alle Aufgaben, die in einem Betrieb erfüllt werden müssen, werden von Mitarbeitern erfüllt. Diese Aufgaben werden meist zusammengefasst und detailliert beschrieben (Stellenbeschreibung). Der Aufgabenbereich des Mitarbeiters wird als „Stelle" bezeichnet. Hat diese Stelle keine Leitungsfunktion, wird sie als „ausführende Stelle" bezeichnet. Dazu zählt der überwiegende Teil der Mitarbeiter eines Unternehmens (z. B. Mitarbeiter an Produktionsmaschinen, Sachbearbeiter, Assistenten).

Stellen mit Anweisungs-, Entscheidungs- und Kontrollbefugnissen (Leitungsbefugnissen) gegenüber ausführenden oder rangniederen Stellen bezeichnet man als Instanzen. Beispiele sind Gruppen- oder Abteilungsleiter, bzw. Meisterstellen.

8.1.1 Stabstellen

Die oberen Leitungsstellen können von Stabstellen unterstützt werden. Stabstellen haben keine Weisungsbefugnis gegenüber anderen Stellen. Sie bereiten die Entscheidungen der leitenden Stelle vor, sammeln Informationen, erarbeiten Berichte, unterstützen durch Expertenwissen. Sie können auch bestimmte Kontrollaufgaben im Namen der Leitungsstelle ausführen. Ein typisches Beispiel für eine Stabstelle ist der Assistent der Geschäftsleitung.

Vorteile von Stabstellen	Nachteile von Stabstellen
▸ Linieninstanzen werden entlastet ▸ Entscheidungen können durch Expertenwissen sorgfältig vorbereitet werden ▸ Stab- und Linienwissen erzeugen Synergieeffekte	▸ ein „Stab-Wasserkopf“ könnte sich bilden ▸ Konfliktpotenzial zwischen Stab und Linie, sollte die Linie die Idee der Stabstelle nicht umsetzen ▸ durch Informationsvorsprung informelle Macht der Stabstellen

Ein Organigramm mit Stabstellen könnte wie im Folgenden dargestellt werden:

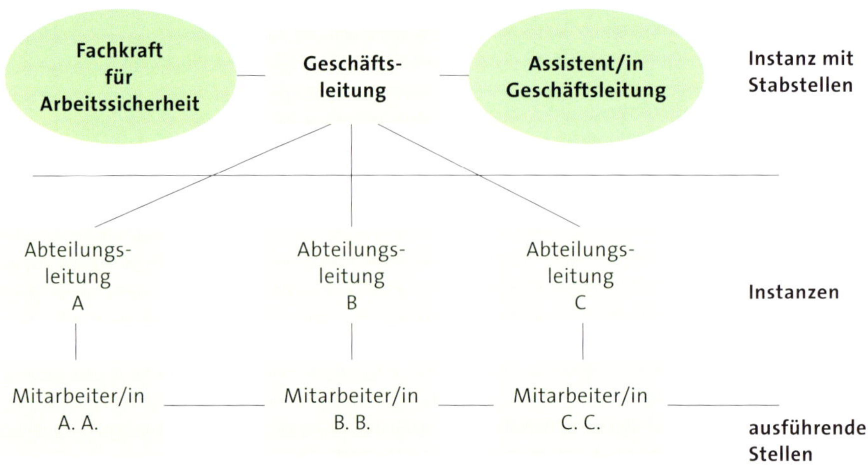

8.1.2 Einlinien- und Mehrliniensystem

Beim Einliniensystem hat jeder Mitarbeiter einen direkten Vorgesetzten. Dies bedeutet, dass dieser Mitarbeiter nur von einer übergeordneten Stelle Anweisungen und Arbeitsaufträge erhält. Daher nennt man dieses System im Allgemeinen auch

„Prinzip der Einheit der Auftragserteilung“.

Beim Mehrliniensystem hat dagegen jeder Mitarbeiter mehrere unmittelbare Vorgesetzte, von denen er Aufträge erhält. Das Mehrliniensystem wird auch als

„Prinzip des kürzesten Weges“

bezeichnet.

Einliniensystem:

Mehrliniensystem:

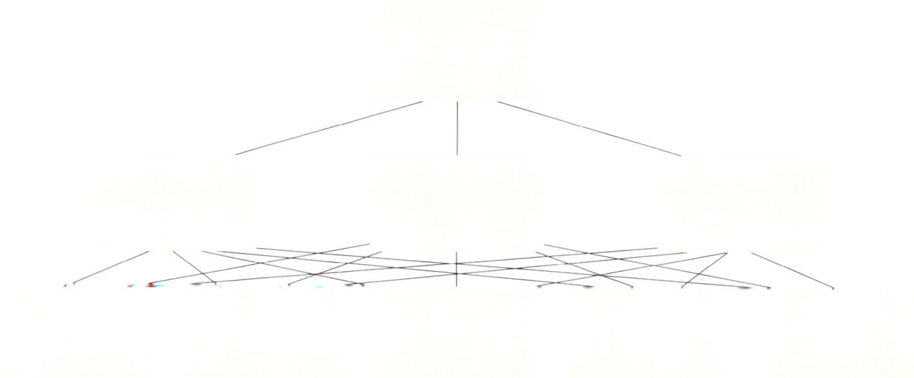

Vorteile	
Einliniensystem	**Mehrliniensystem**
► übersichtlich ► einfach ► kein Kompetenzgerangel durch klare Weisungsbefugnisse ► eindeutige Dienstwege und Verantwortungsbereiche ► leichtes Steuern und Betreuen der Mitarbeiter	► direkte Weisungs- und Informationswege ► mehrere Vorgesetzte können Mitarbeiter besser kontrollieren ► Betonung der Fachautorität der übergeordneten Stellen ► keine schwerfälligen Instanzwege

Nachteile	
Einliniensystem	**Mehrliniensystem**
▸ langer Dienstweg ▸ „Stille-Post-Effekt“: Informationsverfälschung durch lange Dienstwege ▸ Führungskräfte könnten überlastet werden, da alle Entscheidungs- und Informationswege über sie laufen. ▸ Abhängigkeit zwischen Vorgesetzten und Mitarbeitern ▸ Zusammenarbeit zwischen Mitarbeitern wird erschwert	▸ keine klaren Kompetenzabgrenzungen und Verantwortungsbereiche ▸ schwierige Fehlerzuweisung ▸ Eine einheitliche Umsetzung der Unternehmensziele wird erschwert. ▸ Konfliktpotenzial durch Mehrfachbeauftragung (Welcher Auftrag hat Priorität?)

MERKE

Je größer das Unternehmen ist, desto mehr nehmen auch die Nachteile des Einliniensystems zu. Deshalb findet man das Einliniensystem in seiner Reinform überwiegend in klein- und mittelständischen Unternehmen.

8.1.3 Traditionelle Organisationsformen

Generell unterscheidet man bei der Aufbauorganisation drei traditionelle Formen:

- die funktionale Aufbauorganisation
- die divisionale Aufbauorganisation
- die Matrixorganisation.

Bei der **funktionalen Organisation** wird das Unternehmen nach Funktionen untergliedert (z. B. Beschaffung, Vertrieb, Personal, Marketing). Dies bedeutet: Gleichartige Aufgaben werden zusammengefasst. Als Grundlage dient dabei das Ein- oder ein Stabliniensystem.

Kleine und mittelständische Unternehmen mit homogenem Leistungsprogramm und stabilen Absatzmärkten kommen am besten mit dieser Organisationsform aus.

Funktionale Organisation:

Vorteile	Nachteile
▸ sehr übersichtlich ▸ eindeutige Verantwortungsbereiche ▸ klare Kompetenzabgrenzung ▸ Expertenwissen kann durch Spezialisierung genutzt werden	▸ Bereichsdenken ▸ Überlastung der Führungskräfte wegen mangelnder Delegation ▸ lange Dienstwege ▸ viele Schnittstellen ▸ kein Prozessdenken

Eine **divisionale Organisation** (Spartenorganisation) ist ein Einlinien- oder Stabliniensystem, das nach bestimmten Objekten (Produkte, Länder, Projekte oder Kundengruppen) untergliedert wird. Die einzelnen Sparten besitzen meist eigene Gewinnverantwortung und laufen selbstständig als „Unternehmen im Unternehmen". Die Unternehmensleitung hat die Aufgabe, sich um die strategischen Entscheidungen und die Koordination der einzelnen Sparten zu kümmern.

Unternehmen mit einem sehr großen Sortiment sind überwiegend divisional organisiert:

Divisionale Organisation:

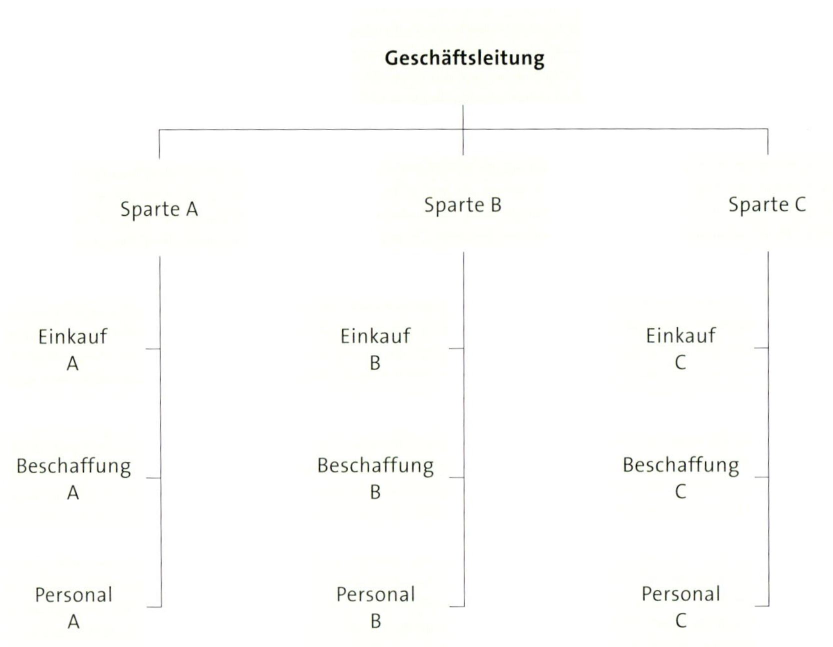

Vorteile	Nachteile
► Management wird durch Spartenleiter entlastet ► hohe Flexibilität ► leichter steuerbar als ein kompletter Großbetrieb ► Fehlbesetzungen betreffen nur die Sparte ► höhere Motivation der Spartenleitung durch Gewinnbeteiligung	► Es entwickelt sich ein Spartendenken, das auch zu Konkurrenzkämpfen zwischen den Sparten führen kann. ► Es entsteht ein hoher Personalbedarf. ► Auf Synergieeffekte wird verzichtet.

Die **Matrixorganisation** versucht sowohl die Vorteile der funktionalen, als auch die Vorteile der divisionalen Organisation zu verbinden. Das Unternehmen wird demnach auch funktional und divisional untergliedert. So entsteht ein tabellenartiges Mehrliniensystem.

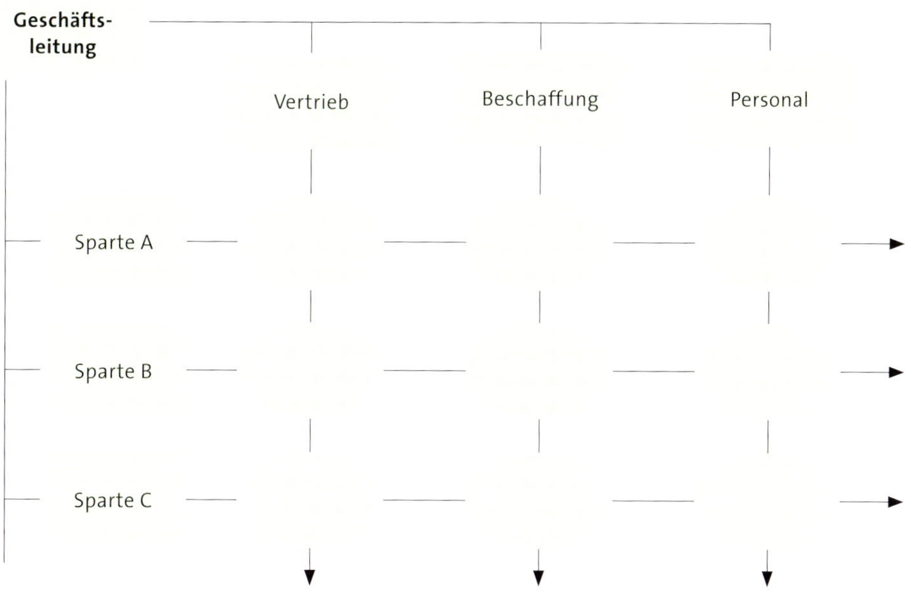

Vorteile	Nachteile
▸ Expertenwissen durch Leistungsspezialisierung ▸ Spezialisierung und fundierte Entscheidungen an den Schnittstellen ▸ Management wird entlastet ▸ schnell anpassbar	▸ hohes Konfliktpotenzial → Mehrliniensystem ▸ Leitung uneinheitlich ▸ Kreuzungen von Kompetenzen ▸ hoher Bedarf an qualifizierten Mitarbeitern und Führungskräften

8.2 Die Ablauforganisation

Es gibt Situationen, da soll man etwas erledigen und weiß nicht, wie die Aufgabe funktioniert. Für solche Fälle gibt es in einigen Betrieben detaillierte Prozessabläufe für die anfallenden Tätigkeiten. Diese Abläufe gehören zur Ablauforganisation. Hier wird festgelegt:

- wie eine Tätigkeit ausgeführt werden muss
- welche Mittel eingesetzt werden

- wer die Tätigkeit ausführt bzw. eine Entscheidung treffen muss
- in welcher Reihenfolge die Arbeitsprozesse ablaufen.

Um solche Arbeitsprozesse darzustellen, kann man sie entweder schriftlich fixieren oder grafisch in einer Prozesskette darstellen.

Symbole der ereignisgesteuerten Prozesskette:

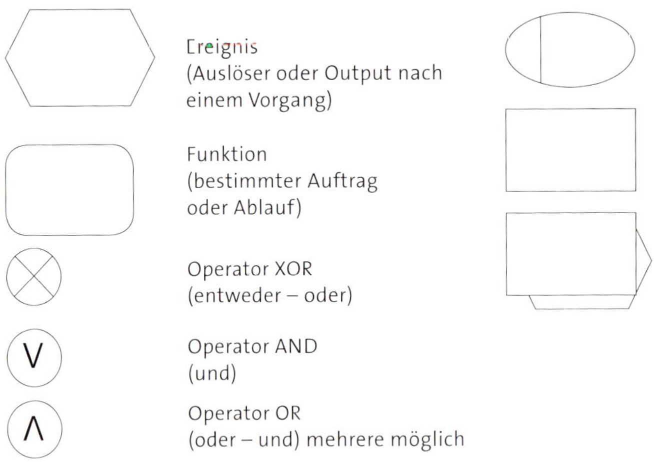

Beispiel

Beispiel für einen schriftlichen Prozess zum Thema Sortieren der Eingangspost
Die Eingangspost ist im Unternehmen eingegangen. Die Abteilung Interne Kommunikation übernimmt das Sortieren der Post. Sie sortiert nach Irrläufern (falsch adressierte Post), Privatpost bzw. Post mit Vermerken (z. B. Persönlich) und nach Geschäftspost.

Irrläufer werden aussortiert und an die Deutsche Post AG zurückgegeben.

Privatpost oder Post mit entsprechenden Vermerken werden nicht geöffnet.

Die aussortierte Geschäftspost darf nun geöffnet werden. Informieren Sie sich dazu im Prozess „Post öffnen“.

Beispiel für eine entsprechende EPK

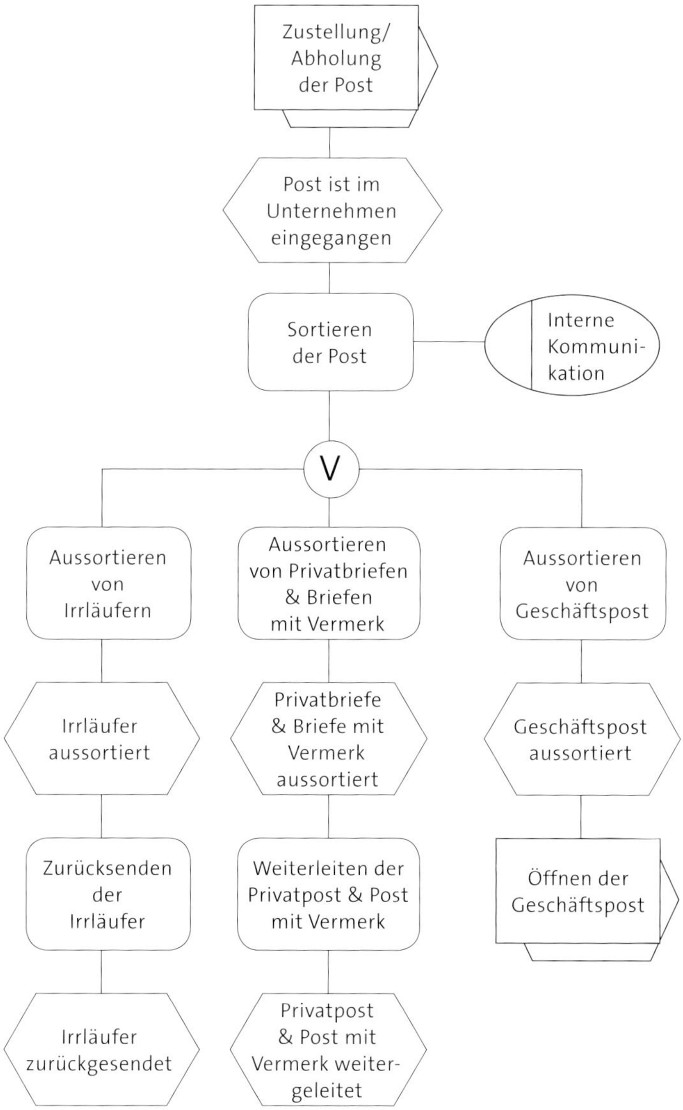

9. Wer darf welche Entscheidungen treffen?

In kleinen Unternehmen übernimmt der Unternehmer meist selbst alle Führungsaufgaben, d. h. er gibt Weisungen, trifft Entscheidungen, handelt Verträge aus und unterschreibt diese. Je größer das Unternehmen wird, desto schwieriger wird es für den Unternehmer, diese Aufgaben alleine zu übernehmen.

Deshalb werden die Aufgaben und die Verantwortung auf mehrere Schultern verteilt.

Dadurch entstehen Rangstufen und Zuständigkeiten, die in der Aufbauorganisation erkennbar sind. Seine Befugnisse erhält der Stelleninhaber von der nächsthöheren Instanz in Form einer Vollmacht.

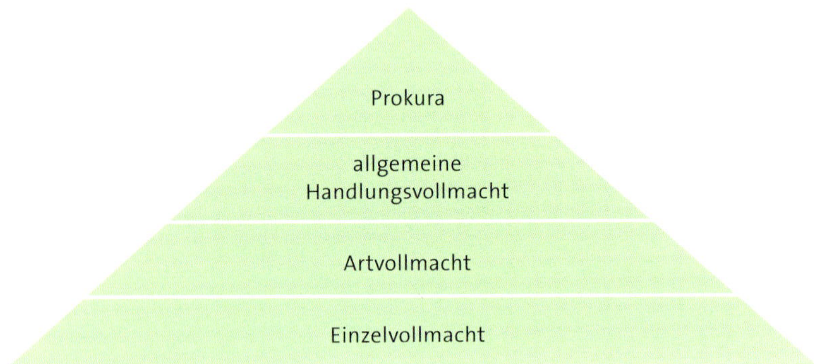

Vollmachten in hierarchischer Form

9.1 Prokura

Die höchste Form der Vollmacht ist die Prokura. Neben der Berechtigung zu gewöhnlichen Geschäften wird ein Prokurist auch zur Ausführung außergewöhnlicher Geschäfte berechtigt.

Prokura besitzt, wer von einem Kaufmann zu allen Arten von gerichtlichen und außergerichtlichen Geschäften und Rechtshandlungen ermächtigt ist, die der Betrieb eines Handelsgewerbes mit sich bringen kann. (§§ 48 - 53 HGB)

Prokuristen dürfen	gesetzlich verboten ist
▸ gewöhnliche Geschäfte und Rechtshandlungen durchführen (z. B. Kaufverträge abschließen, Einstellung von Personal, Entlassung von Personal) ▸ außergewöhnliche gerichtliche Geschäfte und Rechtshandlungen durchführen (z. B. Prozesse für den Betrieb führen, Strafanzeige in geschäftlichen Dingen stellen, Prozessvollmacht erteilen) ▸ außergewöhnliche außergerichtliche Geschäfte und Rechtshandlungen durchführen (z. B. Darlehen aufnehmen, Geschäftszweig ändern, Schenkungen und Spenden tätigen)	▸ Eid leisten ▸ Bilanz und Steuererklärungen unterschreiben ▸ Handelsregistereintragungen anmelden ▸ Insolvenzverfahren anmelden ▸ Geschäft verkaufen ▸ Gesellschafter aufnehmen ▸ Prokura erteilen Für den Verkauf und die Belastung von Grundstücken benötigt ein Prokurist eine besondere Vollmacht!

Der Kaufmann (oder sein gesetzlicher Vertreter) erteilt die Prokura ausdrücklich (schriftlich oder mündlich) und meldet sie zur Eintragung in das Handelsregister (HR) an.

Im Innenverhältnis ist die Prokura mit Erteilung gültig und jederzeit einschränkbar. Im Außenverhältnis wird die Prokura mit Eintragung in das Handelsregister wirksam, bzw. wenn Dritte über die Bevollmächtigung in Kenntnis gesetzt werden. Vertragliche Einschränkungen haben im Außenverhältnis keine Gültigkeit, es gelten hier die gesetzlichen Einschränkungen.

Man unterscheidet verschiedene Arten der Prokura:

- **Einzelprokura** eine Person allein ist befugt
- **Gesamtprokura** mehrere Personen gemeinsam sind befugt und dürfen nur gemeinschaftlich handeln
- **Filialprokura** Prokura beschränkt sich auf den Betrieb einer Filiale

Ein Prokurist unterschreibt mit ppa.

INFO

ppa. heißt ausgeschrieben *per procura autoritate* (mit der Macht der Prokura).

Die Prokura endet:

- mit der Beendigung des Rechtsverhältnisses, mit dem sie verbunden ist
- durch den Widerruf von Seiten eines Geschäftsinhabers
- durch den Tod des Prokuristen
- beim Wechsel des Geschäftsinhabers nur dann, wenn der neue Inhaber sie widerruft.

Auch das Erlöschen der Prokura ist durch den Unternehmer im Handelsregister eintragen zu lassen.

9.2 Handlungsvollmacht

Ist jemand ohne Erteilung der Prokura zu bestimmten Geschäften des Handelsgewerbes bevollmächtigt, so erstreckt sich diese Vollmacht (Handlungsvollmacht) auf alle Geschäfte und Rechtshandlungen, die der Betrieb eines Handelsgewerbes oder derartige Geschäfte gewöhnlich mit sich bringt. (§ 54 Abs. 1 HGB)

Handlungsbevollmächtigte dürfen	gesetzlich verboten ist
► gewöhnliche Geschäfte und Rechtshandlungen durchführen (z. B. Kaufverträge abschließen, Einstellungen von Personal, Entlassung von Personal)	► Eid leisten ► Bilanz und Steuererklärungen unterschreiben ► Handelsregistereintragungen anmelden ► Insolvenzverfahren anmelden ► Geschäft verkaufen ► Gesellschafter aufnehmen ► Prokura erteilen

Nach § 54 Abs. 2 HGB benötigen Handlungsbevollmächtigte eine besondere Erlaubnis für:

- die Veräußerung oder Belastung von Grundstücken
- die Aufnahme von Darlehen
- die Prozessführung.

Die Erteilung der Vollmacht kann mündlich, schriftlich oder sogar stillschweigend durch Duldung bestimmter Handlungen erfolgen. Sie erlischt

- mit der Beendigung des Rechtsverhältnisses, mit dem sie verbunden ist
- durch den Widerruf von Personen, die Vollmacht erteilen können
- beim Wechsel des Geschäftsinhabers nur dann, wenn der neue Inhaber sie widerruft
- bei Einzelvollmacht nach Ende des Auftrages.

Man unterscheidet verschiedene Arten der Vollmacht:

Generalvollmacht oder allgemeine Handlungsvollmacht	Artvollmacht	Einzelvollmacht
► berechtigt zu sämtlichen Rechtsgeschäften, die der gesamte Betrieb gewöhnlich zur Folge hat ► z. B. Grundstücke verkaufen, Zahlungsgeschäfte erledigen, verkaufen, Mitarbeiter entlassen und einstellen, einkaufen ► Unterschrift i. V. (in Vollmacht)	► berechtigt zur Vornahme einer bestimmten Art von Rechtsgeschäften, die im Handelsgewerbe vorkommen ► ohne Zeitbegrenzung ► z. B. für Einkäufer, Kassierer ► Unterschrift i. A. (im Auftrag)	► berechtigt zur Vornahme eines einzelnen Rechtsgeschäftes ► z. B. Quittieren einer Rechnung, Verkauf eines Hauses, Führung eines Prozesses ► Unterschrift i. A. (im Auftrag)

ACHTUNG

Vorsicht Unterschriftenfalle bei i. A. und i. V.
Beide Abkürzungen treten im Schriftverkehr im Zusammenhang mit einer Unterschrift auf. i. A. bedeutet „im Auftrag“, i. V. bedeutet „in Vollmacht“. Fälschlicherweise wird oft angenommen, dass i. V. „in Vertretung“ bedeutet und wird in der Praxis gerne mit i. A. gleichgesetzt. Mit den entsprechenden Kürzeln darf jedoch nur derjenige unterschreiben, der auch die entsprechende Vollmacht besitzt. Im Zweifelsfall sollten die Kürzel einfach weggelassen werden.

10. Das Unternehmen in der Gesamtwirtschaft

10.1 Bedürfnisse

Egal, welche Entscheidungen im Leben getroffen werden: Ob eine große Reise nach Übersee, ein guter oder höherer Schulabschluss, ein Studium, die Verabredung mit einem Flirt, der Kauf eines Produktes – all diese Vorhaben und Pläne lassen sich auf vielfältige Bedürfnisse zurückführen.

MERKE

Bedürfnis ist der allgemeine Wunsch, einen Mangel zu beseitigen.

Ein Bedürfnis empfindet jeder einzelne Mensch anders. Jedoch gibt es eine Reihe Bedürfnisse, die in jedem Kulturkreis die gleichen sind – die **Grundbedürfnisse (Primärbedürfnisse):**

- Nahrung
- Kleidung
- Wohnung
- medizinische Versorgung.

Weniger lebenswichtig, dafür gesellschaftsabhängig, sind die **Sekundärbedürfnisse:**

- abwechslungsreiches Essen
- elegante und modebewusste Kleidung
- Bildung
- eigenes Auto
- usw.

Neben der Unterscheidung von Primär- zu Sekundärbedürfnissen, können Bedürfnisse noch vielfältiger eingeteilt werden:

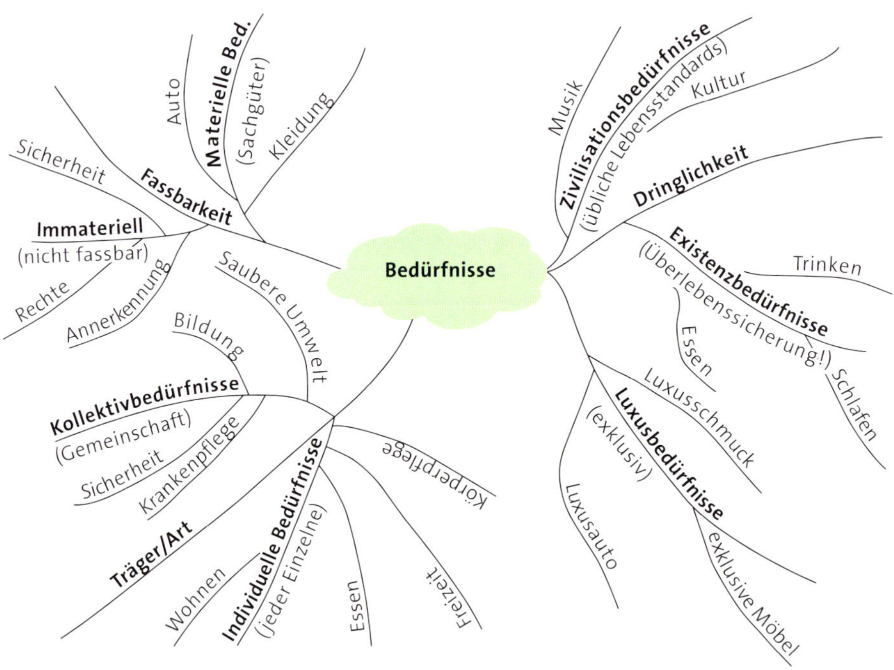

INFO

Kulturbedürfnisse sind Sekundärbedürfnisse, auf deren Befriedigung Bürger, nach allgemeiner Ansicht, ein Recht haben.

Luxusbedürfnisse übersteigen den als minimal empfunden Lebensstandard einer Gesellschaft. Ein Großteil der Bevölkerung kann sich diesen Standard nur schwer leisten.

Individualbedürfnisse sind auf Güter gerichtet, die jeder einzelne für sich konsumieren kann.

Kollektivbedürfnisse können nur mit Gütern befriedigt werden, in deren Genuss immer Mehrheiten von Menschen gleichzeitig kommen.

Aufgrund der Vielfalt der Bedürfnisse ist eine Unterordnung in die oben genannten Themengebiete sinnvoll, jedoch ist eine Einteilung meist schwierig und nicht immer trennscharf vorzunehmen. Je nach Alter oder Lebenssituation können sich die Bedürfnisse der Menschen durchaus ändern.

An der Rangordnung der unterschiedlichen Bedürfnisse nach Dringlichkeit lässt sich erkennen, dass der Mensch die zur Bedürfnisbefriedigung zur Verfügung stehenden Mittel zunächst für Bedürfnisse einsetzt, die er als dringlich empfindet. Dieses Prinzip hat Maslow in seiner Bedürfnispyramide dargestellt.

Nach Maslow strebt der Mensch erst nach der Befriedigung eines Bedürfnisranges nach dem nächsthöheren Bedürfnisrang.

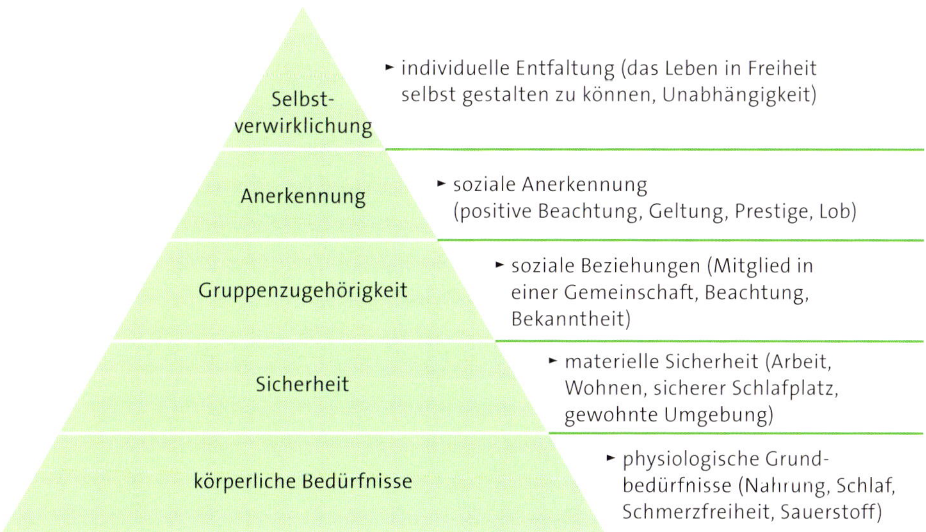

Bedürfnispyramide nach Maslow

Bedürfnisse und Bedarf werden gerne in Zusammenhang gebracht. Der Bedarf entsteht, wenn ein Bedürfnis konkretisiert wird.

MERKE

Bedarf ist das Verlangen nach bestimmten Gütern zur Bedürfnisbefriedigung. Die setzt Kaufkraft voraus (Geld).

Beispiel

Der Auszubildenden Marina Krimmel knurrt schon seit einer Stunde permanent der Magen. Auf ihre Aufgabe kann sie sich nur noch schwerlich konzentrieren. Sie hat das Bedürfnis zu essen. Nach dem fünften Magenknurren beschließt Marina, dass sie eine Käsebrezel in der Mensa kauft. Sie hat ihren Bedarf erkannt.

Der größte Teil der Bevölkerung ist finanziell nicht in der Lage, alle Sekundärbedürfnisse (insbesondere die Luxusbedürfnisse) zu befriedigen. Mit fachlichen Worten bedeutet das:

Die Summe der Bedürfnisse übersteigt die verfügbare Kaufkraft.

Die wichtigsten Triebkräfte für das Wirtschaften sind die wirtschaftlichen Bedürfnisse. Aus Sicht der Wirtschaft zählt aber lediglich der tatsächliche Bedarf, nicht die Bedürfnisse.

10.2 Güter

Die Mittel, die den Menschen von der Wirtschaft zur Befriedigung ihrer Bedürfnisse zur Verfügung gestellt werden, nennt man Güter.

Güter lassen sich unterschiedlich einteilen:

nach ihrer Gegenständlichkeit	**materielle Güter**	► körperlich vorhanden ► anfassbar ► auch als „Sachgüter“ bezeichnet	► Gebäude ► Maschinen ► Nahrungsmittel
	immaterielle Güter	► nicht gegenständlich ► wichtigste Gruppe: Dienstleistungen ► auch Informationen/Nachrichten zu einem Sachverhalt ► weiteres immaterialles Gut: Rechte	► Leistungen von Anwälten, Versicherungen, Banken ► Patente ► Copyright-Rechte ► Rechte an Marken
nach ihrem Nutzungszeitraum	**Gebrauchsgüter**	► mehrmals nutzbar ► verlieren ihren Wert nach einem mehr oder weniger langen Zeitraum	► Möbel ► Kleidung ► Privatfahrzeug
	Verbrauchsgüter	► verlieren ihren Nutzen nach einmaliger Anwendung	► Nahrungsmittel ► Medikamente ► Kino-Eintrittskarte
nach ihrer Knappheit	**freie Güter**	► in der Natur im Überfluss vorhanden ► sind ohne Einschränkung verfügbar ► Ehemals freie Güter, wie z. B. Trinkwasser, müssen heute dem Bereich der knappen wirtschaftlichen Güter zugerechnet werden.	► Luft ► Sand ► Sonnenwärme
	wirtschaftliche Güter	► knapp (gemessen an der nachgefragten Menge) ► haben einen bestimmten geldmäßigen Wert ► sind mit Kosten verbunden (Gewinnung, Herstellung, Be-/Verarbeitung, Aufbereitung)	► sämtliche Produkte
nach ihrer Stellung im Produktionsprozess	**Produktionsgüter**	► „Investitionsgüter“ ► werden zur Herstellung oder zum Transport anderer Güter eingesetzt	► Roboter ► Werkzeuge ► Drehbank ► Geschäftswagen
	Konsumgüter	► dienen dem Endverbraucher zur Bedürfnisbefriedigung	► Möbel ► Nahrungsmittel

nach dem Grad der Austauschbarkeit	**komplementäre Güter**	▸ können nur mit einem oder mehreren anderen Gütern zusammen sinnvoll genutzt werden	▸ Auto und Benzin ▸ Gefrierschrank und Tiefkühlkost
	substituierbare Güter	▸ können andere Güter (in Grenzen) ersetzen	▸ Butter und Margarine ▸ Filzstift und Kugelschreiber
nach der Unterscheidbarkeit	**homogene Güter**	▸ gleichartige Güter ▸ verfügen tendenziell über einen Einheitspreis	▸ Eier ▸ Mehl ▸ Benzin
	heterogene Güter	▸ verschiedenartige Güter (häufig bewusst, um einen höheren Preis zu erzielen)	▸ Pkw ▸ Kleidung

10.3 Die Knappheit als Grundlage des wirtschaftlichen Handelns

Eine unendliche Anzahl von Bedürfnissen steht in der Realität begrenzten Mitteln gegenüber. Aus der Vernunft heraus entsteht das Prinzip, die knappen Güter so zu verwenden, dass mit ihnen eine maximale Bedürfnisbefriedigung erzeugt werden kann, sie also sinnvoll einzusetzen. Dieses Vorgehen wird als „wirtschaften“ bezeichnet.

MERKE

Wirtschaften bedeutet planvolles menschliches Handeln durch rationelle Entscheidungen über knappe Mittel zur Befriedigung von Bedürfnissen.

Die wichtigsten Triebkräfte für das Wirtschaften sind die wirtschaftlichen Bedürfnisse. Aus Sicht der Wirtschaft zählt aber lediglich der tatsächliche Bedarf, nicht die Bedürfnisse.

Werden die Bedürfnisse nun in Beziehung zu den vorhandenen Mitteln (Einkommen) und den Güterpreisen gesetzt, reduzieren sich die unbegrenzten Bedürfnisse konkret auf einen Bedarf.

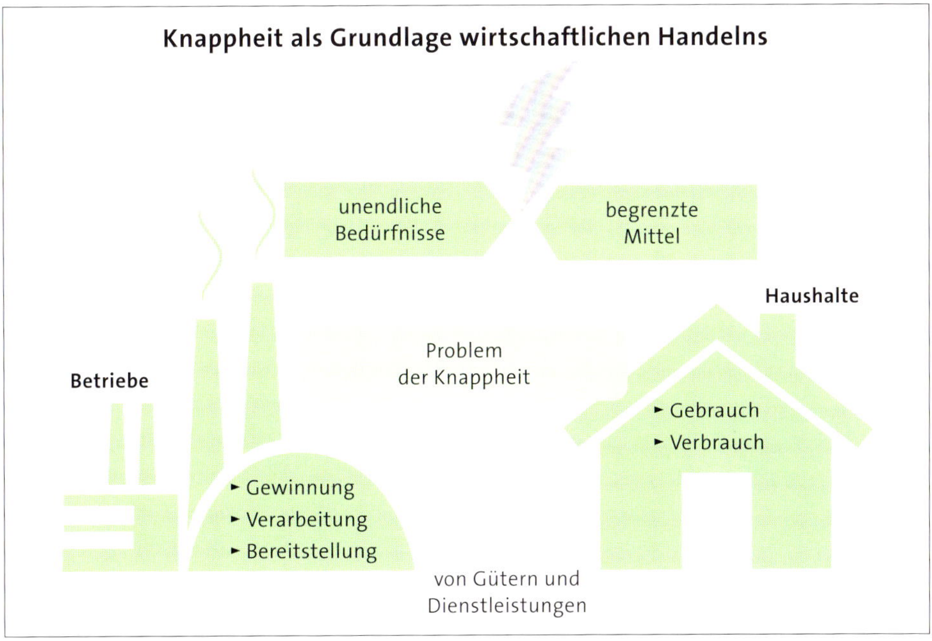

Einigen sich Nachfrager (Käufer) und Anbieter (Verkäufer) in Verhandlungen auf einen Preis für ein bestimmtes Gut, dann wird der Bedarf zur konkreten Nachfrage.

10.4 Das ökonomische Prinzip

Um einen möglichst hohen Überschuss an „Erfolg" über „Mitteleinsatz" zu erlangen (hohe Bedürfnisbefriedigung bei verhältnismäßig geringem Verbrauch knapper Güter), sind grundsätzlich zwei Vorgehensweisen denkbar:

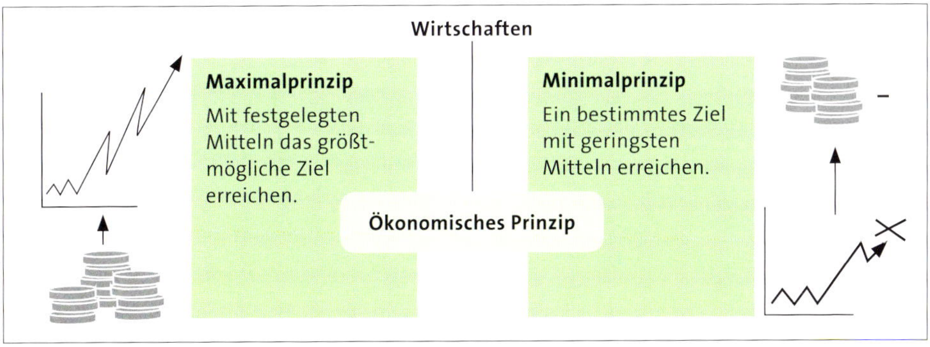

Eine Kombination beider Prinzipien ist grundsätzlich nicht möglich, jedoch lassen sich Maximierungsaufgaben in Minimierungsaufgaben umformen und umgekehrt.

10.5 Produktionsfaktoren

Alle immateriellen und materiellen Leistungen, die an der Produktion von Gütern beteiligt sind, werden als Produktionsfaktoren bezeichnet.

Um Güter und Dienstleistungen zu erstellen, erfordert es den Einsatz von menschlicher Arbeitsleistung, Maschinen, Werkzeugen und Werkstoffen. Diese Mittel werden als Produktionsfaktoren bezeichnet.

Hierbei unterscheidet man zwischen betriebswirtschaftlichen und volkswirtschaftlichen Produktionsfaktoren.

Einteilung der Produktionsfaktoren

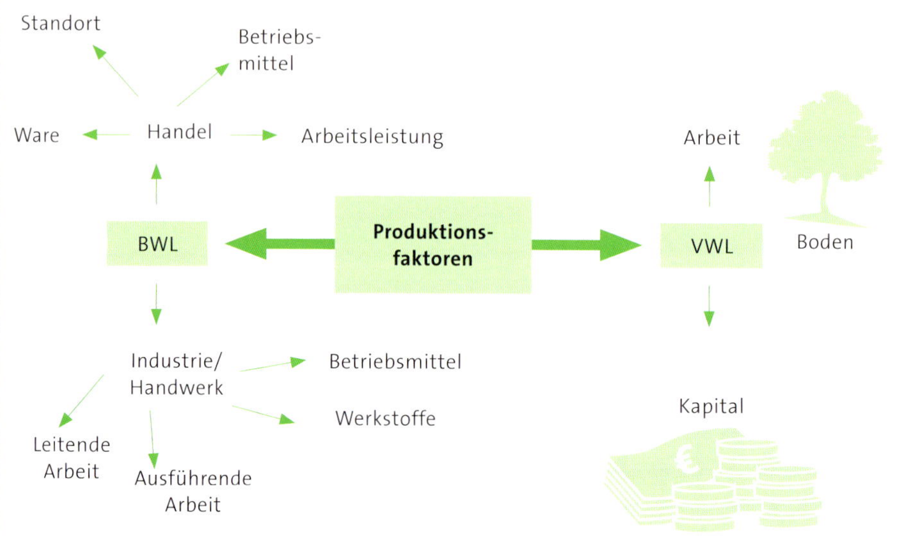

INFO

Die **Betriebswirtschaftslehre (BWL)** befasst sich mit den Sachverhalten und Vorgängen innerhalb eines Betriebes. Sie umfasst das gesamte unternehmerische Handeln.

Die **Volkswirtschaftslehre (VWL)** hingegen befasst sich mit der allgemeinen Wirtschaft. Sie befasst sich mit Untersuchungen zu Angebot und Nachfrage. Die VWL agiert nicht unternehmensintern, sondern im Gesamtwirtschaftsraum.

10.5.1 Volkswirtschaftliche Produktionsfaktoren

Die volkswirtschaftlichen Produktionsfaktoren sind Boden, Arbeit, Kapital, wobei man Kapital als abgeleiteten Produktionsfaktor einsortiert. Kapital entsteht durch den Einsatz der ursprünglichen Faktoren Boden und Arbeit.

Boden	Boden ist Natur, die wirtschaftlich genutzt wird (z. B. Forstwald, Ackerboden). Er wird als „absolut knapp" bezeichnet, da er nicht vermehrbar ist. Seine Bedeutung als Produktionsfaktor ergibt sich daraus, dass er ▸ Rohstoffressourcen enthält (z. B. Kohle, Erze) → „Abbauboden". ▸ Voraussetzung für den Anbau von Pflanzen ist → „Anbauboden". ▸ Standort für Unternehmen und Haushalte ist → „Standortboden".
Arbeit	Erst durch das Einwirken der menschlichen Arbeitskraft (ob geistig oder körperlich) auf die Naturbestandteile können an einem bestimmten Ort Güter in einem benötigten Zustand entstehen. Die VWL versteht unter Arbeit die Erwerbstätigkeit im Allgemeinen. Diese kann sowohl ausführend (körperlich oder geistig), als auch leitend sein.
Kapital	Die VWL versteht unter dem Begriff „Kapital" nicht nur die zur Verfügung stehenden Geldmittel, sondern auch alle Werkzeuge und Werkstoffe, die genutzt werden, um die Arbeit ergiebiger und einfacher zu gestalten (Gebäude, Maschinen, Werkzeuge, Roh- und Hilfsstoffe). Dieser Produktionsfaktor entsteht erst durch das Zusammenwirken der ursprünglichen Faktoren Arbeit und Boden und wird deshalb als abgeleiteter Faktor bezeichnet.

10.5.2 Betriebswirtschaftliche Produktionsfaktoren

Aus Sicht der Betriebswirtschaft besteht der betriebliche Leistungsprozess aus einer Kombination der Produktionsfaktoren „Betriebsmittel", „Werkstoffe" und „ausführende Arbeit". Der Faktor „leitende Tätigkeit" unterstützt die Produktionsfaktoren dahingehend, dass ohne ihn die anderen Faktoren nicht zu einem sinnvollen Einsatz kämen.

Betriebsmittel	Alle Einrichtungen und Anlagen, die längerfristig zu einem Betrieb gehören und zur Leistungserstellung dienen, werden als Betriebsmittel bezeichnet. Darunter fallen: ▸ Grundstücke ▸ Werkshallen ▸ Maschinen ▸ Geräte und Vorrichtungen ▸ Werkzeuge ▸ Transport- und Hebeeinrichtungen.
Werkstoffe	Während des Produktionsprozesses werden mithilfe von Werkstoffen durch Umformung oder Einbau neue Fertigungsprodukte erstellt. Entweder werden sie während des Produktionsprozesses verbraucht oder sie fließen in das neue Produkt ein. Werkstoffe verbleiben i. d. R. viel kürzer im Betrieb als Betriebsmittel. Zur Gruppe der Werkstoffe gehören: ▸ Rohstoffe ▸ Hilfsstoffe ▸ Betriebsstoffe ▸ Halbfertigfabrikate (einzelne Teile).
ausführende Arbeit	Um betriebliche Leistung überhaupt zu erbringen, muss Personal eingesetzt werden. Die Arbeitskräfte eines Betriebes, die direkt bei Produktion, Beschaffung und Absatz mitwirken, nennt man ausführendes Personal.
leitende Arbeit	Im Gegenzug zu dem direkt beteiligten Personal steht das leitende Personal, das indirekt an Produktion, Beschaffung und Absatz beteiligt ist. Es ist für leitende Aufgaben wie ▸ Planung ▸ Organisation ▸ Leitung ▸ Steuerung und Kontrolle nach innen ▸ Vertretung nach außen zuständig. Die Aufgabe des leitenden Personals ist die Regelung des richtigen Zusammenwirkens der drei anderen Faktoren Betriebsmittel, Werkstoffe und ausführendes Personal.
Standort	Die Wahl eines Standortes ist schwierig und von einer Vielzahl von Faktoren abhängig. Die Standortwahl zählt zu einer der ersten unternehmerischen Entscheidungen bei der Unternehmensgründung und hat somit für die Unternehmer eine zentrale Bedeutung. Kleine Unternehmen sind meist lokal „vor Ort“ in einer Gemeinde oder Stadt angesiedelt. Etwas größere Unternehmen können regional auch an mehreren Standorten, z. B. durch Filialen, vertreten sein. Sie sprechen damit einen größeren Abnehmerkreis an.

Standort	Mittelständische und größere Unternehmen sind in ganz Deutschland und ggf. auch darüber hinaus tätig. Sie besitzen Zweigwerke oder Filialen. Großunternehmen dagegen agieren global auf mehreren Kontinenten. Bei der Standortwahl unterscheidet man zwischen „harten“ und „weichen“ Standortfaktoren. Harte Standortfaktoren beeinflussen direkt die unternehmerischen Investitionen, während weiche Faktoren im indirekten Zusammenhang mit ihnen stehen. **„harte“ Standortfaktoren:** ► Lage zu Bezugs- und Absatzmärkten ► Verkehrsanbindung ► Arbeitsmarkt ► Flächenangebot ► gewerbliche Immobilienpreise ► Energie- und Umweltkosten ► lokale Abgaben ► Förderangebote ► Branchenkontakte ► Kommunikations- und Kooperationsmöglichkeiten ► Umweltschutzauflagen ► Forschung und Entwicklung **„weiche“ Standortfaktoren:** unternehmensbezogen: ► Wirtschaftsklima der Region (Antragsbearbeitung, Beantwortung von Anfragen) ► Image der Region ► Hochschul- und Forschungseinrichtungen personenbezogen: ► öffentliche Verkehrsanbindung ► Grünflächen ► Einkaufsmöglichkeiten ► medizinische Versorgung ► kulturelle Einrichtungen ► Schulen und Kindergärten Harte Faktoren sind in Europa fast überall ausreichend vorhanden, deshalb konzentrieren sich Unternehmen bei der Standortwahl zunehmend auf die weichen Faktoren. Auch können die harten Standortfaktoren je nach Branche unterschiedlich gewichtet sein. Eine genaue Standortanalyse empfiehlt sich deshalb vor der Unternehmensgründung.

10.6 Arbeitsteilung

10.6.1 Die Entwicklung der Arbeitsteilung

Ursprünglich war der Mensch ein Selbstversorger. Alle zum Leben benötigten Güter beschafften sich die Familien selbst. Man erkannte jedoch früh, dass die Aufgaben besser gelöst werden können, wenn sich jeder in der Familie auf bestimmte Arbeiten spezialisiert. Schon hier ist ein Zusammenhang mit der betrieblichen Arbeitsteilung erkennbar!

Berufsbildung
Die Menschen entdeckten noch in der Frühzeit, dass Arbeitsergebnisse durch eine überfamiliäre Arbeitsteilung noch mehr gesteigert werden können. Da jeder Mensch andere Talente besitzt und sich zudem durch die häufige Wiederholung gleicher Arbeitsschritte Lernprozesse in Gang setzen, hat man sich im zweiten Schritt auf Tätigkeiten spezialisiert: Jagen, Sammeln, Waffen herstellen, Nahrung zubereiten. Erste „Berufe“ umfassten in diesem frühen Stadium jedoch noch viele Gemeinsamkeiten und verwandte Tätigkeiten.

Berufsspaltung
Mit wachsender technischer Entwicklung und dem Wachstum der Gemeinschaften spalteten sich auch die Grundberufe auf. Aus dem Bader wurden so Herrenfriseur, Damenfriseur und Zahnarzt. Diese Spaltung setzt sich noch heute fort. Auf der nächsthöheren Spezialisierungsstufe erhöht sich die gesamtwirtschaftliche Produktivität erneut.

10.6.2 Überbetriebliche Arbeitsteilung

Durch Berufsbildung und -spaltung gliederten sich die Produktionsstätten aus den Haushalten aus. Wirtschaftliche Betriebe (Handwerksbetriebe, Manufakturen und Fabriken) spezialisierten sich nach und nach zunehmend. Irgendwann erfolgte die Güterproduktion sogar unabhängig von der Bedarfsdeckung.

Durch die Globalisierung kommt der internationalen Arbeitsteilung heute eine immer höhere Bedeutung zu. Jedes Land ist an sich von unterschiedlichen Produktionsvoraussetzungen geprägt:

- klimatische und topografische Unterschiede
- Qualität und Quantität von Rohstoffvorkommen differieren
- unterschiedliche Know-how- und Bildungsniveaus
- unterschiedliche Ausstattung mit Produktionsfaktoren.

10.6.3 Stellung des Betriebes in der arbeitsteiligen Wirtschaft

Über Beschaffungs-, Absatz- und Kapitalmärkte sind Betriebe mit der arbeitsteiligen Wirtschaft verbunden. Märkte werden unterteilt in:

Beschaffungsmärkte	Absatzmärkte	Kapitalmärkte
Hier kaufen Betriebe Material, Dienstleistungen, Betriebsmittel, Rechte und Informationen für ihren Leistungserstellungsprozess. Außerdem suchen sie Mitarbeiter, die dem Anforderungsprofil ihrer Stellen entsprechen und binden sie an das Unternehmen.	Kaufen Produkte oder Dienstleistungen ein. Dadurch erhält das Unternehmen Einnahmen, die es benötigt, um Ausgaben für die Leisungserstellung zu finanzieren.	Stellen den Unternehmen Eigen- oder Fremdkapital zur Verfügung. Wieviel und welche Kapitalmärkte den Unternehmen zur Verfügung stehen, ist abhängig von der Unternehmensgröße.

10.6.4 Wirtschaftssektoren

Untergliedert man die verschiedenen Zweige einer arbeitsteiligen Wirtschaft in vertikaler Richtung, kann man folgende Wirtschaftsbereiche unterscheiden:

An erster Stelle der Produktionskette steht die Gewinnung von Rohstoffen. Man nennt diesen Wirtschaftsbereich deshalb auch **primärer Wirtschaftssektor**. Hierzu gehören neben land- und forstwirtschaftlichen Betrieben auch Unternehmen der Fischerei, des Bergbaus sowie der Erdöl- und Erdgasgewinnung.

Die Weiterverarbeitung der Rohstoffe wird von den Unternehmen des **sekundären Wirtschaftssektors** übernommen. Diese erzeugen aus den Rohstoffen fertige Produkte. Sie werden auch produzierendes Gewerbe genannt. Hierzu zählen Industrieunternehmen und Handwerksbetriebe.

Zum **tertiären Wirtschaftssektor** zählen die Dienstleistungsunternehmen, wie Banken, Versicherungen, Gastronomie- und Tourismusbetriebe. Außerdem Friseure, Schneidereien, Beratungsunternehmen, Architekten, Ärzte usw. Der Handel wird ebenfalls dem Dienstleistungsbereich zugeordnet.

Aus diesen Wirtschaftszweigen ergeben sich sog. **Branchen**, in denen Unternehmen tätig sind.

Tertiärer Sektor	Nachrichtentechnik	Deutsche Telekom AG

10.7 Der Wirtschaftskreislauf

10.7.1 Der einfache Wirtschaftskreislauf

Ein Kaufwunsch entsteht aus einem Bedürfnis heraus. Stehen zum Kaufwunsch auch die notwendigen finanziellen Mittel zur Verfügung, entsteht aus dem Bedürfnis ein konkreter Bedarf. Tritt ein Käufer nun mit seinem Bedarf an einen Anbieter heran, so entsteht daraus die Nachfrage. Die Anbieter bieten durch ihr Sortiment dem Kunden die Möglichkeit, seinen Bedarf zu befriedigen. Das Zusammentreffen von Angebot und Nachfrage nennt man „Markt“. Hier unterscheidet man zwischen Güter- und Faktormärkten:

Gütermarkt	Faktormarkt
Austausch von Konsum- und Investitionsgütern	Bedarfsdeckung von Produktionsfaktoren bei Unternehmen
▸ Unternehmen ▸ Wiederverkäufer ▸ Konsumenten	▸ Arbeitsmarkt ▸ Bodenmarkt ▸ Kapital- und Finanzmarkt

Stehen in einem System die Anbieter in Konkurrenz zueinander, bestimmen die Konsumenten, welche Waren zu welchen Preisen abgesetzt werden können. Mit dem Preis eines Gutes ändert sich sowohl die Menge, als auch das Angebot.

Bei einem hohen Preis ist die Nachfrage gering. Mit fallenden Preisen steigt auch die Nachfrage. Umgekehrt betrachtet, zieht ein hoher Preis viele Anbieter an, die ihre Gewinne maximieren wollen. Je mehr der Preis sinkt, desto fallender ist auch der Anreiz danach, entsprechende Güter in großen Mengen zu produzieren.

Im Schnittpunkt von Angebot und Nachfrage stehen Angebotsmenge und Nachfragemenge im Gleichgewicht. Zu diesem Gleichgewichtspreis decken die Nachfrager ihren Bedarf und die Anbieter ihre Verkaufspläne.

Stark schematisch vereinfacht werden die gesamten volkswirtschaftlichen Vorgänge im Wirtschaftskreislauf dargestellt.

Der einfache Wirtschaftskreislauf zeigt die Beziehungen zwischen der Produktion durch Unternehmen und dem Konsum durch die Haushalte.

Der einfache Wirtschaftskreislauf:

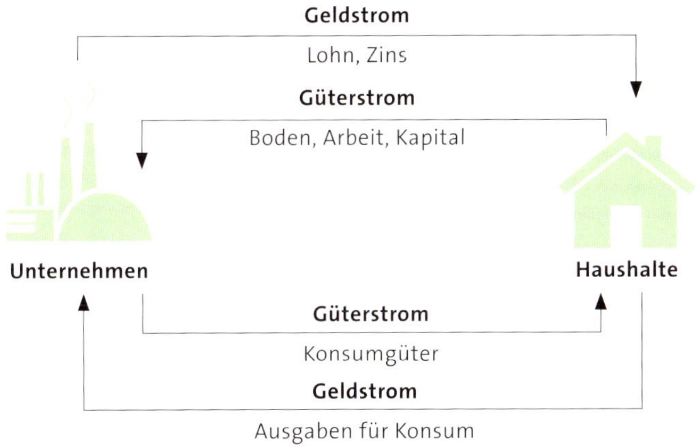

Güterstrom
Es wird davon ausgegangen, dass die Haushalte im Besitz aller Produktionsfaktoren Boden, Arbeit und Kapital sind. Die Unternehmen müssen diese Produktionsfaktoren zunächst bei den Haushalten nachfragen. Anschließend produziert das Unternehmen mithilfe dieser Produktionsfaktoren Waren und Dienstleistungen. Diese werden wiederum von den Haushalten nachgefragt.

Geldstrom
Für den Verkauf der Produktionsfaktoren an die Unternehmen erhalten die Haushalte ein Entgelt (ihr Einkommen). Dieses Geld geben sie wiederum an die produzierenden Unternehmen aus, um Güter und Dienstleistungen zu bezahlen. Mit diesem Geld kaufen die Unternehmen wiederum Produktionsfaktoren der Haushalte.

Ein zweiter Kreislauf entsteht, der dem Güterkreislauf entgegengesetzt ist.

MERKE

Dem Güterstrom fließt immer ein gleich großer Geldstrom entgegen.

Betrachtet man dieses Modell genau, fallen eine Reihe bedeutsamer Annahmen auf:

1. Die Haushalte konsumieren das gesamte Einkommen. Sparen wird nicht einbezogen.
2. Es findet keine Unterscheidung von Brutto- und Netto-Einkommen statt, d. h. der Staat wird in dieses Modell nicht einbezogen.
3. Es entsteht keine Zeitspanne zwischen Produktion und Konsum (Zeitbedarf wird außen vor gelassen).

10.7.2 Sparen und Investieren

In einem realen Wirtschaftssystem haben Banken eine besondere Bedeutung, denn die Haushalte verwenden nicht ihr komplettes Einkommen für den Konsum, sondern legen einen Teil ihrer Ersparnisse bei Banken an. Dies bedeutet für Unternehmen, dass nicht die gesamte Produktion am Markt abgesetzt werden kann.

Andererseits jedoch können Banken das ersparte Geld an Unternehmen verleihen, damit diese Investitionen tätigen können.

Für Unternehmen geht das Sparen der Nachfrager immer mit Investitionen einher. Im Umkehrschluss können sie nur so viel investieren, wie in den Banken gespart wird.

Aus den Ersparnissen der Haushalte wird der Produktionsfaktor Kapital.

Dem bisherigen statischen Modell (Haushalte und Unternehmen) werden jetzt Banken entgegengesetzt, die als Kapitalsammelstelle auftreten. Damit wird der ursprünglich statische Wirtschaftskreislauf zu einem dynamischen Modell umgewandelt, das sich durch Wachstum weiterentwickelt.

Der Wirtschaftskreislauf inklusive Banken:

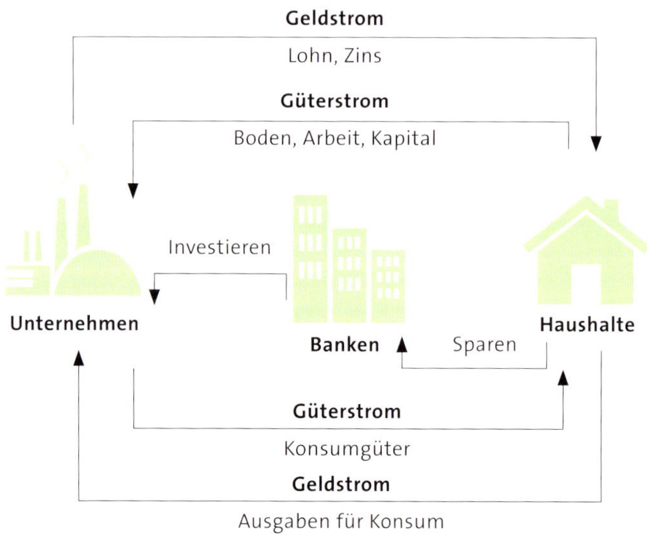

10.7.3 Der erweiterte Wirtschaftskreislauf

Das einfache Modell des Wirtschaftskreislaufs kann unmöglich alle komplexen Gefüge eines realen Wirtschaftssystems darstellen. Insbesondere wenn das Ausland durch In- und Export einbezogen wird, wird die Darstellung umfangreicher.

Außerdem werden im einfachen Kreislauf auch nicht die Bedürfnisse der Gesellschaft berücksichtigt, die der Markt gar nicht befriedigen kann (z. B. Bedürfnis nach Sicherheit, Bildung, sozialer Absicherung). Dies bedeutet, dass zudem der Staat, der für diese Bedürfnisbefriedigung zuständig ist, ebenfalls in die Betrachtung einbezogen werden muss.

Der Wirtschaftskreislauf mit Staat:

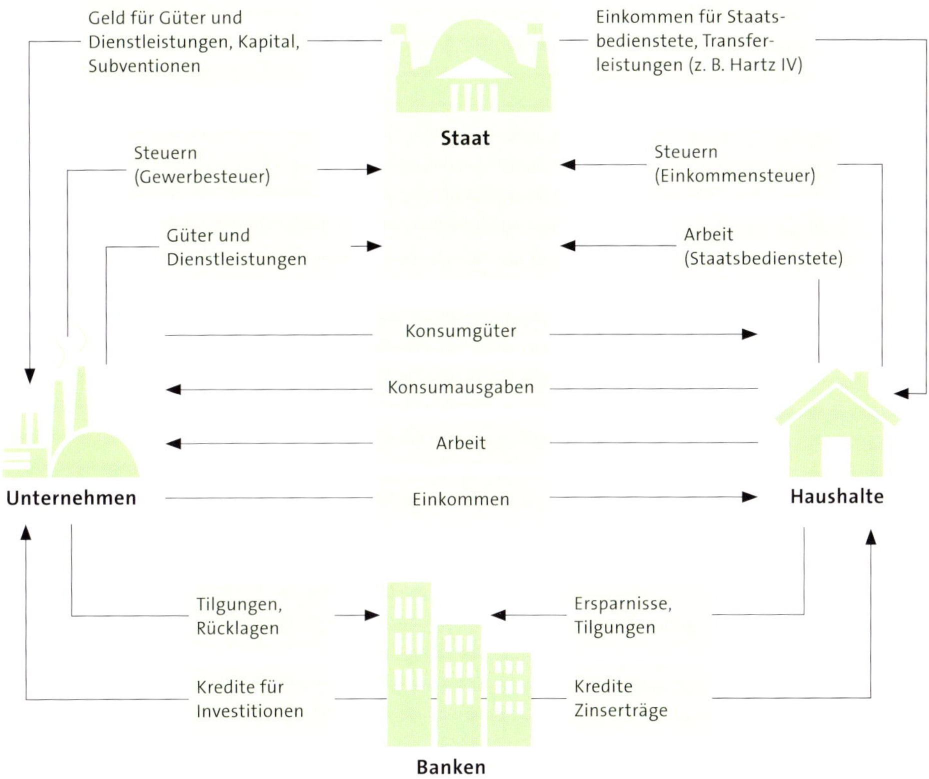

Ein reales Wirtschaftssystem ist so stark vernetzt, dass nicht nur eine, sondern sehr viele Auswirkungen wieder Rückwirkungen erzeugen können.

In den bisherigen Überlegungen wird davon ausgegangen, dass die privaten Haushalte ihr Einkommen entweder konsumieren oder sparen können. Im realen Wirtschaftsleben ist diese Annahme jedoch unrealistisch, da lediglich das verfügbare Einkommen (Netto-Einkommen) konsumiert, bzw. gespart werden kann. Die Unterstellung, dass das Brutto- dem Netto-Einkommen gleichgestellt ist, wird beim erweiterten Wirtschaftskreislauf aufgegeben.

Der Wirtschaftskreislauf wird nun um die Anteile für die Steuern und Sozialleistungen erweitert. Es wird angenommen, dass die einbehaltenen Zahlungen nun an den Staat fließen. Auch die Unternehmen geben Steuern an den Staat ab. Der Staat selbst verwendet die Einnahmen wieder für Zahlungen an die privaten Haushalte und an die Unternehmen.

Bei den Zahlungen an den Staat sind Zahlungen mit und ohne Gegenleistung zu unterscheiden. Zahlungen ohne Gegenleistung bezeichnet man als Transferzahlungen (Sozialleistungen/Subventionen).

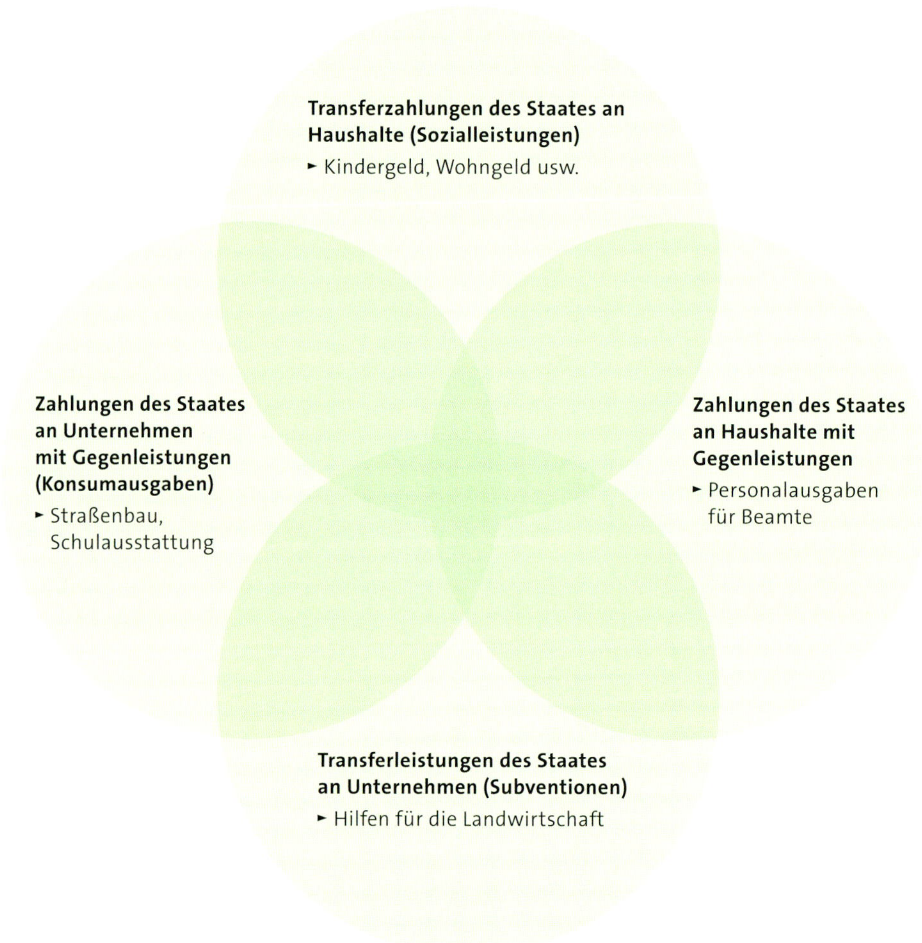

Um noch eine weitere Anpassung vorzunehmen und dadurch das Modell in all seinen Verknüpfungen darzustellen, ist es erforderlich, das Ausland in das Geflecht aufzunehmen. Eine realistische Volkswirtschaft ist in internationale Verflechtungen eingebunden.

Der Wirtschaftskreislauf mit Ausland:

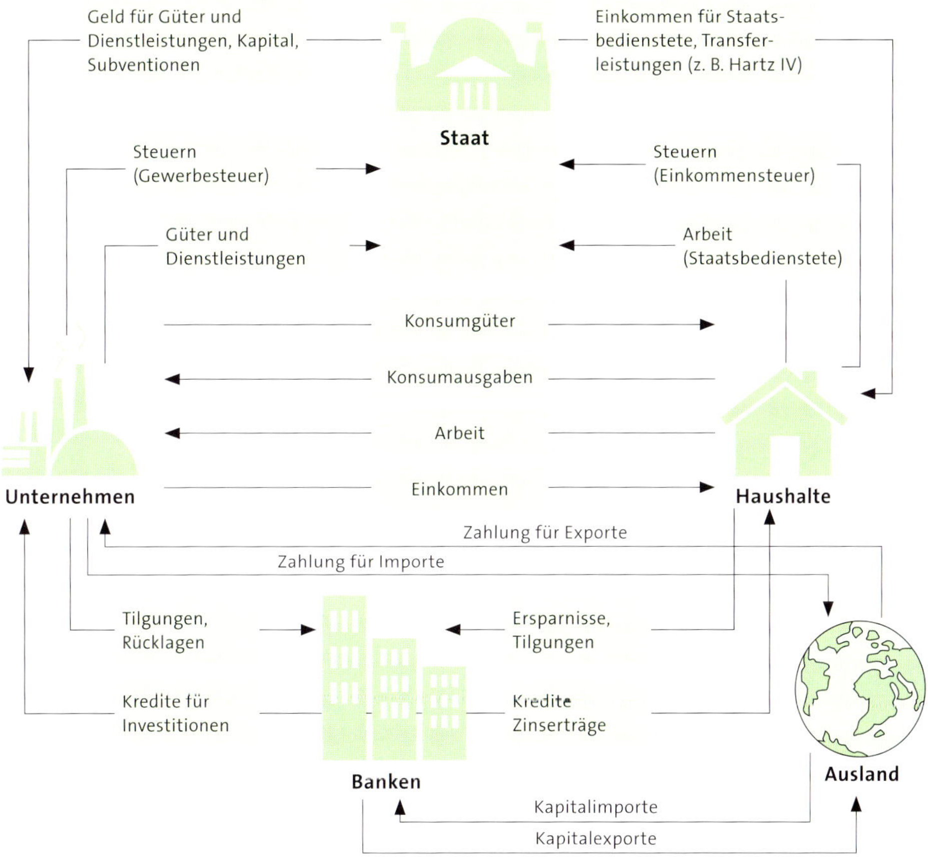

Alle Exporte (Ausfuhren) von Gütern und Dienstleistungen führen zum Zufluss von Geld in das Inland. Alle Importe (Einfuhren) führen zu einem Abfluss von Geld in das Ausland. Importe und Exporte werden ausschließlich über Unternehmen abgewickelt.

Setzt man die Importe in Beziehung zu den Exporten, so wird der Außenbeitrag einer Volkswirtschaft dargestellt.

Exporte = Importe	Exporte > Importe	Exporte < Importe
ausgeglichener Außenbeitrag	Exportüberschuss	Importüberschuss
Es fließt genauso viel Geld ab, wie eingenommen wird.	► Es fließen mehr Waren ins Ausland ab, als hereinfließen. ► Die inländische Geldmenge vergrößert sich. ► Die Beschäftigung könnte steigen (weniger Arbeitslosigkeit). ► Tendenziell steigen die Preise (Inflation).	Der Warenzufluss aus dem Ausland ist stärker. ► Die inländische Geldmenge sinkt. ► Die Beschäftigung könnte sinken (steigende Arbeitslosigkeit). ► Eine Preisstabilität tritt ein.

11. Unternehmensleitbild und Unternehmensziele

11.1 Unternehmensleitbild

Das Unternehmensleitbild beschreibt die Grundprinzipien und das Selbstverständnis des Unternehmens. Es wird schriftlich fixiert und richtet sich an Mitarbeiter, Kunden und die Öffentlichkeit. Meist gibt es Antworten auf folgende Fragen:

- Wofür stehen wir? (Was ist unsere Vision/unser Selbstverständnis?)
- Was wollen wir erreichen? (Welche Mission haben wir? Welche Ziele verfolgen wir?)
- Wie wollen wir es erreichen? (Welche Strategie verfolgen wir?)

Das Leitbild verdeutlicht den Sinn und Zweck des Unternehmens. Es gibt einen Rahmen für das tägliche Handeln vor und erzeugt Klarheit über die Unternehmensidentität, die Ziele und die Strategie des Unternehmens. Dazu muss das Leitbild die Mitarbeiter für die Unternehmensziele begeistern.

Außerdem trägt das Unternehmensleitbild zur Imagepflege bei. Das Unternehmen kann sich durch seine Leitideen von Konkurrenten abheben und Kunden, Geschäftspartner oder potenzielle Mitarbeiter von Produkten und Dienstleistungen überzeugen.

Um ein Unternehmen erfolgreich führen zu können, muss im Vorfeld die Zielsetzung des Unternehmens klar definiert sein. Sie ermöglicht die Planung des Unternehmensgeschehens und ist ein wichtiges Steuerungsinstrument für operative Entscheidungen. Außerdem ist sie der Maßstab, an dem das Unternehmen seine Leistungen messen kann.

Aufgabe von Zielen

11.2 Zieldimensionen

Hinsichtlich des Zielinhalts kann man allgemein zwischen Formal- und Sachzielen unterscheiden. Formalziele sind übergeordnete Ziele, die für das Überleben des Unternehmens wichtig sind, z. B. Gewinnerzielung, Umsatzwachstum, Rentabilität, Vergrößerung des Marktanteils und Qualitätsverbesserung. Diese Ziele sind durch Kennzahlen messbar.

Kennzahl	Berechnung	Information
Gesamtgewinn	= Erträge - Aufwendungen	Hier wird der Erfolg des Unternehmens gemessen (Gewinn oder Verlust). Das Ergebnis sollte positiv sein, um einen Gewinn zu erzielen.
Wirtschaftlichkeit	$= \frac{\text{Leistung}}{\text{Kosten}}$	Die Wirtschaftlichkeit beschreibt das Verhältnis von Mitteleinsatz und dem erzielten Ergebnis. Das Ergebnis sollte > 1 sein.
Eigenkapital-rentabilität	$= \frac{\text{Gewinn} \cdot 100}{\text{Eigenkapital}}$	Diese Berechnung zeigt, wie viel Euro Gewinn pro 100 € Eigenkapital erzielt wird.

Sachziele sind untergeordnete Ziele, die der Realisierung der Formalziele dienen. Sie beziehen sich auf das konkrete Handeln, die Produkte und Dienstleistungen des Unternehmens.

Sach- und Formalziele lassen in der Regel noch keine unmittelbaren Handlungsschritte erkennen. Um sie zu realisieren, bildet man unterschiedliche Zielebenen. Die Sachziele fungieren dann als „Oberziele", die durch Zwischen- und Unterziele konkretisiert werden.

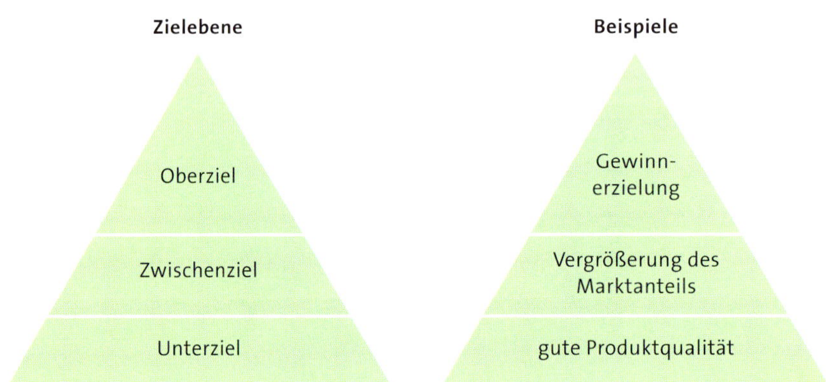

Ziele erfordern einen zeitlich festgelegten Rahmen, innerhalb dessen sie erreicht werden sollen. Man unterteilt sie in:

- kurzfristige Ziele (höchstens ein Jahr)
- mittelfristige Ziele (zwischen einem und fünf Jahren)
- langfristige Ziele (zum Teil mehr als fünf Jahre).

Im betrieblichen Zielsystem wird häufig folgende Einteilung (nach Zielarten) vorgenommen, die sich auch im Unternehmensleitbild widerspiegelt:

Ökonomische Ziele
- Steigerung des Umsatzes
- Senkung der Kosten
- Verdrängung der Konkurrenz
- Erhöhung des Marktanteils
- Erhöhung der Kundenbindung
- Eintritt in neue Märkte

Ökologische Ziele
- Senkung von Produktemissionen
- ressourcenschonender und effizienter Energieeinsatz
- Nutzung umweltfreundlicher Transportmittel
- Lärmreduzierung

Soziale Ziele
- Gesundheitsfördernde Arbeitsplatzgestaltung
- Motivation der Mitarbeiter
- Chancengleichheit
- Arbeitsplatzsicherheit
- freiwillige Sozialleistungen
- gutes Betriebsklima

Zielbeziehungen

Zwischen den Zielen, die erreicht werden sollen, können unterschiedliche Zielbeziehungen entstehen. Unterscheiden kann man zwischen:

- konkurrierenden Zielbeziehungen
- komplementären Zielbeziehungen
- indifferenten Zielbeziehungen.

Konkurrierende Zielkonflikte bestehen immer dann, wenn innerhalb eines Zielsystems ein Ziel nur dann erreicht werden kann, wenn ein anderes Ziel dadurch beeinträchtigt wird.

Beispiel

Ein Auto sollte möglichst nicht ruhestörend sein, daher ist ein Auto ohne Geräuschentwicklung ein optimales Ziel. Andererseits muss ein Auto auch sicher sein. Wird es im Straßenverkehr nicht gehört, ist es kein sicheres Auto. Je lauter das Auto ist, desto sicherer ist es.

Bei konkurrierenden Zielen muss ein Kompromiss gefunden werden, der sich durch Prioritäten bildet. Im oben genannten Beispiel ist der Kompromiss, ein Auto zu bauen, das laut genug ist, um es zu hören, jedoch leise genug, um keine Ruhestörung zu verursachen.

Komplementäre Ziele ergänzen sich gegenseitig und sind somit der Idealfall für ein Unternehmen.

Beispiel

Eine Erhöhung der Produktivität kann gleichzeitig zu einer Erhöhung der Rentabilität führen.

Indifferente Ziele sind neutral zu bewerten, denn zwischen zwei Zielen kann hier kein sinnvoller Zusammenhang hergestellt werden.

Beispiel

Die Steigerung der Produktqualität hat auf die Verringerung der Transportkosten im Einkauf keinen Einfluss.

11.3 Interessengruppen im Zielsystem

Stakeholder beeinflussen das Erreichen von Unternehmenszielen. Hierbei handelt es sich um Personen oder Personengruppen, die in einer Beziehung zum Unternehmen stehen.

INFO

Stakeholder kommt aus dem englischen „to have a stake in“ = ein Interesse haben an .../von etwas betroffen sein.

Stakeholder sind sowohl außerhalb, als auch innerhalb eines Unternehmens zu finden. Sie verfolgen eigene Ziele, die die Ziele des Unternehmens beeinflussen können.

Interessengruppe	Intern	Extern	Ziele
Management (Führungskräfte)	x		► Interesse an persönlicher Einflussnahme auf das Unternehmen mit dem Ziel des wirtschaftlichen Erfolges ► Streben nach individueller Wertschätzung ► Streben nach öffentlichem Ansehen ► Streben nach hohem Einkommen
Mitarbeiter	x		► individuelle Wertschätzung ► soziale Sicherheit (Arbeitsplatz, Einkommen) ► zufriedenstellende Arbeitsbedingungen und -inhalte
Betriebsrat/JAV	x		► Ziele der Mitarbeiter sollen erreicht und erhalten werden
Eigenkapitalgeber (Gesellschafter, Aktionäre, Shareholder)		x	► möglichst hohe Rendite/Gewinnausschüttung ► Einflussnahme auf Entscheidungen des Managements ► Wahrnehmung günstiger Angebote bei Kapitalerhöhung
Fremdkapitalgeber (Banken)		x	► möglichst hohe Verzinsung der zur Verfügung gestellten Kredite ► pünktliche Rückzahlung ► hinreichende Sicherheiten für das zur Verfügung gestellte Kapital
Kooperationspartner		x	► Verfolgung gemeinsamer Interessen ► Erlangung von (Verhandlungs-)Vorteilen ► Interesse an Aufbau, Aufrechterhaltung und Ausbau der Zusammenarbeit
Lieferanten		x	► Interesse an verlässlichen und längerfristigen Lieferbeziehungen ► pünktliche Zahlungen des Unternehmens
Kunden		x	► qualitativ hochwertige Produkte ► möglichst günstige Preise ► Erbringen von Serviceleistungen und guter Beratung
Mitbewerber		x	► bessere Positionierung auf dem Markt ► Abwerben von Kunden ► Verdrängen von Konkurrenten

Interessengruppe	Intern	Extern	Ziele
Kommunal-behörden/Staat		x	▸ Schaffung von Arbeitsplätzen ▸ Beiträge zur regionalen Infrastruktur ▸ Einhaltung rechtlicher Rahmenbedingungen ▸ Steuereinnahmen
Gewerkschaften		x	▸ Gewinnung von Mitgliedern ▸ Ziele der Mitglieder umsetzen ▸ Thematisierung von Gewerkschaftsanliegen im Unternehmen

12. Erfolgreich präsentieren und reflektieren

12.1 Die persönliche Wirkung des Präsentierenden

Die Frage, welche Faktoren einen Redner erfolgreich machen, mag viele bewegen, eine Antwort ist jedoch nur schwer möglich. Pauschal lassen sich folgende persönliche Erfolgsfaktoren nennen, die jedoch auch individuell anders liegen könnten:

Gelassenheit

Man muss nicht immer die Nr. 1 sein. Niederlagen und Fehler sollten akzeptiert werden.

Verantwortungsbereitschaft

Entschlossenes Handeln in einer aktiven Rolle ist ein wichtiger Erfolgsfaktor. Man übernimmt Verantwortung für seinen Erfolg bzw. Misserfolg.

Engagement

Mit Kopf und Herz bei der Sache sein und hinter seinen Aussagen stehen!

Einfühlungsvermögen

Das Gegenüber als Partner betrachten und seine Motive, Erwartungen und Bedürfnisse auch erkennen und beachten.

Anpassungsbereitschaft

Neue Wege einschlagen, Stillstand und Starrhalsigkeit vermeiden.

12.1.1 Umgang mit Lampenfieber

Lampenfieber ist eine normale Reaktion des menschlichen Körpers auf neue oder ungewohnte Anforderungen. Oftmals entsteht Lampenfieber aus der inneren Einstellung des Redners heraus. Es drückt sich bei jedem Menschen anders aus. Richtig dosiert kann Lampenfieber den Körper und Geist aktivieren.

Tipps gegen Lampenfieber

... vor dem Auftritt	... während des Auftritts
▸ Eine gute inhaltliche Vorbereitung gibt Sicherheit. Dazu gehören auch eine genaue Zielgruppenanalyse und ein Probedurchlauf im Vorfeld. ▸ Spicken ist erwünscht! Karteikärtchen mit dem Grobablauf der Präsentation und Stichworten schaffen Sicherheit und Kontrolle. Den Einstiegs- und Ausstiegssatz sollte man im Wortlaut notieren. ▸ Ausdauersport am Vorabend einer wichtigen Präsentation produziert Adrenalin und Endorphine. Dies hellt die Stimmung auf. ▸ Es ist gut, wenn man die Ursachen seiner Nervosität kennt, um besser mit ihr umzugehen. Ist es ein extremer Wunsch nach Anerkennung und Erfolg? Was kann im schlimmsten Fall passieren, wenn der Auftritt vergeigt wird?	▸ Auf beiden Beinen stehen, stellt den Körper ruhig und entspannt die Situation. ▸ Unruhe darf mit Mimik und Gestik artikuliert werden. (Aber Achtung: nicht übertreiben!) ▸ Mit sympathischen Teilnehmern sollte man Blickkontakt herstellen. ▸ Eine positive Grundeinstellung gegenüber dem Publikum beruhigt. ▸ Konzentration! Darüber nachzudenken, was war („Oh, jetzt habe ich gerade einen Fehler gemacht!“) oder kommt („Jetzt kommt gleich dieser langweilige Bereich!“) lenken vom Wesentlichen ab. ▸ Und: nervös sein ist normal! Man darf es sich auch erlauben.

TIPP

Es heißt nicht umsonst: „Übung macht den Meister!“ Je häufiger Sie sich Angst erzeugenden Situationen aussetzen, desto geübter werden Sie im Umgang mit diesen Situationen!

12.1.2 Vor der Gruppe stehen

Fester Stand auf beiden Beinen
- wenn ein wichtiges Argument dargestellt wird
- wenn ein zentraler Gedanke verdeutlicht wird
- wenn eine Frage gestellt wird

Bewegung auf der Bühne
- situativ auf das Publikum zugehen
- situativ von der einen Seite des Mediums auf die andere Seite wechseln

Bitte kein Rumspielen mit Stift, Zeigestab, Ohrringen usw.
- das nervt!

Blickkontakt zum Publikum
- schafft einen „guten Draht" zu den Zuhörern

Lächeln!
- „Lächeln ist das Kleingeld des Glücks" (Heinz Rühmann)

12.1.3 Die Planung der Präsentation

Für den Erfolg einer Präsentation – und auch zur eigenen Sicherheit – ist eine gute Planung enorm wichtig. Hier lohnt es sich, sich an den folgenden Fragen zu orientieren.

Klärung von Ziel, Auftrag und Kontext der Präsentation

Thema	Wie lautet das Thema meiner Präsentation?
Anlass	Wer hat mich beauftragt? Was ist der Anlass der Präsentation? Was hat dazu geführt?
Ziele	Welche Ziele haben die Teilnehmer? Welche Ziele habe ich? Gibt es Zielkonflikte? Wie kann ich überprüfen, ob meine Ziele erreicht wurden?
Zielgruppe	Welches Vorwissen besteht? Welche Motivation zur Teilnahme gibt es? Welche Einstellung hat das Publikum zum Thema?
Zeitbudget	Wie viel Zeit steht mir zur Verfügung? Wie kann ich knappe Vorbereitungszeit optimal nutzen? Wie lange darf ich reden?

12.1.4 Recherche, Auswahl und Vertiefung der Informationen

Wo kann ich recherchieren?	Das hängt ganz von der Aufgabenstellung ab. Sind allgemeine Fragen zu klären, recherchiert man etwa in Fachzeitschriften, in Fachbüchern (in der Bibliothek), im Internet oder durch die Befragung eines Experten. Bei firmenspezifischen Fragen kann man in den Firmenarchiven oder -chroniken nachsehen, Broschüren Ihrer Firma nutzen oder auch Mitarbeiter direkt befragen.
Welche der vielen Informationen bringe ich unter?	Am besten konzentriert man sich auf das Wesentliche und auf wirklich relevante Informationen. Bei einer hundertjährigen Firmengeschichte interessiert nicht jedes kleine Detail, sondern wichtige Ereignisse (z. B. Rückschläge, Neuerungen, Zusammenschlüsse). Hier lohnen sich folgende Fragen: ▸ Welche Information gehört zum Themenkomplex? ▸ Welche davon ist für mein Publikum interessant? ▸ Welche davon ist zielführend? Es sollte immer im Auge behalten werden, was man den Zuhörern eigentlich sagen will und welchen Nutzen die Zuhörer von der Präsentation haben sollen.

TIPP

Gibt es eine interessante Geschichte oder Anekdoten, die Ihnen als „roter Faden" und Umrahmung der Informationen dienen könnte?

12.1.5 Der Titel der Präsentation

Es gibt Situationen, da hat man bereits beim Lesen des Präsentationstitels keine Lust mehr auf die Präsentation.

Beispiel

für einen schlechten Präsentationstitel
Betriebsintegrierte Berufsorientierung als Grundlage für betriebliche Berufsvorbereitung – Perspektive betrieblicher Berufsausbildung.

Um das Publikum neugierig zu machen und um eventuell einen roten Faden für die Präsentation zu haben, sollte man dem Titel mindestens die gleiche Aufmerksamkeit widmen, wie der gesamten Präsentation.

Einige Ideen:

- Anpassung an einen Buch-, Film- oder Songtitel („Tausendmal berührt – tausendmal ist nichts passiert – Arbeitsschutz im Elektro-Bereich“, „Der Herr der Ringe – Juwelier XXX“
- eine Frage
- „Wie“, „Was“, „Warum“ (Warum es so wichtig ist, einen wirklich guten Titel zu finden“, „Wie Sie Ihr Publikum fesseln können“)
- Verwendung eines Wortspiels/bekannten Begriffes („Übst du noch – oder präsentierst du schon?“)
- Einbinden einer Zahl („Zehn Tipps zur gelungen Präsentation!“)
- Provokation oder Überraschung („Essen Sie sich schlank!“)
- Titel die immer passen („Das ABC...“, „Das Märchen vom ...“, „Die zehn Gebote...“.

12.1.6 Die Medienplanung

Es ist weitreichend bekannt, dass Informationen besser behalten werden, wenn man sie nicht nur alleine liest, hört oder sieht, sondern wenn unsere Sinnesorgane vielfältig angesprochen werden.

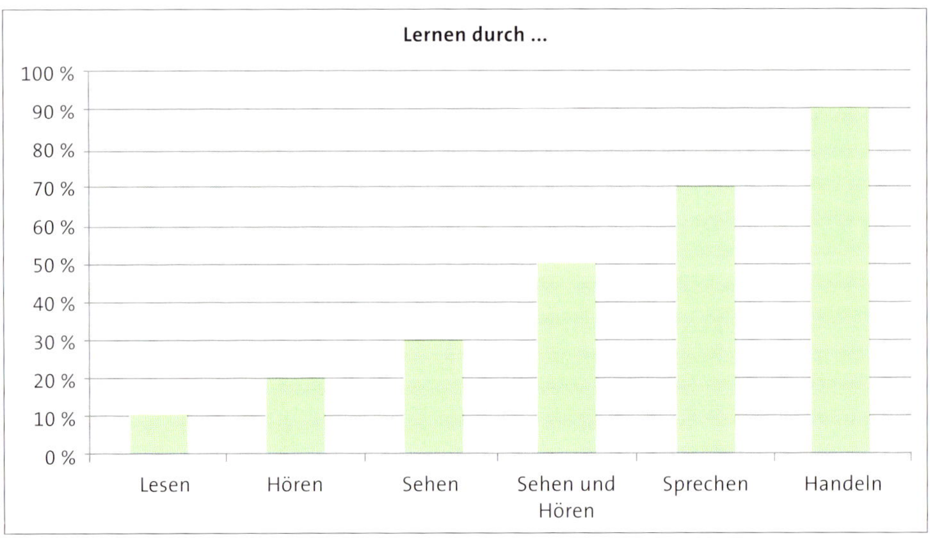

Lernen durch ... nach Wilhelm Niggemeyer

Die größte „Pforte“, durch die Informationen aufgenommen werden, ist demnach das Auge. Dieses Sinnesorgan für visuelle Reize ist in der Regel den anderen Sinnesorganen überlegen.

Daher sollte bei der Planung einer Präsentation der Medieneinsatz entsprechend angepasst werden. Für Präsentationszwecke stehen vielfältige Medien zur Verfügung.

flüchtige Medien	bleibende Medien
▸ Overhead-Projektor ▸ Beamer	▸ Flipchart ▸ Pinnwand
Sobald ein anderes Bild gezeigt wird, steht das vorherige nicht mehr zur Verfügung.	Mit diesen Papiermedien bleiben umfangreiche Visualisierungen präsent.

12.1.7 Pinnwand und Flipchart

Eine Pinnwand hat eine Oberfläche aus Hartschaum, Weichfaser oder Kork. Hier lassen sich unterschiedliche Gestaltungselemente (Moderationskarten, Wolken, Streifen, Klebepunkte usw.) mithilfe von Pinn-Nadeln schnell und einfach anbringen. Die Oberfläche einer Pinnwand misst im Allgemeinen 118 cm x 149 cm. Die meisten Tafeln können sowohl im Hoch- als auch im Querformat aufgestellt werden.

Ein Flipchart besteht aus einer großen Platte, einer Klemmvorrichtung für das Flipchartpapier, einer Ablage für Stifte sowie einem dreibeinigen Ständer. Auf diesen Ständer kann der Papierblock in der Größe 100 cm x 70 cm angebracht werden. Die Flipchartblöcke sind bereits perforiert, sodass das Abreißen der Blätter erleichtert wird. Dadurch können die Blätter dauerhaft sichtbar im Raum aufgehängt werden.

Einsatzmöglichkeiten

- in interaktiven Arbeitsphasen (Fragerunden, Diskussionen, Brainstorming)
- für alle Informationen, die sichtbar bleiben sollen (z. B. Roter Faden, Begrüßungs-Chart)
- für Arbeitsaufträge
- für spontane Visualisierungen des Präsentierenden
- aufgrund der Stromunabhängigkeit sehr guter Einsatz auch im Freien.

Leider stoßen diese Papiermedien aufgrund der relativ kleinen Präsentationsfläche schnell an ihre Grenzen. Als Richtwert ist eine maximale Gruppengröße von 30 Teilnehmern denkbar.

Unterschiede

Flipchart	Pinnwand
► Strukturen können nicht mehr verändert werden.	► Durch Veränderung der Kartenposition können Strukturen leicht verändert werden. ► Die Präsentation kann vor den Augen der Teilnehmer entwickelt werden. ► Fast fertige Präsentationen können durch kleine Ergänzungen interessant gestaltet werden (z. B. Pfeile, Verbindungslinien). ► Die Mitarbeit der Teilnehmer ist leichter (selber aufhängen usw.).

Tipps für interessante Präsentationen am Flipchart und der Pinnwand

Umdreh-Technik	Die beschrifteten farbigen Karten hängen bereits auf ihrem Platz an der Pinnwand. Allerdings so, dass nur die Rückseite zu sehen ist. Während der Präsentation werden die Karten dann nach und nach umgedreht. **Tipp:** Auf die leere Rückseite können dünn mit Bleistift der Inhalt und eventuelle Regieanweisungen geschrieben werden.
Abreißkalender-Technik	Die beschriftete Karte hängt bereits an der Pinnwand. Darüber wird eine leere Karte der gleichen Größe gehängt. Im entsprechenden Moment kann die Karte abgerissen werden und der darunter liegende Inhalt wird freigegeben. **Tipp:** Auch hier eignet sich wieder die hauchdünne Beschriftung mit Bleistift. Außerdem sollten Sie darauf achten, dass die oberen Pinnkärtchen knapp am Rand befestigt oder nur unter der Nadel eingeklemmt werden, damit nicht zuviel Material verbraucht wird.
„Kaninchen aus dem Hut"-Technik	Eine auf einer farbigen Karte visualisierte Information wird hinter einem Schlitz im Pinnwandpapier „versteckt". Zur Präsentation kann sie effektvoll herausgezogen werden.

Visualisierungstipps

1. Arbeiten Sie mit Farben! Achten Sie aber dabei darauf, nicht mehr als drei bis vier Farben einzusetzen. Für Präsentationen eignen sich dabei die klaren Farben Schwarz, Blau, Rot und Grün.

   ACHTUNG

   Schwarz und Blau sollten Sie zum Schreiben verwenden, Rot und Grün eher zum Markieren und Unterstreichen.

2. Arbeiten Sie beim Schreiben mit Markern, die eine Kante haben. Diese erzeugen besser lesbare Schriften. Üben Sie das Schreiben mit diesen Markern im Vorfeld!
3. Achten Sie auf eine lesbare Schrift! Am besten lassen sich schnörkellose Groß- und Kleinbuchstaben lesen. Verwenden Sie nicht durchgehend große Buchstaben. Solche Texte kann unser Auge schlechter erfassen.
4. Achten Sie darauf, nicht zu viel auf ein Chart/eine Pinnwand zu packen. Sorgen Sie für eine harmonische Balance auf der Gesamtfläche.
5. Nutzen Sie Symbole. Einfache Strichmännchen oder andere „gekritzelte" (gescribbelte) Motive unterstützen die Wirkung Ihrer Präsentation. (Achten Sie nur darauf, dass Ihre Zeichnung auch erkennbar ist, ansonsten versehen Sie die Grafik zusätzlich mit einer Schrifterklärung.)
6. Weniger ist mehr! Nutzen Sie lieber mehr Charts, als ein einziges Chart total zu überfrachten!
7. Schlagworte und lange Texte sollten vermieden werden. Nutzen Sie Kurzsätze!

Eine gelungene Visualisierung sendet den Zuhörern zwei wichtige Botschaften:

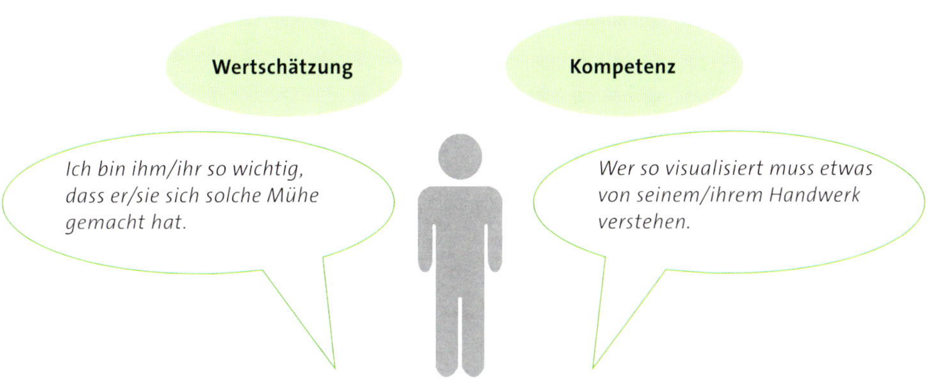

12.1.8 Overhead-Projektor/Tageslichtprojektor

Der Einsatz eines Tageslichtprojektors eignet sich besonders, wenn man vor größeren Gruppen präsentiert und kurzzeitig oder impulsartig Informationen einfließen lassen möchte. Außerdem lässt sich der Overhead-Projektor gut zur Mitschrift von Brainstorming einsetzen, besonders bei Gruppengrößen, in denen Flipchart und Pinnwand nicht mehr ausreichend sind. Und: Der Tageslichtprojektor ist immer ein guter Notnagel, sollte die Technik bei einer Beamer-Präsentation versagen.

Projektoren gibt es in unterschiedlichen Produktvarianten. Für Großprojektionen lassen sich Projektoren mit einer Bilddiagonalen von bis zu 2,50 m einsetzen. Im Gegensatz dazu gibt es kleine, portable Projektoren, die sich schnell und einfach aufbauen lassen.

Tipps für interessante Präsentationen am Overhead-Projektor

Abdeck-Technik Hier wird eine fertige Folie Stückchen für Stückchen offenbart.	Zunächst wird den Teilnehmern ein Blick auf die komplette Folie gewährt, danach werden Teile der Folie abgedeckt und während der Präsentation Stück für Stück wieder aufgedeckt. Damit das Papier zum Abdecken nicht laufend verrutscht, legt man es am besten unter die abzudeckende Folie. Sollen nur bestimmte Teile abgedeckt werden, ist es sinnvoll, den Abdeckstreifen mit einem Klebestreifen am Folienrahmen festzukleben und bei Bedarf aufzuklappen.
Overlay-Technik Hier entsteht eine „Endfolie" durch das Übereinanderlegen mehrerer Folien, auf denen jeweils einzelne Elemente dargestellt sind.	Hier sollte darauf geachtet werden, dass der Projektor über eine ausreichende Lichtleistung verfügt. Alternativ kann eine komplette Folie in Einzelteile zerschnitten, am Folienrahmen aufgeklebt und anschließend „aufgeklappt" werden.

Tipps zur Foliengestaltung

Handgeschriebene Folien haben eine persönliche Note, genügen aber im Zeitalter digitaler Medien nicht mehr den Ansprüchen. Sehr wirkungsvoll dagegen sind „per-Hand-Ergänzungen" auf ausgedruckten Folien (ergänzt werden können einzelne Namen, Zahlen, Kurvenverläufe in Diagrammen, Unterstreichungen/Durchstreichungen).

Auch hier sollten Schlagworte oder ganze Texte vermieden und auf markante Kurzsätze zurückgegriffen werden.

Für die Beschriftung eignet sich eine serifenlose Schriftart (z. B. Arial). Die Schriftgröße sollte mindestens 24 pt betragen, Überschriften sollten 2 pt bis 4 pt größer als der eigentliche Text sein. Bei Textfolien sollten maximal sieben Zeilen verwendet werden, sonst wirkt die Folie zu überfrachtet.

Bei der Gestaltung der Folien gilt ebenso: Mehr als vier Farben sollten pro Folie nicht eingesetzt werden. Auch hier wählt man am besten klare Farben, keine Mischfarben. Symbole dürfen gerne verwendet werden, jedoch durchgängig ähnliche und eher sparsam. Bei ClipArts kann es passieren, dass sie „abgenutzt" wirken oder nicht passen.

12.1.9 Beamer-Präsentation

Soll eine Präsentation über einen PC gesteuert werden, wird zudem noch ein Beamer oder ein Großbildschirm benötigt, der die Präsentation überträgt. Sollten in der Präsentation zusätzlich Video- oder Soundeffekte eingesetzt werden, müssen zusätzlich Lautsprecher zur Verfügung stehen.

Die am weitesten verbreitete Präsentationssoftware ist Microsoft PowerPoint.

Tutorial PowerPoint

Online lassen sich auch über Prezi Präsentationen erstellen und abspielen.

www.prezi.com

Eine Beamer-Präsentation eignet sich besonders bei beliebig großen Gruppen, wenn bewegte Bilder oder Videos eingebunden werden sollen oder wenn man mit technischen Effekten beeindrucken möchte. Aber auch hier gilt wieder: Weniger ist manchmal mehr!

Einige **praktische Tipps** vorab:

F5	Mit dieser Taste gelangt man vom Bearbeitungsmodus in den Präsentationsmodus, ohne umständliches Umherklicken.
B-Taste	Immer, wenn die Projektion nicht benötigt wird, kann man durch das Drücken der B-Taste „Schwarzschalten", d. h. es wird kein Bild übertragen. Dies funktioniert jedoch nur im Präsentationsmodus.
Seitenzahl + Enter	So kann man zu einer bestimmten Seite der Präsentation springen.

Tipps für gelungene Präsentationen am Beamer

1. Achten Sie darauf, dass Sie eine geeignete Präsentationsfläche auswählen und den Beamer optimal anpassen.
2. Wählen Sie einen Beamer, der eine optimale Lichtleistung und Brennweite hat.
3. Testen Sie im Vorfeld, ob Ihr Notebook die richtige Schnittstelle für den Beamer hat!
4. Während der Präsentation sollten Sie sich entweder einen Assistenten (Achtung: gut einweisen) zuhilfe holen, oder einen Presenter bzw. eine Funkmaus benutzen.
5. Nutzen Sie Animationen, um einzelne Screens entstehen zu lassen. Das macht die Präsentation interessanter. (Aber bitte nicht übertreiben!)
6. Um noch etwas zusätzlich zu zeigen, können Sie einen Laserpointer nutzen. (Dafür benötigen Sie aber eine ruhige Hand.)
7. Sie können Ihren Rechner dezent als Monitor nutzen. Das ist allemal besser, als ständig von der Projektionsfläche abzulesen. Optimal ist es natürlich, wenn Sie überwiegend frei reden oder Notizen benutzen.
8. Stellen Sie sich nicht in die Projektionsfläche!
9. Für den Fall der Fälle sollten Sie ausgedruckte Folien für eine Präsentation am Overhead-Projektor bereithalten.

Tutorial PowerPoint

Vorteile des Beamereinsatzes	Nachteile des Beamereinsatzes
▸ multimedialer Einsatz (Bilder, Schrift, Video, Ton)	▸ Ablenkung, wenn zu viele Farben und Effekte genutzt werden
▸ professionelle Wirkung	▸ störungsanfällige Technik
▸ gut archivierbar	▸ Präsentierende geraten schnell in den Hintergrund
▸ leicht zu überarbeiten	
▸ für große Gruppen ideal	

Durch die vielfältigen und sehr einfachen Gestaltungsmöglichkeiten wird man leicht dazu verführt, auch Themen, die eventuell über Flipchart und Pinnwand besser zu präsentieren wären, in PowerPoint darzustellen. Dadurch beraubt man sich aber jeglicher Kreativität beim Präsentieren. Multimedia heißt nicht nur, Bilder, Ton und andere Effekte einzubinden, sondern hin und wieder auch einfach mal einen Medienwechsel durchzuführen.

TIPP

Nutzen Sie bewusst auch andere Medien während einer Präsentation, um die Zuhörenden nicht zu einseitig zu belasten. So unterstützen Sie außerdem die Aufnahmefähigkeit der Teilnehmer.

12.2 Der Aufbau der eigentlichen Präsentation

Um eine Präsentation mit einem „roten Faden" zu steuern, bietet es sich an, die Präsentation wie einen „Burger" aufzubauen:

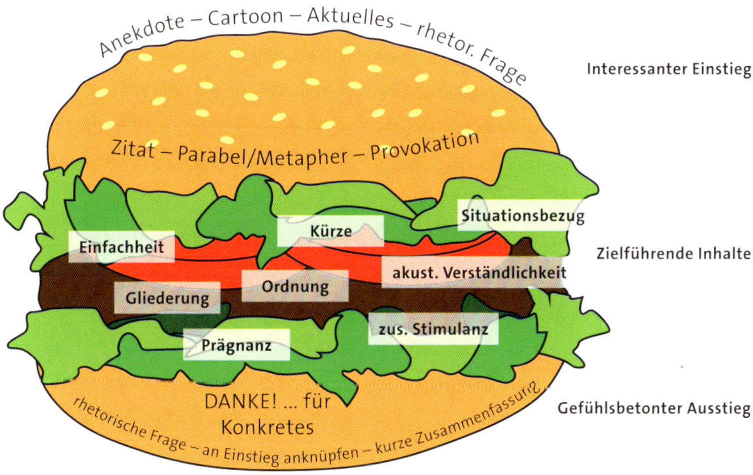

12.2.1 Interessanter Einstieg

Der Anfang einer Präsentation soll Interesse wecken und Aufmerksamkeit erregen. Die Teilnehmer müssen emotional ankommen und sich mit dem Thema identifizieren können. Um dies zu erreichen, gibt es mehrere Möglichkeiten:

- Man startet mit einer kleinen persönlichen Anekdote („Mir ist letztens ... passiert.“).
- Man nutzt ein Bild, einen Cartoon oder eine Karikatur (aber bitte keine abgedroschenen ClipArts).
- Man nutzt etwas Aktuelles (Zeitungsartikel usw.).
- Man stellt eine rhetorische Frage („Was ist die größte Herausforderung bei einer Präsentation?“). Fragen animieren die Zuhörer zum Nachdenken.
- Man nutzt ein Zitat (aber bitte nicht ankündigen, sondern einfach damit einsteigen).
- Man nutzt ein geschichtliches Ereignis.
- Man bedient sich einer Parabel/einer Metapher/eines Sprichworts (je origineller, desto besser).
- Man nutzt eine provokative These oder Behauptung.

TIPP

Gestalten Sie den Einstieg kurz und einprägsam. Die große Herausforderung ist es, nach dem Appetizer einen gelungenen Bogen zum eigentlichen Thema zu schlagen.

12.2.2 Zielführende Inhalte

Während der gesamten Präsentation geht es hauptsächlich um drei wesentliche Dinge:

Wie wirke ich? → Versteht mich mein Publikum? → Erreiche ich mein Publikum?

An der Frage, wie man verständlich kommuniziert, hat ein Team um den Hamburger Psychologen Friedemann Schulz von Thun erfolgreich geforscht.

LF 2, Kap. 5.3

Dabei hat das Team folgende **Dimensionen der Verständlichkeit** einer Information formuliert:

Einfachheit	▸ Nutzung von geläufigen Begriffen, die der Zielgruppe bekannt sind ▸ Erklärung von Fachbegriffen ▸ kurze Sätze, keine verschachtelten Nebensätze
Gliederung/ Ordnung	▸ roter Faden muss erkennbar bleiben ▸ Pausen lassen, damit das Publikum das Gehörte nachvollziehen kann
Kürze und Prägnanz	▸ Unwichtiges streichen ▸ nur so lange präsentieren, wie es dem Publikum noch kurz vorkommt ▸ nicht überziehen, ansonsten Publikum in die Entscheidung einbeziehen
Zusätzliche Stimulanz	▸ bildhafte Sprache und Beispiele aus dem Umfeld der Teilnehmer nutzen ▸ Teilnehmer in „Sie-Sprache" direkt ansprechen ▸ monotones Sprechen vermeiden, melodisch sprechen ▸ Humor ist erlaubt ▸ Visualisierungen nutzen
Situations-bezug	▸ im Vorfeld genau über das Publikum erkundigen (Wie sind Interessen? Welche Probleme? usw.) ▸ Welchen Bezug hat die Präsentation zur Situation der Zuhörer?
akustische Verständlichkeit	▸ etwas lauter als gewohnt sprechen ▸ langsam reden und Pausen machen ▸ nicht nuscheln ▸ zum Publikum sprechen – nicht zur Leinwand

12.2.3 Gefühlsbetonter Ausstieg

Der Ausstieg ist (wie bei einem richtigen Burger auch), ähnlich wie der Einstieg. Hier geht es darum, wieder den Bogen zum Einstieg zu schlagen. Dazu hat man mehrere Möglichkeiten:

- Man schließt mit einer rhetorischen Frage. Sie sollte so gestellt sein, dass der Zuhörer die Frage individuell für sich beantworten kann. Sie könnte handlungsauffordernd oder motivierend sein.
- Man knüpft an den Einstieg an. Wenn man mit einer rhetorischen Frage begonnen hat, stellt man dieselbe noch einmal. Auch ein Zitat kann am Ende noch einmal wiederholt werden.

In jedem Fall sollte das Ende der Präsentation einen nachhaltigen Eindruck bei den Zuhörern hinterlassen und auch deutlich machen, dass die Präsentation nun beendet ist.

Vermeiden sollte man folgende Möglichkeiten:

- Bitte nicht mehrfach auf den Schluss hinweisen und dann doch nicht aufhören.
- Bitte auch nicht einfach so aufhören – ohne erkennbaren Schluss!
- Bitte keine Formulierungen wie „Ich hoffe...“, „Leider ...“ usw. Solche Präsentationen weisen auf die Unsicherheit des Präsentierenden hin.
- Bitte keine Entschuldigungen. Damit weist man das Publikum erst recht auf Schwachstellen der Präsentation hin.
- Bitte kein „Danke für Ihre Aufmerksamkeit“! Das ist eine Floskel, die jeder (wirklich JEDER) Präsentierende benutzt. Wenn man sich bedanken will, dann darf das gerne etwas konkreter sein: „Danke für den engagierten Dialog!“

12.3 Das Feedback nach der Präsentation

Die Präsentation ist beendet und man verlässt sie meist mit gemischten Gefühlen.

- Konnte ich meine Zuhörer begeistern?
- War ich langweilig?
- Habe ich alles gesagt was ich sagen wollte?
- Wie hat meine Präsentation gewirkt?

Um seine eigenen Präsentationsfähigkeiten zu steigern ist es wichtig, sich nach jeder Präsentation ein Feedback einzuholen – und es mit seinem Selbstbild abzugleichen.

Ein Feedback ist eine Rückmeldung, in der die Zuhörer der präsentierenden Person mitteilen, welche Wirkung die Präsentation auf sie hatte. Die Qualität eines Feedbacks hängt von folgenden drei Größen ab:

1. von den Regeln, nach denen es erfolgt
2. von den Kriterien, die ihm zugrunde gelegt werden
3. vom Stil und von der Atmosphäre in der Feedback-Situation.

Ein Feedback darf auf keinen Fall als Beleidigung oder Generalabrechnung verstanden werden. Allerdings sollte es aber auch unbedingt ehrlich gemeint sein. Ein positives Feedback um des lieben Friedens Willen nützt dem Präsentierenden überhaupt nichts.

Tipps zum Feedback	Erklärung	Beispiel
Ein Feedback gibt man nur auf Wunsch.	Ein Feedback sollte nur dann gegeben werden, wenn es sich der Feedback-Nehmer auch wünscht, denn nur dann wird er es auch annehmen.	*„Darf ich dir ein Feedback geben?“*
Ein Feedback gibt man möglichst direkt.	Ein Feedback sollte möglichst schnell nach dem Vortrag gegeben werden, nicht erst Tage später.	
Das Feedback sollte mit etwas Positivem begonnen werden.	Ein Feedback dient zur Weiterentwicklung. Dazu gehört auch, dass man erkennt, was gut gelaufen ist.	*„Ich fand es toll, wie ruhig du vor der Gruppe gestanden hast.“* *„Deinen Einstieg fand ich besonders interessant!“*
Ein Feedback wird immer in der Ich-Form gegeben.	Wir neigen oft dazu, nicht von uns selbst, sondern in der Man-Form zu sprechen. Damit verallgemeinert man jedoch vieles. Gerade beim Feedback empfindet jeder etwas anderes. Deshalb sollte auch in der Ich-Form über diese Empfindungen gesprochen werden.	*„Auf mich hast du sehr aufgeregt gewirkt.“* *„Ich fand es gut, dass du von dir selbst gesprochen hast!“* Nicht: *„Man hat gemerkt, dass du aufgeregt warst!“*
Negative Kritik kann mit Verbesserungsvorschlägen verknüpft werden.	Sagt man der Person nur, was sie falsch gemacht hat, wird es schnell als Generalabrechnung empfunden. Ein Feedback wirkt besser, wenn gleich Tipps gegeben werden, wie der Präsentierende seinen Vortrag verbessern kann.	*„Mir haben wichtige Details gefehlt. Zum Beispiel hättest du die geschichtliche Entwicklung deines Unternehmens detaillierter darstellen können.“* *„Deine Folien haben auf mich sehr unstrukturiert gewirkt. Das kam wahrscheinlich durch die vielen unterschiedlichen Schriftarten und Bilder. Verwende beim nächsten Mal doch nur eine einzige Schriftart und Grafiken gleichen Typs!“*
Das Feedback wird sachlich und genau formuliert.	Oft erlebt man, dass Feedbacks zu ungenau formuliert werden – man will ja der präsentierenden Person nichts Böses. Mit solch einem Feedback kann allerdings niemand etwas anfangen. Deshalb gilt hier: Formulieren Sie das Feedback so sachlich und konkret wie möglich!	*„Die Folie mit den Ausbildungsberufen ging mir zu schnell – hier habe ich nicht alles verstanden.“*

Da ein Feedback nur auf Wunsch gegeben werden soll, muss der Feedback-Nehmer natürlich auch bereit sein, ein Feedback anzunehmen. Ein Feedback ist immer eine Möglichkeit, etwas zu verbessern und sollte als Chance erkannt werden.

Ebenso, wie es für die Feedback-Geber klare Regeln gibt, sollte sich ein Feedback-Nehmer an solche halten:

- Versuchen Sie sich nicht zu rechtfertigen oder zu verteidigen. Der Feedback-Geber stellt gerade seine Sichtweise dar und die ist meist sehr subjektiv.
- Seien Sie offen für alle Kommentare. Machen Sie dies auch durch eine offene Körperhaltung deutlich.
- Hören Sie aufmerksam zu und lassen Sie die Feedback-Geber ausreden. Fragen Sie aber auch nach, wenn Sie etwas nicht richtig verstanden haben.
- Denken Sie – später und in Ruhe – über das Feedback nach und notieren Sie Dinge, die Sie beim nächsten Mal verändern wollen.
- Bedanken Sie sich für das Feedback und machen Sie auch deutlich, ob das Feedback hilfreich war.

12.4 Die Bewertung einer Präsentation

Präsentationen werden in den letzten Jahren immer häufiger auch zur Leistungsüberprüfung eingesetzt. Dabei hat jeder Beurteilende eigene Bewertungskriterien, die ihm wichtig sind. Optimal ist es, wenn im Vorfeld allen Beteiligten diese Kriterien bekannt sind. So kann die Präsentation klarer und strukturierter geplant werden.

In einigen Berufsgruppen haben sich Projektpräsentationen in der Abschlussprüfung durchgesetzt. Im Internet lassen sich dafür Kriterienkataloge der Kammern finden, die den Prüflingen einen Leitfaden dazu bieten, auf was sie sich vorbereiten können.

Es kristallisieren sich dabei folgende Bewertungskriterien heraus, auf die in Präsentationen geachtet werden sollte:

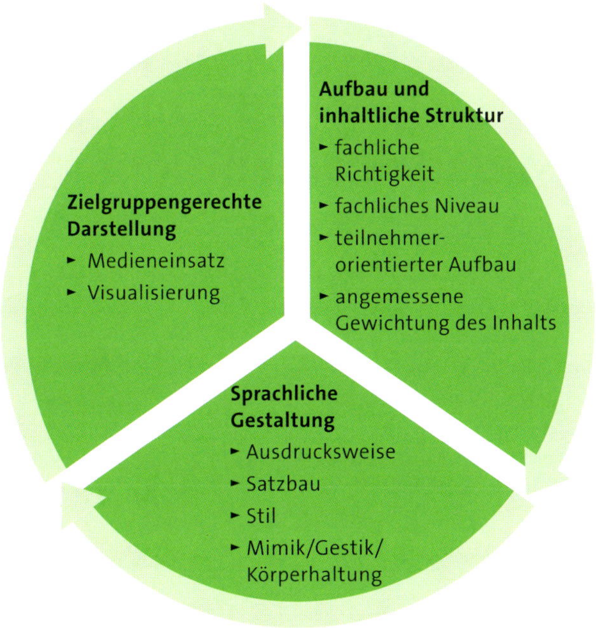

Außerdem können sich auch die Fragen, die zur Vorbereitung auf die Präsentation verwendet wurden, in der Bewertung widerspiegeln.

Sollten Teilnehmerunterlagen (Handouts) gefordert sein, werden diese meist zusätzlich in die Bewertung eingebunden. Hier kommt es insbesondere auf die inhaltliche Aufbereitung der Handouts an. Auch die optische Darstellung spielt eine Rolle. Ein Handout ist immer als Bereicherung der Präsentation zu sehen und sollte nie einfach nur die Präsentation an sich widergeben. Also bitte:

- Stecken Sie genauso viel Arbeit in das Handout, wie Sie in die Präsentation gesteckt haben.
- Drucken Sie nicht einfach Ihre Folien als Handout aus. Falls doch, dann sollten Sie die Folien durch Notizen entsprechend ergänzen.
- Beschriften Sie Ihr Handout durch eine Kopf- oder Fußzeile mit Namen, Titel und Datum der Präsentation.

WISSENSCHECK

Im Online-Training zu diesem Buch können Sie zusätzlich Aufgaben zu diesem Lernfeld bearbeiten und so das Gelernte überprüfen.

Büroprozesse gestalten und Arbeitsvorgänge organisieren

Bürowirtschaftliche Abläufe sind typische und wichtige Merkmale der Büroarbeit in Betrieben verschiedener Wirtschaftszweige und Branchen, die eine hohe Qualität von Büroarbeit gewährleisten.

In diesem Lernfeld werden die Berufseinsteiger berufstypische Arbeitsabläufe selbstständig nachvollziehen, um betriebliche Zusammenhänge und deren Auswirkungen auf andere Funktionsbereiche beurteilen zu können. Sie erfahren, welche Gesetze und Verordnungen die Gestaltung von Arbeitsraum und Arbeitsplatz regeln und analysieren auf dieser Basis Arbeitsplätze hinsichtlich ergonomischer und ökologischer Erfordernisse. Darüber hinaus entwickeln sie Maßnahmen zur Bewältigung von physischen und psychischen Belastungen am Büroarbeitsplatz.

Methoden und Techniken des Zeitmanagements unterstützen die Auszubildenden mit dem Ziel, Büroprozesse in einem definierten Zeitrahmen effizienter zu gestalten und zu optimieren. Dazu benötigen die Auszubildenden ein hohes Maß an Kommunikations- und Kooperationsfähigkeit. Sie reflektieren ihre Selbst- und Fremdwahrnehmung und bringen sich motiviert in ein Team ein. Neben dem eigenständigen Training ihrer schreibtechnischen Fertigkeiten planen die Auszubildenden Sitzungen und Besprechungen und dokumentieren die Gesprächsinhalte. Sie wenden Methoden zur innerbetrieblichen Weiterleitung von Informationen prozessorientiert an. Sie stellen den Ablauf der Eingangspost im Unternehmen dar und vergleichen zweckmäßige Versandarten für die Ausgangspost.

Die ordnungsgemäße Verwaltung von Schriftstücken und digitalen Dokumenten leiten sie von gesetzlichen und betrieblichen Aufbewahrungsfristen ab. Sie organisieren Aufbewahrungs- und Ordnungssysteme normgerecht unter Berücksichtigung von Datenschutz und Datensicherheit.

Neben dem Erwerb einer breiten kaufmännischen Fachkompetenz fördert die handlungsorientierte Ausrichtung der Aufgaben das Denken in Zusammenhängen, Flexibilität und Genauigkeit sowie die Fähigkeit zur Gestaltung einer humanen, ökonomischen und ökologischen Arbeitswelt.

2

1. Gestaltung von Arbeitsraum und Arbeitsplatz

1.1 Eine Wissenschaft oder eine Norm?

Der Begriff Ergonomie stammt aus dem Griechischen und ist eine Wortkombination. Der Begriff „ergon“ steht für „Arbeit oder Werk“, das Wort „nomos“ für „Gesetz, Regel“.

Ergonomie bedeutet – frei übersetzt – die „Wissenschaft gesunder Arbeitsbedingungen“.

> *„Ergonomie ist ein wissenschaftlicher Ansatz, damit wir aus diesem Leben die besten Früchte bei der geringsten Anstrengung, mit der höchsten Befriedigung für das eigene und für das allgemeine Wohl ernten.“*
>
> Wojciech Jastrzebowski, 1857

Grundlegende Ziele der Ergonomie basieren auf den Faktoren:

- **Humanität:** Die Beschäftigten sollten grundsätzlich keinen Über- oder Unterforderungen ausgesetzt sein. Die Arbeit soll menschengerecht gestaltet sein.
- **Wirtschaftlichkeit:** Die Anwendung ergonomischer Erkenntnisse soll und kann beste Arbeitsergebnisse erzielen und Wettbewerbsfähigkeit sichern.

Das aus dieser Aussage abzuleitende Hauptziel der Ergonomie ist, das Arbeitsumfeld und die dazugehörigen Bedingungen an die Bedürfnisse und Möglichkeiten der Menschen anzupassen sowie Arbeitsprozesse zu optimieren und effizienter zu gestalten. Daher müssen folgende Gesichtspunkte der Ergonomie berücksichtigt werden:

Physische Ergonomie	Psychische Ergonomie	Organisatorische Ergonomie
Sie befasst sich mit den organischen, anthropometrischen, physiologischen und motorischen Eigenheiten des Menschen, wie z. B. Klima, Mobiliar, Elektronik, Räume.	Sie befasst sich mit den geistigen Prozessen, wie Arbeitsbelastung und -inhalt, Empfindungen, Denken und Handeln.	Sie befasst sich mit der Optimierung von Arbeitsstrukturen und -prozessen, wie z. B. Arbeitszeitgestaltung, Stressmanagement, Teamarbeit.

Ergonomische Nachhaltigkeit wird erreicht, wenn der Arbeitnehmer an seinem ergonomisch optimierten Arbeitsplatz in der Lage ist, seine Tätigkeit über einen längeren Zeitraum auszuüben, ohne dass seine Gesundheit weder psychisch noch physisch beeinträchtigt oder dauerhaft geschädigt wird. Ein ergonomisch optimierter Arbeitsplatz stellt einen echten Mehrwert für jeden Arbeitnehmer und Arbeitgeber dar.

„... moderne Ergonomie erreicht die Menschen und erfüllt Normen ...!“

1.2 Gesetze und Normen

1.2.1 Welche Richtlinien gibt es?

Da sich die technischen Geräte im Wandel der Zeit immer wieder verändern und optimieren, hat der Gesetzgeber ganz bewusst keine starren Vorgaben für die Arbeitsplatzgestaltung festgehalten, sondern er gibt Richtlinien vor, die sich auf die Überprüfung der Funktionstüchtigkeit und der Wartung von Geräten und Arbeitsmitteln beschränkt.

Der Europäische Rat hat im Zusammenwirken mit dem Europäischen Parlament Richtlinien in Form von Mindestvorschriften zur Verbesserung der Sicherheit und des Gesundheitsschutzes bei der Arbeit, die sog. **EU-Rahmenrichtlinie Arbeitsschutz** erlassen. Diese Mindeststandards können national verbessert, aber nicht unterschritten werden. Sie gilt als das **„Grundgesetz des betrieblichen Arbeitsschutzes“**. Im deutschen Recht wird sie durch das Arbeitsschutzgesetz umgesetzt.

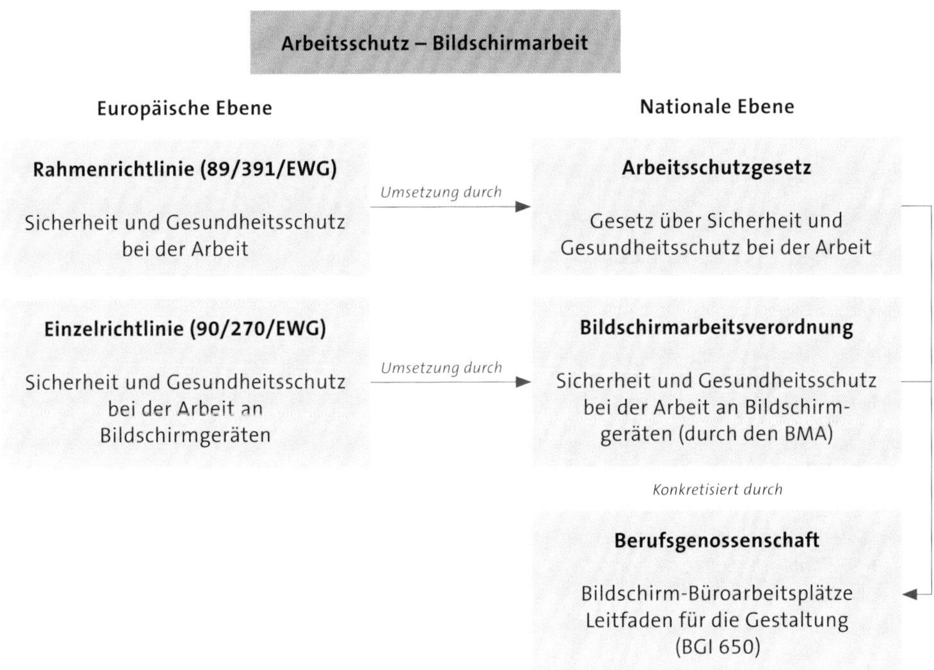

1.2.2 Welche Gesetze, Vorschriften und Normen müssen vom Arbeitgeber eingehalten werden?

www.gesetze-im-internet.de
www.vbg.de

Um Arbeitsplätze gesund und sicher zu gestalten, hat der Gesetzgeber in den vergangenen Jahren verstärkt dafür gesorgt, dass Arbeitgeber Erkenntnisse der Ergonomie beachten müssen.

In einer Vielzahl von Gesetzen und Verordnungen hat der Gesetzgeber Vorgaben und Mindestmaße für ergonomisch gestaltete Arbeitsplätze festgelegt. Die wesentlichen, die die Systematik des Themas erkennen lassen, sind:

RECHTSGRUNDLAGE

Arbeitsschutzgesetz (ArbSchG)
§ 3 Grundpflichten des Arbeitgebers

(1) Der Arbeitgeber ist verpflichtet, die erforderlichen Maßnahmen des Arbeitsschutzes unter Berücksichtigung der Umstände zu treffen, die Sicherheit und Gesundheit der Beschäftigten bei der Arbeit beeinflussen. Er hat die Maßnahmen auf ihre Wirksamkeit zu überprüfen und erforderlichenfalls sich ändernden Gegebenheiten anzupassen. Dabei hat er eine Verbesserung von Sicherheit und Gesundheitsschutz der Beschäftigten anzustreben.

§ 5 Beurteilung der Arbeitsbedingungen

(1) Der Arbeitgeber hat durch eine Beurteilung der für die Beschäftigten mit ihrer Arbeit verbundenen Gefährdung zu ermitteln, welche Maßnahmen des Arbeitsschutzes erforderlich sind.

(2) Der Arbeitgeber hat die Beurteilung je nach Art der Tätigkeiten vorzunehmen. Bei gleichartigen Arbeitsbedingungen ist die Beurteilung eines Arbeitsplatzes oder einer Tätigkeit ausreichend.

§ 6 Dokumentation

(1) Der Arbeitgeber muss über die je nach Art der Tätigkeiten und der Zahl der Beschäftigten erforderlichen Unterlagen verfügen, aus denen das Ergebnis der Gefährdungsbeurteilung, die von ihm festgelegten Maßnahmen des Arbeitsschutzes und das Ergebnis ihrer Überprüfung ersichtlich sind. Bei gleichartiger Gefährdungssituation ist es ausreichend, wenn die Unterlagen zusammengefasste Angaben enthalten.

(2) Unfälle in seinem Betrieb, bei denen ein Beschäftigter getötet oder so verletzt wird, dass er stirbt oder für mehr als drei Tage völlig oder teilweise arbeits- oder dienstunfähig wird, hat der Arbeitgeber zu erfassen.

Arbeitsstättenverordnung (ArbStättV)
§ 3 (1) Gefährdungsbeurteilung – Anhang Anforderungen und Maßnahmen für Arbeitsstätten

§ 3a Einrichten und Betreiben von Arbeitsstätten
(1) Der Arbeitgeber hat dafür zu sorgen, dass Arbeitsstätten so eingerichtet und betrieben werden, dass sie den ergonomischen Anforderungen entsprechen und von ihnen keine Gefährdungen für die Sicherheit und die Gesundheit der Beschäftigten ausgehen. Er hat die Tätigkeiten der Beschäftigten an Bildschirmarbeitsplätzen so zu gestalten und zu organisieren, dass psychische und körperliche Belastungen sowie mögliche Gefährdungen des Sehvermögens vermieden oder auf ein Mindestmaß verringert werden. Dazu sind insbesondere regelmäßige Pausen oder Unterbrechungen durch andere Tätigkeiten vorzusehen.

Bildschirmarbeitsverordnung (BildscharbV)
§ 3 Beurteilung der Arbeitsbedingungen
§ 5 Täglicher Arbeitsablauf

www.ergo-online.de
www.bmas.de

DIN EN ISO 9241
Ergonomische Anforderungen für Bürotätigkeiten mit Bildschirmgeräten

DIN EN ISO 10075
Ergonomische Grundlagen psychischer Arbeitsbelastung

www.redtenbacher.de
www.baua.de

1.3 Arbeitsraumgestaltung

1.3.1 Richtlinien zur Gestaltung von Arbeitsräumen

Die Mindestbedingungen für Sicherheit und Gesundheit am Arbeitsplatz sind u. a. in der **Arbeitsstättenverordnung (ArbStättV)** und in der **Bildschirmarbeitsverordnung (BildscharbV)** geregelt. Durch einheitliche aber flexible Grundvorschriften wird den Unternehmen ein Spielraum gegeben, Arbeitsschutzmaßnahmen individuell an die Erfordernisse der Beschäftigten und deren Arbeitsplätze anzupassen.

1.3.2 Arbeitsstättenverordnung (ArbStättV)

Die Arbeitsstättenverordnung (ArbStättV) verfolgt das Ziel, Beschäftigte in Arbeitsstätten zu schützen und zur Verhütung von Arbeitsunfällen und Berufskrankheiten beizutragen. Unfälle am Arbeitsplatz sind immer noch häufig auf die nicht ordnungsgemäße Beschaffenheit, Einrichtung und Unterhaltung der Arbeitsstätten zurückzuführen.

Die Arbeitsstättenverordnung enthält zugleich Forderungen nach gesundheitlich zuträglichen Luft-, Klima- und Beleuchtungsverhältnissen sowie nach einwandfreien sozialen Einrichtungen, insbesondere Sanitär- und Erholungsräumen. Diese sind in den **Technischen Regeln für Arbeitsstätten (ASR)** konkretisiert.

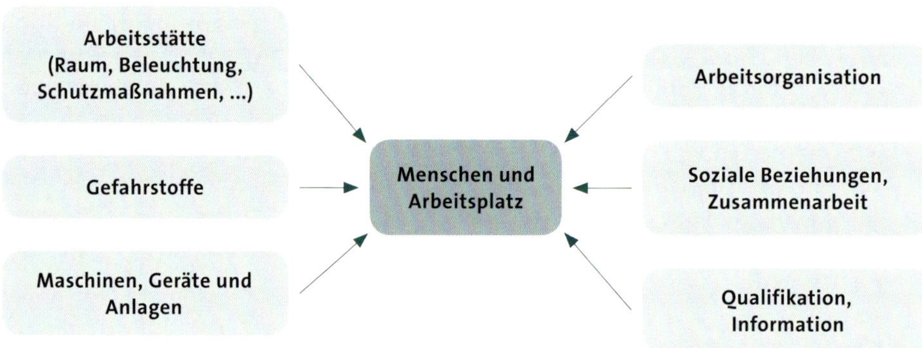

Ziele der Arbeitsstättenverordnung sind

- ... die Sicherheit und der Gesundheitsschutz beim Einrichten und Betreiben von Arbeitsstätten
- ... die Benutzung und Instandhaltung von Arbeitsstätten, Arbeitsplätzen und Arbeitsräumen
- ... die Berücksichtigung der Bedürfnisse von Menschen mit Benachteiligungen
- ... die Regelung des Nichtraucherschutzes
- ... die Anforderungen an die bauliche Ausgestaltung, der Schutz vor besonderen Gefahren und Anforderungen an Sanitär- und Pausenräume, an Arbeitsplätze und an Baustellen

RECHTSGRUNDLAGE

Maßnahmen und praktische Durchführungshilfen zur Erreichung der Schutzziele der ArbStättV enthalten die Arbeitsstättenregeln – ASR. Sie erleichtern dem Arbeitgeber die Durchführung der Gefährdungsbeurteilung nach § 3 Absatz 1 der ArbStättV und die Festlegung der geeigneten Maßnahmen zum Gesundheitsschutz und der Sicherheit der Beschäftigten.

Hält ein Arbeitgeber diese Vorgaben nicht ein, muss er nach Lösungen suchen, die mindestens das gleiche Schutzniveau wie die Regeln der ASR aufweisen.

Folgende Inhalte der **ASR** sind für die Gestaltung von Büroräumen relevant:

www.baua.de

RECHTSGRUNDLAGE

1.2 Abmessungen von Räumen, Luftraum
Arbeitsräume müssen eine ausreichende Grundfläche und eine, in Abhängigkeit von der Größe der Grundfläche der Räume, ausreichende lichte Höhe aufweisen, sodass die Beschäftigten ohne Beeinträchtigung ihrer Sicherheit, ihrer Gesundheit oder ihres Wohlbefindens ihre Arbeit verrichten können.

Die Abmessungen der Räume richten sich nach der Art ihrer Nutzung.

Die vorgegebenen grundsätzlichen Mindestgrundflächen sehen wie folgt aus:

- 8 m^2 für einen Arbeitsplatz,
- kommen weitere Arbeitsplätze hinzu: mindestens 6 m^2 für jeden weiteren Arbeitsplatz,
- Büro- und Bildschirmarbeitsplätze (einschließlich Möblierung und anteilige Verkehrsflächen): 8 bis 10 m^2 je Arbeitsplatz,
- Großraumbüros: aufgrund des höheren Verkehrsflächenbedarfs und der akustischen und visuellen Störfaktoren: 12 bis 15 m^2 je Arbeitsplatz.

Die Größe des notwendigen Luftraumes ist in Abhängigkeit von der Art der physischen Belastung und der Anzahl der Beschäftigten sowie der sonstigen anwesenden Personen zu bemessen.

3.1 Bewegungsfläche
Die freie unverstellte Fläche am Arbeitsplatz muss so bemessen sein, dass sich die Beschäftigten bei ihrer Tätigkeit ungehindert bewegen können.

Ist dies nicht möglich, muss den Beschäftigten in der Nähe des Arbeitsplatzes eine andere ausreichend große Bewegungsfläche zur Verfügung stehen.

3.4 Beleuchtung und Sichtverbindung
Der Arbeitgeber darf als Arbeitsräume nur solche Räume betreiben, die möglichst ausreichend Tageslicht erhalten und die eine Sichtverbindung nach außen haben. Ausgenommen sind Räume, bei denen betriebs-, produktions- oder bautechnische Gründe dem Tageslicht oder einer Sichtverbindung nach außen entgegenstehen oder Räume, in der sich Beschäftigte zur Verrichtung ihrer Tätigkeit nur kurzzeitig aufhalten, wie z. B. Archive, Lager, Nebenräume, Teeküchen.

In Arbeitsräumen muss die Stärke des Tageslichteinfalls am Arbeitsplatz je nach Art der Tätigkeit reguliert werden können.

Arbeitsstätten müssen mit Einrichtungen ausgestattet sein, die eine angemessene künstliche Beleuchtung ermöglichen, sodass die Sicherheit und der Schutz der Gesundheit der Beschäftigten gewährleistet sind.

Die Beleuchtungsanlagen sind so auszuwählen und anzuordnen, dass sich dadurch keine Unfall- oder Gesundheitsgefahren ergeben können.

Arbeitsstätten, in denen die Beschäftigten bei Ausfall der Allgemeinbeleuchtung Unfallgefahren ausgesetzt sind, müssen eine ausreichende Sicherheitsbeleuchtung haben.

3.5 Raumtemperatur

Arbeitsräume, in denen aus betriebstechnischer Sicht keine spezifischen Anforderungen an die Raumtemperatur gestellt werden, müssen während der Nutzungsdauer unter Berücksichtigung der Arbeitsverfahren und der physischen Belastungen der Beschäftigten eine gesundheitlich zuträgliche Raumtemperatur haben.

Fenster, Oberlichter und Glaswände müssen je nach Art der Arbeit und der Arbeitsstätte eine Abschirmung der Arbeitsstätten gegen übermäßige Sonneneinstrahlung ermöglichen.

3.6 Lüftung

In Arbeitsräumen muss unter Berücksichtigung des spezifischen Nutzungszwecks, der Arbeitsverfahren, der physischen Belastungen und der Anzahl der Beschäftigten sowie der sonstigen anwesenden Personen während der Nutzungsdauer ausreichend gesundheitlich zuträgliche Atemluft vorhanden sein.

Ist für das Betreiben von Arbeitsstätten eine raumlufttechnische Anlage erforderlich, muss diese jederzeit funktionsfähig sein. Eine Störung muss durch eine selbsttätige Warneinrichtung angezeigt werden. Es müssen Vorkehrungen getroffen sein, durch die die Beschäftigten im Fall einer Störung gegen Gesundheitsgefahren geschützt sind.

Werden raumlufttechnische Anlagen verwendet, ist sicherzustellen, dass die Beschäftigten keinem störenden Luftzug ausgesetzt sind.

Ablagerungen und Verunreinigungen in raumlufttechnischen Anlagen, die zu einer unmittelbaren Gesundheitsgefährdung durch die Raumluft führen können, müssen umgehend beseitigt werden.

3.7 Lärm

In Arbeitsstätten ist der Schalldruckpegel so niedrig zu halten, wie es nach der Art des Betriebes möglich ist. Der Schalldruckpegel am Arbeitsplatz in Arbeitsräumen ist in Abhängigkeit von der Nutzung und den zu verrichtenden Tätigkeiten so weit zu reduzieren, dass keine Beeinträchtigungen der Gesundheit der Beschäftigten entstehen.

1.4 Der Arbeitsplatz im Büro

Die Gestaltung des Arbeitsplatzes ist für den Arbeitserfolg und das Wohlbefinden der Mitarbeiter ein ganz wesentlicher Faktor. Freundliche, ansprechende Büroräume wirken sich positiv auf die Stimmung aus und Arbeitsabläufe gehen leichter von der Hand. Freude an der Arbeit erhöht die Lebensqualität und steigert das Wohlbefinden. Ein gutes Arbeitsplatzklima schafft Platz für neue Ideen und Kreativität und steigert somit die Leistungsbereitschaft und Produktivität.

Die kaufmännisch-verwaltenden Berufe verzeichnen die größte Zahl von krankheitsbedingten Ausfalltagen. Typisch sind Kopfschmerzen, Beschwerden im Rücken-, Nacken- und Schulterbereich, Handgelenksentzündungen usw. Durch die flächendeckende Informations- und Kommunikationstechnik haben diese Probleme zugenommen.

In den letzten Jahren sind unspezifische Krankheiten wie Müdigkeit, Erschöpfung, Kopfschmerzen und Schwindel, schwere Haut und Schleimhauterkrankungen bis hin zu Gedächtnisstörungen, Reizbarkeit und depressiven Verstimmungen dazu gekommen. Diese Beschwerden sind auf die künstliche Klimatisierung, negative Umweltfaktoren wie z. B. falsche Beleuchtung, hohe Geräuschkulisse sowie den Einsatz von schadstoffbehafteten Materialien in Gebäuden – das sog. Sick-Building-Syndrom – zurückzuführen.

MERKE

Das Sick-Building-Syndrom beschreibt das Auftreten gebäudebezogener Beschwerden bei mindestens 20 % der Arbeitnehmer.

Um diese Gesundheitsbelastungen für Mitarbeiter zu reduzieren, ist ein Umdenken erforderlich. Der **ökologische Aspekt** der Arbeitsplatzgestaltung sieht den Einsatz umweltfreundlicher Materialien sowie das Minimieren von Umweltbelastungen am Arbeitsplatz vor. Beim Einkauf von Büroausstattungsgegenständen sollte auf umweltfreundliche, mit Prüfsiegel gekennzeichnete Materialien und Geräte geachtet werden. **Ökologische Nachhaltigkeit** wird erreicht durch:

- Verwendung von Produkten aus schadstoffarmer Herstellung
- Verwendung recyclingfähiger Materialien und Recyclingpapier
- Verwendung emissionsarmer Geräte
- Verwendung langlebiger Produkte
- Verwendung von Geräten mit geringem Energieverbrauch
- Verwendung von Fehldrucken als Notizpapier
- doppelseitige Nutzung von Papier, Verkleinerung von Texten
- Abblocken unerwünschter Werbung
- sparsames Layout bei eigenen Publikationen
- elektronische Kommunikation.

Daher sind ganzheitliche Konzepte gefragt, die den Arbeitsplatz im Büro als System begreifen und alle Bereiche der Arbeitsumgebung kritisch analysieren und an die Bedürfnisse der Mitarbeiter anpassen. Die Leistungsbereitschaft und das Leistungsvermögen werden durch eine bestmögliche Gestaltung gefördert, der Einsatz der menschlichen Arbeitskraft und das Arbeitsergebnis werden optimiert.

Neben einem ergonomisch ausgerichteten Bildschirmarbeitsplatz beeinflussen folgende Faktoren die Arbeitsumgebung:

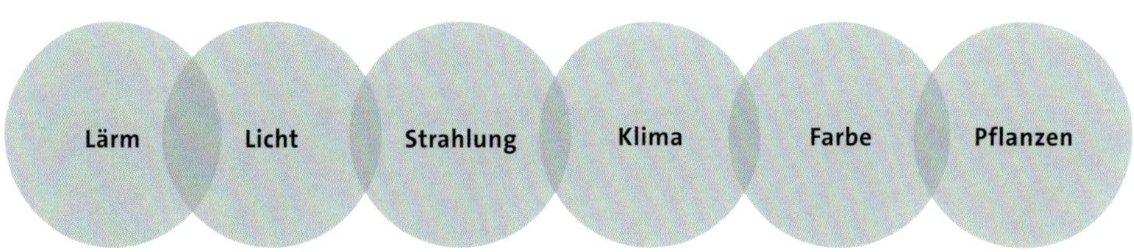

1.4.1 Gestaltung der Arbeitsumgebung

Die Bedingungen am Arbeitsplatz und im Arbeitsraum haben einen erheblichen Einfluss auf das Wohlbefinden und die Leistungsfähigkeit der Beschäftigten. Durch eine ergonomische und gesundheitsgerechte Gestaltung der Arbeitsumgebung bleiben die Mitarbeiter motiviert, gesund und leistungsfähig.

Zur Gestaltung der Arbeitsumgebung gehört:

- die Beleuchtungsverhältnisse verbessern
- für ein gesundheitlich zuträgliches Klima sorgen
- störenden und gesundheitsschädigenden Lärm vermeiden
- die Farbgestaltung den räumlichen Gegebenheiten anpassen
- negativen Einwirkungen durch physikalische Faktoren wie Hitze, Kälte oder Strahlung entgegenwirken
- mit Pflanzen eine angenehme Arbeitsatmosphäre erzeugen.

1.4.2 Beleuchtung

Beschäftigte bei der Büroarbeit und am Bildschirmarbeitsplatz verbringen einen enormen Anteil ihrer Arbeitszeit am Computer. Damit werden die Augen gereizt, die ca. 80 % unserer Sinneseindrücke aufnehmen und somit stets gefordert sind. Nicht nur die Bildschirmarbeit, sondern auch die Bürobeleuchtung hat einen deutlichen Einfluss auf die Intensität des „Sehstresses", denn das lange Schauen aus relativ kurzer Distanz führt bei schlechten Lichtverhältnissen am Arbeitsplatz zu Symptomen wie Müdigkeit, Sehproblemen und Konzentrationsmängeln.

Ideal sind Büroräume, die gleichmäßig vom **Tageslicht** ausgeleuchtet werden und in denen der Bildschirmarbeitsplatz nicht durch direkte Sonneneinstrahlung geblendet wird. Der Schreibtisch sollte daher parallel zum Fenster aufgestellt sein, sodass keine störenden Schatten auf die Arbeitsfläche fallen.

Da Tageslicht nicht immer in ausreichendem Maße vorhanden ist, ist in Büroräumen zusätzlich eine künstliche Beleuchtung erforderlich, die alle lichttechnischen Qualitätsmerkmale erfüllt. Eine optimale ergonomische Beleuchtung ist abhängig von folgenden Faktoren: eine **blendfreie Beleuchtung**, keine reflektierenden Flächen und Spiegel. Helle Wände unterstützen dabei, das Licht gleichmäßig zu verteilen.

Beleuchtungsniveau

- An Bildschirmarbeitsplätzen sollte die Beleuchtung mindestens **500 Lux** betragen. In Großraumbüros sollte die Beleuchtungsstärke zwischen **750** und **1.000 Lux** liegen.
- Eine optimale Raumausleuchtung ergibt sich aus der Mischung von einer allgemeinen Deckenbeleuchtung und einer individuell regel- und steuerbaren Arbeitsplatzbeleuchtung (**Zwei-Komponenten-Beleuchtungssystem – Indirekt-/Direkt-Lichtsystem**).

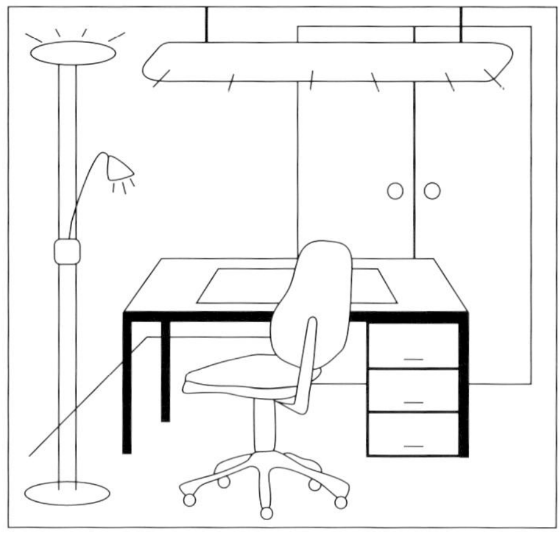

Leuchtdichteverteilung

- Der Raum sollte möglichst gleichmäßig ausgeleuchtet sein, um das Auge in seiner Anpassungsfähigkeit an die Hell-/Dunkel-Kontraste nicht zu überfordern.
- Die Lichtfarbe bestimmt die Wirkung, die im Raum erzielt werden soll. Warmweißes Licht erzeugt ein wohnlicheres, neutralweißes Licht eine sachlichere Stimmung. Für die Begrenzungsflächen von Räumen sind ungesättigte helle Farbtöne vorzusehen.
- Eine Ausblickmöglichkeit ins Freie sollte vorhanden sein.

Spiegelungen, Reflexionen und Blendungen
müssen auch bei Tageslichteinfall vermieden werden z. B. durch:

- flimmerfreie Leuchten: entspiegelte Prismenleuchten oder Spiegelrasterleuchten, die parallel zum Fenster und zur Hauptblickrichtung angeordnet sind
- Lichteinfall schräg seitlich von oben
- individuell verstellbare Lichtschutzvorrichtungen, die den Blick nach außen zulassen, z. B. Innen- oder Außenjalousien, senkrechte Lamellenstores und Transparentfolien
- matte und entspiegelte Oberflächen sowie helle Farben bzw. Oberflächen für das Mobiliar und die Arbeitsumgebung, die störende Reflexionen vermeiden

- blend- und reflexionsfreie Positionierung des Bildschirms, d. h. der Bildschirm sollte in Blickrichtung parallel zur Fensterfront ausgerichtet sein.

Bei der Beleuchtung ist zu beachten, dass ältere Menschen für die gleiche Arbeitsaufgabe eine höhere Beleuchtungsstärke benötigen. Da das Durchschnittsalter der Beschäftigten zukünftig stetig ansteigen wird, ist dies zu berücksichtigen.

Die **LED-Beleuchtung** gewinnt durch die technischen, ökologischen und humanen Aspekte immer mehr an Bedeutung, da sie neben einer hohen Farbsättigung und Farbwiedergabe eine lange Lebensdauer, hohe Effizienz und Energieersparnis bietet. Darüber hinaus ist sie umweltfreundlich ohne schädliche UV- und Infrarot-Strahlung.

MERKE

Grundsätzlich gilt: Je anspruchsvoller eine Sehaufgabe ist, desto höher ist der Lichtbedarf. Gerade wenn zwischen gröberen und feineren Arbeiten an einem Arbeitsplatz gewechselt wird, ist eine Anpassung der Lichtverhältnisse sinnvoll.

1.4.3 Lärm und Akustik

Geräusche im Büro können das konzentrierte Arbeiten stark einschränken. Durch ständige Lärmeinwirkung sinken die Leistungsfähigkeit und auch die Leistungsbereitschaft. Ein jederzeit erhöhter Schallpegel im Büro ist ein nicht zu unterschätzender Auslöser von Stress.

Ein verstärktes Lärmaufkommen entsteht immer dort, wo Geräte zum Einsatz kommen und Menschen miteinander kommunizieren. Schallquellen im Büro sind z. B.

- Telefone und Faxgeräte
- Drucker, Computer, Tastaturen, Kopierer
- Gespräche zwischen Mitarbeitern
- Lüftungs- und Klimaanlagen
- Radiogeräte
- Straßenlärm.

TIPP

- Der allgemeine Lärmpegel muss nicht unbedingt sehr hoch sein, um von allgemeiner Lärmbelastung zu sprechen. Gerade bei Bildschirmarbeit geht Lärmbelastung von den allgemeinen Hintergrundgeräuschen aus.
- Als besonders belastend wird dabei die menschliche Sprache empfunden, wenn sie sich deutlich vom Geräuschhintergrund abhebt und der Inhalt verstanden werden kann.
- Geräusche hingegen, die selbst erzeugt und auch beeinflusst werden können (Tastaturgeräusche, eigene Sprache usw.) werden weniger als Belastung wahrgenommen.

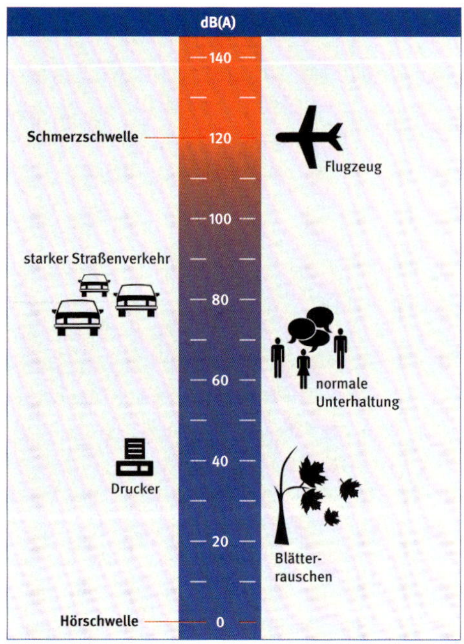

Laut Arbeitsstättenverordnung, Anhang 3.7 soll der Schalldruckpegel (gemessen in dB (A) = Dezibel) an Büroarbeitsplätzen so niedrig gehalten werden, wie es nach der Art des Betriebes möglich ist. Er ist so weit zu reduzieren, dass keine Beeinträchtigungen der Gesundheit der Beschäftigten entstehen.

Laut der Verwaltungs-Berufsgenossenschaft (VBG) und der VDI Richtlinie 2058 liegt der Maximalwert für überwiegend geistige Tätigkeiten bei **55 db (A)**. Nach den neuesten Erkenntnissen der Bundesanstalt für Arbeitsschutz und Arbeitsmedizin werden diese Werte als unzureichend angesehen und 55 dB (A) zwar als **zulässig aber ungünstig** bewertet. Die „Arbeitswissenschaftlichen Erkenntnisse AWE Nr. 124“ dieser staatlichen Fachbehörde bewerten den Schalldruckpegel am Bildschirmarbeitsplatz bis **30 dB (A)** als optimale schalltechnische Qualität am Arbeitsplatz, bis **40 dB (A) als sehr gut** und **bis 45 dB (A) als gut**.

TIPP

Grundsätzlich gilt für den Beurteilungspegel am Büroarbeitsplatz:

- bei überwiegend geistigen Tätigkeiten mit hoher Komplexität → ≤ 55 dB (A)
- bei allen anderen Bürotätigkeiten mit mittlerer Komplexität und zeitlicher Beschränkung → ≤ 70 dB (A)

Geht man davon aus, dass ein Mensch ohne Mühe mit einem Schalldruckpegel von **63 dB (A)** spricht, kann der Grenzwert von **55 dB (A)** in Großraumbüros, wo ständig gesprochen wird, ohne Schutzmaßnahmen kaum einzuhalten sein. Allgemein gilt, dass ab **65 dB (A)** der Körper eindeutig auf Lärm reagiert. Ab **80 dB (A)** können Hörschädigungen auftreten, wenn keine Schutzmaßnahmen ergriffen werden.

Geeignete Maßnahmen zur Lärmminderung im Büro sind z. B.:

- Einsatz von geräuscharmen Arbeitsmitteln
- räumliche Trennung von Lärmquellen (z. B. Nadeldrucker in separatem Raum unterbringen)
- Schallschutzhauben und -matten für technische Geräte
- schallabsorbierende Ausführung von Fußböden, Wänden und Decken
- Einbau von schallisolierten Fenstern.

1.4.4 Klima

In Deutschland arbeiten ca. 17 Mio. Beschäftigte in Büroräumen. Ihr Wohlbefinden und die Leistungsfähigkeit werden nachweislich von einem behaglichen Klima und einer guten Luftqualität beeinflusst. Ein Behaglichkeitsempfinden liegt vor, wenn Lufttemperatur, Luftfeuchte, Luftbewegung und Wärmestrahlung im Raum als optimal empfunden werden. Dieses Empfinden ist abhängig vom Aktivitätsgrad, der Bekleidung sowie der Aufenthaltsdauer im Raum und unterliegt tages- und jahreszeitlichen Schwankungen sowie dem persönlichen Empfinden.

Empfohlene Richtwerte für ein behagliches Raumklima	
Lufttemperatur	mindestens **20 °C bis 22 °C** (**26 °C** sollten im Sommer nicht überschritten werden)
Luftgeschwindigkeit	maximal **0,15 m/sec**
Luftfeuchtigkeit	**40 bis 60 %**

Die Raumtemperatur im Büro von 26 °C darf nicht überschritten werden. Sollte die Außentemperatur 26 °C überschreiten, ist der Erwärmung der Räume durch Sonneneinstrahlung entgegenzuwirken. In diesem Fall soll auch direkte Sonneneinstrahlung auf dem Arbeitsplatz vermieden werden. Bei höheren Raumtemperaturen wird eine höhere Luftgeschwindigkeit häufig als angenehm empfunden. Bei Temperaturen über 30 °C ist der Raum ohne besondere Maßnahmen nicht als Arbeitsraum geeignet.

Um die Belastung der Beschäftigten an heißen Tagen so gering wie möglich zu halten, sind folgende organisatorische Maßnahmen sinnvoll:

- erhöhte Nachtlüftung
- Arbeitszeitverschiebungen
- Bereitstellen von Erfrischungsgetränken
- Einsatz von Klimaanlagen, mobilen Ventilatoren oder Kühlaggregaten
- Installation von Sonnenschutzvorrichtungen, wie z. B. Rollos oder Jalousien
- Fenster morgens schließen, sobald die Außentemperatur über die Raumtemperatur steigt.

Die Luftfeuchtigkeit in Büroräumen ist ein weiterer Gesichtspunkt zur Gestaltung eines behaglichen Raumklimas. Die relative Luftfeuchte in Büroräumen mit einer Fensterlüftung ergibt sich durch den natürlichen Luftaustausch. Die relative Luftfeuchte sollte höchstens 50 % betragen. Eine zu hohe Luftfeuchte ist problematisch, da sie – insbesondere in den Wintermonaten – die Bildung von Schimmel unterstützt. Sinkt die Luftfeuchte jedoch unter 30 %, können gesundheitliche Beeinträchtigungen, wie z. B. Augenreizungen und trockene Schleimhäute auftreten.

Um Schwankungen der Luftfeuchtigkeit auszugleichen, ist das richtige Lüften eine geeignete Möglichkeit. Empfehlenswert ist die Stoßlüftung durch mehrmaliges kurzzeitiges, aber ganzes Öffnen der Fenster.

Laut den Regeln der ASR 3.6 (Technische Regeln für Arbeitsstätten) ist Stoßlüftung in regelmäßigen Abständen nach Bedarf durchzuführen. Als Anhaltswerte gelten, dass Büroräume nach 60 Minuten und Besprechungsräume nach 20 Minuten gelüftet werden. Die Mindestdauer der Stoßlüftung ist von der Differenz der Außen- und Innentemperatur sowie dem Wind abhängig.

MERKE

Folgende Richtwerte dienen unter Berücksichtigung der Außentemperatur als Orientierung:

- Sommer → bis zu 10 Minuten
- Frühling/Herbst → 5 Minuten
- Winter → 3 Minuten

1.4.5 Farben

Neben ergonomisch angepassten Arbeitsmitteln, spielt auch die Farbgestaltung der Arbeitsumgebung eine entscheidende Rolle für das Wohlbefinden am Arbeitsplatz. Mit der richtigen Farbgestaltung von Büroräumen sind Mitarbeiter motivierter, konzentrierter und haben mehr Freude an der Arbeit. Die Farbergonomie und ihre Wirkung ist ein Zusammenspiel von physiologischen und psychologischen Aspekten.

Farbe und ihre Wirkung im Büro sind deshalb keine Geschmacksfrage. Farben erzeugen, richtig eingesetzt, klar erkennbare und messbare Raumsituationen. Deshalb sollte man bei der Büroraumgestaltung ein großes Augenmerk auf die Farbwahl richten.

Für die Wirkung von Farben in Räumen gelten drei Grundregeln:

MERKE

1. Warme Farben (z. B. gelb, rot, orange) machen den Raum kleiner – kalte Farben (z. B. grün und blau) lassen Räume größer wirken.
2. Decken, Wände und Böden im hellsten Farbton gestalten. Soll ein hoher Raum niedriger wirken, dann sollte die Decke dunkler als der Boden und die Wände sein.
3. Je kräftiger der Farbton, umso durchdringender ist auch seine Wirkung. Daher wird bei intensiveren Farben weniger Fläche für eine gewünschte Wirkung benötigt, bei etwas schwächeren Farben wird entsprechend mehr Fläche beansprucht.

Nachfolgende Aufstellung verdeutlicht, wie sich Farben auf den Menschen auswirken:

Rot	Ausdruck und Kontaktfreude; hat Signalwirkung, schenkt Beachtung
Zitronengelb	unterstützt konzentrierte und geistige Arbeit, hält wach und aufmerksam
Sonnengelb	zentriert und schafft eine heitere Atmosphäre
Blau	sorgt für entspannte Flexibilität, fördert Mut und Ausrichtung auf Ziele
Hellgrün	stärkt Durchsetzungsvermögen, regeneriert und vitalisiert den Organismus
Orange	fördert zwischenmenschliche Beziehungen und Geschäftsbeziehungen
Grau, Silber und Chromfarben	stärken Führungsqualitäten, Organisationstalent und die Fähigkeit zu delegieren
Grünblau und Türkis	stoßen kreative Prozesse sowie die verbale Ausdrucksfähigkeit an und unterstützen bei Vorträgen

Bei Entscheidungen für die zu wählende Raumfarbe ist es wichtig, die Aufgaben des Büros klarzustellen. Für hohes konzentriertes Arbeiten, sind beruhigende Farben, wie Blau- und Grüntöne, ideal. Gelb eignet sich für Konferenzräume. Der Empfangsbereich sollte kommunikativ erscheinen. Orange oder Farbakzente in Rot können hier sehr belebend wirken.

1.4.6 Pflanzen im Büro

Pflanzen im Büro schaffen eine individuelle Arbeitsumgebung und eine lebendige Atmosphäre. Pflanzen tragen zum psychischen Wohlbefinden der Beschäftigten bei. Ein begrüntes Büro wird von den meisten Mitarbeitern als angenehm empfunden.

Natürliches Grün in geschlossenen Räumen fördert in vielerlei Hinsicht das Raumklima. Durch die Verdunstung des Gießwassers, das über die Blätter steigt, wird die Luftfeuchtigkeit erhöht, was sich vorteilhaft auf das Raumklima auswirkt.

- Zimmerpflanzen wirken vorbeugend gegen Reizungen der Atemwege.
- Zimmerpflanzen filtern in geringem Maß Schadstoffe aus der Luft.
- Auf den Blättern der Pflanzen wird der Staub aus der Raumluft gebunden. Dies reduziert die Staubbelastung in den Büroräumen. Daher müssen Pflanzen regelmäßig abgestaubt werden.
- Begrünte Büroräume fördern die Konzentration und mindern Stress. Sie wirken Ermüdungserscheinungen, Kopfschmerzen und Hautreizungen entgegen.
- Zimmerpflanzen reduzieren ferner auch den Lärmpegel.

1.4.7 Strahlung und Elektrosmog

Die Elektrosmog-Belastung an den Arbeitsplätzen nimmt ständig zu. Ganz vermeiden lassen sich die Strahlen meistens nicht, denn alle elektrischen Geräte wie z. B. Computer, Peripheriegeräte, Handys, tragbare DECT-Telefone, WLAN, Bluetooth und alle elektrischen Leitungen strahlen elektromagnetische Felder ab.

Wenn elektrische Geräte nicht speziell abgeschirmt sind, entsteht in ihrem Umfeld Elektrosmog. Unter dem Einfluss von Elektrosmog können elektrosensible Menschen unter Symptomen wie Konzentrationsmangel, Nervosität, Hautbeschwerden und Herz-/Kreislauferkrankungen leiden. Abgestrahlte Wellen und Schwingungen durchdringen den menschlichen Körper, wodurch die Gefahr eines erhöhten Krebsrisikos entstehen kann.

Folgende Maßnahmen tragen dazu bei, den Elektrosmog zu reduzieren:

- Den Monitor separat ausschalten, wenn die Tätigkeit für mehr als 15 Minuten unterbrochen wird.
- Den PC ganz abschalten, wenn er für mehr als 30 Minuten nicht benötigt wird.
- Peripheriegeräte (Drucker, Kopierer, Faxgeräte usw.), sollten in einem separaten gut belüfteten Raum untergebracht werden.
- Arbeitsinhalte so gestalten, dass lange Arbeitszeiten am PC vermieden werden.
- strahlungsarme Geräte einsetzen
- auf WLAN in Büroräumen weitestgehend verzichten.

1.5 Büroraumkonzepte

Das Wohlbefinden und die Motivation am Arbeitsplatz sowie ganzheitliche Raumkonzepte beeinflussen maßgeblich das Leistungsverhalten der Beschäftigten. Funktionale und kommunikationstechnisch ausgerichtete Büroarbeitsräume tragen zur **Optimierung von Arbeitsabläufen**, **zu einer Leistungssteigerung der Mitarbeiter** und somit **zum Unternehmenserfolg** bei.

Büroräume sind zum Arbeits- und Lebensraum für die Beschäftigten geworden, wo neben den täglichen Aufgaben auch soziale Kontakte gepflegt werden.

Da jedes Unternehmen eine andere Struktur und unterschiedliche Arbeitsabläufe hat, muss die Raumplanung individuell auf die Bedürfnisse des Unternehmens angepasst werden. Optimale Flächennutzung, Beschleunigung von Arbeitsprozessen, Ergonomie, Kommunikation, Klimafaktoren sowie gesetzliche Vorschriften sind Kriterien, die bei der Planung der richtigen Büroraumform berücksichtigt werden müssen.

Unabhängig von der Unternehmensform müssen Büroräume innovativ und mobil gestaltet werden, um sich den „flexiblen Lösungen" von Arbeitsplätzen anzupassen.

1.5.1 Büroraumformen

Die Büroraumform bestimmt, wie die Arbeitsabläufe zwischen den Mitarbeitern organisiert sind. Sie ist davon abhängig, ob eine Person, mehrere Personen oder ein Team in einem Raum arbeiten sollen, ob sich mehrere Mitarbeiter einen Arbeitsplatz teilen, oder ob Mitarbeiter zuhause arbeiten.

Die räumlichen Profile sind in ihrer Konzeption verschieden. Jede Raumform hat Vor- und Nachteile, abhängig von den Bedürfnissen der Nutzer. Sie dienen der effektiven Umsetzung von Arbeitsaufgaben und der Durchführung von Organisationsabläufen sowie der Entwicklung der Unternehmenskultur.

Die gängigsten Büroraumformen sind:

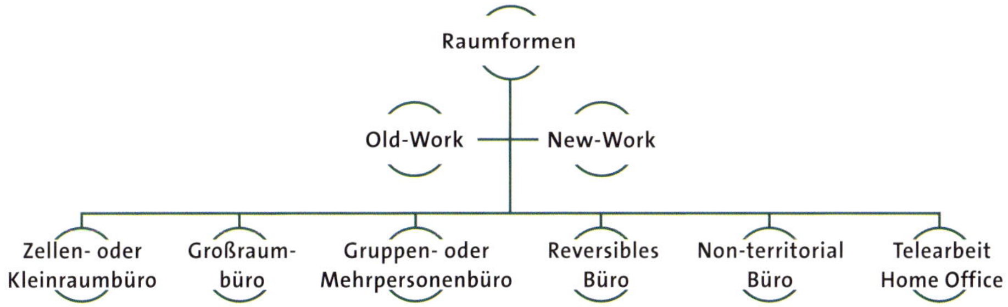

1.5.2 Zellen- oder Kleinraumbüro

Das Zellen- oder Kleinraumbüro ist die klassische Büroform mit einer nach wie vor großen Verbreitung. Sie wird zumeist als Ein- oder Zweipersonenbüro mit maximal bis zu vier Personen genutzt. Mittlerweile wirkt diese Raumform etwas „angestaubt" und erfüllt die heutigen Ansprüchen nach flexibler Raumnutzung häufig nicht mehr.

Die einzelnen Zellen- oder Kleinraumbüros sind in der Regel an einem Gang angeordnet. Das Zellenbüro ist mit seinem Flursystem vor allem in älteren Büro- und Verwaltungsgebäuden zu finden. Zur Ausstattung gehören neben den allgemeinen Büromöbeln, wie z. B. Aktenschränke und Schreibtische, auch die technischen Geräte, wie z. B. Telefon, Computer und Peripheriegeräte. Durch die Autarkie der Zelle erfolgt die **Kommunikation** zwischen den Beschäftigten über die Technik (Telefon, E-Mail usw.) oder geplant im Besprechungsraum. Das Zellenbüro ist das räumliche Abbild der reinen Sachbearbeitung mit klar abgegrenzten Aufgaben sowie der Umsetzung von Hierarchieaufgaben.

Grundriss

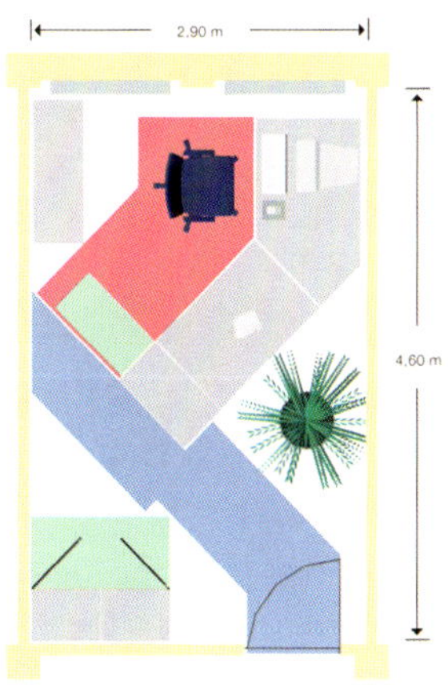

ISO-Ansicht

Zellen- oder Kleinraumbüro	
Vorteile	**Nachteile**
► Anspruchsvolles und konzentriertes Arbeiten ohne Störungen ist möglich. ► kaum akustische oder visuelle Störungen durch äußere Einflüsse ► hohes Maß an Individualisierbarkeit ► als Kleinraumbüro mit Möglichkeit zur spontanen Kommunikation ► große Mitarbeiterakzeptanz ► Vertretung ist schnell realisierbar. ► Vertrauliche und diskrete Kommunikation ist möglich.	► Der Flächenbedarf für die Zellen- oder Kleinraumbüros ist sehr hoch. ► lange Laufwege zu Sonderfunktionen (Zentraldrucker, Archive, Besprechung, TK) ► kaum direkte und spontane Kommunikation möglich ► Die Kommunikation muss geplant und in Besprechungsräumen abgehalten werden. ► Im Kleinraumbüro leidet die Konzentration durch schlechte Akustik. ► Der Informationsfluss zwischen den Abteilungen ist schwach.

Fazit Zellen- oder Kleinraumbüro	
Effizienz	geringe Flächeneffizienz durch einen hohen Anteil an Verkehrs- und Arbeitsflächen
Kommunikation	eher isoliertes Arbeiten, kaum spontane Kommunikation möglich
Arbeitsaufgaben	anspruchsvolles konzentriertes Arbeiten, ebenso Diskretion und Hierarchie
Kultur	geringe Offenheit und Gemeinsamkeit abbildbar, Hierarchien sind umsetzbar

1.5.3 Großraumbüro

Großraumbüros sind die Reaktion auf die Nachteile der Zellenbüros. Diese Büroform hat eine Grundfläche ab ca. 400 m^2 und eignet sich durch ihre Bauart besonders für Unternehmen, die einen hohen Bedarf an Veränderungsdynamik haben.

Dieses Bürokonzept kennzeichnet eine hohe Flächeneffizienz. Die vorhandenen Flächen werden durch moderne Raumgliederungssysteme in Zellen und Gänge gegliedert. Mit flexiblen Gestaltungsmodulen, wie Stellwänden, Schränken oder Raum-in-Raum-Systemen, werden halbhoch abgegrenzte Einzel- oder Gruppenarbeitsbereiche für individuelle Gestaltungsmöglichkeiten geschaffen und minimieren die akustischen und visuellen Belastungen für die Beschäftigten.

In diesem offenen Raumkonzept sollen die Kooperation und Kommunikation verbessert werden und Arbeitsabläufe transparenter stattfinden. Hierarchische Organisationsstrukturen werden aufgehoben, um die Räume an wechselnde Bedürfnisse anzupassen. Durch viele, an einem Arbeitsablauf beteiligte Organisationseinheiten, wird Teamarbeit besser gefördert. Auf veränderte personelle und organisatorische Strukturen, kann durch das Umgruppieren von Arbeitsplätzen, schnell reagiert werden.

Aufgrund der besonderen Merkmale dieser Büroform werden in der Regel künstliche Beleuchtungsquellen und Klimaanlagen eingesetzt. Grünpflanzen verbessern die Luftqualität und tragen zum Wohlbefinden bei. Regeln der gegenseitigen Rücksichtnahme sind für die sozialen Bedürfnisse der Beschäftigten wichtig.

Grundriss

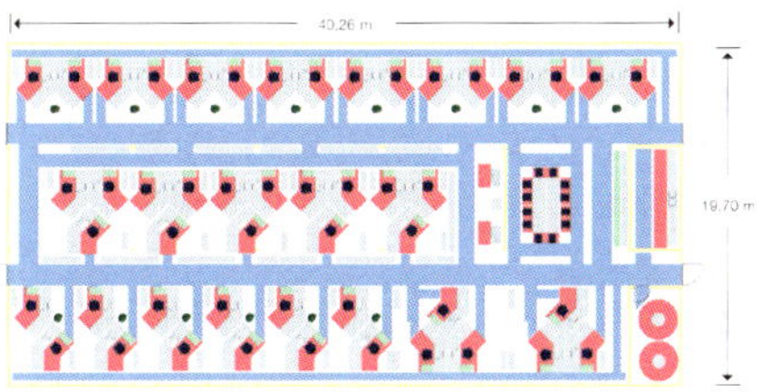

ISO-Ansicht

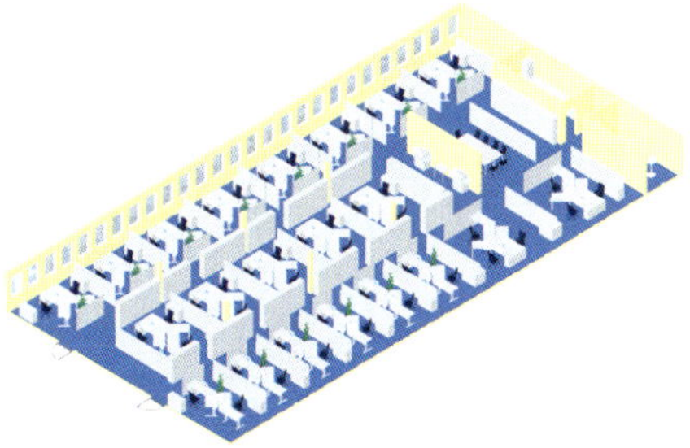

Großraumbüro	
Vorteile	**Nachteile**
▸ hohe Flexibilität in der Grundriss- und Raumgestaltung ▸ gute Flächennutzung und geringe Flächenkosten ▸ Team- und Projektarbeit gut umsetzbar ▸ spontaner und intensiver Kommunikationsfluss ▸ flexible Steuerung von Arbeitsabläufen	▸ konzentriertes Arbeiten nur schwer möglich ▸ Störungen durch hohen Geräuschpegel ▸ hohe Klimatisierungs- und Beleuchtungskosten ▸ vermehrte Gesundheitsbeschwerden ▸ geringe Mitarbeiterakzeptanz durch fehlende Privatsphäre

Fazit Großraumbüro	
Effizienz	hohe Flächeneffizienz
Kommunikation	spontaner und teamorientierter Kommunikationsfluss
Arbeitsaufgaben	Gruppen-, Team- und Projektarbeit wird unterstützt, konzentrierte Einzelarbeit nur schwer möglich
Kultur	offene und aktive Bürogemeinschaft, keine hierarchische Struktur

1.5.4 Gruppen- oder Mehrpersonenbüro

Das Gruppen- oder Mehrpersonenbüro vereint die Vorteile von Zellen- und Großraumbüros und soll deren Nachteile möglichst vermeiden. Die Kommunikationsmöglichkeiten und die Flexibilität des Großraumbüros sollen genutzt und die Konzentrations- und Konfliktstörungen minimiert werden.

In dieser Büroform sind ca. 3 bis 25 Personen untergebracht, die meist in organisatorischen Einheiten zusammenarbeiten und kommunizieren. Sie zeichnen sich dadurch aus, dass sie in der Regel mindestens eine Fensterfront haben. Flexible Wandsysteme trennen die Gruppenbüros von den Verkehrswegen anderer Gruppenbüros räumlich ab. Innerhalb der Räume werden bei hoher Personenzahl mobile Stellwände zur Abschirmung von akustischen und visuellen Störungen integriert.

Da abhängig vom Gebäudetyp Gruppenbüros meist ausreichend mit Tageslicht versorgt sind, können die Räume natürlich belichtet und belüftet werden, sodass eine künstliche Beleuchtung und Klimatisierung nur bedingt notwendig ist. Dies führt zu einer höheren Akzeptanz des Arbeitsplatzes bei den Beschäftigten.

Grundriss

ISO-Ansicht

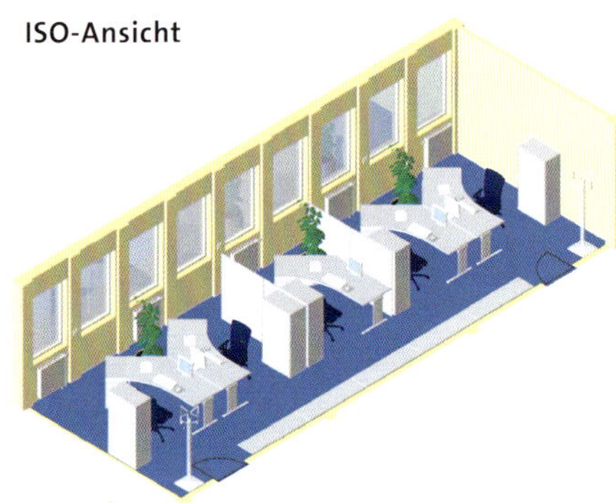

Gruppen- oder Mehrpersonenbüro	
Vorteile	**Nachteile**
▸ ideal für Projekt- und Teamarbeit ▸ Arbeitsplätze mit gleicher Qualität ▸ sehr guter Kommunikationsfluss ▸ hohe Identifikationsmöglichkeit für die Beschäftigten ▸ wirtschaftliche Nutzung von Flächen	▸ permanente Störung durch Kollegen ▸ geringere Konzentrationsmöglichkeiten durch akustische und visuelle Störungen ▸ individuelle Steuerung des Raumklimas nur schwer möglich ▸ eingeschränkte Vertraulichkeit und Privatsphäre

Fazit Gruppen- oder Mehrpersonenbüro	
Effizienz	eingeschränkte Flächeneffizienz durch hohen Anteil an Verkehrswegen
Kommunikation	spontaner und permanenter Kommunikationsaustausch
Arbeitsaufgaben	unterstützt Gruppen-, Team- und Projektarbeit in unterschiedlichen Gruppengrößen
Kultur	Kommunikation durch abgeschlossene Gruppenräume meist nur intern

1.5.5 Reversibles Büro

Entscheidende Veränderungen in unserer Gesellschaft, flachere Führungsstrukturen in den Unternehmen, Projekt- und Teamarbeit, rasch wechselnde Kommunikations- und Konzentrationsanforderungen erfordern Flexibilität und Anpassungsfähigkeit von räumlichen Bereichen und Arbeitsabläufen im Büroalltag. Da es kaum eine Büroform geben kann, die diese Anforderungen erfüllt, entstand Anfang der 1990er-Jahre das Konzept des **reversiblen Büros**.

Die Grundlage für diese Bürolösung ist ein multifunktionelles Bürogebäude, das Gruppen-, Zellen- oder Kombibürostrukturen zulässt. Aufgrund der unternehmensspezifischen Anforderungen kann somit auf jeder Etage eine andere Büroform realisiert werden. Feste Wände werden durch Trennwandsysteme ersetzt, die akustische und raumbildende Funktionen übernehmen. Durch die Flexibilität dieser Elemente entstehen kleinere Arbeitseinheiten für z. B. Besprechungs- und Pausenzonen.

Reversible Büros werden so ausgestattet, dass auch innerhalb kurzer Zeit eine Umstrukturierung und Anpassung an neue Erfordernisse möglich ist. Voraussetzung hierfür sind flexibel anpassbare Komponenten, wie Trennwandsysteme, Raummodule, Möbel und Technik.

Da es für Unternehmen immer schwieriger wird, sich auf eine Organisationsform festzulegen, gilt das **reversible Büro** als das wohl zukunftsträchtigste Konzept der Bürogestaltung.

Zusammenhänge von Arbeitsmethoden und Büroformen

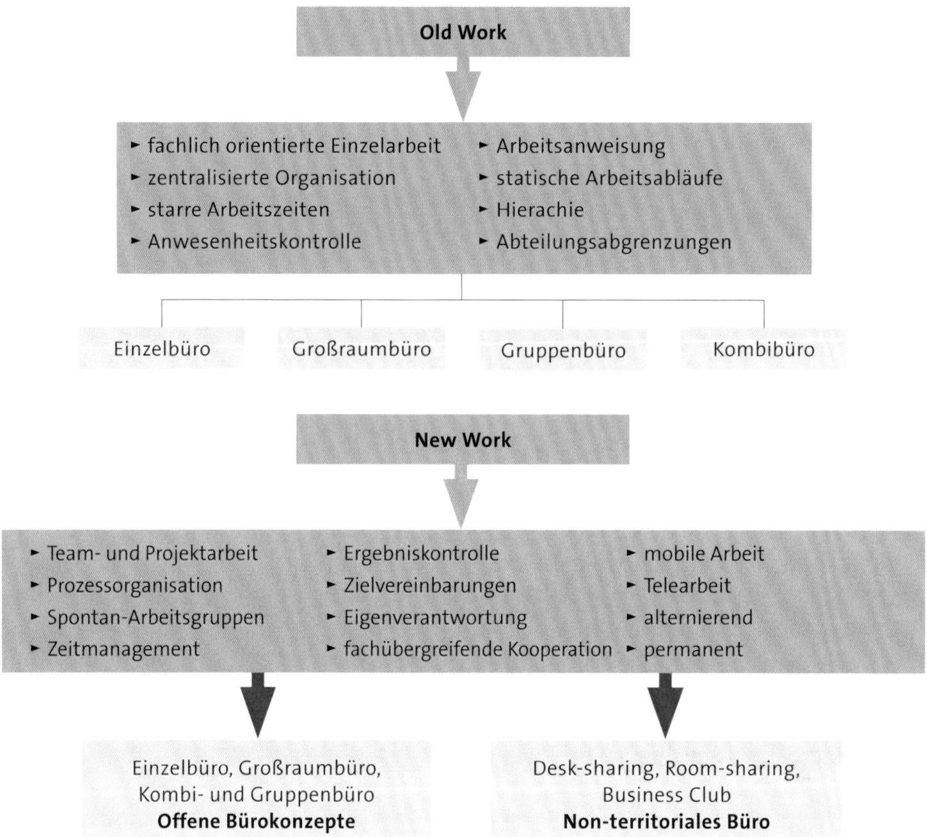

1.5.6 Non-territoriales Büro

Flexible markt- und kundenorientierte Konzepte führen dazu, dass die Beschäftigten eines Unternehmens immer seltener ihre Aufgaben am eigenen Arbeitsplatz erledigen. Die Aufgabenerledigung findet an wechselnden Arbeitsorten statt: Im Einzel- oder Gruppenbüro, im Besprechungsraum, beim Kunden – oder zuhause. Moderne Informations- und Kommunikationstechniken mit hoher Datenübertragung ermöglichen diese Arbeitsform. Die tatsächliche Nutzungszeit des eigenen Arbeitsplatzes im Unternehmen wird dabei so gering, dass es für den Unternehmer unwirtschaftlich wäre, für jeden Beschäftigten einen eigenen Arbeitsplatz vorzusehen.

Um die Nutzungszeiten von Arbeitsplätzen wirtschaftlicher zu gestalten, werden sog. **non-territoriale Büros und Desk-sharing Büros** eingerichtet. Dieses Konzept wird auch als **New Work, Open Space** oder **Business Club** bezeichnet. Die Beschäftigten führen hier in unterschiedlichen Bereichen ihre Arbeit aus.

Ziele dieser offenen Bürokonzepte sind die Verbesserung von Kommunikation und Zusammenarbeit, der Abbau von Hierarchien, die Projekt- und Arbeitsgruppenbildung sowie eine Dynamisierung und Flexibilisierung von Prozessabläufen.

Typisch für die räumliche Gestaltung ist eine Mischung von offenen Teamflächen, geschlossenen Rückzugsräumen (Zellenbüros) und einer Kommunikationsfläche (Meetingzonen, Konferenzräume, Gruppenbüros, Servicebereich usw.). Diese Büroorganisationsform hat keine feste Zuordnung von Beschäftigten und Arbeitsplatz. Das **non-territoriale Büro** ist vielmehr ein Netzwerk von Schreibtischen, Büroausstattung, technischen Hilfsmitteln und Büroräumen, die allen Mitarbeitern zur Verfügung stehen. Der Arbeitsplatz wird aufgabenspezifisch und tagesaktuell ausgewählt. Die eigenen persönlichen Unterlagen sind in Rollcontainern oder Aktenkoffern untergebracht und werden bei Bedarf an den jeweiligen Arbeitsplatz mitgenommen.

1.5.7 Telearbeit – Home-Office

Der Wandel in der Kommunikations- und Informationstechnologie führt dazu, dass zeitlich und räumlich flexibel gearbeitet werden kann. Diese neue Flexibilität bringt eine Veränderung der Arbeitsorganisation mit sich und stellt sich zunehmend im Modell des **Telearbeitsplatzes** dar.

Telearbeit ist eine auf Kommunikations- und Informationstechnik gestützte Tätigkeit, die ausschließlich oder zeitweise an einem außerhalb der Unternehmenszentrale liegenden Arbeitsplatz verrichtet wird.

Unternehmen versuchen sich durch Outsourcing von Funktionen und Geschäftsfeldern, Kosten- und Wettbewerbsvorteile zu beschaffen. **Telearbeitsplätze** sind **virtuelle Arbeitsplätze**, die über Kommunikations- und Informationsverbindungen in die innerbetrieblichen Abläufe eingegliedert sind. Der Telearbeitsplatz oder das **Home-Office** ist geeignet für Arbeitsaufgaben mit hoher Ergebnisorientierung und Termingebundenheit, bei selbstständigen Projektarbeiten und für alle Arbeitsaufgaben, die sich von Tätigkeiten in der Unternehmenszentrale abtrennen lassen.

MERKE

Outsourcing = Auslagerung von Unternehmensaufgaben und -strukturen an externe oder interne Dienstleister.

Folgende Telearbeitsplatzformen werden unterschieden:

Telearbeitsplatz

Isolierte Telearbeit
(ausschließliche Telearbeit)
Mitarbeiter/innen arbeiten ausschließlich zuhause am PC und kommunizieren über E-Mail, Telefon, Telefax , Videokonferenzen usw.)

Alternierende Telearbeit
(teilweise Telearbeit)
Mitarbeiter/innen arbeiten sowohl zuhause als auch im Unternehmen. Die Arbeit zuhause soll nach Möglichkeit nicht mehr als drei Tage pro Woche betragen.

Mobile Telearbeit
Mitarbeiter/innen arbeiten beim Kunden, unterwegs, zuhause oder in einem Hotel. Die Mitarbeiter/innen sollten von außerhalb auf das interne Kommunikationsnetz zugreifen können.

Ist die Telearbeit richtig gestaltet, dann ergibt sich eine freie Zeiteinteilung, eine bessere Vereinbarung von Beruf und Familie, der Wegfall von Fahrzeiten und -kosten sowie im idealen Fall eine höhere Arbeitszufriedenheit und gewährleistet somit eine ausgewogene **Work-Life-Balance**. Auch die Zeiten ungestörter Arbeit sind deutlich höher als im Unternehmen. Dies bedingt eine Produktivitätssteigerung als Vorteil für das Unternehmen und die Reduzierung von Infrastrukturkosten.

Kap. 3.3.3

Grundlage zur optimalen Gestaltung der Telearbeit sind folgende Regeln:

- regelmäßige tägliche Arbeitszeiten
- Arbeitstag mit festen Ritualen
- nicht länger als vier Stunden nacheinander am Bildschirm arbeiten
- regelmäßige Pausen einlegen
- Nachtarbeit vermeiden
- nicht an Feiertagen, im Urlaub oder während einer Krankheit arbeiten
- Stress-Symptomen rechtzeitig entgegenwirken.

MERKE

Laut **§ 3 (7) ArbstättV** ist der Arbeitgeber verpflichtet, eine Gefährdungsbeurteilung bei der erstmaligen Errichtung eines Telearbeitsplatzes durchzuführen. Denn Telearbeitsplätze sind vom Arbeitgeber fest eingerichtete Arbeitsplätze im Privatbereich der Beschäftigten, für die der Arbeitgeber eine mit den Beschäftigten vereinbarte wöchentliche Arbeitszeit und die Dauer der Einrichtung festgelegt hat. Ein Telearbeitsplatz ist vom Arbeitgeber erst dann eingerichtet, wenn Arbeitgeber und Beschäftigte die Bedingungen der Telearbeit arbeitsvertraglich oder im Rahmen einer Vereinbarung festgelegt haben und die benötigte Ausstattung des Telearbeitsplatzes mit Mobiliar, Arbeitsmitteln einschließlich Kommunikationseinrichtungen durch den Arbeitgeber oder eine von ihm beauftragte Person im Privatbereich des Beschäftigten bereitgestellt und installiert ist.

Daraus ergeben sich folgende Vorteile:

Vorteile der Telearbeit		
Telearbeitnehmer	**Arbeitgeber**	**Gesellschaft**
► Verringerung bzw. Wegfall der Pendelzeiten ► bessere Vereinbarkeit von Familie, Beruf und Freizeit ► Zeitsouveränität, Arbeiten nach individuellem Arbeitsrhythmus ► angenehme Arbeitsatmosphäre ► Steigerung der Arbeitszufriedenheit ► Herauslösung aus bürokratischen Abläufen im Betrieb ► größere Wahlfreiheit bei der Wohnortwahl	► direkte Kostenersparnis bei Büroflächen usw. ► höhere Produktivität und Kreativität der Mitarbeiter ► Erhalt und Zugang zu qualifizierten Mitarbeitern ► größere Kundennähe, besserer Kundenservice ► bedarfsgerechter Einsatz freier Mitarbeiter	► Reduzierung von Berufsverkehr und Energieeinsparung ► Minderung des Siedlungsdrucks auf die Ballungsräume ► Beschäftigungsmöglichkeiten in strukturschwachen Regionen ► Beschäftigungsmöglichkeiten für spezielle Zielgruppen (Frauen mit kleineren Kindern, Menschen mit Behinderung)

1.6 Die Bildschirmarbeitsverordnung

Bei der Gestaltung des Arbeitsplatzes sind neben der **Arbeitsstättenverordnung (ArbStättV)** oder dem **Gerätesicherheitsgesetz (Gesetz über technische Arbeitsmittel)** eine Reihe von DIN-Normen (z. B. Anforderungen an einen Bürodrehstuhl) und die Vorgaben der **Bildschirmarbeitsverordnung (BildscharbV)** zu berücksichtigen. Die **Unfallverhütungsvorschriften (UVV)** der Berufsgenossenschaften benennen Schutzziele des betrieblichen Arbeitsschutzes und ergänzen und konkretisieren die staatlichen Gesetze und Verordnungen zum Arbeits- und Gesundheitsschutz.

MERKE

Bildschirmarbeitsplätze sind Arbeitsplätze, die sich in Arbeitsräumen befinden und die mit Bildschirmgeräten und sonstigen Arbeitsmitteln ausgestattet sind **(§ 2 ArbStättV)**.

Seit Dezember 2016 ist die frühere Bildschirmarbeitsverordnung **(BildscharbV)** in die Arbeitsstättenverordnung **(ArbStättV)** integriert und in aktualisierter Form dem Stand der Technik angepasst. Die Maßnahmen zur Gestaltung von Bildschirmarbeitsplätzen sind aktuell aus dem **Anhang 6** der Arbeitsstättenverordnung ersichtlich.

Für die aktuelle Praxis war die Bildschirmarbeitsverordnung überholt, denn weder Flachbildschirme, noch Notebooks, Smartphones oder iPads waren zum Zeitpunkt ihres Entstehens relevant. Der Stand der Technik änderte sich schneller als die dazugehörigen Regeln. Dieser Dynamik der technischen Entwicklung wird jedoch über **§ 4 Nr. 3 ArbSchG (...bei den Maßnahmen sind der Stand von Technik, ...sowie sonstige gesicherte arbeitswissenschaftliche Erkenntnisse zu berücksichtigen)** und **§ 3a Abs. 1 ArbStättV (...die Maßnahmen nach § 3 Absatz 1 durchzuführen und dabei den Stand der Technik ...)** Rechnung getragen.

MERKE

Da die neue Verordnung noch nicht in Kraft getreten ist, beziehen sich die grundsätzlichen Informationen noch auf die ehemalige Verordnung.

Die Bildschirmarbeitsverordnung umfasst folgende grundsätzlichen Anwendungsbereiche:

- Arbeitnehmer, die ausschließlich an Bildschirmgeräten arbeiten, werden durch die Vorgaben der Bildschirmarbeitsverordnung besonders geschützt.
- Der Arbeitgeber hat gemäß Bildschirmarbeitsverordnung dafür Sorge zu tragen, dass die zu nutzenden Geräte, die Tätigkeit an sich sowie der Arbeitsplatz gewissen Standards entsprechen.
- Die Arbeit an Bildschirmgeräten muss außerdem regelmäßig durch Pausen oder weniger belastende Tätigkeiten unterbrochen werden.

Der Arbeitgeber ist laut **§ 3 BildscharbV** dazu verpflichtet, die Bedingungen in Bezug auf Sicherheit und Gesundheit am Bildschirmarbeitsplatz zu überprüfen und anschließend zu beurteilen. Dabei sollten vor allem folgende Aspekte beachtet werden:

- mögliche körperliche Probleme
- denkbare psychische Belastungen
- Gefährdung des Sehvermögens.

§ 5 BildscharbV gibt vor, dass der Arbeitgeber die Tätigkeit der Beschäftigten so zu organisieren hat, dass die tägliche Arbeit an Bildschirmgeräten regelmäßig durch andere Tätigkeiten oder durch Pausen unterbrochen wird, um jeweils die Belastung durch die Arbeit am Bildschirmgerät zu verringern.

Die wichtigste Aufgabe des Arbeitgebers besteht jedoch darin, den Arbeitsschutz bei der Bildschirmarbeit sicherzustellen. Die Anforderungen, welche die Verordnung an Bildschirmarbeitsplätze stellt, befinden sich im **Anhang 6 der ArbStättV**.

RECHTSGRUNDLAGE

6 Maßnahmen zur Gestaltung von Bildschirmarbeitsplätzen

6.1 Allgemeine Anforderungen an Bildschirmarbeitsplätze

(1) Bildschirmarbeitsplätze sind so einzurichten und zu betreiben, dass die Sicherheit und der Schutz der Gesundheit der Beschäftigten gewährleistet sind. Die Grundsätze der Ergonomie sind auf die Bildschirmarbeitsplätze und die erforderlichen Arbeitsmittel sowie die für die Informationsverarbeitung durch die Beschäftigten erforderlichen Bildschirmgeräte entsprechend anzuwenden.

(2) Der Arbeitgeber hat dafür zu sorgen, dass die Tätigkeiten der Beschäftigten an Bildschirmgeräten insbesondere durch andere Tätigkeiten oder regelmäßige Erholungszeiten unterbrochen werden.

(3) Für die Beschäftigten ist ausreichend Raum für wechselnde Arbeitshaltungen und -bewegungen vorzusehen.

(4) Die Bildschirmgeräte sind so aufzustellen und zu betreiben, dass die Oberflächen frei von störenden Reflexionen und Blendungen sind.

(5) Die Arbeitstische oder Arbeitsflächen müssen eine reflexionsarme Oberfläche haben und so aufgestellt werden, dass die Oberflächen bei der Arbeit frei von störenden Reflexionen und Blendungen sind.

(6) Die Arbeitsflächen sind entsprechend der Arbeitsaufgabe so zu bemessen, dass alle Eingabemittel auf der Arbeitsfläche variabel angeordnet werden können und eine flexible Anordnung des Bildschirms, des Schriftguts und der sonstigen Arbeitsmittel möglich ist. Die Arbeitsfläche vor der Tastatur muss ein Auflegen der Handballen ermöglichen.

(7) Auf Wunsch der Beschäftigten hat der Arbeitgeber eine Fußstütze und einen Manuskripthalter zur Verfügung zu stellen, wenn eine ergonomisch günstige Arbeitshaltung auf andere Art und Weise nicht erreicht werden kann.

(8) Die Beleuchtung muss der Art der Arbeitsaufgabe entsprechen und an das Sehvermögen der Beschäftigten angepasst sein; ein angemessener Kontrast zwischen Bildschirm und Arbeitsumgebung ist zu gewährleisten. Durch die Gestaltung des Bildschirmarbeitsplatzes sowie der Auslegung und der Anordnung der Beleuchtung sind störende Blendungen, Reflexionen oder Spiegelungen auf dem Bildschirm und den sonstigen Arbeitsmitteln zu vermeiden.

(9) Werden an einem Arbeitsplatz mehrere Bildschirmgeräte oder Bildschirme betrieben, müssen diese ergonomisch angeordnet sein. Die Eingabegeräte müssen sich eindeutig dem jeweiligen Bildschirmgerät zuordnen lassen.

(10) Die Arbeitsmittel dürfen nicht zu einer erhöhten, gesundheitlich unzuträglichen Wärmebelastung am Arbeitsplatz führen.

6.2 Allgemeine Anforderungen an Bildschirme und Bildschirmgeräte

(1) Die Text- und Grafikdarstellungen auf dem Bildschirm müssen entsprechend der Arbeitsaufgabe und dem Sehabstand scharf und deutlich sowie ausreichend groß sein. Der Zeichen- und der Zeilenabstand müssen angemessen sein. Die Zeichengröße und der Zeilenabstand müssen auf dem Bildschirm individuell eingestellt werden können.

(2) Das auf dem Bildschirm dargestellte Bild muss flimmerfrei sein. Das Bild darf keine Verzerrungen aufweisen.

(3) Die Helligkeit der Bildschirmanzeige und der Kontrast der Text- und Grafikdarstellungen auf dem Bildschirm müssen von den Beschäftigten einfach eingestellt werden können. Sie müssen den Verhältnissen der Arbeitsumgebung individuell angepasst werden können.

(4) Die Bildschirmgröße und -form müssen der Arbeitsaufgabe angemessen sein.

(5) Die von den Bildschirmgeräten ausgehende elektromagnetische Strahlung muss so niedrig gehalten werden, dass die Sicherheit und die Gesundheit der Beschäftigten nicht gefährdet werden.

6.3 Anforderungen an Bildschirmgeräte und Arbeitsmittel für die ortsgebundene Verwendung an Arbeitsplätzen

(1) Bildschirme müssen frei und leicht dreh- und neigbar sein sowie über reflexionsarme Oberflächen verfügen. Bildschirme, die über reflektierende Oberflächen verfügen, dürfen nur dann betrieben werden, wenn dies aus zwingenden aufgabenbezogenen Gründen erforderlich ist.

(2) Tastaturen müssen die folgenden Eigenschaften aufweisen:

1. sie müssen vom Bildschirm getrennte Einheiten sein,
2. sie müssen neigbar sein,
3. die Oberflächen müssen reflexionsarm sein,
4. die Form und der Anschlag der Tasten müssen den Arbeitsaufgaben angemessen sein und eine ergonomische Bedienung ermöglichen,
5. die Beschriftung der Tasten muss sich vom Untergrund deutlich abheben und bei normaler Arbeitshaltung gut lesbar sein.

(3) Alternative Eingabemittel (zum Beispiel Eingabe über den Bildschirm, Spracheingabe, Scanner) dürfen nur eingesetzt werden, wenn dadurch die Arbeitsaufgaben leichter ausgeführt werden können und keine zusätzlichen Belastungen für die Beschäftigten entstehen.

6.4 Anforderungen an tragbare Bildschirmgeräte für die ortsveränderliche Verwendung an Arbeitsplätzen

(1) Größe, Form und Gewicht tragbarer Bildschirmgeräte müssen der Arbeitsaufgabe entsprechend angemessen sein.

(2) Tragbare Bildschirmgeräte müssen

1. über Bildschirme mit reflexionsarmen Oberflächen verfügen und
2. so betrieben werden, dass der Bildschirm frei von störenden Reflexionen und Blendungen ist.

(3) Tragbare Bildschirmgeräte ohne Trennung zwischen Bildschirm und externem Eingabemittel (insbesondere Geräte ohne Tastatur) dürfen nur an Arbeitsplätzen betrieben werden, an denen die Geräte nur kurzzeitig verwendet werden oder an denen die Arbeitsaufgaben mit keinen anderen Bildschirmgeräten ausgeführt werden können.

(4) Tragbare Bildschirmgeräte mit alternativen Eingabemitteln sind den Arbeitsaufgaben angemessen und mit dem Ziel einer optimalen Entlastung der Beschäftigten zu betreiben.

(5) Werden tragbare Bildschirmgeräte ortsgebunden an Arbeitsplätzen verwendet, gelten zusätzlich die Anforderungen nach Nummer 6.1.

6.5 Anforderungen an die Benutzerfreundlichkeit von Bildschirmarbeitsplätzen

(1) Beim Betreiben der Bildschirmarbeitsplätze hat der Arbeitgeber dafür zu sorgen, dass der Arbeitsplatz den Arbeitsaufgaben angemessen gestaltet ist. Er hat insbesondere geeignete Softwaresysteme bereitzustellen.

(2) Die Bildschirmgeräte und die Software müssen entsprechend den Kenntnissen und Erfahrungen der Beschäftigten im Hinblick auf die jeweilige Arbeitsaufgabe angepasst werden können.

(3) Das Softwaresystem muss den Beschäftigten Angaben über die jeweiligen Dialogabläufe machen.

(4) Die Bildschirmgeräte und die Software müssen es den Beschäftigten ermöglichen, die Dialogabläufe zu beeinflussen. Sie müssen eventuelle Fehler bei der Handhabung beschreiben und eine Fehlerbeseitigung mit begrenztem Arbeitsaufwand erlauben.

(5) Eine Kontrolle der Arbeit hinsichtlich der qualitativen oder quantitativen Ergebnisse darf ohne Wissen der Beschäftigten nicht durchgeführt werden.

Der Anhang Nummer 6 gilt nicht für

1. **Bedienerplätze von Maschinen oder Fahrerplätze von Fahrzeugen mit Bildschirmgeräten,**
2. **tragbare Bildschirmgeräte für die ortsveränderliche Verwendung, die nicht regelmäßig an einem Arbeitsplatz verwendet werden,**
3. **Rechenmaschinen, Registrierkassen oder andere Arbeitsmittel mit einer kleinen Daten- oder Messwertanzeigevorrichtung, die zur unmittelbaren Benutzung des Arbeitsmittels erforderlich ist und**
4. **Schreibmaschinen klassischer Bauart mit einem Display.**

1.7 Der Bildschirmarbeitsplatz

Da nahezu jeder Arbeitsplatz mit Bildschirm und PC ausgestattet ist, wird ein Hauptteil der Bürotätigkeit sitzend ausgeführt. Da dies zu gesundheitlichen Belastungen führt, sind die ergonomischen Anforderungen an die Ausgestaltung des Arbeitsplatzes von großer Bedeutung.

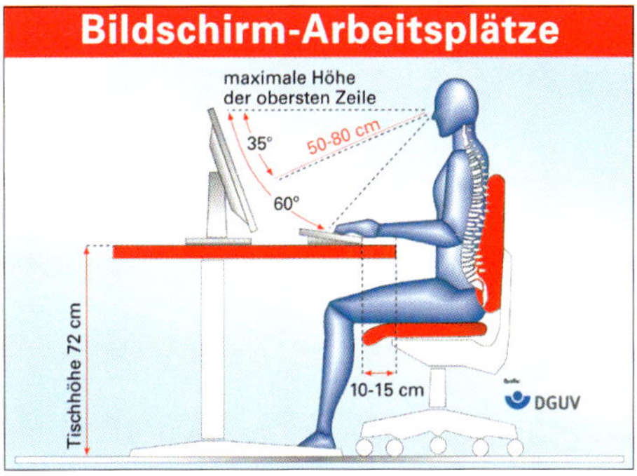

1.7.1 Belastungen durch Bildschirmarbeit

Der Arbeitsvorgang bei der Bildschirmarbeit besteht aus dem Ablesen der Vorlage, der Eingabe über die Tastatur und der Kontrolle über den Bildschirm. Ein häufiger Blickwechsel ist unvermeidbar. Das Auge muss sich den ständig wechselnden Blickwinkeln anpassen. Daher sollten Bildschirm und Vorlage in möglichst gleicher Entfernung angeordnet sein. Mit der richtigen Aufstellung des Bildschirms und der Tastatur sowie der richtigen Bildschirmeinstellung lassen sich Belastungen bei der Bildschirmarbeit verringern.

1.7.2 Anforderungen an das Bildschirmgerät

- Der Bildschirm muss frei aufstellbar sowie leicht dreh- und neigbar sein. Dadurch lässt er sich an die individuellen Bedürfnisse der Benutzer anpassen.
- Die Bildschirmgröße sollte der Arbeitsaufgabe entsprechen.
- Der Bildschirm sollte entspiegelt sein.

Um Gesundheitsbeschwerden mit Symptomen im Nacken- und Schulterbereich vorzubeugen, sollte der Benutzer auf eine natürliche Kopf- und Körperposition achten.

Genauso wichtig ist die richtige Bildschirmeinstellung. Helligkeitsunterschiede und starke Kontraste zwischen Hintergrund und Bildschirmoberfläche ermüden das Auge, da durch den ständigen Blickwechsel der Helligkeitsunterschied ausgeglichen werden muss. Durch die permanente Ausgleichsarbeit der Augen steigt die Belastung für den Benutzer.

1.7.3 Positionierung des Bildschirms

Für die Bildschirmaufstellung sind folgende ergonomische Anforderungen zu beachten:

- Der Bildschirm sollte zentral im Blickfeld stehen.
- Der Bildschirm sollte mit der Blickrichtung parallel zum Fenster angeordnet sein. Bei einer Aufstellung vor dem Fenster entstehen starke Helligkeits- und Kontrastunterschiede. Wird der Bildschirm so aufgestellt, dass der Benutzer das Fenster im Rücken hat, entstehen Spiegelungen.
- Wird der Benutzer durch Sonneneinstrahlung geblendet und entstehen dadurch Reflexionen auf dem Bildschirm, sollten an den Fenstern Blendschutzvorrichtungen angebracht werden.
- Die höhenverstellbare Tastatur muss vom Bildschirmgerät getrennt und leicht geneigt sein sowie über eine rutschhemmende Unterseite verfügen. Vor der Tastatur sollten 10 cm bis 15 cm Platz zum Auflegen der Handballen in Eingabepausen sein. Ergonomische Tastaturen verhindern schmerzhafte Fehlstellungen der Hände.
- Bildschirm, Tastatur und Schulterachse sollten parallel ausgerichtet sein. So liegt der Bildschirm im optimalen Blickfeld und einseitige Belastungen werden vermieden.
- Der Bildschirm sollte so aufgestellt sein, dass eine Sehachse leicht nach unten erreicht wird. Die oberste Zeilenreihe des Bildschirms sollte sich unterhalb der Augenhöhe befinden.

- Der empfohlene Sehabstand zwischen den Augen und dem Bildschirm sollte mindestens **50 cm bis 80 cm** betragen.
- Als Arbeitsvorlage sollten nur gut lesbare Manuskripte verwendet werden. Ein Vorlagenhalter hilft gesundheitsschädlichen Körperhaltungen vorzubeugen. Er sollte auf Höhe des Bildschirms aufgestellt und in der Neigung verstellbar sein.

1.7.4 Bildschirmwiedergabe

positiv positiv positiv positiv positiv
positiv positiv positiv positiv positiv
positiv positiv positiv positiv positiv
positiv positiv positiv positiv positiv
positiv positiv positiv positiv positiv

negativ negativ negativ negativ negativ
negativ negativ negativ negativ negativ
negativ negativ negativ negativ negativ
negativ negativ negativ negativ negativ
negativ negativ negativ negativ negativ

- Die Darstellung auf dem Bildschirm sollte in der Positivdarstellung (dunkle Zeichen auf hellem Hintergrund) erfolgen. Die Positivdarstellung verbessert die Lesbarkeit der Zeichen und ermöglicht dem Auge eine bessere Anpassungsmöglichkeit an die Arbeitsumgebung.
- Die Zeichen auf dem Bildschirm müssen ausreichend groß und gut lesbar sein, damit das Auge nicht übermäßig beansprucht wird.
- Die Bildschirmwiedergabe muss flimmerfrei sein. Eine Auflösung von 1.600 x 1.200 Pixeln bei Bildschirmgrößen von 21 Zoll ist ausreichend für eine scharfe Zeichendarstellung.

1.7.5 Gütesiegel für Monitore

Trotz umfangreicher Forschungsarbeiten gibt es bisher keine genau definierten Belastungswerte, die gesundheitlich als unbedenklich betrachtet werden können. Das Problem der Strahlenbelastung durch Monitore ist ein wesentlicher Aspekt zum Thema „Sicherheit am Arbeitsplatz".

Die Aussagekraft von Güte- und Prüfsiegeln über bestimmte Qualitätskriterien wie Betriebssicherheit, Strahlungsarmut, Ergonomie und Umweltverträglichkeit ist sehr unterschiedlich, da diese auf verschiedenen Messmethoden und Kontrollmöglichkeiten basieren. Bei einer Kaufentscheidung sollte darauf geachtet werden, welche Mindestanforderungen zu beachten sind.

Monitore weisen heute überwiegend eine der folgenden Plaketten auf der Rückseite aus, die auch für andere Geräte als Orientierung zur **ökologischen Nutzung** und Herstellung dienen.

Güte- und Prüfsiegel im Überblick:

TÜV Rheinland Gruppe – strahlungsarm MPR II low radiation	Das Prüfsiegel des TÜV – „Ergonomie geprüft“ wird am Büroarbeitsplatz für IT-Geräte, Bürostühle, Bürotische, Software usw. vergeben. Die Prüfung erfolgt mit dem Ziel aufzuzeigen, inwieweit eine nutzerfreundliche Bedienung vorliegt.
TCO CERTIFIED	Das schwedische TCO-Prüfsiegel ist ein weltweit anerkannter Zertifizierungs-Standard und stellt sicher, dass Produkte gewisse Qualitätsnormen hinsichtlich Ergonomie, Emissionen, Stromverbrauch und Umweltschutz erfüllen.
GS geprüfte Sicherheit	Diese Prüfplakette bescheinigt dem Monitor, dass er die Normen zur Sicherheit der Informationstechnik EN60950, die Sicherheitsregeln für Bildschirmarbeitsplätze im Bürobereich und die ergonomischen Anforderungen gemäß ISO 9241 3 erfüllt.
CE	„CE“ auf Arbeitsmitteln dokumentiert, dass die Herstellung mit den grundlegenden Sicherheits- und Gesundheitsanforderungen der betreffenden EG-Richtlinie bzw. mit dem Baumuster, das einer EG-Baumusterprüfung erfolgreich unterzogen worden ist, übereinstimmt.
DER BLAUE ENGEL – JURY UMWELTZEICHEN – schützt UMWELT und GESUNDHEIT	Der Schwerpunkt dieses Umweltzeichens liegt besonders auf recyclinggerechter Konstruktion sowie Schadstoffarmut der verwendeten Materialien.
energy ENERGY STAR	Dieses Gütesiegel befindet sich auf elektronischen Geräten, die von der Europäischen Kommission als besonders stromsparend eingestuft werden.

1.7.6 Der Bildschirmarbeitstisch

Der Arbeitstisch beziehungsweise die Arbeitsfläche ist ein wesentliches Element der sicheren und ergonomischen Arbeitsplatzgestaltung. Arbeitstische unterscheiden sich in ihren Ausführungen und Eigenschaften nach der **inneren und äußeren Wandelbarkeit**.

Innere Wandelbarkeit	Äußere Wandelbarkeit
Schubladen und Auszüge mit Führungen sind austauschbar.	Tischfläche, Unterschränke sowie tragende Elemente sind austauschbar.

Wichtige Kriterien für die Auswahl sind:

- individuelle Anpassbarkeit der Arbeitsflächenhöhe
- Wechsel zwischen Sitz- und Stehhaltung
- bewegungsgerechter Beinraum
- aufgabenorientierte Arbeitsfläche.

Für ein bequemes Arbeiten ist ein standsicherer Tisch mit einer ausreichend großen und reflexionsarmen Oberfläche erforderlich. Die Tischfläche muss eine flexible Anordnung der Arbeitsmittel wie Bildschirm, Tastatur und Vorlage bieten. Höhenverstellbare Tische mit komfortablem Beinraum erleichtern das Arbeiten. Ein separater Ständer für das Bildschirmgerät kann ebenfalls verwendet werden.

Die Größe der Arbeitsfläche entspricht dem „Greifraum" also dem Raum, der mit ausgestreckten Armen ohne Verrenkungen erreicht werden kann. Dies erfordert eine flexible Aufstellung und Zuordnung der Arbeitsmittel wie Bildschirm, Tastatur, Schriftgut usw. Diese müssen leicht umgestellt und an jeder Stelle der Arbeitsfläche angeordnet werden können.

Die verschiedenen Tischausführungen sind in der Höhe verstellbar, sodass die persönlich beste Tischhöhe eingestellt werden kann. Die genauen Abmessungen für Arbeitstische sind laut DIN 4549 genormt.

Die folgenden Faktoren haben wesentlichen Einfluss auf die Gestaltung ergonomischer Arbeitstische:

- Die **Höhe** sollte individuell zwischen **65 cm** und **85 cm** verstellbar sein. Nicht höhenverstellbare Bildschirm-Arbeitstische müssen **72 cm** hoch sein.
- Die Arbeitsfläche sollte mindestens **160 cm x 80 cm** groß sein. Bei Arbeitstischen, die überwiegend für PC-Arbeit genutzt werden, sind **120 cm x 80 cm** ausreichend.

- Eine **Mindesttiefe** der Arbeitsfläche von **80 cm** sollte gewährleistet sein, sodass den jeweiligen Arbeitsbedingungen entsprechend eine flexible Anordnung der Arbeitsmittel Bildschirm, Tastatur und Vorlagenhalter unter gleichzeitiger Einhaltung des erforderlichen Sehabstandes gewährleistet ist.
- Für ausreichende Beinfreiheit unterhalb der Arbeitsfläche ist zu sorgen. Der Beinraum sollte frei von Ein- und Unterbauten sein.
- Der freie **Beinraum** von Arbeitstischen sollte eine **Beinraumbreite** von mindestens **58 cm** und eine **Beinraumhöhe von 65 cm bis 69 cm** nicht unterschreiten.

1.7.7 Steh-Sitz-Arbeitsplatz – höhenverstellbare Arbeitstische

Arbeiten im Sitzen und Stehen fördert die Gesundheit des menschlichen Bewegungsapparates. Steh-Sitz-Arbeitsplätze sind die optimalen Lösungen für ergonomisches Arbeiten im Büro. Die höhenverstellbaren Arbeitsflächen ermöglichen und fördern ein dynamisches Sitzen bzw. den Wechsel von stehender und sitzender Tätigkeit. Ein **Steh-Sitz-Arbeitsplatz (Sitz-Steh-Arbeitstisch)** wird durch ein höhenverstellbares Steh-Sitz-Tischgestell ermöglicht, bei dem die Arbeitsfläche bis zur Höhe einer stehenden Person ausgezogen werden kann. Die Höhe kann bei diesem Modell zwischen 62 cm und 120 cm verändert werden. Der Verstellmechanismus muss sich auch unter Belastung leichtgängig und sicher betätigen lassen.

Der reine **Steharbeitsplatz** hat eine Höhe von **95 cm bis 120 cm**.

Unter **Steh-Sitzdynamik** versteht man den dynamischen Wechsel zwischen Stehen und Sitzen, also die Unterbrechung der sitzenden Tätigkeit durch Arbeitsabschnitte, die im Stehen erledigt werden. Hierzu stehen verschiedene **Steh-Sitzkonzepte** zur Verfügung:

- Sitzarbeitstisch mit integriertem Stehpult, wobei das Stehpult beim Arbeitstisch bereits angebracht ist oder nachgerüstet werden kann
- Sitzarbeitstisch und freistehendes Stehpult, wobei das freistehende Stehpult mobilen oder stationären Charakter hat
- Sitz- und Steharbeitstisch (als getrennte Lösungen)
- höhenverstellbarer Arbeitstisch (als integriertes Büromöbel zur Steh- und Sitzarbeit).

Ein Drittel Stehen und zwei Drittel Sitzen steigern nachweislich die körperliche und geistige Leistungsfähigkeit am Bildschirmarbeitsplatz.

1.7.8 Der Büroarbeitsstuhl

Wer acht Stunden und mehr im Büro verbringt, arbeitet meist sitzend. Deshalb sollte der Bürostuhl entsprechend ausgestattet sein. Falsche Stühle, die den ergonomischen Anforderungen nicht entsprechen, verbrauchen häufig mehr Leistung als die Arbeit selbst. Sie können die Ursachen für Unfälle und Körperschäden sein. Viele Menschen empfinden das Arbeiten im Sitzen als beschwerlich, weil sie falsch sitzen oder einen unpassenden Stuhl benutzen.

MERKE

Falsches Sitzen gefährdet Ihre Gesundheit!
Jeder dritte Krankheitstag ist auf Rückenleiden zurückzuführen.

Falsches Sitzen am Arbeitsplatz und Bewegungsmangel sind die Hauptursachen für Muskel- und Skeletterkrankungen. Nach einer Erhebung der Betriebskrankenkassen entfallen darauf rund 32 % aller Arbeitsunfähigkeitstage. Für die Bundesrepublik bedeutet das ca. 50 Millionen Krankheitstage pro Jahr.

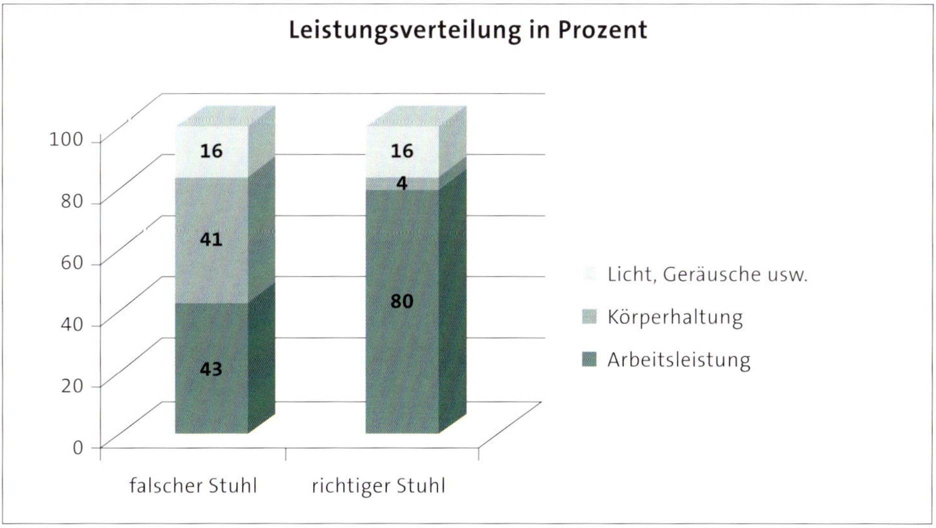

Folgende ergonomischen und sicherheitstechnischen Anforderungen sollte ein Büroarbeitsstuhl erfüllen:

Rückenlehne

- verstellbar in Höhe und Neigung
- pendelnde Lagerung
- Oberkante der Rückenlehne soll bis in den Bereich der Schulterblätter reichen
- Bandscheibenstütze im unteren und mittleren Bereich der Wirbelsäule
- atmungsaktiver Bezug

Sitz

- verstellbare Sitzhöhe auf 42 cm bis 53 cm
- verstellbare Sitztiefe in Sitzhaltung (38 cm bis 44 cm)
- Stoßdämpfer beim Hinsetzen
- weiche, abgerundete vordere Sitzfläche
- atmungsaktiver Bezug
- Armlehnen in Höhe und Breite verstellbar

Untergestell

- bewegliche Rollen oder Gleiter
- mindestens 5 Rollen
- kippsicher, wegrollsicher, stolpersicher
- sicher gegen unbeabsichtigtes Lösen vom Oberteil

1.7.9 Alternative Sitzmöbel

Der Markt für Bürostühle hat sich im Laufe der Jahre permanent erweitert. Um Haltungsschäden und Rückenbeschwerden vorzubeugen, haben neben innovativen Techniken auch besondere dynamische Büroarbeitsstühle und alternative Sitzgelegenheiten Einzug in die Büros gehalten.

Stuhlkonzepte

Büroarbeitsstühle	Besondere dynamische Büroarbeitsstühle	Alternative Sitzkonzepte
► Wippmechanik ► Permanentmechanik ► Synchronmechanik	► Sitzgelenk ► bewegliches Sitzwerk ► rotatorischer Sitz	► Hochsitzer ► Kniehocker ► Pendelhocker ► Fit-/Sitzball

Büroarbeitsstühle

Sitzmechanik	Merkmale
Wippmechanik	Ein sehr bequemes Sitzsystem. Der Winkel zwischen Sitz- und Rückenlehne bleibt stets gleich.
Permanentmechanik	Die Rückenlehne ist in der Neigung beliebig verstellbar und folgt bei wechselnder Sitzhaltung permanent dem Oberkörper. Unentbehrlich für das Abstützen der Wirbelsäule. Ermöglicht ein aktives, dynamisches Sitzen. In jeder Stellung arretierbar.
Synchronmechanik	Die Synchronmechanik ermöglicht in jeder Sitzposition wohltuenden Halt und gestattet ermüdungsfreies Sitzen. Die Neigung von Sitz und Rückenlehne passt sich automatisch der Sitzhaltung an. Harmonischer Bewegungsablauf, da sich Sitz und Lehne unterschiedlich stark neigen In jeder Stellung arretierbar.

Alternative Sitzkonzepte

Sitzkonzept	Merkmale	Nutzeneffekt
Hochsitzer	Die Sitzfläche ist deutlich höher und nach vorne geneigt.	► Wirbelsäule wird aufgerichtet ► Oberschenkeldruck wird reduziert
Kniehocker	Die Sitzfläche ist geneigt. Die Abstützung des Körpers erfolgt über Gesäß und Unterschenkel.	► Wirbelsäule wird aufgerichtet ► Oberschenkeldruck wird reduziert ► Durchblutung wird verbessert
Pendelhocker	Die Sitzfläche ist in alle Richtungen beweglich und hat keine Rückenlehne.	► Muskulatur wird gekräftigt ► Belastungswechsel der Bandscheiben
Fit-/Sitzball	Ball der mit Luft gefüllt und frei beweglich ist	► Muskulatur wird gekräftigt ► Sitztraining

1.7.10 Dynamische Sitzhaltung

Die Funktionalität eines ergonomischen Bürodrehstuhls wird durch die gelegentliche Entlastung der Wirbelsäule ergänzt. Dies setzt eine dynamische Sitzhaltung voraus. **Dynamisches Sitzen** bedeutet:

- die Sitzposition möglichst häufig zu wechseln
- regelmäßiger Wechsel zwischen vorderer, mittlerer und hinterer Sitzhaltung
- Nutzung der gesamten Tiefe der Sitzfläche.

Dynamisches Sitzen schont die Bandscheiben, senkt die statische Muskelbeanspruchung und steigert das Wohlbefinden.

TIPP

Wichtige **Verhaltensregeln für gesundes Sitzen:**

1. die Füße ganzflächig auf den Boden stellen.
2. die ganze Sitzfläche nutzen.
3. die Wirbelsäule aufrichten.
4. so oft wie möglich dynamisch sitzen.
5. rechter Winkel zwischen Ober- und Unterarm.
6. eine starke seitliche Neigung beim Sitzen vermeiden.
7. regelmäßig Bewegungsübungen durchführen.

1.7.11 Fußstütze

Für die Arbeit an nicht höhenverstellbaren Tischen oder für Benutzer an Tischen mit nicht ausreichender Verstellbarkeit kann eine Fußstütze den notwendigen Ausgleich zwischen Tischhöhe und Fußboden herstellen. Gerade für kleinere Menschen ist eine Fußstütze notwendig, damit die Füße, wie in der **BildscharbV**, gefordert, ganzflächig beim Sitzen aufgesetzt werden können.

- Fußstützen sollen eine ausreichend große Stellfläche haben und stufenlos verstellbar sein.
- Fußstützen beim Arbeiten im Stehen entlasten den gesamten Körper und die Beine.

1.8 Arbeitsorganisationsmodelle

Psychische Belastungen am Bildschirmarbeitsplatz durch ungenügende Arbeitsorganisation sollen laut Bildschirmarbeitsverordnung durch eine veränderte Form der Organisation des täglichen Arbeitsablaufs verringert werden.

Es gibt viele Ansatzpunkte um Arbeitsabläufe auf Basis fundierter arbeitswissenschaftlicher Erkenntnisse menschengerecht zu gestalten. Zur Verringerung der Belastungen durch Bildschirmarbeit werden zwei organisatorische Maßnahmen gefordert: **Mischarbeit oder Pausen**.

Dabei geht man davon aus, „zunächst zu versuchen, die Arbeit an Bildschirmgeräten so zu organisieren, dass sie durch andere belastungsreduzierende Tätigkeiten unterbrochen wird. Erst in zweiter Linie kommen Unterbrechungen durch Pausen infrage.“ (Begründung BildscharbV).

Mischarbeit bedeutet die Zusammenfassung unterschiedlicher Tätigkeiten zu einem neuen Arbeitsablauf, z. B. die Mischung von konzentrationsintensiven und konzentrationsärmeren Tätigkeiten und die Mischung von Tätigkeiten mit unterschiedlichen Belastungsschwerpunkten.

Organisationstechnisch lässt sich **Mischarbeit** durch verschiedene Arbeitsgestaltungskonzepte erreichen:

- **Arbeitsplatzwechsel**
  Mehrere Beschäftigte rotieren auf mehreren Arbeitsplätzen mit unterschiedlichen Aufgaben, die hinsichtlich der entsprechenden Qualifikation vergleichbar sind.
- **Aufgabenerweiterung**
  An einem Arbeitsplatz werden mehrere qualitativ gleichwertige Tätigkeiten zusammengefasst.
- **Aufgabenbereicherung**
  Tätigkeiten mit unterschiedlichen Qualifikationen werden zusammengefasst, darunter auch Planungs-, Steuerungs- und Kontrollaufgaben.
- **Gruppenarbeit**
  Mehrere Beschäftigte bilden eine Gruppe, der eine bestimmte Aufgabe übertragen wird.

Mischarbeit als Arbeitsorganisationsmodell

- sorgt für körperliche und geistige Beweglichkeit
- reduziert den Krankenstand
- vermindert den Stress
- erhöht die Arbeitszufriedenheit
- fördert Wohlbefinden und Gesundheit.

1.8.1 Pausenregelung und -gestaltung

Ausreichende Erholungspausen sind eine Notwendigkeit zur Verringerung bzw. Vermeidung psychischer Ermüdung. Der Arbeitgeber ist verpflichtet **(BildscharbV § 5)** die Tätigkeit von Bildschirmarbeit so zu organisieren, dass sie regelmäßig durch Pausen oder andere Beschäftigungen, unterbrochen wird.

Diese kurzzeitigen Erholzeiten (vgl. BGI 650) – also **Kurzpausen** – sind bezahlte **Arbeitsunterbrechungen** im Gegensatz zu den im Arbeitszeitgesetz geforderten Ruhepausen. Dies bedeutet, dass eine bezahlte Ruhepause den Beschäftigten zusteht, die mehr als zwei Stunden pro Arbeitstag am Bildschirm arbeiten. Diese Unterbrechung der Bildschirmarbeit sollte einen Belastungswechsel ermöglichen und regelmäßig am Arbeitstag stattfinden, damit eine Regeneration gewährleistet ist.

Leitziele für Kurzpausen am Bildschirmarbeitsplatz:

- Mehrere kurze Pausen haben einen höheren Erholungswert, als wenige lange Pausen. Daher sollten Kurzpausen nicht angespart werden, um die tatsächliche Arbeitszeit zu kürzen.
- Nach ca. 50 Minuten sollte die Arbeitszeit am Bildschirm für fünf bis zehn Minuten unterbrochen werden. Andere Modelle sehen nach jeweils 100 Minuten Arbeitszeit eine Bildschirmerholzeit vor.
- Die Dauer und die Häufigkeit der Kurzpausen richten sich nach der Schwierigkeit der Arbeit. Für Tätigkeiten, die stark bildschirmgebunden sind, wie z. B. im Call-Center oder in Datenverarbeitungszentralen, werden bis zu 15 Minuten pro Stunde empfohlen.
- Der Erholungswert der Kurzpausen, darf nicht durch Ersatztätigkeiten gemindert werden.
- Die Pause sollte so organisiert werden, dass sie Konzentrationsschwäche und Ermüdung vorbeugt. Wer selbstorganisiert arbeitet, sollte die Pausen terminlich einplanen oder Organisationsinstrumente, wie z. B. Erinnerungssoftware oder Weckerfunktionen nutzen.

Wichtig ist, dass Pausen sinnvoll genutzt und nicht am Schreibtisch mit privaten E-Mails oder Erledigungen in größter Eile verbracht werden. Ein tatsächlicher Erholungswert findet statt, wenn sich die Betroffenen vom Arbeitsplatz räumlich entfernen, um eventuell an die frische Luft zu gehen, sich zu bewegen, Ausgleichsübungen zu machen oder meditativ auf Gedankenreise zu gehen. Auch ein kurzer Schlaf – Power-Napping genannt – sorgt für Erholung. Diese Regenerationsmethode gilt arbeitsmedizinisch als eine der effektivsten Möglichkeiten, die Arbeitskraft zu erneuern.

1.8.2 Bewegungsraum Büro

Nicht nur das Arbeitsorganisationsmodell **Mischarbeit und aktive Pausengestaltung** sollte Bewegung ins Büro bringen, sondern auch ergonomische und arbeitsorganisatorische Maßnahmen für ein gesundheitsschonendes Verhalten am Arbeitsplatz. Gesundheitsschutz und -förderung muss deshalb die Arbeitsplatzgestaltung ergänzen und begleiten.

Rückenbeschwerden als Folge von Büroarbeit sind vermeidbar. Falsche Körperhaltungen verursachen Verspannungen im Schulter-, Nacken- und Rückenbereich. Die richtige Sitzhaltung und ein individuell eingestellter, ergonomischer Bürostuhl beugen diesen Beschwerden vor. Neben dynamischem Sitzen entlasten gezielte Übungen bei regelmäßiger Durchführung den Rücken und stärken die Muskulatur:

- **1. Übung: Der Rückendreher lockert die Wirbelsäule**
  Die ideale Sitzhaltung einnehmen und die Hände über den Schultern verschränken. Den Oberkörper nun in gemäßigtem Tempo nach links und rechts drehen. Das Becken nicht bewegen. Die Übung jeweils zwei Minuten lang durchführen.
- **2. Übung: Der Halsstrecker entspannt den Nacken**
  Aufrecht hinstellen oder setzen. Einatmen und dabei die Schultern in Richtung der Ohren heben. Beim Ausatmen die Schulten wieder nach unten ziehen. Der Hals wird gestreckt und der Nacken entspannt sich.
- **3. Übung: Dehnübungen gegen den Mausarm**
  Arm vor dem Körper in gestreckter Position mit der freien Hand von unten in Höhe des Ellenbogens zur entgegengesetzten Seite und zum Körper hinziehen. Dehnung ca. 20 Sekunden halten und dann die Seite wechseln. Darauf achten, dass die Schultern unten bleiben.
- **4. Übung: Der Schulterstrecker aktiviert die Rückenmuskulatur**
  Aufrecht hinstellen oder setzen. Die Hände greifen mit gekrümmten Fingern vor der Brust ineinander. Kinn nach unten schieben. Langsam einen Zug nach außen aufbauen und halten. Position ca. 20 Sekunden halten.

MEDIEN

www.gesundheit.de

https://www.youtube.com

- Locker am Schreibtisch – Übungen für schmerzfreies Arbeiten
- Fit im Büro: Gymnastik

www.vbg.de/

Eine Vielzahl von Beschäftigten an Bildschirmarbeitsplätzen klagen über Augenprobleme, denn Bildschirmarbeit ist nicht nur für den Körper anstrengend, sondern auch für die Augen, die Schwerstarbeit leisten. Damit keine Schäden entstehen, sollten die Anforderungen an den Bildschirm beachtet werden. Vorsorgeuntersuchungen sind vor Aufnahme der Bildschirmtätigkeit vorzunehmen und in regelmäßigen Abständen durchzuführen. Bei Beschwerden sollten rechtzeitige Untersuchungen erfolgen.

Wird bei diesen Untersuchungen Fehlsichtigkeit diagnostiziert, kann eine Bildschirmbrille, für die der Arbeitgeber aufkommt, helfen. Bildschirmbrillen werden auf die Bildschirmentfernung abgestimmt. Recht auf Bildschirmbrillen haben die Beschäftigten, die mindestens 30 bis 45 Minuten pro Tag am Bildschirmarbeitsplatz verbringen.

Jeder Tätigkeitswechsel ist auch ein Belastungswechsel und schont die Augen. Vorgeschriebene Kurzpausen sollten für Augengymnastik genutzt werden. Hierfür reichen oft schon wenige Minuten am Tag, um die Augen fit zu halten.

Fitnessprogramm für beanspruchte Augen:

- Zwischendurch immer wieder für eine Minute bewusst in die Ferne schauen. Dies entlastet die Augen.
- Die Handflächen gegeneinander reiben. Zwei bis drei Minuten die Augen mit den Händen bedecken, ohne Druck auszuüben. Dunkelheit und Wärme sorgen für Entspannung. Damit es anschließend zu keiner Blendung kommt, die Hände langsam von den Augen nehmen.
- Gähnen führt zur Muskelentspannung. Das Herabfallen des Unterkiefers und das Atmen durch den Mund führt zur An- und Entspannung der Augenmuskulatur.

2. Arbeitsprozesse effizient strukturieren

Effizientes und qualitativ hochwertiges Arbeiten ist eine Notwendigkeit für wirtschaftliche Abläufe. Optimal ablaufende Arbeits- bzw. Geschäftsprozesse führen zu einem guten Überblick, schaffen Raum für zusätzliche Aufgaben und Leistungen und sorgen auch für mehr Entspannung am Arbeitsplatz. Um wirtschaftliche Erfolge aus solchen Prozessen zu erzielen, müssen diese in der allgemeinen Unternehmenskultur etabliert werden. Dazu müssen die entsprechenden Ressourcen, wie Bereitstellung von Arbeitszeit, Fortbildungen, Einbindung in Arbeitsabläufe und andere Prozesse, vorhanden sein. Nur so können Schwachstellen im Sinne eines **kontinuierlichen Verbesserungsprozesses** analysiert werden. Dies ist eine wesentliche Voraussetzung, um **Geschäftsprozesse** effizienter zu gestalten. Durch Transparenz von Arbeitsweisen und Arbeitsabläufen werden Störungen erkannt und behoben.

Für die Umsetzung sind nachfolgende Erfolgskriterien entscheidend:

- Unterstützung durch die Unternehmensleitung und Führungsverantwortlichen
- Unterstützung und Schulung durch professionelle KVP-Moderatoren
- Standardisierung und Methoden für die Durchführung von Verbesserungsprozessen
- transparente Darstellung von Ergebnissen
- Teamarbeit und Einbindung der Spezialisten vor Ort.

2.1 Bürowirtschaftliche Abläufe analysieren

Transparenz wird durch das Analysieren von Arbeitsabläufen erreicht. In regelmäßigen Abständen sollten routinemäßig ablaufende Arbeitsprozesse auf ihren Ist-Zustand untersucht werden. Solche kontinuierlichen Verbesserungsprozesse führen zur Optimierung von Arbeitsabläufen. Dies führt zu besseren Standards und einem Zeitgewinn für Wesentlicheres. Die Arbeitnehmer haben mehr Freude am Arbeitsplatz und dem Unternehmen werden Wettbewerbsvorteile gesichert.

Folgende Kriterien führen zur Optimierung von Arbeitsprozessen:

- **Ist-Zustand erfassen**
  - Routineaufgaben
  - neue Aufgaben
- **Analyse des Arbeitsprozesses**
  - Zeitumfang der Aufgaben
  - Wo liegen Schwachstellen?
  - Welche Arbeitsabläufe können zusammengefasst werden?
- **Standardisierung**
  - stellt reibungslosen Ablauf sicher
  - verbessert das Zeitmanagement
  - schließt Fehler durch routinierte Abläufe aus

- **Kontrolle**
  - festgelegte Standards regelmäßig kontrollieren
  - auf Schwachstellen in Arbeitsprozessen achten

2.2 Geschäftsprozesse im Unternehmen

Geschäftsprozesse dienen in Unternehmen dazu, ein geschäftliches oder betriebliches Ziel zu erreichen. Sie beschreiben Abläufe von Einzeltätigkeiten, die zu dem gesetzten Ziel führen. Prozesse können einmal als Projekt auftreten oder wiederholt erscheinen. Prozesse sind durch einen definierten Anfang und ein definiertes Ende gekennzeichnet.

Bei Prozessabläufen in Unternehmen werden Geschäftsprozesse und Büroprozesse unterschieden.

Geschäftsprozesse stehen im direkten Zusammenhang mit externen Partnern, wie Kunden, Lieferanten usw. Sie beschreiben einen gesamten Prozessdurchlauf von der Kundenanfrage bis zur Auftragserfüllung.

Büroprozesse hingegen betreffen die Organisationsabläufe in Unternehmen. Sie beschreiben, wie büroorganisatorische Abläufe optimiert und standardisiert werden können und tragen somit zu einem ständigen kontinuierlichen Verbesserungsprozess bei.

LF 1, Kap. 8.2

Geschäftsprozesse werden im Allgemeinen grafisch als ereignisgesteuerte Prozessketten (EPK) dargestellt. Eine Norm zur Darstellung von Geschäftsprozessen gibt es derzeit noch nicht. Die EPK-Schreibweise besteht aus grundlegenden Notationselementen, um Arbeitsabläufe zu beschreiben. Nachfolgendes Beispiel zeigt eine einfache ereignisgesteuerte Prozesskette:

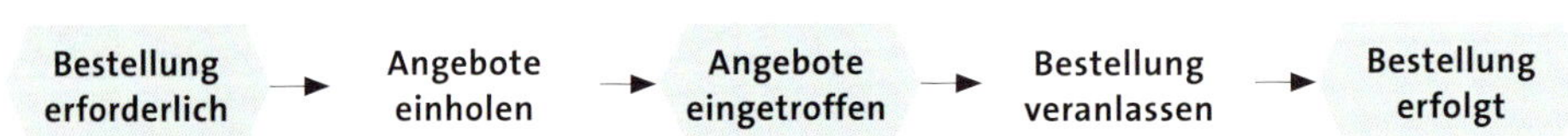

2.3 Zielorientierte Arbeitsorganisation

Im hektischen Büroalltag kann der Überblick schnell verloren gehen, da bei hoher Arbeitsbelastung wenig Zeit für die Strukturierung von Arbeitsabläufen bleibt.

Die **Büroorganisation** beschreibt die Strukturierung aller Arbeitsabläufe, die in einem Büro anfallen. Klare Aufgabenbeschreibungen und konkrete Aufgabenzuordnungen sind Standards für transparente Prozesse. Sie steigern die Effizienz und tragen zu einem kontinuierlichen Verbesserungsprozess bei.

Zu den grundlegenden Organisationsstrukturen zählen:

- technische und persönliche Kommunikationsstrukturen
- Dokumentenverwaltungssysteme – digital und in Papierform
- allgemeine und firmenspezifische Arbeitsabläufe
- Standardisierung von Routineaufgaben
- Planen und Durchführen von Projekten.

2.3.1 5-A-Aktionen

Für erfolgreiche Veränderungs- und Verbesserungsprozesse in der Büroorganisation stellen die **5-A-Aktionen** einen Orientierungsrahmen dar, mit dem die Büroorganisation optimiert werden kann:

Aussortieren	▸ Arbeitsmittel, die täglich benötigt werden, am Arbeitsplatz anordnen ▸ Arbeitsmittel, die nicht so oft benötigt werden, im entfernteren Zugriffsbereich platzieren ▸ Arbeitsmittel, die nicht mehr benötigt werden, entsorgen ▸ regelmäßig nicht mehr benötigte Dateien löschen ▸ wichtige Dateien auf externen Datenträgern auslagern
Aufräumen	▸ Gegenstände so unterbringen, dass sie ohne Suchaufwand gefunden werden ▸ möglichst nur zwei Ablagebehälter pro Arbeitsplatz, z. B. ein Behälter für Post, ein Behälter für Diverses ▸ Organisationsmittel sollten ein Teil des Arbeitsprozesses darstellen. ▸ Abends sollte der Arbeitsplatz frei von Papierstapeln sein. ▸ Der Posteingang sollte abends erledigt sein.
Arbeitsplatz sauber halten	▸ Auf Sauberkeit in der Arbeitsumgebung achten. ▸ anfallenden Schmutz beim Entstehen beseitigen ▸ Ordnung und Sauberkeit als Gewohnheit betrachten ▸ Auf dem Fußboden befinden sich folgende Gegenstände: Computer, Mülleimer mit Trennung für Altpapier, Pflanzen, Dekogegenstände.
Arbeitsstandards definieren	▸ Materialien für die Grundausstattung eines Arbeitsplatzes ▸ Schränke, Schubladen und Organisationsmittel konkret beschriften ▸ Checklisten für Arbeitsprozesse und Routineaufgaben ▸ Checklisten präzise und konkret formulieren ▸ Auf jedem Ausdruck Dokumentenpfad, Name und Datum angeben.
Alle Punkte einhalten und ständig verbessern	▸ konsequentes Überwachen der festgelegten Standards mithilfe von Checklisten ▸ bei Änderungen Checklisten und Regeln anpassen

2.3.2 Ordnungssysteme für den Arbeitsplatz

Das Genie überschaut das Chaos, behauptet der Volksmund. Wer allerdings im Büro effektiv arbeiten will, tut gut daran, so übersichtlich wie möglich organisiert zu sein. Ordnungssysteme und Ablagestrukturen sorgen für schnellen Zugriff auf relevante Informationen.

Ablagekörbe	Sie sind ein beliebtes Ordnungssystem, in dem Unterlagen zwischengelagert werden. Sie sollten mithilfe eines Labels oder Einsteckschildes beschriftbar sein. Verschiedene Farben dienen einer besseren Übersicht. **Tipp: Ablagekörbe sollten regelmäßig geleert werden.**
Hängeregistratur	Das optimale Ablagesystem am Arbeitsplatz, da es sehr raumsparend ist. Voraussetzung dafür ist ein Rollcontainer mit einem Hängeregistraturauszug. Hier finden Unterlagen, die regelmäßig benötigt werden, Platz. Die Mappen und Reiter lassen sich farblich markieren.
Ordner	Diese sollten zur besseren Übersicht farblich sortiert und aussagefähig beschriftet sein. Die Ordnerstruktur ist nach einem festgeschriebenen System aufgebaut (numerisch, alphabetisch, nach Sachgebieten usw.).
Pultordner **A - Z** **1 - 31**	Papiere, die chronologisch oder alphabetisch sortiert sind, werden hier eingeordnet. Das Pultordnersystem 1 - 31 gibt die Monatstage an. Ein ideales System für Terminplanung oder Wiedervorlage.
Stehsammler	Ein ideales Aufbewahrungsmittel für Unterlagen die nicht gelocht werden können, wie z. B. Prospekte, Kataloge, Preislisten. Auch hier dienen Organisationsfarben und eine „Rückenbeschriftung" der besseren Übersicht.
Sicht- und Prospekthüllen	Einsetzbar für Dokumente, die nicht gelocht werden. Sichthüllen werden eingesetzt, wenn ein Vorgang noch nicht abgeschlossen werden kann. Alle Dokumente zu einem Vorgang werden in einer Hülle gesammelt und in dem entsprechenden Ablagekästchen, Pultordner oder der Hängemappe bis zur Weiterbearbeitung aufbewahrt.

2.3.3 To-Do-Liste

Die **To-Do-Liste** ist eine Methode des Arbeits- und Zeitmanagement, mit deren Hilfe zu erledigende Aufgaben aufgelistet werden. Damit bleibt der Überblick über die zu bewältigenden Arbeitsaufgaben und Aktivitäten erhalten.

Der kontinuierliche Einsatz von To-Do-Listen hilft dabei, Aufgaben, Aktivitäten und Termine nicht zu vergessen und leistet damit einen wirksamen Beitrag zum Stressabbau. Darüber hinaus sorgt die To-Do-Liste für einen leeren Schreibtisch. Vorteile einer To-Do-Liste sind:

- Mit einer täglichen To-Do-Liste bleibt der Überblick über alle Tagesaktivitäten, Projekte und Arbeiten, die erledigt werden müssen, erhalten.
- Aufgaben können bereits im Vorfeld systematisiert werden, wie z. B. alle Telefonate; zu verfassende Schriftstücke werden in einer gesonderten Spalte der To-Do-Liste gebündelt.
- Eine To-Do-Liste kann nach individuellen Bedürfnissen erweitert werden. Neben der Aufgabe können der Zeitbedarf, die notwendigen Unterlagen, der Abgabetermin, die Prioritätsstufe usw. eingetragen werden.

Beispiel

To-Do-Liste				
Priorität	**Aufgabe**	**Von wem?**	**Datum**	**Erledigt**
				☑

2.4 Störungen im Arbeitsprozess

Ständige Erreichbarkeit, die durch moderne Kommunikationsmedien gegeben ist, führt bei vielen Beschäftigten zu unklarer Prioritätensetzung. Bedingt durch die vielen Kommunikationsformen und -wege fällt es vielen schwer, zu unterscheiden, was relevant ist und was nicht.

Fehlende oder schlechte Kommunikation ist ebenfalls eine Ursache für Störungen im Arbeitsprozess. Koordination von Aufgaben ist wesentlich für den Work-Flow in Unternehmen. Wenn Informationen zu spät mitgeteilt werden, bringt das den Arbeitsprozess zum Stocken. Die Mitarbeiter müssen rechtzeitig über die Terminierung von Aufgaben informiert werden, um diese pünktlich zu erledigen.

Schlechte Zeitplanung, chaotische Arbeitsweise und Vergesslichkeit sind weitere Faktoren, die zu Störungen von Arbeitsprozessen führen.

Beispiel

Das Telefon klingelt kurz bevor das Meeting beginnt. Dabei waren die letzten Minuten für die Präsentationserstellung eingeplant. Das Ergebnis: Ein gestresstes Telefonat und eine misslungene Präsentation.

Solche Verhaltensweisen am Arbeitsplatz lösen oft eine Spirale aus, die meist nicht mehr kontrollierbar ist. Arbeitsaufträge bleiben liegen, eiligere Aufgaben werden nicht erledigt, noch zu erledigende Aufgaben kommen hinzu. Diese Störmomente – auch **„Zeitfresser oder Zeitdiebe"** genannt –, behindern einen effektiven Arbeitsablauf und führen zur Überforderung von Beschäftigten. Wissenschaftlich werden diese Faktoren als **Stressoren** bezeichnet, da sie Stress durch Überforderung auslösen. Strukturiere Arbeitsabläufe wirken vorbeugend gegen diese Stressoren.

2.4.1 Der Sägeblatteffekt

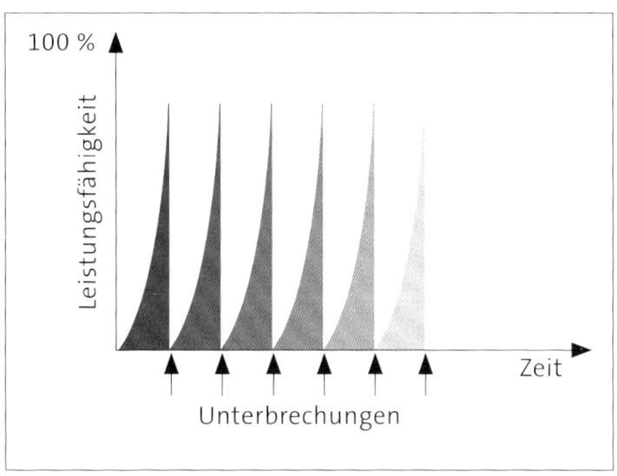

Pausen sind nützlich und wichtig. Im Gegensatz zu den Pausen sind jedoch Unterbrecher Zeitfresser. Wird der Arbeitsfluss ständig unterbrochen, kommt es zum sog. Sägeblatteffekt. Nach jeder Unterbrechung wird es schwieriger sich wieder neu zu konzentrieren und in die Aufgabe hineinzudenken. Dies führt zu Demotivation und Ineffizienz. Störungen bei wichtigen oder komplizierten Aufgaben kosten viel Energie und Zeit und verringern die Chance, ein hochwertiges Arbeitsergebnis zu erzielen.

2.4.2 Die „stille Stunde"

Mit dem Instrument der „stillen Stunde" wird der „Sägeblatt-Effekt" reduziert und Arbeitsergebnisse deutlich verbessert. Die „stille Stunde" ist ein selbst organisierter störungsfreier Zeitraum für die Erledigung von schwierigen und wichtigen Aufgaben, die ein hohes Maß an Konzentration erfordern. Hierfür sollte man einen „Termin mit sich selbst" vereinbaren und folgende Punkte beachten:

- die „stille Stunde“ fest im Terminplan eintragen
- keine aktiven oder passiven Telefonate
- keine E-Mails lesen
- Kollegen über die „stille Stunde“ informieren
- die „stille Stunde“ in die störungsarme Zeit legen.

In der Praxis ist die „stille Stunde“ nach wie vor eine große Herausforderung. Man muss genügend Selbstdisziplin mitbringen, um die „stille Stunde“ konsequent umzusetzen. Ob die „stille Stunde“ 30 oder 60 Minuten oder einen Vormittag dauert, ist weniger von Bedeutung. Wesentlich ist, dass man sie tatsächlich machen muss.

2.5 Methoden des Arbeits- und Zeitmanagement

Die richtige Zeiteinteilung ist eine wesentliche Voraussetzung für optimales Arbeiten. Ein effizientes Arbeits- und Zeitmanagement gehört zu den wesentlichsten Techniken des Selbstmanagement. Der Einsatz verschiedener Strategien, Techniken und Methoden ermöglicht:

- erreichbare Ziele zu setzen
- den Überblick über ein Ganzes zu bewahren
- Prioritäten zu erkennen und festzulegen
- Arbeitsvorhaben zeitlich zu planen
- Motivation für die Zielerreichung aufzubauen und aufrecht zu erhalten.

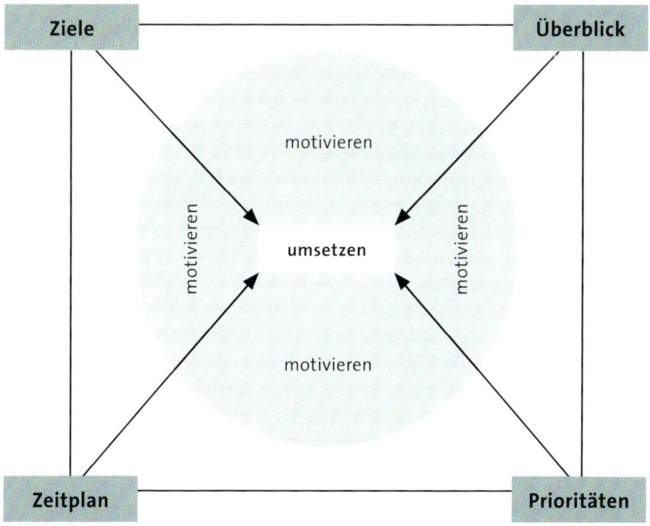

Mit konsequent durchgeführtem Zeitmanagement entsteht Raum für ruhiges und zufriedenes Arbeiten. Die gewonnene Zeit kann dazu genutzt werden, Ressourcen wieder aufzubauen. Die Qualität der Arbeitsprozesse und -ergebnisse verbessern sich zunehmend.

Denke und plane nicht „Wie teile ich mir meinen Tag sinnvoll ein?" sondern „Welchen Erfolg will ich bis heute Abend erreicht haben?"

Klar definierte Ziele, konkrete Regeln und effektive Strategien ermöglichen eine effiziente Zeitplanung·

Ziele präzise definieren 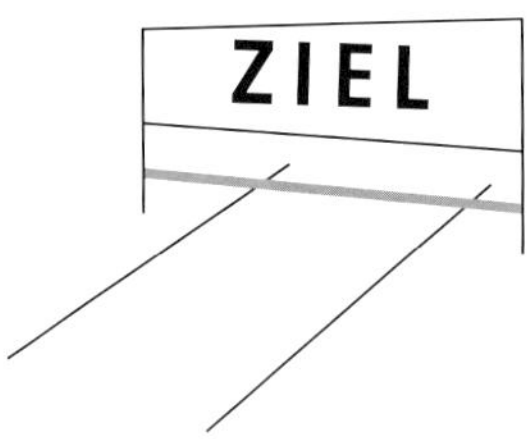	**S**	**Spezifisch** Ziele müssen konkret, eindeutig und präzise formuliert sein, d. h. „Ich will mehr Zeit für das Wesentliche haben", nicht „Ich will weniger Stress haben".
	M	**Messbar** Ziele müssen überprüfbar sein. Ziele sollten in mehrere Schritte („Meilensteine") eingeteilt werden.
	A	**Attraktiv** Das Ziel muss beeinflussbar sein. Das **„A"** steht auch für **„akzeptabel"** oder **„aktiv beeinflussbar"**.
	R	**Realistisch** Das Ziel sollte hoch gesteckt, aber vor allem erreichbar sein.
	T	**Terminierbar** Ein Ziel muss klar definierte Zeitangaben haben.
Planungsgrundsätze 		▸ rechtzeitig und im Voraus planen ▸ Routinetätigkeiten bei der Planung berücksichtigen ▸ Nur **60 %** der Zeit verplanen und **40 %** für Unvorhergesehenes. ▸ **Zeitblöcke** für Routinetätigkeiten bilden, denn in 1 x **60** Minuten kann mehr erledigt werden als in 6 x 10 Minuten. ▸ **Wichtige Aufgaben** sollten in der leistungsfähigen Zeit erledigt werden, Routineaufgaben im Leistungstief. ▸ Die Zielerreichung täglich kontrollieren und Abweichungen bei der nächsten Planung beachten.

Prioritäten setzen 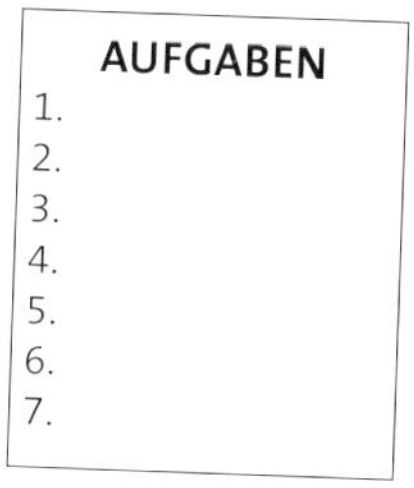 	Prioritäten setzen heißt, zu überlegen und festzulegen, welche die wichtigsten Aufgaben sind, die vorrangig behandelt werden müssen.
Tagesplanung 	**Schriftlich planen:** Die Schriftform der Planung ist wichtig, damit der Überblick nicht verloren geht und zuverlässig geprüft werden kann, ob tatsächlich nichts vergessen wurde. Am Ende des Arbeitstags kontrollieren, was erledigt wurde und was nicht. Das Unerledigte in den Plan des nächsten Tages übernehmen.
Zeitfresser 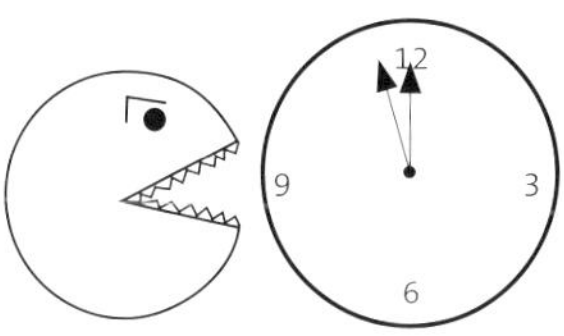 	**Zeitfresser ausschalten:** Es sollte analysiert werden, wie viel Zeit für jede Tätigkeit benötigt wird und welche Tätigkeiten oder Aktivitäten „Zeitfresser" sind. Zeitfresser sind z. B. ▸ keine Ziele, Prioritäten oder Tagesziele ▸ Hast, Ungeduld, keine Konzentration ▸ persönliche Desorganisation (überhäufter Schreibtisch) ▸ mangelhafte Koordination (kein Teamwork) ▸ schlechtes Ablagesystem ▸ zu wenig Delegation ▸ Unfähigkeit „NEIN" zu sagen ▸ fehlende Selbstdisziplin (Aufgaben nicht zu Ende führen) ▸ keine oder unpräzise Kommunikation ▸ Ablenkung, wie Lärm, telefonische Unterbrechungen und unangemeldete Besucher

Leistungskurve 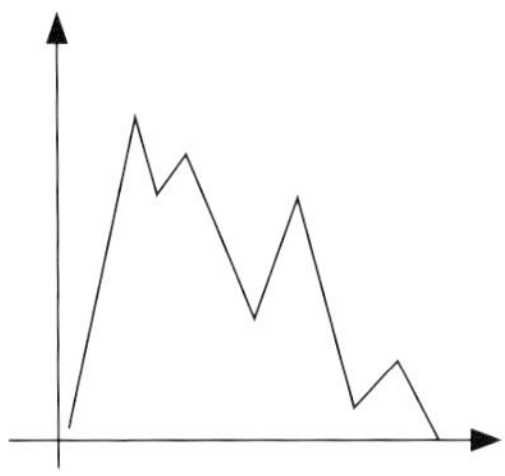	Jeder Mensch ist in seiner Leistungsfähigkeit während des ganzen Tages bestimmten Schwankungen unterworfen. Der Leistungshöhepunkt liegt am Vormittag. Wichtige Dinge (A-Aufgaben) sollten während des Leistungshochs am Vormittag eingeplant werden. Im Leistungstief sollte nicht gegen den biologischen Rhythmus gearbeitet werden, sondern diese Phase sollte für soziale Kontakte und Routinetätigkeiten (C-Aufgaben) genutzt werden. Am späten Nachmittag können wieder wichtigere Aktivitäten (B-Aufgaben) erledigt werden.
Pausen 	Zu langes, intensives Arbeiten macht sich nicht bezahlt, da Konzentration und Leistungsfähigkeit nachlassen und sich Fehler einschleichen. Medizinische Untersuchungen zeigen, dass der beste Erholungswert etwa nach **einer Stunde Arbeitszeit** erzielt wird. Der optimale Erholungswert tritt bei Pausen ein, die **fünf bis zehn Minuten** dauern.

2.6 Zeitmanagementmethoden anwenden

Zeit ist kostbar. Um sie effektiv zu nutzen, ist ein persönliches Zeitmanagement sinnvoll und notwendig. Zeit wird definiert als eine Spanne, in der Erlebnisse oder Arbeitsfolgen stattfinden. Im Zeitalter moderner Kommunikationstechnologien verkürzt sich die Halbwertzeit des Wissens. Rahmenbedingungen in der Wirtschaft und im sozialen Bereich werden immer flexibler. Mehrere Aufgaben möglichst gleichzeitig zu erledigen, oder Multi-Tasking-fähig sein, geht auf Dauer nicht gut. Äußere Faktoren erhöhen den Stress. Oft reicht die Zeit nicht aus, Erholungspausen einzulegen. Der Mensch wird krank. Schlimmstenfalls droht ein Burnout.

Seine Zeit zu organisieren ist erlernbar. Geplante Termine und Aufgaben in einem entsprechenden Zeitrahmen methodisch abzuarbeiten, bedeutet **Zeitmanagement**. Arbeitsabläufe werden analysiert und optimiert, Planungsinstrumente gezielt eingesetzt, um eine Effizienzsteigerung der betrieblichen Prozesse zu erreichen.

Da der Mensch ein Individuum ist, weist er auch beim Zeitmanagement Verhaltenstendenzen auf. Abhängig von den eigenen Stärken, dem eigenem Wissen sowie der Persönlichkeit ist das Zeitverhalten bzw. der Umgang mit der Zeit vom Menschen geprägt.

2.6.1 Das Pareto-Prinzip – die 80/20-Regel

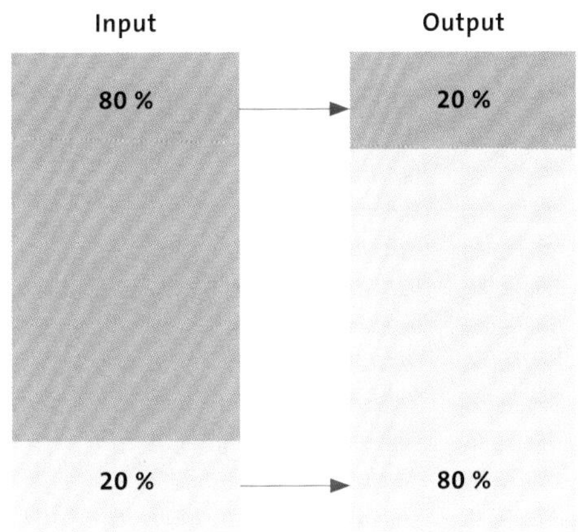

Dieses Prinzip wurde nach Vilfredo Pareto, einem italienischen Soziologen und Ökonomen benannt, der Anfang des 20. Jahrhunderts feststellte, dass in Italien 80 % des Einkommens von nur 20 % der Bevölkerung getragen wurde.

Dieses Verhältnis von 80/20 ist auf andere mögliche Bereiche übertragbar. Allgemein wird dieser Grundsatz auch als **Pareto-Formel** oder die **80/20-Regel** bezeichnet.

Übertragen auf die Arbeitsorganisation bedeutet das Pareto-Prinzip:

20 % der Aufgaben sind so wichtig, dass man damit 80 % des Arbeitserfolges erreicht.

Diese Verhältnismäßigkeit hilft Probleme bei der Zeitplanung zu erkennen, Prioritäten zu setzen und konkrete Ziele zu formulieren. Effizienter ist es demnach, sich für 80 % der Ergebnisse anzustrengen, als die Energie in die noch zur Perfektion fehlenden 20 % zu stecken.

2.6.2 ABC-Analyse

Die ABC-Analyse ist ein einfaches Instrument, um sich über die Ist-Situation ein genaues Bild zu machen. Die Vorteile der ABC-Analyse liegen besonders in ihrer schnellen und unkomplizierten Umsetzung. Ziel der ABC-Analyse ist es, anstehende Aufgaben zu sortieren und mit einer eindeutigen Priorität zu versehen.

A-Aufgaben	**Wichtig** Diese Aufgaben können nur von der betreffenden Person selbst oder im Team verantwortlich ausgeführt werden. Sie sind nicht delegierbar.
B-Aufgaben	**Durchschnittlich wichtige Aufgaben** Diese Aufgaben können an andere delegiert werden.
C-Aufgaben	**Wenig wichtig** Aufgaben mit geringem Wert, die jedoch einen Großteil der täglichen Arbeit ausmachen (Routinearbeiten, Ablage, Korrespondenz).

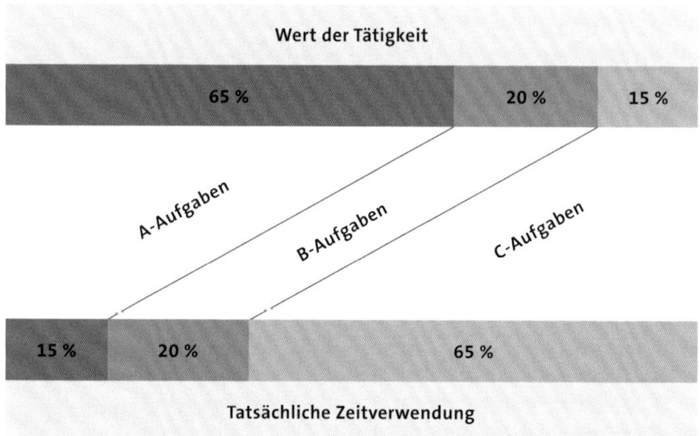

Nach diesem Prinzip sollte allen Aufgaben eine Priorität zugeordnet werden. Dies bedeutet nicht, auf die Erledigung von C-Aufgaben zu verzichten und nur noch A-Aufgaben zu erledigen. Die ABC-Analyse dient vielmehr dazu, alle Aktivitäten durch Prioritätensetzung in ein ausgewogenes Verhältnis zu setzen.

2.6.3 ALPEN-Methode

Die **ALPEN-Methode** ist eine relativ einfache und effektive Art, den Tagesablauf zu planen und das Zeitmanagement zu steigern. Die tägliche Planung erfordert durchschnittlich acht Minuten, um den Zeitplan zu strukturieren.

Jeder einzelne Buchstabe ist Abkürzung für eine Tätigkeit: Das **A** steht für Aufgaben, Termine und geplante Aktivitäten notieren, das **L** für Länge schätzen, das **P** für Pufferzeiten einplanen, **E** für Entscheidungen treffen und **N** für Nachkontrolle. In dieser Reihenfolge sollte ein Zeitplan erstellt werden.

N	**Nachkontrolle durchführen:** Aufgaben und Aktivitäten, die nicht erledigt wurden, auf den nächsten Tag verschieben.
E	**Entscheidungen treffen:** Prioritäten setzen und Aufgaben delegieren. Ziele definieren und Aktivitäten auf ein realistisches Maß begrenzen.
P	**Pufferzeiten reservieren:** Nur 60 % der Arbeitszeit verplanen. Den Rest für unvorhergesehene Ereignisse reservieren. 20 % entfallen auf unerwartete Aktivitäten oder Störungen, 20 % auf spontane oder soziale Aktivitäten.
L	**Länge der Aktivitäten abschätzen:** Den geschätzten Zeitbedarf für jede Aufgabe erfassen. Die Aufgaben werden erheblich konzentrierter durchgeführt und Störungen werden unterbunden, wenn für eine bestimmte Aufgabe ein Zeitrahmen vorgegeben wurde.
A	**Aufgaben, Aktivitäten** und Termine aufschreiben

2.6.4 Das Eisenhower-Prinzip

Eine wichtige und weitverbreitete Methode des Zeitmanagements ist das Eisenhower-Prinzip. Diese Technik hat ihren Namen vom früheren US-Präsidenten Dwight D. Eisenhower.

Die Grundidee des Eisenhower-Prinzips ist eine gezielte Einordnung von Aufgaben in **Wichtigkeit** und **Dringlichkeit**.

- **Wichtigkeit:** Eine Aufgabe ist dann wichtig, wenn sie der Zielerreichung dient. Wann diese Aufgabe erledigt wird, ist abhängig von der Dringlichkeit.
- **Dringlichkeit:** Eine Aufgabe ist dringend, wenn sie sofort erledigt werden muss.

Anhand dieser beiden Faktoren, die auf einer horizontalen und einer vertikalen Achse aufgetragen werden, kann man Aufgaben in vier Quadranten einteilen, die sog. **Eisenhower-Box**.

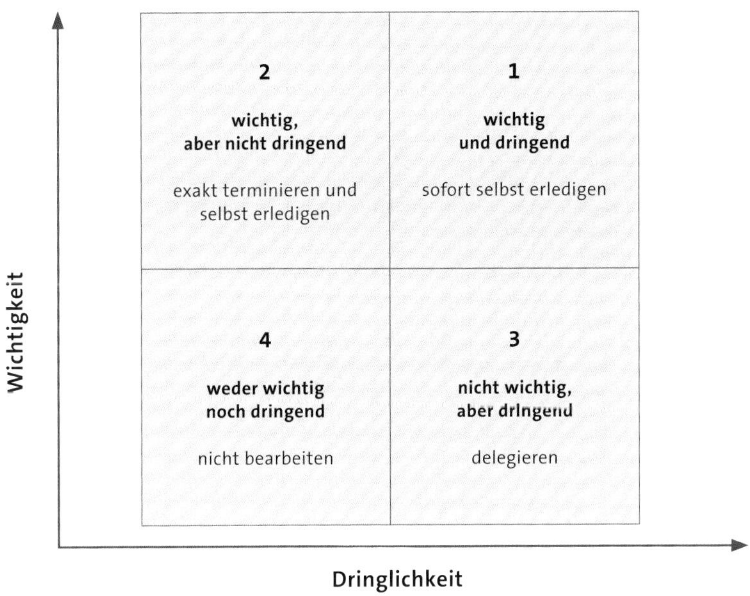

- Das **Quadrat 1** umfasst die **Aufgaben, die sowohl wichtig als auch dringend sind**. Diese Aufgaben sind als erstes zu erledigen.
- Das **Quadrat 2** enthält die **Aufgaben, die zwar wichtig, aber keineswegs dringend sind**. Diese Aufgaben müssen terminiert werden, damit sie nicht vernachlässigt oder vergessen werden.

- Im **Quadrat 3** befinden sich alle **Aufgaben, die dringend zu erledigen wären, allerdings nicht wichtig sind**, d. h. sie dienen nicht der Zielerreichung. Laut dem Eisenhower-Prinzip sollten diese Aufgaben an andere delegiert werden.
- **Quadrat 4** enthält Aufgaben, die laut dem Eisenhower-Prinzip vermieden werden sollten. Es handelt sich hier um Aufgaben, **die weder wichtig noch dringend sind**. Diese sollten bedingungslos in den Papierkorb wandern.

3. Sicherheit und Gesundheit am Arbeitsplatz

Unter „Gesundheit" allgemein versteht man nicht nur die Abwesenheit von Krankheiten, sondern auch das geistige und psychische Wohlbefinden der Mitarbeiter. Demnach gehören zur Arbeitsplatzgestaltung ebenso die Berücksichtigung zwischenmenschlicher Beziehungen und psychischer Belastungsfaktoren. Mit körperlicher und geistiger Fitness sind die Leistungsfähigkeit und damit die persönliche Produktivität verbunden. Daher muss nicht nur die **Sicherheit am Arbeitsplatz** gewährleistet sein, sondern auch **soziale** und **psychische Aspekte** wie **Stress, psychische Ermüdung, Burnout, Mobbing** usw. vermieden werden.

3.1 Risikofaktoren im Büro

Gefährdungen und Gesundheitsgefahren am Büroarbeitsplatz entstehen durch **technische Risikofaktoren (z. B. Vernachlässigung von Sicherheitsrichtlinien und Unfallverhütungsvorschriften), ergonomisch unzureichende Arbeitsmittel, mangelhafte Organisationsstrukturen, unsachgemäßen Umgang mit Gefahrstoffen sowie physische, psychische und soziale Belastungen**.

Stress, Ängste, Depressionen und Motivationsverlust führen in den letzten Jahren zu einem deutlichen Anstieg von psychisch bedingten Krankheiten. Oft hängen die psychischen Probleme mit körperlichen Beschwerden zusammen.

Diese Faktoren haben gleichermaßen negative Auswirkungen für Arbeitnehmer und Arbeitgeber zur Folge:

MERKE

- Beschwerden des Bewegungsapparates
- Arbeitsfähigkeit wird beeinträchtigt
- Arbeitsunfälle
- erhöhter Krankenstand
- Produktivitätsverlust
- Anstieg der Fehlerrate
- Unzufriedenheit der Mitarbeiter
- Fluktuation von Arbeitsplätzen

3.2 Maßnahmen zur Erhaltung und Förderung der Gesundheit

Das Arbeiten im Büro erfordert ein hohes Maß an Belastbarkeit, Flexibilität und Stabilität. Diese Kompetenzen erfordern einen Arbeitsplatz, der Standards zur optimalen Gestaltung der Arbeitsumgebung erfüllt.

3.2.1 Arbeitsschutz und Arbeitssicherheit fördern

Der Gesetzgeber wacht darüber, dass bestimmte Standards am Arbeitsplatz eingehalten werden. Die Bundesanstalt für Arbeitsschutz und Arbeitsmedizin (BAuA) hat einen Katalog mit Richtlinien für die optimale Gestaltung der Arbeitsumgebung entwickelt.

Die Gewährleistung und Verbesserung der Sicherheit und des Gesundheitsschutzes der Beschäftigten während der Arbeit ist im Arbeitsschutzgesetz (ArbSchG) geregelt. Dieses Gesetz verpflichtet den Arbeitgeber, unabhängig von der Beschäftigtenzahl und der Betriebsgröße, eine Gefährdungsbeurteilung für alle Arbeitsplätze durchzuführen. Zu den Grundpflichten des Arbeitgebers gehören weiterhin erforderliche Maßnahmen zur Verhütung von Arbeitsunfällen, arbeitsbedingten Gesundheitsgefahren und zur Ersten Hilfe zu treffen. Diese Grundsätze der Prävention **(BGV A1)** werden in den Unfallverhütungsvorschriften **(UVV)** der Berufsgenossenschaft umgesetzt.

www.vorschriften.bghw.de/
www.gesetze-im-internet.de/arbschg/

3.2.2 Sicherheitskennzeichnung

Ausrutschen, Stolpern und Stürze gehören zu den häufigsten Unfallursachen. Zu anderen Gefahren zählen herunterfallende Gegenstände, Gefahrstoffe und Stress. Zur Vermeidung von Unfällen am Arbeitsplatz gilt europaweit ein einheitlicher Standard für die Sicherheitskennzeichnung an Arbeitsstätten. Diese Sicherheitszeichen müssen als Schilder, Aufkleber oder aufgemalt und dauerhaft in geeigneter Höhe angebracht werden. Auch muss für eine entsprechende Beleuchtung gesorgt werden. Diese Bilder sind ohne Sprachbarriere für jeden verständlich.

Die Kombination von geometrischer Form und Sicherheitsfarbe ergibt die Grundbedeutung für die Sicherheitszeichen.

Gebotszeichen: Schutz- und Vorsichtsmaßnahme	 **Gehörschutz benutzen**	**Merkmal:** **blauer Kreis** **weißes Symbol**
Warnzeichen: Warnung vor Gefahr	 **Warnung vor Rutschgefahr**	**Merkmal:** **gelbes Dreieck** **schwarzes Symbol**
Brandschutzzeichen: Maßnahmen zur Brandbekämpfung	 **Brandmelder**	**Merkmal:** **rotes Rechteck** **weißes Symbol**
Verbotszeichen: Verbotene Handlungen	 **Feuer, offene Zündquelle und Rauchen verboten**	**Merkmal:** **roter Kreis** **roter diagonaler Strich**
Rettungszeichen: Rettungseinrichtungen	 **Sammelstelle**	**Merkmal:** **grünes Rechteck** **weißes Symbol**
Gefahrensymbol: Verwendung von Chemikalien und Gefahrstoffen	 **explosionsgefährlich**	**Merkmal:** **rot umrandete Raute** **weißer Hintergrund**

3.2.3 Sicherheitsorganisation im Unternehmen

Der Arbeitgeber ist für sein Unternehmen rechtlich verantwortlich. Zu seinen Pflichten gehört auch die Organisation des innerbetrieblichen Arbeits- und Gesundheitsschutzes. Zur Unterstützung kann er weitere Beauftragte benennen, wie z. B. einen **Ersthelfer**, der für die Erstversorgung von Verletzten zuständig ist. Bei einer Unternehmensgröße ab 20 Mitarbeitern benötigt ein Unternehmen mindestens einen **Sicherheitsbeauftragten**. Diese freiwilligen Helfer kümmern sich in einem konkreten Unternehmensbereich um Fragen der Arbeitssicherheit. Sie sind freiwillige Helfer, die keine Verantwortung und auch keine unmittelbare Weisungsbefugnis gegenüber Beschäftigten einnehmen. Sie haben lediglich eine beratende Funktion.

Ein weiterer Helfer ist die **Fachkraft für Arbeitssicherheit (FASi)**. Sie hat die Funktion, regelmäßig Begehungen durchzuführen und die Ursachen von Arbeitsunfällen zu untersuchen und den Arbeitgeber auf diese Mängel hinzuweisen. Darüber hinaus informiert sie die Beschäftigten über Unfall- und Gesundheitsgefahren.

3.3 Strategien zur Bewältigung von physischen und psychischen Belastungen

Psychosoziale Risiken und arbeitsbedingter Stress gehören, was Sicherheit und Gesundheitsschutz am Arbeitsplatz angeht, zu den größten Herausforderungen. Sie beeinträchtigen die Gesundheit des Einzelnen erheblich, wirken sich aber auch negativ auf die Produktivität von Unternehmen und der gesamten Volkswirtschaft aus. Rund die Hälfte der Arbeitnehmer ist der Meinung, dass an ihrem Arbeitsplatz Stress üblich sei. Arbeitgeber behaupten, dass rund 50 % der Fehltage auf Stress zurückzuführen sind.

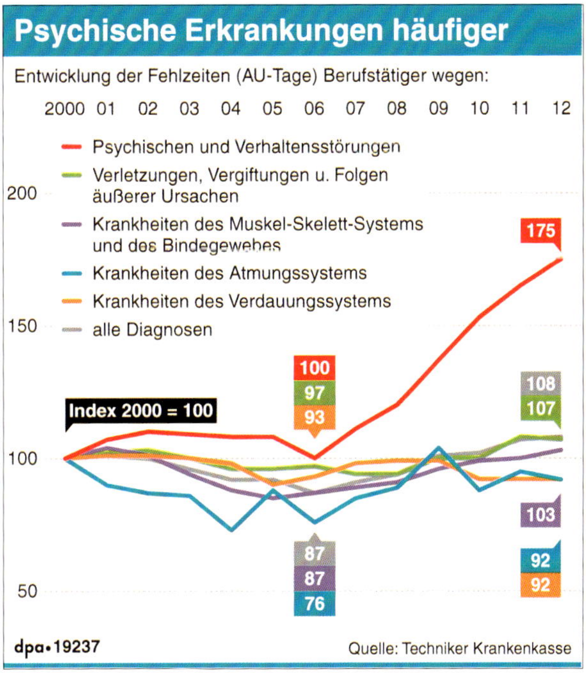

Stress kann durch unzureichende Arbeitsplatzgestaltung und mangelnde Organisationsstrukturen entstehen oder durch fehlende soziale Beziehungen. Stress steht im ungünstigen sozialen Kontext zur Arbeit und kann sich psychisch, körperlich und sozial negativ auswirken und u. a. zu arbeitsbedingtem Stress, Burnout, Depression und Mobbing führen. Arbeitsbedingungen, die solche Risiken fördern, sind zum Beispiel:

MERKE

- Überlastung
- Überforderung und unklare Abgrenzung von Aufgabenbereichen
- Unterforderung und Einschränkung der Entscheidungsbefugnis von Mitarbeitern
- fehlende Unterstützung durch Vorgesetzte oder Kollegen
- ineffizienter Kommunikationsfluss im Unternehmen
- psychische und sexuelle Belästigung.

3.3.1 Kampf dem Stress

Stress ist ein Begriff, der heute fast inflationär verwendet wird. Fast jeder behauptet von sich er sei im Stress oder habe Stress. Damit wird meistens ausgedrückt, dass man viel zu tun hat oder in Eile ist. Daher klingt dieser Begriff „Stress" ziemlich abgegriffen.

Stress ist nichts anderes als eine chemische Reaktion unseres Körpers. Wird eine Situation als gefährlich eingeschätzt, schüttet der Körper sofort Adrenalin und Nodrenalin in die Blutbahn. Die Freisetzung dieser Stresshormone ermöglicht es dem Körper, schnell an Energiereserven heranzukommen. Der Körper rüstet sich zum Kampf oder zur Flucht.

Der Kampf am Arbeitsplatz richtet sich gegen Zeitdruck oder einen endlosen Stapel zu erledigender Arbeiten. Da der Körper in diesen Situationen nicht mit tatsächlichem Kampf oder Flucht reagieren kann, bleibt die gesamte Anspannung im Körper.

Chronische Anspannung führt zu den unterschiedlichsten Stress-Symptomen in Form von psychosomatischen Beschwerden, wie

- Rückenschmerzen
- Schwindelgefühle
- Herz- und Kreislaufprobleme
- Magen- und Darmerkrankungen
- Allergien
- Kopfschmerzen.

Zur Bewältigung dieser Stressfaktoren sollte an der Umgebung, an sich selbst und an seinen Körperreaktionen angesetzt werden.

Umgebung	**Äußere Faktoren, die Stressreaktionen auslösen können verringern**

- Lärmquellen ausschalten
- Aufgaben mit hohem Konzentrationsanspruch in ruhiger Umgebung erledigen

Eigene Person	**Denk- und Verhaltensweisen ändern**

- Arbeiten delegieren
- Nein sagen lernen
- Perfektionsstreben ablegen

Körperreaktionen	**Anspannung durch körperliche Bewegung oder Entspannungsübungen abbauen**

- aerober Ausdauersport wie Walken, Joggen, Schwimmen oder Radfahren
- progressive Muskelentspannung, Yoga, Meditation
- Atemtechniken

3.3.2 Burnout

In den 1970er Jahren entstand der Begriff „Burnout-Syndrom" und beschreibt damals wie heute einen **„Zustand der emotionalen Erschöpfung"** oder des „Ausgebranntseins". Es handelt sich hierbei um eine emotionale und geistige Erschöpfung der Betroffenen. Die Leistungsfähigkeit ist dauerhaft und nachhaltig eingeschränkt. Wichtig ist die Abgrenzung zu einem kurzzeitigen, vorübergehenden Leistungstief.

Die Krankheit entwickelt sich meist über einen längeren Zeitraum – die Motivation im Beruf und das soziale Engagement wechseln fließend zum Gegenteil über, bis zur **sozialen Isolation, Resignation** und zu **Depressionen**. Typisch für die Diagnose eines Burnouts ist auch der Rückzug von Kollegen, Kunden, Freunden und Bekannten.

Vorbeugende Maßnahmen und individuelle Strategien können Burnout-Symptome vermeiden oder reduzieren. Veränderungen sind in betrieblicher wie auch im persönlichen Bereich erforderlich. Zur Therapie eines akuten Burnouts, sollte psychologische Unterstützung in Anspruch genommen werden.

Viele Unternehmen kommen ihren Mitarbeitern bereits mit der Finanzierung von Fitnessmaßnahmen, Coachings oder Seminaren entgegen. Themen wie Work-Life-Balance, Entspannung oder Stressbewältigung gehören mittlerweile zu aktuellen Seminarthemen, denn die Unternehmer sind sich der drohenden arbeitstechnischen und finanziellen Folgen des Burnout-Syndroms bewusst.

TIPP

Folgende **Strategien** helfen dem **Burnout-Syndrom vorzubeugen:**

- Gezielt entspannen! Bereits 20 Minuten Entspannung am Tag wirken vorbeugend gegen das Burnout-Syndrom, wie z. B. Spaziergänge, Entspannung zur Lieblingsmusik.
- Zeit für gesundes Essen! Damit werden Magen- und Darmprobleme reduziert. Gesund und überlegt ernähren sowie auf Fast-Food verzichten. Das Essverhalten darf nicht vom Stress geprägt sein.
- Ausreichend Schlaf ist eine der Voraussetzungen für einen gesunden Menschen. Im Schlaf regeneriert der Körper und das Gehirn verarbeitet das Erlebte.
- Regelmäßige Bewegung! Der Körper des Menschen ist für die Bewegung geschaffen. Daher sollte mindestens zweimal die Woche aktiv Sport getrieben werden.
- Zeit für soziale Kontakte! Der Partner, Freunde und Bekannte bieten Unterstützung und sozialen Halt. Ein regelmäßiger Austausch im Bekanntenkreis hilft Anspannungen zu lösen.
- Arbeiten delegieren! Überprüfung des Aufgabenbereiches. Weniger wichtige Aufgaben delegieren. Dies ist umso wichtiger für perfektionistisch veranlagte Personen.

Ist ein Arbeitnehmer hingegen am Arbeitsplatz permanent unterfordert, gelangweilt oder desinteressiert, spricht man vom **Boreout**. Diese Unterforderung entsteht oft durch einen geringen Arbeitsanfall oder dadurch, dass die Qualifikation des Beschäftigten höher ist als seine beruflichen Aufgaben und er sich daher geistig unterfordert fühlt.

Um jedoch auf die Arbeitswelt ausgelastet und beschäftigt zu wirken, tun **Boreout-Betroffene** so, als ob sie arbeiten würden. Sie kommen früh an den Arbeitsplatz und gehen spät nach Hause. Sie erfüllen ihre Aufgaben stets schnell, geben die Ergebnisse jedoch kurz vor Abgabetermin ab.

Boreout-Betroffene fühlen sich oft ausgelaugt, unzufrieden und frustriert, weil die Anerkennung fehlt und sie ihr Wissen nicht anwenden können. Die psychischen und gesundheitlichen Folgen der Unterforderung ähneln denen bei der Überforderung bzw. Burnout.

3.3.3 Work-Life-Balance

Work-Life-Balance steht für ein ausgewogenes Verhältnis von Beruf- und Privatleben. Ziel ist es, die privaten Interessen mit den Anforderungen der Arbeitswelt in Einklang, in ein ausgewogenes und gesundes Gleichgewicht zu bringen. Denn das persönliche Engagement auf nur jeweils einen Bereich zu konzentrieren, heißt auch, die eigene Lebensqualität einzuschränken.

Mittlerweile hat dieses Thema eine hohe Bedeutung in der Personalarbeit in den Unternehmen.

Mitarbeiter, die sich in einer ausgewogenen Lebenssituation befinden, übertragen dies auf die erbrachte Leistung am Arbeitsplatz, sodass dies zur Produktivität und dem Unternehmenserfolg beiträgt.

Intelligente Work-Life-Balance-Konzepte enthalten moderne Strategien zum Stressmanagement und wirken sich nachhaltig auf die Mitarbeitermotivation und Mitarbeiterbindung aus. Ziele eines solchen Konzeptes sind:

- Erhöhung der Attraktivität als Arbeitgeber
- Erhöhung der Bindung von Beschäftigten an das Unternehmen
- gesundes Unternehmen durch gesunde Mitarbeiter.

Maßnahmen zur Gestaltung eines unternehmensspezifischen Work-Life-Balance-Konzepts könnten sein:

- flexible Arbeitszeitgestaltung
- Arbeitsorganisation (z. B. Teamarbeit, Telearbeit)
- Ausrichtung der Unternehmenskultur auf Work-Life-Balance
- betriebliche Gesundheitsvorsorge
- Serviceleistungen für Familien (z. B. Unterstützung bei der Kinderbetreuung, Unterstützung bei der Pflege von Familienangehörigen)
- präventive Maßnahmen (z. B. Stressmanagement, Konfliktmanagement, Selbstmanagement).

3.3.4 Mobbing

Der Begriff Mobbing stammt aus dem Englischen und bedeutet „jemanden bedrängen, anpöbeln, über ihn herfallen, ihn fertig machen".

Nach einer Schätzung werden etwa eine Million Berufstätige in Deutschland gemobbt bzw. leiden unter Mobbing. Mobbing findet am Arbeitsplatz, in der Schule, im Internet (Cybermobbing) und in privaten Bereichen statt. Das Mobbing kann von Kollegen aber auch von Vorgesetzten (Bossing) ausgehen.

Ein vorübergehendes schlechtes Betriebsklima, eine kurzfristige Verstimmung oder ein kurz aufflammender Konflikt sind damit nicht gemeint.

MERKE

Ein tatsächliches Mobbing wird definiert, wenn Mobbingopfer mindestens einmal wöchentlich über einen Zeitraum von einem halben Jahr hinweg angegriffen, angefeindet, schikaniert oder diskriminiert werden.

- Über das Mobbing-Opfer werden üble, denunzierende und diskriminierende Gerüchte und Nachrichten verbreitet.
- Es verschwinden wichtige Unterlagen.
- Man redet nicht mehr mit dem Mobbing-Opfer.
- Das Mobbingopfer bekommt geringschätzige Blicke zugeworfen.
- Kleine Versäumnisse und Fehler des Schikanierten werden aufgebauscht.

Wenn Intrigen und Feindseligkeiten über einen längeren Zeitraum hinweg anhalten, ohne dass das Opfer eine Chance sieht, sich gegen die Anfeindungen zu wehren, dann hat das in den meisten Fällen erhebliche negative Auswirkungen auf das psychische und körperliche Befinden. Insbesondere das Selbstwertgefühl und die Selbstachtung werden durch ständige Angriffe und Attacken in Mitleidenschaft gezogen.

Psychische Auswirkungen des Mobbing haben zur Folge, dass die Leistungsfähigkeit sinkt, die Konzentrations- und Merkfähigkeit nachlässt. Die Betroffenen haben Angst zur Arbeit zu gehen, sind demotiviert und depressiv. Die psychische Belastbarkeit nimmt ab.

Körperliche Beschwerden des Mobbings treten durch Schlafstörungen, Rücken- und Kopfschmerzen, Herz-Kreislaufprobleme und Essstörungen auf. Mobbingopfer leiden meist unter chronischen Stress-Symptomen.

MERKE

Strategien, wie sich Betroffene gegen Mobbing wehren können:

- Aussprache mit dem Mobber führen – am besten im Beisein einer dritten Person.
- Verbal zur Wehr setzen, z. B. „Ich dulde diese Gemeinheiten nicht länger. Ich bestehe darauf, mit Respekt behandelt zu werden."
- Faires Verhalten einfordern. Wenn Informationen vorenthalten werden und Fehler mit Inkompetenz begründet werden, auf konstruktive Kritik pochen.
- Den Mobber entmutigen. Auf verbale Angriffe keine sichtbare Reaktion zeigen.
- Den Mobber isolieren. Übergriffe des Mobbers im Unternehmen publik machen. Eine klare Anti Mobber-Haltung einfordern.
- Den Mobber einschüchtern. Mit rechtlichen Konsequenzen drohen und diese klar benennen.
- Den Vorgesetzen (bei Bossing dessen Vorgesetzen) informieren.
- Den Betriebsrat in Konfliktgespräche mit einbeziehen.

Im deutschen Arbeitsrecht gibt es derzeit kein „Anti-Mobbing-Gesetz" und keine spezialgesetzlichen Regelungen. Vor Gericht muss weiterhin auf die allgemeinen Schutzgesetze und die allgemein gültigen Rechtsnormen zurückgegriffen werden.

Im deutschen Recht gibt es keine Vorschrift, die Mobbing explizit und ausdrücklich verbietet. Zur Behandlung von Mobbing werden daher die folgenden allgemeinen Schutzgesetze und das Grundgesetz herangezogen:

- das Grundgesetz (GG)
- das Betriebsverfassungsgesetz (BetrVG) bzw. die Personalvertretungsgesetze des Bundes und der Länder
- das Bürgerliche Gesetzbuch (BGB)
- das Strafgesetzbuch (StGB)
- das Sozialgesetzbuch (SGB)
- das Arbeitsschutzgesetz (ArbSchG).

4. Termine koordinieren und im Team kooperieren

Ein wesentlicher Teil der täglichen Büroarbeit ist die Strukturierung von Arbeitsabläufen. Die Planung dieser Abläufe ist abhängig von Angelegenheiten, Aktivitäten und Vorhaben, deren Erledigung von bestimmten Terminen abhängig ist.

Ein **Termin** ist ein definierter Zeitpunkt, der mit einem Kalenderdatum und einer Uhrzeit verbunden ist. Zu diesem Zeitpunkt findet ein bestimmtes Ereignis oder ein gewünschtes Ergebnis statt. Termine stehen meist im geschäftlichen Kontext und ergeben sich aus Verträgen, Verabredungen, Besprechungen, Zahlungsverpflichtungen, Reisen, Postein- und -ausgang, Projekten usw.

Termine, die fristgebunden sind, wie z. B. Zahlungs- und Liefertermine, Garantietermine, Kündigungstermine, sollten besonders beachtet werden.

Folgende Leitfragen helfen bei der Konkretisierung von Terminen:

- **Warum** findet der Termin statt?
- **Wer** wird zu diesem Termin erwartet?
- **Wann** wird der Termin stattfinden?
- **Wie** lange dauert der Termin?
- **Was** soll erreicht werden?
- **Welche** Unterlagen werden benötigt?

4.1 Terminarten

Bei der Planung von Aufgaben können kurzfristige (Tage, Wochen), mittelfristige (Monate) und langfristige Termine (bis zu mehreren Jahren) entstehen. Daher werden Termine wie folgt kategorisiert:

Fixe Termine	wiederholen sich periodisch. Sie werden möglichst frühzeitig – teilweise schon am Jahresanfang eingetragen, um späteren Terminüberschneidungen vorzubeugen.	z. B. Geburtstage, Urlaub, Ferien, Jahrestage, Messen, Steuerzahlungen
Variable Termine	ergeben sich aus dem täglichen Arbeitsablauf und werden, sobald sie festgelegt sind, eingetragen. Diese Termine entstehen kurzfristig. Externe Termine haben Vorrang vor internen Terminen.	z. B. Besprechungen, Geschäftsreisen, Tagungen, Sitzungen, Einladungen
Wiedervorlagetermine	ergeben sich u. a. aus der ein- und ausgehenden Post und der Bearbeitung von Projekten. Sie werden in der Terminmappe überwacht.	z. B. Zahlungs- und Liefertermine, Terminlisten für Projekte, Kündigungstermine, Geburtstagslisten

4.2 Termine koordinieren und überwachen

Für ein effizientes Zeitmanagement sind eine sorgfältige Koordination und eine stete Überwachung der Termine von großer Bedeutung.

Auf eine sorgfältige und ordentliche Handhabung ist zu achten. Eine einheitliche Darstellung erleichtert den Überblick.

MERKE

- Verschiedene Termine sollten optisch durch Farben voneinander getrennt werden.
- Die Dauer der Termine werden in Form von Balkendiagrammen oder Klammern gekennzeichnet.
- Zeitpuffer für die Anreise zum Termin oder für Folgetermine werden eingeplant.
- für eine Stunde nur eine Zeile beschriften
- erledigte Termine abhaken oder durchstreichen
- abgesagte oder verschobene Termine mit einem Symbol versehen, z. B. „V"
- Prioritäten oder Aufgaben durch Symbole kennzeichnen.

Soll zu einer Besprechung, einem Meeting oder einer Konferenz mit mehreren Personen ein gemeinsamer Termin gefunden werden, muss vor der endgültigen Terminsetzung eine Terminabfrage erfolgen. Bei Terminabfragen sollten immer mehrere Alternativtermine angeboten werden.

Ein ideales Organisationsinstrument ist ein Vordruck, in dem alle Teilnehmer und die vorgegebenen Termine erfasst werden.

	Terminvorschläge			
Teilnehmer	17. November 10:00 - 12:00 Uhr	19. November 14:00 - 15:00 Uhr	24. November 10:00 - 12:00 Uhr	26. November 14:00 - 15:00 Uhr
Weber, Marion	✓	-	✓	-
Hahn, Frank	-	✓	✓	-
Daube, Mario	✓	-	✓	✓
Wiegand, Bettina	-	✓	✓	-

Der gefundene Termin sollte sofort im Kalender vermerkt werden. Die Teilnehmer erhalten zur Information eine Terminbestätigung.

Onlinetools zur unkomplizierten Terminabsprache ersparen den Zeitaufwand von Telefonaten oder E-Mails. Personengruppen können in einem virtuellen Terminkalender einen gemeinsamen Termin finden. Dieser Terminkalender kann per E-Mail an beliebig viele Personen weitergegeben werden.

4.3 Hilfsmittel für die Terminplanung und -überwachung

Eines der wichtigsten Hilfsmittel zur Terminkoordination ist der Terminkalender. Dabei ist nicht die Form wesentlich (digital oder Papier). Wichtig ist, dass am Arbeitsplatz nur ein Hilfsmittel als Terminkalender geführt wird, sonst kommt es zu Überschneidungen und Verzögerungsprozessen.

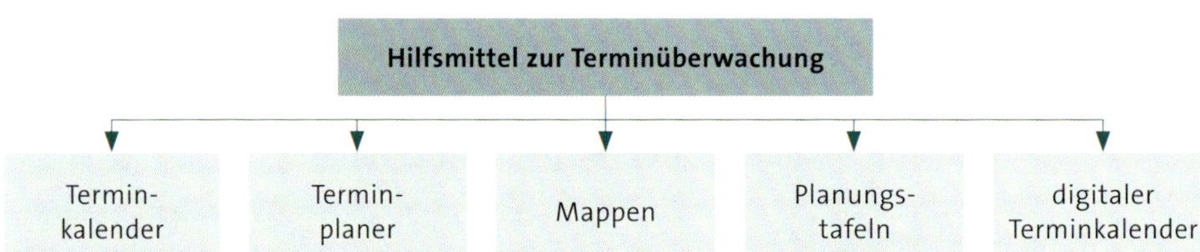

4.3.1 Terminkalender

Terminkalender gibt es in verschiedenen Variationen, z. B. als Tages-, Wochen-, Monats- und Jahreskalender. Monats- und Jahreskalender bieten eine gute Übersicht zur Terminüberwachung. Für den täglichen Einsatzzweck am Arbeitsplatz eignet sich besonders der Wochenkalender. Dieser bietet aufgeschlagen die Möglichkeit, einen Bereich für die Termine, und den anderen Bereich für Notizen, sonstige Aktivitäten und Bemerkungen. Jahresplaner mit Angabe der Kalenderwochen dienen der raschen Zeitraumerfassung.

4.3.2 Terminplaner

Terminplaner sind in der Regel als Jahresplaner mit Angabe der Kalenderwochen strukturiert. Sie werden an der Wand befestigt und dienen wegen der raschen Zeitraumerfassung für die langfristige Terminierung.

4.3.3 Terminmappen

Terminmappen werden auch als Wiedervorlagemappe oder Pultordner eingesetzt. In dieser Form werden fristbezogene Unterlagen aufbewahrt. Sie eignen sich besonders zur Aufbewahrung im oder auf dem Schreibtisch. Sie bestehen aus 31 Fächern für die Tage oder zwölf Fächern für die Monate. Alternativ kann im Schreibtisch auch eine Hängeregistratur für die Terminüberwachung eingerichtet werden.

4.3.4 Planungstafeln

Planungstafeln bieten eine Terminübersicht über ein ganzes Jahr und eignen sich für besondere Aufgaben, wie z. B. Urlaubsplanung, Personalplanung, Aktionsplanung für Projekte. Die Termine werden durch farbige Kärtchen, Symbole oder Haftmagnete auf Magnet- oder Kunststofftafeln visualisiert.

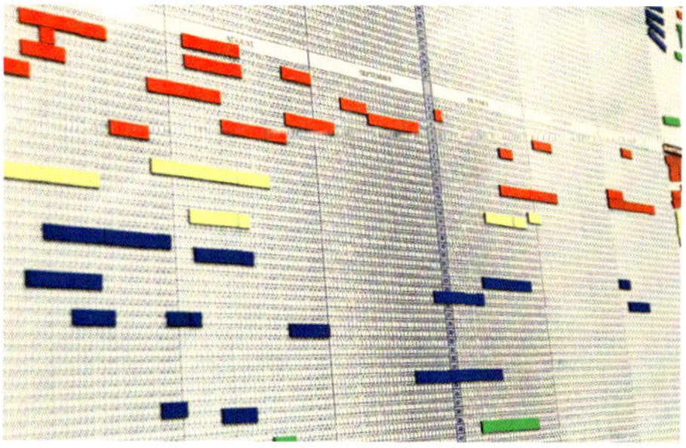

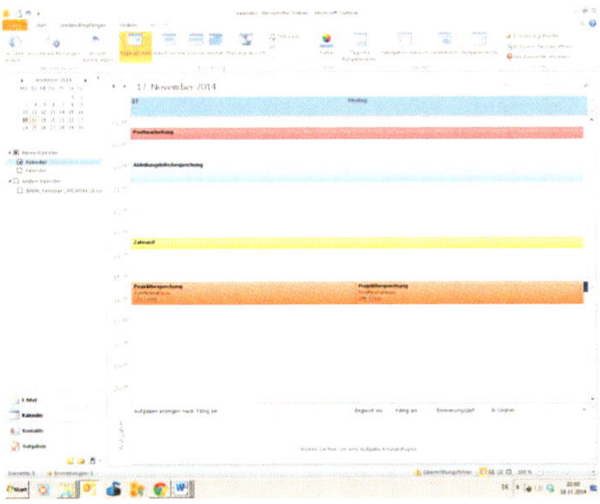

4.3.5 Digitaler Terminkalender

Für die Termin- und Projektplanung gibt es verschiedene Softwareanwendungen, die für Einzelarbeitsplätze oder in Netzwerken installiert werden. Bekannte Programme wie Outlook oder Lotus Notes integrieren neben einem digitalen Kalender, ein Terminverwaltungstool, eine Kontaktdatenbank und eine E-Mail-Funktion. Bei einer Netzwerkinstallation können mehrere Mitarbeiter in dem gemeinsamen Kalender freie Termine suchen, Terminabstimmungen koordinieren, Überschneidungen melden und periodische Eintragungen registrieren.

Neben einer effizienten Terminplanung haben digitale Terminkalender den Vorteil, dass die Termine mit sämtlichen elektronischen Kommunikationsmitteln (z. B. Handy, Tablet, Smartphone) synchronisiert werden können. Bereits gespeicherte Dokumente, die für einen Termin benötigt werden, können mit dem Termin verknüpft werden.

Die Softwareanwendungen zur digitalen Terminplanung bieten darüber hinaus weitere Funktionen wie:

Kalenderfunktion	Tages-, Wochen- und Monatsübersichten, Anzeige der Feiertage, Kalender über mehrere Jahre, Planungsansicht
Terminfunktion	Eintragung von Terminen und Terminserien; verhindert Doppelbelegungen und Überschneidungen von Terminen
Zeitfunktion	Ein akustisches Signal weist auf einen Termin hin. Der Zeitpunkt kann beliebig eingestellt werden.
Adressbuch	Kontakte verwalten, selektieren, ordnen und speichern
Aufgabenverwaltung	Aufgaben und Tagespläne werden verwaltet, die „Zettelwirtschaft" wird reduziert.
Synchronisierung	Aktualisierung der Daten mit beliebigen Kommunikationsmitteln auch außerhalb vom Arbeitsplatz

5. Kommunikationsfähigkeit im Berufsleben entwickeln

Kommunikationsfähigkeit ist eine der wichtigsten und meist gewünschten Sozialkompetenzen. Sie ist Voraussetzung für viele andere Fähigkeiten, die im Berufsleben benötigt werden.

Je besser Gedanken und Gefühle formuliert werden, desto glaubwürdiger und souveräner ist deren Wirkung.

Kommunikationsfähigkeit bedeutet zum einen, Botschaften so auszudrücken, dass sie nicht nur akustisch sondern auch mental das Gegenüber so erreichen, wie sie es sollen, zum anderen das Zuhören und Verstehen.

Der Kommunikationsprozess findet im Austausch von Informationen zwischen Sender und Empfänger statt. Neben der Informationsübermittlung ist ein verbaler Kommunikationsaustausch stark von Mimik und Gestik der Gesprächspartner geprägt.

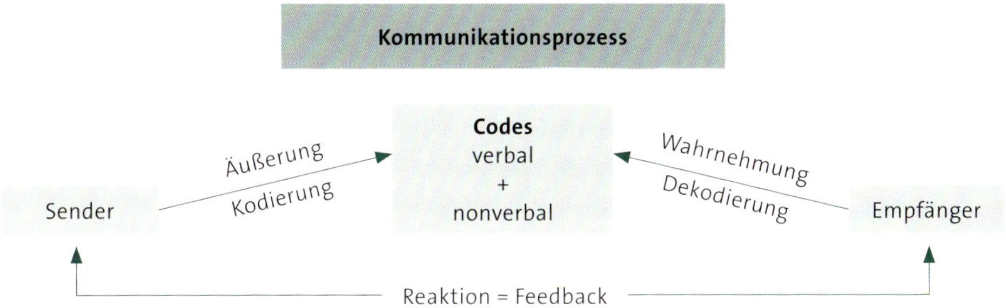

MERKE

Die menschliche Kommunikation bedient sich verschiedener Mittel wie der Sprache, der Mimik, der Gestik oder anderer Signale. Sie wird sowohl durch ihre individuelle Persönlichkeit des Senders als auch des Empfängers beeinflusst. Ihre Vielschichtigkeit birgt sowohl Chancen als auch Risiken.

Kommunikation ist nur dann erfolgreich, wenn die Nachricht auf allen Ebenen so verstanden wird wie sie gemeint ist.

Es ist nicht ausschlaggebend was der Sender gemeint hat!

Viel wichtiger ist was der Empfänger verstanden hat!

5.1 Kommunikationswege

Störungen in Arbeitsprozessen, unnötige Belastungen, Ärger und Zeitverlust sind vermeidbar, wenn die Kommunikationswege in Unternehmen organisiert und allen Beschäftigten bekannt sind. Konflikte und Probleme in der Zusammenarbeit haben oft in gestörter oder nicht kooperativer Kommunikation ihre Ursache.

Der Kommunikationsaustausch findet **horizontal** zwischen Mitarbeitern auf der gleichen Hierarchieebene statt. **Vertikale** Kommunikation erfolgt zwischen zwei unterschiedlichen Hierarchieebenen.

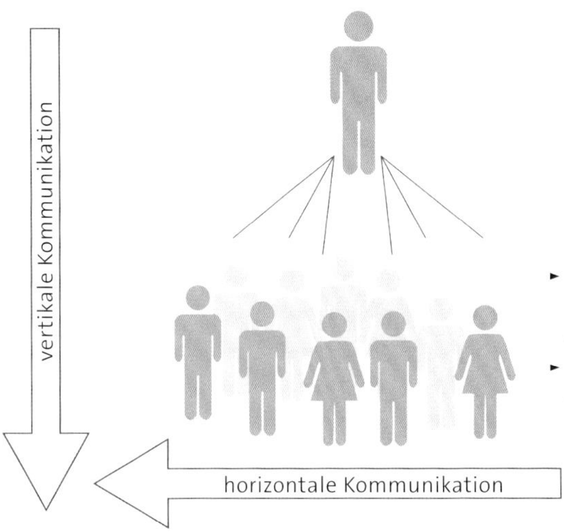

- 70 % aller Fehler am Arbeitsplatz lassen sich auf mangelnde Kommunikation zurückführen.
- 30 % - 50 % aller Mitarbeiter äußern, dass sie ungenügend informiert sind.

5.2 Nonverbale Kommunikation

Kommt es zu Konflikten in einer Kommunikationssituation, obwohl die mündliche übermittelte Sachinformation dafür gar keinen Grund liefert, ist dafür oft die nonverbale Kommunikation ursächlich.

Die nonverbale Kommunikation ist eine Kommunikationsform, bei der die Informationen, Gedanken und Gefühle nicht durch Worte vermittelt werden. Für die nonverbale Kommunikation bedient sich der Mensch verschiedener bewusster oder auch unbewusster Ausdrucksformen.

> *„Der Mensch ist ein auf vielen Ebenen kommunizierendes Wesen, das manchmal auch spricht."*
> (Ray L. Birdwhistell)

Wenn Menschen nicht verbal kommunizieren, spricht der Körper alleine. Er ist niemals stumm und teilt auch dann mit den Signalen der Selbstversunkenheit, der Abschirmung mit, dass zurzeit z. B. Kontakte unerwünscht sind.

Der Eindruck, den die Körpersprache vermittelt, ist oft sehr mächtig und Worte haben es schwer, diesen zu dementieren.

Nonverbale Botschaften werden im Allgemeinen auf mehreren Informationskanälen gleichzeitig gesendet und empfangen. Wir kommunizieren gleichermaßen mit Blick, Gesichtsausdruck, Haltung, Gestik, Stimmqualität, Kleidung und Distanzverhalten.

Informationen über unsere inneren Zustände werden im Wesentlichen über fünf Informationskanäle zum Ausdruck gebracht: Gesichtsausdruck, Augenkontakt, Körperbewegungen, Körperhaltungen, Berührungen.

Die nonverbale Kommunikation und das äußere Erscheinungsbild sind maßgeblich für die Wirkung auf andere Menschen. Der erste Eindruck wird durch die folgenden Faktoren beeinflusst:

- Umgangsformen
- Kleidung
- Körperpflege.

Darüber hinaus drückt sich die nonverbale Kommunikation besonders stark in Distanzzonen aus. Im Gespräch mit Personen wird bewusst bzw. unbewusst mehr oder weniger Abstand eingehalten.

Man unterscheidet **vier** Distanzzonen:

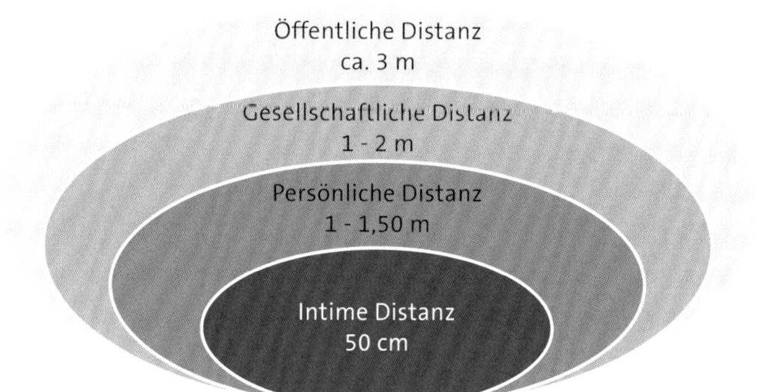

5.3 Kommunikationsstörungen

Kommunikationsstörungen treten auf, wenn der Empfänger die Nachricht mit einem anderen Ohr aufnimmt, als vom Sender beabsichtigt. Ursachen für Kommunikationsstörungen können sein:

- Die Botschaft des Senders wird vom Empfänger nicht richtig erkannt.
- Informationen werden nicht vollständig weitergegeben.
- Kompetenzstreitigkeiten verhindern den Informationsfluss.
- Es herrschen unterschiedliche Ziel- und Wertevorstellungen zwischen den Hierarchieebenen.

Eine Botschaft ist ein vielseitiges Paket mit verbalen und nonverbalen Anteilen. Sie kann gleichzeitig viele Botschaften enthalten. Jeder Sender, ob er dies beabsichtigt oder nicht, sendet immer gleichzeitig alle diese Botschaften.

Die vier Seiten einer Nachricht:

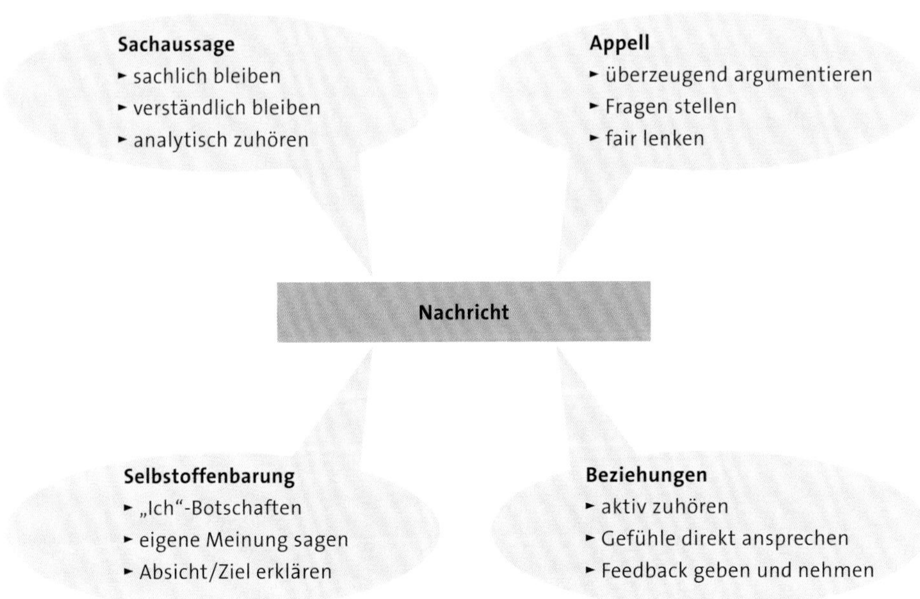

Der Kommunikationsprozess findet laut Schulz von Thun auf vier Ebenen statt. Die Stimme, Betonung, Aussprache, Mimik und Gestik des Senders entscheiden oft darüber, wie vom Empfänger eine Nachricht interpretiert wird.

5.4 Kommunikationsregeln

Zur verbesserten Kommunikationsfähigkeit sollte man sich an Gesprächsregeln halten. Ziel dieser Regeln ist es, die Wahrnehmung von Gefühlen, Stimmungen und Einstellungen bei sich selbst und anderen zu verbessern, um mit dem Wahrgenommenen besser umgehen zu können.

Kommunikationsregeln sind die Basis für einen konstruktiven Kommunikationsstil und dienen der Erweiterung der Sozialkompetenz.

Kommunikationsregeln für den Sender	Kommunikationsregeln für den Empfänger
▸ deutlich und in angemessener Lautstärke sprechen ▸ vollständige Sätze formulieren ▸ Ich-Botschaften kennzeichnen eigene Gedanken und Gefühle. ▸ konkrete Situationen ansprechen → keine Verallgemeinerungen ▸ beim Thema bleiben → nur auf Inhalte eingehen, die relevant sind	▸ aktives Zuhören → nonverbal durch unterstützende Gesten reagieren ▸ Blickkontakt halten ▸ Zusammenfassen → wichtige Äußerungen des Senders in eigenen Worten wiederholen ▸ Aussagen und Meinungen akzeptieren ▸ Ausreden lassen

5.5 Selbstbild und Fremdbild

Jeder Mensch besitzt aufgrund seiner persönlichen Erfahrungen eigene Vorstellungen über sich selbst. Dieses Bild spiegelt die persönliche Haltung sowie die persönlichen Stärken und Schwächen wieder. Dieses Bild von sich selbst – **Selbstbild** – beeinflusst die eigene Verhaltensweise. Das Selbstbild wird z. B. charakterisiert durch:

- Eigenschaften und Wertvorstellungen
- Erfahrungen und deren Bewertung
- Wünsche und Ziele, Fähigkeiten und Kompetenzen
- Einstellung und soziales Umfeld.

Das Selbstbild ist individuell geprägt und stimmt nicht immer mit dem Bild überein, das andere von einem haben. Dieses **Fremdbild** entsteht durch die Wirkung auf andere und ist maßgebend dafür, wie man von anderen wahrgenommen wird.

Fremdbilder sind meist subjektive Resultate von Einstellungen, Ursachen, Vorurteilen sowie Erwartungen des Gegenübers und spiegeln dessen Bewertung wieder.

Da das Selbstbild und das Fremdbild nur selten deckungsgleich sind, entstehen aus dieser Diskrepanz heraus oftmals Missverständnisse oder Konflikte.

MERKE

Fremdbild und Selbstbild haben nichts mit Tatsachen zu tun, sondern sind Resultate persönlicher Wahrnehmungen und Bewertungen.

Fehler im Selbstbild entstehen durch Überschätzung von Kompetenzen und der Nichtbeachtung von Misserfolgen und Schwachstellen. Der Hintergrund davon ist, dass das Selbstwertgefühlt geschützt werden soll.

Das Selbstbild kann aber auch negativ wirken, wenn Schwächen und Fehler überbewertet und positive Eigenschaften und Stärken übersehen bzw. verdrängt werden.

„Erkenne dich selbst" hieß es schon im alten Griechenland. Am erfolgreichsten sind Menschen wenn sie ihre Stärken einsetzen. Deshalb müssen Sie Ihre Stärken kennen. Aber auch Ihre Schwächen müssen Ihnen bewusst sein. Nur wer seine Fähigkeiten richtig einschätzt – **realistisches Selbstbild** – kann andere von sich überzeugen. Daher ist es wichtig eigene Verhaltensweisen zu reflektieren und sich Feedback zu holen.

Selbstwirksamkeit wird erzeugt durch:

- subjektive Realität akzeptieren (Diskussion objektiver Aspekte vermeiden)
- Feedback abholen, Ängste abbauen
- Wirkung des eigenen Verhaltens richtig einschätzen.

6. Teamarbeit

Teamarbeit ist eine kooperative Zusammenarbeit von gleichberechtigten Personen in einer Gruppe, die ein gemeinsames Ziel oder Ergebnis erreichen wollen. Ein gut funktionierendes Team sollte aus Personen bestehen, die unterschiedliche Fähigkeiten, Kenntnisse und Kompetenzen haben und sich komplementär ergänzen.

Teamarbeit wird zunehmend zur Durchführung von speziellen Projekten eingesetzt.

> *„Ein Team ist eine kleine, nach funktionalen Gesichtspunkten strukturierte Arbeitsgruppe mit einer spezifischen Zielsetzung, gemeinsamen Aufgaben und entsprechenden Arbeitsformen, relativ intensiven Interaktionen untereinander und einem mehr oder weniger starken Gemeinschaftsgeist."*
>
> (Walter Bungard, zitiert nach Cony Antoni, Praxishandbuch Gruppenarbeit, 2001)

Unternehmen müssen flexibel und wettbewerbsfähig sein. Ziel der Unternehmer ist daher, das Wissen und die Erfahrungen, die unterschiedliche Mitarbeiter in ein Team einbringen, zu nutzen. Daher ist heutzutage Teamfähigkeit eine der wichtigsten Sozialkompetenzen, die in Stellenausschreibungen gefordert werden.

Das Ziel der Mitarbeiter ist, dass sie sich weniger als einzelne Individuen sehen, sondern Teil einer Gruppe von Menschen sind, die ein gemeinsames Ziel verfolgen.

Es lassen sich unterscheiden:

Gruppenarbeit	Projektteam
Mehrere Mitarbeiter sind in einer Gruppe als Team dauerhaft zusammengefasst. Sie verfolgen ein gemeinsames Ziel und haben gemeinsame Aufgaben. Solch eine Gruppe hat meist einen hohen Handlungs- und Entscheidungsspielraum. Die Teamkoordination erfolgt durch einen Gruppensprecher oder einen Gruppenleiter.	Hier arbeiten mehrere Mitarbeiter aus unterschiedlichen Bereichen für einen befristeten Zeitraum zusammen. Als Projektziel gilt es eine spezifische, neuartige oder einmalige Aufgabe zu bewältigen. Die Koordination wird von einem Projektleiter geleitet. Nach Projektende wird ein solches Team wieder aufgelöst.

Beispiele

- Schnittstellen von Abteilungen innerhalb eines Unternehmens, aber auch zu Kunden und Lieferanten definieren
- eine Unternehmensstrategie oder eine Unternehmensphilosophie entwickeln; Innovationen fördern
- Change-Management-Prozesse gestalten und umsetzen
- Entscheidungen vorbereiten
- Kundenprojekte realisieren.

MERKE

Change-Management = Veränderungsmanagement zur Umsetzung neuer Strategien, Strukturen und Prozesse in einer Organisation.

MERKE

Zusammenfassend kann gesagt werden:

- Ein Team ist mehr als die Summe seiner Mitglieder.
- Die Erkenntnis der eigenen Teamrolle motiviert den Mitarbeiter.
- Teamanalyse durch Zuordnung der Teammitglieder nach ihren Teamrollen ist die Basis für eine optimale Teamleistung.
- Die richtige Kombination der verschiedenen Teamrollen stärkt das Team, die falsche Kombination schwächt das Team.
- Einige Teamrollen sind für den Erfolg wichtiger als andere.

6.1 Teambuilding

Bei der Zusammenstellung von Teams sollte beachtet werden, dass den einzelnen Teammitgliedern Aufgaben zugewiesen werden, die ihren Stärken oder ihrer Rolle im Team entgegenkommen. Klare Instrumente, wie eine Teamanalyse, helfen einen Überblick über das Team zu bekommen und vorhandene Potenziale freizusetzen. Demnach sollten sich die Teammitglieder in ihren Rollen ergänzen und Teamarbeit als eine Chance für Entwicklung und Flexibilität sehen. Die Selbsteinschätzung zur Bestimmung der eigenen Rolle im Team kann mithilfe eines Fragebogens und einem dementsprechenden Feedback erfolgen.

Nach Belbin arbeiten Teams dann effektiv, wenn sie aus einer Vielzahl verschiedenartiger Persönlichkeits- und Rollentypen bestehen. Nach seiner Theorie gibt es neun verschiedene Teamrollen, die sich in 3er-Gruppen gliedern:

	Handlungsorientierte Rollen
Macher	hat Mut, Hindernisse zu überwinden dynamisch, arbeitet gut unter Druck ungeduldig, neigt zu Provokation
Umsetzer	setzt Pläne in die Tat um diszipliniert, verlässlich, effektiv unflexibel
Perfektionist	vermeidet Fehler, stellt optimale Ergebnisse sicher gewissenhaft, pünktlich überängstlich, delegiert ungern
	Kommunikationsorientierte Rollen
Koordinator	fördert Entscheidungsprozesse selbstsicher, vertrauensvoll kann als manipulierend empfunden werden
Mitspieler	verbessert Kommunikation, baut Reibungsverluste ab kooperativ, diplomatisch unentschlossen in kritischen Situationen
Wegbereiter	entwickelt Kontakte kommunikativ, extrovertiert oft zu optimistisch
	Wissensorientierte Rollen
Erfinder	bringt neue Ideen ein unorthodoxes Denken oft gedankenverloren
Beobachter	untersucht Vorschläge auf Machbarkeit nüchtern, strategisch, kritisch mangelnde Fähigkeit zur Inspiration
Spezialist	liefert Fachwissen und Information selbstbezogen, engagiert, Fachwissen zählt verliert sich oft in technischen Details

6.2 Die vier Phasen der Teamentwicklung

Die Bildung eines Teams ist ein vierstufiger Entwicklungsprozess, der einige Zeit in Anspruch nehmen kann, denn kein Team arbeitet gleich problemlos miteinander. Solch ein Teamentwicklungsprozess durchläuft vier Phasen bis die eigentliche Teamstruktur steht.

Forming	Aufgabe kennen lernen
Storming	Rollenzuweisung
Norming	Auseineinandersetzung durch Austausch von Informationen und Meinungen
Performing	Arbeiten an der Aufgabenstellung

Um einen erfolgreichen Abschluss der Teamarbeit zu gewährleisten, sind neben der Rollenzuweisung und der Teamentwicklung bestimmte Verhaltensregeln im Team zu beachten:

Regeln für eine erfolgreiche Teamarbeit:

1. Auswahl der Teammitglieder nach definierten Kriterien
2. Kompetenzen und Handlungsspielräume von Teammitgliedern festlegen
3. Maßnahmen zur Teamentwicklung treffen
4. Gegenseitige Wertschätzung und Vertrauen sicherstellen
5. Teamentscheidungen nach außen gemeinsam vertreten
6. Projektziele konkret formulieren
7. Vereinbarungen verbindlich einhalten
8. Meinungsverschiedenheiten und Interessenunterschiede als Chance betrachten
9. Konstruktive Kritik und Feedback
10. Transparente Kommunikation durch regelmäßige Teambesprechungen
11. Zwischenergebnisse der Projektarbeit dokumentieren
12. Vorgehensschritte und Meilensteine vereinbaren
13. Konflikte und Spannungen lösen
14. Verhaltensregeln für das Team festlegen

Je mehr Teamregeln unbeachtet bleiben, desto größer sind mögliche negative Folgen. Auch besteht die Gefahr des „sozialen Faulenzens", indem sich Menschen unbewusst in einer Gruppe zurückhalten und weniger leisten, als wenn sie ihre Arbeitsabläufe alleine verrichten. Der bekannteste Effekt in diesem Zusammenhang äußert sich in der bekannten Aussage:

T.E.A.M. – **T**OLL, **E**IN **A**NDERER **M**ACHT'S.

7. Zielgerichtet Sitzungen und Besprechungen planen und durchführen

Besprechung, Sitzung, Konferenz, Seminar, Tagung – bei diesen Begriffen handelt es sich um Zusammenkünfte von mehreren Personen, die im Rahmen einer zeitlichen Begrenzung zu einer Zielsetzung Informationen austauschen.

Jedoch bestehen Unterschiede bei den Veranstaltungsarten, die sich bei der Planung, Vorbereitung und Durchführung ähneln oder gleich sind. Die häufigste Art der Zusammenkunft sind Besprechungen und Sitzungen. Sie sind ein gewinnbringendes Mittel zum Informationsaustausch, um Probleme zu lösen, den Teamgeist zu fördern oder Handlungen herbeizuführen. Führungskräfte verbringen bis zu 50 % ihrer Arbeitszeit in Meetings.

Davon kann abgeleitet werden, dass Veranstaltungen einen großen Teil der Arbeitszeit binden. Da jede Veranstaltung individuell geplant werden muss, stellt sie ganz spezifische Anforderungen an das Umfeld und den Ablauf. Daher gehören zu einer professionellen Organisation nicht nur die Vorbereitung, sondern auch die Durchführung und Nachbereitung.

Veranstaltungsarten

Besprechung – Meeting

Die Besprechung ist ein Treffen von zwei oder mehr Personen zum Gedankenaustausch, die meist innerbetrieblich ohne Tagesordnung stattfindet.

Sitzung

Eine Sitzung ist ein Treffen eines kleineren Personenkreis und ist dadurch gekennzeichnet, dass bestimmte formelle Regelungen eingehalten werden (Tagesordnung, Vorschriften nach Gesetzen, Satzungen, Gesellschaftsverträgen usw.)

Konferenz

Eine Konferenz hat ein Leitthema. Der Teilnehmerkreis hat einen größeren Umfang.

Seminar

Ein Seminar hat stets Schulungscharakter. Die Teilnehmerzahl ist begrenzt. Die Teilnehmer kommen von intern oder extern des Betriebes.

Tagung

Eine Tagung ist meist mit einem Seminar zu vergleichen. Der Teilnehmerkreis ist jedoch größer mit einem höheren technischen und sachlichen Aufwand.

7.1 Sitzungen und Besprechungen vorbereiten

Eine ergebnis- und teilnehmerorientierte Gestaltung von Sitzungen und Meetings stellt verschiedene Anforderungen an die Organisation.

7.2 Sitzungsziele

Eine erfolgreiche Sitzung beginnt mit einer effektiven Vorbereitung. Dazu gehört zunächst eine konkrete Zielsetzung. Es sollte feststehen, was mit einer Sitzung erreicht werden soll. Typische Sitzungsziele sind wie folgt ausgerichtet:

Inhalt	▸ Informationen unverbindlich austauschen ▸ Meinungsunterschiede darstellen ▸ Mehrheiten sichtbar machen
Gruppe	▸ verbindliches Meinungsprofil erschließen ▸ Meinungsführung verdeutlichen ▸ Geschlossenheit herstellen
Beschlüsse	▸ Anträge formulieren ▸ formulierte Anträge diskutieren ▸ Anträge beschließen

7.3 Planen und Organisieren

Sitzungen und Besprechungen sollten so vorbereitet werden, dass sie den Anforderungen angepasst sind und den jeweiligen Zielen entsprechen.

Bevor mit einer exakten Organisation und Planung begonnen werden kann, sind zunächst einige grundsätzliche Fragen zu klären:

- **Was** wird auf der Veranstaltung besprochen?
- **Wer** nimmt an der Veranstaltung teil?
- **Wann** wird die Veranstaltung stattfinden?
- **Wo** wird die Veranstaltung stattfinden?
- **Wie lange** wird die Veranstaltung dauern?

Bei der Vorbereitung von Veranstaltungen kann leicht etwas vergessen werden. Zu Beginn jeder Veranstaltungsplanung empfiehlt es sich, die grundsätzlichen Schwerpunkte und Zielsetzungen in einer **Checkliste** festzulegen.

Mithilfe einer Checkliste können einzelne Bereiche einer Veranstaltung dahingehend überprüft werden, ob an alles gedacht wurde.

Checklisten können auch in ähnlich gelagerten Situationen als Hilfsmittel herangezogen werden und sollten daher laufend ergänzt und korrigiert werden.

Checkliste zur Sitzungsvorbereitung

	Aufgabe/Tätigkeit	Anmerkung	Erledigt
1.	Zielsetzung des Meetings		☒
2.	Datum des Meetings, Beginn und voraussichtliches Ende		☐
3.	Ort, Raum, Erreichbarkeit und ggf. Parkmöglichkeiten		☐
4.	Besprechungsleiter, Teilnehmer und Gäste		☐
5.	Thema des Meetings, Auflistung der TOPs		☐
6.	Tagungsraum reservieren		☐
7.	Technische Ausstattung überprüfen		☐
8.	Bestuhlung und Sitzordnung festlegen		☐
9.	Bewirtung organisieren		☐
10.	Dekoration		☐
11.	Rücklauf der Einladungen überwachen		☐
12.	Teilnehmerliste erstellen		☐
13.	Namensschilder drucken		☐

TIPP

Eine Checkliste sollte täglich überwacht werden.

Ein geeignetes Organisationsmittel für die Wiedervorlage ist ein Pultordner oder die Hängeregistratur im Schreibtischauszug.

7.3.1 Themen und Inhalte

Im ersten Schritt der Vorbereitung müssen Themen und Inhalte festgelegt werden. Abhängig von der Art der Veranstaltung empfiehlt es sich ein Rahmenthema zu stellen und dazu die Tagesordnungspunkte konkret zu formulieren.

- Eine **Tagesordnung** hat den Vorteil, dass die Teilnehmer inhaltlich vorab informiert werden und sich gegebenenfalls vorbereiten können.
- Bei der Gestaltung der Tagesordnung ist darauf zu achten, dass die einzelnen Tagesordnungspunkte in einem exakten Zeitplan gegliedert werden.
- Die Tagesordnung kann in die Einladung integriert werden, sie kann aber auch als gesondertes Schriftstück erstellt werden.

7.3.2 Teilnehmerkreis

Neben den Referenten muss der eigentliche Teilnehmerkreis bestimmt werden. Dieser richtet sich nach der Tagesordnung, da grundsätzlich nur Personen teilnehmen sollten,

- deren Tätigkeitsbereich durch die Inhalte bzw. Tagesordnungspunkte betroffen ist
- die über Informationen bezüglich der Thematik verfügen
- die für eine Beschlussfassung benötigt werden.

Der Teilnehmerkreis sollte zahlenmäßig begrenzt werden. Unnötig viele Teilnehmer erschweren die Kommunikation und die Effektivität von Gesprächen.

7.3.3 Terminplanung

Die Festlegung des Termins muss rechtzeitig erfolgen, was jedoch von der Art der Veranstaltung abhängig ist, damit die Teilnehmer entsprechend planen können. Bei Konferenzen und Hauptversammlungen müssen satzungsmäßige Einberufungsfristen beachtet werden.

Nachfolgende Faktoren sind bei der Terminfestlegung zu berücksichtigen:

- Ferien- und Urlaubszeiten sowie Brückentage
- regionale und überregionale Feiertage (je nach Bundesland)
- Messen und andere Großveranstaltungen
- ähnliche Veranstaltungen, die parallel stattfinden.

Ein wesentlicher organisatorischer Aspekt ist, die Terminvorstellungen mit Fachreferenten und dem externen Veranstaltungsort abzustimmen.

7.3.4 Zeitplan

Die Dauer einer Veranstaltung richtet sich grundsätzlich nach der Veranstaltungsart und der Zielsetzung.

Interne Besprechungen sollten einen Zeitumfang von 45 bis 60 Minuten nicht überschreiten. Sitzungen dauern meist länger, da hier formelle Regelungen eingehalten werden müssen.

7.3.5 Veranstaltungsort

Der Veranstaltungsort sollte eine angenehme Arbeitsatmosphäre haben, um die Aufnahme- und Konzentrationsfähigkeit zu steigern. Findet eine Besprechung, Sitzung oder Tagung im eigenen Hause statt, ist abzuklären, ob ein Konferenzraum entsprechender Größe und Ausstattung zum geplanten Termin frei ist. Die Reservierung des Raumes muss im Belegungsplan eingetragen werden.

Unabhängig davon, ob eine Veranstaltung intern oder extern stattfindet, sollten folgende Fragen geklärt werden:

- Sind ausreichend Sitzgelegenheiten vorhanden?
- Ist die Tischordnung optimal?
- Ist der Sitzungsraum angemessen?
- Ist eine technische Ausstattung vorhanden?
- Ist die Verpflegung während der Sitzung gewährleistet?
- Ist der Veranstaltungsort gut erreichbar?
- Darf während der Besprechung gestört werden?

Findet eine Sitzung außerbetrieblich statt, muss ein Veranstaltungsort gefunden werden, der die dafür ausgestatteten Räumlichkeiten bietet. Tagungshotels ermöglichen gleichzeitig die Unterbringung und Bewirtung der Teilnehmer. In diesem Fall muss ebenfalls geklärt werden, ob passende Räumlichkeiten und Bettenkapazitäten für die geplante Veranstaltung vorhanden sind und ob der entsprechende Termin realisiert werden kann.

7.3.6 Die Einladung

Die Einladung ist die Visitenkarte der Veranstaltung und muss rechtzeitig in mündlicher oder schriftlicher Form erfolgen.

MERKE

Je größer die Veranstaltung, desto früher ist einzuladen.

Das Einladungsschreiben soll ausführlich über den Rahmen der Veranstaltung informieren!	Das Einladungsschreiben soll neugierig auf den Verlauf der Veranstaltung machen!
Die Formalia	**Die Aufhänger**
► Kontaktdaten des Veranstalters ► Ort der Veranstaltung ► Beginn und Dauer ► Tagesordnung ► Vorlagen und Anträge ► Verkehrsverbindungen ► Veranstaltungsort ► Antwortkarte	► Inhalte offensiv und interessant darstellen ► Ziel der Sitzung hervorheben ► moderne Veranstaltungsform in Aussicht stellen ► Veranstaltungsort attraktiv beschreiben ► Ansprechpartner am Veranstaltungsort nennen

7.4 Sitzungen und Besprechungen durchführen

Die Durchführung einer Veranstaltung umfasst alle Aufgaben, die am Tag der Veranstaltung durchgeführt werden müssen. Für einen reibungslosen Ablauf ist es sehr wichtig, dass eine Person die Verantwortung für den Ablauf übernimmt. Diese Person ist für die Überprüfung und Koordinierung aller Bestandteile der Veranstaltung verantwortlich. Bei keiner Veranstaltung läuft alles nach Plan – so gut Vorbereitung und Organisation auch gewesen sein mögen. Daher sind klare Zuständigkeiten erforderlich, um eine reibungslose Umsetzung und kurzfristige Änderungen zu gewährleisten.

Ein wichtiges Instrument ist der Ablaufplan bzw. eine Checkliste. In Anlehnung an das Programm sollten vor allem die Punkte eingetragen werden, die einen reibungslosen Veranstaltungsablauf gewährleisten.

Checkliste		
Aufgabe	**Zuständig**	**Erledigt**
▸ Veranstaltungsraum organisationstechnisch überprüfen		☒
▸ technische Medien prüfen (Notebook, Beamer, Mikrofon usw.)		☒
▸ Hinweisschild zum Veranstaltungsraum		☒
▸ Veranstaltungsmaterialien (Unterlagen, Schreibmaterial usw.)		
▸ Getränke und Imbiss bereit gestellt		
▸ Gäste begrüßen und empfangen		
▸ Teilnehmerliste aktualisieren und evtl. ergänzen		
▸ Namensschilder aushändigen		
▸ Protokollführung		
▸ Veranstaltungsraum in den Pausen belüften		
▸ ...		
▸ ...		

Zu Beginn einer Sitzung wird die Sitzungsleitung alle Teilnehmer kurz über den Ablauf informieren. Dann werden die geplanten Besprechungspunkte nacheinander abgearbeitet, im Sinne von Informationsaustausch, Entscheidungsvorbereitung oder Beschlüssen.

Der Verlauf einer Sitzung und die Ergebnisse der einzelnen Besprechungspunkte werden schriftlich in Form eines Protokolls dokumentiert. Dieses Protokoll wird in der nächsten Sitzung meist wieder aufgelegt, um die Umsetzung der vereinbarten Ergebnisse zu überprüfen.

Damit ein konstantes Qualitätsniveau beibehalten wird, kann eine Sitzung mit einer kurzen Feedback-Runde reflektiert werden, z. B.: Wie war die heutige Besprechung? Was war gut? Was war weniger gut? Welche Schlussfolgerungen können bei der nächsten Sitzung umgesetzt werden?

7.5 Sitzungen und Besprechungen nachbereiten

„Vor der Sitzung ist nach der Sitzung!" oder
„Was wurde aus der Veranstaltung gelernt?"

Unmittelbar nach dem Ende einer Veranstaltung fragt sich das Veranstaltungsteam, was während des Veranstaltungsverlaufs gut gelaufen ist und was man somit beim nächsten Mal wieder so durchführen möchte. Es wird ebenfalls festgestellt, was nicht so gut lief und wie man dies beim nächsten Mal anders machen sollte.

Je besser eine Veranstaltung vorbereitet wurde, desto weniger Störungen wird es bei der Durchführung geben. Die Nachbereitungsarbeiten resultieren aus der jeweiligen Veranstaltung. Auch hier kann eine Checkliste als Organisationsinstrument hilfreich sein, damit keine Aufgaben vergessen werden. Folgende Tätigkeiten fallen nach einer Veranstaltung an:

- Manöverkritik (kritischer Rückblick)
- Aufräumen des Tagungsraumes
- Rechnungen begleichen
- Kostenaufstellung und Budgetvergleich
- Dankschreiben an die Referenten
- Informationsmaterial an die Teilnehmer versenden
- Feedback-Bögen zur Bewertung der Veranstaltung versenden
- Checklisten aktualisieren
- Protokoll schreiben und versenden.

7.6 Sitzungen und Besprechungen im Business-English

Bei der Durchführung von Sitzungen und Besprechungen, bei denen fremdsprachliche Teilnehmer anwesend sind, gehört mittlerweile gutes Englisch – neben anderen Fremdsprachen – zum allgemeinen Standard.

Englischkenntnisse sind in diesem Rahmen nicht nur für die Konversation notwendig, sondern auch für das Formulieren von Einladungsschreiben, Programmabläufen, E-Mails und Protokollen.

In nachfolgenden Beispielen werden Redewendungen im Business-Englisch in englischer und deutscher Sprache verdeutlicht:

Vorbereitung eines Meetings	
English	**Deutsch**
I would like to invite you to our meeting.	Ich möchte Sie zu unserer Besprechung/ Sitzung einladen.
I am looking forward to seeing you.	Ich freue mich, Sie zu sehen.
Please confirm your attendance by May 14th.	Bitte bestätigen Sie Ihre Teilnahme bis zum 14. Mai.
Do you have any further questions?	Haben Sie noch weitere Fragen?
We are having a meeting on the 15th. Is that date suitable for you?	Wir haben am 15. eine Besprechung/eine Sitzung. Passt Ihnen dieser Termin?
I would like to set an appointment.	Ich würde gerne einen Termin vereinbaren.
I´ll check my diary.	Ich sehe in meinem Kalender nach.

Vorbereitung eines Meetings	
English	**Deutsch**
I´m sorry but I am unable to attend.	Leider kann ich nicht kommen.
I send my apologies for not attending.	Ich muss meine Abwesenheit entschuldigen.
Could you keep me posted?	Könnten Sie mich auf dem Laufenden halten?
The board meeting was cancelled at short notice.	Die Vorstandssitzung wurde kurzfristig abgesagt.
Would you prefer a different date?	Würden Sie einen anderen Termin vorziehen?
Enclosed/Attached you will find a copy of the agenda.	Eine Kopie der Tagesordnung ist beigefügt/ angehängt.
Durchführung eines Meetings	
English	**Deutsch**
Welcome and thank you for attending today.	Willkommen und danke für Ihr heutiges Erscheinen.
Do we have any absentees today?	Haben wir heute Abwesende?/ Ist heute jemand abwesend?
There are apologies from ...	Es liegen Entschuldigungen vor von ...
We are here today to talk about a new sales strategy.	Wir sind heute zusammengekommen, um über eine neue Verkaufsstrategie zu reden.
Who wants to keep the minutes?	Wer will Protokoll führen?
Everyone should have a handout by now.	Jeder sollte jetzt ein Handout haben.
I affirm that this meeting has a quorum.	Ich stelle fest, dass die Sitzung beschlussfähig ist.
This meeting's agenda is written down in your handouts.	Die Tagesordnung dieser Sitzung steht in Ihren Handouts.
Are there any questions from the minutes of our last meeting?	Gibt es noch Fragen zum Protokoll unserer letzten Sitzung?
We have six topics on the list today.	Heute sind sechs Punkte auf der Liste.
We should finish our meeting at 2 o'clock. That will give us 20 minutes for each item on the agenda.	Wir sollten unsere Sitzung um 14:00 Uhr beenden. Das gibt uns 20 Minuten für jeden Punkt auf der Tagesordnung.
We will have a lunch break at 12 o'clock.	Wir werden eine Mittagspause um 12:00 Uhr machen.
So, let's move on.	Also, lassen Sie uns weitermachen.
We should start the presentation now.	Wir sollten die Präsentation jetzt beginnen.
Let´s start with the necessary background information.	Lassen Sie uns mit den notwendigen Hintergrundinformationen beginnen.
In order to illustrate the facts, I will be using flip charts/overhead foils/slides.	Um die Fakten zu verdeutlichen, werde ich Flipcharts (Schaubilder)/Overhead-Folien/Dias verwenden.

7.7 Sitzungen und Besprechungen schriftlich dokumentieren

Um den Verlauf von Besprechungen und Sitzungen sowie deren Ergebnisse festzuhalten, ist es erforderlich, ein Protokoll anzufertigen.

In vielen Fällen ist es ausreichend, lediglich die einzelnen Ergebnisse oder Vereinbarungen zu notieren. Es werden nur solche Aussagen schriftlich fixiert, die für die Zukunft einen Informationswert besitzen. Man spricht dann von einem **Ergebnisprotokoll.** Soll nachvollziehbar sein, wie es zum Ergebnis einer Besprechung oder Sitzung gekommen ist, spricht man von einem **Verlaufsprotokoll**.

Ergebnisprotokoll	Verlaufsprotokoll
Das **Ergebnisprotokoll** orientiert sich an den Ergebnissen einer Besprechung oder Sitzung und gibt keine Redebeiträge wieder, sondern liefert lediglich **Kernaussagen und Beschlüsse** der jeweiligen Tagesordnungspunkte. Das Ergebnisprotokoll wird stets im **Präsens** verfasst und gibt alle Aspekte **stichpunktartig** in einer logischen (nicht chronologischen) Reihenfolge wieder.	Das **Verlaufsprotokoll** gibt den **Ablauf** eines Ereignisses oder einer Versammlung **knapp und sachlich** wieder. Das bedeutet, dass es aufzeigt, welche **Redebeiträge** beim Zusammentreffen **geäußert wurden**. Das Verlaufsprotokoll wird stets im **Präsens** verfasst, in Stichpunkte gegliedert und gibt **Redebeiträge in ihrer zeitlichen Abfolge in der indirekten Rede wieder**.

7.7.1 Protokolle

Das **Protokoll** ist eine förmliche Niederschrift über den Verlauf einer Sitzung oder einer Besprechung. Das Protokoll kann zu verschiedenen Zwecken, beispielsweise als Beweismittel, Gedächtnisstütze oder als Kontrollinstrument dienen.

Ein Protokoll wird in der **Gegenwartsform** geschrieben und ist dazu erforderlich, Außenstehende über den Verlauf der Besprechung oder Sitzung zu informieren und wesentliche Details wiederzugeben. Die Hauptaufgabe eines Protokolls ist demnach eine genaue und objektive Darstellung eines Gesprächsverlaufs.

Bei der Erstellung eines Protokolls sollten folgende Aspekte berücksichtigt werden:

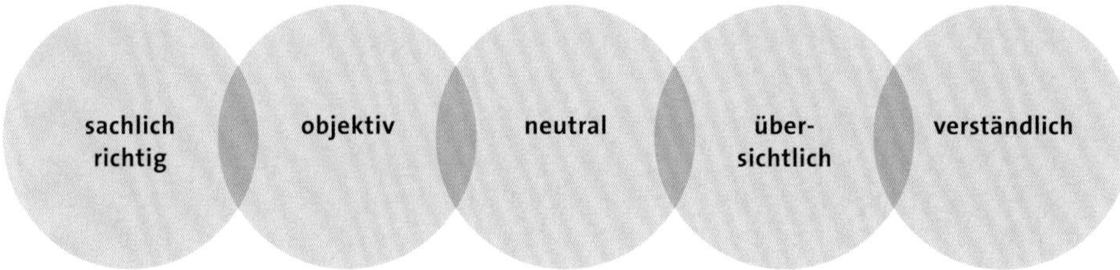

7.7.2 Protokollrahmen

Die äußere Form eines Protokolls wird durch den Protokollrahmen festgelegt. Dieser Protokollrahmen muss folgende Punkte enthalten:

- **Was:** Tagesordnung, Thema
- **Wann:** Gesprächsdatum, Beginn und Ende
- **Wo:** Gesprächsort, mit näherer Bezeichnung
- **Wer:** Teilnehmer, anwesend/nicht anwesend
- **Wie:** eigentlicher Gegenstand des Protokolls.

Für eine übersichtliche Gestaltung hat sich in der Praxis folgender Aufbau durchgesetzt:

Protokollkopf	Der Kopfteil eines Protokolls enthält die Bezeichnung „Protokoll" und die für alle Beteiligten notwendigen Vorabinformationen über: ► Thema ► Datum, Beginn und Ende ► Ort ► Teilnehmer - Vorsitz, Leiter oder Moderator - Teilnehmer (alphabetisch aufgelistet oder nach Hierarchieebene) - Protokollführer ► Tagesordnungspunkte.
Protokollkern	Je nach Protokollart werden im Protokollkern Angaben über den Verlauf und die Ergebnisse der Besprechung festgehalten und nach den Tagesordnungspunkten gegliedert. Der Text kann durch Absätze und Hervorhebungen übersichtlich dargestellt werden.

Protokollschluss	Am Protokollschluss wird für die Richtigkeit und Vollständigkeit des Inhalts durch folgende Punkte gekennzeichnet: ► Ort, Datum der Ausfertigung ► Unterschrift des Vorsitzenden ► Unterschrift des Protokollführers ► Anlagen ► Verteiler.

7.7.3 Protokollarten

Protokolle richten sich in Inhalt und Darstellung nach den Anforderungen und dem Verwendungszweck. Abhängig von ihrer Ausführlichkeit werden folgende Protokollarten unterschieden:

Protokollart	Dokumentationsform	Vorteile	Nachteile	Stilmittel
Kurz-protokoll	komprimierte Angaben über Verlauf, Ergebnisse und Entscheidungsgründe, z. B. bei ► Vorstandssitzungen ► Besprechungen aller Art ► Mitarbeiter-besprechungen ► Verwaltungsrats-sitzungen	► kurz und präzise ► übersichtlich ► einfach auszuwerten	► Protokollführer muss Fachwissen besitzen, um Wesentliches von Unwesentlichem zu unterscheiden	► Präsens ► indirekte Rede (Konjunktiv)
Protokollart	**Dokumentationsform**	**Vorteile**	**Nachteile**	**Stilmittel**
Wort-protokoll	wörtliches Festhalten des gesamten Verlaufs (Reinschrift von Stenogramm oder Tonbandaufnahme), z. B. ► im Parlament ► bei Gericht	► hohe Beweiskraft ► chronologischer Ablauf ► sehr ausführlich	► zeitaufwendig ► unübersichtlich ► hohe Anforderungen an die kurzschriftlichen Fähigkeiten des Protokollanten ► erschwerte Auswertung	► Präsens ► direkte Rede

Verlaufs-protokoll	Diskussionsschritte, Verlauf mit Ergebnissen ► Vorstandssitzungen ► Vereins-versammlungen ► Delegierten-versammlungen ► Verwaltungsrats-sitzungen	► Sitzungsver-lauf ist daraus ersichtlich ► hohe Beweiskraft ► Einsatz als Informations-mittel möglich	► zeitaufwendig in der Erstellung ► unübersichtlich ► hohe sprachliche und kurzschrift-liche Anforde-rung an den Protokollanten ► Der Protokoll-führer muss Fachkenntnisse haben.	► Präsens ► indirekte Rede (Konjunk-tiv)
Ergebnis-protokoll	Einzelentscheidung einer Besprechung; keine Wiedergabe des Verlaufs – enthält aus-schließlich Ergebnisse und Beschlüsse, z. B. bei ► Arbeits-/ Projektsitzungen ► Abteilungs-besprechungen	► übersichtlich ► einfache Aus-wertung ► kurze Erstel-lungszeit ► keine besondere Aufnahmetech-nik erforderlich ► erleichtert Dokumentation	► keine Informa-tion über den Sitzungsverlauf ► keine Begrün-dungen vorhan-den	► Präsens ► indirekte Rede (Indikativ)
Gedächtnis-protokoll	► nachträgliche inhalt-liche Rekonstruktion bei Besprechungen aller Art	► kann nachträg-lich erstellt werden	► Inhalte können vergessen oder nicht mehr genau aus dem Gedächtnis rekonstruiert werden. ► Informationsver-lust möglich	► Präsens ► indirekte Rede (Indikativ)

SPORTINA AG	
Ergebnisprotokoll	
Thema:	Energiesparmaßnahmen – Arbeitsumgebung
Datum:	4. Oktober 20__, 14:00 Uhr – 14:45 Uhr
Ort:	Büro Frau Krüger
Tagesordnung:	1. Energieersparnis im Betrieb 2. Arbeitsumgebung in der Verkaufsabteilung
Teilnehmer:	Martina Krüger, Leiterin Verkaufsabteilung Theo Maier, Sachbearbeiter Verkaufsabteilung Carola Schnake, Sachbearbeiterin Einkaufsabteilung
Vorsitz:	Martina Krüger
Protokollführung:	Verena Thees
TOP 1	**Energieersparnis im Betrieb**
Die Fenster werden künftig nur noch kurz zum Lüften geöffnet. Frau Schnake beauftragt die Firma Weber & Söhne mit der Reparatur der Fenster in der Verkaufsabteilung. Die Heizkörper im Sitzungssaal und im kleinen Konferenzraum werden künftig erst vor Beginn einer Sitzung angestellt. Frau Schnake kümmert sich um die Reparatur der tropfenden Wasserhähne in den Sanitärräumen.	
TOP 2	**Arbeitsumgebung in der Verkaufsabteilung**
Frau Schnake und Herr Maier entwerfen das Rundschreiben „Fahrgemeinschaften“ und legen den Entwurf am 6. Oktober 20__ vor. Frau Schnake holt bei den Firmen „Europa“ und „Astra“ Angebote über neue Büromöbel und Stellwände für die Verkaufsabteilung ein. Über die Angebote wird am 26. Oktober 20__ gesprochen. Die Beleuchtung in der Verkaufsabteilung wird verbessert; die Wände werden in einem warmen Gelb gestrichen.	
Für die Richtigkeit Ort, Datum *Martina Krüger* Martina Krüger	Mit der Protokollführung beauftragt Ort, Datum *Verena Thees* Verena Thees

Verteiler
alle Teilnehmer

Verlaufsprotokoll

Thema:	Energiesparmaßnahmen – Arbeitsumgebung
Datum:	4. Oktober 20__, 14:00 Uhr - 14:45 Uhr
Ort:	Büro Frau Krüger
Tagesordnung:	1. Energieersparnis im Betrieb 2. Arbeitsumgebung in der Verkaufsabteilung
Teilnehmer:	Martina Krüger, Leiterin Verkaufsabteilung Theo Maier, Sachbearbeiter Verkaufsabteilung Carola Schnake, Sachbearbeiterin Einkaufsabteilung
Vorsitz:	Martina Krüger
Protokollführung:	Verena Thees

TOP 1 – Energieersparnis im Betrieb

Frau Krüger erklärt, die Büroräume seien im Winter ständig überheizt. Dies meinten sogar die Angestellten. Überheizte Räume schaden der Gesundheit. Die Fenster blieben zum Lüften immer ein wenig offen. Wesentlich besser sei es, die Fenster kurze Zeit richtig zu öffnen, um gründlich zu lüften, sie aber sonst geschlossen zu halten. Das wirke sich positiv auf die Energiekosten aus.

Herr Maier gibt zu bedenken, dass die Fenster in der Verkaufsabteilung nicht mehr richtig schließen würden und man ständig der Zugluft ausgesetzt sei.

Frau Schnake will die Firma Weber & Söhne mit der Reparatur dieser Fenster beauftragen.

Frau Krüger weist auf die Heizungen im großen Sitzungssaal und im kleinen Konferenzraum hin. Die Heizkörper seien ständig in Betrieb, obwohl man die beiden Räume höchstens fünfmal im Monat benutze.

Herr Maier schlägt vor, nach den Eintragungen in den Terminkalendern vorzugehen und die Heizkörper erst kurz vor Sitzungsbeginn aufzudrehen.

Herr Maier erwähnt die tropfenden Wasserhähne in den Waschräumen.

Frau Krüger beauftragt Frau Schnake, sich um geeignete Handwerksbetriebe zu kümmern, um den Schaden beheben zu lassen.

Herr Maier berichtet, fast jeder Kollege fahre für sich allein mit dem Auto in die Firma. In einem Pkw hätten aber vier bis fünf Leute Platz.

Frau Schnake schlägt vor, die Mitarbeiter in einem Rundschreiben zur Bildung von Fahrgemeinschaften anzuregen.

Frau Krüger bittet Frau Schnake, das Rundschreiben gemeinsam mit Herrn Maier zu verfassen und den großen Vorteil der Fahrgemeinschaften deutlich herauszustellen: die Geldersparnis.

Frau Schnake verspricht den Entwurf für das Rundschreiben am 6. Oktober __ vorzulegen.

TOP 2 – Arbeitsumgebung in der Verkaufsabteilung

Herr Maier schildert die Missstände in der Verkaufsabteilung. Trotz modernster Computer und Drucker sehe es dort aus wie vor 30 Jahren. Die Möbel seien nämlich total veraltet.

Frau Schnake weist auf einen Prospekt hin, den sie gerade erhalten hat. Dieser Prospekt zeigt Möbel für eine ästhetische Bürolandschaft: funktionelle und individuelle Elemente, halbhohe Stellwände, Sitzgruppen für Besucher.

7.7.4 Zeitformen des Protokolls

Für den Schreibstil eines Protokolls gelten die allgemeinen Regeln der deutschen Grammatik. Eine einfache Sprache, verständliche Ausdrucksweise, kurze Sätze und eine klare Gedankenführung, helfen dem Leser sich in die Geschehnisse hineinzudenken. Füllwörter sollten vermieden und auf Übersichtlichkeit und Verständlichkeit sollte geachtet werden.

Ein Protokoll ist grundsätzlich in der **Gegenwartsform** – **Präsens** – zu schreiben. Das vermittelt dem Leser, dass die Sitzung oder Besprechung im Augenblick stattfindet. In der **Vergangenheitsform** wird nur dann geschrieben, wenn etwas in Bezug auf die Sitzung bereits geschehen ist.

Präsens Gegenwartsform	Präteritum Vergangenheitsform
Frau Krüger eröffnet die Sitzung.	Frau Krüger erzählt von dem Gespräch, das am Freitag stattgefunden hat.

Aussagen und Meinungen, die während einer Sitzung geäußert werden, erscheinen grundsätzlich in Form der **indirekten Rede**. Nur bei sehr wichtigen kurzen Beiträgen, die genau und wörtlich wiedergegeben werden sollen, wird die **direkte Rede** eingesetzt.

indirekte Rede	direkte Rede
Frau Krüger, weist darauf hin, dass ...	Frau Krüger erklärt: „Die Büroräume sind im Winter ständig überheizt."

Fakten und Tatsachen werden im **Indikativ** formuliert – Meinungen und Aussagen hingegen werden im **Konjunktiv** protokolliert.

Indikativ	Konjunktiv
Frau Krüger berichtet, dass am Freitag das Gespräch bereits stattgefunden hat.	Frau Krüger äußert, dass die Büroräume im Winter ständig überheizt seien.

Bei der Verwendung des **Konjunktivs** ist darauf zu achten, dass der richtige **Konjunktiv 1 (sei, werde, habe, komme)** und nicht der **Konjunktiv 2 (wäre, würde, hätte, käme)** eingesetzt wird.

8. Ein- und ausgehende Informationswege effizient nutzen

Wenn wichtige Informationen ihren Empfänger nicht zielgerichtet erreichen, leiden die Effektivität und die Effizienz in Unternehmen. Der Informationsfluss in Unternehmen wirkt sich einerseits auf die Beteiligten aus und steuert andererseits die Produktivität. Daher sollten Informationswege und Zuständigkeiten klar definiert sein. Folgende Fragen sind dabei von entscheidender Bedeutung:

- Wie hoch ist der Informationsbedarf im Unternehmen?
- Welche Wege und Mittel stehen zur Informationsaufnahme und -verteilung zur Verfügung?
- Wer ist am Informationsprozess beteiligt?

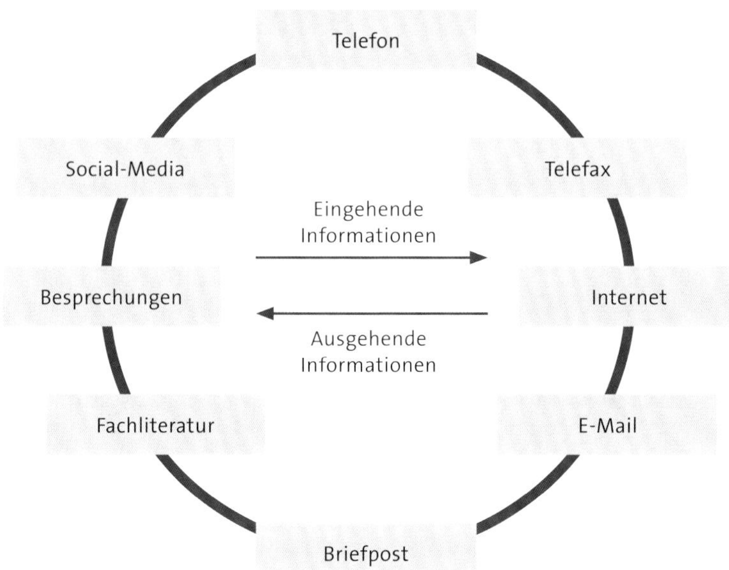

Um Informationskanäle in Unternehmen zu optimieren, müssen diese erkannt, aufeinander abgestimmt und durch Regeln festgelegt werden:

- Die Informationswege im Unternehmen sind eindeutig definiert.
- Es ist festgelegt, von wem welche Informationen bereitzustellen sind.
- Die Informationswege müssen möglichst kurz gehalten werden.
- Regelmäßige Besprechungen gewährleisten einen flüssigen Informationsaustausch und sorgen für Transparenz.
- Informationsmöglichkeiten, wie Internet, Fachliteratur usw., werden den Mitarbeitern zentral (Intranet, Medienoffice usw.) zur Verfügung gestellt.

- Bereitgestellte Medien werden permanent aktualisiert.
- Informationen zur Erledigung von Aufgaben werden rechtzeitig zur Verfügung gestellt.

8.1 Eingehende Informationen prozessorientiert strukturieren

Da Informationen über verschiedene Kanäle in ein Unternehmen gelangen, sollten diese prozessorientiert weitergeleitet werden. Neben der **schriftlichen** Form des Informationseingangs als Briefpost, fließen Informationen auch **digita**l per E-Mail oder **mündlich** per Telefon in Unternehmen ein. Bei der Strukturierung von Informationsprozessen ist darauf zu achten, dass Informationen zielorientiert in sachlicher und korrekter Form an die entsprechenden Empfänger weitergeleitet werden. Wesentlich bei der Weiterleitung von Informationen ist, dass keine Informationen innerhalb eines Prozesses verloren gehen.

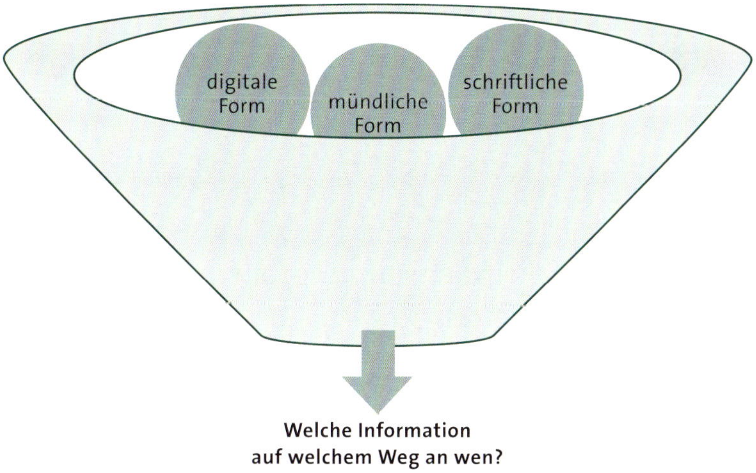

MERKE

Kann ein Empfänger nicht eindeutig zugeordnet werden oder ist dieser nicht erreichbar, müssen eingehende Informationen vertretungsweise entgegengenommen und dem entsprechenden Empfänger zugeordnet werden. Damit bei solchen Abläufen keine Informationslücke entsteht, sind solche Abläufe in der Regel mit den entsprechenden Hilfsmitteln klar beschrieben.

Bei Abwesenheit sind Vertretungspersonen zu definieren, die die eingehenden Informationen verwalten und bearbeiten. Da digitale Informationen per E-Mail an ein persönliches Konto gerichtet sind, muss der Empfänger seinen E-Mail-Account so konfigurieren, dass in Abwesenheit diese E-Mails weitergeleitet werden oder der Sender automatisch über die Abwesenheit informiert wird.

Beispiel

Ein eingehendes Telefongespräch wird meist geführt, ohne die einzelnen Schritte zu überlegen. Tatsächlich besteht diese Aufgabe aus einer ganzen Reihe von Tätigkeiten und Entscheidungen, die unbewusst erfolgen, jedoch einen geschlossenen Informationsprozess bilden:

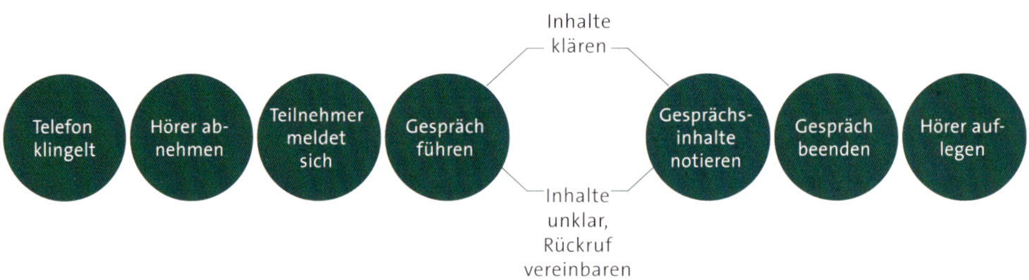

8.2 Informationen schriftlich zur innerbetrieblichen Weitergabe aufbereiten

Um einem Informationsverlust in einem mündlichen Kommunikationsaustausch per Telefonat oder bei Besprechungen vorzubeugen, sollten mündlich ausgetauschte Informationen schriftlich dokumentiert werden. Bei Besprechungen werden Abläufe und Fakten in Form eines Protokolls festgehalten. Bei Telefonaten erfolgt die Dokumentation in Form von Telefon- oder Gesprächsnotizen. Die Weiterleitung an den Empfänger kann sowohl digital, per E-Mail, oder als Telefax, als auch auf Papier erfolgen.

MERKE

Auch diese Informationsaufbereitung muss als Ablauf in einem Unternehmen reglementiert werden, damit keine Informationen verloren gehen, unabhängig von der Form des Informationseingangs.

Sollen Informationen an Dritte weitergleitet werden, ist es wichtig, diese Informationen so entgegenzunehmen, dass alle wesentlichen Inhalte lückenlos erfasst werden.

Dazu bieten sich als Hilfsmittel ablaufgerecht gestaltete Vordrucke an. Inhalte eines Telefongesprächs können in einer Telefonnotiz in Papierform oder digital dokumentiert werden.

MERKE

Folgende Angaben sollten auf einer Telefonnotiz enthalten sein, damit alle wesentlichen Informationen erfasst werden:

- Für wen war der Anruf (Name, evtl. Abteilung)?
- Wer hat angerufen (Name, Firma und Telefonnummer)?
- Zeitpunkt des Anrufs (Datum, Uhrzeit)
- Zweck oder Inhalt des Anrufs
- Welcher Ablauf ergibt sich aus dem Anruf (Information, Rückruf, Termin, ...)?
- Wer hat den Anruf entgegengenommen?

SPORTINA AG		
Telefonnotiz		
An:	**Abteilung:**	
Anruf von:	**Firma:**	**Telefonnummer:**
Datum:	**Uhrzeit:**	
☐ **Information**	☐ **Rückruf**	
☐ **Termin**	☐ **erbittet Rückruf**	
Nachricht:		
Aufgenommen von:	**Datum:**	

8.3 Ausgehende Informationen prozessorientiert weiterleiten

Das Informationsmanagement beschränkt sich nicht nur auf den innerbetrieblichen Informationsfluss, sondern umfasst das gesamte Informationsgeschehen des Unternehmens von innen nach außen und umgekehrt. Der Informationsfluss nach außen wird neben den im Kommunikationsprozess befindlichen Personen auch von Datenbanksystemen, Management-Informationssystemen, E-Mail, Internet sowie Werbung und Öffentlichkeitsarbeit gesteuert.

Ein wichtiger Aspekt beim ausgehenden Informationsfluss ist das visuelle Erscheinungsbild eines Unternehmens – das **Corporate Design** –, das ein Ziel der **Corporate Identity** darstellt.

Das **Corporate Design** soll Unternehmen nach innen und außen durch formelle Gestaltungskonzepte, wie z. B. Firmenlogo, einheitliche Layouts in Briefbögen, Produkt- und Verpackungsgestaltung, Anzeigen, Werbeslogan und Briefabschlüssen, als geschlossene Einheit erscheinen lassen.

MERKE

Corporate Identity (CI): Unter Corporate Identity versteht man ein Kommunikationskonzept mit dem Ziel, von innen heraus die Selbstdarstellung eines Unternehmens nach außen zu steuern.

Maßgeblich für den außerbetrieblichen Informationsfluss ist der Informationsempfänger. Wichtige Informationsempfänger für Unternehmen sind:

- **Mitarbeiter**, als Informationsträger zur Erfüllung ihrer Aufgaben
- **Kunden** über die Produkte, Serviceleistungen, Unternehmenszweck
- **Lieferanten** über die Bedarfsdeckung, Zahlungsfähigkeit des Unternehmens, Unternehmenszweck
- **Öffentlichkeit**, über das soziale und gesellschaftliche Image (Arbeitsplatz- und Ausbildungsangebot, Sponsorentätigkeit u. Ä.)

Der ausgehendende Informationsfluss sollte möglichst adressatengerecht erfolgen, d. h. er muss an die individuellen Informationsbedürfnisse der Empfänger in technischer sowie inhaltlicher Form angepasst sein.

Verlassen schriftliche Informationen das Unternehmen, wird dies in der Regel dokumentiert.

Briefsendungen	Briefsendungen werden im Postausgangsbuch dokumentiert.
Telefax	Der Faxausgang ist im Journal ersichtlich (Versandprotokoll).
E-Mail	Im Postausgang eines E-Mail-Accounts sind gesendete Mails gespeichert.
Telefonate	Gesprächsinhalte werden in einer Telefonnotiz dokumentiert.

8.4 Postbearbeitung im Unternehmen

Der Umfang und die Komplexität der Arbeitsabläufe in Poststellen werden immer größer. Die Mitarbeiter müssen als Team gut aufeinander abgestimmt sein und funktionell zusammenarbeiten. Eine moderne Poststelle stellt heutzutage die Informationslogistik eines Unternehmens dar.

Als Schnittstelle zu den Fachabteilungen werden in der zentralen Poststelle eine gut funktionierende und moderne Postbearbeitung, die Steuerung des Posteingangs und -ausgangs sowie die elektronische Verarbeitung und Digitalisierung von Dokumenten durchgeführt.

8.5 Die Eingangspost im Unternehmen bearbeiten

Mit dem Bearbeiten der Eingangspost laufen Informationen im Unternehmen zusammen. Diese Informationen entscheiden über den Tagesablauf, über Prioritäten und Arbeitsabläufe. Daher sollte auch der Posteingang prozessorientiert fließen.

8.5.1 Wie kommt die Post ins Büro?

Die Postzustellung erfolgt durch

- **den Postzusteller oder private Dienstleister (z. B. HIN + WEG-Service)**
- den zentralen Eingang von **elektronischer Post, wie E-Mails, E-Postbriefe, Telefax**
- die **Abholung aus dem Postfach** der jeweiligen Poststelle im Einzugsbereich.

8.5.2 Postfach

Das Anmieten eines **Postfachs** ermöglicht dem Unternehmen eine flexiblere Handhabung der Zustellzeiten sowie eine Unabhängigkeit vom Zusteller. Im Postfach ist die Post gut aufgehoben und vor unbefugtem Zugriff geschützt. Es ist jedoch erforderlich, die Post selbst abzuholen.

Das **Postfach** muss bei der Deutschen Post beantragt werden. Dafür fällt eine einmalige Einrichtungsgebühr an. Der Mieter des Postfachs erhält neben einer individuellen Postfachadresse, die entsprechenden Postfachschlüssel. Zu beachten ist, dass nicht alle Briefsendungen in einem Postfach hinterlegt werden. Sendungen mit dem Vermerk „Eigenhändig", Postzustellungsaufträge, Pakete, Expresssendungen und Kataloge werden unter der Hausanschrift zugestellt.

www.deutsche-post.de/postfach

8.5.3 Postvollmacht

Personen, die für den Posteingang und die Abholung aus dem Postfach zuständig sind, benötigen von ihrer Firma eine Postvollmacht. Diese Personen sind dann offiziell autorisiert, Postsendungen in Empfang zu nehmen.

Vorgedruckte Formulare für eine Postvollmacht sind in den Postfilialen der Deutschen Post oder als Download über die Homepage der Deutschen Post erhältlich. Alternativ kann eine solche Vollmacht auch auf dem Firmenpapier abgedruckt werden.

Eine Postvollmacht muss von dem Postbevollmächtigten und einem Vertretungsberechtigten des Unternehmens unterschrieben sein. Der Vollmachttext muss den Namen des Postbevollmächtigten und des Postvollmachtgebers enthalten.

Postvermerk „Persönlich": Sendungen mit dem Vermerk „Persönlich" oder „Vertraulich" müssen dem Empfänger nicht eigenhändig zugestellt werden. Mit einer Postvollmacht sind auch Bevollmächtigte zum Empfang solcher Briefe berechtigt.

Postvermerk „Eigenhändig": Bei Sendungen mit diesem Postvermerk benötigt der Bevollmächtigte eine besondere schriftliche Postvollmacht, die ihn ausdrücklich dazu berechtigt, als „Eigenhändig" gekennzeichneten Sendungen entgegenzunehmen.

8.5.4 E-Postbrief und De-Mail

Mit dem **E-Postbrief** können Schriftstücke mit sensiblen persönlichen Daten verbindlich und vertraulich versendet und empfangen werden. Der E-Postbrief bietet höchste Sicherheitsstandards. Alle Nachrichten sind automatisch verschlüsselt und tragen eine Signatur der Deutschen Post. Zur Bearbeitung wird keine Softwareanwendung benötigt, sondern lediglich eine Internetverbindung zur Deutschen Post. Durch eine eindeutige Identifizierung mittels PostIdent-Verfahren und einer Kombination von Zugangsdaten, ist der Versand im Vergleich zur herkömmlichen E-Mail verbindlich.

Falls der Empfänger über keinen Internetzugang verfügt oder den Brief nicht in elektronischer Form empfangen möchte, wird der **E-Postbrief** von der Deutschen Post ausgedruckt, kuvertiert und zugestellt.

Die **De-Mail** stellt eine rechtsverbindliche und gesetzlich verankerte Alternative zum E-Postbrief und zur E-Mail dar. Die **De-Mail** soll im Gegensatz zu einer normalen E-Mail sicher, vertraulich, fälschungssicher und nachweisbar und damit rechtssicher auf einen Absender zurückzuführen sein. Versenden lässt sich die De-Mail nur von einem De-Mail-Konto zu einem anderen.

Privatpersonen können über eine **De-Mail** mit Unternehmen und Behörden digital kommunizieren, wie z. B. die Beantragung eines Personalausweises über Mausklick. Dafür ist die Anmeldung bei einem nach **§ 21 De-Mail Gesetz**, zertifizierten **De-Mail-Dienstleister** notwendig.

www.bsi.bund.de

8.6 Schritte des Posteingangs

Die Durchführung des Posteingangs ist eine der Haupttätigkeiten am Büroarbeitsplatz kleiner und mittelständischer Unternehmen.

Hat ein Unternehmen eine zentrale Poststelle eingerichtet, ist die Menge der eingehenden Post meistens so groß, dass technische Hilfsmittel für den Ablauf des Posteingangs eingesetzt werden. Viele Schriftstücke erreichen in digitaler Form das Unternehmen. Der Ablauf der Postbearbeitung unterscheidet sich dann von den herkömmlichen Schritten. Der grundsätzliche Prozess bleibt jedoch gleich.

Aus der Grafik sind die Schritte des Posteingangs ersichtlich:

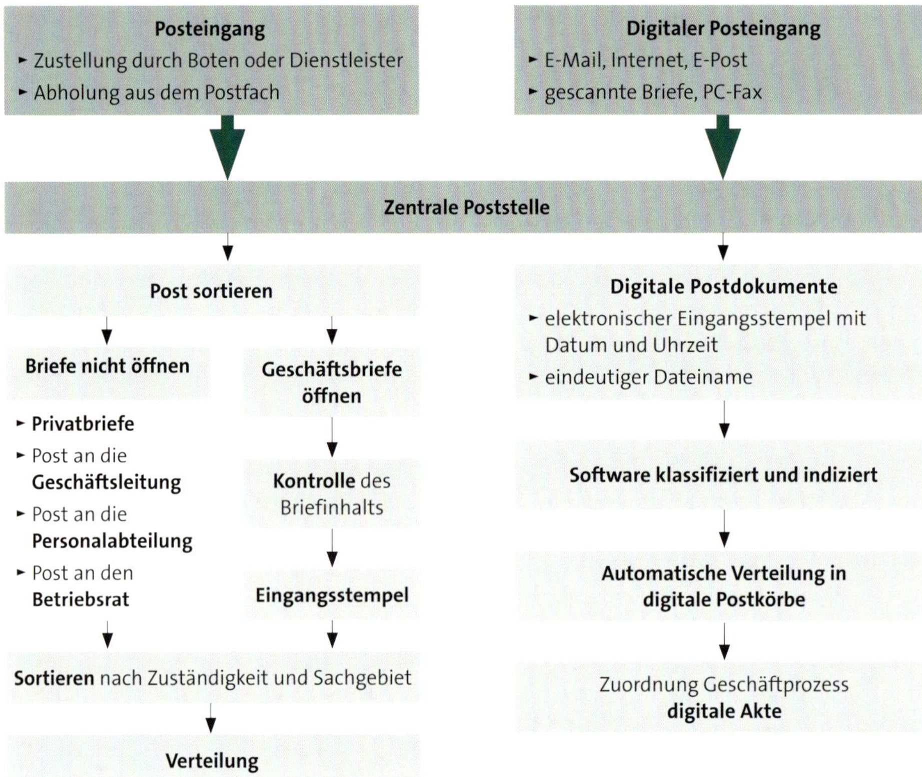

8.6.1 Wer darf welche Post öffnen?

Vor dem Öffnen der Post werden die Sendungen aussortiert, die **nicht geöffnet** werden dürfen und von der Geschäftspost, die geöffnet werden darf, getrennt.

MERKE

- Ist zuerst die Firma genannt → **öffnen!**
- Ist zuerst die natürliche Person mit den Zusatzvermerk „Persönlich" oder „Vertraulich" genannt → **nicht öffnen!** Hier gilt das Briefgeheimnis!
- Ist die natürliche Person zuerst und vor der Firma genannt → **eventuell öffnen.** Es könnte ein Privatbrief sein. Hier sollten die betrieblichen Konventionen zum Umgang mit der Eingangspost beachtet werden.

- Briefe an die Geschäfts- oder Unternehmensleitung, die Personalabteilung und den Betriebsrat → **nicht öffnen!**

Irrläufer – Sendungen mit falschem Empfänger – werden an den Zusteller oder an die Postfiliale zurückgegeben.

Brief öffnen	Brief nicht öffnen (eindeutige Privatpost)	Brief eventuell öffnen (könnte Privatpost sein)	Brief nicht öffnen
Sportina AG **Frau Marion Weber** Holsterhauser Str. 202 44625 Herne	**Persönlich** **Frau** **Marion Weber** Sportina AG Holsterhauser Str. 202 44625 Herne	**Frau** **Marion Weber** Sportina AG Holsterhauser Str. 202 44625 Herne	**Herrn** **Rüdiger Klinger** **Geschäftsleitung** Sportina AG Holsterhauser Str. 202 44625 Herne

8.6.2 Briefe öffnen und kontrollieren

In Unternehmen mit einer zentralen Poststelle werden die Briefe mit einem elektrischen Brieföffner geöffnet. In kleineren Unternehmen wird dazu ein Brieföffner bzw. Handmesser eingesetzt.

Nach dem Öffnen der Briefe wird **kontrolliert**, ob …

- der Briefumschlag vollständig geleert ist, denn kleine Anlagen fallen oft heraus.
- alle aufgelisteten Anlagen vorhanden sind. Fehlt eine Anlage, wird dies auf dem Brief vermerkt.
- das Datum des Poststempels und das Datum des Briefes zeitnah sind. Weicht das Datum ab, wird der Briefumschlag als Nachweis an das Schriftstück geheftet.

8.6.3 Briefe stempeln

Der Eingangsstempel wird rechts neben das Anschriftenfeld aufgedruckt. Im Abdruck sollten folgende Informationen erscheinen:

- eventuell Firmenname
- Datum und Uhrzeit des Eingangs
- Felder für Erledigungs- oder Bearbeitungsvermerke, z. B. Angabe der zuständigen Abteilung.

Beispiele

MERKE

Urkunden, Verträge, Schecks, Zertifikate und ähnliche Dokumente werden nicht gestempelt. Hier empfiehlt es sich den Briefumschlag zu stempeln und anzuheften.

Ein weiteres Beweismittel, neben dem Stempeln der Eingangspost, ist das Registrieren in einem Posteingangsbuch. Dieses Verfahren ist allerdings sehr zeitaufwendig, ermöglicht jedoch eine genaue Kontrolle darüber, wann eine Postsendung eingegangen ist.

Beispiel

Ein klassisches Posteingangsbuch:

lfd. Nr.	Eingangs-datum	Absender Name, PLZ, Ort	kurze Inhalts-angabe	Identnummer (bei nachzu-weisenden Sendungen)	Zahl der Anlagen	weiterge-leitet an	Zeichen Poststelle
001	14.05.20..	VSI 50677 Köln	Angebot Seminar	-	-	Personal-abteilung	*lb*
002	14.05.20	DüMaBa 40532 Düsseldorf	Rechnung	-	-	Buch-haltung	*lb*
...	...	...	...	...	...	...	...

Viele Unternehmen führen wegen des hohen Zeitaufwandes kein Posteingangsbuch. Andere erfassen die Posteingangsdaten digital in Form einer Tabelle.

8.6.4 Briefe sortieren

Die vorbereitete Post wird entsprechend des Unternehmensaufbaus und der Zuständigkeit von Abteilungen sortiert. Hier bestehen mehrere Möglichkeiten, die durch Hilfsmittel unterstützt werden:

- **Zuständigkeit:** Abteilungen, Sachgebiete, Mitarbeiterfächer
- **Hilfsmittel:** Aktendeckel, Sortierkörbe, Postfächer

8.6.5 Post verteilen

Die interne Verteilung der Eingangspost ist ebenfalls von der Unternehmensstruktur abhängig und kann durch Abholung oder Zustellung erfolgen:

Abholung	Zustellung
Die Eingangspost wird von Mitarbeitern aus dem betrieblichen Postfach abgeholt.	Die Eingangspost wird von Mitarbeitern der Poststelle im Unternehmen verteilt. In großen Unternehmen erfolgt die Zustellung mit **Büroförderanlagen**.

Büroförderanlagen

- **Rohrpost:** Die Post wird in zylindrischen Behältern (Rohrpostbüchse) mithilfe von Druck- und Saugluft von Station zu Station innerhalb eines Rohrpostsystems transportiert.
- **Schienenförderanlage:** Schienenförderanlagen sind automatische Transportsysteme. Auf Profilschienen transportieren geschlossene Behälter die Post zu den Empfangsstationen, die über einen Zahlencode am Förderbehälter gekennzeichnet sind.
- **Umlaufwagen:** Mithilfe eines elektrisch angetriebenen Flurfahrzeugs, das sich entweder selbst steuert oder durch Personen gesteuert werden kann, wird auch schweres Postgut bequem transportiert.

8.6.6 Digitale Archivierung

Ein optimierter Posteingangsprozess stellt die digitale Archivierung der Eingangspost dar. Hier erfolgt die Abarbeitung des Posteingangs in Form der digitalen Archivierung und Verteilung.

Posteingang	► Zuordnen zu den Postkörben, Erstellen von Bearbeitungsstapeln ► Vorbereitung zum Scannen
Scannen	► Zuweisung einer Stapelnummer ► Scannen der einzelnen Stapel
Indexieren	► Prüfung der erstellten Dateienanzahl ► Erfassung der Dateien mit der Kundendatenbank
Verteilen	► Verteilung in individuelle Postkörbe im internen elektronischen System

8.7 Schritte des Postausgangs

Die vorbereiteten Sendungen werden entweder zu einem vereinbarten Zeitpunkt zur Poststelle gebracht oder von einem Botendienst der Poststelle in den Abteilungen abgeholt. Die Poststelle bereitet die Ausgangspost für den Versand auf. Grundsätzlich werden zwei Arten der Ausgangspost unterschieden:

- **Tagespost:** individuelle Geschäftsbriefe, die an bestimmte Personen gerichtet sind
- **Massenpost:** Sendungen mit gleichem Inhalt, die zu Werbezwecken verschickt werden sowie Kataloge und Prospekte. Diese Sendungen werden mit Postbearbeitungsmaschinen rationell für den Versand vorbereitet.

8.7.1 Adressieren

Bei der täglich anfallenden **Tagespost** ist der Einsatz von Fensterbriefumschlägen empfehlenswert, da dann eine gesonderte Adressierung entfällt.

Bei der **Massenpost** hingegen werden die Adressen aus der Kundendatenbank entnommen und mit einem Etikettendrucksystem entweder direkt auf den Umschlag oder auf Adressetiketten gedruckt.

8.7.2 Zusammentragen der Unterlagen zum Postversand

In großen Unternehmen, in denen viel Massenpost anfällt und viele Anlagen beigefügt werden, z. B. Kataloge, Preislisten oder Werbeflyer, erledigt diesen Arbeitsvorgang die Zusammentragmaschine. In kleineren Unternehmen, mit geringerem Postaufkommen, wird dies von Hand erledigt.

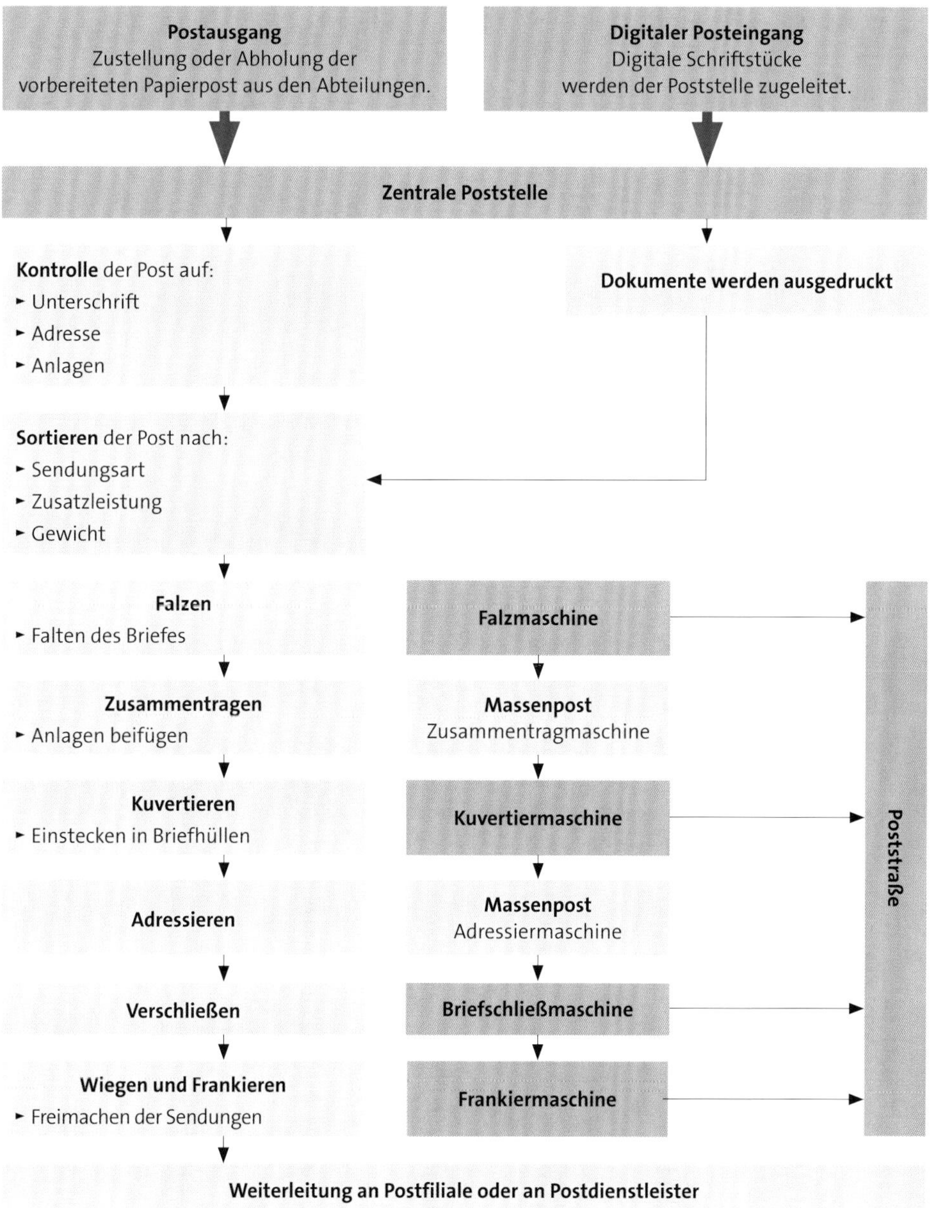

8.7.3 Falzen und Kuvertieren

Damit ein Schriftstück in eine Briefhülle eingesteckt werden kann, muss entsprechend des Formats der Briefhülle gefalzt werden. Folgende Falzarten werden unterschieden:

Falzart	Abbildung ungefalzt	Abbildung gefalzt	Briefhüllenformat
Einfachfalz, Bruchfalz oder Parallelfalz	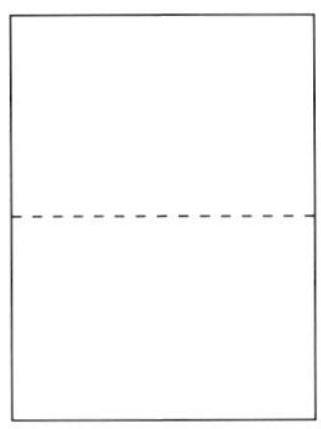	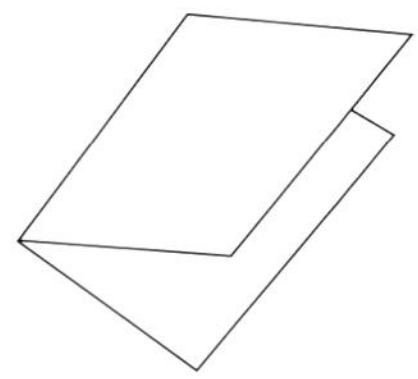	Briefhülle C5
Zickzackfalz (Leporellofalz)	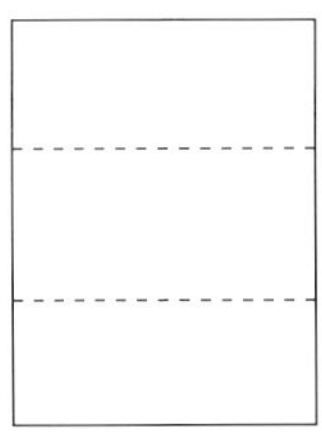	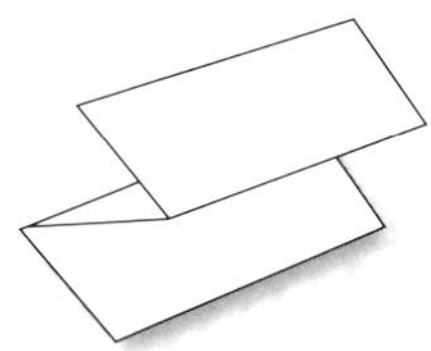	Briefhülle DL mit Fenster
Wickelfalz	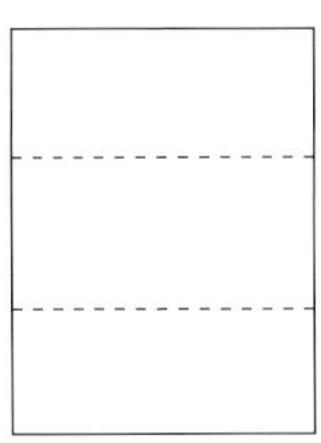	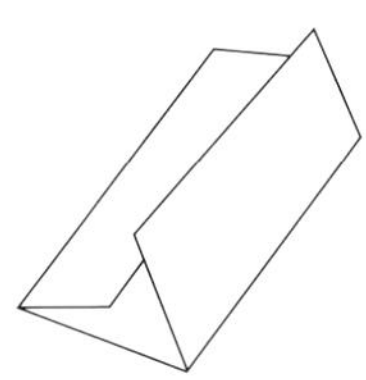	Briefhülle DL mit und ohne Fenster
Kreuzfalz	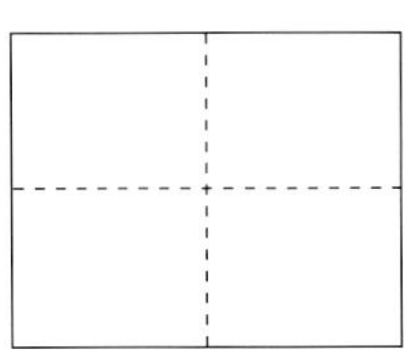	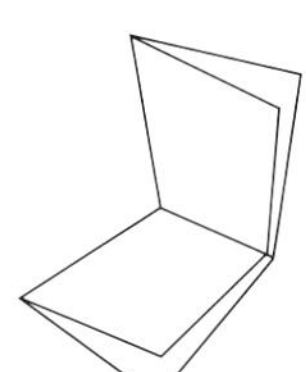	Briefhülle C6

Wird ein Brief per Hand gefalzt, sind auf dem Briefbogen zur Orientierung Falzmarken angebracht. Falzmaschinen führen diesen Vorgang rasch und kantenfrei durch. Sie sind auf unterschiedliche Falzarten einstellbar.

Beim **Kuvertieren** von Hand wird der Brief in eine genormte Briefhülle eingesteckt. Hier eignen sich besonders Briefhüllen mit Adhäsionsverschluss. Kuvertiermaschinen legen automatisch die gefalzten Briefbögen in die entsprechenden Hüllen ein.

Kombinierte Falz- und Kuvertiermaschinen führen diese Schritte automatisch in einem Arbeitsgang durch.

MERKE

Für den Versand als Standardbrief können die Briefhülle DL (DIN Lang) mit und ohne Fenster und die Briefhülle C6 eingesetzt werden.

8.7.4 Wiegen und Frankieren

Für die richtige Portoermittlung müssen neben dem Gewicht des Briefes auch seine Maße (Länge, Breite und Höhe) ermittelt werden.

Die Briefe werden entweder mit mechanischen oder mit elektronischen Brief waagen gewogen. Professionelle Briefwaagen haben den Vorteil, dass sie nach Eingabe der Versandart (z. B. Standardbrief) und Zusatzleistung (z. B. Einschreiben) Gewicht und Porto anzeigen.

Die Frankierung der Briefe ist abhängig vom Postvolumen eines Unternehmens. Neben der Frankierung per Hand durch Aufkleben der Briefmarken – bei geringem Postvolumen – erfolgt in vielen Unternehmen die Frankierung maschinell. Eine Frankiermaschine druckt das Portoentgelt, den Tagesstempel, das Firmenlogo und evtl. einen Werbedruck in einem Arbeitsgang auf den Briefumschlag.

Die Frankiermaschine ist die am häufigsten eingesetzte Maschine zur Rationalisierung des Briefversands und muss durch die Deutsche Post AG genehmigt werden.

MERKE

Die ablaufgerechte maschinelle Zusammenfassung der Falz-, Kuvertier-, Briefschließ- und Frankiermaschine wird auch **Poststraße** genannt.

Weitere Möglichkeiten der Frankierung sind z. B.:

Plusbrief	Die Briefmarke ist bereits auf dem Briefumschlag eingedruckt. Ab einer Bestellmenge von 500 Stück kann der Brief mit einer individuell gestalteten Briefmarke bedruckt werden.
DV-Frankierung	Mithilfe einer entsprechenden Software erfolgt die Frankierung über die interne EDV-Anlage. Diese Frankierung ist kostengünstig und muss von der Deutschen Post genehmigt werden. Sie bietet sich besonders beim Versand von Massenpost an.
Internetmarke	Über den kostenfreien Online-Service Internetmarke der Deutschen Post kann das Porto für Sendungen online über das Internet ausgedruckt werden. Das Porto wird online bezahlt und per PDF auf Umschlägen, Etiketten oder Papier ausgedruckt.
E-Porto	Das E-Porto ist ein kostenfreies Add-In, mit dem bequem und schnell das passende Porto auf Briefe gedruckt wird. Das Tool wird beim Download automatisch in das Textverarbeitungsprogramm integriert. Das System nutzt den Online-Service Internetmarke. Die Kosten werden über einen Account, der „persönlichen Portokasse" abgerechnet. Voraussetzung ist eine Registrierung bei der Deutschen Post.
Handyporto	Eine mobile Lösung der Deutschen Post ist das Handyporto. Als Frankierung dient ein zwölfstelliger Code, der per SMS übermittelt wird.

Neben den aufgeführten Frankiermöglichkeiten bieten Dienstleister wie die Deutsche Post AG einen Frankier-Service für Briefe, Postkarten, Bücher- und Warensendungen sowie Infopostsendungen an.

8.7.5 Postausgangsbuch

Je größer und je vielfältiger die Organisationsabläufe in einem Unternehmen sind, umso mehr Postausgang fällt an. Hier ist es wichtig, den Postausgang genau zu überwachen, um zu überprüfen, wann welche Sendungen versandt wurden.

Ein Postausgangsbuch ist ein geeignetes Organisationsmittel, um den Postausgang schriftlich zu dokumentieren. Im Postausgangsbuch werden in der Regel folgende Angaben eingetragen:

- Registriernummer
- Datum der Eintragung
- Datum des Dokumentes
- Empfänger
- Sendungsart und Zusatzleistung
- Absender (Person, Abteilung, Zuständigkeitsbereich).

Das Führen des Postausgangsbuches kann händisch oder mittels entsprechender Software digital erfolgen.

8.8 Zweckmäßige Versandarten auswählen und vergleichen

8.8.1 Post- und Briefdienstleister

Mit der schrittweisen Aufhebung des Postmonopols der Deutschen Post AG hat sich der Postmarkt liberalisiert. Inzwischen befördern viele alternative Briefdienstleister die Post.

Die Bundesnetzagentur vergibt seit Inkrafttreten des Postgesetzes Lizenzen an Briefdienstleister. Diese Lizenz ist Voraussetzung für die Beförderung von Post. Seit dem 1. Januar 2008 gelten diese Lizenzen unbeschränkt.

Neben der Deutschen Post AG, die nach wie vor der größte Anbieter auf diesem Markt ist, etablieren sich immer mehr Anbieter für **Kurier-, Express- und Postdienste**, der sog. **KEP-Markt**. Die KEP-Dienste haben sich dadurch zu einem wichtigen Wirtschaftsfaktor und Arbeitgeber in Deutschland entwickelt.

Die Kurier-, Express- und Paketdienste bieten eine schnelle, zuverlässige und hochmoderne Dienstleistung, die viele Qualitäten hat, unter anderem die Zustellung just in time, den professionellen Service für Zulieferer, Transport von Gefahrgut und Waren aller Maße und Gewichte. Sie agieren in tragfähigen Netzwerken und verfügen über eine hohe internationale Kompetenz. Nicht zuletzt ist das Angebot der Unternehmen auch fester Bestandteil des Alltags vieler Verbraucher geworden: Sie planen unter anderem mit der kurzfristigen Zustellung von Waren, die im Internet bestellt wurden.

Paketdienste sind mittlerweile ein fester Bestandteil des Distanzhandels in Deutschland. Dies ist insbesondere auf die nach wie vor steigende Bedeutung des E-Commerce zurückzuführen, der sich mit Abstand zum wichtigsten Wachstumstreiber des Paketmarktes entwickelt hat.

Viele der alternativen Briefdienstleister bieten ihren Service vor allem Geschäftskunden mit einem bestimmten Mindestaufkommen an Briefen an. Immer mehr KEPs verkaufen mittlerweile auch eigene Briefmarken und planen die Aufstellung eigener Briefkästen, um verstärkt Privatkunden zu erreichen.

Definition KEP

K – Kurierdienste

Bezeichnend für Kurierdienste sind die permanente persönliche Begleitung der Sendungen und die damit verbundene Möglichkeit des Dienstleisters, jederzeit auf die Sendung zuzugreifen, um Dispositionen zu treffen. Dies stellt einen entscheidenden Vorteil zur Abgrenzung dieser Serviceart gegenüber den Express- und Paketdiensten dar.

Neben einer großen Zahl von Einzelunternehmen, die für dieses Segment typisch sind, werden hier auch Vermittlungszentralen einbezogen, die die Aufträge an die angeschlossenen Unternehmen weitervermitteln.

E – Expressdienste

Der Expressbereich ist das am stärksten geschlossene Segment des KEP-Marktes. Das Anbieterspektrum reicht vom Overnight-Dienst bis hin zur klassischen Spedition, die garantierte 24-Stunden-Transporte anbietet. Der Transport erfolgt bei Expressdiensten im Vergleich zu Kurierdiensten nicht direkt exklusiv und persönlich, sondern über Umschlagzentren zum Empfänger. Typisch für diesen Bereich sind Sammeltransporte, bei denen ein fester, häufig garantierter Ausliefertermin vereinbart wird, z. B. bis 08:00 Uhr.

Der Transport wird innerhalb eigener Netzwerke durchgeführt, die zum Teil die ganze Welt umspannen.

P – Paketdienste

Paketdienste stellen ein Untersegment der Expressdienste dar. Entscheidende Merkmale der Paketdienste sind die aus dem Transportsystem heraus zu erfüllenden Lieferzeiten sowie die Beschränkung der zum Transport übernommenen Sendungen in Größe und Gewicht.

Paketdienste konzentrieren sich auf die flächendeckende, regelmäßige und zum Teil fahrplanmäßige Beförderung standardisierter Paketstücke.

MERKE

Bei der Auswahl des passenden Brief- bzw. Paketdienstleisters für ein Unternehmen, sollten genaue Informationen über die Leistungsfähigkeit eingeholt werden. Neben den wirtschaftlichen Faktoren wie Kosten, Beförderungszeit, Servicefähigkeit sollten auch ökologische Aspekte, wie umweltfreundliche Verpackungsmaterialien, effiziente Routenplanungen und der Einsatz von verbrauchs- und emissionsarmen Transportfahrzeugen berücksichtigt werden.

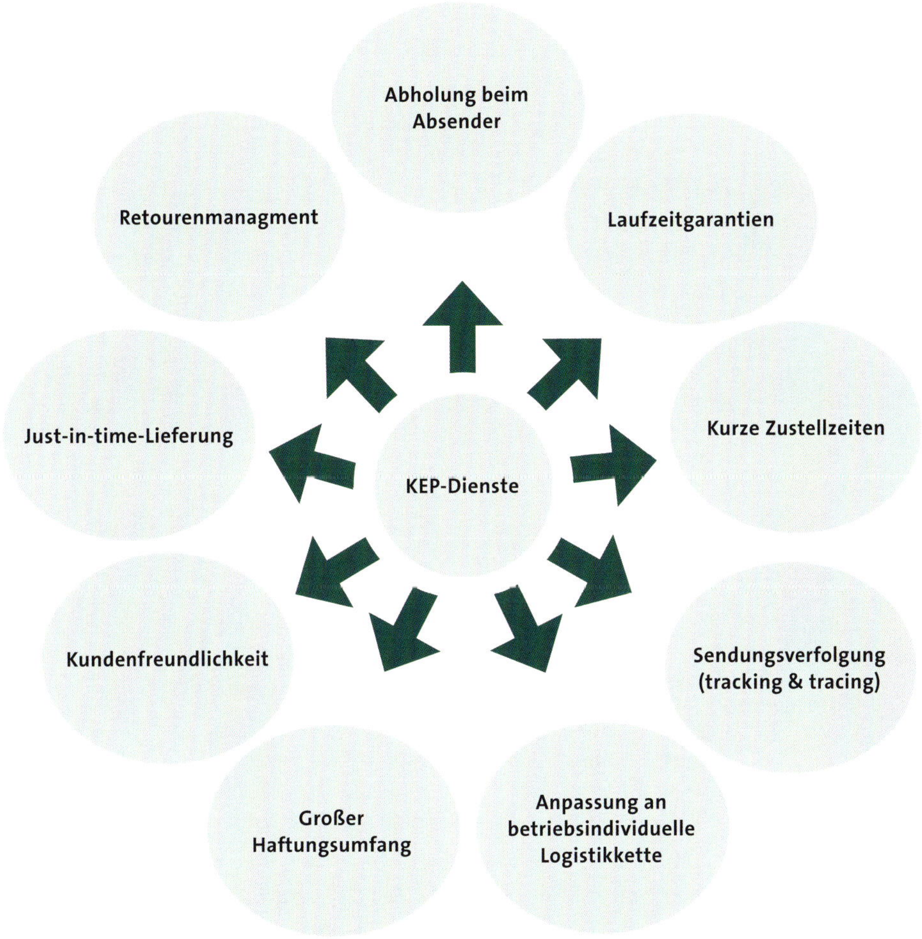

Immer mehr Versender erkennen zunehmend die Vorteile, die sich aus der Zusammenarbeit mit alternativen Paket- und Briefdienstleistern ergeben. Doch es lohnt sich, sich zu erkundigen, ob die Alternativen auch vergleichbar sind. Nicht nur wertvolle Serviceleistungen, sondern auch Preis und Qualität müssen stimmen.

Als Nachschlagewerk zum Thema Post und Dokument dient „Das Rote Buch“, das neben vielen anderen hilfreichen Auflistungen eine umfangreiche Sammlung aller rund 150 Briefdienstleister, nach Leitzonen sortiert, enthält. Zudem sind Übersichten mit Kontaktdaten über Druckdienstleister, Scandienstleister und das Poststellenmanagement enthalten.

8.8.2 Die richtige Versandart wählen

Für die Briefpost gibt es unterschiedliche Sendungsarten. Mit der Sendungsart **Brief** werden Informationen, Nachrichten und Mitteilungen bis 1.000 g im Inland und 2.000 g im Ausland als geschäftliche Korrespondenz verschickt.

Sendungsart	Größe	Höhe	Gewicht
Standardbrief	23,5 x 12,5 cm	bis 0,5 cm	bis 20 g
Kompaktbrief	23,5 x 12,5 cm	bis 1,0 cm	bis 50 g
Großbrief	35,3 x 25,0 cm	bis 2,0 cm	bis 500 g
Maxibrief	35,3 x 25,0 cm	bis 5,0 cm	bis 1.000 g
Postkarte	23,5 x 12,5 cm	Flächengewicht 150 g/m² bis 500 g/m²	

TIPP

Übersteigt das Gewicht einer Sendung das Gewicht und Format eines Maxibriefes, kann der Versand als Päckchen oder Paket erfolgen. Informationen sind dazu auf den Internetseiten der Paketdienstleister ersichtlich.

8.8.3 Zusatzleistungen

Bei gewissen Briefsendungen ist eine gesicherte Zustellung besonders wichtig. Eine Bestätigung oder die persönliche Sendungsübergabe gewährleistet diesen Anspruch. Für diese zusätzliche Leistung fällt ein Entgelt zusätzlich zum Briefporto an.

Tarifname	Beschreibung
Übergabeeinschreiben	Der Empfänger bestätigt durch Unterschrift den Empfang der Sendung.
Einwurfeinschreiben	Der Zusteller dokumentiert den Einwurf in den Briefkasten oder das Postfach des Empfängers.
Eigenhändig (nur mit Übergabe-einschreiben)	Die Sendung wird nur an den Empfänger persönlich oder an einen Bevollmächtigten ausgehändigt.
Rückschein (nur mit Übergabe-einschreiben)	Der Empfang der Sendung wird dem Absender auf einem vorbereiteten Rückschein bestätigt.
Eigenhändig Rückschein	Übergabe des Schreibens erfolgt nur gegen eigenhändige Unterschrift des Empfängers auf dem Rückschein, der an den Absender zurückgeschickt wird.
Nachnahme national	Beim Versand per Nachnahme wird die Sendung nur gegen Zahlung des angegebenen Nachnahmebetrages ausgeliefert. Anschließend überweist der Briefdienstleister den eingezogenen Betrag abzüglich des Entgeltes für die Geldübermittlung auf das entsprechende Konto.

8.8.4 Besondere Sendungsarten

Neben der allgemeinen Briefpost, gibt es eine Reihe von Sendungsarten, die den Versand verbilligen und optimieren. Inhalt, Größe und vor allem die Menge sind ausschlaggebend für die Wahl der richtigen Versandart.

Warensendung	Warensendungen sind ausschließlich für den Versand von Waren, Warenproben, Mustern oder anderen Gegenständen gedacht. Das Porto ist vergünstigt. Sachinformationen können lose beigelegt oder auf den Gegenständen beziehungsweise deren Verpackung angebracht sein, wie z. B. Rechnungen, Überweisungsträger, Gebrauchsanweisungen und Anwendungsvorschriften.
Büchersendung	Die Büchersendung ist ausschließlich für den Versand von Büchern, Broschüren, Notenblättern oder Landkarten in einem offenen Umschlag gedacht. Sie dürfen keinem geschäftlichen Zweck dienen. Beigelegt werden kann die Rechnung, ein Überweisungsträger, Rückantwortumschlag, Leih- oder Buchlaufkarte.
Blindensendung	Schriftstücke in Blindenschrift oder Tonaufzeichnungen, die für Sehbehinderte bestimmt sind. Blindensendungen sind kostenfrei mit Ausnahme von Zusatzleistungen.
Dialogpost	Werbliche und nichtwerbliche Inhalte in größeren Mengen können preiswert versandt werden. Voraussetzungen sind mindestens 4.000 Stück bundesweit, mindestens 200 Stück nach Leitregion (Übereinstimmung der ersten beiden Stellen der Postleitzahl). Es ist eine auf- oder absteigende Sortierung nach Postleitzahlen erforderlich. Alle Sendungen einer Einlieferung müssen format- und gewichtsgleich sein. Sendungen mit **nicht werblichem** Inhalt müssen inhaltsgleich sein.
Werbeantwort	Vorfrankierte Briefe oder Postkarten, die z. B. als Kundenantwort Werbesendungen beigelegt sind. Durch den Aufdruck „Entgelt zahlt der Empfänger" kann der Kunde leicht reagieren. Der Empfänger der Werbeantwort zahlt die Portokosten.
Postaktuell	Inhaltsgleiche Sendungen, Drucksachen, Muster, Warenproben, Werbeartikel etc. werden **unadressiert** flächendeckend an ausgewählte Haushalte in Deutschland verteilt. Dabei kann gewählt werden, ob die Schreiben an „alle Haushalte" oder nur an „Haushalte mit Tagespost" verschickt werden.

8.8.5 Pakete und Päckchen

Übersteigt das Gewicht einer Sendung 1.000 g, oder ist die Größe der Sendung nicht mehr als Briefversand zulässig, muss als Sendungsart ein Päckchen oder Paket gewählt werden. Die Leistungsmerkmale dieser Sendungsarten sind nachfolgend am Beispiel von DHL verdeutlicht:

DHL-Paket	Gegenstände, Waren und Mitteilungen bis zu einem Höchstgewicht von **31,5 kg** können bundesweit, in die Länder der europäischen Union und weltweit versandt werden. Standardmäßig sind Pakete bis zum einem Betrag von 500 € versichert. Übersteigt der Paketinhalt diesen Wert, kann eine Transportversicherung abgeschlossen werden. Pakete, die das maximale Maß überschreiten, können als **Sperrgut** gegen eine Zusatzgebühr versandt werden. Die Freimachung eines Pakets erfolgt mit Wertmarken. Weitere Leistungsmerkmale sind die deutschlandweite **Sendungsverfolgung**, der **klimaneutrale Versand**, der **Abholservice** durch DHL.
Päckchen	Kleine Waren und Gegenstände bis zu einem Gewicht von **2.000 g** und einem Höchstmaß von 60 x 30 x 15 cm. Im Gegensatz zur Warensendung dürfen hier briefliche Mitteilungen beigelegt werden. Der Festpreis des Päckchens ist abhängig davon, ob sich der Zustellort innerhalb Deutschlands, Europas oder weltweit befindet. Das Päckchen ist nicht versichert. Gegen eine Zusatzgebühr kann eine Transportversicherung abgeschlossen werden.

MERKE

Leistungen und Preise zu den Sendungsarten, Zusatzleistungen, besonderen Sendungsarten, Päckchen und Paketen, stehen auf den Internetseiten der Post- und Briefdienstleister aktualisiert zum Download zur Verfügung. Bei Berechnungen sollten auch die **Online-Preise** verglichen werden.

WEBTIPP

Leistungen und Preise der Deutschen Post:
https://www.deutschepost.de/preise

Leistungen und Preise von DHL:
http://www.dhl.de

Informationen und Vergleiche zu Brief- und Paketsendungen:
http://www.posttip.de

9. Aufbewahrung von Schriftgut

Täglich gehen unterschiedliche Informationen auf vielfältigen Wegen in einem Unternehmen ein und stapeln sich dann auf dem Schreibtisch der Assistenten. So kommt es leicht vor, dass unnötige Informationen aus Unsicherheit gehortet werden, aber auch, dass wichtige Dokumente in unübersichtlichen Ablagesystemen verloren gehen.

Die Aufbewahrung von Schriftstücken ist jedoch nicht nur von betrieblichem Interesse, sondern vom Gesetzgeber im Handelsgesetzbuch und der Abgabenordnung geregelt.

MERKE

Kaufleute sind zur Aufbewahrung von Unterlagen durch das Handelsgesetzbuch (§§ 257 - 261 HGB) und der Abgabenordnung (§§ 146 - 147 AO) verpflichtet. Diese Unterlagen haben Gesetzeswert!

Betriebliche Notwendigkeit	Gesetzliche Vorschriften	Aufbewahrung von elektronischen Dokumenten	Internationale Normung
▸ Gedächtnisstütze für Arbeitsprozesse ▸ Beweisfunktion bei Ansprüchen nach außen ▸ Dokumentation der Unternehmensentwicklung	▸ Abgabenordnung (AO) ▸ Handelsgesetzbuch (HGB)	▸ GDPdU (Grundsätze zum Datenzugriff und zur Prüfbarkeit digitaler Daten) ▸ Unterlagen, die digital eingehen, müssen auch digital aufbewahrt werden	▸ DIN ISO 15489 ▸ gilt für Unternehmen, die sich bestimmten Qualitätsgrundsätzen verschrieben haben

9.1 Wertstufen von Dokumenten

In der Praxis werden Schriftstücken meist unterschiedliche Wertstufen zugeteilt, die im Folgenden beschrieben werden:

Wertstufe	Beschreibung	Beispiele
Tageswert	Diese Schriftstücke haben für Unternehmen im Allgemeinen keinen bleibenden Wert und können nach Kenntnisnahme direkt vernichtet werden. Der Begriff „Tageswert" bedeutet aber nicht zwangsläufig, dass sie nur einen Tag aufbewahrt werden sollten. Das Vernichtungsdatum für solche Dokumente kann auch firmenintern geregelt sein.	▸ Rundschreiben ▸ Tageszeitungen ▸ unverlangte Angebote ▸ Werbeflyer
Prüfwert	Auch für den Prüfwert können ggf. interne Fristen abgesprochen und dokumentiert sein. Wichtig ist jedoch, dass diese Schriftstücke eine zeitlich befristete Bedeutung haben.	▸ Angebote/Anfragen ohne Auftragsfolge ▸ Bewerbungen ▸ Produktkataloge

Wertstufe	Beschreibung	Beispiele
Gesetzeswert	Hier schreibt der Gesetzgeber die Fristen zur Aufbewahrung vor. Dadurch soll eine lückenlose Dokumentation der Handelsgeschäfte sichergestellt werden. Einen guten Überblick über die Aufbewahrungsfristen von Unterlagen bieten die Industrie- und Handelskammern, z. B. https://www.muenchen.ihk.de/de/recht/	**sechs Jahre** ► Handels- und Geschäftsbriefe ► Angebote mit Auftragsfolge ► Bestellungen ► Lieferscheine **zehn Jahre** ► Jahresabschlüsse ► Inventare ► Handelsbücher ► Buchungsbelege ► Rechnungen
Dauerwert	Dieses Schriftgut ist für das Unternehmen von dauerhafter Bedeutung. Deshalb sollte es so lange aufbewahrt werden, wie das Unternehmen besteht.	► Patente ► Dokumente zur Unternehmensgründung ► notarielle Urkunden ► Pläne

Die Einordnung des Schriftgutes in eine bestimmte Wertigkeitsstufe bedeutet nicht, dass es zwangläufig dort verbleiben muss. Deshalb sollte die Ablage regelmäßig überprüft und aussortiert werden. Eine fristgerechte Vernichtung von Unterlagen, die nicht mehr benötigt werden, sorgt für Platz- und Kosteneinsparung.

Die Aufbewahrungsfrist beginnt immer am Schluss des Kalenderjahres, in dem das Schriftgut angefallen ist.

Beispiel

Die Aufbewahrungsfrist einer Eingangsrechnung vom 5. Mai 2017 beginnt am 31.12.2017.

Die Aufbewahrungsfrist dieser Rechnung endet am 31.12.2027.

Die Vernichtung der Rechnung darf am 01.01.2028 erfolgen.

Gesetzlich geregelte Aufbewahrungsformen
Auch die Form der Aufbewahrung ist gesetzlich geregelt. So müssen zum Beispiel Ausfuhrbelege mit pigmentierten Stempelfarben im Original aufbewahrt werden. Auch Eingangsrechnungen, bei denen ein Vorsteuerabzug in Anspruch genommen wird, sollten im Original vorhanden sein.

Handels- und Geschäftsbriefe sowie Buchungsbelege können so aufbewahrt werden, dass ihre Wiedergabe bildlich mit dem Original übereinstimmt.

ACHTUNG

Nach Änderung der Abgabenordnung im Jahr 2002 gilt, dass digitale Unterlagen auch digital aufbewahrt werden müssen. Alle digitalen Daten müssen den Grundsätzen ordnungsgemäßer DV-gestützter Buchführungssysteme (GoBS) und den Grundsätzen zum Datenzugriff und zur Prüfbarkeit digitaler Unterlagen (GDPdU) entsprechen.

9.2 Die Aufbewahrungsorte

9.2.1 Die Ablage am Arbeitsplatz

Vorgänge, die sich noch in Bearbeitung befinden oder ständig benötigt werden, bewahrt man direkt am Arbeitsplatz auf. Diese Unterlagen werden lediglich von dem jeweiligen Sachbearbeiter benötigt, an dessen Arbeitsplatz sie sich befinden.

Um Ordnung zu bewahren, eignet sich für die Arbeitsplatzablage eine gut strukturierte Hängeregistratur (vertikale Hängeregistratur) mit Hängemappen, Hängeordnern, Hängeheftern und Hängetaschen.

Die dafür benötigten Hängeregale, Container oder Hängeschränke sind meist bereits direkt in die Möbel der Arbeitsplatzregistratur integriert. Für die schnelle Ablage auf dem Arbeitsplatz eignen sich Ablagekörbe.

9.2.2 Die Abteilungsregistratur

In der Abteilungsregistratur werden Unterlagen aufbewahrt, die für die ganze Abteilung benötigt werden und die sich meist noch in Überwachung befinden oder auf die ggf. noch zurückgegriffen werden muss. Dieser Registraturstandort ist zentral für eine Abteilung angelegt und meist mit Hängeregistraturmöbeln (auch Pendelregistratur), Ordnerregalen, geschlossenen Flügeltürschränken oder Rollladenschränken ausgestattet.

Durch die hohe Datenmenge eignen sich hier insbesondere Stehordner, Stehsammler, Hänge- oder Pendelmappen, -taschen, -ordner oder -hefter.

Bei der Sortierung der Abteilungsregistratur sollte darauf geachtet werden, dass die Ordner verständlich und einheitlich beschriftet werden, damit sich auch jeder problemlos zurechtfinden kann.

9.2.3 Die Zentralregistratur

In der Zentralregistratur werden Unterlagen aufbewahrt, die für mehrere Abteilungen interessant sind. Meist ist in der Praxis die Altablage (Ablage für Akten, die dem Gesetzeswert unterliegen und noch nicht vernichtet werden dürfen) in die Zentralregistratur integriert.

In der Zentralregistratur finden sich die typischen Registraturmöbel, wie Schränke oder Regale, aber auch Paternosterregalsysteme oder Rollregalanlagen.

Die Unterlagen werden hier in Ordnern, Einstellmappen, Archivsammlern oder -schachteln aufbewahrt.

Es bietet sich an, dass die Zentralregistratur von festem Personal geführt wird. Dies vermeidet Datenverlust oder Chaos in der Registratur, da auf diesen Registraturstandort viele Mitarbeiter eines Unternehmens Zugriff haben.

9.2.4 Das Archiv

Das Archiv bewahrt wertvolles Schriftgut mit Dauerwert auf. Diese Dokumente sind für das Unternehmen sehr wichtig, werden jedoch nur selten benötigt. Ein Archiv kann sehr groß und mit denselben Möbeln wie die Zentralregistratur ausgestattet sein, aber auch ein feuerfester und einbruchssicherer Safe oder ein Bankschließfach können als Archiv geführt werden.

9.3 Registraturformen

- **Ablageformen**
  - **Ablageart**
    - Loseblatt
    - geheftet
  - **Aktenführung**
    - Einzelakte
    - Sammelakte
  - **Registraturform**
    - liegend
    - stehend
    - hängend

Die vielfältigen Registraturbehälter lassen unterschiedliche Ablageformen zu. Hierbei unterscheidet man zwischen:

- **Loseblattablage**
  Hier werden die Dokumente ungeheftet in Mappen oder Körbe gelegt. Diese Akten dürfen nicht zu umfangreich sein, da sonst Datenverluste drohen. Ein großer Vorteil dieser Ablageart ist die zeitsparende Ablage.
- **gehefteter Ablage**
  Lose Blätter werden gelocht und in Ordnern oder Heftern abgeheftet. Dadurch entsteht eine klar definierte Reihenfolge.

Außerdem kann zwischen der **Einzel- und Sammelakte** unterschieden werden. Bei Einzelakten gehören die abgelegten Schriftstücke zu einem Thema oder einer Person (z. B. Personalakte, Kundenakte), während Sammelakten mehrere gleichartige Vorgänge zusammenfassen (z. B. Angebotsakten, Rechnungsakten).

Die Registraturbehälter lassen zudem auch eine Unterscheidung nach liegender, stehender und hängender Registratur zu.

9.3.1 Liegende Registratur

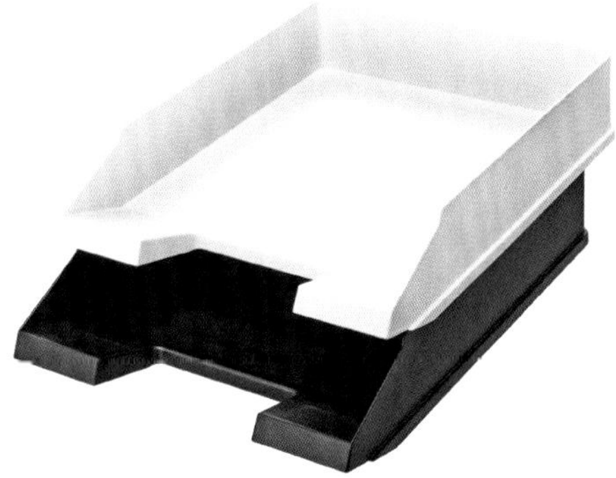

Die liegende Registratur ist einer der am häufigsten eingesetzten Registraturformen – denn jeder hat, ob geschäftlich oder privat, etwas auf seinem Schreibtisch liegen. Dennoch gehört diese Registraturform zu den unübersichtlichsten. Abgelegte Unterlagen in Jurismappen und Aktendeckeln und Ablagekörben (Loseblattablage) und in Schnellheftern (geheftete Ablage) werden meist unsystematisch aufeinander gestapelt.

Übersichtlichkeit können Ablagekörbe und Pultordner bringen, in die die liegende Registratur einsortiert werden kann.

Vorteile der liegenden Registratur	Nachteile der liegenden Registratur
▸ preisgünstig	▸ hoher Raumbedarf ▸ großer Suchaufwand

9.3.2 Stehende Registratur

Stehordner (geheftete Ablage) und Stehsammler (Loseblattablage) sind für diese Registraturform die beliebtesten Materialien. Die Registraturform ist zudem sehr übersichtlich, wenn die Behälter von außen gut und verständlich beschriftet werden.

Beide Behälter sind jedoch sehr platzaufwendig und durch die fest vorgegebene Breite kann bei Akten mit weniger Papierbedarf ein gewisser „Totraum" im Ordner entstehen.

Vorteile der stehenden Registratur	Nachteile der stehenden Registratur
▸ übersichtlich ▸ Materialkosten relativ gering ▸ Beschriftung leicht anzubringen	▸ nachträgliche Ergänzungen z. T. schwer möglich ▸ hoher Platzbedarf ▸ Durch „Totraum" im Ordner entsteht keine optimale Ausnutzung der Behälter.

9.3.3 Hängende Registratur

Bei der hängenden Registratur unterscheidet man die vertikale und laterale Aufhängung der Mappen und Sammler (Loseblattablage) und der Ordner und Hefter (geheftete Ablage).

Die vertikale Aufhängung ist die typischste und häufigste Form der hängenden Registratur. Sie findet sich meistens an jedem Arbeitsplatz in Schreibtischcontainern. Durch die Reiter an den Behältern entsteht eine gute Übersicht über den Inhalt der Registratur.

Die laterale Hängeregistratur ist eine Pendelregistratur, für die Schienen und Stangen notwendig ist und ein geeigneter Schrank mit der Vorrichtung vorhanden sein muss. Man kann sich diese Registratur wie Kleiderstangen und -bügel im Kleiderschrank vorstellen. So hängen die Akten auch nebeneinander. Dies bedeutet, man hat einen seitlichen Zugriff auf die Unterlagen. Sie ist – im Gegensatz zur vertikalen Aufhängung – nicht so übersichtlich.

9.4 Ordnungssysteme

Um in einer Registratur Ordnung zu schaffen, kommt es nicht nur auf die richtigen Ablagestandorte, Registraturmöbel und -behälter an. Oberste Priorität hat hier die Wahl des richtigen Ordnungssystems.

9.4.1 Alphabetisches Ordnungssystem

Wie der Name bereits vermuten lässt, werden Unterlagen nach dem Alphabet abgeheftet. Hierbei sind verschiedene Regeln zu beachten, die in der DIN 5007 festgelegt sind.

INFO

DIN 5007
Allgemeines (Buchstabenfolge)

- Bei der Ordnung von Umlauten wird der Umlaut auf den Grundbuchstaben zurückgeführt (ä = a; ü = u; ö = o).

  Achtung: Die Auflösung der Umlaute in die Grundbuchstaben ae, oe und ue wurde mit der Neuerung der DIN 5007 im Jahr 2005 eindeutig als **Ausnahmeregelung** gekennzeichnet!
- Akzente bleiben unberücksichtigt (é = e; à = a).
- Lautverbindungen wie ch, ck, sch und st gelten als zwei bzw. drei Buchstaben (ß = ss). Ausnahme: Sch und St am Wortanfang können in der Registratur als selbstständige Buchstaben geführt werden: S, Sch, St.
- Vorsatzwörter (van, von, der, de, das, die, zum, zur usw.), akademische Grade, Berufsbezeichnungen und Adelsbezeichnungen werden nicht berücksichtig.
- Die Wörter „und“, „&“, „für“ usw. bleiben unberücksichtigt.
- Feststehende und gebräuchliche Abkürzungen können wie ein Wort behandelt werden: ADAC = Adac.

Ordnungsfolge nach Namen

- Ordnungswert hat das erste Wort des Familien-, Firmen- oder Sachnamens.
- Alle Vornamen, Zweitnamen und Zusätze besitzen zudem Ordnungswert.
- Familiennamen ohne Vornamen werden vor Familiennamen mit Vornamen und Zusätzen einsortiert.
- Abgekürzte Vornamen stehen vor ausgeschriebenen Vornamen.
- Gebrüder, Geschwister usw. werden wie Vornamen behandelt.
- Sind die ersten Namen gleich, bestimmen zweite oder mehrere Vornamen die Ordnungsfolge.
- Sind alle Vornamen und Zusätze gleich, werden weitere Ordnungskriterien hinzugezogen (z. B. Wohnort, Beruf).
- Doppelnamen verschmelzen zu einem Namen.
- Untrennbare Eigennamen werden ohne Rücksicht auf die Vornamen einsortiert.

Da normalerweise alle Mitarbeiter das Alphabet beherrschen sollten, ist dieses Ordnungssystem für alle nachvollziehbar. Das erleichtert den direkten Zugriff auf die Akten und das Schriftgut an sich muss nicht weiter besonders gekennzeichnet werden.

Bei aller Einfachheit muss bei diesem Ordnungssystem trotzdem sorgfältig und konzentriert gearbeitet werden, denn gerade Umlaute, Doppelnamen und Abkürzungen können schnell falsch einsortiert werden.

9.4.2 Numerisches Ordnungssystem

Hier wird das Schriftgut nach Zahlen bzw. Nummern sortiert. Besonders gut eignen sich dafür Schriftstücke, die bereits eine Ordnungsnummer tragen (Rechnungen, Lieferscheine usw.). Werden Ordnungsnummern erst vergeben, könnte eine Suche der Unterlagen nur noch über einen Index möglich sein. Dies könnte das Arbeiten in der Registratur verlangsamen.

Ansonsten ist dieses Ordnungssystem natürlich dahingehend vorteilhaft, dass es leicht verständlich ist und das Sortieren schnell geht.

9.4.3 Dekadisches Ordnungssystem

Dieses Ordnungssystem ist eine Erweiterung der Numerischen Ordnung. Hierbei wird mithilfe des Zehnersystems eine Struktur gebildet (zum Beispiel nach Abteilungen). Die Hauptgruppe erhält anschließend eine Nummer von 0 bis 9, die Untergruppen beginnen jeweils mit der gleichen Ziffer und werden dann wieder von 0 bis 9 unterteilt.

Mit der dekadischen Ordnung kann man sehr gut Sachgebiete voneinander abgrenzen. Sie ist sehr gut nachvollziehbar.

Allerdings ist sie nur bis zu einem gewissen Grad schnell erweiterbar.

Beispiel

9	Aufbewahrung von Schriftgut
9.1	Wertstufen
9.2	Aufbewahrungsorte
10	Datensicherung

9.4.4 Alphanumerisches Ordnungssystem

Hier werden Buchstaben und Zahlen miteinander kombiniert. Meist wird mit den Buchstaben ein gedanklicher Hinweis zu einem Sachverhalt hergestellt und die Zahlen bilden dann die Vorgangsnummer.

Vorteilhaft bei diesem Ordnungssystem ist, dass Betriebsfremde meist mit den Buchstaben- und Zahlenkombinationen nichts anfangen können und sie deshalb nicht so leicht Zugang zu den Unterlagen erhalten. Nachteilig ist, dass die Ablage relativ zeitaufwendig ist und eine hohe Konzentration erfordert.

9.4.5 Chronologische Ordnung

Bei der chronologischen Ordnung wird nach dem Datum sortiert. Hierbei unterscheidet man zwischen kaufmännischer Heftung und Behördenheftung. Bei der kaufmännischen Heftung wird das aktuelle Schriftgut „oben" abgelegt, also einfach am Anfang der Ablage eingeheftet. Bei der Behördenheftung ist das aktuelle Schriftgut am Ende der Ablage abzulegen.

9.4.6 Sachliche Ordnung, Merkhilfen, Farben und Symbole (Mnemotechnische Ordnung)

Die oben genannten Ordnungssysteme können durch Stichwörter, Farben und Symbole unterstützt und ergänzt werden. So finden sich in vielen Registraturen z. B. farbige Ordner für bestimmte Vorgänge. Dieses Ordnungssystem hilft, durch eindeutige Erkennbarkeit Fehler beim Einsortieren zu vermeiden. Allerdings müssen im Vorfeld klare Regelungen bestehen, welche Farben für welches Schriftgut verwendet und welche Bezeichnungen auf den Ordnern vermerkt werden.

9.5 Der Aktenplan

Der Aktenplan managed übergeordnet die Schriftgutablage im Unternehmen, indem er sie sachlich, logisch und für alle Mitarbeiter nachvollziehbar strukturiert. Er ist dekadisch aufgebaut (meist nach Abteilungen der Unternehmen). Dies ist notwendig, um das Schriftgut der einzelnen Abteilungen voneinander abzugrenzen.

Vorteile	Nachteile
▸ einheitliche Ablage ▸ guter Überblick über Unterlagen im Unternehmen ▸ Mehrfachablagen werden vermieden ▸ schnellere Einarbeitung von Mitarbeitern ▸ Bearbeitung von Vorgängen ohne große Verzögerung ▸ leichtere Vertretung im Krankheits- oder Urlaubsfall	▸ zunächst aufwendig in der Erstellung ▸ bei umfangreichen Schriftgutsammlungen kann schnell der Überblick verloren gehen ▸ Schlagworte werden ggf. nicht von allen Mitarbeitern gleich aufgefasst

Ergänzend zum Aktenplan kann ein Schriftgutkatalog zusätzlich intern geregelte Aufbewahrungsfristen aufnehmen.

9.6 Das Dokumenten-Management-System (DMS)

Informationen gehen nicht nur schriftlich (in Papierform) in ein Unternehmen ein, sondern kommen durch moderne Medien in vielfältigen Formen beim Sachbearbeiter an.

So können Informationen

- per Telefon,
- per Briefsendung,
- per E-Mail oder Internet,
- per Printmedien,
- über persönliche Gespräche und
- durch Foren und Chats

eingehen.

Durch das Nutzen unterschiedlichster Eingangskanäle entstehen **Medienbrüche**, die durch das Vereinheitlichen der Informationen mithilfe eines Dokumenten-Management-Systems vermieden werden können.

Dokumenten-Management-Systeme übernehmen die digitale Archivierung von Schriftgut und verwalten die Dokumente über ihren gesamten Lebenszyklus. Die unterschiedlichen Dokumenten-Management-Systeme, die am Markt angeboten werden, sind so individuell, wie die Unternehmen, die sie benötigen.

Wichtig ist jedoch, dass das DMS revisionssicher ist. Dafür muss es folgende Kriterien erfüllen:

- Ordnungsmäßigkeit
- Vollständigkeit
- Sicherung des Gesamtverfahrens
- Schutz vor Veränderung bzw. Verfälschung
- Sicherung der Daten vor Verlust
- Nutzung nur durch Berechtigte
- Einhaltung der Aufbewahrungsfristen
- Nachvollziehbarkeit
- Prüfbarkeit.

Das Dokumenten-Management-System übernimmt dabei folgende Aufgaben:

Erfassung	Verwaltung	Archivierung
▸ Erfassung der Dokumente ▸ Erstellen von Dokumentationen	▸ Verwaltung allgemeiner Korrespondenz ▸ Strukturierung und Ablage allgemeiner Korrespondenz	▸ Archivierung kaufmännischer Belege ▸ automatische Ablage der Unterlagen

Anfallende Schriftstücke werden zunächst nach ihrer Art vorsortiert und mit einem Barcode versehen. Dieser macht die Schriftstücke unverwechselbar. Durch das anschließende Einscannen wird das Dokument digitalisiert und als Grafik auf einem Datenträger gespeichert. Auch Dateien aus allen möglichen Programmen (E-Mails, elektronische Faxe usw.) können in dieses System integriert werden, sodass Medienbrüche vermieden werden.

Nach dem Einscannen erhält jedes einzelne Dokument einen Index. In der Fachsprache bezeichnet man diesen Vorgang auch als „Verschlagworten", d. h. einzelne Begriffe (Schlagworte) des Dokumentes werden dem Dokument zugeordnet. Hochwertige DMS-Programme leisten diese Verschlagwortung selbstständig. Durch das Indizieren erreicht man, dass

- Dokumente unterschiedlichen Typen zugeordnet werden können
- eine zeitliche Abfolge nachvollziehbar ist
- festgestellt werden kann, welche Dokumente von wem erstellt wurden
- Änderungen an den Dokumenten festgestellt werden können.

Da es sich bei den eingescannten Dateien um Bilddateien handelt, ist eine Suche meist nur nach den Schlagworten möglich. Kombiniert man jedoch das DMS mit einem OCR-Programm, so ist eine Volltextsuche in den Dokumenten möglich.

INFO

OCR = Optical Character Recognition

Dieses Programm (auch Texterkennungssoftware genannt) wandelt Bilddateien in Textdateien um und ermöglicht in umfangreichen Dateien eine Suche mit vernetzten Begriffen.

Nach dem Einscannen und Indizieren können die Dateien nun über das Netzwerk den entsprechenden Abteilungen zur Bearbeitung weitergeleitet und später abgelegt werden. Das DMS-Programm kann zudem automatisch den Vernichtungstermin bekannt geben, sofern das Vernichtungsdatum bei der Indizierung eingetragen wurde.

Vorteile eines DMS	Nachteile eines DMS
▸ Einsparung von Raum-, Material- und Personalkosten ▸ erhöhte Kundenzufriedenheit durch schnelleres Finden der entsprechenden Unterlagen ▸ kein aufwendiges Suchen in Archiven ▸ Verkürzung von Durchlauf- und Reaktionszeiten ▸ Schutz der Unterlagen durch individuelle Zugriffsrechte ▸ Änderungen sind nachvollziehbar ▸ Vernichtungszeitpunkt wird vom System gemeldet ▸ kein Kopieren und Transportieren von Akten mehr notwendig	▸ funktioniert nicht ohne Strom ▸ Anschaffungskosten für Programm und spezielle Geräte ▸ Datendiebstahl möglich ▸ abhängig vom Stand der Technik → möglicherweise System schnell veraltet

9.7 Achtung Datensicherheit!

9.7.1 Begriffsbestimmungen

Im Zusammenhang mit „Datensicherheit" fällt auch oft der Begriff „Datenschutz" – oder umgekehrt. Beide Begriffe werden oft miteinander kombiniert, beziehen sich jedoch auf unterschiedliche Bereiche.

Mit der **Datensicherheit** ist die technische Absicherung von Daten gegen Verlust, Zerstörung und Verfälschung gemeint.

Datenschutz dagegen bezieht sich auf alle Maßnahmen, die Personen vor dem Missbrauch der über sie gespeicherten Daten schützen. Die gesetzlichen Regeln hierzu finden sich im Bundesdatenschutzgesetz.

9.7.2 Datensicherheit

Aufbewahrtes Schriftgut – ob digital oder im Papierformat – sollte so aufgehoben werden, dass es nicht verloren geht. Hier greift die Datensicherheit.

Datenverluste können entstehen durch:

- absichtliches Herbeiführen der Verluste (Diebstahl, Beschädigung)
- äußere Einwirkungen (Brand, Wasserschaden, Blitzschläge)
- Hard- und Softwarefehler
- Schadsoftware (Computerviren, Trojaner, Würmer, Spam- und Spyware)
- menschliches Versagen (Irrtum, Nachlässigkeit).

Unternehmen sind dazu verpflichtet, ihr Schriftgut vor diesen Verlusten durch entsprechende Maßnahmen zu schützen. Dafür bieten sich vielfältige Möglichkeiten:

1. Durch das Einrichten von Zugangskontrollen (Ausweisleser, Chipsysteme, optische Überwachung, Fingerscan) sorgt man dafür, dass nur berechtigte Mitarbeiter Zugang zum Unternehmen und zu den Daten erhalten.
2. Raumüberwachungsanlagen, Rauchverbote und Rauchmelder, Temperatur- und Luftfeuchtigkeitsmesser usw. sind geeignete Präventionsmaßnahmen, um Datenverlusten vorzubeugen.
3. Auch der Zugang zum PC sollte nur über Zugangskontrollen möglich sein (Passwörter, Code-Karten).
4. Für die Mitarbeiter sollten klare Zuständigkeiten bei der Datenbe- und -verarbeitung geregelt sein.
5. Richtlinien zur Datensicherheit sollten erlassen werden. Diese sollten auch im besten Fall die Nutzung von privaten Endgeräten im geschäftlichen WLAN-Netzwerk regeln.
6. Passwörter sollten regelmäßig geändert werden. Dazu sollte es allgemeine Vorschriften zur Erstellung von Passwörtern geben.
7. Die Rechner sollten aktuelle Virenschutzprogramme besitzen.
8. Digitale Daten sollten durch regelmäßige Backups geschützt werden.

Ursprünglich wurde bei Magnetbändern das Backup-System des „Großvater-Vater-Sohn"-Prinzips verwendet. Hierbei werden in regelmäßigen Abständen Sicherheitskopien angelegt. Die neueste Version wird dabei immer als „Sohn" bezeichnet und entwickelt sich im Laufe der nächsten Sicherung dann zum „Vater" weiter.

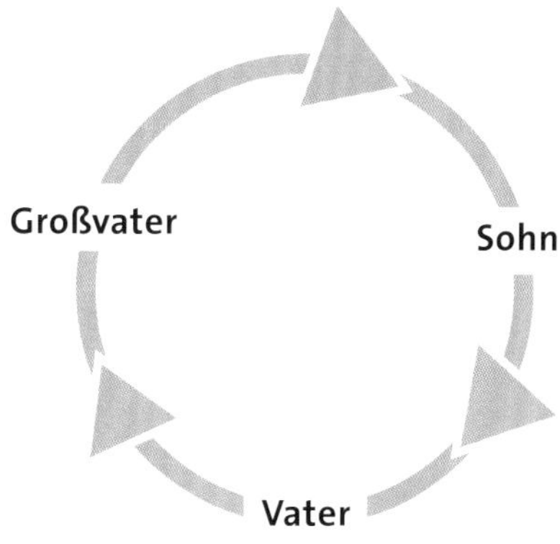

Eine andere Backup-Möglichkeit ist die Spiegelung der Festplatte auf einer anderen Festplatte. Bei Defekten kann so schnell der letzte Speicherstand wiederhergestellt werden.

9.7.3 Datenschutz

Das Bundesdatenschutzgesetz hat die Aufgabe, die Privat- bzw. Intimsphäre der Bürger zu schützen.

Als personenbezogene Daten werden in diesem Zusammenhang alle Einzelangaben über persönliche und sachliche Verhältnisse natürlicher Personen bezeichnet.

Beispiele

... für **personenbezogene Daten:**

- Name, Alter, Familienstand, Geburtsdatum
- Anschrift, Telefonnummer, E-Mail-Adresse
- Kontodaten, Kreditkartennummer
- Kfz-Kennzeichen
- Nummer des Personalausweises
- Vorstrafen
- Gesundheitsdaten.

Jeder Bürger darf über die Speicherung, Übermittlung und Verarbeitung seiner Daten selbst entscheiden, soweit gesetzlich nichts anderes geregelt ist (informelle Selbstbestimmung).

9.7.4 Die zehn Gebote des Datenschutzes

Zugangskontrolle	Das Unternehmen muss sicherstellen, dass nur Befugte die Möglichkeit haben, an EDV-Anlagen zu gelangen.
Abgangskontrolle	Durch geeignete Maßnahmen ist zu verhindern, dass Datenträger durch unbefugte Personen entwendet werden können.
Speicherkontrolle	Unbefugten ist das Speichern, Verändern und Löschen von Daten nicht gestattet.
Benutzerkontrolle	Hier muss sichergestellt werden, dass Unbefugte nicht an die entsprechenden Daten gelangen.
Zugriffskontrolle	Mitarbeiter bekommen bestimmte „Rechte" zugewiesen, mit denen sie nur an befugte Daten gelangen können.
Übermittlungskontrolle	Hier muss das Unternehmen sicherstellen, dass überprüft werden kann, an welche Stellen Daten übermittelt werden können.
Eingabekontrolle	Hier muss überprüfbar sein, wer an welchen Daten zu welcher Zeit gearbeitet hat.
Auftragskontrolle	Es muss sichergestellt werden, dass personenbezogene Daten nur entsprechend der Weisungen des Auftraggebers verarbeitet werden.
Transportkontrolle	Bei Übermittlung und Beförderung von Datenträgern muss dafür gesorgt werden, dass diese nicht unbefugt gelesen, verändert oder gelöscht werden können.
Organisationskontrolle	Der betriebliche Aufbau des Unternehmens muss so gestaltet sein, dass er den besonderen Anforderungen des Datenschutzes gerecht wird.

9.7.5 Datenschutzbeauftragte

Zur Übernahme der Aufgaben muss das Unternehmen nach § 4f Bundesdatenschutzgesetz einen Datenschutzbeauftragten schriftlich bestellen. Dies betrifft insbesondere Unternehmen, die

- mehr als neun Personen ständig beschäftigen und personenbezogene Daten automatisch verarbeiten
- mindestens 20 Arbeitnehmer ständig beschäftigen und personenbezogene Daten auf nicht automatisierte Weise verarbeiten.

9.7.6 Verpflichtungserklärung

Mitarbeiter, die mit diesen Daten zu tun haben, müssen zu Beginn ihrer Tätigkeit eine Verpflichtungserklärung zum Datenschutz unterschreiben. Diese Verpflichtung muss aus Beweisgründen immer in schriftlicher Form erfolgen. Zusätzlich enthält sie alle Pflichten der Datenverarbeiter und Hinweise, welche strafrechtlichen Maßnahmen bei Verstößen in Kraft treten.

Rechte der Betroffenen	Pflichten der Datenverarbeiter
▸ **Auskunftsrecht** Jeder Betroffene kann sich an die Daten speichernde Stelle wenden, um zu erfahren, was diese über ihn gespeichert hat.	▸ Wahrung des Datengeheimnisses
▸ **Berichtigungsrecht** Unrichtige Daten müssen von der speichernden Stelle korrigiert werden – unabhängig vom Grund für den Fehler.	▸ Einhaltung technischer und organisatorischer Maßnahmen zum Missbrauchsauschluss
▸ **Sperrungsrecht** Wenn nicht bewiesen ist, ob die gespeicherten Daten richtig oder falsch sind, darf die speichernde Stelle diese Daten nicht weitergeben, sondern muss sie sperren.	▸ Prüfung, ob die Verarbeitung von Daten zulässig ist
▸ **Löschungsrecht** Ist die Speicherung personenbezogener Daten unzulässig, so müssen diese Daten von der speichernden Stelle gelöscht werden.	▸ Benachrichtigung der Betroffenen bei erstmaliger Speicherung von Daten

9.8 Speichermedien

Speichermedien dienen der Aufbewahrung von Daten und sind hinsichtlich der Datensicherheit unerlässlich. Man kann hierbei zwischen internen und externen Speichern unterscheiden.

Interner Speicher	**Schreib-Lese-Speicher RAM (Random Access Memory)**	Im RAM werden Daten nur gespeichert, solange der Computer eingeschaltet ist. Er wird deshalb auch als „flüchtiger" Speicher bezeichnet.
	Festwertspeicher ROM (Read only memory)	Der reine Lesespeicher ermöglicht es, Daten lediglich zu lesen, sie aber nicht zu verändern. Auch ohne Stromzufuhr bleiben diese Daten als feste Bestandteile des Computers bestehen (das BIOS eines PCs befindet sich im ROM).
Externer Speicher	**magnetische Speicher** ▸ **Festplatten**	Festplattenspeicher bestehen aus mehreren Scheiben, die mit einer Magnetschicht versehen sind. Schreib-Lese-Köpfe fahren über die rotierenden Scheiben, um die Information zu lesen. Festplatten haben eine hohe Speicherkapazität, unterliegen jedoch auch dem mechanischen Verschleiß. Die allgemeine Lebensdauer von Magnetspeichern beträgt 10 bis 30 Jahre.
	optische Speicher ▸ **CD-ROM** ▸ **CD-R** ▸ **CD-RW** ▸ **DVD** ▸ **Blu-ray Disc**	Optische Speicher lassen eine Speicherung von riesigen Datenmengen auf kleinstem Platz zu. Die Informationen werden über einen stark gebündelten Laserstrahl in Form winziger Punkte auf die Platte „gebrannt". Die Lebensdauer dieser Speichermedien beträgt 30 bis 100 Jahre. CD-ROM: Compact Disc Read Only Memory Sie kann nach dem Beschreiben nur gelesen werden. CD-R: CD-Recordable Der Datenträger ist einmalig vom Anwender beschreibbar. CD-RW: CD-ReWriteable Der Datenträger ist mehrmals beschreibbar. DVD: Digital Versatile Disc Die DVD hat dieselben Anwendungsmöglichkeiten, wie oben beschrieben. Sie sieht zwar optisch wie eine CD aus, hat aber die siebenfache Speicherkapazität, da sie aus mehreren Scheiben bestehen kann. Blu-ray Disc: Die BD bietet im Vergleich zur DVD noch eine deutlich gesteigerte Datenrate und Speicherkapazität. Die Daten werden bei Blu-ray durch einen violetten Laser auf die Platte gebrannt.

Externer Speicher	**USB-Massenspeicher**	USB-Sticks verfügen über unterschiedlich hohe Speicherkapazitäten. Durch die handliche Größe und die schnelle Zugriffmöglichkeit, ist der USB-Stick zum beliebten Speichermedium geworden. Allerdings unterliegen die Speicherzellen einem hohen Verschleiß, weshalb die Schreibzyklen auf dem Stick begrenzt sind.
	mobile Speicherkarten	Mobile Speicherkarten werden in Handys, digitalen Kameras, digitalen Diktiergeräten u. Ä. verwendet. In neuwertigen PCs sind entsprechende Lesesteckplätze für diese Speicherkarten bereits integriert, es gibt aber auch Kartenadapter für den USB-Anschluss. Mobile Speicherkarten haben eine Haltbarkeit von ca. zehn Jahren.
	Streamer (Magnetband-Laufwerke)	Große Datenmengen werden häufig auf Magnetbändern als Backup gespeichert. Magnetbänder können sowohl gelesen, als auch beschrieben werden. Das Laufwerk an sich wird als Streamer bezeichnet. Der große Nachteil dieses Mediums ist der langsame Zugriff, da die Daten nur in einer bestimmten Reihenfolge gelesen werden.

Um den geeigneten Datenträger für die Datensicherung auszuwählen, sollten folgende Fragen berücksichtigt werden:

- Wie lange müssen die Daten aufbewahrt werden?
- Wie oft wird auf die Daten zugegriffen (täglich, wöchentlich, monatlich, jährlich oder fast nie)?
- Wie oft werden Änderungen an den Daten vorgenommen (häufig oder kaum)?
- Um wie viele Daten handelt es sich (Kapazität des Datenträgers)?
- Wie hoch sind die Investitions- und laufenden Kosten bei den jeweiligen Speichermedien?

9.9 Cloud-Computing

Für Software- und Dokumentenverwaltung nutzen Unternehmen bereits häufiger sog. „Datenwolken" (Clouds). Hier werden die im Unternehmen genutzten Daten oder Programme nicht direkt auf den Rechnern, sondern in einer externen virtuellen Umgebung im Internet gespeichert.

Cloud-Anbieter vermieten entsprechenden Speicherplatz an ihre Kunden und ermöglichen es damit, dass Mitarbeiter der Unternehmen von überall aus auf diesen Speicher zugreifen können.

Beispiel

Typische Cloud-Dienstleister

- Dropbox
- Microsoft Skydrive
- Apple iCloud
- Amazon
- Telekom.

Cloud-Verzeichnisse können durch spezielle Software Ordner auf dem PC applizieren, sodass man eigentlich gar nicht merkt, dass der Speicherplatz nicht auf dem Rechner direkt angesteuert wird.

Datenschützer warnen jedoch vor den, mit dem Cloud-Computing verbundenen, Sicherheitsmängeln.

WISSENSCHECK

Im Online-Training zu diesem Buch können Sie zusätzlich Aufgaben zu diesem Lernfeld bearbeiten und so das Gelernte überprüfen.

Aufträge bearbeiten

Im Lernfeld 3 wird die Bearbeitung eines Kundenauftrags von der ersten Anfrage bis zur abschließenden Reflexion und Kontrolle der erfolgten Arbeitsschritte behandelt. Die Auszubildenden lernen die Bedeutung und Inhalte der Dokumente Kundenanfrage, Angebot, Lieferschein und Rechnung kennen, die im Rahmen eines solchen Kundenauftrags eine Rolle spielen. Ein besonderer Schwerpunkt liegt dabei auf der Vorbereitung und Erstellung eines Angebots. Dies schließt sowohl die Sammlung der dafür notwendigen Informationen und die Kalkulation des Angebotspreises als auch die eigentliche Anfertigung des Angebotsschreibens unter Berücksichtigung der dafür gültigen Normen und gesetzlichen Vorgaben ein.

Neben den betriebswirtschaftlichen Aspekten werden in diesem Lernfeld auch praktische Lerninhalte vermittelt, die sich auf die Anwendung büroüblicher Software und Hardware beziehen. So erlernen die Auszubildenden die Grundlagen der Tabellenkalkulation und können dadurch die Berechnung von Angebotspreisen leichter nachvollziehen.

Die normengerechte Gestaltung von Geschäftsbriefen wird durch die Anwendung einer Textverarbeitungssoftware unterstützt. Um die erstellten Dokumente danach ausdrucken zu können, erarbeiten sich die Auszubildenden ebenfalls die Funktionen der entsprechenden Geräte, die in einem Büro zu diesem Zweck verwendet werden.

Den Abschluss des Lernfelds bildet die Reflexion und Optimierung der durchgeführten Arbeitsschritte im Hinblick auf eine möglichst kundenorientierte Auftragsbearbeitung.

3

1. Bedeutung und Inhalte von Anfragen

Das Ziel einer Anfrage eines potenziellen Kunden an ein Unternehmen ist der Erhalt von Informationen bezüglich der Preise, Nachlässe, Liefer- und Zahlungskonditionen oder anderer Bedingungen hinsichtlich der Lieferung von Waren bzw. der Erbringung von Dienstleistungen.

Anfragen unterliegen keinen Formvorschriften, d. h. sie können z. B. schriftlich, mündlich, telefonisch, elektronisch über das Internet oder per Fax erfolgen. Unabhängig vom Kommunikationsmedium werden Anfragen in die beiden folgenden Kategorien unterteilt:

- **Allgemein gehaltene Anfragen**, mit deren Hilfe grundsätzliche Informationen zum Sortiment und zu den Geschäftsbedingungen eines Unternehmens erbeten werden (z. B. die Bitte um einen Produkt- bzw. Musterkatalog, eine Preisliste oder einen Vertreterbesuch).
- **Bestimmt gehaltene Anfragen**, die sich auf konkrete Waren bzw. Dienstleistungen eines Unternehmens beziehen und Informationen über deren Preise, Beschaffenheit und andere Beschaffungskonditionen erbitten. Als Antwort auf eine bestimmt gehaltene Anfrage wird häufig ein Angebot erstellt.

Rechtlich betrachtet sind Anfragen grundsätzlich unverbindlich, d. h. der Anfragende geht keinerlei Verpflichtung gegenüber dem angefragten Unternehmen ein. Um eine ausreichende Informationsbasis für eine fundierte Entscheidung zu erhalten, ist es für einen potenziellen Käufer sogar sinnvoll und notwendig, gleichlautende Anfragen an mehrere Lieferanten parallel zu versenden.

Die beiden folgenden Abbildungen stellen jeweils ein **Beispiel für eine allgemein gehaltene und eine bestimmt gehaltene Anfrage** dar.

VSI Personalberatung GmbH

- Seit 10 Jahren Ihr Experte in allen Personalfragen -

VSI

VSI Personalberatung GmbH - Zugweg 2 - 50677 Köln

Col-IT OHG
Aachener Straße 203
50931 Köln

E-Mail	Telefax
hansen@vsi-personal.de	0221 17656-70

Ihr Zeichen, Ihre Nachricht vom	Unser Zeichen, Unsere Nachricht vom	Name, Telefon	Datum
	br-ha	Britta Hansen, 0221 17656-201	28.06.20..

Anfrage bezüglich eines Beraterbesuchs

Sehr geehrte Damen und Herren,

wir sind durch Ihre Anzeige in der Fachzeitschrift „Personal & Management" auf Sie aufmerksam geworden.

Wir würden uns gern über Ihre angebotenen Dienstleistungen rund um die Informationstechnik informieren und bitten Sie daher um einen Termin mit einem Ihrer Beratungsmitarbeiter.

Wir bedanken uns für Ihre baldige Antwort.

Freundliche Grüße

VSI Personalberatung GmbH

B. Hansen

Britta Hansen

VSI Personalberatung GmbH
Zugweg 2
50677 Köln

Amtsgericht Köln
HR-B 34 678
Geschäftsführerin: Britta Hansen

Stadtsparkasse Köln
BLZ 370 501 98, Konto-Nr. 8654813
BIC: COLSDE33XXX
IBAN: DE83 3705 0198 0008 6548 13

Beispiel für eine allgemein gehaltene Anfrage

DüMaBa GmbH
- Düsseldorfer Maschinenbaugesellschaft -

DüMaBa GmbH – Bahnhofsstraße 8 – 40532 Düsseldorf

Ihr Zeichen:
Ihre Nachricht vom:
Unser Zeichen: rbü
Unsere Nachricht vom:

Col-IT OHG
Herrn Jan Lindner
Aachener Straße 203
50931 Köln

Name: Regina Büttner
Telefon: 0211 88442-103
Telefax: 0211 88442-11
E-Mail: r.buettner@duemaba.de

Datum: 28.06.20..

Anfrage nach Tonerkartuschen für den Laserdrucker LP 1000

Sehr geehrter Herr Lindner,

bitte senden Sie uns kurzfristig ein Angebot über die Lieferung von Tonerkartuschen für den Laserdrucker LP 1000. Gehen Sie bei der Preisfestlegung davon aus, dass wir zunächst eine Menge von 100 Stück benötigen.

Da unser aktueller Lagerbestand der o.g. Tonerkartuschen nur noch sehr begrenzt ist, darf die Lieferzeit 7 Tage nicht überschreiten. Darüber hinaus gehen wir von einer Lieferung „frei Haus" aus.

Wenn uns das Angebot zufrieden stellt, können Sie mit regelmäßigen Bestellungen von Druckerzubehör rechnen.

Freundliche Grüße

DüMaBa GmbH

i. A. Regina Büttner

DüMaBa GmbH
Bahnhofsstraße 8
40532 Düsseldorf

Handelsregistereintrag: HR-B 72 812-9
Amtsgericht Düsseldorf
Geschäftsführer: Dr. Irmgard Sonnenfeld, Johannes Klimt

Bankverbindung: Stadtsparkasse Düsseldorf
Kontonummer: 9152618, Bankleitzahl: 300 501 10
IBAN: DE61 3005 0110 0009 1526 18
BIC: DUSSDEDDXXX

Beispiel für eine bestimmt gehaltene Anfrage

2. Bedeutung und Inhalte von Angeboten

Ein Angebot stellt eine an eine konkrete Person oder Personengruppe gerichtete Willenserklärung dar, die die Bedingungen festlegt, zu denen der Anbieter bereit ist, bestimmte Waren bzw. Dienstleistungen zu liefern bzw. zu erbringen. Da aus einem Angebot häufig ein gültiger Vertrag hervorgeht, ist neben den Inhalten auch dessen rechtliche Verbindlichkeit zu klären.

2.1 Rechtliche Verbindlichkeit eines Angebots

Ein Angebot ist grundsätzlich rechtlich verbindlich, solange es keine entsprechenden Einschränkungen enthält. Für die Verbindlichkeit eines Angebots ist dabei insbesondere ein definierter Adressat notwendig. Jegliche Form von Werbung in Zeitungen, Zeitschriften, Radio und Fernsehen sowie Katalogen, Prospekten und Auslagen, z. B. in Selbstbedienungsgeschäften oder in Schaufenstern, sind dagegen an die Allgemeinheit gerichtet und aus diesem Grund liegen hier auch keine verbindlichen Angebote, sondern nur unverbindliche **Anpreisungen** vor. Ein gültiger Kaufvertrag entsteht hier erst im Rahmen des Bezahlvorgangs an der Kasse bzw. durch die Abwicklung einer Bestellung.

Für die Erstellung eines Angebots gelten keine Formvorschriften, ein Angebot kann also schriftlich, elektronisch, mündlich oder telefonisch erfolgen. Allerdings ist die gesetzliche Bindungsfrist, d. h. der Zeitraum, in dem ein Angebot ohne explizit angegebene Frist verbindlich ist, von dem gewählten Kommunikationsmedium abhängig. So besitzen Angebote, die mündlich während eines Verkaufsgesprächs oder eines Telefonats gemacht werden, nur bis zum Ende des Gesprächs Gültigkeit. Die Bindungsfrist bei einem schriftlichen Angebot beginnt mit dem Eingang des Schreibens beim Empfänger und besteht nach einer generellen Bedenkzeit von einem Tag so lange, wie der Versand einer Antwort auf dem gleichen Kommunikationsweg unter verkehrsüblichen Bedingungen dauert. Ein per Briefpost versandtes Angebot ist somit länger verbindlich als ein Angebot in einer E-Mail. Diese Regelungen zur gesetzlichen Bindungsfrist gelten nur dann, wenn in dem Angebot keine konkrete Ablauffrist enthalten ist.

Die Verbindlichkeit eines Angebots erlischt, wenn einer der folgenden Fälle eintritt:

- Der Empfänger antwortet nicht auf das Angebot bzw. die Antwort erreicht den Anbieter erst nach Ende der Bindungsfrist.
- Der Empfänger lehnt das Angebot explizit ab.
- Der Anbieter widerruft das Angebot rechtzeitig. Der Widerruf muss jedoch spätestens zum gleichen Zeitpunkt wie das Angebot beim Empfänger eingehen.
- Der Empfänger nimmt das Angebot nur teilweise an, d. h. die Bestellung weicht von den im Angebot ausgewiesenen Vertragsbedingungen ab. Für einen gültigen Kaufvertrag muss nun der Anbieter diesen Abweichungen zustimmen.

Zusätzlich zur Bindungsfrist kann der Anbieter die Verbindlichkeit eines Angebots mithilfe von Freizeichnungsklauseln ganz bzw. teilweise einschränken:

Klausel	Bedeutung
„solange der Vorrat reicht"	Die im Angebot angegebene Liefermenge ist unverbindlich, die übrigen Bedingungen (u. a. der Preis) sind dagegen verbindlich.
„Preisänderungen vorbehalten" „Preise freibleibend"	Der Preis des Angebots ist unverbindlich.
„frei bleibend" „unverbindlich" „ohne Gewähr" „ohne Obligo"	Alle Bedingungen des Angebots sind unverbindlich.

2.2 Inhalte eines Angebots

Bezüglich der Inhalte eines Angebots existieren keine gesetzlichen Vorgaben. Da ein Angebot jedoch häufig als Grundlage für einen Kaufvertrag verwendet wird, sollte es so formuliert werden, dass alle notwendigen Vertragsbedingungen bereits eindeutig enthalten sind. Auf diese Weise können frühzeitig Missverständnisse und Streitigkeiten während der späteren Bearbeitung des Kaufvertrags vermieden werden. Wenn einzelne vertragliche Bedingungen nicht im Angebot festgelegt werden, gelten die entsprechenden gesetzlichen Vorschriften des BGB und HGB.

LF 4, Kap. 6.1

Der tatsächliche Inhalt eines konkreten Angebots wird stark durch die angebotenen Waren bzw. Dienstleistungen beeinflusst. Häufig finden sich jedoch die folgenden grundsätzlichen Regelungen in Angeboten wieder:

Regelung	Erläuterung
Detaillierte Beschreibung der angebotenen Waren bzw. Dienstleistungen (z. B. durch Art, Güte, Qualität oder Beschaffenheit)	Mithilfe von handelsüblichen Bezeichnungen (= Art) können die angebotenen Waren bzw. Dienstleistungen schnell erkennbar voneinander abgegrenzt werden. Darüber hinaus helfen Güteklassen oder -zeichen sowie ausführliche Angaben über die Eigenschaften der angebotenen Leistungen Irrtümer und Meinungsverschiedenheiten zu vermeiden.
Menge der angebotenen Waren bzw. Dienstleistungen	Die Menge der angebotenen Leistungen wird in einer handelsüblichen Maßeinheit (z. B. Stück, kg, Arbeitsstunde, m^2) angegeben und wirkt sich häufig auf den Preis aus, daher ist sie in diesen Fällen relevant für die Angebotserstellung. Ist im Angebot keine Menge festgelegt, gilt der enthaltene Preis für jede handelsübliche Menge. Der Anbieter kann zusätzlich Einschränkungen in Form von Mindest- oder Höchstbestellmengen im Angebot vorgeben.
Preis der angebotenen Waren bzw. Dienstleistungen	Die im Angebot angegebenen Preise können sich entweder auf einzelne Positionen beziehen oder als Gesamtpreis für alle enthaltenen Leistungen gelten. Einzelpreise sollten eine passende, handelsübliche Maßeinheit (z. B. Stück, kg, Arbeitsstunde, m^2) aufweisen, damit dem Empfänger der Zusammenhang zwischen den Einzelpreisen und dem Gesamtpreis deutlich wird.
Preisnachlässe	Unter bestimmten Voraussetzungen gewährt ein Anbieter auf den im Angebot angegebenen Preis einen Nachlass. Es werden u. a. folgende Formen von Preisnachlässen unterschieden: ▸ **Mengenrabatt** beim Kauf größerer Mengen ▸ **Wiederverkäuferrabatt** für Zwischenhändler, die die Ware weiter verkaufen ▸ **Treuerabatt** für Stammkunden ▸ **Sonderrabatt** für besondere Situationen, Zeiträume oder Anlässe (z. B. beim Lagerverkauf, bei der Produkteinführung, zum Saisonende) ▸ **Naturalrabatt** in Form von Draufgaben (zusätzlich zu der bestellten Menge erhält der Käufer zusätzliche, kostenlose Leistungen) oder Dreingaben (der Käufer muss nur einen Teil der bestellten Menge bezahlen) ▸ **Bonus** (= nachträglich gewährter Rabatt), wenn der Kunde innerhalb eines festgelegten Zeitraums (üblicherweise ein Jahr) einen bestimmten Mindestumsatz erreicht
Versand-/ Beförderungskosten	Durch den Versand bestellter Waren können folgende Beförderungskosten entstehen: ▸ Frachtkosten von der Geschäftsniederlassung des Verkäufers zur Versandstation (z. B. zur Poststation, zum Bahnhof oder zum Hafen) ▸ Kosten für die Verladung an der Versandstation

<table>
<tr><th>Regelung</th><th>Erläuterung</th></tr>
<tr><td>Versand-/
Beförderungskosten</td><td>► Frachtkosten für die Beförderung der Ware von der Versandstation zur Empfangsstation
► Kosten für die Entladung an der Empfangsstation
► Frachtkosten von der Empfangsstation zur Geschäftsniederlassung des Käufers.

Laut den gesetzlichen Regelungen handelt es sich bei Warenschulden um Holschulden des Käufers. Bei einem sog. Platzkauf liegen die Geschäftsniederlassungen von Verkäufer und Käufer im gleichen Ort und der Käufer ist in diesem Fall zur Zahlung der Versandkosten ab der Niederlassung des Verkäufers verpflichtet. Befinden sich die Geschäftssitze von Verkäufer und Käufer jedoch in verschiedenen Orten, liegt ein Versendungskauf vor und der Käufer muss nur die Versandkosten ab der Versandstation zahlen.

Der Käufer und der Verkäufer können allerdings von der gesetzlichen Regelung abweichende Vereinbarungen im Kaufvertrag festlegen (z. B. die Lieferung erfolgt „frei Haus“, d. h. der Verkäufer übernimmt die Versandkosten komplett). Solche Regelungen sollten, wenn möglich, bereits im Angebot aufgeführt werden.</td></tr>
<tr><td>Verpackungskosten</td><td>Insbesondere beim Kauf größerer Mengen können zusätzliche Kosten für die Transportverpackung entstehen (z. B. Verpackungsfolie, Paletten). Laut Gesetz müssen die Kosten vom Käufer getragen werden, wenn es keine anderslautende Vereinbarung im Kaufvertrag gibt.</td></tr>
<tr><td>Lieferzeit</td><td>Die Lieferzeit legt fest, wann der Anbieter die gewünschte Warenlieferung bzw. Dienstleistung erbringen kann. Üblicherweise enthalten Angebote diesbezüglich eine der folgenden Regelungen:
► Lieferung innerhalb einer festgelegten Frist (z. B. „Lieferung in zehn Tagen nach Erhalt der Bestellung“)
► Lieferung bis zu einem festgelegten Termin (z. B. „Lieferung bis zum Monatsende“)
► Lieferung zu einem kalendermäßig festgelegten Datum (Fixkauf) (z. B. „Lieferung am 15. Oktober diesen Jahres“).

Wenn der Verkäufer und der Käufer keine Regelung bezüglich der Lieferzeit vereinbaren, ist der Verkäufer gesetzlich zur sofortigen Lieferung verpflichtet.</td></tr>
<tr><td>Zahlungsbedingungen</td><td>Der Zahlungstermin ist üblicherweise abhängig von der Lieferung:
► Die Zahlung muss teilweise (Anzahlung) oder vollständig (Vorauszahlung) vor der Lieferung geleistet werden.
► Die Zahlung muss bei der Lieferung erfolgen im Austausch gegen die bestellten Waren bzw. Dienstleistungen. Ein bekanntes Beispiel für diese Zahlungsbedingung ist die Nachnahme.
► Die Zahlung erfolgt zu einem festgelegten Termin nach der Lieferung (z. B. „Zahlung innerhalb 30 Tagen nach Erhalt der Lieferung“).</td></tr>
</table>

Regelung	Erläuterung
Zahlungsbedingungen	Vereinbaren der Verkäufer und der Käufer keinen Zahlungstermin, ist der Käufer gesetzlich zur sofortigen Zahlung bei Lieferung verpflichtet. In Angeboten findet sich darüber hinaus häufig ein zusätzlicher Rabatt (Skonto), der jedoch nur in Anspruch genommen werden kann, wenn die Zahlung innerhalb eines kurzen Zeitraums geleistet wird (z. B. „Zahlung ohne Abzug innerhalb 30 Tagen. Bei einer Zahlung innerhalb 10 Tagen wird zusätzlich 3 % Skonto gewährt.").
Erfüllungsort	Der Erfüllungsort ist der Ort, an dem der Verkäufer und der Käufer ihre jeweiligen Leistungen erbringen. Aus diesem Grund muss zwischen dem Erfüllungsort für die Lieferung und dem Erfüllungsort für die Zahlung unterschieden werden. Als Erfüllungsorte können die Orte der Geschäftsniederlassungen des Verkäufers oder des Käufers sowie jeder andere Ort festgelegt werden. Sind die Erfüllungsorte nicht vertraglich festgelegt, gelten folgende gesetzliche Regelungen: ▸ Der **Erfüllungsort der Lieferung** ist der **Wohn- oder Geschäftssitz des Verkäufers**. Die Gefahr, dass die bestellte Ware beschädigt oder zerstört wird, geht an diesem Ort bei der Übergabe an den Käufer oder an den vom Käufer beauftragten Frachtführer auf den Käufer über. Der Käufer hat ab diesem Zeitpunkt alle Schäden zu tragen, die nicht durch ein Verschulden des Verkäufers oder des Frachtführers entstehen. ▸ Der **Erfüllungsort der Zahlung** ist der **Wohn- oder Geschäftssitz des Käufers**. Da es sich bei der Zahlung jedoch um eine Schickschuld handelt, trägt der Käufer die Kosten und die Gefahr der Geldübermittlung bis zum Wohn- oder Geschäftssitz des Verkäufers alleine.
Gerichtsstand	Das Gericht, das für mögliche Streitfälle zwischen Verkäufer und Käufer bezüglich eines Kaufvertrags zuständig ist, wird gemäß der gesetzlichen Vorgaben durch die Erfüllungsorte bestimmt. Somit gelten folgende Regeln: ▸ Rechtliche Auseinandersetzungen **bezüglich der Lieferung** werden vor dem Gericht verhandelt, das am **Wohn- und Geschäftssitz des Verkäufers** zuständig ist. ▸ Rechtliche Auseinandersetzungen **bezüglich der Zahlung** werden vor dem Gericht verhandelt, das am **Wohn- und Geschäftssitz des Käufers** zuständig ist. Nur bei zweiseitigen Handelskäufen dürfen der Verkäufer und der Käufer den Gerichtsstand jeweils unabhängig von den gesetzlichen Regelungen festlegen.

Col-IT OHG
Hardware & Software

Col-IT OHG / Aachener Straße 203 / 50931 Köln

DüMaBa GmbH
Frau Regina Büttner
Bahnhofsstraße 8
40532 Düsseldorf

Ihr Zeichen:	rbü
Ihre Nachricht vom:	11.11.20..
Unser Zeichen:	jli
Unsere Nachricht vom:	
Ansprechpartner:	Jan Lindner
Tel.:	0221 455551-23
Fax:	0221 455551-100
E-Mail:	lindner@col-it.de
Datum:	12.11.20..

Angebot für 25 PCs Sprint 5047

Sehr geehrte Frau Büttner,

vielen Dank für Ihre Anfrage. Sie erhalten beigefügt unser Angebot für die folgenden Artikel:

25	PCs Sprint 5047 Art.Nr. 14264 AMD Athlon X2 5000B (2,6 GHz), 250 GB SATA, 2048 MB DDR2, GeForce 6150, DVD-Laufwerk, CardReader, Sound, LAN	Nettopreis pro Stück	289,90 EUR
	Stammkundenrabatt auf die bestellte Ware	10 %	
	Nettogesamtpreis für die bestellte Ware		6.522,75 EUR
	Verpackungskosten		49,50 EUR
	Lieferkosten		120,00 EUR

Die Lieferung der Waren erfolgt innerhalb von 7 Tagen nach Angebotsannahme. Wir erwarten die Zahlung des Rechnungsbetrages innerhalb eines Monats nach der Lieferung. Wenn Sie innerhalb von 10 Tagen zahlen, gewähren wir 3 % Skonto. Als Erfüllungsort für Lieferung und Zahlung sowie als Gerichtsstand wird Köln vereinbart.
Dieses Angebot ist 14 Tage gültig.

Wir freuen uns über Ihren Auftrag.

Freundliche Grüße

Col-IT OHG

i. V. Jan Lindner

Col-IT OHG
Aachener Straße 203
50931 Köln

Handelsregistereintrag: HR-A 122 301-1
Amtsgericht Köln

Bankverbindung: Commerzbank Köln
Kontonummer: 6258265, Bankleitzahl: 370 400 44
IBAN: DE40 3704 0044 0006 2582 65
BIC: COBADEFFXXX

Beispiel für ein Angebot

3. Umgang mit umfangreichen Datentabellen in Microsoft Excel

In der betrieblichen Praxis können Datentabellen häufig sehr umfangreich sein. Microsoft Excel bietet im Umgang mit solchen Tabellen einige hilfreiche Funktionen, die es ermöglichen, auch unter einer Vielzahl von Datensätzen die wenigen relevanten Informationen schnell zu finden.

3.1 Suchen und Ersetzen

Unter der Registerkarte „Start“ befindet sich das Menü **„Suchen und Auswählen“**. Dort können die Funktionen „Suchen“ und „Ersetzen“ aufgerufen werden. Alternativ kann auch das Tastaturkürzel „STRG + f“ genutzt werden.

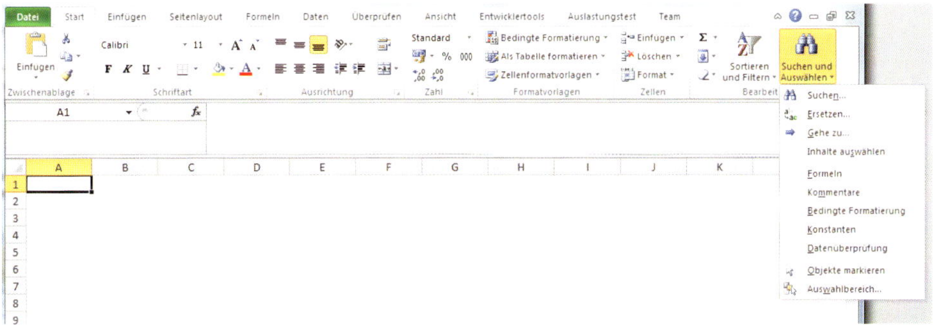

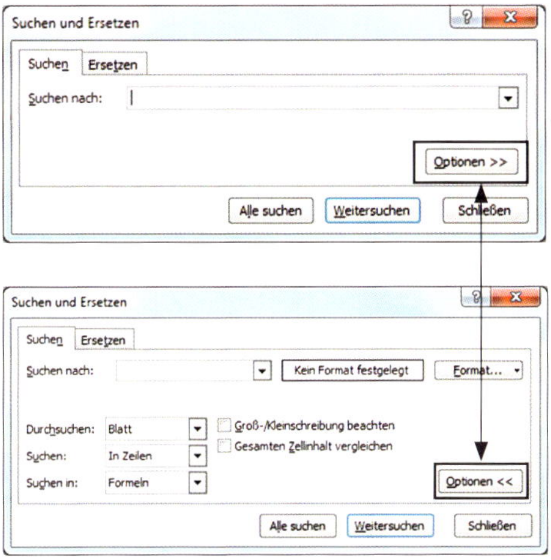

Im daraufhin angezeigten Dialog **„Suchen und Ersetzen“** können der Suchwert und ggf. der neue Wert eingetragen werden. Mithilfe der Karteireiter „Suchen“ und „Ersetzen“ kann zwischen den beiden Funktionen umgeschaltet werden. Zusätzliche Suchoptionen öffnen sich bei der Aktivierung der Schaltfläche „Optionen“.

3.2 Sortierung

Datentabellen können nach ihren Spalten beliebig sortiert werden. Dazu muss im ersten Schritt die zu sortierende Datentabelle markiert werden.

ACHTUNG

Bei der Verwendung der Sortierfunktion müssen immer alle inhaltlich zusammenhängenden Zellen markiert werden. Wenn nur ein Teil der Zellen (z. B. nur die Zelle mit dem Sortierkriterium) markiert und sortiert wird, geht der inhaltliche Zusammenhang innerhalb der Datensätze unbemerkt verloren und sämtliche Auswertungen und Berechnungen auf Basis dieser Werte sind ggf. fehlerhaft. Um im Falle eines Fehlers auf die Ausgangsdaten zurückgreifen zu können, empfiehlt es sich die Datei vor dem Sortierungsvorgang zu speichern.

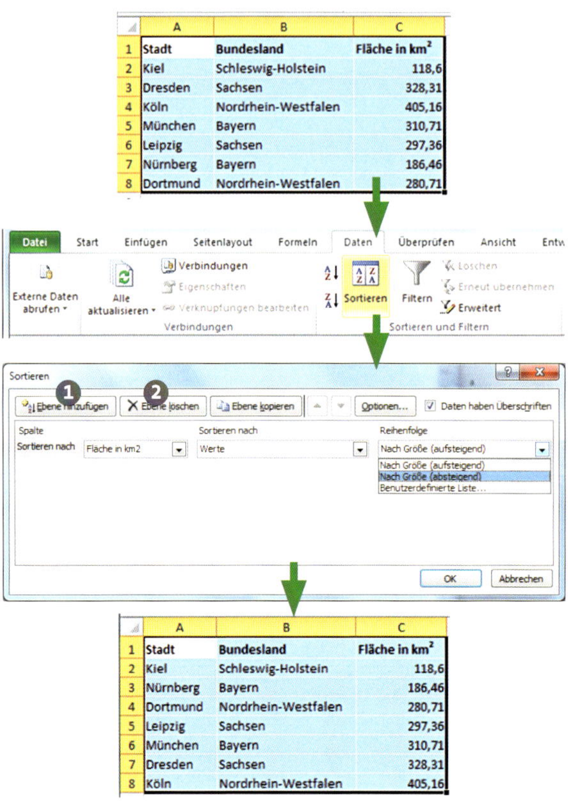

Anschließend muss der Dialog **„Sortieren“** über die gleichnamige Schaltfläche im Register „Daten“ des Menübands geöffnet werden. Nun können die gewünschten Sortierkriterien und -reihenfolgen eingestellt und ausgeführt werden. Mithilfe der Schaltflächen „Ebene hinzufügen“ ❶ und „Ebene löschen“ ❷ ist es möglich, zusätzliche Sortierkriterien einzufügen bzw. zu entfernen. Um die Konfiguration der Sortierung zu vereinfachen, ist es sinnvoll, dass die Spalten der Tabelle in der ersten Zeile jeweils eine aussagekräftige Überschrift aufweisen.

3.3 Filterung

Mithilfe der **Filter-Funktion** können umfangreiche Datentabellen auf relevante Datenzeilen eingeschränkt werden. Dabei muss zuerst der entsprechende Tabellenbereich markiert und die Filter-Funktion über die Schaltfläche „Filtern“ in der Registerkarte „Daten“ des Menübands aktiviert werden. Anschließend können über die Filtereinstellungen in jeder Datenspalte die Zeilen eingeschränkt werden.

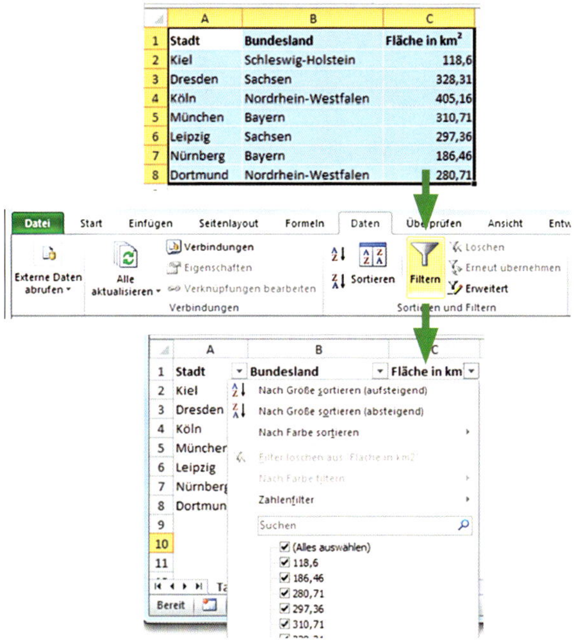

Neben der Einschränkung auf konkrete Datenwerte kann die Datentabelle auch mithilfe eines **benutzerdefinierten Filters** auf bestimmte Wertebereiche gefiltert werden. Zu diesem Zweck muss z. B. bei Zahlenwerten der Zahlenfilter ausgewählt und die gewünschte Filterbedingung in dem daraufhin angezeigten Dialog „Benutzerdefinierter Autofilter“ eingestellt werden.

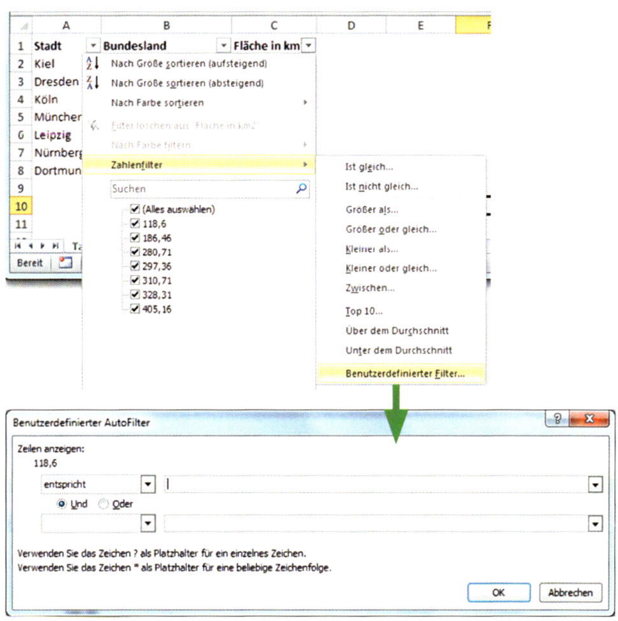

4. Handelskalkulation

Unter dem Begriff Handelskalkulation wird die Kalkulation des Listenverkaufspreises/Angebotspreises zusammengefasst. Bei einer Handelskalkulation kann es sich entweder um das vollständige Kalkulationsmodell handeln, das bei dem Listeneinkaufspreis beginnt und mit der Berechnung des Listenverkaufspreises endet. Eine weitere Möglichkeit ist die Kalkulation einzelner Bereiche, beispielsweise der Kalkulation bis zum Bezugspreis oder bis zum Bareinkaufspreis. Hierbei wird nur bis zur gesuchten Größe kalkuliert. Es werden sämtliche Kosten hinzugerechnet, die bei Herstellung, Einkauf, Lagerung und Vertrieb des Produkts (oder – sofern zutreffend – einer Dienstleistung) entstehen. Ebenso werden Rabatte und Skonti aufgeschlagen, um diese später dem Kunden gewähren zu können. Ziel der Handelskalkulation ist es, einen möglichst genauen Überblick über Aufschläge und Rabatte zu haben sowie die Preisuntergrenze eines Produkts ermitteln zu können. Die Handelskalkulation kommt überall dort zum Einsatz, wo Produkte oder Dienstleistungen gewinnbringend verkauft werden sollen.

4.1 Bestandteile einer Handelskalkulation

Eine Handelskalkulation kann je nach vorhandenen Informationen über das Produkt und die Preise, Aufschläge und Rabatte gestaltet werden. Eine Handelskalkulation setzt sich für gewöhnlich aus den folgenden Bestandteilen zusammen:

- **Listeneinkaufspreis**
  Der Listeneinkaufspreis oder auch Listenpreis ist der Preis, der in einer Preisliste angegeben wird. Er bildet die Grundlage für die Handelskalkulation. Nachlässe, wie Skonti und Boni sowie Handlungskosten und Steuern, sind noch nicht kalkuliert und müssen in die Berechnung mit einbezogen werden.
- **Lieferrabatt**
  Der Lieferrabatt ist ein Preisnachlass, der durch den Lieferanten gewährt wird.
- **Zieleinkaufspreis**
  Der Zieleinkaufspreis ist der Preis, der durch die Preissetzung des Listeneinkaufspreises sowie evtl. gewährte Lieferrabatte bestimmt wird.
- **Lieferskonto**
  Beim Lieferskonto handelt es sich um einen Rechnungsnachlass, den der Verkäufer bzw. Lieferant seinem Kunden gewährt, um ihm einen Anreiz zur früheren Zahlung zu geben. Der Lieferskonto ist gewöhnlich in den Zahlungsbedingungen des Lieferanten zu finden.

- **Bareinkaufspreis**
  Beim Bareinkaufspreis handelt es sich um jenen Preis, den ein Kunde sofort bezahlen muss, wenn er nach Abzug des Lieferskontos sofort bezahlt.
- **Bezugskosten**
  Unter Bezugskosten werden die variablen Kosten verstanden, die beim Bezug von Waren entstehen. Bezugskosten können z. B. entstehen durch:
  - Verpackung
  - Fracht
  - Rollgeld
  - Versicherung
  - Zoll
  - Maut
  - Provision
  - Ladegebühren
  - Lagerung
  - usw.
- **Bezugspreis**
  Der Bezugspreis (auch Einstandspreis oder Beschaffungspreis) wird ausgehend vom Listeneinkaufspreis unter Berücksichtigung der vom Lieferanten gewährten Nachlässe (Rabatte, Skonti, Boni) und der entstandenen Bezugskosten ermittelt.
- **Handlungskosten**
  Handlungskosten sind solche Kosten, die bei handelsbetrieblichen Tätigkeiten anfallen. Handlungskosten sind z. B.:
  - Personalkosten
  - Transportkosten
  - Raumkosten
  - Kfz-Kosten
  - Miete
  - Reparaturen
  - Installationen
  - Zinsen
  - Abschreibungen
  - Verwaltungskosten
  - Gewerbesteuer
  - Unternehmerlohn
  - Vertriebsgemeinkosten
  - usw.

INFO

Die Handlungskosten können häufig nicht zahlenmäßig genau bestimmt werden und werden daher im Allgemeinen in Form eines prozentualen Zuschlags auf Basis von Erfahrungswerten geschätzt.

- **Selbstkostenpreis**
  Als Selbstkostenpreis wird der Preis bezeichnet, bei dem ein Unternehmen seine Produkte oder Dienstleistungen ohne Gewinnaufschlag anbietet. Die Selbstkosten sind solche Kosten, die für die Herstellung, Verwaltung und den Vertrieb eines Produkts oder einer Dienstleistung berechnet werden. Die Selbstkosten stellen die langfristige Preisuntergrenze dar, da das Unternehmen den Ver-

kaufspreis oberhalb der Selbstkosten festsetzen muss, um Gewinn erzielen zu können.

- **Gewinnzuschlag**
  Der Gewinnzuschlag wird auch als Gewinnspanne bezeichnet und meint den Betrag, der meist in Prozent auf die Selbstkosten aufgeschlagen wird, um daraus den Verkaufspreis zu ermitteln.

  Die Formel für den Gewinnzuschlag lautet:
  Selbstkosten • Gewinnzuschlagssatz = Gewinnzuschlag
- **Barverkaufspreis**
  Den Barverkaufspreis muss der Kunde innerhalb der Skontofrist zahlen. Der Barverkaufspreis setzt sich aus dem Selbstkostenpreis und dem Gewinnzuschlag zusammen.
- **Vertreterprovision**
  Die Vertreterprovision ist eine Vergütung, die an einen ggf. vom Anbieter eingeschalteten Handelsvertreter für die Vermittlung des Kaufvertrags ausgezahlt wird.
- **Kundenskonto**
  Beim Kundenskonto handelt es sich um einen Preisnachlass auf den Verkaufspreis, den der Verkäufer bzw. Lieferant seinem Kunden gewähren kann. Die Gewährung von Skonto soll den Kunden dazu bewegen, eine Rechnung kurzfristig innerhalb eines bestimmten Zeitraums zu begleichen.
- **Zielverkaufspreis**
  Der Zielverkaufspreis ist der Preis, den der Kunde an den Verkäufer bzw. Lieferanten zahlt, wenn er die Skontofrist ungenutzt verstreichen lässt.
- **Kundenrabatt**
  Ein Kundenrabatt ist ein Rabatt (Preisnachlass), den der Verkäufer bzw. Lieferant seinem Kunden gewähren kann. Der Verkäufer räumt dem Kunden beispielsweise bei einer bestimmten Abnahmemenge einen Mengenrabatt ein oder aber für langjährige Treue einen Treuerabatt. Der Kundenrabatt wird als Kaufanreiz genutzt und ist ein strategisches Mittel der Preispolitik.
- **Listenverkaufspreis/Angebotspreis**
  Der Listenverkaufs- oder auch Angebotspreis wird anhand einer Handelskalkulation berechnet und gibt den Preis an, zu dem eine Ware oder Dienstleistung angeboten bzw. verkauft wird. Der Listenverkaufspreis sollte bei der Berechnung jeweils noch um die Angabe „brutto" oder „netto" ergänzt werden, damit deutlich wird, ob es sich um den Listenverkaufspreis inklusive oder exklusive Umsatzsteuer handelt.
- **Umsatzsteuer**
  Die Umsatzsteuer besteuert die Wertschöpfung, die bei einer Ware während des Produktionsprozesses stattgefunden hat. Der derzeitige Umsatzsteuersatz liegt in Deutschland bei 19 %, Güter des täglichen Bedarfs bilden eine Ausnahme und werden mit 7 % besteuert. Die Umsatzsteuer wird umgangssprachlich auch „Mehrwertsteuer" genannt.

4.2 Vorgehensweise bei der Vorwärtskalkulation

Bei der Vorwärtskalkulation wird ausgehend vom Listeneinkaufspreis der Listenverkaufspreis berechnet. Hierbei handelt es sich um die vollständige Handelskalkulation, die die Zwischenschritte der Bezugskalkulation, der Selbstkostenkalkulation und der Verkaufskalkulation beinhaltet.

Die normale Handelskalkulation/Vorwärtskalkulation setzt sich aus den folgenden Schritten zusammen:

1. Als erstes muss der Netto-Listeneinkaufspreis vorliegen. Sollte nur der Brutto-Listeneinkaufspreis bekannt sein, so kann der entsprechende Steuersatz berechnet und vom Brutto-Listeneinkaufspreis abgezogen werden. Daraus ergibt sich dann der Netto-Listeneinkaufspreis.
2. Im zweiten Schritt muss der Lieferrabatt ermittelt werden. Sämtliche Treue-, Mengen- oder Sonderrabatte, die der Lieferant dem Unternehmen gewährt, fließen hier mit ein. Der Netto-Listeneinkaufspreis beträgt für die Rechnung dabei 100 %, aus dem Netto-Listeneinkaufspreis lässt sich so der Rabatt errechnen.
3. Der Zieleinkaufspreis errechnet sich nun, indem der Lieferrabatt vom Netto-Listeneinkaufspreis abgezogen wird.
4. Gewährt der Lieferant Skonto, so muss dieser Betrag ebenfalls berücksichtigt werden. In diesem Fall wird der Zieleinkaufspreis gleich 100 % gesetzt und der angegebene Skontosatz wird hiervon ausgehend ermittelt.
5. Der Bareinkaufspreis errechnet sich anschließend, indem der Skontobetrag vom Zieleinkaufspreis abgezogen wird.
6. Die Bezugskosten müssen jetzt recherchiert werden. Entweder sind sie in einer Aufgabe bereits gegeben oder aber Bestandteil eines zu bearbeitenden Angebots/Auftrags/usw. Die Bezugskosten sind meist nicht als Prozentsatz, sondern als Eurobetrag gegeben.
7. Der Bezugspreis errechnet sich, indem Bareinkaufspreis und Bezugskosten addiert werden.
8. Als nächstes müssen die anfallenden Handlungskosten ermittelt werden, hierfür besteht meist ein fester Wert als Handlungskostenzuschlagssatz. Der Wert des Bezugspreises wird an dieser Stelle der Kalkulation gleich 100 % gesetzt, hieraus lässt sich dann der Wert der Handlungskosten anhand des Handlungskostenzuschlagssatzes berechnen.
9. Der Selbstkostenpreis errechnet sich anschließend, indem der Bezugspreis und die Handlungskosten addiert werden.

10. Als nächstes muss der Gewinn ermittelt werden, dies geschieht mithilfe des Gewinnzuschlags. Der Selbstkostenpreis wird hierbei gleich 100 % gesetzt, hieraus lässt sich dann der Wert des Gewinns anhand des Gewinnzuschlags berechnen.
11. Der Barverkaufspreis lässt sich nun berechnen, indem Selbstkostenpreis und Gewinnzuschlag addiert werden.
12. Fällt eine Vertreterprovision an, lässt sich diese aus dem Barverkaufspreis errechnen.
13. Wird dem Kunden Skonto gewährt, so ist dieser Wert aus dem Barverkaufspreis zu berechnen. Dabei ist zu beachten, dass sich der angegebene Skontosatz auf den Zielverkaufspreis bezieht, d. h. bei dem Barverkaufspreis handelt es sich um einen verminderten Grundwert (z. B. 98 % bei 2 % Skonto).
14. Der Zielverkaufspreis ermittelt sich, indem Barverkaufspreis, Vertreterprovision und Kundenskonto addiert werden.
15. Soll der Kunde einen Rabatt erhalten, so ist dieser ausgehend vom Zielverkaufspreis zu ermitteln. Bezüglich des angegebenen Prozentsatzes für den Kundenrabatt ist zu berücksichtigten, dass er sich auf den Netto-Listenverkaufspreis bezieht, d. h. bei dem Zielverkaufspreis handelt es sich um einen verminderten Grundwert (z. B. 93 % bei 7 % Kundenrabatt).
16. Der Listenverkaufspreis/Angebotspreis (netto) errechnet sich, indem der Zielverkaufspreis und der Kundenrabatt addiert werden.
17. Je nach Produkt und zugehörigem Steuersatz ist die Umsatzsteuer zu ermitteln. Ausgehend vom Listenverkaufspreis/Angebotspreis (netto) lässt sich der Wert der Umsatzsteuer berechnen.
18. Der Listenverkaufspreis/Angebotspreis (brutto) lässt sich errechnen, indem der Listenverkaufspreis/Angebotspreis (netto) und der Umsatzsteuerwert addiert werden.

INFO

Die Bezugskalkulation (auch Einkaufskalkulation genannt) als besondere Form der Vorwärtskalkulation ergibt sich dabei aus den Schritten 1 bis 7. Sie dient dazu, durch Berechnung verschiedener Bezugspreise (Einstandspreise) einen Angebotsvergleich durchführen und auswerten zu können, um sich für ein Angebot zu entscheiden. Der Bezugspreis (Einstandspreis) entspricht hierbei den Anschaffungskosten. Der Listeneinkaufspreis, unter Abzug von Nachlässen (z. B. Rabatt, Skonto) und Zurechnung von Bezugskosten (z. B. Frachtkosten, Rollgeld, Verpackungskosten), dient als Grundlage der Bezugskalkulation.

4.3 Vorgehensweise bei der Rückwärtskalkulation

Bei der Rückwärtskalkulation handelt es sich um ein vollständiges Kalkulationsmodell, bei dem ausgehend vom Listenverkaufspreis der Listeneinkaufspreis berechnet wird. Bei der Rückwärtskalkulation steht der prozentuale Gewinn meist fest bzw. ist angegeben.

1. Die Rückwärtskalkulation wird vom Brutto-Listenverkaufspreis/Brutto-Angebotspreis aus begonnen.
2. Die Umsatzsteuer muss anhand des Brutto-Listenverkaufspreises errechnet werden. Zu beobachten ist dabei, dass es unterschiedliche Steuersätze für verschiedene Güter gibt und nicht grundsätzlich von 19 % ausgegangen werden sollte. Außerdem wird die Umsatzsteuer auf Basis des Netto-Listenverkaufspreises berechnet, d. h. der Brutto-Listenverkaufspreis muss als vermehrter Grundwert betrachtet werden (z. B. 119 % bei 19 % Umsatzsteuer).
3. Der Brutto-Listenverkaufspreis abzüglich der anfallenden Steuer ergibt den Netto-Listenverkaufspreis.
4. Anhand des Netto-Listenverkaufspreises wird der Kundenrabatt berechnet.
5. Der Netto-Listenverkaufspreis abzüglich des Kundenrabatts ergibt den Zielverkaufspreis.
6. Aus dem Zielverkaufspreis müssen nun Vertreterprovision und Kundenskonto berechnet werden, um den Barverkaufspreis zu ermitteln.
7. Ausgehend vom Barverkaufspreis wird der Gewinnzuschlag berechnet. Dabei ist zu beachten, dass sich der Gewinnzuschlagssatz auf den Selbstkostenpreis bezieht und der Barverkaufspreis somit einen vermehrten Grundwert darstellt (z. B. 120 % bei 20 % Gewinnzuschlag).
8. Der Barverkaufspreis abzüglich des Gewinnzuschlags ergibt den Selbstkostenpreis.
9. Anhand der Selbstkosten lassen sich nun die Handlungskosten mithilfe des vermehrten Grundwertes ermitteln.
10. Die Selbstkosten abzüglich der Handlungskosten ergeben den Bezugspreis.
11. Die Bezugskosten müssen ermittelt werden, der entsprechende Wert fließt an dieser Stelle mit in die Rückwärtskalkulation ein.
12. Der Bezugspreis abzüglich der Bezugskosten ergibt den Bareinkaufspreis.
13. Anhand des Bareinkaufspreises lässt sich der gewährte Lieferskonto berechnen. Der angegebene Skontosatz bezieht sich jedoch auf den Zieleinkaufspreis, daher handelt es sich bei dem Bareinkaufspreis um einen verminderten Grundwert (z. B. 98 % bei 2 % Skonto).

14. Der Bareinkaufspreis zuzüglich des Lieferskontos ergibt den Zieleinkaufspreis.
15. Ausgehend vom Zieleinkaufspreis lässt sich der Lieferrabatt ermitteln. Bei der Berechnung ist jedoch darauf zu achten, dass der Zieleinkaufspreis als verminderter Grundwert behandelt wird (z. B. 92 % bei 8 % Kundenrabatt), da sich der Kundenrabattsatz auf den Netto-Listeneinkaufspreis bezieht.
16. Der Zieleinkaufspreis zuzüglich des Lieferrabatts ergibt den Netto-Listeneinkaufspreis.

ACHTUNG

Bei der Durchführung der Rückwärtskalkulation muss an einigen Stellen mit verminderten und vermehrten Grundwerten in der Prozentrechnung gerechnet werden. Dies bietet ein besonderes Fehlerpotenzial.

4.4 Vorgehensweise bei der Differenzkalkulation

Bei der Differenzkalkulation wird berechnet, ob die Differenz von Einkaufs- zu Verkaufspreisen die Kosten deckt und für den geplanten Gewinn ausreichend ist.

Dazu wird zunächst wie bei der Vorwärtskalkulation das Kalkulationsschema bis zum Selbstkostenpreis durchgerechnet. Anschließend beginnt man wie bei der Rückwärtskalkulation, das Schema von unten abzuarbeiten, bis schließlich der Gewinn durch Bildung der Differenz von Selbstkostenpreis und Barverkaufspreis errechnet werden kann. Somit müssen für die Differenzkalkulation die folgenden Schritte durchgeführt werden:

1. Als erstes muss der Netto-Listeneinkaufspreis vorliegen. Sollte nur der Brutto-Listeneinkaufspreis bekannt sein, so kann der entsprechende Steuersatz berechnet und vom Brutto-Listeneinkaufspreis abgezogen werden, daraus ergibt sich der Netto-Listeneinkaufspreis.
2. Im zweiten Schritt muss der Lieferrabatt ermittelt werden. Sämtliche Treue-, Mengen- oder Sonderrabatte, die der Lieferant dem Unternehmen gewährt, fließen hier mit ein. Der Netto-Listeneinkaufspreis beträgt für die Rechnung dabei 100 %, aus dem Netto-Listeneinkaufspreis lässt sich so der Rabatt errechnen.

3. Der Zieleinkaufspreis errechnet sich nun, indem der Lieferrabatt vom Netto-Listeneinkaufspreis abgezogen wird.
4. Gewährt der Lieferant Skonto, so muss dieser ebenfalls berechnet werden. In diesem Fall wird der Zieleinkaufspreis gleich 100 % gesetzt und der angegebene Skontosatz wird hiervon ausgehend ermittelt.
5. Der Bareinkaufspreis errechnet sich anschließend, indem der Skontobetrag vom Zieleinkaufspreis abgezogen wird.
6. Die Bezugskosten müssen jetzt recherchiert werden. Entweder sind sie in einer Aufgabe bereits gegeben oder aber Bestandteil eines zu bearbeitenden Angebots/Auftrags/usw. Die Bezugskosten sind meist nicht als Prozentsatz, sondern als Eurobetrag gegeben.
7. Der Bezugspreis errechnet sich, indem Bareinkaufspreis und Bezugskosten addiert werden.
8. Die Handlungskosten sind meist in Form eines Zuschlagssatzes in Prozent angegeben. Zuschlagsgrundlage bildet hierbei der Bezugspreis (100 %). Sofern die Handlungskosten nicht in einer vorherigen Aufgabenstellung berechnet werden mussten, ist der Prozentsatz in der entsprechenden Aufgabe gegeben.
9. Der Selbstkostenpreis ergibt sich, indem man den Bezugspreis und die Handlungskosten addiert.

Nun werden die Schritte der Rückwärtskalkulation durchgeführt:

10. Die Rückwärtskalkulation wird vom Brutto-Listenverkaufspreis/Brutto-Angebotspreis aus begonnen.
11. Die Umsatzsteuer muss anhand des Brutto-Listenverkaufspreises errechnet werden. Beachtet werden muss dabei, dass es unterschiedliche Steuersätze für verschiedene Güter gibt und nicht grundsätzlich von 19 % ausgegangen werden sollte. Außerdem wird die Umsatzsteuer auf Basis des Netto-Listenverkaufspreises berechnet, d. h. der Brutto-Listenverkaufspreis muss als vermehrter Grundwert betrachtet werden (z. B. 119 % bei 19 % Umsatzsteuer).
12. Der Brutto-Listenverkaufspreis abzüglich der anfallenden Steuer ergibt den Netto-Listenverkaufspreis.
13. Anhand des Netto-Listenverkaufspreises wird der Kundenrabatt berechnet.
14. Der Netto-Listenverkaufspreis abzüglich des Kundenrabatts ergibt den Zielverkaufspreis.
15. Aus dem Zielverkaufspreis müssen nun Vertreterprovision und Kundenskonto berechnet werden.
16. Der Zielverkaufspreis abzüglich der Vertreterprovision und abzüglich des Kundenskontos ergibt den Barverkaufspreis.
17. Der zu erzielende Gewinn wird nun berechnet, indem man den Selbstkostenpreis vom Barverkaufspreis abzieht.

18. Um den Gewinn in Prozent des Selbstkostenpreises zu erhalten, wird der errechnete Gewinn durch den Selbstkostenpreis dividiert und mit 100 multipliziert.

Berechnungsschema:

	Listeneinkaufspreis (brutto)	↓ Vorwärtskalkulation
-	Umsatzsteuer	
=	**Listeneinkaufspreis (netto)**	
-	Lieferrabatt	
=	**Zieleinkaufspreis**	
-	Lieferskonto	
=	**Bareinkaufspreis**	
+	Bezugskosten	
=	**Bezugspreis**	
+	Handlungskosten	
=	**Selbstkostenpreis**	**Differenzbildung**
+	Gewinnzuschlag	
=	**Barverkaufspreis**	↑ Rückwärtskalkulation
+	Vertreterprovision	
+	Kundenskonto	
=	**Zielverkaufspreis**	
+	Kundenrabatt	
=	**Listenverkaufspreis/Angebotspreis (netto)**	
+	Mehrwertsteuer	
=	**Listenverkaufspreis/Angebotspreis (brutto)**	

5. Gestaltung von Geschäftsbriefen nach DIN 5008

Die DIN 5008 umfasst eine Reihe von Empfehlungen zur übersichtlichen Gestaltung von Briefen und wird von dem Arbeitsausschuss NA 043-03-01 AA für Textverarbeitung vom nationalen Normenausschuss Informationstechnik und Anwendungen (NIA) erarbeitet. Die Einhaltung der DIN 5008 bei der Erstellung von Geschäftsbriefen ist nicht vorgeschrieben, die Norm genießt jedoch eine hohe Anerkennung in der Wirtschaft und daher können deutliche Abweichungen von den enthaltenen Regelungen ggf. auf Missbilligung beim Empfänger des Briefes stoßen.

5.1 Vorgaben für die Elemente eines Geschäftsbriefes nach DIN 5008

In den folgenden Abschnitten werden die Vorgaben der DIN 5008 für die einzelnen Elemente eines Geschäftsbriefes in dem Format A4 vorgestellt, da dieses Papierformat am häufigsten im täglichen Schriftverkehr Verwendung findet. Die Norm unterscheidet dabei zwischen der Form A mit einem hochgestellten Anschriftenfeld (**oberer Seitenrand**: 27 mm) und der Form B mit einem tiefgestellten Anschriftenfeld (**oberer Seitenrand**: 45 mm). Durch diesen Unterschied verschieben sich jeweils die anderen Elemente des Geschäftsbriefs.

Für beide Formen gelten jedoch die folgenden Vorgaben bzw. Empfehlungen bezüglich der übrigen Seitenränder:

- Der **linke Seitenrand** beträgt 25 mm.
- Die Vorgaben bezüglich des **rechten Seitenrands** sind flexibel gestaltet. Er sollte mindestens 10 mm betragen, empfohlen werden jedoch 20 mm.
- Für den **unteren Seitenrand** enthält die DIN 5008 keine konkreten Vorgaben. Er sollte abhängig vom Platzbedarf und von der Größe der Fußzeile gewählt werden.

5.1.1 Briefkopf

Der Briefkopf beginnt direkt an der oberen Blattkante und kann die gesamte Breite des Blatts umfassen. Abhängig von der Briefform weist das Feld für den Briefkopf dabei entweder eine Höhe von 27 mm (Form A) oder eine Höhe von 45 mm (Form B) auf.

Grundsätzlich enthält die DIN 5008 keine weiteren Vorgaben zur Gestaltung des Briefkopfs. Es ist jedoch sinnvoll, dass darin der Absender (z. B. durch den Firmennamen und das Logo) sowie ggf. dessen Postanschrift enthalten ist, falls diese Informationen nicht in einem anderen Briefelement ausgewiesen werden.

5.1.2 Rücksendeangabe und Anschriftenfeld

Unter dem Briefkopf folgt das Feld für die Rücksendeangabe, das die Absenderanschrift für den Fall einer Rücksendung enthält. Die Rücksendeangabe umfasst nur eine Zeile und weist die Maße 5 mm x 85 mm auf. Die DIN 5008 empfiehlt dazu eine Schriftgröße von 8 pt. Das Feld für die Rücksendeangabe ist zwar 20 mm von der linken Blattkante positioniert, die Schrift beginnt jedoch aufgrund des linken Seitenrands erst ab 25 mm.

Direkt unter dem Feld für die Rücksendeangabe befindet sich das Anschriftenfeld mit der Empfängeranschrift. Es weist die Maße 40 mm x 85 mm auf und sollte bei einer Schriftgröße von mindestens 8 pt insgesamt neun Zeilen umfassen. Wird eine Schriftgröße unter 10 pt verwendet, empfiehlt es sich, serifenlose Schriften wie Arial für das Anschriftenfeld zu nutzen.

Die ersten drei Zeilen des Anschriftenfelds bilden den Bereich, in dem besondere Zustellungsvermerke (z. B. „Nicht nachsenden"), Versandformen (z. B. „Einschreiben") oder andere, absenderspezifische Informationen eingetragen werden können. Die Anschrift des Empfängers wird in den Anschriftenbereich eingefügt, der aus den übrigen sechs Zeilen des Anschriftenfelds besteht. Dabei sind die Zeilen im Bereich für Zusätze und Vermerke so zu befüllen, dass keine Leerzeile zur ersten Zeile im Anschriftenbereich entsteht. Wenn der Platz in einem der beiden Bereiche des Anschriftenfelds nicht ausreicht, können freie Zeilen des jeweils anderen Bereichs mitgenutzt werden.

Das Feld für die Rücksendeangaben und der Bereich für Zusätze und Vermerke des Anschriftenfelds können bei Bedarf auch zusammengefügt werden. Bei einer empfohlenen Schriftgröße von 8 pt ergeben sich dann fünf Zeilen in dem kombinierten Bereich inklusive Rücksendeangaben:

3	
2	Zusatz- und Vermerkzone
1	
1	
2	
3	Anschriftenbereich
4	
5	
6	

5	
4	Zusatz- und Vermerkzone inklusive Rücksendeangabe
3	
2	
1	
1	
2	
3	Anschriftenbereich
4	
5	
6	

Bei der Integration der Rücksendeangaben in die Zusatz- und Vermerkzone ist zu beachten, dass die Rücksendeangaben wie Zustellungsvermerke und Versandformen behandelt werden. Das heißt, wenn das Anschriftenfeld keine weiteren Vermerke beinhalten soll, werden die Rücksendeangaben direkt über die erste Zeile der Empfängeranschrift geschrieben. Wenn doch Zusätze eingefügt werden, verschieben sich die Rücksendeangaben nach oben.

1	Muster AG, Musterstraße 1, 12345 Musterstadt
3	
2	
1	Persönlich
1	Frau
2	Vanessa Schmidt
3	Postfach 56 14 17
4	20101 Hamburg
5	
6	

5	
4	
3	
2	Muster AG, Musterstraße 1, 12345 Musterstadt
1	Persönlich
1	Frau
2	Vanessa Schmidt
3	Postfach 56 14 17
4	20101 Hamburg
5	
6	

Bei den Regelungen für die Befüllung des Anschriftenbereiches unterscheidet die DIN 5008 zwischen inländischen und ausländischen Anschriften.

Eine **Inlandsanschrift** besteht aus drei Bestandteilen:

1. Empfängerbeschreibung
2. Postfach oder Straße und Hausnummer
3. Postleitzahl und Bestimmungsort.

Handelt es sich bei dem Empfänger um eine natürliche Person, enthält die erste Zeile abhängig vom Geschlecht eine der beiden Ansprachen „Frau“ oder „Herrn“ sowie bei Bedarf eine Berufs- oder Amtsbezeichnung (z. B. „Frau Direktorin“ oder „Herrn Vorstandsvorsitzender“). In der zweiten Anschriftenzeile folgen dann ein ggf. vorhandener Titel und der Name der natürlichen Person (z. B. „Dr. Ursula Jansen“ oder „Frederik Schmidt“).

Bei Unternehmensanschriften enthält die Empfängerbeschreibung in der ersten Zeile entweder das Wort „Firma“ oder eine passende Branchenbezeichnung (z. B. „Schreibwarenhandel“ oder „Möbelschreinerei“). Die Firmenbezeichnung wird dann in die zweite Anschriftenzeile eingetragen. Ist anhand dieser Firmenbezeichnung klar ersichtlich, dass es sich bei dem Empfänger nicht um eine natürliche Person handelt, kann die erste Zeile auch entfallen und die Firmenbezeichnung rückt stattdessen auf. In der dritten Zeile einer Unternehmensanschrift kann eine Abteilung oder ein konkreter Mitarbeiter als Empfänger des Geschäftsbriefs angegeben werden. Bei einer natürlichen Person entfällt dabei die früher genutzte Abkürzung „z. Hd.“ (zu Händen) und es ist auf eine geschlechterspezifische Ansprache und ggf. vorhandene Titel zu achten (z. B. „Herrn Professor Günther Klein“).

Nach der Empfängerbeschreibung folgt entweder die Angabe eines Postfachs oder einer Adresse in Form einer Straße und einer Hausnummer. Die Nummer eines Postfachs wird dabei in zweistelligen Blöcken, unterteilt durch Leerzeichen, dargestellt (z. B. „Postfach 12 34 56“). Bei der Verwendung eines Straßennamens kann hinter der Hausnummer getrennt durch zwei Schrägstriche ein zusätzlicher Zustellvermerk (z. B. die Wohnungsnummer oder das Stockwerk) angegeben werden (z. B. „Bahnhofsstraße 17 // 3. Stock“). Bei Großempfängern, die täglich eine große Menge Briefpost erhalten, kann die Angabe eines Postfachs oder einer Straße inklusive Hausnummer entfallen.

Um die Darstellung von Anschriften international zu vereinheitlichen, werden die Postleitzahl und der Bestimmungsort nicht durch eine Leerzeile von dem Postfach bzw. von der Straße und der Hausnummer getrennt. Postleitzahlen werden dabei 5-stellig ohne Trennzeichen geschrieben und eine Hervorhebung des Bestimmungsorts, z. B. durch Fettschrift, ist ebenfalls nicht vorgesehen.

Beispiele für Inlandsanschriften:

3	
2	
1	
1	Frau Rechtsanwältin
2	Dr. Melanie Krüger
3	Steinstraße 12
4	20095 Hamburg
5	
6	

3	
2	
1	
1	Schneiderei
2	Johanna Riegel e.Kffr.
3	Westendstraße 188
4	80686 München
5	
6	

3	
2	
1	Warensendung
1	Herrn
2	Karsten Müller
3	Postfach 67 25 98
4	01111 Dresden
5	
6	

3	
2	
1	Büchersendung
1	DüMaBa GmbH
2	Herrn Dr. Stefan Hinsen
3	Bahnhofsstraße 8
4	40532 Düsseldorf
5	
6	

3	15825-a38-985/6
2	Einschreiben
1	Persönlich
1	Frau
2	Theodora Zimmermann
3	Hauptstraße 100 // Wohnung 52
4	04288 Leipzig
5	
6	

3	
2	
1	Vertraulich
1	Col-IT OHG
2	Personalabteilung
3	Aachener Straße 203
4	50931 Köln
5	
6	

3	
2	
1	
1	Agentur für Arbeit Düsseldorf
2	40180 Düsseldorf
3	
4	
5	
6	

Der Aufbau von **Auslandsanschriften** wird im Allgemeinen durch die Vorgaben des Empfängerlandes festgelegt. Dabei ist darauf zu achten, dass für die Anschrift lateinische Schriftzeichen und arabische Ziffern genutzt werden. Darüber hinaus empfiehlt die DIN 5008 den Bestimmungsort in Großbuchstaben und in der jeweiligen Landessprache anzugeben (z. B. NICE statt NIZZA). Unter dem Bestimmungsort sollte zusätzlich das Bestimmungsland in Großbuchstaben und in deutscher Sprache eingefügt werden. Ein Länderkennzeichen vor der Postleitzahl ist jedoch nicht notwendig.

3	
2	
1	
1	International Federation of Red Cross
2	and Red Crescent Societies
3	P.O. Box 303
4	1211 GENEVA 19
5	SCHWEIZ
6	

3	
2	
1	
1	Lorenzo Monti
2	Via Piemonte 24
3	00187 ROMA
4	ITALIEN
5	
6	

5.1.3 Informationsblock

Der Informationsblock kann Angaben über den Bezug des Briefes sowie zusätzliche Kommunikationsmöglichkeiten des Absenders (z. B. Telefon, Telefax, E-Mail) enthalten. Er ist dabei neben dem Anschriftenfeld positioniert und beginnt bei 125 mm von der linken Blattkante. In Bezug auf die obere Blattkante liegt der Informationsblock gleichauf mit der ersten Zeile der Zusatz- und Vermerkzone des Anschriftenfelds. Dadurch ergibt sich, abhängig von der Form des Briefs, ein Abstand von entweder 32 mm (Form A) oder 50 mm (Form B) zur oberen Blattkante. Die Breite des Informationsblocks ist variabel, sollte jedoch 75 mm nicht überschreiten.

Der Inhalt des **Informationsblocks** wird durch sog. Leitwörter strukturiert. Das folgende Standardbeispiel orientiert sich dabei an den Angaben aus der Bezugszeichenzeile (nähere Informationen dazu im nächsten Kapitel).

Ihr Zeichen: jvo
Ihre Nachricht vom: 15.03.2015
Unser Zeichen: bü-103
Unsere Nachricht vom: 18.03.2015

Name: Regina Büttner
Telefon: 0211 88442-103
Telefax: 0211 88442-110
E-Mail: r.buettner@duemaba.de

Datum: 23.03.2015

Die Gestaltung des Informationsblocks kann gemäß der DIN 5008 relativ frei vorgenommen werden. Grundsätzlich können Leitwörter verändert, entfernt, hinzugefügt oder gegen entsprechende Symbole (z. B. ☎ statt Telefon) ausgetauscht werden. Darüber hinaus kann eine einheitliche Startposition (Fluchtlinie) für die Angaben abhängig von dem längsten Leitwort eingerichtet werden.

Hinsichtlich der Schriftart und -größe empfiehlt die DIN 5008 die Verwendung der gleichen Einstellungen wie im übrigen Brief. Die Schriftgröße für die Leitwörter sollte jedoch 8 pt nicht unterschreiten.

Die Angaben im Informationsblock werden in der gleichen Schriftgröße wie der Brieftext geschrieben. Bei überlangen Angaben kann die Schriftgröße auch verkleinert werden (z. B. bei E-Mail-Adressen).

TIPP

Die genaue Positionierung des Informationsblocks kann in Microsoft Word auf unterschiedliche Arten erfolgen:

- **Tabstopps:** in den Zeilen, in denen der Informationsblock geschrieben werden soll, wird ein Tabstopp bei 10 cm für die Leitwörter gesetzt. Ein zweiter Tabstopp (im Allgemeinen bei ca. 13 cm) sorgt für eine einheitliche Fluchtlinie für die Angaben zu den Leitwörtern.
- **Randlose Tabelle:** mithilfe einer unsichtbaren Tabelle werden die Größe und die Position des Anschriftenfeldes und des Informationsblockes festgelegt. Dazu muss eine Tabellenstruktur mit festen Spaltenbreiten und Zeilenhöhe gemäß der folgenden Abbildung erstellt werden.

<table>
<tr><td>Anschriftenfeld

Spaltenbreite: 8 cm (fest)
Zeilenhöhe: 4,5 cm (fest)</td><td rowspan="2">Leere Zelle

Breite: 2 cm (fest)</td><td rowspan="2">Informationsblock

Spaltenbreite: abhängig vom rechten Seitenrand (7,5 cm bei 1 cm rechtem Seitenrand)</td></tr>
<tr><td>Leere Zelle, variabel</td></tr>
</table>

Damit die Tabelle später nicht mehr sichtbar ist, müssen die Tabellenränder deaktiviert werden.

- **Textfeld:** ein Textfeld ohne Rand wird 10 cm rechts vom Seitenrand und 0,5 cm unterhalb des Seitenrandes positioniert.

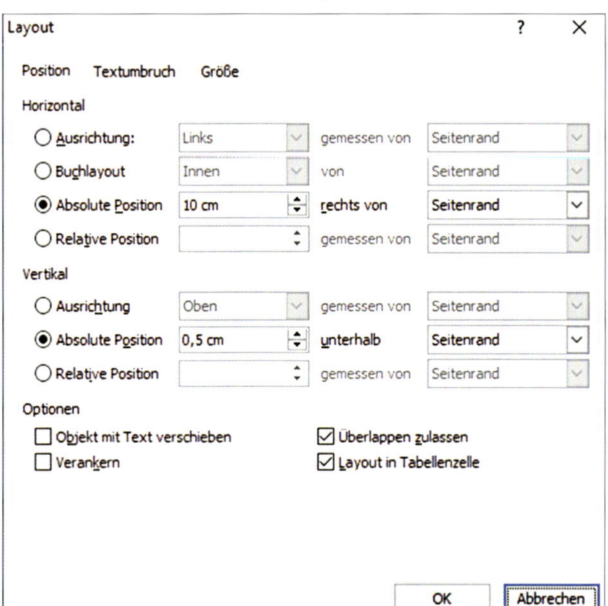

Bei der Verwendung von Tabstopps bzw. einer randlosen Tabelle ist darauf zu achten, dass zwischen dem Briefkopf und dem ersten Leitwort des Informationsblocks eine Leerzeile besteht, da der Informationsblock erst ab 3,2 cm (Form A) bzw. ab 5,0 cm (Form B) vom oberen Blattrand beginnt.

5.1.4 Bezugszeichenzeile und Kommunikationszeile

Als Alternative zum Informationsblock kann auch die Bezugszeichenzeile verwendet werden, die mindestens 8,46 mm (= 2 Zeilen oder 24 Punkte) unter dem Anschriftenfeld beginnt und die Leitwörter „Ihr Zeichen, Ihre Nachricht vom", „Unser Zeichen, unsere Nachricht vom", „Telefon, Name", und „Datum" in dieser Reihenfolge enthält.

TIPP

Gegebenenfalls leere Zeilen im Anschriftenfeld dürfen nicht als Abstand zur Bezugszeichenzeile zweckentfremdet werden, sondern müssen zusätzlich zu den zwei Leerzeilen zwischen Anschriftenfeld und Bezugszeichenzeile eingegeben werden. Ansonsten kann es passieren, dass die Bezugszeichenzeile teilweise im Fenster des Briefkuverts sichtbar ist.

Das erste Leitwort beginnt dabei am linken Seitenrand, d. h. 25 mm von der linken Blattkante entfernt und die übrigen Leitwörter folgen jeweils in einem Abstand von 50 mm zum Beginn des Vorgängers. Die Angaben zu den Leitwörtern werden im gleichen Raster eine Zeile darunter eingetragen, d. h. die Leitwörter und die passenden Angaben stehen jeweils bündig untereinander. Falls erforderlich können die Angaben auch zwei Zeilen umfassen.

Ihr Zeichen, Ihre Nachricht vom	**Unser Zeichen, unsere Nachricht vom**	**Telefon, Name**	**Datum**
jvo, 15.03.2015	bü-103, 18.03.2015	0211 88442-103, Regina Büttner	23.03.2015

TIPP

Die Umsetzung der Abstände zwischen den Leitwörtern bzw. zwischen den passenden Angaben kann in Microsoft Word mithilfe von Tabstopps erfolgen. Die Tabstopps müssen dazu jeweils bei 5 cm, 10 cm und 15 cm gesetzt werden.

Die Leitwörter können z. B. um die Haupttelefonnummer des Unternehmens erweitert und das Leitwort „Telefon“ durch ein passendes Symbol ersetzt werden. Nicht genutzte Leitwörter dürfen entfernt werden. Als Schriftgröße empfiehlt die DIN 5008 8 pt (für die Leitwörter), bei zweizeiligen Leitwörtern können diese auch mit einer Schriftgröße von 6 pt geschrieben werden. Die Schriftgröße für die Angaben entspricht der Schriftgröße für den Brieftext.

Ihr Zeichen, Ihre Nachricht vom	**Unser Zeichen, unsere Nachricht vom**	**Telefon, Name** **0211 88442-**	**Datum**
jvo,15.03.2015	bü-103, 18.03.2015	103, Regina Büttner	23.03.2015

Sollen zusätzlich zur Bezugszeichenzeile weitere Kommunikationsangaben in den Geschäftsbrief eingefügt werden, kann zu diesem Zweck die Kommunikationszeile verwendet werden. Dieses Feld beginnt bei 125 mm vom linken Blattrand und steht damit in einer Fluchtlinie mit dem dritten Leitwort der Bezugszeichenzeile „Telefon, Name“. In der Kommunikationszeile werden die Leitwörter und die entsprechenden Angaben ebenfalls untereinander geschrieben. Die Position der Leitwörter ist dabei so zu wählen, dass die Angaben auf der gleichen Höhe wie die letzte Zeile des Anschriftenbereichs im Anschriftenfeld geschrieben wird.

Wie bei der Bezugszeichenzeile empfiehlt die DIN 5008 auch für die **Kommunikationszeile** eine Schriftgröße von mindestens 8 pt (für die Leitwörter).

3			
2 Zusatz- und Vermerkzone			
1			
1			
2			
3 Anschriftenbereich			
4			
5		**E-Mail**	**Telefax**
6		r.buettner@duemaba.de	0211 88442-110
Ihr Zeichen, Ihre Nachricht vom	**Unser Zeichen, unsere Nachricht vom**	**Telefon, Name**	**Datum**
jvo, 15.03.2015	bü-103, 18.03.2015	0211 88442-103, Regina Büttner	23.03.2015

5.1.5 Betreff

Der Betreff fasst das Anliegen des Briefes in wenigen Worten kurz zusammen und wird, getrennt von zwei Leerzeilen, unter die Bezugszeichenzeile bzw. unter den Informationsblock geschrieben. Der Text der Betreffzeile beginnt am Seitenrand (d. h. 25 mm von der linken Blattkante) und kann sich bei Bedarf über mehrere Zeilen erstrecken. Am Ende des Betreffs wird kein Schlusspunkt gesetzt. Die DIN 5008 erlaubt auch eine Hervorhebung des Textes, z. B. durch Fettdruck.

5.1.6 Anrede

Nach zwei Leerzeilen folgt unter dem Betreff die Anrede des Empfängers, die ebenfalls 25 mm von der linken Blattkante beginnt. Ist der Empfänger dem Absender persönlich bekannt bzw. ist der Brief an eine konkrete Person gerichtet, sollte eine direkte Anrede, d. h. unter Verwendung des Namens und ggf. vorhandener Titel des Empfängers, gewählt werden. Richtet sich der Brief dagegen an eine Personengruppe bzw. ist der Empfänger dem Absender unbekannt, kann eine Anrede wie „Sehr geehrte Damen und Herren" verwendet werden. Unabhängig von der gewählten Ansprache endet die Anrede grundsätzlich mit einem Komma.

5.1.7 Brieftext

Durch eine Leerzeile von der Anrede getrennt, beginnt nun der eigentliche Brieftext, der wie der Betreff und die Anrede auch ab 25 mm vom linken Blattrand geschrieben wird. Bezüglich der Zeilenenden ist darauf zu achten, dass mindestens ein Rand von 10 mm zum rechten Blattrand eingehalten wird. Bei einem zweiseitigen Druck müssen diese Ränder auf den Blattrückseiten umgekehrt eingehalten werden, d. h. auf den Rückseiten sollte der Abstand zum linken Blattrand mindestens 10 mm und zum rechten Blattrand genau 25 mm betragen.

Bezüglich des oberen Blattrands ist ein Abstand von mindestens fünf Leerzeilen (mindestens 30 mm) bis zum Text einzuhalten. Vom unteren Blattrand sollte der Abstand wenigstens vier Leerzeilen (mindestens 30 mm) betragen.

5.1.8 Grußformel und Unterschriften

Nach dem Brieftext folgen, durch eine Leerzeile getrennt, die Grußformel und die Unterschriften der Absender, die wiederum jeweils ab 25 mm von der linken Blattkante beginnen. Bezüglich der Grußformel kann auch heute noch die inzwischen als veraltet geltende Standardformulierung „Mit freundlichen Grüßen" verwendet werden, die DIN 5008 lässt jedoch auch angemessene, modernere Abwandlungen (z. B. „Freundliche Grüße") zu. Nach der Grußformel und einer weiteren Leerzeile kann ggf. die Bezeichnung des Unternehmens bzw. der Behörde eingefügt werden.

Anschließend folgen ausreichend Leerzeichen, um Platz für die handschriftlichen Unterschriften zu gewährleisten (üblicherweise 3 Leerzeilen). Unter der Unterschrift kann der Name des Unterzeichnenden noch einmal maschinenschriftlich wiederholt werden. In Abhängigkeit von den Vollmachten, die der unterschreibenden Person erteilt wurden, muss darüber hinaus noch ein Unterschriftenzusatz angegeben werden. Diesbezüglich wird üblicherweise eine der folgenden Abkürzungen verwendet:

- ppa. für Prokuristen
- i. V. (in Vollmacht) für Personen, die eine allgemeine Handlungsvollmacht erteilt bekommen haben
- i. A. (im Auftrag) für Personen, die über eine beschränkte Handlungsvollmacht bzw. Artvollmacht verfügen.

LF 1, Kap. 9.

Unterschriftenzusätze sollen gemäß DIN 5008 entweder zwischen der Unternehmensbezeichnung und der Namenswiedergabe oder direkt vor der Namenswiedergabe eingefügt werden. Bei mehreren Unterzeichnenden werden die Unterschriften nach der innerbetrieblichen Rangfolge beginnend mit dem Ranghöchsten von links nach rechts angeordnet.

1	Freundliche Grüße
2	
3	VSI Personalberatung GmbH
4	
5	
6	
7	i. V. Christian Reiter

1	Freundliche Grüße
2	
3	im Auftrag
4	
5	
6	
7	Volker Kohn

1	Freundliche Grüße	
2		
3	VSI Personalberatung GmbH	
4		
5		
6		
7	ppa. Henrietta Lensing	i. V. Christian Reiter

5.1.9 Seitennummerierung

Wenn ein Brief mehrere Seiten umfasst, sollten diese fortlaufend nummeriert werden. Die DIN 5008 unterscheidet zwischen den folgenden beiden Vorgehensweisen bei der Seitennummerierung:

- In der Kopfzeile wird ab der zweiten Seite die Seitennummer vorzugsweise zentriert und eingerahmt durch Bindestriche und Leerzeichen (z. B. – 2 –) ausgewiesen. Wenn eine weitere Folgeseite existiert, wird dies durch drei Punkte (...) in der Fußzeile am rechten Rand signalisiert. Dabei ist darauf zu achten, dass zwischen den Punkten und dem Brieftext mindestens eine Leerzeile liegt.
- Alle Briefseiten, einschließlich der Seite 1, weisen am rechten Rand die Seitenzahl in der Form „Seite ... von ...“ aus. Zwischen der Angabe der Seitenzahl und dem Text sollte wiederum mindestens eine Leerzeile stehen. Ein Kennzeichen für eine Folgeseite ist bei dieser Vorgehensweise nicht notwendig. Bei einem zweiseitigen Druck muss die Darstellung der Seitenzahl auf den Briefrückseiten am linken Rand erfolgen.

5.1.10 Anlagen- und Verteilervermerke

Vermerke zu Anlagen oder zum Verteiler des Briefs können gemäß der DIN 5008 nach einer Leerzeile unter der maschinenschriftlichen Namenswiedergabe erfolgen. Wenn der Brief keine Unterschrift aufweist, sollten die Anlagen- bzw. Verteilervermerke stattdessen drei Leerzeilen nach der Grußformel oder der Firmenbezeichnung erfolgen. Die Wörter „Anlagen“ und „Verteiler“ dürfen laut DIN 5008 dabei durch Fettschrift hervorgehoben werden.

Wenn die Anlagen- bzw. Verteilervermerke nicht mehr auf das Blatt passen, können sie auch mit einem Abstand von 125 mm zur linken Blattkante neben den Unterschriftenblock (beginnend mit der Grußformel) gesetzt werden. Dabei ist darauf zu achten, dass zwischen dem Text und den Vermerken ein Abstand von einer Leerzeile vorliegt.

Sollen sowohl **Vermerke zu Anlagen und zum Verteiler** geschrieben werden, können diese nacheinander und mit einer Leerzeile getrennt erfolgen:

Anlagen 1 Katalog 3 Bestellscheine	**Anlagen** Tagesordnung Gesprächsprotokoll **Verteiler** Frau Dr. Christina Friedmann Herrn Tim Weiler

5.1.11 Fußzeile und rechtsformabhängige Pflichtangaben

Bezüglich der Gestaltung der Fußzeile enthält die DIN 5008 bis auf die Darstellung der Seitenzahl keine konkreten Vorgaben. Handelt es sich bei dem Absender des Geschäftsbriefs jedoch um ein Unternehmen, hat der Gesetzgeber abhängig von der Rechtsform des Unternehmens bestimmte Angaben festgelegt, die im Brief enthalten sein müssen. Diese gesetzlich vorgeschriebenen Informationen werden im Allgemeinen in der Fußzeile des Geschäftsbriefs dargestellt.

Die folgende Tabelle ordnet den Rechtsformen die jeweiligen Pflichtangaben zu.

Rechtsformen und Rechtsgrundlagen	Pflichtangaben in einem Geschäftsbrief
Eingetragener Kaufmann/-frau (e. K. bzw. e. Kffr.), § 37a HGB	▸ vollständige Firmenbezeichnung (gemäß der Eintragung im Handelsregister) sowie Rechtsform (z. B. eingetragener Kaufmann, e. K., e. Kffr.) ▸ Ort der Handelsniederlassung ▸ zuständiges Registergericht sowie die Handelsregisternummer, unter der der/die Kaufmann/-frau eingetragen ist
Offene Handelsgesellschaft (OHG), § 125a HGB, Kommanditgesellschaft, § 177a HGB	▸ vollständige Firmenbezeichnung (gemäß der Eintragung im Handelsregister) sowie Rechtsform (OHG, KG) ▸ Sitz der Gesellschaft ▸ zuständiges Registergericht sowie die Handelsregisternummer, unter der die Gesellschaft eingetragen ist
Gesellschaft mit beschränkter Haftung (GmbH), Unternehmergesellschaft (UG), § 35a GmbHG	▸ vollständige Firmenbezeichnung (gemäß der Eintragung im Handelsregister) sowie Rechtsform (GmbH, UG) ▸ Sitz der Gesellschaft ▸ zuständiges Registergericht sowie die Handelsregisternummer, unter der die Gesellschaft eingetragen ist ▸ alle Geschäftsführer ▸ falls vorhanden: der Vorsitzende des Aufsichtsrates mit Familiennamen und mindestens einem ausgeschriebenen Vornamen
Aktiengesellschaft (AG), § 80 AktG	▸ vollständige Firmenbezeichnung (gemäß der Eintragung im Handelsregister) sowie Rechtsform (AG) ▸ Sitz der Gesellschaft ▸ zuständiges Registergericht sowie die Handelsregisternummer, unter der die Gesellschaft eingetragen ist ▸ alle Vorstandsmitglieder (der Vorsitzende des Vorstands ist als solcher zu bezeichnen) ▸ der Vorsitzende des Aufsichtsrates mit Familiennamen und mindestens einem ausgeschriebenen Vornamen ▸ optional: das Grundkapital der Aktiengesellschaft sowie, wenn auf die Aktien der Ausgabebetrag nicht vollständig eingezahlt ist, der Gesamtbetrag der ausstehenden Einlagen

Gewerbetreibende, die nicht im Handelsregister eintragen sind (= Nicht-Kaufleute) sollten in Geschäftsbriefen ihren Familiennamen und mindestens einen ausgeschriebenen Vornamen sowie eine ladungsfähige Adresse angeben. Bei Gesellschaften des bürgerlichen Rechts (GbR) sind neben einer ladungsfähigen Anschrift auch die Vor- und Nachnamen aller Gesellschafter aufzuführen.

INFO

Die ladungsfähige Adresse bezeichnet in der Rechtsprechung eine Postanschrift, unter der eine Rechtspartei tatsächlich anzutreffen ist.

5.1.12 Loch- und Faltmarken

Auf dem Seitenrand des Geschäftsbriefes empfiehlt die DIN 5008 den Druck von zwei Faltmarken und einer Lochmarke. Diese Marken werden als Linien (4 mm bis 8 mm Länge) direkt am linken Blattrand dargestellt.

Die vertikale Position der Faltmarken ist von der verwendeten Briefform abhängig:

- **Form A** (hochgestelltes Anschriftenfeld): 87 mm und 192 mm von der oberen Blattkante
- **Form B** (tiefgestelltes Anschriftenfeld): 105 mm und 210 mm von der oberen Blattkante

Die Lochmarke dient zur Orientierung beim Lochen des Briefs, d. h. sie sollte genau auf der Mitte des Blatts dargestellt werden. Bei dem Papierformat A4 liegt diese bei 148,6 mm, gemessen von der oberen Blattkante. Wenn der Brief bereits vom Absender vorgelocht wird, kann die Lochmarke entfallen.

5.1.13 Übersicht über die einzelnen Elemente eines Geschäftsbriefs

Die folgenden beiden Abbildungen fassen die Regelungen zur Positionierung der in den vorherigen Textabschnitten vorgestellten Elemente eines Geschäftsbriefs noch einmal beispielhaft zusammen.

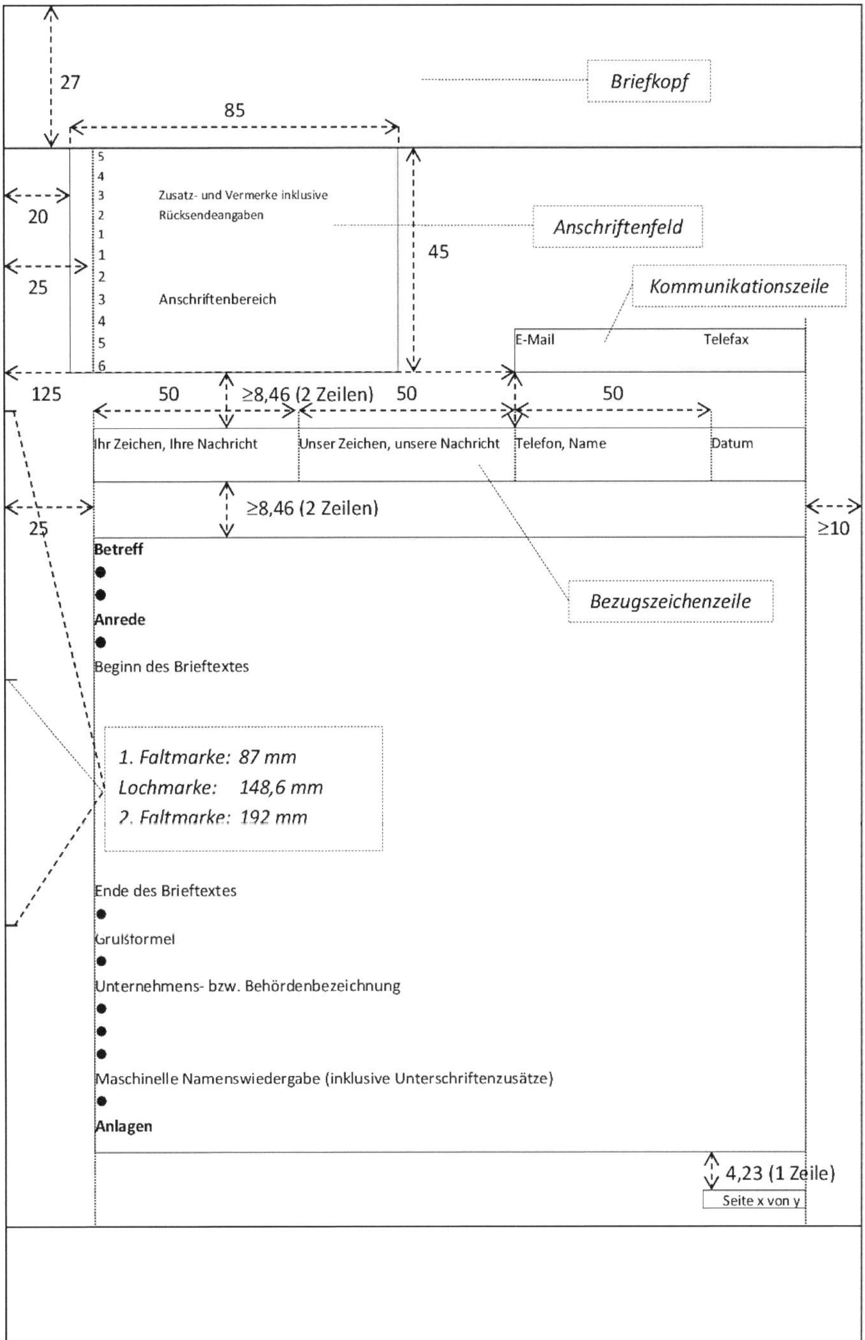

Beispielhafte Positionierung der Elemente eines Geschäftsbriefs der Form A (alle Angaben in mm)

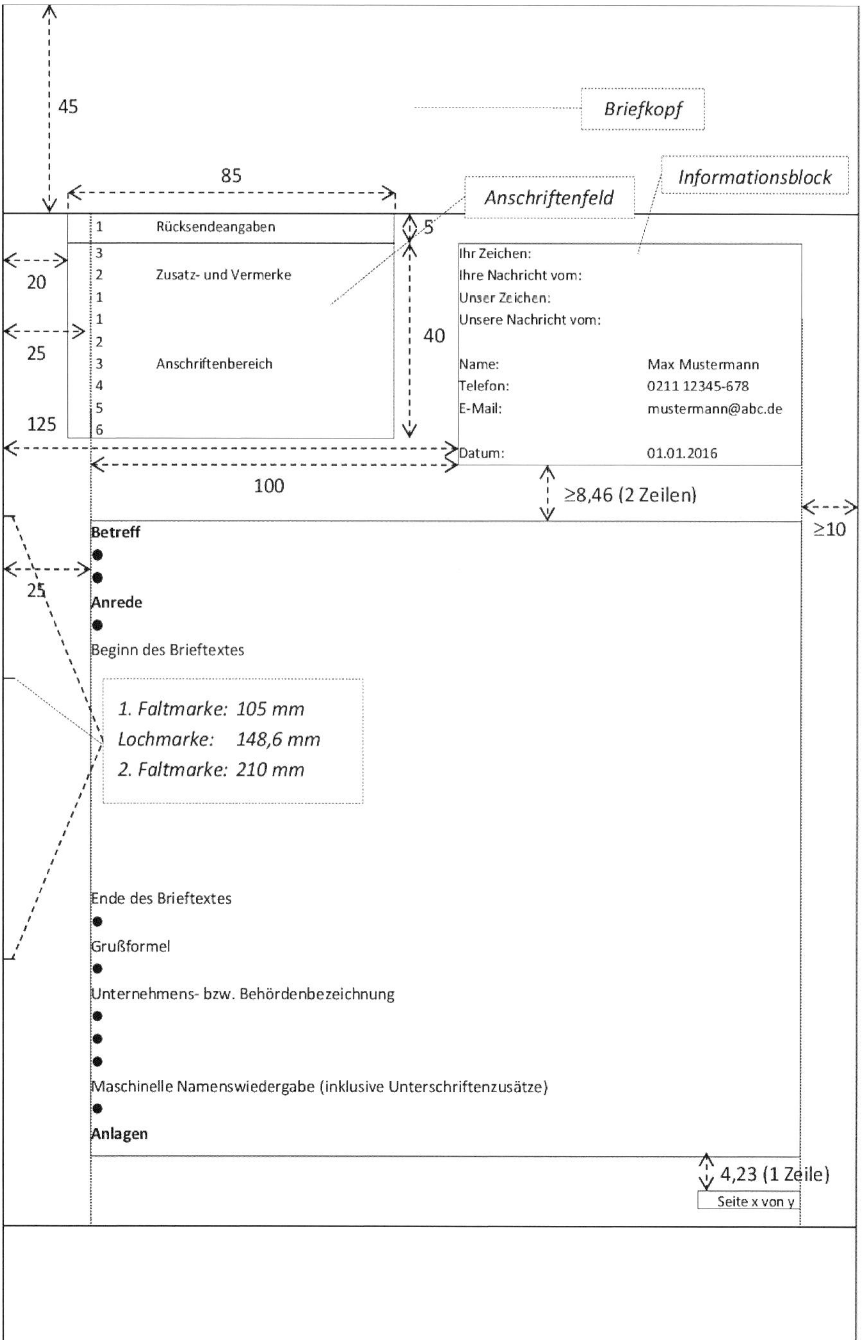

Beispielhafte Positionierung der Elemente eines Geschäftsbriefs der Form B (alle Angaben in mm)

5.2 Regelungen zur Textgestaltung nach DIN 5008

Neben den Vorgaben zu den einzelnen Elementen eines Geschäftsbriefes enthält die DIN 5008 auch eine Vielzahl von Regelungen bezüglich der Gestaltung des Textes. Die wichtigsten dieser Regelungen werden in den folgenden Abschnitten vorgestellt.

5.2.1 Texthervorhebungen

Durch die Verwendung von Texthervorhebungen wird das Augenmerk des Lesers auf entsprechend formatierte Textbereiche gelenkt. Hervorhebungen sollten dabei möglichst sparsam eingesetzt werden, um zu verhindern, dass der Text überladen und unübersichtlich wirkt.

Es werden zwei Kategorien von Texthervorhebungen unterschieden:

- **Hervorhebung durch Textpositionierung**
  Der hervorzuhebende Textbereich wird entweder eingerückt, zentriert oder einfach nur von dem restlichen Text abgesetzt dargestellt. Grundsätzlich wird dabei der betreffende Textteil jeweils mit einer Leerzeile vom vorhergehenden Textabsatz und vom nachfolgenden Textabsatz getrennt. Bei einer Einrückung beginnt der hervorzuhebende Text bei einer Fluchtlinie ab 25 mm vom linken Seitenrand (= 50 mm vom linken Blattrand).
- **Hervorhebung durch Textformatierung**
  Durch eine entsprechende Formatierung der Zeichen wird ein Textbereich hervorgehoben. Dazu können z. B. die Formatierungen Fettdruck, Kursivdruck, Unterstreichung, Großbuchstaben, Kapitälchen oder die Verwendung einer anderen Schriftart genutzt werden. Bezüglich der Formatierung ist zu beachten, dass auch die Satzzeichen innerhalb der Hervorhebung berücksichtigt werden. Satzzeichen, die am Ende des betreffenden Textbereichs stehen, sind ebenfalls zu formatieren, wenn sie inhaltlich zum hervorzuhebenden Textteil gehören. Klammern oder Anführungszeichen sind dann von der Formatierung betroffen, wenn ihr kompletter Inhalt hervorgehoben werden soll.

Die verschiedenen Möglichkeiten zur Texthervorhebung können auch miteinander kombiniert werden.

> Die Lieferung der Ware erfolgt spätestens fünf Tage nach Eingang der Bestellung durch einen Paketdienst unserer Wahl.
>
> Für Beschädigungen, die durch den Transport entstehen, haftet der Paketdienstleister.
>
> Wir erwarten die Zahlung des Rechnungsbetrages innerhalb eines Monats nach der Lieferung.

> Die Lieferung erfolgt „frei Haus“.

> **Bitte beachten Sie**: Dieses Angebot ist nur fünf Tage gültig.

5.2.2 Gliederung des Textes

Um dem Leser das Verständnis eines Textes zu erleichtern, sollte der Text eine klare Struktur aufweisen und in inhaltlich zusammengehörige Abschnitte gegliedert werden. Diese Abschnitte können durch eine Abschnittsüberschrift, ggf. kombiniert mit einer voranstehenden Abschnittsnummer, gekennzeichnet werden. Abschnittsüberschriften mit einer Nummerierung beginnen in der Fluchtlinie des Textes und werden mit jeweils einer Leerzeile von der vorangehenden und der nachfolgenden Textpassage getrennt. Überschriften ohne Nummerierung dürfen auch zentriert dargestellt werden.

Die Abschnittsnummerierung erfolgt mit arabischen Zahlen und beginnt üblicherweise mit der Zahl 1.

INFO

Enthält der erste Abschnitt eines Textes ausschließlich allgemein gültige Angaben (z. B. bei einer Präambel), kann die Abschnittsnummerierung auch mit der Zahl 0 beginnen.

Wenn die Abschnitte wiederum in Unterabschnitte unterteilt werden, beginnt die Nummerierung für jede Stufe erneut mit der Zahl 1. Die einzelnen Stufen werden in der Abschnittsnummerierung jeweils durch einen Punkt getrennt, wobei am Ende der Nummerierung kein Punkt gesetzt wird (z. B. 1.2.3). Damit die Abschnittsunterteilung nicht unübersichtlich wird, sollte sie nicht mehr als drei Stufen aufweisen. Die Abschnittsnummerierung und die Abschnittsüberschrift werden durch mindestens zwei Leerzeichen getrennt, wobei eine angemessene Verwendung von Texthervorhebungen (siehe Kapitel 5.2.1) möglich ist. Jede weitere Zeile der Abschnittsüberschrift beginnt an der dadurch entstehenden Fluchtlinie.

> 2 Das Internet
>
> Das Internet besteht aus einer Vielzahl miteinander verbundener Rechnernetzwerke.
> ...
>
> 2.1 Geschichte des Internets oder Warum die erste Nachricht, die über das Internet verschickt wurde, aus den Buchstaben LO bestand
>
> Am 29. Oktober 1969 um 22:30 klingelte es im Rechenzentrum der University of California, Los Angeles (UCLA) in Menlo Park.
> ...
>
> 2.2 Weiterentwicklung zum ARPANET
>
> ...

Abschnitte können in Absätze unterteilt werden, die durch eine Leerzeile vom nachfolgenden Text getrennt werden und an der Fluchtlinie des Textes beginnen. Die Absätze können mithilfe von arabischen Zahlen nummeriert werden, wobei sich die Darstellung dieser Nummerierung deutlich von der Abschnittsnummerierung unterscheiden sollte, um Missverständnissen vorzubeugen. Absatznummern werden häufig in Klammer gesetzt oder durch einen nachstehenden Binde- bzw. Gedankenstrick gekennzeichnet.

Die **Nummerierung der Absätze** kann auf zwei unterschiedliche Arten erfolgen:

1. Mit dem Beginn eines neuen Abschnitts werden die enthaltenen Absätze fortlaufend, beginnend mit der Zahl 1, nummeriert.
2. Alle Absätze werden unabhängig von der Gliederung in Abschnitten fortlaufend nummeriert.

> 2.3 World Wide Web (WWW)
>
> (1) Das World Wide Web wurde von Tim Berners-Lee 1990 während seiner Tätigkeit für die Europäische Organisation für Kernforschung (CERN) entwickelt.
>
> (2) Es diente zur Veröffentlichung von Dokumenten, die über sogenannte Hyperlinks miteinander verknüpft waren.

Ein **Inhaltsverzeichnis** stellt die Gliederung eines Textes übersichtlich dar. Dabei werden alle Abschnittsnummern auf einer Fluchtlinie und die dazu passenden Abschnittsüberschriften an einer weiteren Fluchtlinie beginnend ausgewiesen. Zwischen der Abschnittsnummer und der Abschnittsüberschrift stehen wiederum mindestens zwei Leerzeichen.

1	Einführung in die moderne Kommunikationstechnik
2	Das Internet
2.1	Geschichte des Internets oder Warum die erste Nachricht, die über das Internet verschickt wurde, aus den Buchstaben LO bestand
2.2	Weiterentwicklung zum ARPANET
2.3	World Wide Web (WWW)
3	Aktuelle Internetdienste

5.2.3 Aufzählungen

Aufzählungen bestehen aus mehreren Aufzählungsgliedern, die jeweils mit einer arabischen Ordnungszahl und einem Punkt (1., 2., 3. usw.), mit einem lateinischen Kleinbuchstaben und einer Klammer (a), b), c) usw.) oder mit einem Zeichen (-, ●, ■ usw.) beginnen. Nach diesem Gliederungszeichen folgt stets mindestens ein Leerzeichen.

Gemäß der DIN 5008 wird eine **Aufzählung** sowohl am Anfang als auch am Ende mit einem Leerzeichen vom restlichen Text getrennt. Zwischen den einzelnen Aufzählungsgliedern kann bei Bedarf ebenfalls eine Leerzeile eingefügt werden, wenn dies der Lesbarkeit dient (z. B. bei Aufzählungsgliedern, die aus mehreren Zeilen bestehen).

Unser Sortiment umfasst unter anderem die folgenden Produktkategorien

- Sportbekleidung
- Fitnessgeräte
- Zubehör und Fanartikel

Informieren Sie sich ...

Die Präsentationsmappe für die Konferenzteilnehmer muss folgende Dokumente enthalten:

1. Tagesordnung
2. Handout für die Eröffnungspräsentation
3. Faltplan des Konferenzzentrums

Achten Sie bitte bei der Befüllung auf die Reihenfolge!

Es ist auch möglich, **Aufzählungen über mehrere Stufen** zu gliedern, wobei jedoch jede Stufe über eine eigene Fluchtlinie verfügen soll.

- Sportbekleidung
    a) Oberbekleidung
    b) Hosen
    c) Schuhe
- Fitnessgeräte
    a) Rudergeräte
    b) Crosstrainer
    c) Laufbänder

Wählen Sie ...

5.2.4 Fußnoten

Eine Fußnote stellt einen Hinweis zu einem bestimmten Teil eines Textes dar. Gekennzeichnet werden Fußnoten durch hochgestellte, arabische Zahlen, die direkt ohne Leerzeichen hinter dem betreffenden Textteil eingefügt und über alle Seiten unabhängig von der Gliederung fortlaufend hochgezählt werden. Enthält ein Text höchstens drei Fußnoten, können statt der Zahlen auch Sonderzeichen (z. B. Sternchen*) verwendet werden.

Die Fußnotenhinweise werden in einer kleineren Schriftart unten auf der gleichen Seite wie die Kennzeichnung im Text geschrieben. Sie werden durch den Fußnotenstrich vom Text getrennt, wobei vor dem Fußnotenstrich mindestens eine Leerzeile stehen sollte. Hinweistexte in Form eines vollständigen Satzes beginnen mit einem Großbuchstaben und enden mit einem Punkt.

Soll eine Fußnote mit Textteilen auf mehreren Seiten verknüpft werden, wird jeweils die gleiche Zahl genutzt und der Fußnotentext entweder wiederholt oder auf die erste Verwendung verwiesen (z. B. [3] Siehe Seite 5).

Der erzielte Gewinn der DüMaBa GmbH ist im Vergleich zum letzten Geschäftsjahr um 8 %[1] gestiegen. Bei der Ermittlung dieser Gewinnsteigerung sind die im Mai angefallenen Sonderabschreibungen[2] bereits berücksichtigt.

---

[1] Stand: Ende des 3. Quartals
[2] Die Sonderabschreibungen sind durch die Schließung der Niederlassung in Leipzig entstanden.

MERKE

Fußnoten in Tabellen werden direkt an das Ende der Tabelle geschrieben.

5.2.5 Gliederung von Zahlen

Grundsätzlich können bei Zahlen, die mehr als drei Vorkommastellen oder drei Nachkommastellen aufweisen, diese Stellen in Gruppen zu je drei Zahlen gegliedert werden. Die einzelnen Gruppen werden durch ein Leerzeichen voneinander getrennt. Bei Geldbeträgen kann statt des Leerzeichens auch ein Punkt (Tausenderpunkt) verwendet werden. Im Rahmen der Gliederung ist darauf zu achten, dass die einzelnen Gruppen nicht durch einen Zeilenumbruch voneinander getrennt werden.

Beispiele

1 234 567,89
2,283 250 985
9.589.725

Darüber hinaus enthält die DIN 5008 für die Darstellung einiger Zahlenwerte weitere Vorgaben. Die folgende Tabelle stellt die wichtigsten dieser Regelungen vor.

Zahlenwert	Gliederung
Geldbeträge	Insbesondere bei höheren Geldbeträgen sollten die Vorkommastellen ausgehend vom Komma in durch Punkte getrennte Dreiergruppen gegliedert werden. Das Währungskennzeichen kann bei einem Geldbetrag sowohl vor als auch nach dem Betrag angegeben werden. Bei der Verwendung in einem fortlaufenden Text wird jedoch empfohlen, das Währungskennzeichen hinter den Betrag zu positionieren. Darüber hinaus ist darauf zu achten, dass der Geldbetrag inklusive Währung nicht durch einen Zeilenumbruch getrennt wird. Beispiele: 1.234,56 EUR 258,59 €
Mengen- und Maßangaben	Mengen- und Maßangaben, die mehr als drei Stellen aufweisen, können ausgehend von dem Komma in Gruppen zu drei Stellen gegliedert werden. Die Gruppen werden jeweils durch ein Leerzeichen getrennt. Die Einheitenbezeichnung folgt nach der Zahl. Die einzelnen Elemente der Zahl sowie die Einheitenbezeichnung dürfen nicht durch einen Zeilenumbruch geteilt werden. Beispiel: 9 123 kg

Zahlenwert	Gliederung
Datum	Bei der rein numerischen Schreibweise eines Datums (z. B. in der Bezugszeichenzeile) ist die Reihenfolge Jahr, Monat, Tag jeweils durch einen Bindestrich gegliedert einzuhalten. Der Monat und Tag ist dabei zweistellig und das Jahr vierstellig anzugeben (z. B. 2014-12-24). Darüber hinaus darf auch die Reihenfolge Tag, Monat, Jahr – jeweils durch einen Punkt voneinander getrennt – verwendet werden, wenn dadurch keine Missverständnisse entstehen (z. B. 24.12.2014). In einem Text sollte ein Datum allerdings grundsätzlich alphanumerisch geschrieben werden (z. B. 6. Dezember 2014). Der Monatsname kann dabei ggf. auf vier Zeichen inklusive Punkt abgekürzt werden (z. B. Dez.), dies sollte jedoch in einem Fließtext vermieden werden. Bei einstelligen Tageszahlen wird keine führende Null ergänzt.
Uhrzeit	Uhrzeiten können entweder in der Reihenfolge Stunden, Minuten oder Stunden, Minuten und Sekunden geschrieben werden. Als Trennzeichen wird jeweils ein Doppelpunkt verwendet (z. B. 12:30 Uhr, 12:30:45 Uhr).
Telefon- bzw. Telefaxnummer	Telefon- bzw. Telefaxnummern werden in Landesvorwahl (bei internationalen Telefonnummern), Ortvorwahl, Anschlussnummer und ggf. Durchwahlnummer unterteilt. Die Landesvorwahl, die Ortsvorwahl und die Anschlussnummer werden jeweils durch ein Leerzeichen voneinander getrennt. Ist eine Durchwahl (ggf. auch für die Zentrale) vorhanden, wird diese nach einem Bindestrich direkt hinter die Anschlussnummer geschrieben. Beispiele: +49 40 57827-0 030 2395687 0201 91367-123
Postfachnummer	Postfachnummern werden von rechts beginnend in Gruppen mit je zwei Stellen gegliedert. Die Gruppen werden durch Leerzeichen voneinander getrennt. Beispiele: 9 87 78 89
Bankleitzahl	Die (veralteten) Bankleitzahlen werden von links beginnend in zwei Gruppen zu je drei Stellen und einer Gruppe mit zwei Stellen gegliedert. Die Gruppen werden durch Leerzeichen voneinander getrennt. Beispiel: 430 605 99
IBAN	Internationale Bankkontonummern (IBAN) werden von links beginnend in fünf Gruppen zu je vier Stellen und einer Gruppe mit zwei Stellen gegliedert. Die Gruppen werden durch Leerzeichen voneinander getrennt. Beispiel: DE22 4306 0599 0001 3574 68

Zahlen werden in Tabellen oder Aufstellungen grundsätzlich rechtsbündig geschrieben. Wenn mehrere Zahlen untereinander eingefügt werden, sollen sie so ausgerichtet werden, dass die ggf. vorhandenen Dezimalzeichen (Kommata) oder Bruchstriche in der gleichen Fluchtlinie liegen.

TIPP

Die Ausrichtung von Zahlen nach dem Dezimalzeichen kann in Microsoft Word über einen Dezimal-Tabstopp erfolgen.

5.2.6 Abkürzungen

Grundsätzlich sollten Abkürzungen nur in einem geringen Umfang verwendet werden. Dabei ist zu beachten, dass der Abkürzungspunkt direkt an die Abkürzung anschließt und nach dem Punkt im Allgemeinen ein Leerzeichen folgt. Befindet sich eine Abkürzung am Satzende, gilt der Abkürzungspunkt gleichzeitig als Schlusspunkt des Satzes.

Sollen mehrere Wörter hintereinander abgekürzt werden, ist zwischen den Abkürzungen jeweils ein Leerzeichen zu setzen. Darüber hinaus dürfen die zusammengehörigen Abkürzungen nicht durch einen Zeilenumbruch getrennt werden (z. B. i. A., z. B., u. v. m.). Es existieren jedoch auch einige Ausnahmen von dieser Regel (z. B. usw. und usf.).

Einige Abkürzungen, die als eigenständige Wörter gelten oder buchstäblich ausgesprochen werden, sind ohne Abkürzungspunkt und Leerzeichen zwischen den einzelnen Buchstaben zu schreiben (z. B. UNO, Pkw, AG, GmbH).

5.2.7 Tabellen

Tabellen nutzen zur Darstellung von Informationen eine Struktur aus Spalten und Zeilen. Dabei kann eine Tabelle die folgenden Elemente beinhalten:

1. Tabellenüberschrift
2. Tabellenkopf mit Spaltenüberschriften (ggf. auch über mehrere Ebenen und Zeilen gegliedert)
3. Vorspalte mit Zeilenbezeichnungen
4. Felder
5. Summenzeile (optional)

Tabellenüberschrift (1)

Kopfbezeichnung / Vorspaltenbezeichnung (3)	Spaltenüberschrift 1	Spaltenüberschrift 2	Spaltenüberschrift 3 (2)
Zeilenbezeichnung 1			
Zeilenbezeichnung 2		(4)	
Zeilenbezeichnung 3			
Gesamt (5)			

Bezüglich der Positionierung einer Tabelle ist darauf zu achten, dass sie inklusive des Rahmens innerhalb der Seitenränder liegt und zentriert ausgerichtet ist. Eine Tabelle wird vom vorhergehenden und vom nachfolgenden Text durch eine Leerzeile getrennt. Falls sie nicht vollständig auf eine Seite passt, muss der Tabellenkopf auf der nächsten Seite wiederholt werden.

Für die einzelnen Tabellenelemente gelten die folgenden Empfehlungen:

- **Tabellenüberschrift**
  Eine Tabelle sollte grundsätzlich über eine Überschrift verfügen. Diese Überschrift kann auch in den Tabellenkopf eingefügt werden. Wenn aus dem vorangehenden Text der Tabelleninhalt jedoch klar ersichtlich wird, darf die Tabellenüberschrift entfallen.
- **Tabellenkopf**
  Der Tabellenkopf umfasst die Spaltenüberschriften sowie ggf. eine Kopfbezeichnung. Die einzelnen Gliederungselemente im Tabellenkopf werden durch Rahmenlinien (im Allgemeinen mit gleicher Linienstärke) voneinander getrennt. Die Spaltenüberschriften sind zentriert auszurichten und sollten ggf.

die in der jeweiligen Spalte gültigen Maßeinheiten beinhalten. Zeitliche Abfolgen (z. B. von Januar bis Dezember) sind im Tabellenkopf von links nach rechts anzuordnen.

- **Vorspalte**
  Die Vorspalte umfasst die Zeilenbezeichnungen sowie die Vorspaltenbezeichnung. Die Zeilenbezeichnungen sind dabei linksbündig auszurichten. Zeitliche Abfolgen (z. B. von Januar bis Dezember) werden in der Vorspalte von oben nach unten aufgeführt.
- **Felder**
  Eine Tabelle sollte durch waagerechte und senkrechte Rahmenlinien übersichtlich gegliedert werden. Senkrechte Linien dienen dabei zur Abgrenzung der Spalten, während waagerechte Linien den Tabellenkopf, die Summenzeile und ggf. einzelne Gruppen von zusammengehörigen Zeilen trennen. Um einzelne Zeilen leichter unterscheiden zu können, können weitere Formatierungsfunktionen (z. B. die abwechselnde Verwendung von zwei Hintergrundfarben) genutzt werden.
  Der Feldinhalt sollte von den senkrechten Spaltenlinien einen Mindestabstand von 1 mm und von der oberen und unteren Feldbegrenzung einen jeweils gleichen Abstand aufweisen. Texte sind in Tabellen linksbündig und Zahlen rechtsbündig auszurichten. Wenn die Zahlen in einer Spalte unterschiedlich viele Nachkommastellen aufweisen, sind die Zahlen so auszurichten, dass die Dezimalstellen (die Kommata) direkt untereinander stehen.

Da der Platz in Tabellen häufig begrenzt ist, können gebräuchliche Abkürzungen verwendet werden.

5.2.8 Diagramme

Ein Diagramm überträgt Daten und Informationen, die im Allgemeinen als Zahlenwerte vorliegen, in eine grafische Form (z. B. als Linien oder Säulen). Es sollte dabei über eine Überschrift verfügen, die den dargestellten Sachverhalt kurz zusammenfasst. Falls zum Verständnis des Diagramms notwendig, sind geeignete Beschriftungen (z. B. von Achsen oder Diagrammelementen wie Säulen, Anteilen) sowie eine Legende, die die verwendeten Farben und Symbole erläutert, einzufügen.

Die Trennung des Diagramms von den vorangehenden und nachfolgenden Textabschnitten erfolgt durch jeweils eine Leerzeile. Außerdem ist ein Diagramm inklusive ggf. vorhandenem Rahmen innerhalb der Seitenränder zentriert auszurichten. Bei freier Positionierung sollte ein Mindestabstand von 2 mm zwischen dem Diagramm und den benachbarten Objekten eingehalten werden. Darüber hinaus ist darauf zu achten, dass das Einfügen eines Diagramms keine Auswirkungen auf den Zeilenabstand hat.

Bei der Gestaltung eines Diagramms sollte ein geeigneter Diagrammtyp verwendet werden. Zweidimensionale Darstellungen sind dabei aufgrund einer höheren Genauigkeit zu bevorzugen. Die Größenskalierung des Diagramms sowie die verwendeten Farben und Symbole sollten angemessen gewählt werden. Gegebenenfalls eingeblendete Gitternetzlinien sollten so positioniert werden, dass sie die Lesbarkeit der Werte steigern und diese nicht verdecken.

5.2.9 Abbildungen

Eine Abbildung stellt eine Grafik oder ein Foto dar und wird zur Verdeutlichung bzw. zur Illustration des Textes eingefügt. Abbildungen können in unterschiedlichen Formaten vorliegen, wobei darauf zu achten ist, dass die verwendeten Dateien eine für die geplante Veröffentlichungsform (z. B. Veröffentlichung als Ausdruck oder im Internet) angemessene Qualität und Größe besitzen. Dies gilt insbesondere dann, wenn eine Abbildung zusätzlich vergrößert oder verkleinert werden soll. Bei der Veränderung der Bildgröße sollte darüber hinaus das Seitenverhältnis beibehalten und auf eine ausreichende Bildschärfe geachtet werden.

ACHTUNG

Bei der Veröffentlichung von Abbildungen sind unbedingt die Urheberrechte zu beachten.

Wird eine Abbildung frei positioniert, muss ein Mindestabstand von 2 mm zu den angrenzenden Textobjekten eingehalten werden. Die Integration einer Abbildung in eine Textzeile darf den Zeilenabstand nicht beeinflussen.

Abbildungen verfügen im Allgemeinen über eine Bildunterschrift, die möglichst präzise den Abbildungsinhalt beschreibt und zur Abgrenzung vom Text mithilfe geeigneter Formatierungen hervorgehoben wird (z. B. durch eine geringere Schriftgröße, Fett- bzw. Kursivdruck). Auf Fotos erkennbare Personen sind ggf. von links nach rechts namentlich zu benennen. Eine vorhandene Quelle der Abbildung sollte ebenfalls in der Bildunterschrift oder – bei längeren Texten – durch eine fortlaufende Nummer gekennzeichnet und im Abbildungsverzeichnis aufgeführt werden. Nummerierte Bildunterschriften sollten dabei mit dem Wort „Bild“ oder dem Wort „Abb.“ sowie einem anschließenden Leerzeichen beginnen (z. B. Abb. 3). Abbildungen, die ausschließlich der Textverschönerung dienen, benötigen keine Bildunterschrift.

6. Weitere Empfehlungen für die Gestaltung und Formulierung von Geschäftsbriefen

Neben den Vorgaben der DIN 5008 sowie den gesetzlichen Vorschriften sollten noch weitere Regeln und Empfehlungen bezüglich der Gestaltung und Formulierung von Geschäftsbriefen berücksichtigt werden:

- Unternehmensspezifische Gestaltungsregeln (Corporate Design)
- Allgemeine Empfehlungen zur Formulierung von Geschäftsbriefen

6.1 Corporate Design

Unter Corporate Design wird die Festlegung von unternehmensweit einheitlichen Gestaltungsregeln für alle Formen der Unternehmenskommunikation verstanden. Dabei können sich diese Gestaltungsregeln nicht nur auf die klassischen Kommunikationsmedien Geschäftsbriefe und Internetauftritt beschränken, sondern beispielsweise auch auf das Aussehen von Produkten, Büromöbeln, Geschäftswagen oder sogar Gebäuden beziehen.

Häufig beschränken sich die Vorgaben des Corporate Design auf die Verwendung des Unternehmenslogos, bestimmter Farben oder Schriftarten. Allerdings können auch besondere Formen oder Symbole sowie sprachliche Formulierungen und visuelle Stilmittel als Kennzeichen für ein Unternehmen dienen.

Das Ziel des Corporate Design ist die Schaffung bzw. Unterstützung einer Unternehmensidentität, die sich in den genutzten Gestaltungselementen widerspiegelt. Ein Betrachter von außen soll auf diese Weise direkt erkennen, mit welchem Unternehmen er es zu tun hat und welche grundsätzlichen Eigenschaften und Werte dieses Unternehmen vertritt.

LF 1, Kap. 11.

6.2 Allgemeine Empfehlungen zur Formulierung von Geschäftsbriefen

Trotz moderner Kommunikationskanäle wie Nachrichtendiensten im Internet oder Videokonferenzen findet auch heute noch ein großer Teil der geschäftlichen Korrespondenz in schriftlicher Form als Brief oder als E-Mail statt.

Da bei dieser Form der Kommunikation kein persönlicher Kontakt zwischen den beteiligten Personen besteht, gilt es, durch freundliche, zeitgemäße und präzise Formulierungen einen positiven Eindruck beim Empfänger zu hinterlassen.

Dabei ist besonders wichtig, dass der Brieftext klar und unmissverständlich das Anliegen des Absenders beschreibt. Komplizierte, aber überflüssige Satzkonstruktionen und Phrasen führen zu Irritationen beim Leser und im schlimmsten Fall zu Missverständnissen.

Um den gewünschten, positiven Eindruck zu erzielen, sollten darüber hinaus die folgenden Empfehlungen zur Formulierung von Geschäftsbriefen beachtet werden:

- Floskeln in der Briefeinleitung wie „Ich beziehe mich auf Ihr Schreiben vom ...", „Hiermit teile ich Ihnen mit ...", „Bezug nehmend auf ..." sollten vermieden werden. Stattdessen erzeugt eine freundliche und persönliche Einleitung mit einem Bezug auf den letzten gemeinsamen Kommunikationsanlass einen positiven Ersteindruck beim Empfänger (z. B. „Vielen Dank für Ihre Bestellung vom ...").
- Der Briefschluss weist freundlich aber selbstbewusst auf das Ziel hin, dass der Absender mit dem Geschäftsbrief verfolgt (z. B. „Wir freuen uns auf Ihre Bestellung." Oder „Rufen Sie mich bitte an, wenn Sie weitere Fragen haben.").
- Der Empfänger des Geschäftsbriefes sollte aktiv angesprochen werden. Dazu ist die direkte Ansprache „Sie" selbstbezogenen Formulierungen mit „wir" oder „ich" vorzuziehen (z. B. „Sie erhalten 10 Artikel ..." statt „Wir bieten 10 Artikel ...").
- Der Brieftext sollte positiv gestaltet werden. Auch unerfreuliche Sätze, die negative Wörter wie „nicht" oder „leider" enthalten, können entsprechend umformuliert werden (z. B. statt „Leider haben wir die bestellte Ware zurzeit nicht auf Lager." besser „Sie erhalten die bestellte Ware am ...").
- Durch Verwendung von aktiven Verben anstatt entsprechender Substantive (erkennbar an den Endungen -ung, -heit, -keit, und -nahme), wirken Geschäftsbriefe lebendiger und weniger steif (z. B. „Zahlen Sie bitte ..." statt „Die Zahlung sollte ...").
- Die Verwendung des Konjunktivs aus Höflichkeit (z. B. mittels der Verwendung von „möchten", „würden", „dürfen") sollte vermieden werden (z. B. „ich weise Sie darauf hin" statt „ich möchte Sie darauf hinweisen"), da solche Formulierungen schwammig und unsicher wirken.
- Der Brieftext sollte keine überflüssigen Füllwörter (z. B. „selbstverständlich, natürlich, gewissermaßen usw.) oder veraltete Wörter (z. B. „etwaig", „ergebenst", „hochachtungsvoll" usw.) enthalten, da der Text sonst aufgebläht und unpersönlich wirkt.
- Doppelausdrücke (z. B. „Rückantwort", „herabgemindert") sollten vereinfacht werden (z. B. „Antwort", „gemindert").
- Fremdwörter und Anglizismen sollten nur dann verwendet werden, wenn dafür keine passenden Alternativen in der deutschen Alltagssprache existieren. Auf diese Weise können Missverständnisse oder sogar peinliche Fehler vermieden werden.

- Die übermäßige bzw. unübliche Verwendung von Abkürzungen wirkt unhöflich und kann ggf. zu Verständnisproblemen beim Empfänger führen. Geläufige Abkürzungen wie usw. oder z. B. können allerdings genutzt werden.

7. Erstellung von Vorlagen mit Microsoft Word

Microsoft Word bietet verschiedene Funktionen zur Erstellung von Dokumentenvorlagen. So können Platzhalter definiert werden, die den Benutzer Schritt für Schritt durch die Vorlage führen. Darüber hinaus können häufig verwendete Textabschnitte als Textbausteine hinterlegt werden, die dann durch wenige Mausklicks in ein Dokument eingefügt werden können. Gespeichert werden solche Vorlagen in einem besonderen Dateityp, der bei der Erstellung eines neuen Dokumentes als Grundlage ausgewählt werden kann.

7.1 Erstellung und Verwendung von Dokumentenvorlagen

Für Dokumente, die regelmäßig in ähnlicher Form benötigt werden, ist die Erstellung einer geeigneten Dokumentenvorlage sinnvoll. In einer solchen Vorlage sind bereits alle Textelemente enthalten, die für alle abgeleiteten Dokumente gleich bleiben. Darüber hinaus werden die Textstellen, die für jedes Dokument spezifisch angepasst werden müssen, durch Platzhalter ausgetauscht und so die Anwendung der Vorlage deutlich erleichtert.

Eine Dokumentenvorlage wird mit der Dateiendung „.dotx" gespeichert, die im Dialog **„Speichern unter"** im Feld „Dateityp" (1) ausgewählt werden kann.

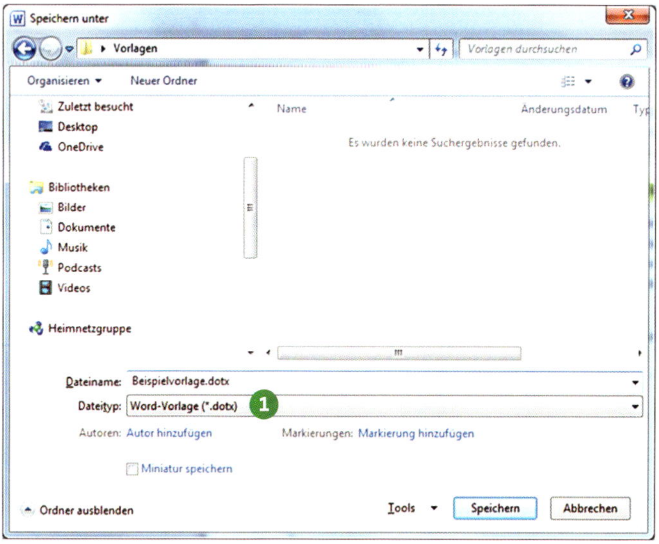

Anschließend kann die **Dokumentenvorlage** bei der Neuanlage eines Dokumentes z. B. über die Schaltflächen „Meine Vorlagen“ (1) oder „Neu aus vorhandenem Dokument“ (2) genutzt werden. Der Speicherort der Vorlagendateien, die unter „Meine Vorlagen“ angezeigt werden, kann über die Optionen unter Erweitert/Dateispeicherorte eingesehen und verändert werden.

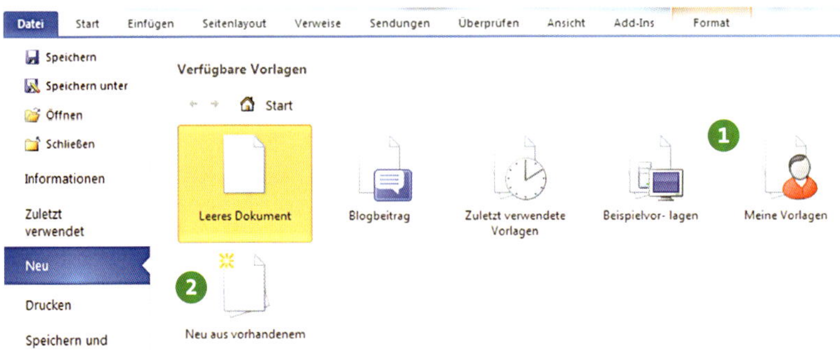

7.2 Definition und Verwendung von Platzhaltern

Microsoft Word bietet mehrere Wege, Platzhalter unterschiedlicher Art in einen Text (z. B. für eine Dokumentenvorlage) einzufügen. Eine einfache und schnelle Möglichkeit stellt dabei die Tastenkombination STRG + F9 dar, mit deren Hilfe ein beliebiger, markierter Text in einen Platzhalter umgewandelt werden kann. Dabei wird der ausgewählte Text grau hinterlegt und mit geschweiften Klammern { ... } eingerahmt.

Platzhalter für den **Betreff** eingefügt!

↓ STRG + F9

Platzhalter für den {Betreff} eingefügt!

Die in einem Dokument eingefügten Platzhalter können mit der Taste F11 ausgehend von der aktuellen Cursorposition nacheinander angesprungen werden. Bei der Befüllung der Vorlage ist darauf zu achten, dass die Platzhalter durch die eingefügten Texte ersetzt und nicht nur umbenannt werden.

Bei der Verwendung einer Dokumentenvorlage kann es passieren, dass die Feldfunktionen für die Platzhalter nicht dargestellt werden. In diesem Fall wird stattdessen die Fehlermeldung „Fehler! Textmarke nicht definiert" angezeigt. Zur Lösung dieses Problems muss erst das ganze Dokument markiert (z. B. mit der Tastenkombination Strg + a) und anschließend die **Feldfunktionen** eingeschaltet werden (z. B. im Kontextmenü der markierten Zeilen oder durch die Tastenkombination Alt + F9).

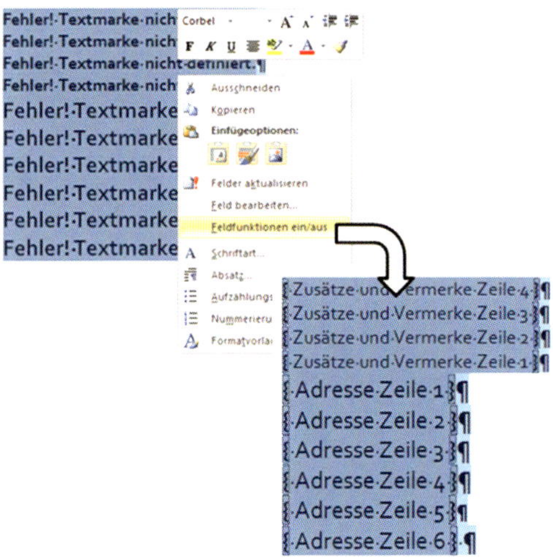

Nach der Neuanlage des Dokumentes können die vorhandenen Platzhalter durch mehrmaliges Betätigen der Taste F11 einzeln angesprungen und ausgetauscht werden.

7.3 Erstellung, Verwaltung und Verwendung von Textbausteinen

Textbausteine sind Textabschnitte, die in einer Vorlagendatei bereits hinterlegt sind und durch wenige Mausklicks in ein Dokument eingefügt werden können. Um einen solchen Textbaustein anzulegen, muss zuerst der entsprechende Textabschnitt markiert werden. Anschließend kann daraus über die Schaltfläche „Auswahl im Schnellbaustein-Katalog speichern ..." ❶ im Auswahlmenü „Schnellbausteine" des Menübands (im Register „Einfügen") ein Textbaustein erzeugt werden.

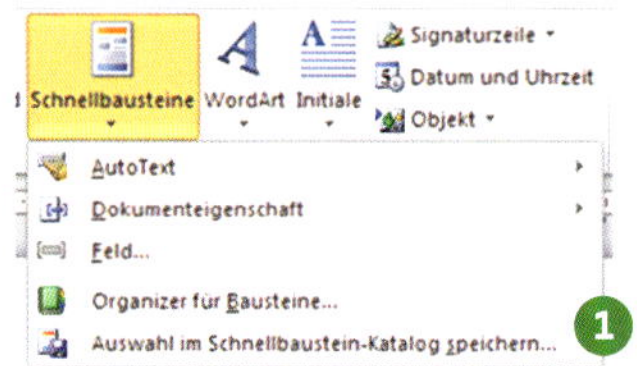

TIPP

Mit der Tastenkombination ALT + F3 können Textbausteine sehr schnell erstellt werden.

Im Dialog **„Neuen Baustein erstellen“** müssen noch die folgenden Einstellungen vorgenommen werden:

1. Name des Textbausteins
2. Kategorie, in der der Textbaustein gespeichert werden soll
3. Beschreibung des Textbausteins
4. Vorlagendatei, in der der Textbaustein gespeichert werden soll (zur Auswahl stehen hier alle Vorlagendateien, die mit dem aktuellen Dokument verknüpft sind)
5. Optionen bezüglich des Einfügens des Textbausteins.

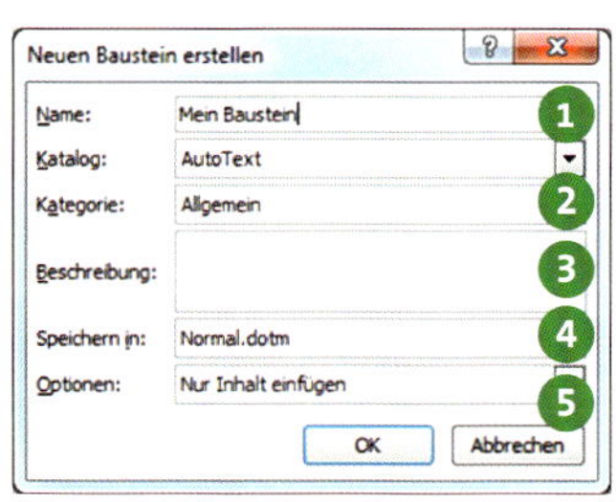

TIPP

Textbausteine, die in der Vorlagendatei „Normal.dotm“ gespeichert werden, stehen in allen Dokumenten zur Verfügung, die nicht auf einer speziellen Vorlage basieren.

Vorhandene Textbausteine können über das Auswahlmenü „Schnellbausteine“ ❶ oder über den „Organizer für Bausteine“ ❷ eingefügt werden. Alternativ kann der Name des Textbausteins auch in das Dokument eingetragen, markiert und anschließend mit der Taste F3 in den Text des Bausteins umgewandelt werden.

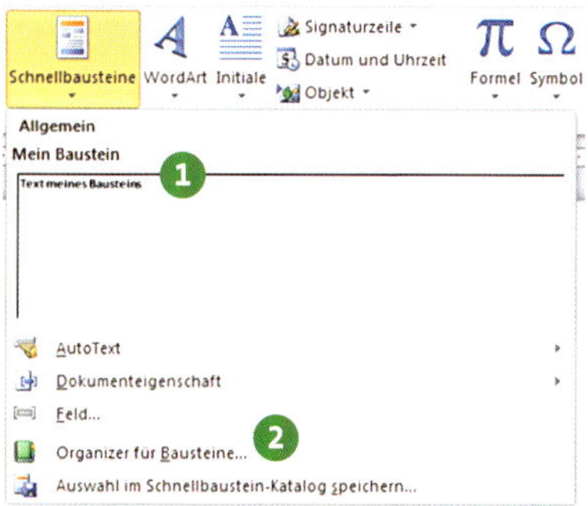

Der Dialog **„Organizer für Bausteine“** erlaubt nicht nur das Einfügen von Textbausteinen ❶ sondern ermöglicht auch deren Bearbeitung ❷ und Löschung ❸.

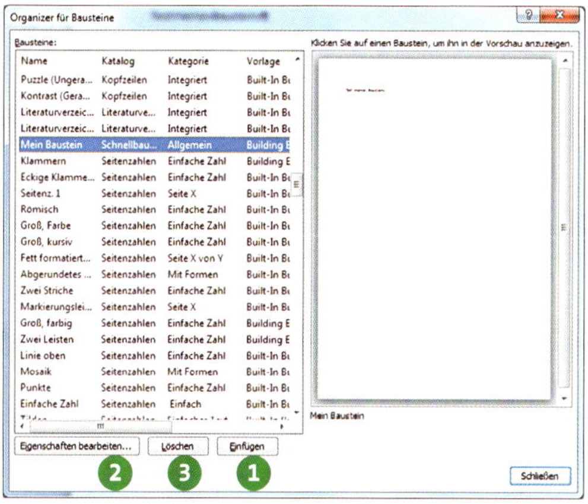

8. Betriebliche Informationstechnik und Telekommunikation

8.1 Grundlagen der Telekommunikation

Die Telekommunikation wird in Deutschland durch das Telekommunikationsgesetz (TKG) geregelt, das den Zweck hat, durch technologieneutrale Regulierung den Wettbewerb im Bereich der Telekommunikation und leistungsfähige Telekommunikationsinfrastrukturen zu fördern und flächendeckend angemessene und ausreichende Dienstleistungen zu gewährleisten (§ 1 TKG).

Gemäß § 3 Abs. 22 TKG ist Telekommunikation definiert als der technische Vorgang des Aussendens, Übermittelns und Empfangens von Signalen mittels Telekommunikationsanlagen. Telekommunikation bezeichnet daher den Austausch von Informationen und Daten über jegliche Distanzen, wobei die Distanz selbst unerheblich ist. Die Informationen können beispielsweise innerhalb des gleichen Raumes (z. B. von einem Rechner zum anderen), innerhalb des gleichen Unternehmensgebäudes, innerhalb einer Stadt oder länder- und kontinentübergreifend ausgetauscht werden. Als Übertragungsweg für die Telekommunikation werden Kabel (Koaxialkabel, Fernmeldekabel, Stromnetz) oder die drahtlose Funktechnik benötigt, mithilfe derer Telekommunikationsanlagen Nachrichten verschicken können.

Telekommunikationsanlagen sind gem. § 3 Abs. 23 TKG technische Einrichtungen oder Systeme, die als Nachrichten identifizierbare elektromagnetische oder optische Signale innerhalb eines Telekommunikationsnetzes senden, übertragen, vermitteln, empfangen, steuern oder kontrollieren können.

Das Telekommunikationsnetz definiert sich hierbei als die Gesamtheit von Übertragungssystemen und gegebenenfalls Vermittlungs- und Leitwegeinrichtungen sowie anderweitigen Ressourcen, einschließlich der nicht aktiven Netzbestandteile, die die Übertragung von Signalen über Kabel, Funk, optische und andere elektromagnetische Einrichtungen ermöglichen, einschließlich Satellitennetzen, festen, leitungs- und paketvermittelten Netzen, einschließlich des Internets, und mobilen terrestrischen Netzen, Stromleitungssystemen, soweit sie zur Signalübertragung genutzt werden, Netzen für Hör- und Fernsehfunk sowie Kabelfernsehnetzen, unabhängig von der Art der übertragenen Information (§ 3 Abs. 27 TKG). Das Telekommunikationsgesetz, das als deutsches Bundesgesetz den Wettbewerb in der Branche der Telekommunikation regelt, unterscheidet außerdem Telekommunikationsdienste und telekommunikationsgestützte Dienste.

Telekommunikationsdienste (§ 3 Abs. 24 TKG)	telekommunikationsgestützte Dienste (§ 3 Abs. 25 TKG)
▸ gegen Entgelt erbrachte Dienste, die ganz oder überwiegend in der Übertragung von Signalen über Telekommunikationsnetze bestehen, einschließlich Übertragungsdienste in Rundfunknetzen	▸ Dienste, die keinen räumlich und zeitlich trennbaren Leistungsfluss auslösen, sondern bei denen die Inhaltsleistung noch während der Telekommunikationsverbindung erfüllt wird

8.2 Mündliche Telekommunikation

Mündliche Telekommunikation findet als Telefonie oder Videotelefonie statt, bei der zwei oder mehr Teilnehmer innerhalb eines Gesprächs Informationen austauschen. Es können zwei Personen ein Telefonat oder aber mehrere Personen als Gruppe eine Telefonkonferenz durchführen. Ebenso kann ein Telefonat mithilfe von Internetdiensten als Videotelefonat geführt werden, bei dem sich die Gesprächspartner sehen können, wenn sie über ein Gerät mit entsprechenden Funktionen und Zubehör (z. B. Webcam, Lautsprecher, Smartphone) verfügen.

LF 2, Kap. 5.

Telefonie über das Festnetz

- Die Telefonie erfolgt über öffentliche, leitungsgebundene Netzwerke.
- Das Festnetz ist unterteilt in Kern- und Zugangsnetze.
- Das analoge Festnetz wird in Deutschland in den nächsten Jahren durch die Voice-over-IP-Technologie ersetzt.

Telefonie über Mobilfunknetze

- Die Telefonie erfolgt über Mobilfunknetze/Mobilvermittlungsnetze sowie über das Zugangsnetz.
- Signale werden zwischen den ortsfesten Einrichtungen und den Einrichtungen des Mobilfunknetzes übertragen.

Telefonie über VoIP

- Die Telefonie erfolgt über Voice over Internet Protokoll (VoIP) und wird auch als IP-Telefonie oder Internet-Telefonie bezeichnet.
- Die Sprachübertragung findet über ein für die Datenübertragung geeignetes Netz statt.
- Die Verbindung kann hergestellt werden über Computer, geeignete (kompatible) Telefonendgeräte oder über mit einem Adapter angeschlossene herkömmliche Telefone.

Die Übertragung der Sprache kann dabei entweder durch analoge oder digitale Datenübermittlung stattfinden.

analoge Datenübermittlung mithilfe analoger Endgeräte

- Umwandlung akustischer Schwingungen in elektrische Signale
- Übertragung der Signale über ein Leitungsnetz
- Umwandlung der Signale zurück in akustische Schwingungen

digitale Datenübermittlung mithilfe digitaler Endgeräte

- Umwandlung akustischer Schwingungen in digitale Informationen
- Übertragung der digitalen Informationen über ein digitales Übertragungsnetz
- Umwandlung der digitalen Informationen zurück in akustische Schwingungen

8.3 Schriftliche Telekommunikation

Schriftliche Telekommunikation ist der schriftliche Austausch von Informationen und Daten über Telekommunikationsnetze. Fernschreiben (Telex) und Teletex werden digital über ISDN (Integrated Services Digital Network) sowie die Datennetze Datex-L und Datex-P übermittelt. Heute werden diese Dienste weniger genutzt, Unternehmen nutzen für die betriebliche Kommunikation überwiegend E-Mail und Fax.

Telex	▸ Teleprinter Exchange ▸ System zur Übermittlung von Textnachrichten ▸ Nutzung für Rundschreiben, Direktrufe, Zuschreiben von Merkmalen
Teletex	▸ international standardisierter Textkommunikationsdienst ▸ Weiterentwicklung des Telex ▸ Dienst zur Übermittlung von Texten
Datex-L	▸ leitungsvermitteltes Netz zur Datenübertragung ▸ protokolltransparentes Netz
Datex-P	▸ Data Exchange paketorientiert ▸ Kommunikationsnetz zur Datenübertragung

8.4 Betriebliche Informationstechnik

Der Begriff Informationstechnik (IT) beschreibt die Vorgänge der Informations- und Datenverarbeitung mithilfe der dazu benötigten Soft- und Hardware.

Die betriebliche Informationstechnik umfasst dabei alle Bereiche der Informationstechnik, die ein Unternehmen für sich betrieblich nutzt bzw. nutzen kann.

8.4.1 Hardware

Der Begriff Hardware bezeichnet die Komponenten sowie Baugruppen von Rechenanlagen, die technische Gegenstände sind und sich dementsprechend physisch anfassen lassen. Hardware kann je nach ihrem Verwendungszweck in fünf verschiedene Gruppen unterteilt werden:

1. Hardware zur Eingabe von Daten
2. Hardware zur Verarbeitung von Daten
3. Hardware zur Ausgabe von Daten
4. Hardware zur Speicherung von Daten
5. Hardware zur Übertragung von Daten.

Zur Verarbeitung der Daten werden verschiedene Komponenten benötigt, diese werden als **Zentraleinheit** bezeichnet. Alle weiteren Komponenten können unter dem Begriff **Peripheriegeräte** zusammengefasst werden.

Die Zentraleinheit besteht aus der Ein- und Ausgabesteuerung, dem Hauptspeicher und dem Prozessor.

Die Ein- und Ausgabesteuerung verbindet die einzelnen Hardwareelemente miteinander. Der Hauptspeicher hält die zur Bearbeitung notwendigen Programme und Daten bereit und nimmt Zwischen- sowie Endergebnisse der Verarbeitung auf. In dem Prozessor (auch CPU – Central Processing Unit) werden die einzelnen Anweisungen eines Programms verarbeitet.

Der Prozessor und der Hauptspeicher befinden sich physisch im PC auf der Hauptplatine (auch Motherboard oder Mainboard genannt). Auf der Hauptplatine befindet sich außerdem das Bussystem mit den entsprechenden Schnittstellen zu den Peripheriegeräten, z. B. die Steckplätze für Grafik-/Netzwerkkarten, USB-Schnittstellen oder auch Steuereinheiten für Speichermedien.

Die sog. Peripheriegeräte befinden sich entweder im Gehäuse des PC (z. B. die Festplatte, CD-Laufwerke, DVD-Laufwerke) oder sie befinden sich außerhalb des PC-Gehäuses (z. B. die Tastatur, der Bildschirm oder die Maus).

Grundsätzlich wird bei der Informationstechnik und der Nutzung von Hardware auch vom EVA-Prinzip gesprochen:

Eingabe → **V**erarbeitung → **A**usgabe

Befehle oder Daten werden über ein Eingabegerät eingegeben, anschließend werden sie in der Zentraleinheit verarbeitet und nach dem Verarbeitungsprozess wird das Ergebnis durch ein Ausgabegerät wieder ausgegeben.

Unter anderem können die folgenden Geräte zur **Eingabe von Daten oder Befehlen** verwendet werden:

Eingabegerät	Erläuterung
Tastatur	Die Tastatur dient dem Anwender zu Erfassung von numerischen, alphabetischen sowie alphanumerischen Daten. Der Anwender drückt eine Taste oder Tastenkombination. Die Information über diese Taste oder Tastenkombination wird digitalisiert, anschließend an die Zentraleinheit übermittelt und der gewünschte Befehl wird ausgeführt.
Maus	Die Maus dient dem Anwender zur Eingabe von Befehlen über die grafische Benutzeroberfläche (Bildschirm). Mithilfe der Maus können auf dem Bildschirm Eingabefelder, Befehlsschaltflächen oder Optionsfelder angesteuert werden. Durch einfaches oder doppeltes Klicken können Befehle eingegeben oder die Anzeige des Bildschirms durch Scrollen bewegt werden. Die Befehle, die mithilfe der Maus eingegeben werden, können zumeist auch über Tastenkombinationen eingegeben werden.
optische Beleglesegeräte	Optische Beleglesegeräte dienen zur Digitalisierung von Daten und Informationen, die handschriftlich oder in Maschinenschrift vorliegen. Ein optisches Beleglesegerät erkennt Unterschiede anhand der Helligkeit und Dunkelheit und wandelt die Konturen in digitale Daten um, sodass beispielsweise Formulare eingelesen werden können.
Flachbettscanner	Ein Flachbettscanner dient der Digitalisierung von Daten und Informationen, die handschriftlich oder in Maschinenschrift vorliegen. Ein einzulesendes Dokument kann beispielsweise ein A4-Blatt, ein Foto o. Ä. sein. Der Flachbettscanner erkennt die unterschiedlichen Farb- und Graustufen. In Betrieben dienen Flachbettscanner dazu, Dokumente zu digitalisieren und diese z. B. im Rahmen eines Dokumentenmanagementsystems vielen Mitarbeitern gleichzeitig zugänglich zu machen.
Barcode-Scanner	Der Barcode-Scanner dient dazu, anhand des eingescannten Barcodes eines Artikels Informationen über diesen Artikel abzurufen oder einzugeben. Damit der Barcode-Scanner Anwendung finden kann, müssen auf den gewünschten Artikeln/Waren Barcodes angebracht sein. Es gibt viele verschiedene Barcode-Typen. Ein solcher Barcode kann beispielsweise ein Strichcode, ein Stapelcode oder eine Data-Matrix sein.

Eingabegerät	Erläuterung
RFID-Lesegeräte	RFID bedeutet Radio Frequency Identification. Es wird zunächst ein RFID-Label an einem Artikel angebracht. Das RFID-Lesegerät erzeugt ein elektromagnetisches Feld und das RFID-Label, das mit einem FunkChip ausgestattet ist, sendet die darauf enthaltenen Daten zurück an das RFID-Lesegerät.
Touchscreens	Touchscreens erlauben die Eingabe durch Berührung des Bildschirms mit den Fingern. Touchscreens sind aus dem privaten Bereich, z. B. durch die Smartphone-Nutzung, bekannt. Betrieblich finden sich Touchscreens z. B. bei Fahrkarten- oder auch Bankautomaten.
Geräte zur Erfassung biometrischer Daten	Geräte zur Erfassung biometrischer Daten dienen ebenfalls der Eingabe und Erfassung von Daten. An vielen Notebooks und Smartphones finden sich z. B. Fingerscanner, die anstelle einer Passworteingabe dem Nutzer des Geräts den Zugang erlauben, wenn er sich durch das Scannen seines Fingerabdrucks identifiziert hat.

Die folgenden Geräte ermöglichen die **Ausgabe von Daten** in einer für Menschen verständlichen Form:

Ausgabegerät	Erläuterung
Bildschirm	Der Bildschirm dient dem Anwender zur Visualisierung von Daten, Dateien, Befehlsschaltflächen usw.
Drucker	Der Drucker dient zur Darstellung von Daten auf einem Druckmedium (z. B. auf Papier, Folie o. Ä.).
Lautsprecher	Die Lautsprecher dienen zur Ausgabe von Audiodaten, z. B. Musik eines Videos, Warn- oder Hinweistöne bei falschen Eingaben.

Erweitert wird das EVA-Prinzip um die Komponenten der Datenübertragung, beispielsweise über eine Netzwerkkarte, sowie um die Möglichkeit der dauerhaften Speicherung von Daten, beispielsweise auf der Festplatte oder einem USB-Stick und durch das Brennen von Daten auf CDs oder DVDs.

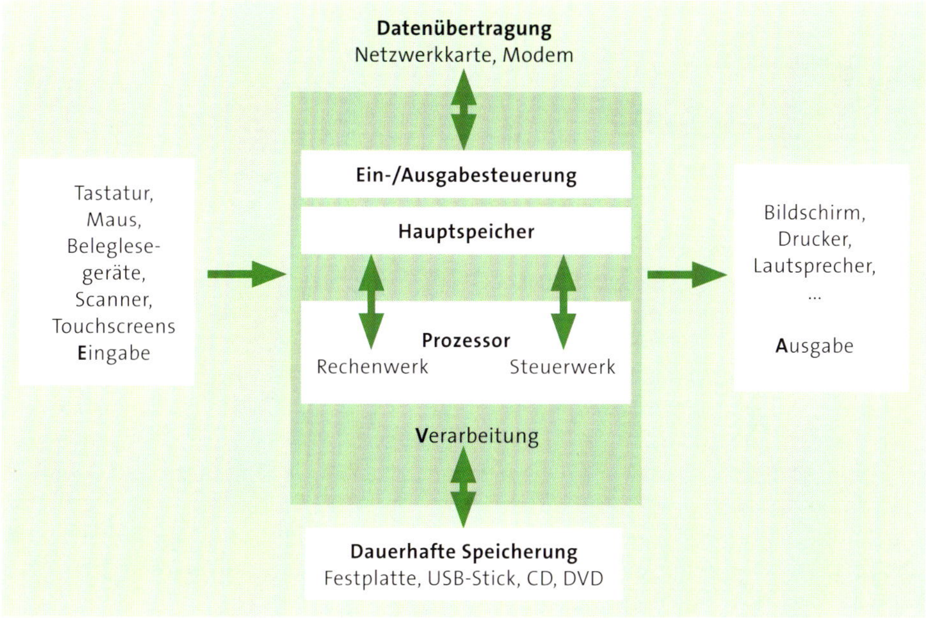

8.4.2 Software

Im Gegensatz zur Hardware ist die Software nicht physisch greifbar. Software und Hardware sind eng miteinander verknüpft, nur durch die Verknüpfung beider können Informationssysteme funktionieren und durch einen Anwender genutzt werden.

Software dient dem Anwender in verschiedenen Bereichen, daher kann sie nach unterschiedlichen Merkmalen eingestuft werden:

- **Systemsoftware**
  Systemsoftware dient dazu, Soft- und Hardware miteinander zu verbinden. Durch die Systemsoftware wird der Betrieb eines Rechners gewährleistet, da unter die Systemsoftware prioritär das Betriebssystem eines Rechners fällt. Hierzu zählen auch Entwicklungsumgebungen und Programmiersprachen, zur sog. systemnahen Software zählen Dienstprogramme und Datenbank-Verwaltungswerkzeuge.

- **Anwendungssoftware**
  Anwendungssoftware stellt dem Nutzer ein Anwendungsprogramm zur Verfügung, durch das sich die Bearbeitung verschiedener Aufgaben für den Nutzer vereinfachen soll. Je nach Anwendungssoftware und Aufgabe kann die Software die Aufgabe vollständig automatisiert erfüllen.

Die Anwendungssoftware lässt sich anhand des Individualisierungsgrads zusätzlich in Standardsoftware und Individualsoftware unterteilen.

- **Standardsoftware**
  Standardsoftware ist bereits entwickelte Software, die vom Anwender (z. B. einem Unternehmen, einer Privatperson) erworben werden kann. Die Software ist dabei zur Unterstützung eines bestimmten Aufgabenbereichs entwickelt worden. Bei Standardsoftware handelt es sich entweder um funktionsübergreifende oder um funktionsbezogene Standardsoftware. Funktionsübergreifende Standardsoftware kann in verschiedenen Unternehmensbereichen eingesetzt werden, so z. B. Textverarbeitungssoftware oder Tabellenkalkulationssoftware. Die funktionsbezogene Standardsoftware unterstützt hingegen spezifische Fachaufgaben, z. B. CAD-Software zur Konstruktionsplanung. Standardsoftware ist oft günstiger in den Anschaffungskosten als Individualsoftware, dafür muss sie jedoch ggf. auf die Belange der Nutzer angepasst werden.
- **Individualsoftware**
  Individualsoftware ist individuell auf die Belange des Anwenders/Unternehmens abgestimmt. Hierbei handelt es sich um Software, die für spezielle und nicht allgemein übliche Vorgänge programmiert wird. Individualsoftware ist z. B. dann für einen Anwender wichtig, wenn es keine geeignete Standardsoftware zur Bearbeitung der entsprechenden Aufgabe gibt. Gibt ein Unternehmen die Entwicklung von Individualsoftware in Auftrag, so erwartet es sich z. B. Vorteile gegenüber der Konkurrenz oder auch eine Loslösung von bereits existierenden Softwarelösungen am Markt. Durch eine individuelle Software besteht keine Abhängigkeit zu bereits bestehenden Anbietern von Softwarelösungen. Eine Gepäcksortiersteuerung am Flughafen oder eine extra erstellte Schulungsdatenbank dienen als Beispiele für Individualsoftware.

Die Standardsoftware kann weiterhin in die folgenden Unterkategorien unterteilt werden.

- **Funktionsübergreifende Standardsoftware**
  Funktionsübergreifende Standardsoftware hat den Vorteil, dass viele Anwender sie nutzen können, ohne hierfür Individualsoftware zu benötigen. Weiterhin ist funktionsübergreifende Standardsoftware branchenneutral, d. h. sie kann von den meisten Unternehmen verschiedenster Branchen genutzt werden.

Zu funktionsübergreifender Standardsoftware gehören beispielsweise Office-Lösungen, die Textverarbeitungsprogramme, Tabellenkalkulationsprogramme, Datenbanken und andere Software beinhalten. Da diese Software sehr verbreitet ist, kann nicht nur in verschiedenen Funktionsbereichen eines Unternehmens mit der gleichen funktionsübergreifenden Software gearbeitet werden, auch ist das unternehmensübergreifende Arbeiten mit solcher Software kein Problem, da sich die mit funktionsübergreifender Software erstellten Dateien einfach verschicken und an anderer Stelle öffnen lassen.

- **Funktionsbezogene Standardsoftware**
  Funktionsbezogene Standardsoftware ist bereits entwickelte Software, die der Anwender, z. B. ein Unternehmen, erwirbt, um damit spezielle Aufgaben und Anforderungen erfüllen zu können. Technische Zeichner benötigen beispielsweise eine CAD-Software, die in typischen Office-Lösungen (funktionsübergreifende Standardsoftware) nicht enthalten ist.
- **Branchensoftware**
  Branchensoftware ist bereits entwickelte Software, die auf eine bestimmte Branche, somit also auf ein begrenztes Marktsegment abgestimmt ist. Branchensoftware ist z. B. ein Programm zur Auslegung von Dächern mit Modulen, das von Photovoltaikbetrieben benötigt wird. Branchensoftware ist oftmals kostengünstiger als Individualsoftware, kann jedoch auch im Nachhinein noch individualisiert und den Bedürfnissen des jeweiligen Anwenders/Unternehmens angepasst werden.

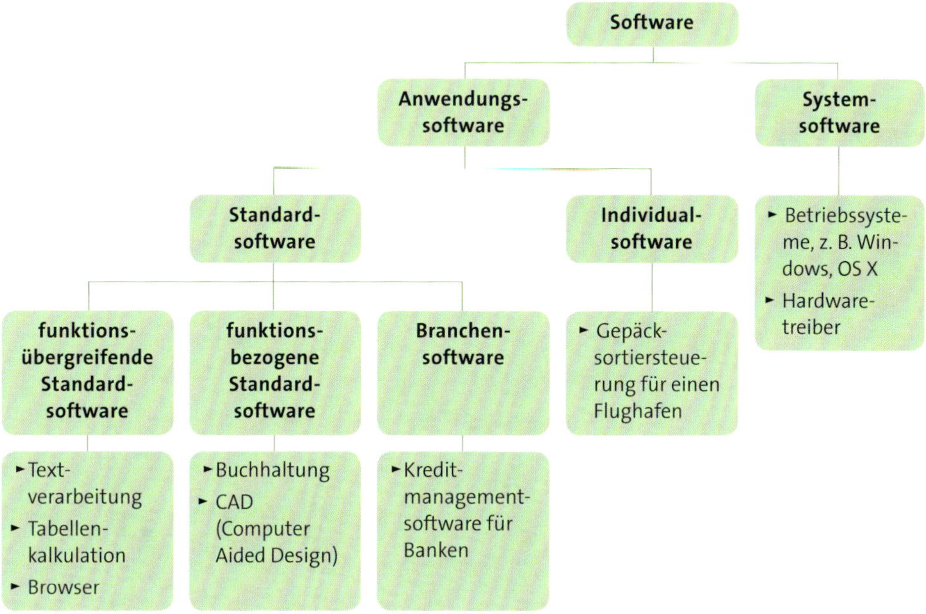

8.5 Betriebliche Kommunikation über das Internet

Ein Großteil der betrieblichen Kommunikation findet über Computernetzwerke statt, da sie Unternehmen (wie auch Privatpersonen) die Möglichkeit bieten, Dokumente und Daten schnell und kostengünstig zu senden, sofern Sender und Empfänger über einen Zugang zu einem gemeinsamen Netzwerk verfügen.

Abhängig von ihrer Größe werden die folgenden Netzwerkkategorien unterschieden:

LF 4, Kap. 6.5

PAN

Personal Area Network
für die Vernetzung von Kleingeräten, z. B. ein Smartphone oder ein PDA mit einem Computer

↓

LAN

Local Area Network
für Räume, nah beieinander liegende Gebäude oder einen bestimmten Geländebereich

↓

MAN

Metropolitan Area Network
für Gebäudekomplexe, Städte

↓

WAN

Wide Area Network
für Länder und Kontinente

↓

GAN

Global Area Network
zur Verbindung von WAN untereinander,
zur Schaffung länder- und kontinentübergreifender Netzwerke (= Internet)

8.5.1 Aufbau und Funktionsweise des Internets

Das Internet basiert auf dem Netzwerkprotokoll TCP/IP (Transmission Control Protocol/Internet Protocol) und ist ein Computernetzwerk, das den Anwendern die Nutzung von Internetdiensten ermöglicht. Dieses Computernetzwerk besteht dabei aus einem weltweiten Verbund vieler einzelner Netzwerke (inter = zwischen und net = Netz). Jeder an das Internet angeschlossene Rechner kann grundsätzlich mit jedem anderen, ebenfalls an das Internet angeschlossenen Rechner, kommunizieren. Mithilfe des Internets und der verschiedenen Internetdienste können z. B. Unternehmen Daten innerhalb kürzester Zeit über große Entfernungen hinweg austauschen.

Im Internet wird heute eine Vielzahl von Diensten angeboten. Die wichtigsten Dienste werden in den folgenden Kapiteln näher vorgestellt:

- World Wide Web (WWW)
- Suchmaschinen
- E-Mail.

Neben diesen Internetdiensten gibt es noch viele weitere, z. B. das File Transfer Protocol (FTP), Diskussionsforen zu bestimmten Themenbereichen, Chats, Internetfernsehen und -radio, Spiele.

8.5.2 World Wide Web (WWW)

Einer der wichtigsten Internetdienste ist das World Wide Web (WWW), ein über das Internet abrufbares System aus Hypertextdokumenten (auch Webseiten genannt). Diese Dokumente sind über sog. Hyperlinks miteinander verbunden. Sie können neben einfachem Text auch Videos, Audios oder Grafiken enthalten (Hypermedia). Auf Webservern werden die Seiten des World Wide Web zur Verfügung gestellt, sodass mithilfe eines Browsers (zum Beispiel Google Chrome, Microsoft Edge) darauf zugegriffen werden kann. Dieser Zugriff erfolgt über die sog. Uniform Resource Locator (URL). Diese URL ist eine Adresse für eine bestimmte Webseite im World Wide Web, die dann wiederum Links zu anderen Webseiten enthalten kann. So wird über die URL www.kiehl.de der Zugang zu den Webseiten des Kiehl Verlags ermöglicht.

8.5.3 Nutzung von Suchmaschinen

Suchmaschinen sind Programme zum Finden und Recherchieren von Dokumenten und Dateien, die sowohl auf dem eigenen Rechner als auch über das Internet nutzbar sind. Um auf dem eigenen Rechner oder im Unternehmensnetzwerk eine Datei zu finden, kann die Suchfunktion des Rechners genutzt werden. Um eine Datei zu finden, die im Internet gespeichert ist, können entsprechende Suchmaschinen, wie z. B. Google, verwendet werden.

Die Suchbegriffe werden durch den Anwender in die Suchmaschine eingegeben und mit der Datenbank des Suchmaschinenanbieters verglichen. Die Suchergebnisse werden anschließend – nach Relevanz geordnet – dem Anwender angezeigt.

8.5.4 Nutzung von E-Mail

E-Mail ist ebenfalls den Diensten des Internets zugeordnet und leitet sich von „electronic mail“ ab („elektronische Post“). Über den E-Mail-Dienst können elektronische Nachrichten versendet und empfangen werden, die Nachrichten werden dabei mithilfe eines E-Mail-Servers übermittelt. Eine E-Mail-Adresse besteht aus einem vorderen und einem hinteren Teil, beide werden durch das @-Zeichen voneinander abgegrenzt.

Beispiel

Die E-Mail-Adresse lautet: feedback@kiehl.de

Der vordere Teil lautet „feedback“, dann folgt zur Trennung das @-Zeichen. Der hintere Teil der E-Mail-Adresse lautet „kiehl.de“. „feedback“ ist hierbei das Konto eines Benutzers, „kiehl.de“ bestimmt bzw. lokalisiert den Mailserver, zu dem das Konto gehört.

E-Mails können zusätzlich zur eigentlichen Nachricht sowohl Textdokumente als auch Videos, Audios, Präsentationen u. Ä. transportieren. Bezüglich der Empfänger einer E-Mail kann zwischen drei verschiedenen Varianten ausgewählt werden:

- **An:** Alle Empfänger, die direkt in der E-Mail angesprochen werden
- **Cc** (Kopie): Alle Empfänger, die lediglich über den Inhalt der E-Mail informiert, aber nicht direkt angesprochen werden
- **Bcc** (Blindkopie): Alle Empfänger, die die E-Mail ohne Kenntnis der anderen Empfänger erhalten sollen.

Obwohl im Internet üblicherweise ein lockerer Umgangston vorherrscht, sollten betriebliche E-Mails dem Empfänger angemessen und höflich formuliert und dabei auf unangebrachte Abkürzungen und Smileys verzichtet werden. Darüber hinaus gelten für geschäftliche E-Mails abhängig von der Rechtsform des Unternehmens die gleichen gesetzlichen Vorgaben wie für Geschäftsbriefe.

Auch die DIN 5008 enthält einige Empfehlungen für die einzelnen Bestandteile von geschäftlichen E-Mails:

- **Betreff:** Wie beim Geschäftsbrief enthält der Betreff eine stichwortartige, aber möglichst aussagekräftige Zusammenfassung des Inhalts. Bei einer E-Mail steht dabei jedoch nur eine Zeile in einem separaten Eingabefeld zur Verfügung, die insbesondere für den Empfänger später zur Priorisierung und Bearbeitung der E-Mail eine zentrale Rolle spielt.
- **Anrede:** Bezüglich der Formulierung der Anrede in einer E-Mail empfiehlt die DIN 5008 die gleichen Regelungen wie bei einem Geschäftsbrief. Zwischen der Anrede und dem nachfolgenden Text steht eine Leerzeile.
- **Text:** Der eigentliche Text der E-Mail sollte als Fließtext ohne Worttrennungen gestaltet werden, da die Darstellung der E-Mail von der Software und von dem Endgerät des Empfängers abhängig ist. Absätze werden jeweils durch eine Leerzeile voneinander getrennt und auch ansonsten gelten für den Text die gleichen Gestaltungsregeln wie bei einem Geschäftsbrief.
- **Abschluss/Signatur:** Der Abschluss der E-Mail (auch Signatur genannt) umfasst wie bei dem Geschäftsbrief eine angemessene Grußformel, die Firmen- bzw. Behördenbezeichnung und den Namen des Absenders inklusive Abkürzung für die Bevollmächtigung (eine handschriftliche Unterschrift fehlt natürlich). Darunter können als Block zusätzliche Kommunikationsangaben (Telefon, Fax, E-Mail usw.) sowie die gesetzlich vorgeschriebenen Pflichtangaben zum Unternehmen (z. B. Unternehmenssitz, Handelsregistereintragung usw.) eingefügt werden. Die einzelnen Elemente der Signatur werden jeweils durch eine Leerzeile voneinander getrennt (siehe folgendes Beispiel).

```
Freundliche Grüße

DüMaBa GmbH

i. A. Thea Schwarz

Telefon: 0211 88442-651
Telefax: 0211 88442-11
E-Mail: t.schwarz@duemaba.de
Internet: http://www.duemaba.de

Unternehmenssitz / Postanschrift: Bahnhofsstraße 8, 40532 Düsseldorf
Geschäftsführer: Dr. Irmgard Sonnenfeld, Johannes Klimt
Handelsregistereintrag: HR-B 72 812-9 beim Amtsgericht Düsseldorf
```

- **Anhänge:** Zusätzlich zum Nachrichtentext kann eine E-Mail auch eine oder mehrere Dateien als Anhang enthalten. Dabei ist zu beachten, dass viele Unternehmen die Größe der angehängten Datei begrenzen (z. B. bis 10 Megabyte) und ggf. bestimmte Dateiformate (z. B. ausgewählte Dateiendungen) aus Sicherheitsgründen sogar komplett sperren. E-Mails, die gegen diese unternehmensspezifischen Regeln verstoßen, werden nicht an die Empfänger weitergeleitet. Der Absender erhält eine entsprechende Fehlermeldung als E-Mail.

9. Warenlieferung und Lieferschein

Bei einer Warenlieferung ist zu entscheiden, ob sie mithilfe von eigenen Transportmitteln oder durch die Beauftragung eines fremden Transportunternehmens erfolgen soll. Für diese Wahl gibt es jedoch keine allgemeingültige optimale Lösung, sondern für jede Situation müssen Faktoren, wie die entstehenden Kosten und die vereinbarten Lieferbedingungen, neu abgewogen werden.

Bei beiden Alternativen ist jedoch neben der bestellten Ware auch ein passender Lieferschein mitzuführen, der die notwendigen Informationen für eine erfolgreiche Lieferung enthält.

9.1 Unternehmenseigene Transportmittel

Unternehmen, die regelmäßig größere Warenlieferungen durchführen, besitzen im Allgemeinen eigene Transportfahrzeuge und beschäftigen entsprechende Mitarbeiter. Das Ziel ist dabei, durch eine hohe Auslastung des eigenen Fuhrparks Kosten im Vergleich zur Beauftragung von fremden Transportunternehmen einzusparen. Darüber hinaus können im Rahmen der Lieferung ggf. durch die eigenen, entsprechend geschulten Mitarbeiter vor Ort zusätzliche Dienstleistungen, wie z. B. der Aufbau und die Einrichtung von Geräten, durchgeführt werden. Auch die Barzahlung direkt an den Fahrer ist bei dem Einsatz unternehmenseigener Transportmittel möglich.

Es ist jedoch zu beachten, dass der Verkäufer bei der Lieferung durch eigene Transportmittel die Gefahr von Verlust oder Beschädigung der Ware bis zur Übergabe an den Kunden trägt. Gerät der Lkw des Verkäufers in einen Unfall und die Ware wird dabei beschädigt oder zerstört, kann der Kunde Ersatz fordern.

9.2 Lieferung durch ein fremdes Transportunternehmen

Anstatt die bestellte Ware selbst zum Kunden zu bringen, kann ein Verkäufer auch ein fremdes Transportunternehmen, einen sog. Frachtführer, mit der Lieferung beauftragen. Dieser Frachtführer ist dann dazu verpflichtet, die Ware innerhalb eines festgelegten Zeitraums zu einem bestimmten Ort zu transportieren. Wenn die Fracht durch die Schuld bzw. durch fahrlässiges Verhalten des Frachtführers verloren geht, beschädigt wird oder zu spät beim Kunden ankommt, ist das beauftragte Transportunternehmen gegenüber dem Verkäufer schadenersatzpflichtig.

Um die Lieferung durchführen zu können, kann der Frachtführer vom Verkäufer die Bereitstellung der notwendigen Warenbegleitpapiere (z. B. den Lieferschein, Zollpapiere) verlangen. Darüber hinaus erhält das Transportunternehmen natürlich eine Vergütung für die geleisteten Dienste.

9.3 Bedeutung und Inhalte eines Lieferscheins

Bei einem Lieferschein handelt es sich um ein sog. Begleitpapier, da dieses Dokument grundsätzlich im Rahmen einer Lieferung zusammen mit der Ware transportiert und übergeben wird.

Es existieren zwar keine gesetzlichen Vorgaben bezüglich des Inhalts eines Lieferscheins, allerdings sollten darin mindestens die folgenden Bestandteile enthalten sein:

- Anschrift des Absenders und des Empfängers
- Lieferscheinnummer, ggf. zusätzlich Kunden-, Bestell-, Auftrags- bzw. Rechnungsnummer (falls vorhanden)
- Lieferdatum
- Beschreibung und Menge der gelieferten Ware, ggf. Hinweise zum Transport (z. B. zerbrechlich)
- Empfangsbestätigung.

Lieferscheine können auch Preise, Rechnungsbeträge, Informationen zur Zahlung usw. enthalten, wenn sie gleichzeitig als Rechnung fungieren.

Üblicherweise werden Lieferscheine in zweifacher Ausfertigung erstellt. Das Original erhält der Empfänger, während das Duplikat mit der vom Empfänger unterschriebenen Empfangsbestätigung zurück an den Absender geht.
Wenn die Lieferung durch einen Frachtführer erfolgt, benötigt dieser ggf. auch eine Kopie des Lieferscheins.

LF 4, Kap. 7.1

Darüber hinaus ist zu beachten, dass Lieferscheine als Geschäftsbriefe gelten, d. h. die entsprechenden gesetzlichen Pflichtangaben sowie die Regelungen und Empfehlungen der DIN 5008 sollten berücksichtigt werden. Außerdem legen viele Unternehmen im Rahmen des Corporate Designs weitere Gestaltungsvorschriften fest, die auch bei der Erstellung von Lieferscheinen angewendet werden.

Lieferscheine werden als Handelsbriefe angesehen und müssen daher nach § 147 AO sechs Jahre lang aufbewahrt werden. Dabei ist zu beachten, dass die Aufbewahrungsfrist erst am Ende des Kalenderjahres beginnt, in dem der Lieferschein geschrieben wurde. Somit darf ein Lieferschein aus dem Jahr 2017 frühestens am 31. Dezember 2023 vernichtet werden.

Col-IT OHG
Hardware & Software

Col-IT OHG / Aachener Straße 203 / 50931 Köln

DüMaBa GmbH
Bahnhofsstraße 8
40532 Düsseldorf

Ansprechpartner: Jan Lindner
Tel.: 0221 455551-23
Fax: 0221 455551-100
E-Mail: lindner@col-it.de

Kundennr.: 82578
Auftragsnr.: 100958

Datum: 12.11.20..

Lieferschein Nr. 20170-10

Artikel-Nr.	Artikelbezeichnung und -beschreibung	Menge
45025	Laserdrucker LP 1000	3
45031	Tonerkartusche für den Laserdrucker LP 1000	10
40051	USB-Anschlusskabel für Drucker	3
80003	Kopierpapier A4, 80g/m^2, 5 x 500 Blatt	20

Ware vollständig erhalten:

____
(Unterschrift)

Col-IT OHG
Aachener Straße 203
50931 Köln

Handelsregistereintrag: HR-A 122 301-1
Amtsgericht Köln

Bankverbindung: Commerzbank Köln
Kontonummer: 6258265, Bankleitzahl: 370 400 44
IBAN: DE40 3704 0044 0006 2582 65
BIC: COBADEFFXXX

Beispiel für einen Lieferschein

10. Bedeutung und Inhalte einer Rechnung

Die Bestandteile einer Rechnung werden größtenteils durch gesetzliche Vorgaben festgelegt. In diesem Zusammenhang spielt insbesondere das Umsatzsteuergesetz (UStG) eine tragende Rolle. So ist ein Unternehmer nach § 14 Abs. 2 Satz 1 Nr. 1 UStG verpflichtet für eine Lieferung oder eine Leistung an einen anderen Unternehmer innerhalb von sechs Monaten eine Rechnung zu stellen. Diese Frist gilt nicht für Lieferungen oder Leistungen, die gegenüber einer Privatperson erbracht wurden, außer dies geschah im Zusammenhang mit einer Immobilie (z. B. im Rahmen von Bau- und Gärtnerarbeiten oder Instandhaltungen).
Die Pflicht zur Rechnungserstellung besteht jedoch auch bei Privatkunden.

LF 4, Kap. 9.

INFO

Die Ausnahmeregelung bezüglich Lieferungen und Leistungen im Zusammenhang mit einer Immobilie dient der Bekämpfung der Schwarzarbeit.

Für Rechnungen mit einem Bruttorechnungsbetrag über 150 € werden in § 14 Abs. 4 UStG sowie § 14a Abs. 5 UStG die folgenden Angaben gesetzlich vorgeschrieben:

- vollständiger Name und Anschrift des Lieferanten und des Empfängers
- Steuernummer oder Umsatzsteueridentifikationsnummer des Lieferanten
- Ausstellungsdatum der Rechnung (Rechnungsdatum) und einmalige Rechnungsnummer
- Menge und Bezeichnung der gelieferten Ware bzw. Beschreibung der durchgeführten Leistungen
- Lieferdatum
- Rechnungsbetrag (ggf. nach unterschiedlichen Steuersätzen aufgeschlüsselt) sowie vereinbarter Bonus, Rabatt und Skonto
- Steuerbetrag, der für den Rechnungsbetrag anfällt sowie der angewendete Steuersatz (z. B. Umsatzsteuersatz 19 %).

Rechnungen, die einen Bruttorechnungsbetrag bis 150 € aufweisen, gelten als Kleinbetragsrechnung und müssen nur die folgenden Angaben beinhalten:

- vollständiger Name und Anschrift des Lieferanten
- Ausstellungsdatum der Rechnung (Rechnungsdatum)
- Menge und Art der gelieferten Ware bzw. Art und Umfang der durchgeführten Leistungen
- Lieferdatum
- Rechnungsbetrag inklusive Steuerbetrag (= Bruttorechnungsbetrag)
- angewendeter Steuersatz.

Neben den gesetzlichen Pflichtangaben muss berücksichtigt werden, dass Rechnungen als Geschäftsbriefe betrachtet werden und somit die Vorgaben der DIN 5008 sowie des Corporate Designs des Lieferanten gelten.

Alle erhaltenen Rechnungen sowie Kopien aller ausgestellten Rechnungen müssen nach § 14b Abs. 1 UStG zehn Jahre lang aufbewahrt werden. Wie auch bei einem Lieferschein beginnt diese Aufbewahrungsfrist erst am Ende des Kalenderjahres, in dem die Rechnung geschrieben wurde.

Col-IT OHG
Hardware & Software

Col-IT OHG / Aachener Straße 203 / 50931 Köln

DüMaBa GmbH
Bahnhofsstraße 8
40532 Düsseldorf

Ansprechpartner: Jan Lindner
Tel.: 0221 455551-23
Fax: 0221 455551-100
E-Mail: lindner@col-it.de

Kundennr.: 82578
Auftragsnr.: 100958
Lieferschein-Nr.: 20170-10

Datum: 14.11.20..

Rechnung Nr. 25782

Sehr geehrte Damen und Herren,

für die Lieferung vom 12.11.20.. stellen wir Ihnen folgende Rechnung.

Pos.	Menge	Bezeichnung	Einzelpreis (netto)	Gesamtpreis (netto)
1	3	Laserdrucker LP 1000, Artikel-Nr. 45025	279,00 €	837,00 €
2	10	Tonerkartusche für den Laserdrucker LP 1000, Artikel-Nr. 45031	49,50 €	495,00 €
3	3	USB-Anschlusskabel für Drucker, Artikel-Nr. 40051	1,19 €	3,57 €
4	20	Kopierpapier A4, 80g/m², 5 x 500 Blatt, Artikel-Nr. 80003	15,90 €	318,00 €
		Nettobetrag		1.653,57 €
		zzgl. 19 % Umsatzsteuer		314,18 €
		Bruttobetrag		**1967,75 €**

Bitte überweisen Sie den Rechnungsbetrag innerhalb von 20 Tagen nach dem Erhalt der Rechnung auf das unten angegebene Konto. Zahlen Sie innerhalb von 7 Tagen, gewähren wir zusätzlich 2% Skonto.

Freundliche Grüße

Col-IT OHG

i. A. Jan Lindner

Col-IT OHG
Aachener Straße 203
50931 Köln

Handelsregistereintrag: HR-A 122 301-1
Amtsgericht Köln

Bankverbindung: Commerzbank Köln
Kontonummer: 6258265, Bankleitzahl: 370 400 44
IBAN: DE40 3704 0044 0006 2582 65
BIC: COBADEFFXXX

Beispiel für eine Rechnung

11. Druck und Vervielfältigung von Dokumenten

Im betrieblichen Alltag müssen regelmäßig elektronisch erstellte Dokumente auf Papier ausgedruckt oder bereits vorhandene Dokumente vervielfältigt werden. In diesem Kapitel werden die folgenden, dazu verwendeten Geräte vorgestellt:

- Drucker
- Scanner
- Kopierer
- Multifunktionsgeräte.

11.1 Drucker

Mithilfe eines Druckers können elektronisch gespeicherte Dokumente (z. B. Briefe, Tabellen, Fotos) auf Druckmedien wie Papier, Folien usw. übertragen werden. Das Gerät kann dazu direkt mit einem Computer über die USB-Schnittstelle als Arbeitsplatzdrucker verbunden sein oder unabhängig als Netzwerkdrucker allen Computern innerhalb des Netzwerks zur Verfügung stehen.

INFO

USB ist die Abkürzung für Universal Serial Bus. Dabei handelt es sich um eine allgemeine Schnittstelle zur Verbindung von externen Geräten mit einem Computer.

Abhängig von der verwendeten Drucktechnik werden im Allgemeinen die folgenden Druckerarten unterschieden:

- Laserdrucker
- Tintenstrahldrucker
- Nadeldrucker
- Thermodrucker
- Großformatdrucker (Plotter).

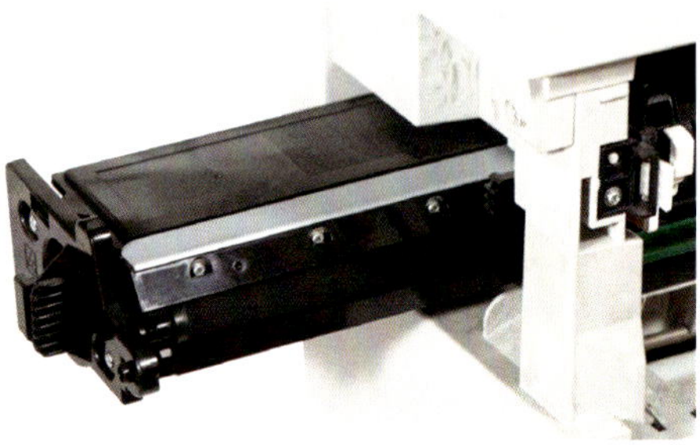

11.1.1 Laserdrucker

Bei einem Laserdrucker wird die zu druckende Seite mithilfe eines Lasers auf die im Drucker eingebaute Bildtrommel transferiert, sodass die nicht belichteten Stellen eine negative elektrische Ladung besitzen. Anschließend werden ebenfalls negativ geladene Tonerpartikel auf die Bildtrommel aufgebracht, die aufgrund der Ladung nur auf den belichteten Stellen haften bleiben. Anschließend wird der Toner durch eine positive elektrische Ladung von der Trommel entweder direkt oder über eine Transferwalze auf das Papier übertragen. Zum Abschluss müssen die Tonerpartikel durch Hitze mit dem Papier verschmolzen und damit fixiert werden. Durch mehrmaligen Druck mit unterschiedlichen Farben oder durch die Verwendung von mehreren, internen Druckwerken ermöglichen Laserdrucker inzwischen auch Farbausdrucke. Der Farbkontrast und die Farbechtheit, die durch dieses Verfahren erreicht werden können, sind jedoch begrenzt.

Das Laserdruckverfahren steht seit einiger Zeit in der Kritik, da während des Druckvorgangs ggf. Tonerpartikel und bei einigen Geräten sogar Ozon an die Umgebungsluft abgegeben werden. Aus diesem Grund wird empfohlen, dass häufig genutzte Laserdrucker in einem separaten, gut gelüfteten Raum aufgestellt werden, der nicht von Mitarbeitern dauerhaft als Arbeitsplatz genutzt wird.

LF 2, Kap. 1.4

Die folgenden Vor- und Nachteile sprechen für bzw. gegen den Einsatz eines Laserdruckers:

Vorteile	Nachteile
▸ hohe Qualität beim Ausdruck von Texten sowie einfachen Abbildungen und Grafiken aufgrund hoher Kantenschärfe ▸ niedrige Druckkosten, da Tonerkartuschen und Bildtrommeln im Allgemeinen für eine hohe Anzahl von gedruckten Seiten verwendet werden können ▸ hohe Druckgeschwindigkeit, da eine Seite in einem Vorgang ausgedruckt wird ▸ langlebige Druckergebnisse, da die Tonerfarbe resistent gegen Licht, Feuchtigkeit und Wärme ist	▸ niedrige Qualität beim Ausdruck von Fotos aufgrund eines schwachen Farbkontrasts und beschränkter Farbechtheit ▸ wegen der Fixierung durch Hitze für manche Druckmedien (z. B. bestimmte Folien) ungeeignet ▸ mögliche Gesundheitsgefährdung durch die Freisetzung von Tonerpartikeln bzw. Ozon

11.1.2 Tintenstrahldrucker

Tintenstrahldrucker verfügen über einen oder mehrere Druckköpfe bzw. Druckdüsen, die die Tinte aus der angeschlossenen Tintenpatrone in winzigen Tropfen präzise auf das Druckmedium spritzen können. Während das Medium nach oben weitergeschoben wird, bewegen sich die Druckköpfe horizontal und die zu druckende Seite wird zeilenweise erstellt. Abhängig von dem verwendeten Druckmedium können die Tintentropfen verlaufen und das Druckbild wird dadurch leicht unscharf. Durch den Einsatz von Tinten mit unterschiedlichen Farben, ist auch der Druck von farbigen Dokumenten mit hoher Qualität möglich.

Tintenstrahldrucker weisen im Allgemeinen die folgenden Vor- und Nachteile auf:

Vorteile	Nachteile
► Es wird eine hohe Druckqualität bei Fotos insbesondere bei der Verwendung von Spezialpapier und -tinte erzeugt. ► Die Anschaffungskosten sind niedrig, da die Herstellungskosten für Tintenstrahldrucker niedrig sind.	► Insbesondere auf normalem Druckerpapier können Texte stellenweise unscharf wirken. ► Ggf. höhere Druckkosten, da Tintenpatronen im Allgemeinen ein geringes Fassungsvermögen aufweisen und deshalb häufig genutzte Farben (z. B. Schwarz für Textdokumente) regelmäßig ausgetauscht werden müssen. ► Ggf. werden die Druckergebnisse abhängig von der verwendeten Tinte durch Licht, Feuchtigkeit und Wärme beschädigt. ► Durch den zeilenweise erfolgenden Druck einer Seite weisen Tintenstrahldrucker im Allgemeinen eine niedrige Druckgeschwindigkeit auf. ► Druckköpfe können eintrocknen und damit unbrauchbar werden.

11.1.3 Nadeldrucker

Nadeldrucker werden bereits seit den 80er Jahren verwendet. Bei dieser Druckerart werden ein oder mehrere Reihen von einzeln steuerbaren Nadeln erst gegen ein Farbband und dann gegen das Druckmedium gepresst. Abhängig von den verwendeten Nadeln überträgt sich dadurch die Farbe von dem Farbband auf das Druckmedium. Der Druckkopf mit den Nadeln wird horizontal bewegt und erzeugt in Verbindung mit dem weitergeschobenen Medium zeilenweise die zu druckende Seite. Die Verwendung von mehrfarbigen Farbbändern ermöglicht auch den Farbdruck.

Nadeldrucker werden auch heute noch in bestimmten Anwendungssituationen eingesetzt und weisen dabei die folgenden Vor- und Nachteile auf:

Vorteile	Nachteile
▸ Durch den mechanischen Druck der Nadeln kann Durchschlagspapier (Kohlepapier) verwendet werden. ▸ Die Verwendung von Endlospapier ist möglich. ▸ Nadeldrucker sind aufgrund des technisch einfachen Druckverfahrens zuverlässig und wartungsarm. ▸ Die Herstellung von Farbbändern ist kostengünstig und dementsprechend sind die Druckkosten bei Nadeldruckern gering.	▸ Durch das mechanische Druckverfahren entsteht beim Drucken Lärm. ▸ Durch den zeilenweise erfolgenden Druck einer Seite weisen Nadeldrucker im Allgemeinen eine niedrige Druckgeschwindigkeit auf. ▸ Die Druckqualität ist von dem Zustand des Farbbands abhängig. ▸ Das Nadelmuster führt zu sichtbaren Punkten im Druckbild. ▸ Farbdruck nur sehr begrenzt verwendbar, da keine Farbverläufe o. Ä. gedruckt werden können.

11.1.4 Thermodrucker

Ein Thermodrucker besitzt einen Druckkopf, der mit mehreren einzeln steuerbaren Heizelementen besetzt ist. Dieser Druckkopf wird horizontal über das Druckmedium bewegt und die Heizelemente werden dabei abhängig vom gewünschten Druckbild aktiviert. Durch die Weiterführung des Mediums wird so die zu druckende Seite zeilenweise erstellt. Einige Arten von Thermodruckern benötigen Spezialpapier, dessen Oberfläche sich bei höheren Temperaturen schwarz färbt (Thermodirektdruck). Einige Druckertypen verwenden dagegen spezielle Farbfolien, die zwischen den Heizelementen und dem Druckmedium positioniert werden und die bei Temperaturanstieg die Farbe punktgenau auf das Medium abgeben (Thermotransferdruck und Thermosublimationsdruck). Diese Farbfolien können sogar einen Farbdruck in hoher Qualität ermöglichen.

Im Allgemeinen kann der Thermodruck durch die folgenden Vor- und Nachteile charakterisiert werden:

Vorteile	Nachteile
▸ Bei der Verwendung von Farbfolien kann eine hohe Druckqualität bei Fotos erzielt werden. ▸ Durch den Thermodirektdruck auf Spezialpapier entstehen nur geringe Kosten, da hierbei keine Farbe verbraucht wird.	▸ Insbesondere Ausdrucke von Thermodruckern auf Spezialpapier (Thermodirektdruck) können durch die Umgebungswärme beschädigt werden oder verblassen. ▸ Durch das Aufheizen der Heizelemente können die Ränder der Druckergebnisse unscharf wirken. ▸ Farbdruck ist nur bei Thermodruckern möglich, die teure Farbfolien verwenden. ▸ Durch den zeilenweise erfolgenden Druck einer Seite weisen Thermodrucker im Allgemeinen eine niedrige Druckgeschwindigkeit auf.

11.1.5 Großformatdrucker (Plotter)

Großformatdrucker (auch Plotter genannt) sind in der Lage großformatige Druckmedien (z. B. Papier- oder Stoffbahnen) zu bedrucken. Im Allgemeinen nutzen diese Großformatdrucker dazu entweder eine Tintenstrahldrucktechnik oder den Thermotransferdruck. Einige Geräte verwenden spezielle UV-Tinten, die unter UV-Licht aushärten und auf nahezu allen Materialien (z. B. Holz oder Glas) eingesetzt werden können.

Neben den Großformatdruckern existieren auch sog. Schneideplotter, die mithilfe von Messern oder Lasern vordefinierte Konturen aus dem verwendeten Material (z. B. Pappe oder Kunststoff) schneiden.

Für einen Einsatz im Büroalltag sind Großformatdrucker allerdings kaum geeignet. Sie werden hauptsächlich für die Produktion von besonderen Werbemitteln oder großformatigen Konstruktions- oder Bauplänen und ähnlichen Darstellungen genutzt.

11.2 Scanner

Scanner ermöglichen die elektronische Speicherung von physikalischen Dokumenten. Das eingelegte Dokument wird dabei beleuchtet und ein Sensor, der die Vorlage zeilenweise entlangfährt, wandelt das reflektierte Licht in elektrische Signale um. Die auf dem angeschlossenen Computer verwendete Scannersoftware setzt die Signale des Scanners in eine Bilddatei um. Einige Programme sind sogar in der Lage, Texte in diesen Bilddateien zu identifizieren und für die weitere Bearbeitung in einem Textverarbeitungsprogramm zur Verfügung zu stellen.

11.3 Kopierer

Kopierer erzeugen von einem vorhandenen, physikalischen Dokument (z. B. auf Papier oder Folie) eine exakte Kopie auf einem Druckmedium (im Allgemeinen auf Papier). Das dazu heute üblicherweise verwendete technische Verfahren gleicht dem eines Laserdruckers. Das zu kopierende Dokument wird belichtet und das reflektierte Licht wird durch einen Sensor aufgenommen (= Funktionsweise eines Scanners) und mittels Laser auf eine Bildtrommel übertragen, sodass diese an den nicht belichteten Stellen eine negative Ladung aufweisen. Wie beim Laserdrucker auch, werden nun ebenfalls negativ geladene Tonerpartikel auf die Bildtrommel aufgebracht. Aufgrund der Ladung haften diese ausschließlich auf den belichteten Stellen. Anschließend werden die Tonerpartikel durch eine positive Ladung auf das Druckmedium übertragen und durch Hitze fixiert.

Moderne Kopierer verfügen häufig über weitere Funktionen mit deren Hilfe der eigentliche Kopiervorgang beeinflusst werden kann. Die folgende Liste enthält einige Beispiele für solche zusätzlichen Einstellungsmöglichkeiten:

- automatischer Einzug für mehrseitige Vorlagen
- Vergrößerung oder Verkleinerung der Vorlage
- einseitige und beidseitige Kopie
- Zusammenfassung mehrerer Vorlagenseiten auf einer Kopie
- Lochen und Heften der Kopien
- Kopienzähler (zur Kontrolle der Druckkosten, auch benutzerabhängig möglich).

Darüber hinaus können Kopierer inzwischen über Netzwerkanschlüsse und USB-Schnittstellen verfügen, sodass auch elektronische Dokumente über das Gerät ausgedruckt werden können.

11.4 Multifunktionsgeräte

Multifunktionsgeräte kombinieren die Funktionen von Druckern, Scannern und Kopierern miteinander. Einige Geräte verfügen auch über Möglichkeiten zur Telekommunikation, z. B. über Telefax oder E-Mail.

Gegenüber den Einzelgeräten weisen die Multifunktionsgeräte die folgenden Vor- und Nachteile auf:

Vorteile	Nachteile
▸ Multifunktionsgeräte sind häufig günstiger in der Anschaffung als mehrere Einzelgeräte. ▸ Durch die Zusammenfassung in einem Gerät werden Platz und Arbeitswege eingespart. ▸ Alle Funktionen basieren auf der gleichen Bedienungsoberfläche und können miteinander verknüpft werden. ▸ Ein einzelnes Gerät benötigt weniger Strom.	▸ Spezialisierte Einzelgeräte sind ggf. leistungsfähiger. ▸ Bei technischen Fehlern oder Ausfällen ist grundsätzlich das gesamte Gerät betroffen und muss ggf. ausgetauscht werden.

12. Kundenorientierte Auftragsabwicklung

Die meisten Anbieter von Produkten und Dienstleistungen müssen heutzutage mit anderen Unternehmen konkurrieren, die über ein ähnliches Angebot verfügen. Um sich von der Konkurrenz abzusetzen, ist es daher für ein Unternehmen wichtig, die Bedürfnisse und Ansprüche seiner Kunden zu kennen und auf Basis dieses Wissens kundenorientiert zu handeln. Dies gilt insbesondere für die Bearbeitung von Anfragen, Aufträgen und Bestellungen, da bei diesen Aufgaben im Allgemeinen der Kunde sowie seine Erwartungen und Wünsche eine zentrale Rolle spielen.

12.1 Geschichtliche Entwicklung der allgemeinen Marktsituation in Deutschland

In den Jahren nach dem zweiten Weltkrieg waren die zur Verfügung stehenden Waren allgemein knapp und daher blieb die Nachfrage der Bevölkerung nach vielen Produkten unerfüllbar. Ein Unternehmen konnte zu dieser Zeit sicher sein, dass alle angebotenen Waren auch verkauft werden. Aus diesem Grund konzentrierten sich viele Unternehmen ausschließlich auf die Herstellung oder Beschaffung neuer Waren. Diese Marktsituation wird als Verkäufermarkt bezeichnet, da sich in diesem Fall der Verkäufer durch die im Vergleich zum Angebot höhere Nachfrage in der stärkeren Position befindet. Die nebenstehende Abbildung fasst die Situation auf einem **Verkäufermarkt** noch einmal zusammen.

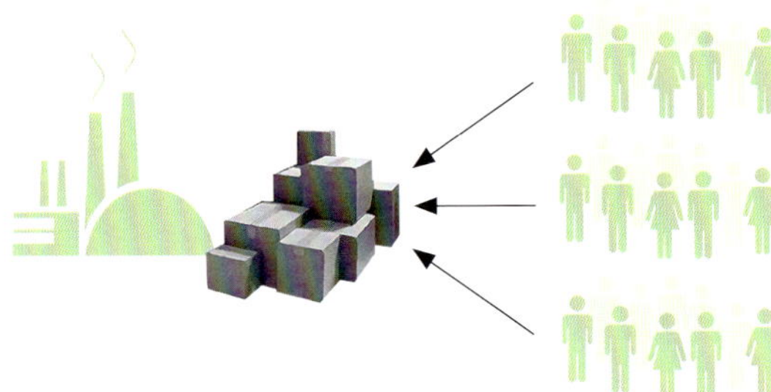

Der in den 50er Jahren einsetzende Wiederaufbau und das starke Wirtschaftswachstum in dieser Zeit führten dazu, dass das Warenangebot deutlich stärker wuchs als die Nachfrage . Die Marktsituation in Deutschland wandelte sich allmählich vom Verkäufermarkt zu einem Käufermarkt, in dem schließlich das Angebot die Nachfrage deutlich überstieg. Für die Unternehmen wurde es erheblich schwieriger, Kunden für ihre Waren zu finden, da diese jetzt aus verschiedenen, gleichartigen Produkten am Markt auswählen konnten und sich somit in der stärkeren Marktposition befanden. Unterstützt wurde diese Entwicklung durch die Sättigung der Märkte, die nach mehreren, durch die Mangelsituation nach dem Krieg ausgelösten Konsumwellen eintrat. In der nebenstehenden Abbildung wird das Verhältnis zwischen **Angebot und Nachfrage auf einem Käufermarkt** verdeutlicht.

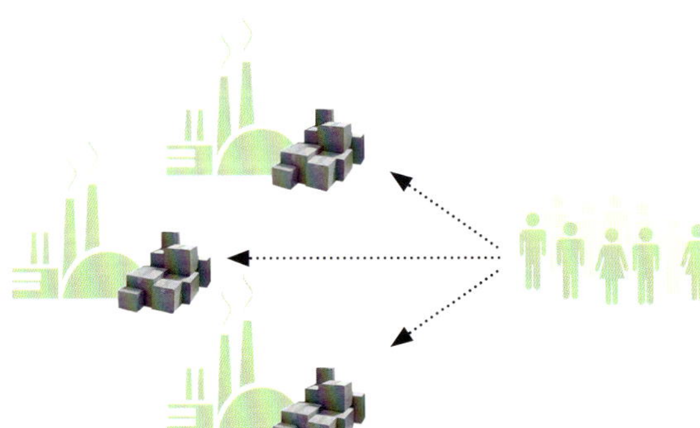

Um nicht auf ihrem Angebot sitzen zu bleiben, mussten Unternehmen umdenken und so versuchten sie, sich von ihren Konkurrenten abzuheben und Alleinstellungsmerkmale aufzubauen. Das unternehmerische Handeln wurde nicht mehr von der Beschaffung oder der Herstellung der Ware bestimmt, sondern musste sich nun an den Kunden und ihren Bedürfnissen orientieren.

12.2 Ziele und Ansprüche von Kunden

Kundenorientierung bedeutet für ein Unternehmen insbesondere die Kenntnis und Berücksichtigung der Ziele und Ansprüche der Kunden. Denn nur wenn die Ziele der Kunden durch das Angebot des Unternehmens und die anschließende Auftragsabwicklung zufriedenstellend erfüllt werden, können dauerhafte und für beide Seiten erfolgreiche Kundenbeziehungen entstehen.

Abhängig von dem betreffenden Produkt können die Ziele und Ansprüche von Kunden in folgende Kategorien eingeteilt werden:

- Ansprüche an das Produkt
- Ansprüche an das Unternehmen
- Ansprüche an die Mitarbeiter.

12.2.1 Ansprüche an das Produkt

Ein Kunde möchte durch den Kauf eines Produkts einen bestimmten Nutzen erzielen bzw. ein Bedürfnis erfüllen. Um dieses Ziel auch zur Zufriedenheit des Kunden zu erreichen, müssen die folgenden Ansprüche beachtet werden:

LF 1, Kap. 8.1

- **Funktionalität und Leistungsfähigkeit**
  Das betreffende Produkt muss über die vom Kunden gewünschte Funktionalität und Leistungsfähigkeit verfügen. Gegebenenfalls können zusätzliche Komfortfunktionen die Kundenzufriedenheit weiter steigern.
- **Preis**
  Im Vergleich zur Funktionalität und Leistungsfähigkeit sollte das Produkt einen Preis aufweisen, der vom Kunden als angemessen empfunden wird. Hier ist insbesondere das individuelle Preis-Leistungs-Verhältnis ausschlaggebend.
- **Qualität und Sicherheit**
  In Bezug auf die Verwendung des Produkts können die Qualität (z. B. in Bezug auf die Dauerhaftigkeit oder die Verarbeitung) sowie ggf. relevante Sicherheitsaspekte eine wichtige Rolle spielen.
- **ökologische und soziale Gesichtspunkte**
  Der Umweltschutz, die Erhaltung der eigenen Gesundheit sowie die Einhaltung sozialer Standards rücken immer stärker in den Fokus von Kunden und können daher ebenfalls entscheidungsrelevant sein.

12.2.2 Ansprüche an das Unternehmen

Auch an die Anbieter stellen Kunden bestimmte Ansprüche, die es durch das Unternehmen zu erfüllen gilt:

- **umfangreiches Sortiment**
  Die übersichtliche Präsentation verschiedener Produkte, die sich in Leistungsfähigkeit, Preis und Qualität angemessen unterscheiden, bietet dem Kunden die Möglichkeit, ein für ihn passendes Produkt auszuwählen.
- **Beratung**
  Insbesondere bei erklärungsbedürftigen Produkten benötigt ein (ggf. sachunkundiger) Kunde zusätzliche Informationen von dem Anbieter um eine begründete Kaufentscheidung treffen zu können. Zu diesem Zweck sollte ein Unternehmen über freundliches und kompetentes Beratungs- und Verkaufspersonal verfügen.
- **Zuverlässigkeit**
  Um eine dauerhafte Kundenbeziehung etablieren zu können, muss sich ein Kunde auf einen Anbieter verlassen können. Dies bedeutet beispielsweise, dass Vereinbarungen und Termine eingehalten werden und die kommunizierten Angaben und Informationen aktuell und korrekt sind.
- **Serviceleistungen**
  Abhängig von dem Produkt erwartet ein Kunde ggf. von dem Anbieter zusätzliche Serviceleistungen wie z. B. Lieferung, Aufstellung, Reparatur, Wartung, Finanzierungsmöglichkeiten.

12.2.3 Ansprüche an die Mitarbeiter

Obwohl rechtlich gesehen das Unternehmen als Vertragspartner auftritt, kommt es im Rahmen der Anbahnung und Abwicklung eines Kundenauftrags im Allgemeinen zu einem direkten Kontakt zwischen dem Kunden und einem Angestellten des Unternehmens. Aus diesem Grund müssen auch die Mitarbeiter einem Anforderungsprofil gerecht werden:

- **angemessenes Auftreten**
  Neben dem gepflegten Aussehen und der passenden Kleidung spielt insbesondere auch ein höfliches und freundliches Verhalten eine große Rolle, um eine positive Beziehung zu einem Kunden aufbauen zu können.
- **fachliche Kompetenz**
  Die Mitarbeiter sollten bezüglich der angebotenen Produkte über alle erforderlichen Informationen und Kenntnisse verfügen und diese dem Kunden angemessen vermitteln können.
- **soziale Kompetenz**
  Grundsätzlich sollten Mitarbeiter, die häufig Kundenkontakt haben, offen und interessiert im Umgang mit Menschen sein. Zu den notwendigen sozialen

Kompetenzen gehören beispielsweise Geduld, Selbstbewusstsein, Kontaktfähigkeit, Einfühlungsvermögen und Überzeugungskraft.

12.3 Voraussetzungen für ein kundenorientiertes Unternehmen

In einem kundenorientierten Unternehmen rücken die Kunden in das Zentrum des betrieblichen Handelns. Die Unternehmensprozesse werden dabei möglichst optimal an den Zielen und Ansprüchen der Kunden ausgerichtet und der Ausbau bzw. der Erhalt der Kundenzufriedenheit gilt als wichtigstes Ziel. Um dieses Ziel langfristig zu erreichen, gilt es, die folgenden Voraussetzungen zu erfüllen:

- **Kundenkenntnis**
  Für ein kundenorientiertes Unternehmen ist es äußerst wichtig zu wissen, welche Ziele, Erwartungen und Wünsche ihre Kunden haben, da diese die Grundlage der Kundenorientierung darstellen. Aus diesem Grund ist es notwendig, regelmäßig entsprechende Informationen und Daten über die Kunden zu sammeln und auszuwerten.
- **kundenorientiertes Produktsortiment**
  Das Angebot eines kundenorientierten Unternehmens umfasst Produkte, die einen deutlich spürbaren Nutzen für die Kunden aufweisen. Darüber hinaus können Serviceleistungen (wie z. B. Lieferung, Installation, Finanzierung) zusätzliche Vorteile bieten, die die Kundenzufriedenheit weiter erhöhen.
- **persönliche Kundenbetreuung**
  Eine dauerhafte Kundenbeziehung benötigt regelmäßige Pflege durch persönlichen Kontakt (z. B. bei Geburtstagen, Jubiläen), damit das Unternehmen beim Kunden immer positiv im Gedächtnis verbleibt.
- **kundenorientierte Organisation und kundenfreundliche Mitarbeiter**
  Durch eine Unternehmensorganisation, die sich an die Bedürfnisse der Kunden anpasst und durch Mitarbeiter, die im freundlichen Kundenkontakt geschult sind, sollen sich die Kunden persönlich angesprochen und individuell betreut fühlen.
  LF 1, Kap. 8.
- **Kontrolle der Kundenzufriedenheit**
  Um sicherzustellen, dass die Ziele und Ansprüche der Kunden auch tatsächlich erfüllt werden, müssen periodisch Kontrolluntersuchungen über die Kundenzufriedenheit erfolgen. Darüber hinaus ist es wichtig, dass ein Unternehmen für Kritik und Verbesserungsvorschläge offen ist.

WISSENSCHECK

Im Online-Training zu diesem Buch können Sie zusätzlich Aufgaben zu diesem Lernfeld bearbeiten und so das Gelernte überprüfen.

Sachgüter und Dienstleistungen beschaffen und Verträge schließen

Das Lernfeld 4 befasst sich mit der Beschaffung der Sachgüter und Dienstleistungen durch die Einkaufsabteilung eines Unternehmens. Im Rahmen der Beschaffungsplanung erarbeiten sich die Auszubildenden dabei neben den klassischen Methoden der Bedarfsermittlung, der Bezugsquellenermittlung und der Angebotsanalyse auch die Grundlagen des kaufmännischen Rechts.

Anschließend durchlaufen sie den weiteren Beschaffungsprozess, in dem sie sich mit den Arbeitsschritten Bestellung, Wareneingang sowie Lagerung der Güter näher beschäftigen. Den thematischen Abschluss des Lernfeldes bilden die Themengebiete Umgang mit Kaufvertragsstörungen, Rechnungseingang und Zahlungsverkehr.

Die Auszubildenden setzen bei der Bearbeitung der Aufgaben im Lernfeld 4 die Tabellenkalkulationssoftware Microsoft Excel zur Auswertung und Visualisierung von Datentabellen sowie die Textverarbeitungssoftware Microsoft Word zur Erstellung des notwendigen Schriftverkehrs ein. Zusätzlich veranschaulicht werden die Beschaffungsvorgänge mithilfe eines ERP-Systems.

4

1. Grundlagen der Beschaffung und Analyse der Beschaffungssituation

1.1 Aufgaben und Ziele der Beschaffung

Die Beschaffung von Sachgütern und Dienstleistungen findet in der Regel in der Abteilung Einkauf statt. Ziel ist es, die richtigen Materialien in der gewünschten Qualität, in der passenden Menge, zum richtigen Zeitpunkt und am richtigen Bedarfsort bereitzustellen. Die Realisation dieser logistischen Aufgabe bedarf genauer Analysen im Vorfeld. Es müssen Prioritäten festgelegt werden, um sich auf für das Unternehmen wichtige Materialien zu konzentrieren, damit der Kosten-Nutzen-Effekt nicht außer Acht gelassen wird.

1.2 Art der Beschaffungsgüter

Die zu beschaffenden Sachgüter und Dienstleistungen können die im Folgenden aufgeführten sein.

Mögliche **Sachgüter:**

- Rohstoffe = Hauptbestandteile, die in die Produkte eingehen, z. B. Stoffe in der Bekleidungsindustrie
- Hilfsstoffe = Nebenbestandteile, die in die Produkte eingehen, z. B. Garn in der Bekleidungsindustrie
- Betriebsstoffe = Stoffe, die zur Aufrechterhaltung des Produktionsprozesses benötigt werden, z. B. Öl für Maschinen oder Energie
- Halbfertigerzeugnisse = Vorprodukte von Unternehmen aus Vorstufen
- Handelswaren = Materialien/Produkte, die eingekauft werden und ohne etwas daran zu verändern, verkauft werden
- Werkzeuge und Maschinen
- Grundstücke und Gebäude
- Firmenwagen, Lkws usw.

Mögliche **Dienstleistungen:**

- Unternehmensberatung
- Auskünfte von der SCHUFA (= Schutzgemeinschaft für allgemeine Kreditsicherung)
- Kreditfinanzierung durch Kreditinstitute
- Rechtsberatung durch Rechtsanwälte
- Warentransport durch Spediteure
- Lagerhaltung
- Fortbildungen durch Schulungsunternehmen.

INFO

Die Liste der Dienstleistungen lässt sich weiter fortführen. Bei sämtlichen Funktionen eines Betriebs müssen Überlegungen angestellt werden, ob die Aufgaben selbst erledigt werden, oder ob sie ausgelagert werden. Dies nennt man Outsourcing. Aufgaben werden dann ausgelagert, wenn die betrieblichen Ressourcen nicht ausreichen, das Know-how nicht vorhanden ist oder die Aufgaben nur selten vorkommen.

Der Einkauf konzentriert sich insbesondere auf die Beschaffung von Roh-, Hilfs- und Betriebsstoffen, Halbfertigerzeugnissen und Handelswaren.

1.3 Daten aus der Beschaffung mit Diagrammen veranschaulichen

Um Geschäftsprozesse zu optimieren, ist es wichtig, in der kaufmännischen Verwaltung die Ist-Situation (z. B. Kosten, Zeitdauer, Reklamationsquote) zu analysieren und auf Schwachstellen zu überprüfen, um sie schließlich zu verbessern. Zur Darstellung der Ist-Situation eignen sich Diagramme, die mit dem Tabellenkalkulationsprogramm Excel erstellt werden können.

Mit dem Tabellenkalkulationsprogramm sind eine Reihe von Diagrammen möglich:

Beispielsweise kann man mit Säulen- und Balkendiagrammen Mengen darstellen und vergleichen. Die Diagrammart kann auch weiter spezialisiert und zwischen gruppierten und gestapelten Säulen oder Balken sowie 2D und 3D gewählt werden.

Auch beim Liniendiagramm kann man zwischen Linien und gestapelten Linien sowie mit und ohne Datenpunkte unterscheiden. Mit den Linien lassen sich gut Verläufe und Entwicklungen darstellen.

Beim Kreisdiagramm kann die Zusammensetzung von etwas dargestellt werden. Ein klassisches Beispiel hierfür ist die Zusammensetzung eines Parlaments.

Darüber hinaus können Netz-, Punkte- und Oberflächendiagramme drei Dimensionen darstellen.

Beispiel

Bei der Sportina AG soll die Anzahl der Reklamationen des Sortiments „Fitness und Training“ analysiert werden. Folgende Daten liegen für das Jahr 20.. vor:

Lieferanten	**Anzahl an Reklamationen**
Novarun	5
Stronghold	4
Innosport	4
GoodShape	2
SHC	5
Schuster Fitness	3

Möglich wäre hier ein Kreis-, Säulen- oder Balkendiagramm. Ein Liniendiagramm ist unbrauchbar, da hier voneinander unabhängige Daten dargestellt werden.

Kreisdiagramm
Der Titel ist über dem Diagramm, alternativ könnte er das Diagramm überlappen. Die Datenbeschriftung enthält die Prozentsätze, auch die Werte (= Anzahl der Reklamationen) oder die Rubriknamen wären möglich. Rechts steht die Legende mit den Rubriknamen. Dafür könnte eine andere Position gewählt werden, z. B. unten oder links.

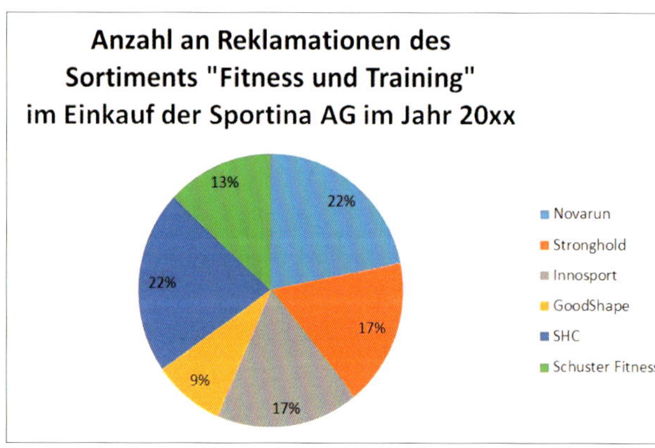

Säulendiagramm
Hier werden zwei Dimensionen angezeigt. Die Lieferanten stehen auf der horizontalen Achse und werden als Rubriken bezeichnet. Die vertikale Achse wird als Größenachse bezeichnet, hier sind die Reklamationsmengen ablesbar. Auf die Legende und Datenbeschriftung kann in diesem Fall verzichtet werden, da die Werte von den Achsen ablesbar sind.

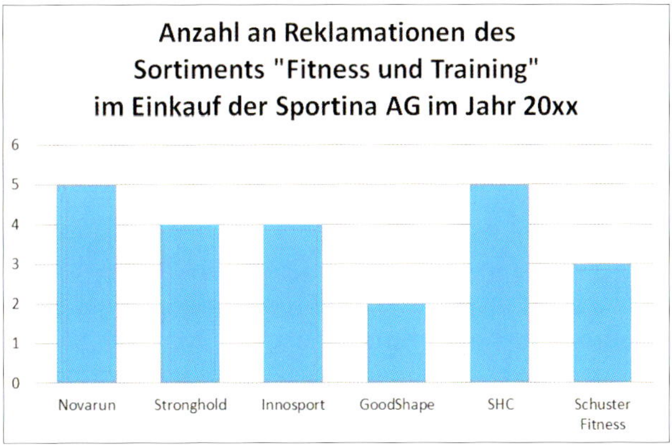

Balkendiagramm
Das Balkendiagramm ist ein gedrehtes Säulendiagramm. Hierbei sind die Rubriken auf der vertikalen und die Größenachse auf der horizontalen Achse angeordnet. Auf die Größenachse wurde allerdings verzichtet, da die Werte der Balken als Datenbeschriftung eingefügt sind.

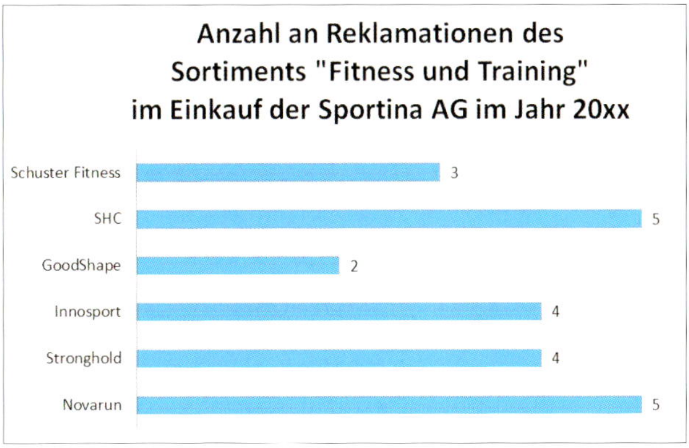

MERKE

Bei allen Diagrammen ist wichtig:

- Der Diagrammtitel muss aussagekräftig sein und Auskunft darüber geben, was dargestellt ist. Sinnvoll ist auch die Angabe des betreffenden Zeitraums und eventuell auch die Angabe des Unternehmens, um das es geht.
- Die Datenreihen müssen durch Beschriftung oder eine Legende benannt werden.
- Die Werte der Datenreihen (beim Kreisdiagramm auch die Prozentwerte) müssen entweder an den Achsen oder in der Nähe der Datenreihen ablesbar sein.

Darüber hinaus können noch optische Veränderungen vorgenommen werden. Farben der Datenreihen können verändert werden. Die Beschriftungen können individuell angepasst sowie Achsenabschnitte individuell festgelegt werden. Die Position von Achsenbeschriftungen, Achsentitel, Legende und Diagrammtitel können bestimmt sowie Gitternetzlinien und Datentabellen können eingefügt werden usw.

Wenn man ein Diagramm erzeugen will, markiert man zunächst den darzustellenden Zellbereich. Anschließend wählt man das Menüband „Einfügen“ und den Menüpunkt Diagramme. Hier ist nun die Diagrammart auszuwählen. Dazu kann man das Diagramm individuell über die Menübänder des Diagrammtools konkretisieren, z. B. ein Liniendiagramm mit Datenpunkten.

Das Menüband **„Entwurf“** aus dem Diagrammtool:

Dieses Tool ermöglicht:

- Diagrammelemente hinzuzufügen, z. B. Diagrammtitel, Achsen und Achsentitel, Datenbeschriftungen und Datentitel, Legende, Gitternetzlinien, Trends oder Spannweiten
- Layouts oder Diagrammvorlagen zu wählen
- Zeilen und Spalten zu wechseln

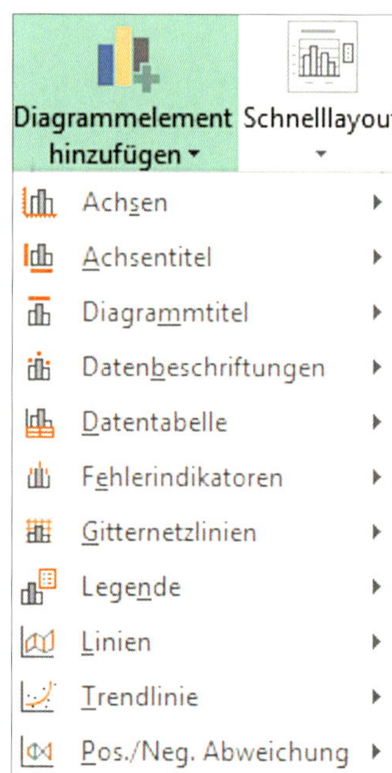

- die Datenquelle auszuwählen

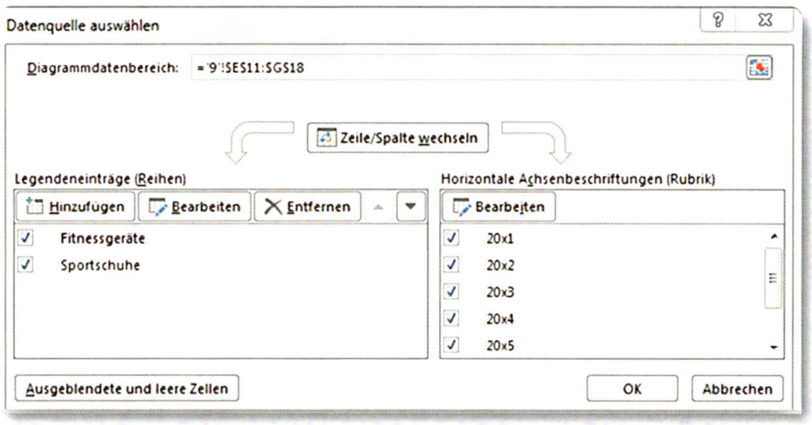

Der Diagrammdatenbereich schließt die gesamte Datentabelle ein. Links können (Daten-)Reihen hinzugefügt, bearbeitet (= verändert) oder gelöscht werden. Rechts kann die horizontale Achsenbeschriftung festgelegt werden. Klickt man auf Bearbeiten, muss in der Tabelle nur der entsprechende Bereich markiert werden.

- den Diagrammtyp zu verändern und den Ort des Diagramms festzulegen, entweder als Objekt auf einem Registerblatt oder auf einem eigenen Registerblatt.

Mit dem zweiten Menüband **„Format"** aus dem Diagrammtool nimmt man Formatierungen vor.

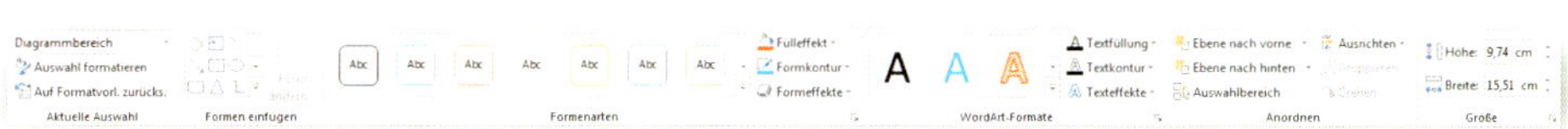

Dieses Tool ermöglicht:

- Der Diagrammbereich, die Achsen, die Datenreihen, die Legende und die Zeichnungsflächen können formatiert werden. Dabei kann unter anderem auf Formatvorlagen oder WordArt-Formate zurückgegriffen werden.
- Es können Formen und Größen festgelegt werden. Beim Kreisdiagramm wird nur eine Dimension dargestellt. Dabei kann auch die Ebene festgelegt werden, was im Vorder- oder Hintergrund stehen soll.

Beispiel

Anzahl der Reklamationen

	Fitness-geräte	Sport-schuhe
20x1	31	25
20x2	32	24
20x3	35	26
20x4	28	27
20x5	26	26
20x6	25	28
20x7	23	29

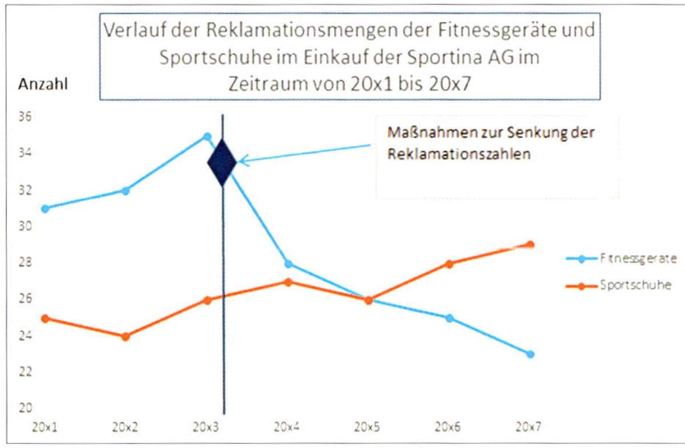

Im oben stehenden Beispiel wurde festgelegt, dass

- ein Liniendiagramm mit Datenpunkten erzeugt wird
- über Rechtsklick der Achse die vertikale Achse erst bei 20 Reklamationen beginnt und bei 36 endet
- über Rechtsklick die vertikale Achse die horizontale Achse auf und nicht zwischen den Teilstrichen (also genau beim Datenpunkt 20x1) schneidet
- der Diagrammtitel eingerahmt wird.

Dazu wurden eine Linie, eine Raute und ein Textfeld eingefügt, um zu veranschaulichen, dass nach 20x3 Maßnahmen getroffen wurden, um die Reklamationen des Sortiments „Training und Fitness“ zu reduzieren. Somit kann mit diesem Diagramm verdeutlicht werden, dass vermutlich durch die Maßnahmen die Reklamationen im Einkauf beim betreffenden Sortiment reduziert werden konnten.

1.4 Schwerpunkte setzen mit der ABC-Analyse

Mit der ABC-Analyse können Schwerpunkte auf besonders wichtige Materialien, Produkte, Lieferanten, Kunden usw. gesetzt werden. Hierzu entscheidet man sich für eine Bewertungsgröße, z. B. bei Einkaufsmaterialien für den Einkaufswert.

1.4.1 Ermittlung der kumulierten prozentualen Einkaufswerte

	A	B	C	D	E	F	G
1	**ABC-Analyse der Sortimentsgruppen der Sportina AG**						
2					A	bis	70%
3	**Sortimentsgruppe**	**Einkaufswert pro Jahr**	**prozentualer Einkaufswert**	**prozentuale Einkaufswerte kumuliert**	B	bis	90%
4					C	bis	100%
5	Fitness und Training	165.563,00 €	34,54%	35%		A	
6	Sportschuhe	117.962,00 €	24,61%	59%		A	
7	Freizeitmode	116.110,00 €	24,22%	83%		B	
8	Radsport	39.900,00 €	8,32%	92%		C	
9	Wintersport	17.562,00 €	3,66%	95%		C	
10	Bälle	11.815,00 €	2,46%	98%		C	
11	Schläger	5.310,00 €	1,11%	99%		C	
12	Wassersport	3.120,00 €	0,65%	100%		C	
13	Extremsport	2.029,00 €	0,42%	100%		C	
14	Summe:	479.371,00 €	**100%**				

In der vorliegenden Tabelle sind die Sortimentsgruppen mit den Einkaufswerten aufgelistet und die prozentualen Einkaufswerte ermittelt, also der prozentuale Anteil der Sortimentsgruppe am Gesamtwert von 479.371 €. Die Sortimentsgruppen sind nach der Höhe der Einkaufswerte absteigend zu sortieren. Anschließend werden die kumulierten prozentualen Einkaufswerte errechnet, indem man für die Sortimentsgruppe mit dem höchsten Wert den selektiven (einfachen) Prozentwert nimmt und bei den folgenden Artikeln den prozentualen kumulierten Einkaufswert von der Zeile darüber zum einfachen prozentualen Einkaufswert dazu addiert.

Mit einer entsprechenden Festlegung, dass A-Sortimente die ersten 70 % mit den höchsten Einkaufswerten ausmachen, sind in diesem Fall die Sportschuhe und die Sortimentsgruppe Fitness und Training als A-Sortimentsgruppen festzulegen, denn diese machen 59 % des Einkaufswerts aus. Die anderen Einkaufsgüter mit weitaus niedrigeren Einkaufswerten können als B- und C-Gruppen kategorisiert werden. Da zwei der zehn Sortimentsgruppen ein Einkaufsvolumen von 59 % ausmachen, bietet sich an, Schwerpunkte auf diese beiden Sortimente zu setzen. Denn ungünstige Einkaufskonditionen, schlechte Qualität oder Lieferschwierigkeiten haben bei A-Sortimenten weitaus größere Auswirkungen als bei C-Sortimenten.

1.4.2 Zuordnung der A-, B-, C-Gruppierung mit der WENN-Funktion

Die ABC-Analyse kann mit dem Tabellenkalkulationsprogramm Excel durchgeführt werden. Bis zu den kumulierten prozentualen Werten können die bereits eingeführten Rechenoperationen angewendet werden. Aber auch die Gruppierung in A, B und C ist möglich. Hierfür wendet man die WENN-Funktion an. Dabei wird eine Zelle, in diesem Fall der kumulierte prozentuale Einkaufswert, dahingehend überprüft, ob der Wert kleiner oder gleich 70 % ist. Wenn ja, soll „A" ausgegeben werden. Andernfalls wird geprüft, ob der Wert denn unter 90 % ist, wenn ja, soll „B" erscheinen, wenn nicht „C".

MERKE

Die allgemeine Syntax der einfachen WENN-Funktion lautet:

=WENN(PRÜFUNG;DANN_Wert;SONST_Wert)

Hierbei können zwei Alternativen ausgegeben werden. Sollen – wie bei der ABC-Zuordnung – drei Alternativen ausgegeben werden, ist nach dem DANN-Wert eine weitere Funktion einzubauen. Somit ist eine WENN-Funktion in eine weitere verschachtelt.

MERKE

Die Syntax lautet dann:

=WENN(PRÜFUNG;DANN_Wert; WENN(PRÜFUNG;DANN_Wert;SONST_Wert).

Die Formel in der Zelle E5 lautet nun:

=WENN(D5<=$G$2;$E$2;WENN(D5<=$G$3;$E$3;$E$4)).

1.4.3 Auswertung der Daten mit der ZÄHLENWENN- und SUMMEWENN-Funktion

Darüber hinaus können die gewonnenen Daten aus der ABC-Analyse auf diesem Tabellenblatt noch weiter ausgewertet werden.

Beispiel

	A	B	C
16		A	2
17	Anzahl	B	1
18		C	6
19		A	283.525,00 €
20	Umsatzwert	B	116.110,00 €
21		C	79.736,00 €

Im Beispiel wird die Anzahl der A-, B- oder C- Sortimentsgruppe mithilfe der ZÄHLENWENN-Funktion ermittelt.

MERKE

Die Syntax der ZÄHLENWENN-Funktion lautet:

=ZÄHLENWENN(BEREICH;SUCHKRITERIEN)

Der Bereich ist die Spalte, in der die Buchstaben A, B und C stehen und dabei soll gezählt werden, wie oft das Suchkriterium A, B oder C vorkommt. Im Beispiel lautet die Formel in der Zelle C16:

=ZÄHLENWENN($E$5:$G$13;B16)

Dazu können die Umsatzwerte der A-, B- und C-Gruppen mithilfe der SUMMEWENN-Funktion addiert werden.

MERKE

Die Syntax der SUMMEWENN-Funktion lautet:

=SUMMEWENN(BEREICH;SUCHKRITERIEN[;SUMME_BEREICH])

Hierbei ist wieder der Bereich die Spalte, in der A, B oder C steht, und dabei soll der Umsatz addiert werden, wenn in der Zelle Bereich das Suchkriterium steht. Der Teil SUMME_BEREICH kann auch ignoriert werden, wenn die Werte in der Spalte Bereich addiert werden sollen.

Im Beispiel lautet die Formel in der Zelle C19:

=SUMMEWENN($E$5:$G$13;B19;$B$5:$B$13)

1.4.4 Grafische Darstellung der ABC-Analyse

Der Sachverhalt der ABC-Analyse lässt sich auch grafisch gut über ein Liniendiagramm mit Excel darstellen. Typisch ist eine konkave Kurve mit einer am Anfang großen Steigerungsrate, die im Verlauf abnimmt. Mit quadratischen Formen können die drei Kategorien gekennzeichnet werden.

Es ist darauf zu achten, dass die Diagramme aussagekräftige Titel haben und die Achsen übersichtlich gestaltet sind: Über Diagrammentwurf/Daten auswählen wird die horizontale Achsenbeschriftung mit den Sortimentsgruppen eingestellt. Dass die Sortimentsgruppen direkt unter den Hauptgitternetzlinien stehen, wird eingestellt, indem man über **Achse formatieren** einstellt, dass die Positionsachse auf den Teilstrichen steht. Die Intervalle der vertikalen Achse lassen sich über **Achse formatieren** verändern sowie auch das Maximum von 100 % einstellen.

Beispiel

ABC-Analyse der Sortimentsgruppen nach den kumulierten Einkaufswerten

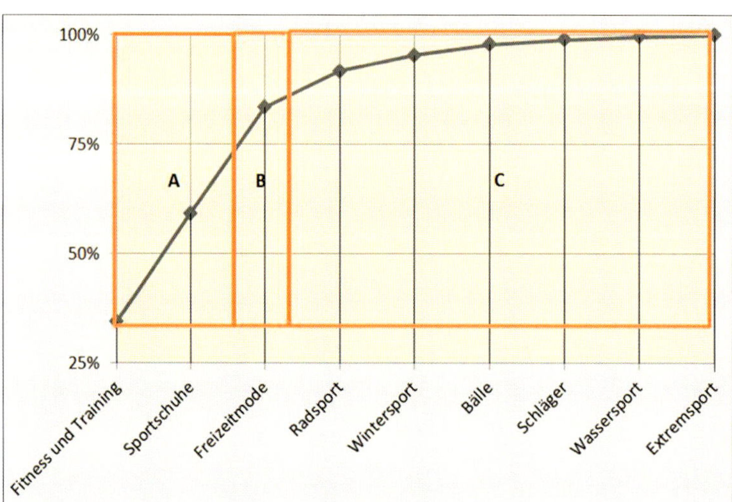

2. Recht und Rechtsordnung

Das Recht und die damit verbundene Rechtsprechung sollen ein geordnetes Zusammenleben von Menschen in einer Gemeinschaft auf Basis von gemeinsam vereinbarten Regeln ermöglichen. Heute legen die gesetzgebenden Organe eines Staates (Legislative) dazu eine Rechtsordnung in Form von Gesetzen sowie Verordnungen fest und stellen dessen Einhaltung durch exekutive Organe (z. B. die Staatsanwaltschaft oder die Polizei) sicher. Die Gerichte sorgen als dritte Kraft (Judikative) schließlich dafür, dass bei Verstößen gegen das geltende Recht die entprechend dafür vorgesehenen (Straf-) Maßnahmen (z. B. Geldbußen oder Gefägnisstrafen) verhängt werden.

Eine solche Rechtsordnung regelt das Verhalten des Staates und seiner Bürger. Dabei wird zwischen dem öffentlichen Recht und dem Privatrecht unterschieden.

2.1 Öffentliches Recht

Das Öffentliche Recht ordnet die Rechtsbeziehungen zwischen dem Staat (Bundesrepublik Deutschland), den öffentlichen Körperschaften (Länder, Gemeinden, Behörden) und dem einzelnen Bürger. Dabei gilt der Grundsatz der Über- und Unterordnung, d. h. der Staat und die öffentlichen Körperschaften sind den Bürgern übergeordnet.

Da es sich bei dem öffentlichen Recht um ein zwingendes Recht handelt, muss sich jeder Bürger diesem Recht unterwerfen. Die Vereinbarung von Abweichungen oder Ausnahmen ist dabei nicht möglich.

Streitigkeiten des öffentlichen Rechts werden durch die Verwaltungsgerichte entschieden.

2.2 Privatrecht

Das Privatrecht umfasst die Regelungen für die Rechtsbeziehungen der Bürger untereinander. Die Bürger stehen sich dabei im Grundsatz der Gleichordnung als gleichberechtigte Partner gegenüber. Dieser Grundsatz gilt auch, wenn der Staat (z. B. im Rahmen eines Kaufvertrags) als Bürger auftritt.

Bei dem Privatrecht handelt es sich um ein weitgehend nachgiebiges Recht, d. h. die Vertragspartner können ihre Rechtsbeziehungen in einem festgelegten Rahmen abweichend von den gesetzlichen Regelungen frei gestalten.

Streitigkeiten des Privatrechts werden durch die Amts- und Landesgerichte entschieden.

2.3 Rechtsgeschäfte und Rechtsfähigkeit

Ein Rechtsgeschäft entsteht, wenn eine oder mehrere Personen Willenserklärungen abgeben, aus denen rechtliche Folgen erwachsen. Die beteiligten Personen können dabei ihren Willen auf verschiedene Weise bekunden:

- Willenserklärungen im Rahmen von mündlichen oder schriftlichen Aussagen (z. B. in Gesprächen, in Briefen oder in E-Mails)
- Willenserklärungen durch schlüssiges (konkludentes) Verhalten (z. B. Ablage von Waren auf dem Transportband einer Kasse, Einwurf von Geld in einen Automaten, Handzeichen bei Auktionen und Versteigerungen)
- Willenserklärungen durch Nichtstun oder Schweigen (in Ausnahmefällen möglich, z. B. bewusstes Verstreichenlassen einer Frist).

Rechtsgeschäfte können abhängig von der Anzahl der abgegebenen Willenserklärungen in einseitige und in zwei- bzw. mehrseitige Rechtsgeschäfte unterschieden werden.

Einseitige Rechtsgeschäfte bedürfen nur der Willenserklärung einer einzelnen Person und können empfangsbedürftig oder nicht empfangsbedürftig sein. So handelt es sich beispielsweise bei der Kündigung eines Arbeitsverhältnisses um eine einseitige, empfangsbedürftige Willenserklärung, da sie erst dann wirksam wird, wenn der Empfänger die Kündigung schriftlich erhalten hat.

RECHTSGRUNDLAGE

Nach § 623 BGB muss die Beendigung eines Arbeitsverhältnisses durch eine Kündigung oder durch einen Auflösungsvertrag in Schriftform erfolgen. Die Verwendung elektronischer Medien (z. B. E-Mail) ist explizit ausgeschlossen.

Ein Rechtsgeschäft mit einer nicht empfangsbedürftigen Willenserklärung (z. B. bei einem Testament) wird dagegen sofort bei der Abgabe wirksam. Die Kenntnisnahme durch eine Person ist nicht notwendig.

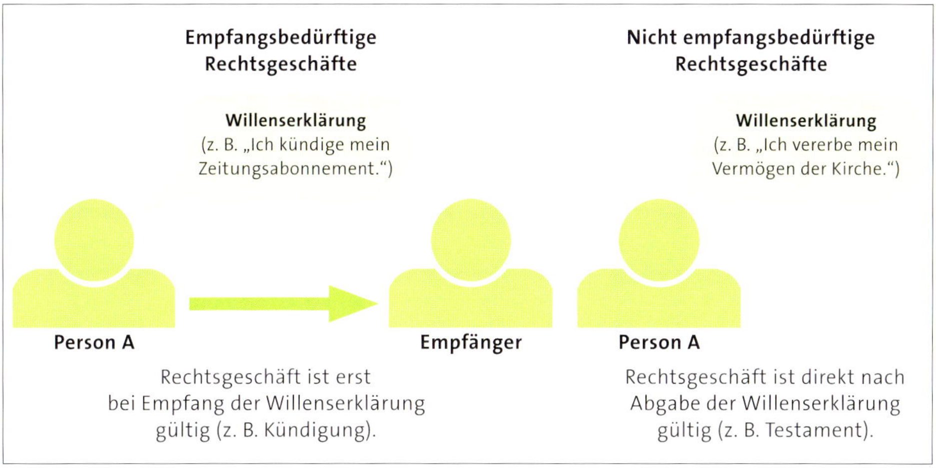

Einseitige Rechtsgeschäfte

Zwei- oder mehrseitige Rechtsgeschäfte werden durch Willenserklärungen von zwei oder mehr Personen geschlossen. Als Voraussetzung für die Gültigkeit eines solchen Rechtsgeschäfts müssen die abgegebenen Willenserklärungen in Bezug zueinander stehen und inhaltlich übereinstimmen. Ein mindestens zweiseitiges Rechtsgeschäft, auf das diese Bedingungen zutreffen, wird im Allgemeinen als Vertrag bezeichnet.

Ein solcher Vertrag legt Rechte und Pflichte für die beteiligten Personen fest. Einseitig verpflichtende Verträge (z. B. bei einer Schenkung) enthalten nur Rechte bzw. Pflichten für einen der Vertragspartner, während mehrseitig verpflichtende Verträge (z. B. bei einem Kaufvertrag) Rechte und Pflichten für mehrere Beteiligte festlegen.

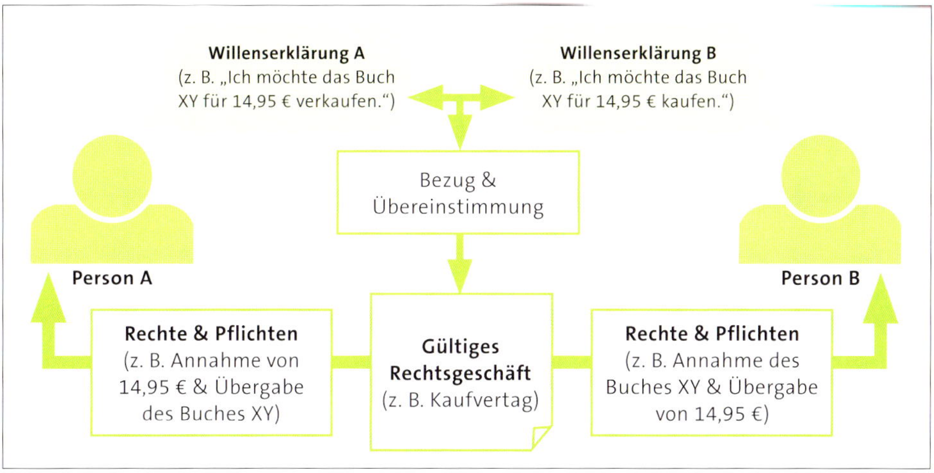

Zweiseitige Rechtsgeschäfte

Die Personen, die an einem Rechtsgeschäft teilnehmen, werden als Rechtssubjekte bezeichnet und benötigen dazu als Voraussetzung die sog. Rechtsfähigkeit, die es ihnen ermöglicht Rechte und Pflichten zu erlangen. Diese erlangten Rechte und Pflichten beziehen sich im Allgemeinen auf die Rechtsobjekte eines Rechtsgeschäfts. Dabei kann es sich sowohl um materielle Objekte (= Sachen, z. B. ein Haus, ein Auto) oder immaterielle Objekte (z. B. ein Patent) handeln. Sachen werden wiederum in die Kategorien bewegliche Sachen (Mobilien, ein Auto) und unbewegliche Sachen (Immobilien, ein Haus oder ein Grundstück) unterteilt.

Tiere werden in § 90a BGB explizit von den Sachen abgegrenzt, da sie durch besondere Gesetze geschützt werden. Allerdings gelten für Tiere in Rechtsgeschäften, falls nichts anderes bestimmt wurde, die gleichen Bestimmungen wie für Sachen. Aus diesem Grund verfügen sie nicht über die Eigenschaft der Rechtsfähigkeit und können daher auch nicht Träger von Rechten und Pflichten werden. Tiere sind in Rechtsgeschäften somit nicht als Rechtssubjekte sondern als Rechtsobjekte zu behandeln.

Die Rechtsfähigkeit spielt beim Abschluss von Rechtsgeschäften eine erhebliche Rolle, da sie Voraussetzung für die Geltendmachung und ggf. für die Durchsetzung von Rechten vor einem Gericht ist. Menschen als natürliche Personen erhalten nach § 1 BGB die Rechtsfähigkeit mit der Vollendung der Geburt. In Einzelfällen (z. B. im Rahmen einer Erbschaft) kann jedoch auch ein ungeborenes Kind rechtsfähig sein. Die Rechtsfähigkeit eines Menschen endet mit seinem Tod.

In Rechtsgeschäften können neben natürlichen Personen auch Unternehmen als Rechtssubjekte auftreten. Die dazu notwendige Rechtsfähigkeit erhalten die Unternehmen abhängig von ihrer jeweiligen Rechtsform. Aktiengesellschaften (AG), Kommanditgesellschaften auf Aktien (KGaA), Gesellschaften mit beschränkter Haftung (GmbH), Unternehmergesellschaften (UG), Stiftungen des Privatrechts sowie eingetragene Vereine (eV) und Genossenschaften (eG) gelten als juristische Personen des Privatrechts und erwerben die Rechtsfähigkeit bei der Eintragung in ein öffentliches Register (z. B. im Handelsregister oder im Vereinsregister). Offene Handelsgesellschaften (OHG) und Kommanditgesellschaften (KG) gelten dagegen nicht als juristische Personen, sondern als Personengesellschaften. Diese Gesellschaften erhalten aber durch § 124 HGB eine Teilrechtsfähigkeit und sind somit ebenfalls in der Lage Rechtsgeschäfte abzuschließen.

Auch der Staat und seine Organe können gültige Rechtsgeschäfte abschließen. Unter dem Oberbegriff juristische Personen des öffentlichen Rechts werden die folgenden Kategorien unterschieden:

- **Körperschaften**
  Hierunter fallen die Gebietskörperschaften (Bund, Länder, Kommunen) und die Personalkörperschaften (z. B. die Industrie- und Handelskammer, die Handwerkskammern).

- **Anstalten**
  Anstalten können auf Bundes-, Landes- oder kommunaler Ebene angesiedelt sein (z. B. Bundesagentur für Arbeit, die Landesrundfunkanstalten, kommunaler Verkehrsverbund).
- **Stiftungen des öffentlichen Rechts**
  Dies sind vom Staat per Gesetz, Verordnung oder Beschluss gegründete Stiftungen mit öffentlichem Zweck (z. B. die Stiftung „Haus der Geschichte").

Juristische Personen des öffentlichen Rechts erhalten ihre Rechtsfähigkeit sowie ihren organisatorischen Aufbau durch ein Gesetz, eine Verordnung oder einen Beschluss. So ist beispielweise in § 367 des Dritten Sozialgesetzbuches (SGB III) die Rechtsfähigkeit der Bundesagentur für Arbeit gesetzlich verankert.

2.4 Eigentum und Besitz

Laut § 903 BGB hat der Eigentümer einer Sache das Recht, frei darüber zu verfügen, solange kein anderes Gesetz bzw. die Rechte Dritter dem entgegen stehen. Somit darf der Eigentümer die Sache z. B. benutzen, verändern oder auch zerstören.

Die folgenden Formen von Eigentum werden unterschieden:

- **Alleineigentum**
  Eine Sache gehört nur einem Eigentümer.
- **Miteigentum nach Bruchteilen**
  Eine Sache gehört mehreren Personen (Miteigentümer genannt), wobei jedem Miteigentümer ein Eigentumsan- oder -bruchteil gehört, über den er frei verfügen kann (§§ 741 ff. und 1008 ff. BGB). Alle Miteigentümer bilden zusammen eine Eigentümergemeinschaft (z. B. bei einem Mehrfamilienhaus, das in unabhängige Einzelwohnungen aufgeteilt ist).
- **Gesamthandseigentum**
  Eine Sache gehört mehreren Personen gleichzeitig, wobei keine Eigentumsanteile festgelegt sind. Die Eigentümer können in diesem Fall nur gemeinsam über die Sache verfügen. Beispiele für solche Gesamthandsgemeinschaften sind die Erbengemeinschaft (§§ 2032 - 2063 BGB) und die eheliche Gütergemeinschaft (§ 1416 BGB).

Im Unterschied zum **Eigentum** definiert § 854 Abs. 1 BGB den **Besitz** als tatsächliche Verfügungsgewalt über eine Sache. Dieser kann auf rechtmäßige Weise (z. B. durch Ausleihe) oder auf unrechtmäßige Weise (z. B. durch Diebstahl) erlangt werden. Sind der Eigentümer und der Besitzer einer Sache identisch, wird dies als **Eigenbesitz** bezeichnet (§ 872 BGB). Wenn der aktuelle Besitzer einer Sache dagegen nicht auch der Eigentümer ist, wird von **Fremdbesitz** gesprochen.

Als unmittelbarer Besitzer wird die Person angesehen, die die tatsächliche Kontrolle über eine Sache ausübt. Überlässt eine Person einer anderen Person einen unmittelbaren Besitz auf absehbare Zeit (z. B. leihweise, gegen Miete oder als Pfand), so wird diese Person als mittelbarer Besitzer bezeichnet (§ 868 BGB).

Hinsichtlich der Übertragung von Eigentum wird zwischen beweglichen Sachen (Mobilien) und unbeweglichen Sachen (Immobilien) unterschieden.

2.4.1 Eigentumsübertragung von beweglichen Sachen (Mobilien)

Der § 929 BGB sieht zwei Schritte zur Eigentumsübertragung von beweglichen Sachen vor. Zuerst müssen sich der aktuelle Eigentümer und der Erwerber darüber einigen, unter welchen Bedingungen das Eigentum übertragen werden soll. Liegt eine Einigung vor, muss der Eigentümer die betreffende Sache an den Erwerber übergeben.

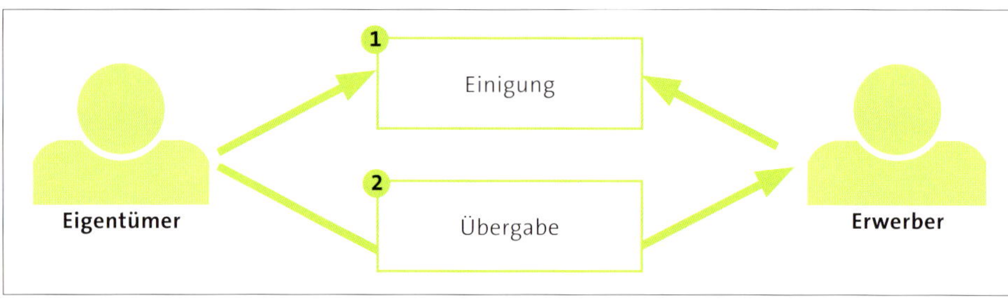

Gegebenenfalls kann jedoch bei der oben beschriebenen Eigentumsübertragung auch einer der folgenden Sonderfälle auftreten:

- Wenn der Erwerber bereits im Besitz der Sache ist, entfällt die Übergabe.
- Bei einem sog. Besitzkonstitut bleibt der bisherige Eigentümer noch der Besitzer der Sache, nur das Eigentumsrecht geht auf den Erwerber über. Eine Übergabe findet in diesem Fall nicht statt.
- Wenn eine dritte Person der aktuelle Besitzer der Sache ist, entfällt die Übergabe ebenfalls. Stattdessen erhält der Erwerber den Herausgabeanspruch für die Sache.

Wenn der Verkäufer zwar der Besitzer, aber nicht der Eigentümer einer Sache ist, wird der Erwerber nur dann trotzdem durch die Übergabe zum neuen Eigentümer, wenn einer der beiden folgenden Fälle vorliegt:

- Bei der verkauften Sache handelt es sich entweder um Bargeld oder um sog. Inhaberpapiere (z. B. Eintritts- oder Fahrkarten), da hier der Besitzer automatisch auch immer der Eigentümer ist.

- Der Erwerber ist gutgläubig, d. h. er hält den Verkäufer für den Eigentümer und die betreffende Sache ist nicht gestohlen oder abhandengekommen (= gutgläubiger Eigentumserwerb). Wenn die übergebene Sache jedoch gestohlen oder abhandengekommen ist, dann wird das Eigentumsrecht nicht übertragen und der bisherige Eigentümer hat das Recht auf Herausgabe der Sache.

2.4.2 Eigentumsübertragung von unbeweglichen Sachen (Immobilien)

Die Eigentumsübertragung von unbeweglichen Sachen verläuft grundsätzlich ebenfalls in den bereits beschriebenen zwei Schritten „Einigung“ und „Übergabe“ ab. Allerdings schreiben die §§ 873 und 925 BGB für die Einigung und die Übergabe der Immobilie zusätzliche Voraussetzungen vor.

Die Einigung bei einer Eigentumsübertragung einer unbeweglichen Sache muss durch einen Notar im Beisein des Verkäufers und des Erwerbers verlesen und anschließend notariell beurkundet werden. Dieser Vorgang wird als Auflassung bezeichnet.

Anschließend wird die notariell beurkundete Einigung an das Grundbuchamt weitergegeben und dort in das Grundbuch der Immobilie eingetragen. Diese Eintragung gilt dann als Übergabe der unbeweglichen Sache und die Eigentumsübertragung ist somit rechtsgültig.

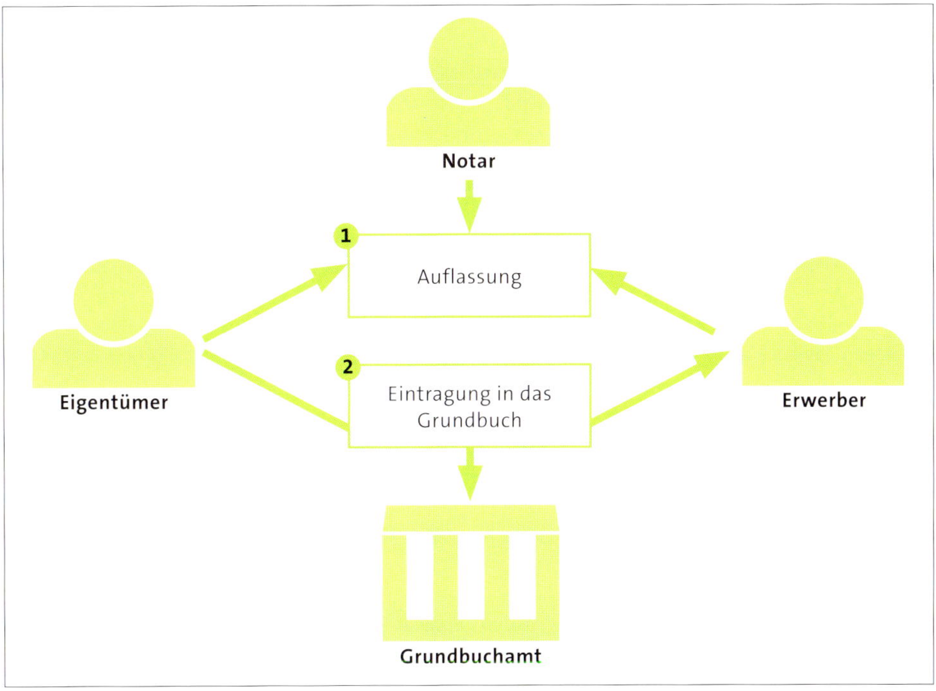

2.5 Geschäftsfähigkeit von natürlichen Personen

Damit eine Person eine gültige Willenserklärung abgeben kann, benötigt sie die Eigenschaft der Geschäftsfähigkeit. Erst diese Eigenschaft ermöglicht somit den Abschluss von Rechtsgeschäften und Verträgen.

Bei natürlichen Personen ist der Grad der Geschäftsfähigkeit abhängig vom Lebensalter. Der Gesetzgeber hat diesbezüglich drei Altersstufen festgelegt, wobei für jede Stufe verschiedene Ausnahmeregelungen gelten, die alltägliche Rechtsgeschäfte vereinfachen sollen. Wie die Rechtsfähigkeit endet auch die Geschäftsfähigkeit bei natürlichen Personen mit ihrem Tod.

2.5.1 Geschäftsunfähigkeit

Nach § 104 BGB gelten alle natürlichen Personen als geschäftsunfähig, die noch keine 7 Jahre alt sind oder unter einer krankhaften Geistesstörung leiden, die dauerhaft eine eigenständige Willenserklärung verhindert. Willenserklärungen, die von geschäftsunfähigen Personen abgegeben werden, sind gemäß § 105 Abs. 1 BGB grundsätzlich nichtig, d. h. diese Personen können keine gültigen Rechtsgeschäfte abschließen. Auch eine nachträgliche Genehmigung der Willenserklärung durch den gesetzlichen Vertreter der geschäftsunfähigen Person ist nicht möglich.

Geschäftsunfähige Personen besitzen jedoch weiterhin die Rechtsfähigkeit, d. h. sie können als Rechtssubjekte in einem Rechtsgeschäft (z. B. in einem Testament) wirken. Gemäß § 131 BGB muss jedoch in diesen Fällen der gesetzliche Vertreter des Geschäftsunfähigen (bei Kindern unter sieben Jahren üblicherweise die Eltern) über das Rechtsgeschäft informiert werden und diesem zustimmen. Einige besondere Rechtsgeschäfte (z. B. die Aufnahme eines Darlehens oder der Erwerb eines Grundstücks) benötigen sogar zusätzlich die Erlaubnis des Betreuungsgerichtes.

Laut § 164 BGB dürfen jedoch Geschäftsunfähige als Vertreter einer voll geschäftsfähigen Person auftreten, wenn sie erkennbar keine eigene Willenserklärung abgeben, sondern nur einen fremden Willen wiedergeben. Diese Ausnahme gilt natürlich nur, wenn dadurch keine weiteren Gesetze (z. B. bezüglich der Abgabe von Alkohol an Minderjährige) verletzt werden.

2.5.2 Beschränkte Geschäftsfähigkeit

Ab dem 7. Lebensjahr bis zur Vollendung des 18. Lebensjahres gelten natürliche Personen gemäß § 106 BGB als beschränkt geschäftsfähig, d. h. ihre Willenserklärungen und die damit verbundenen Rechtsgeschäfte sind nach § 107 BGB nur mit der Einwilligung ihres gesetzlichen Vertreters gültig. Der gesetzliche Vertreter kann dabei sowohl im Voraus als auch nachträglich zustimmen. Für Rechtsgeschäfte, die ausschließlich einen rechtlichen Vorteil für die beschränkt geschäftsfähige Person bedeuten, ist die Einwilligung des gesetzlichen Vertreters nicht notwendig.

ACHTUNG

Die Regelung bezüglich Rechtsgeschäften, die ausschließlich einen rechtlichen Vorteil erbringen, wird häufig auf Schenkungen angewendet. Dabei ist jedoch zu beachten, dass bei einigen Schenkungsobjekten der beschenkten Person rechtliche Pflichten entstehen können. So fallen für ein geschenktes Fahrzeug ggf. Steuern oder Versicherungsbeiträge an, die der Eigentümer bezahlen muss. In diesen Fällen ist auch bei einer Schenkung die Zustimmung des gesetzlichen Vertreters notwendig.

Liegt für ein Rechtsgeschäft die Zustimmung des gesetzlichen Vertreters nicht im Voraus vor, gilt es laut § 108 Abs. 1 BGB bis zum nachträglichen Einverständnis als schwebend unwirksam, d. h. es kann jederzeit von dem gesetzlichen Vertreter als unwirksam erklärt werden. Wenn ein Rechtsgeschäft schwebend unwirksam ist, kann der andere Vertragspartner gemäß § 108 Abs. 2 BGB von dem gesetzlichen Vertreter eine Willenserklärung bezüglich der Einwilligung einfordern. Reagiert der gesetzliche Vertreter auf diese Forderung nicht innerhalb einer Frist von zwei Wochen, gilt das betreffende Rechtsgeschäft als ungültig.

Bei einseitigen Rechtsgeschäften (z. B. Kündigungen) hingegen ist eine nachträgliche Genehmigung laut § 111 BGB nicht möglich. In diesen Fällen muss die Einwilligung des gesetzlichen Vertreters bereits vorher vorliegen und den beteiligten Personen bekanntgegeben werden.

Um den alltäglichen Rechtsverkehr mit beschränkt geschäftsfähigen Personen zu vereinfachen, wurden folgende Ausnahmeregelungen gesetzlich festgelegt:

- **Taschengeldparagraf** (§ 110 BGB)
  Wenn eine beschränkt geschäftsfähige Person ein Rechtsgeschäft mithilfe von Mitteln erfüllen kann, die ihr mit dem Einverständnis des gesetzlichen Vertreters zur freien Verfügung überlassen wurden, ist dieses sofort gültig und bedarf keiner weiteren Einwilligung.
- **Rechtsgeschäfte im Rahmen eines Dienst- oder Arbeitsverhältnisses** (§ 113 Abs. 1 BGB)
  Hat eine beschränkt geschäftsfähige Person mit dem Einverständnis des gesetzlichen Vertreters einen Arbeitsvertrag abgeschlossen, gilt sie für alle Rechtsgeschäfte, die zur Eingehung, Erfüllung oder Aufhebung des Arbeitsverhältnisses notwendig sind, als voll geschäftsfähig. Dies bedeutet, dass für diese

Rechtsgeschäfte die Einwilligung des gesetzlichen Vertreters nicht notwendig ist. Diese Regelung schließt auch die Kündigung des betreffenden Arbeitsvertrags mit ein.

ACHTUNG

Der § 113 Abs. 1 BGB gilt nicht für Ausbildungsverträge.

LF 1, Kap. 1.3

- **Rechtsgeschäfte im Rahmen eines selbstständigen Betriebs eines Erwerbsgeschäfts** (§ 112 Abs. 1 BGB)
  Beschränkt geschäftsfähige Personen dürfen mit der Einwilligung des gesetzlichen Vertreters und der Zustimmung des zuständigen Familiengerichts ein Unternehmen gründen und selbstständig führen. Sie gelten dann für die betrieblichen Rechtsgeschäfte als voll geschäftsfähig. Hiervon ausgenommen sind nur Rechtsgeschäfte, die eine erneute Zustimmung des Familiengerichts benötigen (z. B. der Kauf von Immobilien).

2.5.3 Volle Geschäftsfähigkeit

Natürliche Personen gelten ab dem vollendeten 18. Lebensjahr als voll geschäftsfähig und sind ab diesem Zeitpunkt befugt, eigenständig ihren Willen zu erklären und Rechtsgeschäfte abzuschließen. In besonderen Situationen kann die volle Geschäftsfähigkeit einer volljährigen Person jedoch auch wieder eingeschränkt werden.

So gilt eine Person, die unter einer vorübergehenden Geistesstörung leidet (z. B. durch den Genuss von Alkohol oder anderen Rauschmitteln), zwar weiterhin als geschäftsfähig, allerdings sind alle Willenserklärungen in diesem Zustand laut § 105 Abs. 2 BGB nichtig und somit alle so entstandenen Rechtsgeschäfte rechtlich unwirksam.

Wenn eine Person jedoch durch eine dauerhafte körperliche bzw. psychische Krankheit oder Behinderung bei der eigenständigen Erklärung ihres Willens eingeschränkt ist, kann nach § 1896 BGB ein Betreuer von einem Betreuungsgericht bestellt werden. Dieser Betreuer unterstützt die betroffene Person dann bei der Regelung der Rechtsangelegenheiten, um die sie sich aufgrund ihrer Beeinträchtigung nicht länger allein kümmern kann. Die betreute Person verfügt jedoch weiterhin über ihre volle Geschäftsfähigkeit, d. h. sie darf eigenständig Willenserklärungen abgeben. Erst wenn ein Gericht eine erhebliche Gefahr für die Gesundheit oder das Vermögen einer dauerhaft beeinträchtigten Person feststellt, kann es laut § 1903 BGB einen sog. Einwilligungsvorbehalt für den bestellten Betreuer erwirken. Die betreute Person gilt ab diesem Zeitpunkt als beschränkt geschäftsfähig und der Betreuer muss nun jede Willenserklärung der Person entweder vorher bewilligen oder nachträglich genehmigen. Allerdings gelten für die betreute Person auch die bereits erläuterten Ausnahmeregelungen für die beschränkte Geschäftsfähigkeit, d. h. sie darf beispielsweise mit Mitteln, die sie zur freien Verfügung erhalten hat, alltägliche Rechtsgeschäfte eigenständig ohne Einwilligung des Betreuers abschließen.

2.6 Vertragsfreiheit

RECHTSGRUNDLAGE

In **Artikel 2 Abs. 1 des deutschen Grundgesetzes** heißt es:

Jeder hat das Recht auf die freie Entfaltung seiner Persönlichkeit, soweit er nicht die Rechte anderer verletzt und nicht gegen die verfassungsmäßige Ordnung oder das Sittengesetz verstößt.

Aus diesem Recht auf allgemeine Handlungsfreiheit der Bürger wird die sog. Vertragsfreiheit abgeleitet, die sich aus den folgenden vier Merkmalen zusammensetzt:

- **Abschlussfreiheit**
  Jede Person hat das Recht, frei zu entscheiden, ob sie ein Rechtsgeschäft abschließen will oder nicht. Dieses Recht schließt auch die freie Wahl des Vertragspartners mit ein. Eingeschränkt wird die Abschlussfreiheit durch den sog. Kontrahierungszwang, der für Rechtsgeschäfte bezüglich öffentlicher Versorgungsaufgaben (der sog. Daseinsvorsorge) gilt.
- **Inhaltsfreiheit**
  Die Vertragspartner haben das Recht, den Inhalt eines Rechtsgeschäfts frei zu bestimmen, solange dadurch die Rechte Dritter und die geltenden Gesetze nicht verletzt werden.
- **Formfreiheit**
  Die Form von Verträgen (z. B. schriftlich, mündlich) kann grundsätzlich frei gewählt werden. Für verschiedene Vertragsarten gelten jedoch gesetzliche Formvorschriften, die eingehalten werden müssen. Üblicherweise dienen diese Vorschriften zum Schutz der Vertragspartner und zur Nachweisbarkeit von Rechtsgeschäften.
- **Aufhebungsfreiheit**
  Jeder geschlossene Vertrag kann auch wieder gelöst werden. Bei einigen Vertragsarten müssen jedoch bei der Auflösung bestimmte gesetzliche Bedingungen berücksichtigt werden.

2.7 Formvorschriften

Wie bereits erläutert, leitet sich aus dem Artikel 2 Abs. 1 des Deutschen Grundgesetzes zunächst das Recht auf Formfreiheit ab, d. h. Vertragspartner dürfen die Form eines Vertrags frei wählen. Für bestimmte Rechtsgeschäfte sind jedoch Formvorschriften gesetzlich vorgeschrieben und wenn diese nicht eingehalten werden, gilt das betroffene Rechtsgeschäft gemäß § 125 BGB als nichtig.

RECHTSGRUNDLAGE

§ 125 BGB Nichtigkeit wegen Formmangels
Ein Rechtsgeschäft, welches der durch Gesetz vorgeschriebenen Form ermangelt, ist nichtig. Der Mangel der durch Rechtsgeschäft bestimmten Form hat im Zweifel gleichfalls Nichtigkeit zur Folge.

Grundsätzlich unterscheidet der Gesetzgeber zwischen den folgenden Formvorschriften:

RECHTSGRUNDLAGE

§ 126 BGB Schriftform
(1) Ist durch Gesetz schriftliche Form vorgeschrieben, so muss die Urkunde von dem Aussteller eigenhändig durch Namensunterschrift oder mittels notariell beglaubigten Handzeichens unterzeichnet werden.
(2) Bei einem Vertrag muss die Unterzeichnung der Parteien auf derselben Urkunde erfolgen. Werden über den Vertrag mehrere gleichlautende Urkunden aufgenommen, so genügt es, wenn jede Partei die für die andere Partei bestimmte Urkunde unterzeichnet.
(3) Die schriftliche Form kann durch die elektronische Form ersetzt werden, wenn sich nicht aus dem Gesetz ein anderes ergibt.

§ 126a BGB Elektronische Form
(1) Soll die gesetzlich vorgeschriebene schriftliche Form durch die elektronische Form ersetzt werden, so muss der Aussteller der Erklärung dieser seinen Namen hinzufügen und das elektronische Dokument mit einer qualifizierten elektronischen Signatur nach dem Signaturgesetz versehen.
(2) Bei einem Vertrag müssen die Parteien jeweils ein gleichlautendes Dokument in der in Absatz 1 bezeichneten Weise elektronisch signieren.

§ 126b BGB Textform
Ist durch Gesetz Textform vorgeschrieben, so muss eine lesbare Erklärung, in der die Person des Erklärenden genannt ist, auf einem dauerhaften Datenträger abgegeben werden. Ein dauerhafter Datenträger ist jedes Medium, das

1. es dem Empfänger ermöglicht, eine auf dem Datenträger befindliche, an ihn persönlich gerichtete Erklärung so aufzubewahren oder zu speichern, dass sie ihm während eines für ihren Zweck angemessenen Zeitraums zugänglich ist, und
2. geeignet ist, die Erklärung unverändert wiederzugeben.

§ 129 BGB Öffentliche Beglaubigung
(1) Ist durch Gesetz für eine Erklärung öffentliche Beglaubigung vorgeschrieben, so muss die Erklärung schriftlich abgefasst und die Unterschrift des Erklärenden von einem Notar beglaubigt werden. Wird die Erklärung von dem Aussteller mittels Handzeichens unterzeichnet, so ist die in § 126 Abs. 1 vorgeschriebene Beglaubigung des Handzeichens erforderlich und genügend.

§ 128 BGB Notarielle Beurkundung
Ist durch Gesetz notarielle Beurkundung eines Vertrags vorgeschrieben, so genügt es, wenn zunächst der Antrag und sodann die Annahme des Antrags von einem Notar beurkundet wird.

INFO

Die Textform dient im Allgemeinen zu Informations- und Dokumentationszwecken. Als dauerhafter Datenträger können neben Papier auch elektronische Speichermedien wie Festplatten, USB-Sticks und sogar E-Mails dienen.

2.8 Nichtigkeit und Anfechtbarkeit von Willenserklärungen und Rechtsgeschäften

Wenn beim Abschluss eines Rechtsgeschäfts gesetzliche Bestimmungen verletzt werden oder Unstimmigkeiten in Bezug auf die Vertragsvereinbarungen auftreten, kann es unwirksam sein bzw. werden. In diesem Zusammenhang wird zwischen Nichtigkeit und Anfechtbarkeit des Rechtsgeschäfts unterschieden.

2.8.1 Gründe für die Nichtigkeit von Willenserklärungen und Rechtsgeschäften

Willenserklärungen bzw. Rechtsgeschäfte können von Anfang an nichtig sein, d. h. sie sind zu keinem Zeitpunkt gültig und aus ihnen können keine Rechte oder Pflichten abgeleitet werden.

Eine Willenserklärung ist nichtig, wenn einer der folgenden Gründe vorliegt:

- Eine Willenserklärung einer geschäftsunfähigen Person bzw. einer Person, die unter einer vorübergehenden Störung der Geistestatigkeit leidet ist nichtig (§ 105 BGB).
- Ein Rechtsgeschäft, das eine beschränkt geschäftsfähige Person gegen die Einwilligung des gesetzlichen Vertreters abgeschlossen hat, ist nichtig (§ 108 BGB).
- Eine Willenserklärung, die eine Person einer anderen Person mit deren Wissen und Einverständnis nur zum Schein abgibt, ist nichtig (Scheingeschäft, § 117 BGB).
- Eine Willenserklärung, die erkennbar nicht ernst gemeint war, ist nichtig (Scherzgeschäft, § 118 BGB).
- Ein Rechtsgeschäft, das einen Formmangel aufweist, ist nichtig (§ 125 BGB).
- Ein Rechtsgeschäft, das ein gesetzliches Verbot verletzt, ist nichtig (§ 134 BGB).
- Ein sittenwidriges Rechtsgeschäft (z. B. Wucher oder Ausnutzung einer Zwangslage) ist nichtig (§ 138 BGB).

2.8.2 Gründe für die Anfechtbarkeit von Willenserklärungen und Rechtsgeschäften

Anfechtbare Willenserklärungen sind im Gegensatz zu nichtigen Willenserklärungen bzw. Rechtsgeschäften so lange gültig, bis sie angefochten werden.

Willenserklärungen gelten als anfechtbar, wenn einer der folgenden Gründe vorliegt:

- **Anfechtung wegen eines Irrtums**
  Die Willenserklärung ist aufgrund eines Irrtums abgegeben worden. Eine Anfechtung ist in diesem Zusammenhang bei folgenden Irrtumsursachen möglich:
  - **Irrtum in der Erklärung (§ 119 BGB)**
    Die Person, die die Willenserklärung abgab, war sich über den Inhalt nicht bewusst oder wollte eine Erklärung dieses Inhaltes gar nicht abgeben.

- **Irrtum in einer wesentlichen Eigenschaft einer Person oder einer Sache (§ 119 BGB)**
  Die Person oder die Sache, auf die sich die Willenserklärung bzw. das Rechtsgeschäft bezieht, weist eine vereinbarte Eigenschaft nicht auf.
- **Irrtum in der Übermittlung (§ 120 BGB)**
  Bei der Übermittlung der Willenserklärung wird der Inhalt verfälscht.

Die Anfechtung einer Willenserklärung wegen eines Irrtums muss unverzüglich nach der Entdeckung erfolgen.

- **Anfechtung wegen arglistiger Täuschung (§ 123 BGB)**
  Die Willenserklärung ist aufgrund absichtlich falsch angegebener Informationen abgegeben worden. Eine Anfechtung der Willenserklärung muss in diesem Fall innerhalb eines Jahres nach Entdeckung der Täuschung erfolgen.
- **Anfechtung wegen widerrechtlicher Drohung (§ 123 BGB)**
  Die Willenserklärung wurde durch Drohung erzwungen. Nach dem Wegfall der Drohung kann die Willenserklärung innerhalb eines Jahres angefochten werden.

Wenn eine anfechtbare Willenserklärung nicht innerhalb von zehn Jahren nach Abgabe angefochten wird, bleibt das betroffene Rechtsgeschäft dauerhaft gültig und eine nachträgliche Anfechtung ist ab diesem Zeitpunkt nicht mehr möglich.

2.9 Vertragsarten im Bürgerlichen Gesetzbuch (BGB)

Das Bürgerliche Gesetzbuch (BGB) umfasst verschiedene Vertragsarten, für die der Gesetzgeber die Rechte und Pflichten der beteiligten Vertragspartner gesetzlich festgelegt hat. Im BGB enthalten sind u. a. die folgenden **Vertragsarten**, die im privaten und im beruflichen Alltag häufig auftreten:

LF 4, Kap. 6.1

- Kaufvertrag (§§ 433 - 479 BGB)
- Schenkungsvertrag (§§ 516 - 534 BGB)
- Mietvertrag (§§ 535 - 580 BGB)
- Pachtvertrag (§§ 581 - 597 BGB)
- Leihvertrag (§§ 598 - 606 BGB)
- Darlehensvertrag (§§ 488 - 505 BGB)
- Dienstvertrag (§§ 611 - 630 BGB)
- Werkvertrag (§§ 631 - 651 BGB)
- Gesellschaftsvertrag (§§ 705 - 740 BGB).

In den folgenden Gesetzestexten sind für jede genannte Vertragsart die grundsätzlichen Rechte und Pflichten der Vertragspartner festgelegt.

Vertrag	Rechtsgrundlage
Kaufvertrag	**§ 433 BGB Vertragstypische Pflichten beim Kaufvertrag** (1) Durch den Kaufvertrag wird der Verkäufer einer Sache verpflichtet, dem Käufer die Sache zu übergeben und das Eigentum an der Sache zu verschaffen. Der Verkäufer hat dem Käufer die Sache frei von Sach- und Rechtsmängeln zu verschaffen. (2) Der Käufer ist verpflichtet, dem Verkäufer den vereinbarten Kaufpreis zu zahlen und die gekaufte Sache abzunehmen.
Schenkungsvertrag	**§ 516 BGB Begriff der Schenkung** (1) Eine Zuwendung, durch die jemand aus seinem Vermögen einen anderen bereichert, ist Schenkung, wenn beide Teile darüber einig sind, dass die Zuwendung unentgeltlich erfolgt. (2) Ist die Zuwendung ohne den Willen des anderen erfolgt, so kann ihn der Zuwendende unter Bestimmung einer angemessenen Frist zur Erklärung über die Annahme auffordern. Nach dem Ablauf der Frist gilt die Schenkung als angenommen, wenn nicht der andere sie vorher abgelehnt hat. Im Falle der Ablehnung kann die Herausgabe des Zugewendeten nach den Vorschriften über die Herausgabe einer ungerechtfertigten Bereicherung gefordert werden.
Mietvertrag	**§ 535 BGB Inhalt und Hauptpflichten des Mietvertrags** (1) Durch den Mietvertrag wird der Vermieter verpflichtet, dem Mieter den Gebrauch der Mietsache während der Mietzeit zu gewähren. Der Vermieter hat die Mietsache dem Mieter in einem zum vertragsgemäßen Gebrauch geeigneten Zustand zu überlassen und sie während der Mietzeit in diesem Zustand zu erhalten. Er hat die auf der Mietsache ruhenden Lasten zu tragen. (2) Der Mieter ist verpflichtet, dem Vermieter die vereinbarte Miete zu entrichten. **§ 546 Abs. 1 BGB Rückgabepflicht des Mieters** Der Mieter ist verpflichtet, die Mietsache nach Beendigung des Mietverhältnisses zurückzugeben.
Pachtvertrag	**§ 581 Abs. 1 BGB Vertragstypische Pflichten beim Pachtvertrag** Durch den Pachtvertrag wird der Verpächter verpflichtet, dem Pächter den Gebrauch des verpachteten Gegenstands und den Genuss der Früchte, soweit sie nach den Regeln einer ordnungsmäßigen Wirtschaft als Ertrag anzusehen sind, während der Pachtzeit zu gewähren. Der Pächter ist verpflichtet, dem Verpächter die vereinbarte Pacht zu entrichten. **§ 596 Abs. 1 BGB Rückgabe der Pachtsache** Der Pächter ist verpflichtet, die Pachtsache nach Beendigung des Pachtverhältnisses in dem Zustand zurückzugeben, der einer bis zur Rückgabe fortgesetzten ordnungsmäßigen Bewirtschaftung entspricht.

Vertrag	Rechtsgrundlage
Leihvertrag	**§ 598 BGB Vertragstypische Pflichten bei der Leihe** Durch den Leihvertrag wird der Verleiher einer Sache verpflichtet, dem Entleiher den Gebrauch der Sache unentgeltlich zu gestatten. **§ 604 Abs. 1 BGB Rückgabepflicht** Der Entleiher ist verpflichtet, die geliehene Sache nach dem Ablauf der für die Leihe bestimmten Zeit zurückzugeben.
Darlehensvertrag	**§ 488 BGB Abs. 1 Vertragstypische Pflichten beim Darlehensvertrag** Durch den Darlehensvertrag wird der Darlehensgeber verpflichtet, dem Darlehensnehmer einen Geldbetrag in der vereinbarten Höhe zur Verfügung zu stellen. Der Darlehensnehmer ist verpflichtet, einen geschuldeten Zins zu zahlen und bei Fälligkeit das zur Verfügung gestellte Darlehen zurückzuzahlen.
Dienstvertrag	**§ 611 BGB Vertragstypische Pflichten beim Dienstvertrag** (1) Durch den Dienstvertrag wird derjenige, welcher Dienste zusagt, zur Leistung der versprochenen Dienste, der andere Teil zur Gewährung der vereinbarten Vergütung verpflichtet. (2) Gegenstand des Dienstvertrags können Dienste jeder Art sein.
Werkvertrag	**§ 631 BGB Vertragstypische Pflichten beim Werkvertrag** (1) Durch den Werkvertrag wird der Unternehmer zur Herstellung des versprochenen Werkes, der Besteller zur Entrichtung der vereinbarten Vergütung verpflichtet. (2) Gegenstand des Werkvertrags kann sowohl die Herstellung oder Veränderung einer Sache als auch ein anderer durch Arbeit oder Dienstleistung herbeizuführender Erfolg sein.
Gesellschaftsvertrag	**§ 705 BGB Inhalt des Gesellschaftsvertrags** Durch den Gesellschaftsvertrag verpflichten sich die Gesellschafter gegenseitig, die Erreichung eines gemeinsamen Zweckes in der durch den Vertrag bestimmten Weise zu fördern, insbesondere die vereinbarten Beiträge zu leisten.

INFO

Ein Arbeitsvertrag stellt eine besondere Form des Dienstvertrags dar, der über einen längeren bzw. unbeschränkten Zeitraum gilt.

3. Materialbedarfsplanung

Auslöser eines Beschaffungsprozesses können unterschiedliche Ereignisse sein, wie der Eingang eines Kundenauftrags, routinemäßige Bedarfsermittlung, periodisch wiederkehrende Bestellzeitpunkte oder auch das Erreichen von Meldebeständen. Unternehmen, die mit ERP-Systemen arbeiten, lassen in der Regel in regelmäßigen Zeitabständen automatische Bedarfsplanungen durchführen. Alternativ können aber auch direkte Bestellanforderungen aus dem Lager an die Einkaufsabteilung gehen.

Eine zentrale Aufgabe der Beschaffung ist die Materialbedarfsplanung. Hierbei wird ermittelt, was und wie viel, zu welchem Zeitpunkt und wie oft und schließlich noch von welchem Lieferanten beschafft werden muss. Eine Materialbedarfsplanung wird in der folgenden Mind-Map deutlicher:

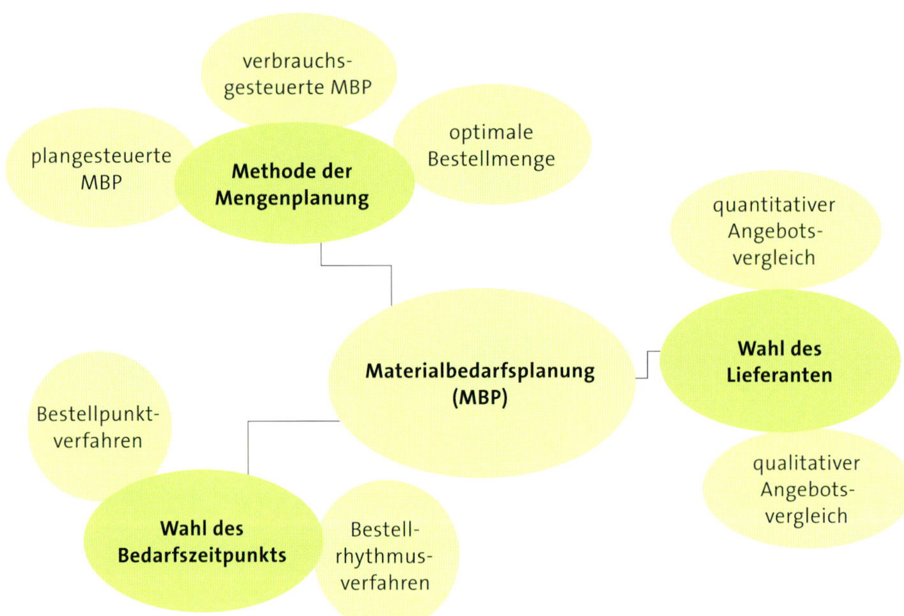

3.1 Methoden der Mengenplanung

Die Mengenplanung hat die Aufgabe, die Lieferfähigkeit des Betriebs zu sichern. Zugleich sollten aber auch die Lagervorräte möglichst niedrig gehalten werden, damit die Kosten nicht zu hoch sind. Es geht hierbei also um die Frage, wie viel beschafft werden soll. Faktoren wie Preise, Liefer- und Zahlungsbedingungen, Transportkosten, Lagerhaltungskosten und Kosten der Beschaffung spielen deshalb bei der Mengendisposition eine wesentliche Rolle. Bei der Ermittlung der Materialbedarfsmengen stehen grundsätzlich drei Methoden zur Auswahl: die plangesteuerte und die verbrauchsgesteuerte Planung sowie die Ermittlung der optimalen Bestellmenge.

3.1.1 Plangesteuerte Materialbedarfsermittlung

Bei der plangesteuerten Materialbedarfsermittlung wird anhand der Auftragspläne und Stücklisten unter Berücksichtigung der Lagerbestände der zukünftige Bedarf ermittelt.

Beispiel

Die Sportina AG möchte Fitness-Sets bestehend aus einer Shorts, zwei Funktions-Shirts und vier Paar Socken zusammenstellen und anbieten. Für die zu betrachtende Periode wird der Absatz von 100 Fitness-Sets geplant. Demnach müssen 100 Shorts, 200 Funktions-Shirts und 400 Paar Socken beschafft werden, damit 100 Sets zusammengestellt werden können.

3.1.2 Verbrauchsgesteuerte Materialbedarfsermittlung

Der Materialbedarf wird aus den Werten der Vergangenheit in die Zukunft projiziert und mit den vorhandenen Beständen im Lager abgeglichen.

Beispiel

In der Vergangenheit wurden bei der Sportina AG täglich 20 Tischtennisbälle verkauft. Es sollen immer mindestens 60 Stück auf Lager sein. Wenn nun die Bestell- und Lieferzeit zwei Tage beträgt und ein Höchstbestand von 200 Stück festgelegt ist, sollte der Einkauf bei einer Lagermenge von 100 Tischtennisbällen eine neue Bestellung in Gang setzen. Innerhalb der zwei Bestell-/Liefertage werden weitere 40 Bälle verkauft und beim Eintreffen der neuen Lieferung ist der Mindestbestand von 60 Stück erreicht. Sind 140 Bälle bestellt worden, wird gleichzeitig auf den Höchstbestand von 200 Stück aufgefüllt.

Die grafische Veranschaulichung der Bestandsentwicklung kann wie folgt dargestellt werden:

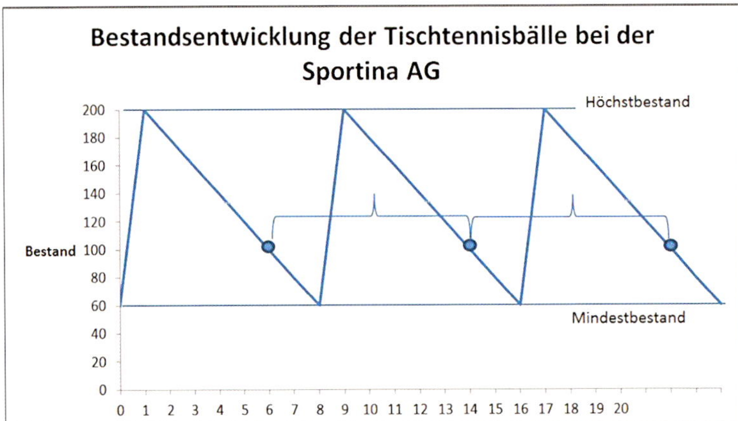

3.1.3 Optimale Bestellmenge

Die Bestellmenge von 140 Stück wurde im eben beschriebenen Fall vom Höchstbestand abgeleitet. Gleichzeitig lässt sich aber auch die optimale Bestellmenge errechnen. Hier gilt es, eine Bestellmenge zu ermitteln, bei der die Summe aus Bestellkosten und Lagerkosten ein Minimum erreicht. Wird häufig bestellt, sind die Bestellkosten hoch, aber die Lagerkosten niedrig, bei wenigen Bestellungen ist die Bestellmenge hoch und daraus resultieren hohe Lagerkosten, aber die Bestellkosten sind niedrig. Bei diesen gegenläufigen Kostenkurven ist die optimale Bestellmenge dort, wo die Summe der Bestellkosten und der Lagerkosten am niedrigsten ist.

Beispiel

Gegeben ist der Jahresbedarf von 124 Fahrradschuhen „Bike H 44“ mit einem Einkaufspreis von 46 € je Stück. Die Lagerhaltungskosten beinhalten die Kosten für die Lagerung (z. B. Miete, Lagerpersonal, Lagereinrichtungen). In diesem Fall wird hierfür ein Lagerhaltungszinssatz in Höhe von 10 % vom durchschnittlichen Lagerwert zugrunde gelegt. Die Bestellkosten in diesem Fall betragen 45 €. Darin enthalten sind z. B. Personalkosten für den Einkauf, Telekommunikationskosten, Brief- und Portokosten.

Wird im beschriebenen Beispiel nur einmal im Jahr bestellt, müssen 124 Fahrradschuhe bestellt werden, um den Jahresbedarf zu decken. Bei kontinuierlichem Lagerabgang sind durchschnittlich die Hälfte, also 62 Stück, auf Lager. Der durchschnittliche Lagerbestand multipliziert mit dem Einkaufspreis pro Stück ergibt den durchschnittlichen Lagerwert in Höhe von 2.852 €. Dieser multipliziert mit dem Lagerhaltungskostensatz von 10 % ergibt die Lagerkosten in Höhe von 285,20 €. Da nur einmal im Jahr bestellt wird, fallen Bestellkosten über 45 € und damit Gesamtkosten (= Lagerhaltungskosten + Bestellkosten) von 330,20 € an. Wird nun häufiger bestellt, verringern sich zwar die Lagerhaltungskosten, aber die Bestellkosten erhöhen sich. Bei einem tabellarischen Kostenvergleich bei unterschiedlichen Bestellhäufigkeiten kann man die optimale Bestellmenge ermitteln. Hier sind die Gesamtkosten bei drei Bestellungen im Jahr am niedrigsten und damit liegt die optimale Bestellmenge bei 42 Stück. Dieser Sachverhalt lässt sich auch mit dem Tabellenkalkulationsprogramm ermitteln und grafisch darstellen.

Anzahl der Bestel-lungen pro Jahr	Alternative Bestell-mengen	Durch-schnittlicher Lagerbestand	Durch-schnittlicher Lagerwert	Lager-haltungs-kosten	Bestell-kosten	Gesamt-kosten
1	124	62	2.852,00 €	285,20 €	45,00 €	330,20 €
2	62	31	1.426,00 €	142,60 €	90,00 €	232,60 €
3	42	21	966,00 €	96,60 €	135,00 €	231,60 €
4	31	15,5	713,00 €	71,30 €	180,00 €	251,30 €
5	25	12,5	575,00 €	57,50 €	225,00 €	282,50 €
6	21	10,5	483,00 €	48,30 €	270,00 €	318,30 €

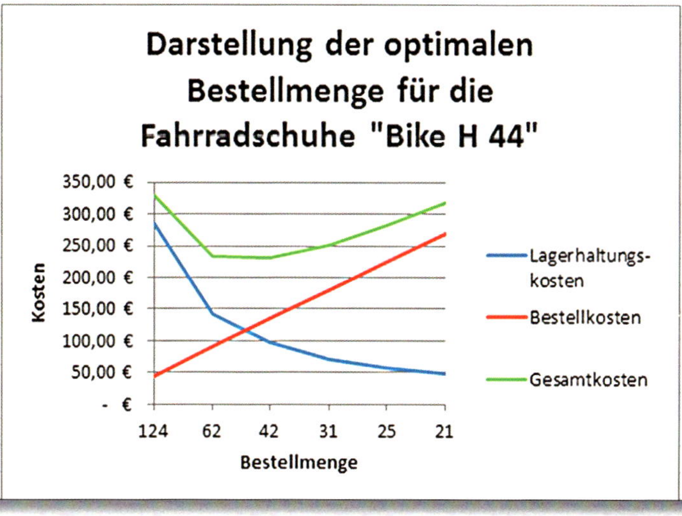

3.2 Zeitplanung des Materialbedarfs

Bei der Zeitplanung geht es um die Frage, wann unter Berücksichtigung der Wiederbeschaffungszeit bestellt werden soll. Die festgestellten Bedarfsmengen müssen so rechtzeitig bestellt werden und der Lieferant daraufhin so rechtzeitig liefern, dass die Ware spätestens dann zur Verfügung steht, wenn sie benötigt wird. Von der Zeitplanung her können die folgenden Beschaffungsarten unterschieden werden:

- **Bestellpunktverfahren**
  Es wird immer dann bestellt, wenn ein Artikel einen sog. Meldebestand erreicht hat.
- **Bestellrhythmus**
  Die Bestellung erfolgt in gleichen Zeitabständen.
- **fallweise Beschaffung**
  Durch einen Impuls, z. B. anlässlich eines Kundenauftrags, wird bestellt.
- **Vorratsbeschaffung**
  Es werden relativ hohe Lagerbestände angelegt, um eine strenge zeitliche Bindung von Beschaffung und Verkauf (oder Produktion) zu vermeiden.
- **Just-in-time-Beschaffung**
  Die Just-in-time-Beschaffung kennt keine Lagerhaltung, da nur das bestellt und produziert wird, was tatsächlich nachgefragt wird und Bestellungen ohne Zeitverzögerungen abgewickelt werden. Bei dieser Beschaffungsstrategie wird als Idealvorstellung angestrebt, dass zum exakt in der Fertigungsplanung festgelegten Startzeitpunkt geliefert wird.

Welches Verfahren angewendet wird, hängt vom Wert des Einkaufsguts, dem Lagerabgang, der Zuverlässigkeit des Lieferanten und anderen Faktoren ab.

In der folgenden Abbildung wird die Bestandsentwicklung von Tischtennisbällen bei einem kontinuierlichen Lagerabgang von 20 Stück pro Tag vorausgesetzt. Nach der Bestandsauffüllung auf 200 Stück wurde der Bestellpunkt (= Meldebestand) von 100 Stück nach fünf Tagen erreicht. Nach weiteren zwei Tagen ist der Mindestbestand erreicht und am nächsten Tag trifft eine neue Lieferung ein. Somit wird immer mit einem Bestellrhythmus von fünf Tagen bestellt. Hier finden sich sowohl das **Bestellpunktverfahren** als auch das **Bestellrhythmusverfahren** wieder:

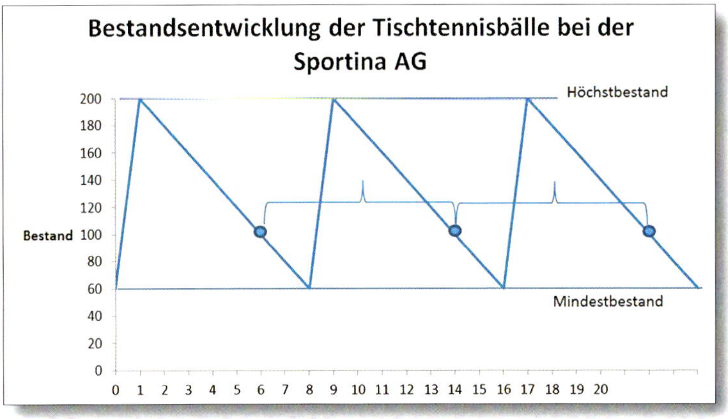

Bei variierenden Lagerabgängen unterscheiden sich jedoch die beiden Verfahren. Die folgende Darstellung zeigt die Bestandsentwicklung bei dem **Bestellpunktverfahren**. Hier ist ein unregelmäßiger Lagerabgang möglich und beim Erreichen des Lagerbestands von 100 Stück wird die Bestellung ausgelöst.

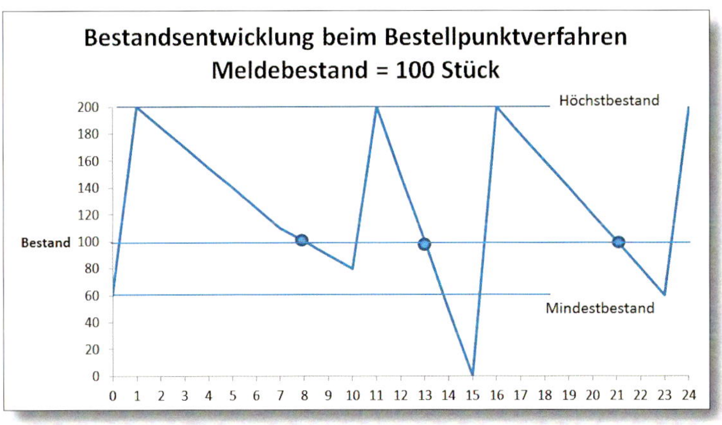

Beim Bestellpunktverfahren wird der Meldebestand ermittelt. Voraussetzung für das Bestellpunktverfahren ist die ständige Bestandsfortschreibung (Lagerbuchführung), sodass der Lagerbestand jederzeit überprüft werden kann.

Beim Bestellrhythmusverfahren wiederholen sich die Bestelltermine in festen Zeitabständen.

In der folgenden Darstellung wird wiederkehrend nach acht Tagen bestellt, es liegt also ein Bestellrhythmus von acht Tagen vor.

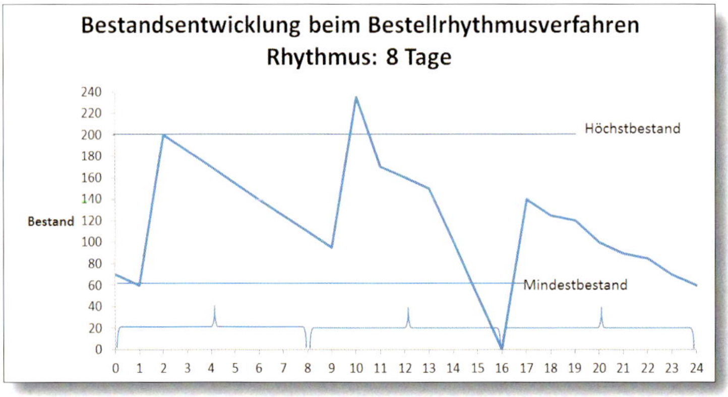

Problematisch ist beim Bestellrhythmusverfahren, dass der tatsächliche Lagerabgang unberücksichtigt bleibt, da die tägliche Bestandskontrolle nicht unbedingt erforderlich ist, um den Bestellzeitpunkt zu ermitteln. Dieses Verfahren birgt jedoch die Gefahr von Fehlmengen oder zu hohen Beständen, wenn der Lagerabgang unerwartet hoch oder niedrig ausfällt. Daher sollte auch beim Bestellrhythmusverfahren der tatsächliche Lagerbestand kontrolliert und die Bestellzeitpunkte bei jeder neuen Bestellung angepasst werden.

3.3 Bestellvorschläge erstellen

3.3.1 Bestellvorschläge mit einem ERP-System

Bestellvorschlägen, die mit einem ERP-System, z. B. mit Sage New Classic 2015, erstellt werden, liegen gewisse Parameter zugrunde. So sind im Artikelstamm jeweils der aktuelle Bestand und der Mindestbestand (Felder 11 und 12) abrufbar. Aber auch grundsätzliche Einstellungen werden hier festgelegt: Ob der Artikel am Bestellvorschlagswesen teilnimmt (Feld 32) und in welchen Zeitabständen er daran teilnehmen soll (Feld 33). Hier wird also bestimmt, ob der Artikel an automatisierten Bedarfsplanungen teilnehmen und Bestellvorschläge erstellt werden sollen.

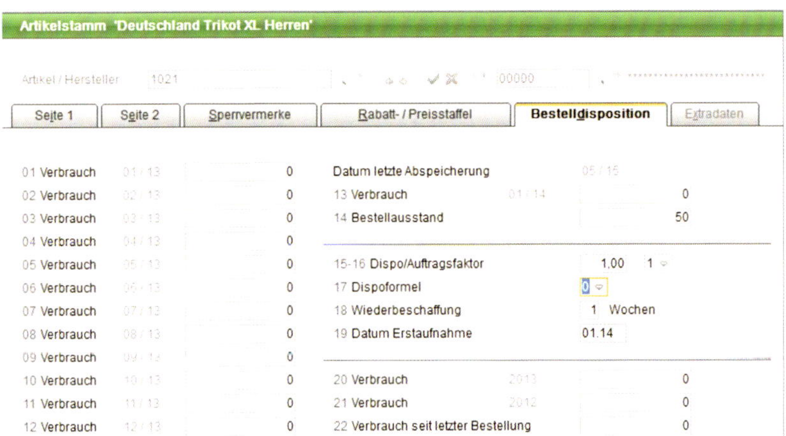

Wenn im Artikelstamm ein Mindestbestand auf der Seite 1 eingetragen ist und auf der selben Seite in Feld 32 die Teilnahme an der Bestelldisposition festgelegt ist, kann auf dem Registerblatt Bestelldisposition bestimmt werden, wie die Bestellvorschlagsmenge ermittelt wird. So kann festgelegt werden, dass nur auf den Mindestbestand aufgefüllt werden soll. Andernfalls können auch Reservierungen aufgrund von Kundenaufträgen und ausstehenden Bestellauftragsmengen berücksichtigt werden.

Beispiel

Im Stammdatensatz eines Herrentrikots sind ein Mindestbestand von zehn Stück, ein tatsächlicher Bestand von null Stück und als Dispoformel, dass Mindestbestand und ausstehende Auftragsmengen berücksichtigt werden sollen, festgelegt. Da keine Verkaufsaufträge und Bestellaufträge zu dem Artikel vorliegen, wird folgende Bestellvorschlagsliste erstellt:

Mandant **900** Sportina — Druck 10.10.20XX / 10:45 / @CL

Bestellvorschlag 0000000002 — vom 10.10.20XX — Bestellwoche 01 — Datum 10.10.20XX — Seite 1

Artikelnummer	Hersteller Lieferant	Artikelbezeichnung Lieferantenbezeichnung	LW	Best-Menge Naturalrab.	Rab.1 % Rab.2 %	EK-Preis Bestellwert	PE Währ.
1021	00000 00000	Deutschland Trikot XXL Herren	43 19.10.20XX	10 0	0,00 0,00	36,00 360,00	0 EUR

3.3.2 Die Bestellvorschläge mit der UND- oder ODER-Funktion

Eine solche Bestellvorschlagsliste kann aber auch mit Excel erstellt werden. Die mögliche Ausgabe in der Spalte Bestellvorschlag kann die Bemerkung „BV“ sein, wenn eine Bestellung notwendig ist. Andernfalls soll nichts in der Zelle stehen. Die Ausgabe BV oder keine Ausgabe lässt sich mit der bereits behandelten WENN-Funktion lösen. Die Prüfung, ob eine Bestellung sinnvoll ist oder nicht, kann hier von verschiedenen Parametern abhängen. Im folgenden Beispiel soll BV ausgegeben werden, wenn der Ist-Bestand unter dem Meldebestand liegt und die letzte Bestellung nicht länger als fünf Wochen her ist. Das heißt, die Prüfung erstreckt sich auf zwei Zellen:

	A	B	C	D	E	F
1	**Bestellvorschlagsliste**				Laufende KW	**17**
2						
3	**Artikelnummer**	**Artikelbezeichnung**	**KW: letzte Bestellung**	**Ist-Bestand**	**Meldebestand**	**Bestellvorschlag**
4	1001	Wanderschuh Walk H 40	5	5	5	
5	1002	Wanderschuh Walk H 44	17	7	5	
6	1003	Wanderschuh Walk W 36	2	4	5	
7	1004	Wanderschuh Walk W 40	12	10	5	
8	1011	Tennisschuh Court H 40	16	3	5	BV
9	1012	Tennisschuh Court H 44	15	2	10	BV
10	1013	Tennisschuh Court W 36	1	4	10	
11	1014	Tennisschuh Court W 40	17	9	10	BV
12						

Hier muss in die Prüfung der WENN-Funktion eine weitere Funktion eingebaut werden, und zwar die UND- oder ODER-Funktion.

MERKE

Die Syntax der UND-Funktion lautet:

=UND(Wahrheitswert1[;Wahrheitswert2;Wahrheitswert3;...])

Die Syntax der ODER-Funktion lautet:

=ODER(Wahrheitswert1[;Wahrheitswert2;Wahrheitswert3;...])

In der oben stehenden Tabelle ist die erste Wahrheitswertprüfung, ob der Ist-Bestand unterhalb des Meldebestands liegt und die zweite, ob die Differenz der 17. Kalenderwoche (KW) und der KW der letzten Bestellung kleiner oder gleich fünf ist

Die Formel lautet in der Zelle F4:

=WENN(UND(D5<E5;($F$1-C5)<=5);“BV“;““)

Der Sachverhalt ließe sich auch mit der ODER-Funktion lösen. In dem Fall soll nichts ausgegeben werden, wenn der Ist-Bestand oberhalb des Meldebestands liegt oder die Differenz zwischen der 17. Kalenderwoche (KW) und der KW der letzten Bestellung größer als fünf ist.

Für den Fall lautet die Formel:

=WENN(ODER(D4>=E4;($F$1-C4)>5);““;“BV“).

3.4 Bezugsquellenermittlung

Es gibt zwei Möglichkeiten, um Informationen über Lieferanten zu erhalten, von denen Einkaufsmaterialien bezogen werden können: Man kann auf innerbetriebliche (interne) oder auf außerbetriebliche (externe) Informationen zurückgreifen.

3.4.1 Interne Informationsquellen

Zu den innerbetrieblichen Informationsquellen gehört zunächst die Lieferantendatei. Ein Lieferantenstammdatensatz für den Lieferanten Figede der Sportina AG mit der Unternehmenssoftware Sage New Classic 2015 sieht folgendermaßen aus:

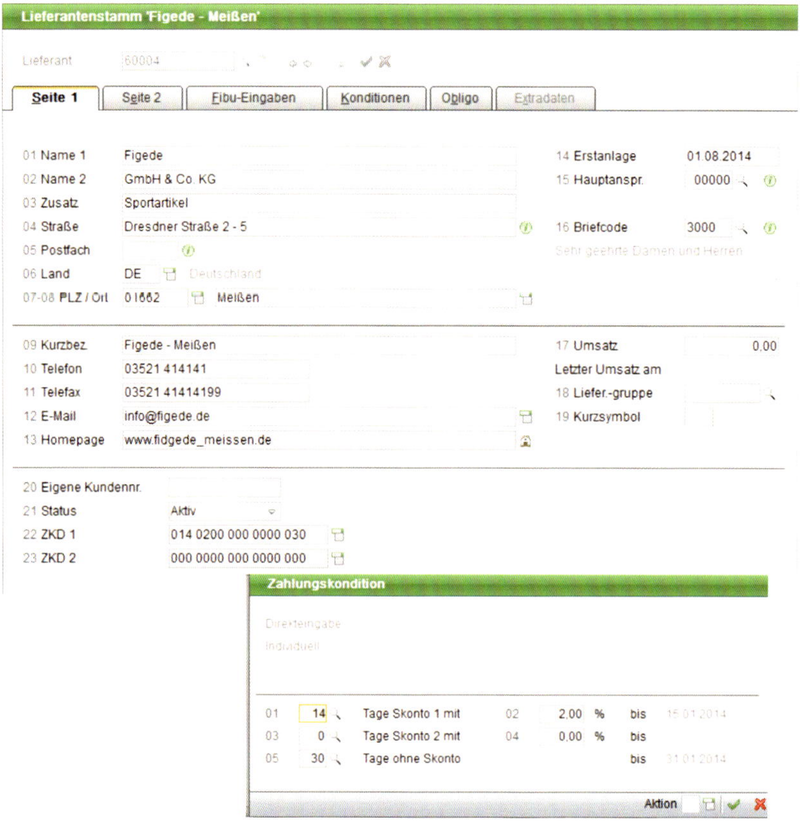

In der Lieferantendatei können Kontaktdaten, Zahlungsbedingungen, Konditionen usw. abgerufen werden.

Des Weiteren gibt es die Artikellieferantendatensätze, bei denen den Artikeln sämtliche Lieferanten, die den entsprechenden Artikel liefern, zugeordnet sind. Bezieht das Modellunternehmen ein Deutschland-Fan-Trikot vom Lieferanten Figede zu einem Einkaufspreis von 36 €, könnte der Sachverhalt im ERP-System folgendermaßen aussehen:

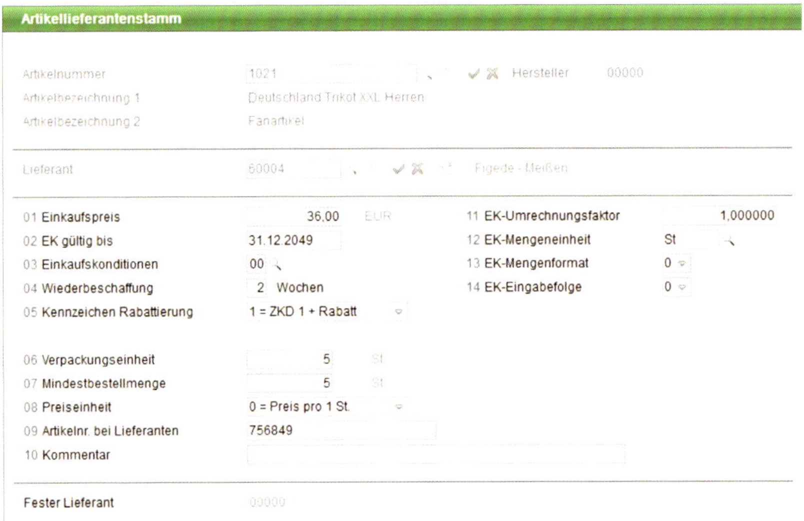

Weitere interne Informationsquellen können Preislisten oder Kataloge von Lieferanten sein, die das Unternehmen bereits in der Vergangenheit angefordert hat. Auch vorliegende Berichte über Lieferanten von Einkäufern oder Vertretern können interne Informationsquellen darstellen.

3.4.2 Externe Informationsquellen

Außerbetriebliche Informationsquellen werden – je nach Art der Informationsgewinnung – in primäre und in sekundäre Informationsquellen eingeteilt. Von primären Informationsquellen spricht man, wenn die Informationen direkt auf dem Beschaffungsmarkt durch spezielle, nur für diesen Sachverhalt durchgeführte Erhebungen eingeholt werden.

Beispiele für **primäre Informationsquellen:**

- Messebesuche
- telefonische Angebote bei möglichen Lieferanten
- Berichte der Reisenden und Vertreter
- elektronische Marktplätze im Internet
- Kataloge/Prospekte.

Von sekundären Quellen spricht man, wenn die vorhandenen Materialien aus bereits durchgeführten Erhebungen schon ausgewertet wurden.

Beispiele für **sekundäre Informationsquellen:**

- Gelbe Seiten
- Fachzeitschriften
- Einkaufsführer (z. B. Wer liefert was?, ABC der deutschen Wirtschaft).

4. Umweltverträglicher Einkauf

4.1 Umweltgesetze und Verordnungen

Umweltschutz nimmt verstärkt in den Unternehmensleitlinien einen hohen Stellenwert ein. Es müssen zahlreiche Gesetze und Verordnungen berücksichtigt werden. Zusammenfassend stehen bei Umweltgesetzgebungen im Mittelpunkt:

- der Schutz der Menschen und anderer Lebewesen sowie der Natur
- das Vorsorgeprinzip
- das Verursacherprinzip
- das Kooperationsprinzip
- die ständigen Verbesserungsprozesse.

Gesetze des Chemikalienrechts, des Gewässer-, Immissions- und Naturschutzes dienen dem Schutz der Natur. Gesetze der Abfallwirtschaft zielen darauf ab, Umweltverschmutzung zu vermeiden. Mit dem Umwelt- und Produkthaftungsgesetz werden die Verursacher zur Verantwortung gezogen. Schließlich werden durch die EMAS-Verordnung (= Eco Management and Audit Scheme) und insbesondere durch die die ISO/DIS 14001:2015 (International Standard Organisation/Draft International Standard) die Kooperation mit Geschäftspartnern und die ständige Verbesserung des Umweltmanagementsystems gefordert.

Durch die zunehmende Zertifizierung umweltfreundlicher Unternehmen und Produkte sowie den erhöhten Druck durch umweltbewusste Konsumenten ist es für Betriebe erforderlich, ein Umweltmanagement aufzubauen, um dem Wettbewerbsdruck standzuhalten.

4.2 Umweltbezogene Zertifizierungen

Unternehmen können sich ihr Umweltmanagementsystem durch zwei ähnliche Möglichkeiten beurkunden lassen. Bei der ISO/DIS 14001:2015 handelt es sich um eine Überarbeitung der ISO 14001, die im Juli 2015 veröffentlicht wurde. Hiermit können sich Unternehmen von Zertifizierungsunternehmen wie dem TÜV zertifizieren lassen. Alternativ dazu gibt es die EMAS-Verordnung (die überarbeitete Form des EG-Öko-Audits). Hier ist der Nachweis kein Zertifikat, sondern die Gültigkeitserklärung und die Registrierung im EMAS-Register. Sie zielt auf die Verbesserung der Umweltleistung ab. Die ISO 14001 stellt dagegen die Verbesserung des Umweltmanagementsystems in den Vordergrund. Mit der überarbeiteten ISO 14001 werden neue Schwerpunkte gesetzt, denn sie geht nicht nur auf die umweltorientierten innerbetrieblichen Abläufe ein, sondern verlangt auch, dass bei Geschäftspartnern auf Umweltfreundlichkeit geachtet und auf vor- und nachgelagerte Prozesse Einfluss genommen wird. Dazu sollen nicht nur mittelbare sondern auch unmittelbare Umweltrisiken bewertet und vermieden werden und der Geschäftsführung wird ein höheres Maß an Verantwortung zugesprochen. Das Umweltmanagementsystem orientiert sich dabei am PDCA-Management-Zyklus (Plan-Do-Check-Act) und wird im folgenden Schaubild verdeutlicht:

Der PDCA-Zyklus im Umweltmanagement

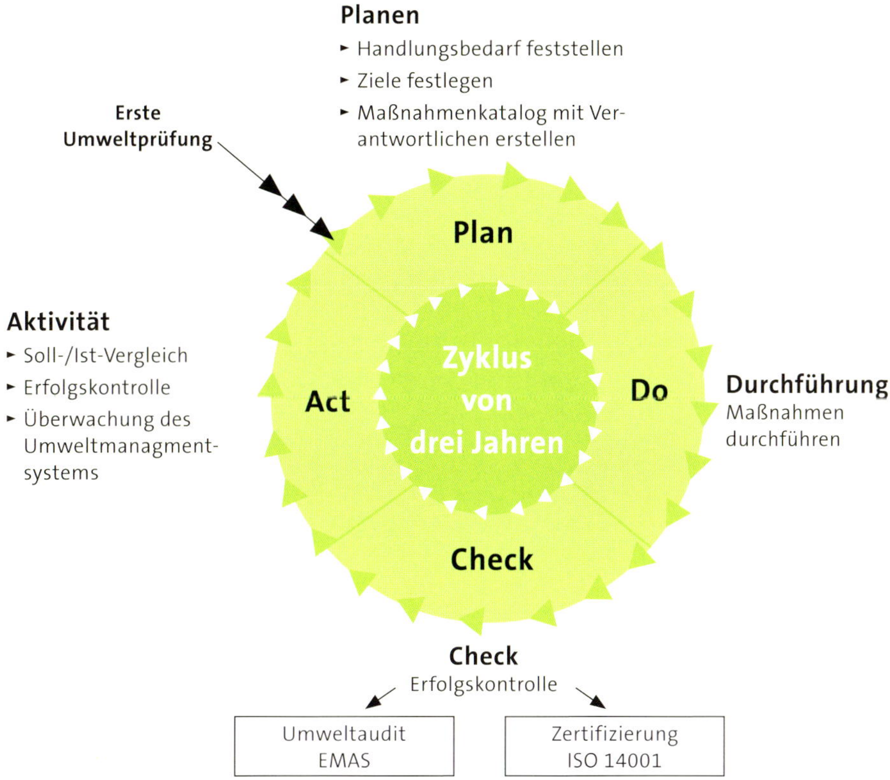

Dazu können Unternehmen ihre Produkte auch zertifizieren lassen (hier eine kleine Auswahl):

LF 2, Kap. 1.7.5

DIN Geprüft	Mit dem Keymark-Zertifizierungszeichen können Produkte, die mit europäischen Normen übereinstimmen, zertifiziert werden.
FAIRTRADE	Das TransFair-Siegel erhalten Konsumgüter wie Lebensmittel und Bekleidung, die zu fairen Bedingungen gewonnen, produziert und gehandelt werden. Hiermit sollen Kinderarbeit sowie Produktion zu menschenunwürdigen Bedingungen verhindert und Zahlung von Mindestpreisen gefördert werden.

4.3 Umweltorientierte Beschaffung

Bei der Beschaffung sollten sämtliche Umweltgesichtspunkte berücksichtigt werden. Zunächst ist bei der Auswahl der Maschinen auf Energieeinsparung zu achten, sowie auf umweltfreundliche Energieerzeugung. Weiterhin sollten auch Roh-, Hilfs- und Betriebsstoffe auf Umweltverträglichkeit untersucht werden. Hierbei könnten Produktkennzeichnungen und Labels eine Rolle spielen. Auch der Einsatz von Recyclingprodukten ist möglich. Gleichzeitig können geringe Beschaffungsmengen dazu führen, Verderb oder Unbrauchbarkeit wegen zu langer Lagerung einzugrenzen und Verschwendungen vorzubeugen. Dazu sollten Verpackungen sparsam verwendet werden bzw. wiederverwendbar sein. Diese Aspekte sind auch in der Kreislaufstrategie wiederzufinden, die in einem guten Umweltmanagementsystem unerlässlich ist. Dies lässt sich folgendermaßen konkretisieren:

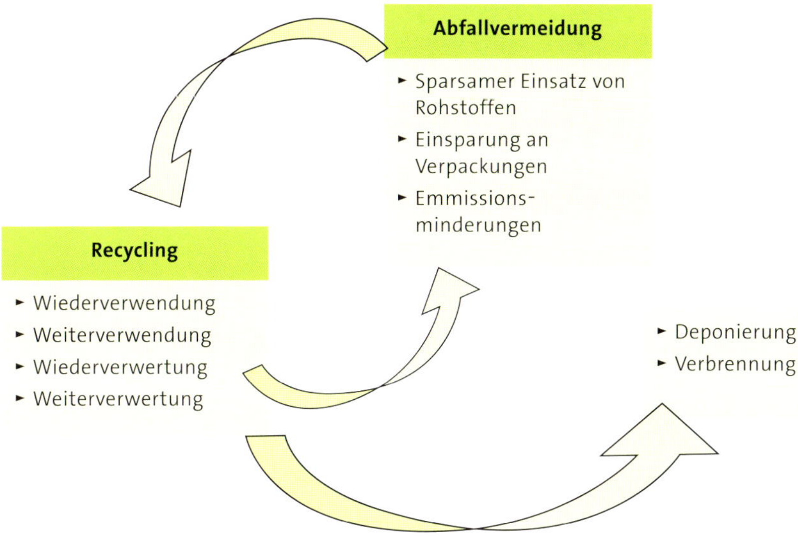

Die Kreislaufwirtschaft zielt auf die Vermeidung von Abfall durch sparsamen Einsatz der Roh-, Hilfs- und Betriebsstoffe sowie Handelswaren und Verpackungen unter Berücksichtigung von Recyclingstrategien ab, um den Abfall für Deponien und Verbrennungen möglichst gering zu halten.

Im Folgenden sind die **Recyclingstrategien** erklärt:

Strategie	Erklärung	Beispiele
Wiederverwendung	Materialien werden ohne Aufbereitung zum selben Zweck wiederverwendet.	Pfandflaschen
Weiterverwendung	Materialien werden ohne Aufbereitung zu einem anderen Zweck verwendet.	Autoreifen, die anschließend in der Landwirtschaft zum Abdecken mit Planen verwendet werden.
Wiederverwertung	Materialien werden nach Aufbereitung zum selben Zweck wieder verwendet.	Altpapier
Weiterverwertung	Materialien werden nach Aufbereitung zu einem anderen Zweck verwendet.	Alte Autoreifen werden zu Teer für den Straßenbau verarbeitet.

Die Einkaufsabteilung hat weiterhin auch bei der Auswahl der Lieferanten und Spediteure auf Umweltaspekte zu achten. Vorteilhaft sind Lieferanten, die in der Nähe angesiedelt sind und ein erfolgreiches Umweltmanagement nachweisen können. Hier ist insbesondere eine gute Kooperation wichtig, um die Umwelt zu schonen. So können umweltfreundliche Transportmittel gewählt und Leerfahrten sowie Transporte fast leerer Lkws vermieden werden.

5. Angebotsanalyse

Nicht nur bei der Beschaffung neuer Materialien sondern auch in regelmäßigen Abständen sollten Angebote eingeholt und verglichen werden. Wie im Lernfeld 3 bereits näher erläutert sind zunächst die Bezugspreise zu vergleichen. Hierbei sind vom Listenpreis Rabatte und Skonto abzuziehen sowie Bezugskosten zu addieren.

LF 3, Kap. 4.

5.1 Lieferantenauswahl mithilfe der Nutzwertanalyse

Neben den Bezugspreisen sollten bei einer Angebotsanalyse auch Kriterien berücksichtigt werden, die nicht errechenbar sind und damit nicht so einfach bewertbar sind. Hierzu gehören:

- Qualität
- Umweltfreundlichkeit und Entsorgung
- Lieferbedingungen
- Zahlungsbedingungen
- Termintreue
- Standortnähe
- Kooperationsmöglichkeiten
- Service und Beratung
- Know-how und Weiterentwicklung der Materialien
- Vertragsabwicklung.

Bei Betrachtung dieser Merkmale kann bei langjährigen Geschäftsbeziehungen auf Erfahrungswerte und Aufzeichnungen aus der Lieferantendatei zurückgegriffen werden. Bei neuen Lieferanten ist es bedeutend schwieriger, diese Merkmale zu beurteilen. Hinzu kommt, dass ein Unternehmen vorher festlegen muss, wie bedeutsam die einzelnen Kriterien für das Unternehmen sind. Hier bietet sich eine Nutzwertanalyse an.

MERKE

Die Nutzwertanalyse wird in folgenden Schritten vollzogen:

1. Zunächst werden Kriterien festgelegt, anhand derer die Angebote verglichen werden sollen.
2. Anschließend werden den Kriterien Prozentwerte in Abhängigkeit ihrer Bedeutsamkeit zugeordnet. Ist dem Unternehmen die Qualität sehr wichtig, aber die Lieferzeit spielt eine eher untergeordnete Rolle, dann werden der Qualität ein hoher und der Lieferzeit ein geringer Prozentwert zugeordnet.
3. Die Beurteilungsobjekte (z. B. Artikel oder Lieferant) werden dann mit Bezug auf die Kriterien bewertet: Das beste Objekt bekommt die höchste und das ungünstigste die niedrigste Punktzahl.
4. Nun werden die Punkte mit den Prozentwerten der Kriterien multipliziert und die Ergebnisse je Beurteilungsobjekt addiert.
5. Das Objekt mit den höchsten bewerteten Punktzahlen erhält den höchsten Rang.

Beispiel

Beispiel für eine Nutzwertanalyse für Sportartikel:
In den Schritten eins bis drei werden drei mögliche Stepper anhand verschiedener Kriterien beurteilt.

Der Artikel mit dem besten Ergebnis erhält die höchste Punktzahl. Sind zwei Artikel bei einem Merkmal gleich gut, kann für beide dieselbe Punktzahl vergeben werden.

	A	B	C	D
15	Eigenschaft:	Stepper Universal	Stepper Allround	Stepper Energy
16	Qualitätsurteil	3	2	1
17		sehr gut	gut -	befriedigend
18	Design	2	3	1
19		sportlich uni	stabile Stahlkonstr	elastisch
20	Montage	1	2	3
21		schwer	einfach	sehr einfach
22	Extras	3	2	1
23		mit stufenloser Belastungseinstellung und Trainingscomputer	Trainingscomputer und MP3-Player	Drei-Stufen Belastungseinstellung dazu ein Expander-Band
24	Service	2	3	2
25		Reparaturen innerhalb 2 Wochen	Reparaturen sofort	Reparaturen innerhalb 2 Wochen
26	Lieferzeit	2	1	3
27		2 Wochen	3 Wochen	1 Woche
28	Bezugspreis	3	2	1
29		75,00 €	69,00 €	59,00 €
30				

Bewertung der Stepper anhand verschiedener Kriterien

Im vierten und fünften Schritt wird auf dem selben Tabellenblatt die **Nutzwertanalyse** durchgeführt und den Steppern ein Rang zugeordnet.

	A	B	C	D	E	F	G	H
1	**Nutzwertanalyse verschiedener Stepper**							
2	**Kriterien**	Gewichtung (Summe 100%)	Stepper Universal		Stepper Allround		Stepper Energy	
3			Punkte	Punkte * Gewichtung	Punkte	Punkte * Gewichtung	Punkte	Punkte * Gewichtung
4	Qualitätsurteil	20%	3	0,6	2	0,4	1	0,2
5	Design	5%	2	0,1	3	0,15	1	0,05
6	Montage	5%	1	0,05	2	0,1	3	0,15
7	Extras	10%	3	0,3	2	0,2	1	0,1
8	Service	10%	2	0,2	3	0,3	2	0,2
9	Lieferzeit	10%	2	0,2	1	0,1	3	0,3
10	Bezugspreis	40%	3	1,2	2	0,8	1	0,4
11	Gewichtete Punkte			2,65		2,05		1,4
12	Rang		1		2		3	

Nutzwertanalyse der Stepper

5.2 Anwendung der SVERWEIS-Funktion mit dem Bereichsverweis FALSCH

Bei der Nutzwertanalyse bezieht man sich in den Spalten C, E und G auf Zellen, die von einer anderen Zelle – in diesem Fall von den Kriterien der Bewertung auf dem selben Tabellenblatt in den Zeilen 15-30 – abhängig sind. Für die Ausgabe der Punkte in der Nutzwertanalyse, die bereits in der Bewertungstabelle (Zeile 15-30) stehen, bietet sich die Anwendung des S-Verweises an.

MERKE

Die Syntax der SVERWEIS-Funktion lautet:

=SVERWEIS(Suchkriterium; Matrix;Spaltenindex[;Bereichsverweis])

Die Suchkriterien sind hier die Kriterien in der Spalte A der Tabelle Nutzwertanalyse, denn z. B. das Wort „Qualitätsurteil“ soll in der Tabelle zur Bewertung der Stepper gesucht werden. Als Matrix ist die Tabelle zur Bewertung der Stepper anzugeben und als Spaltenindex ist bei der Punktzahl des Steppers Universal die zweite Spalte anzugeben – also die Zahl 2. Der Spaltenindex beim Stepper Allround ist 3 und beim Stepper Energy 4. Diese SVERWEIS-Funktion ist aber nur einsetzbar, wenn sich das Suchkriterium und die gewünschten Ausgaben in derselben Zeile befinden. Der vierte Teil der Funktion ist der Bereichsverweis. Wird hier „FALSCH“ angegeben, ist die unbedingte Übereinstimmung des Suchkriteriums mit dem Kriterium in der Matrix zwingend erforderlich. Das heißt, das Wort „Qualitätsurteil“ aus der Tabelle „Nutzwertanalyse“ muss mit dem Wort „Qualitätsurteil“ in der Tabelle „Bewertung“ übereinstimmen.

MERKE

Wird die Fehlermeldung **#NV** ausgegeben, dann stimmte das Suchkriterium mit keinem der Werte in der ersten Spalte überein. Schon beim kleinsten Schreibfehler findet das System das zuzuordnende Attribut nicht.

In der Zelle C4 würde dann folgende Formel stehen, wenn die Bewertungstabelle und die Nutzwertanalyse auf einem Tabellenblatt sind:

=SVERWEIS(A4;$A$16:$D$30;2;FALSCH)

Befinden sich die Tabellen „Bewertung“ und „Nutzwert“ auf unterschiedlichen Tabellenblättern, muss vor dem Zellbezug der Name des Excel-Tabellenblatts stehen. Wählt man die Zellen über die Zellenmarkierung, dann wird der Tabellenblattname automatisch hinzugefügt, sobald innerhalb der Formel zwischen den Tabellenblättern gewechselt wird.

Die Funktion lautet dann:

=SVERWEIS(‚Nutzwert‘!A4;‘Bewertung‘!$A$16:$D$30;2;FALSCH)

5.3 Anwendung der SVERWEIS-Funktion mit dem Bereichsverweis WAHR

Die SVERWEIS-Funktion mit dem Bereichsverweis „WAHR“ findet dann Anwendung, wenn das Suchkriterium innerhalb eines Intervalls einer vorgegebenen Matrix einzuordnen ist und nur die **ungefähre Übereinstimmung** erforderlich ist.

Im Folgenden sollen die Lieferanten nach ihrer Entfernung beurteilt werden.

	A	B	C	D	E	F	G	H
1	**Bewertung der Entfernung zu den Lieferanten**							
2								
3	Lieferantennr.	60005					**PLZ**	**Bemerkung**
4	Postleitzahl	22587					0	zu weit
5	Entferung	möglich					10000	weit
6							20000	möglich
7	Liefernr	L.-Name	Straße	PLZ	Ort		30000	okay
8	60001	Novarun	Dortmundstraße 10 - 16	45143	Essen/Ruhr		40000	super
9	60002	SHC	Grüne Straße 44 - 52	51375	Leverkusen		50000	okay
10	60003	Stronghold	Am Pferdeturm 70	30625	Hannover		60000	möglich
11	60004	Figede	Dresdner Straße 2 - 5	01662	Meißen		70000	weit
12	60005	Schuster Fitness	Tafelberg 15	22587	Hamburg		80000	zu weit
13	60006	Innosport	Kriegerstraße 17 - 20	51147	Köln		90000	inakzeptabel
14	60007	Utan Sports	Lauensteinstraße 2 - 4	81549	München			
15	60008	GoodShape	Sperberstraße 12	90461	Nürnberg			
16	60009	XCross	Kolumbusring 6 - 7	18106	Rostock			
17	60010	Kintech	Falltorstraße 1 - 3	60385	Frankfurt			
18	60011	Aerostepp	Löhner Straße 215	32609	Hüllhorst			

Im Feld B3 ist die Lieferantennummer, hier z. B. 60005, einzutragen. Über die SVERWEIS-Funktion mit Bereichsverweis „FALSCH“ wird in der Zelle B4 automatisch die Postleitzahl ausgegeben. Diese steht im Zellbereich A7 bis E18 in der vierten Spalte. Die Bewertung, ob ein Lieferant nahe genug am eigenen Standort angesiedelt ist, wird anhand der Vorgaben in den Zellen G3 bis H13 bestimmt. Für die richtige Ausgabe ist in diesem Fall die SVERWEIS-Funktion mit dem **Bereichsverweis „WAHR“** erforderlich, da die Postleitzahl in einem bestimmten Intervall gesucht wird und nicht die genaue Übereinstimmung sondern die ungefähre Übereinstimmung maßgeblich ist. Denn fängt die Postleitzahl mit 0 an, ist die Entfernung zu weit, dies gilt für 00001, 00002 usw. Ist die erste Stelle aber eine 1, wird die Bemerkung „weit“ ausgegeben usw. Die Postleitzahl 22587 – wie im Beispiel – ist im Intervall ab 20000 und unter 30000, daher ist die Ausgabe „möglich“ richtig.

Die Formel in der Zelle B5 lautet dann:

=SVERWEIS(B4;G4:H13;2;WAHR)

MERKE

Beim SVerweis mit ungefährer Übereinstimmung muss die erste Spalte der Matrix aufsteigend sortiert sein und das Suchkriterium darf nicht kleiner sein als der kleinste Wert in der ersten Spalte der Matrix.

5.4 RANG-Funktion

Mit Bezug auf die Nutzwertanalyse findet hier noch eine weitere Funktion Anwendung, und zwar die RANG-Funktion, denn schließlich wird ein Rang vergeben, welcher Stepper das beste Ergebnis hat.

MERKE

Die Syntax der RANG-Funktion lautet:

=RANG(Zahl;Bezug[;Reihenfolge])

Die Zahl ist in diesem Fall der Wert, der mit anderen Werten verglichen werden muss. Mit Bezug sind die Zellen gemeint, mit denen die Zahl verglichen werden muss, welchen Rang sie erreicht. Bei der Reihenfolge muss eine 0 eingegeben werden für absteigend, d. h. der höchste Wert ist der beste, bzw. 1 für aufsteigend, wenn der niedrigste Wert der beste Wert ist. In der Zelle C12 in der Nutzwertanalyse auf S. 410 lautet dann die Formel:

=RANG(D11;$D$11:$H$11;0)

6. Abschluss des Kaufvertrags durch eine Bestellung

6.1 Zustandekommen des Kaufvertrags

Der Kaufvertrag kommt zustande, wenn zwei übereinstimmende Willenserklärungen vom Verkäufer und Käufer abgegeben werden. Beispiele hierfür könnten das Angebot und die Bestellung, die Bestellung und die Auftragsbestätigung oder bei einer schon lange bestehenden Geschäftsbeziehung die Bestellung und die Lieferung sein. Der Kaufvertrag kann mündlich, schriftlich oder durch übereinstimmendes Verhalten abgeschlossen werden.

Beispiele

- Eine Kundin kommt in ein Geschäft und bestellt 1 kg Mett. Die Verkäuferin gibt ihr die Ware und nennt den Preis. Anschließend bezahlt die Kundin, nimmt das Mett und verlässt das Geschäft. Hier ist mündlich ein Kaufvertrag zustande gekommen.
- In einem Lebensmittelladen legt ein Kunde ein Paket Waschmittel auf das Rollband, der Kassierer scannt den Code des Artikels ein und auf dem Kassendisplay ist der Zahlbetrag zu sehen. Der Kunde bezahlt, nimmt die Ware und geht. Hier ist durch schlüssiges Verhalten ein Kaufvertrag zustande gekommen.

Bei der Auftragsabwicklung zwischen zwei Handelspartnern werden in der Regel Kaufverträge durch Angebot und Bestellung per Geschäftsbrief, E-Mail oder Telefon, beim Import/Export auch verstärkt per Bildtelefon geschlossen. Bedingungen, die den Kaufvertrag regeln, sind teilweise gesetzlich vorgegeben.

Kap. 2.6 ff.

Wird ein Kaufvertrag geschlossen, sind damit auch Pflichten verbunden. Damit der Kauf reibungslos abläuft und auch bei Störungen abgewickelt werden kann, gibt es dazu eine Reihe von Regelungen im BGB. Darüber hinaus sollte der Kaufvertrag Folgendes regeln:

- Art und Güte (= Beschaffenheit) des Gutes
- Menge
- Preise und Rabatte
- Lieferzeit und Lieferbedingungen
- Zahlungsbedingungen
- Rechte und Pflichten bei Vertragsstörungen.

LF 3, Kap. 2.

6.2 Kaufvertragsarten

Man kann Kaufverträge nach folgenden **Merkmalen** unterscheiden:

Beispiele für Kaufverträge nach ...	Erklärung
den beteiligten Personen	
► bürgerlicher Kauf	Am Vertrag sind nur Nichtkaufleute beteiligt.
► einseitiger Handelskauf	Ein Vertragspartner ist ein Kaufmann.
► zweiseitiger Handelskauf	Beide Vertragsparteien sind Kaufleute.
der Bestimmung des Kaufgegenstands	
► Gattungskauf	Die Ware wird nicht individuell bestimmt (z. B. 1 kg Sand).
► Stückkauf	Die Ware wird individuell bestimmt (z. B. ein bestimmtes Haus).
► Kauf zur Probe	Kauf einer kleinen Menge, in der Absicht eines folgenden großen Einkaufs des gleichen Gutes.
► Kauf auf Probe	Der Käufer bekommt die Ware für eine bestimmte Dauer, wenn Sie ihm gefällt, erwirbt er die Ware.
► Kauf nach Probe	Der Käufer erwirbt Waren nach einem bestimmten Muster mit denselben Eigenschaften.
► Typenkauf	Kauf einer Ware nach einem bestimmten Qualitätsstandard.
dem Erfüllungsort	
► Handkauf	Der Käufer und der Verkäufer wohnen am selben Ort.
► Platzkauf	Der Käufer und der Verkäufer haben ihren Wohnsitz an unterschiedlichen Orten.
► Versendungskauf	Die Ware wird auf Wunsch des Kunden zu ihm gesendet.
dem Lieferzeitpunkt	
► Fixkauf	Der Verkäufer verpflichtet sich, zu einem bestimmten Zeitpunkt zu liefern.
► Terminkauf	Der Verkäufer muss bis zu einem bestimmten Zeitpunkt liefern.
► Kauf auf Abruf	Der Käufer lässt sich zu einem späteren Zeitpunkt in Teilmengen beliefern.

Beispiele für Kaufverträge nach ...	Erklärung
dem Zahlungszeitpunkt	
► Kauf gegen Vorkasse	Der Käufer zahlt vor Erhalt der Ware.
► Barkauf	Der Käufer bezahlt sofort bei Erhalt der Ware.
► Zielkauf	Der Käufer bezahlt die Ware nach einer eingeräumten Zahlungsfrist (= Zahlungsziel).
► Ratenkauf	Der Käufer erhält die Ware und bezahlt zu späteren Zeitpunkten in Teilbeträgen.
► Kreditkauf	Der Käufer erhält die Ware und bezahlt die Ware zu einem späteren Zeitpunkt zuzüglich Zinsen.

6.3 Allgemeine Geschäftsbedingungen

Für Kaufverträge gilt, dass sie zwischen den Vertragsparteien frei gestalt- und verhandelbar sind. Das heißt, wenn nicht gegen gesetzliche Rahmenbedingungen verstoßen wird, können Individualabreden zwischen den Vertragsparteien vereinbart werden. Damit nicht in jedem Kaufvertrag sämtliche Abreden neu verfasst werden müssen, legen die verkaufenden Unternehmen Allgemeine Geschäftsbedingungen fest, die der Willenserklärung, z. B. dem Angebot, beigefügt werden.

Wie die Allgemeinen Geschäftsbedingungen in einem Vertrag eingebunden werden können, ist im BGB geregelt.

RECHTSGRUNDLAGE

§ 305 Abs. 1 BGB Einbeziehung Allgemeiner Geschäftsbedingungen in den Vertrag

Allgemeine Geschäftsbedingungen sind alle für eine Vielzahl von Verträgen vorformulierten Vertragsbedingungen, die eine Vertragspartei (Verwender) der anderen Vertragspartei bei Abschluss eines Vertrags stellt. Gleichgültig ist, ob die Bestimmungen einen äußerlich gesonderten Bestandteil des Vertrags bilden oder in die Vertragsurkunde selbst aufgenommen werden, welchen Umfang sie haben, in welcher Schriftart sie verfasst sind und welche Form der Vertrag hat. Allgemeine Geschäftsbedingungen liegen nicht vor, soweit die Vertragsbedingungen zwischen den Vertragsparteien im Einzelnen ausgehandelt sind.

Dazu sieht der Gesetzgeber vor, dass

- der Verkäufer beim Angebot ausdrücklich auf die AGB hinweisen muss
- die AGB eindeutig und verständlich geschrieben sind
- überraschende Klauseln nicht zulässig sind
- individuelle Vertragsabreden vor den AGB Vorrang haben
- Zweifel bei der Auslegung zulasten des Verwenders (also in der Regel des Verkäufers) gehen.

Beispiel

Die AGB könnten folgendes Aussehen haben:

Aerostepp

Allgemeine Geschäftsbedingungen für den Vertrieb unserer Fitnessgeräte

1. Diese Allgemeinen Geschäftsbedingungen gelten ausschließlich gegenüber Unternehmern für diese und alle zukünftigen Geschäfte.
2. Sofern eine Bestellung als Angebot gemäß § 145 BGB anzusehen ist, können wir diese innerhalb von zwei Wochen annehmen.
3. Sofern nichts Gegenteiliges schriftlich vereinbart wird, gelten unsere Preise ab Werk ausschließlich Verpackung und zuzüglich Mehrwertsteuer in jeweils gültiger Höhe. Kosten der Verpackung werden gesondert in Rechnung gestellt.
4. Die Zahlung des Kaufpreises hat ausschließlich auf unser auf den Rechnungen angegebenes Geschäftskonto zu erfolgen. Der Abzug von Skonto ist nur bei schriftlicher besonderer Vereinbarung zulässig.
5. Der Beginn der von uns angegebenen Lieferzeit setzt die rechtzeitige und ordnungsgemäße Erfüllung der Verpflichtungen des Bestellers voraus. Die Einrede des nicht erfüllten Vertrages bleibt vorbehalten.
6. Kommt der Besteller in Annahmeverzug oder verletzt er schuldhaft sonstige Mitwirkungspflichten, so sind wir berechtigt, den uns insoweit entstehenden Schaden, einschließlich etwaiger Mehraufwendungen, ersetzt zu verlangen.
7. Wird die Ware auf Wunsch des Bestellers an diesen versandt, so geht mit der Absendung an den Besteller, spätestens mit Verlassen des Werks/Lagers die Gefahr des zufälligen Untergangs oder der zufälligen Verschlechterung der Ware auf den Besteller über.
8. Von uns verkaufte Waren bleiben unser Eigentum bis zur vollständigen Bezahlung aller, auch der künftig entstehenden Schulden des Käufers aus der Geschäftsverbindung mit uns.
9. Mängel sind unverzüglich zu rügen und werden nur innerhalb von 10 Tagen nach Empfang der Ware bzw. Abnahme der Dienstleistung berücksichtigt, ausgenommen solche Mängel, die innerhalb dieser Frist nicht erkennbar waren.
10. Im Rahmen unserer Gewährleistung verpflichten wir uns, entweder festgestellte Mängel zu beseitigen oder mangelhafte Gegenstände kostenlos auszutauschen. Der Käufer ist berechtigt, kostenlosen Umtausch zu verlangen, wenn Mängelbeseitigung nicht möglich ist.
11. Bei Lieferungsverzug muss der Käufer eine Nachfrist von zwei Wochen bewilligen.
12. Bei Zahlungsverzug wird ein Zinssatz, der fünf Prozentpunkte über dem Basiszinssatz der Europäischen Zentralbank liegt, ab Fälligkeitszeitpunkt bei der Berechnung der Verzugszinsen zugrunde gelegt.
13. Gerichtsstand und Erfüllungsort sind für beide Teile Lübbecke.
14. Die Unwirksamkeit einzelner vorstehender Bedingungen berührt nicht die Gültigkeit der übrigen.

6.4 Bestellung als Geschäftsbrief

Eine Bestellung könnte folgendermaßen aussehen:

SPORTINA AG

40 Jahre geballte Kompetenz in Sport und Fitness

Sportina AG • Holsterhauser Straße 202 • 44625 Herne

www.sportina.de
kontakt@sportina.de

Tel.: 02323/52765-0
Fax: 02323/52765-70

Figede e. K.
Frau Schütte
Dresdner Straße 2 - 5
01662 Meißen

Ihr Zeichen, Ihre Nachricht vom	Unser Zeichen, Unsere Nachricht vom	Name, Telefon	Datum
Schü	Schn		11.10.20xx

Bestellung Nr. 56

Sehr geehrte Frau Schütte,

vielen Dank für Ihr Angebot und die Unterlagen. Wir bestellen

50 Deutschland-Trikots, Artikelnr. 756489
zum Sonderpreis von 29,99 € je Stück
zzgl. 12,00 € Versandkosten.

Die Preise gelten zuzüglich der gesetzlichen Umsatzsteuer.

Bitte beliefern Sie uns innerhalb von acht Tagen.

Die Zahlungsbedingen sind wie bisher 2 % Skonto nach 14 Tagen und nach 30 Tagen netto.

Bitte senden Sie uns eine Auftragsbestätigung.

Freundliche Grüße

Sportina AG

Schnake
i. A. Schnake

Sportina AG
Holsterhauser Straße 202
44625 Herne

Handelsregistereintrag: HR-B 8765
Amtsgericht Herne
Vorstandsmitglieder: Stefanie Ringhausen, Rüdiger Klinger
Aufsichtsratsvorsitzende: Claudia Voß

Bankverbindung: Volksbank Herne eG
Kontonummer: 135 74 68, Bankleitzahl: 430 605 99
IBAN: DE22 4306 0599 0001 3574 68
BIC: GENODEVBHER

Die Bestellung könnte mit Word erstellt werden und als Brief an den Kunden gehen. Die Bestellung kann genauso gut telefonisch, per Fax oder Mail an den Kunden übermittelt werden.

Kap. 2.7

Rationeller ist der Einsatz eines ERP-Systems. Bei der Software Sage New Classic 2015 müssen in der Anwendung „Bestellung erfassen" nur der Lieferant und der Artikel mit der richtigen Menge und der Lieferwoche eingegeben werden und schon wird die Bestellung automatisch erfasst. Voraussetzung ist, dass die Artikel-, die Lieferanten- und Artikellieferantenstammdaten bereits im System eingepflegt sind.

Nach Eingabe der Bestellnummer und der Lieferantennummer wird der Datensatz aus den Lieferantenstammdaten geholt.

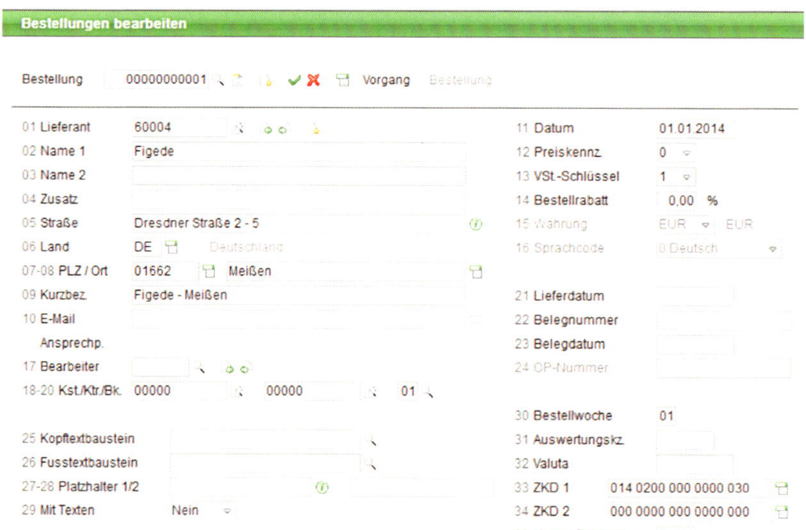

Auf der folgenden Eingabemaske müssen nun noch die Artikelnummer, die Menge und die Lieferwoche festgelegt werden.

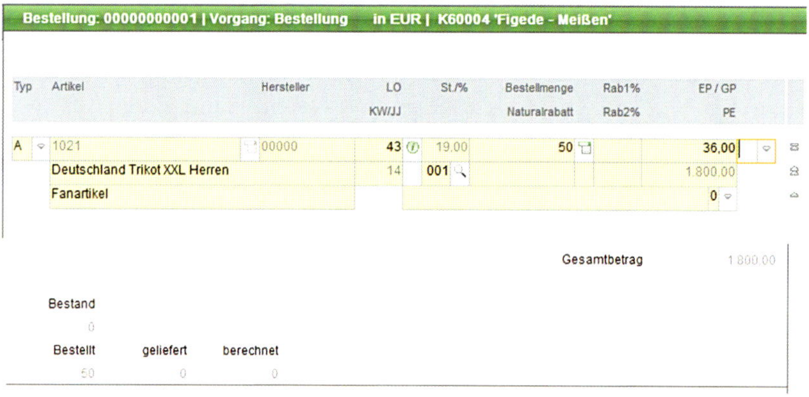

Unten in der Maske sind gleichzeitig der Bestand, die Bestellmenge sowie die gelieferte und berechnete Menge angegeben. In unserem Beispiel sind keine Trikots auf Lager und von der Bestellmenge von 50 Stück wurde bisher weder etwas geliefert noch berechnet. Abschließend kann die Bestellung gespeichert und ausgedruckt werden.

6.5 Elektronischer Einkauf

Im Zuge der Rationalisierung einerseits und dem zunehmenden digitalen Informationsaustausch zwischen Geschäftspartnern kaufen Unternehmen immer mehr auf elektronischem Wege und nicht auf herkömmliche Weise durch Briefe ein. Grundsätzlich versteht man unter elektronischer Beschaffung den Einkauf über das Internet oder anderen elektronischen Kommunikationsmöglichkeiten. Einerseits kann die elektronische Beschaffung bedeuten, dass der Informationsaustausch über E-Mail oder über Schnittstellen der ERP-Systeme zwischen Kunden und Lieferanten abläuft oder über Internetplattformen stattfindet. Weitestgehend gelten auch hierbei die allgemeinen Regelungen zum Zustandekommen des Kaufvertrags nach BGB.

6.5.1 Bestellung per E-Mail

Der herkömmliche Schriftverkehr per Post wird immer mehr durch die Kommunikation per E-Mail verdrängt. Der Vorteil liegt klar auf der Hand: Eine E-Mail wird geschrieben und versendet und ist in kürzester Zeit über elektronische Datenleitungen beim Empfänger. Wie auch für den Geschäftsbrief gibt es in den DIN Hinweise auf die Gestaltung einer E-Mail.

Im Kopf der E-Mail ist nach der Absender-E-Mail-Adresse die E-Mail-Adresse des Empfängers einzugeben. Anschließend folgen Verteilerlisten in der Cc- und Bcc-Zeile. E-Mail-Adressen, die im Cc-Verteiler (= carbon copy) stehen, können von allen Empfängern der Mail gelesen werden. Diese Verteilerliste wird verwendet, wenn innerhalb einer Gruppe zu einem Thema kommuniziert werden soll und die E-Mail-Adressen innerhalb dieser Empfängergruppe bekannt sind. Die E-Mail-Adressen, die im Bcc-Verteiler (= blind carbon copy) stehen, können von allen anderen Empfängern nicht gesehen werden. Unter den Verteilerlisten folgt die Betreffzeile.

Anschließend folgt der Textbereich. Entsprechend eines gewöhnlichen Geschäftsbriefs beginnt der E-Mail-Text mit der Anrede, danach folgen der eigentliche Text und der abschließende Gruß. Auch auf Kontaktdaten und Postanschrift sollte nicht verzichtet werden, damit der E-Mail-Empfänger die Möglichkeit hat, Rückfragen zu stellen und, z. B. bei Bestellung, über die Lieferadresse informiert ist.

Eine Bestellung per E-Mail könnte so aussehen:

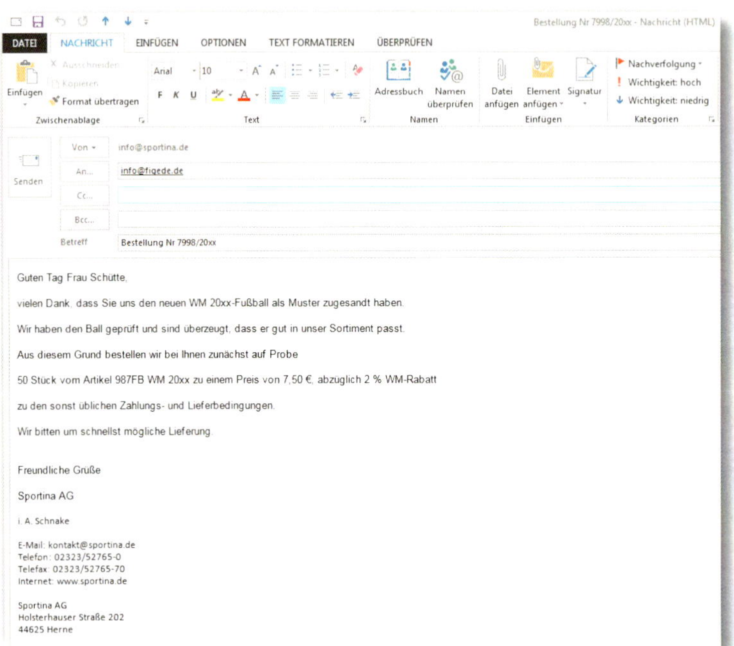

Wie man im oberen Menüband sehen kann, sind in einem E-Mail-Programm grundsätzliche Funktionen wie Einfügen, Löschen, Format übertragen, Textformatierung usw. möglich. Dazu steht hier ein Adressbuch für die Kontaktdaten zur Verfügung. E-Mail-Adressen können überprüft werden und Dateien, z. B. digitale Prospekte, können angehängt werden. Hierfür wählt man den Button „Datei hinzufügen“ und wählt im Explorer die entsprechende Datei aus. Eine elektronische Signatur (= Unterschrift) kann ebenfalls eingefügt werden. Hierzu kann die Postadresse des Absenders mit einer digitalen Unterschrift gehören. Auch für die E-Mail-Verwaltung stehen Optionen zu Verfügung, wie die Nachverfolgung der E-Mail, ob Sie gelesen wurde oder ob der Versender oder Empfänger erinnert werden soll.

6.5.2 Online-Einkauf über eine Internetplattform

Beim Onlinekauf über Internetplattformen unterscheidet man zwischen B2C (= Business to Customer) und B2B (= Business to Business). Kauft eine Privatperson über eine Internetplattform, z. B. www.amazon.de, eine Jogginghose, handelt es sich um B2C. Sind am Beschaffungsprozess zwei Handelspartner beteiligt, wie z. B. ein Beschaffungsprozess der Sportina AG, handelt es sich um B2B.

Des Weiteren unterscheidet man beim Internethandel zwischen E-Commerce und E-Procurement. Bei E-Commerce stehen die Vertriebsprozesse und beim E-Procurement die Einkaufsprozesse im Mittelpunkt.

Das E-Procurement lässt sich weiter nach einer Sell-Side-Lösung, einer Buy-Side-Lösung oder einem elektronischen Marktplatz differenzieren.

Bei der Sell-Side-Lösung stellt der Lieferant einen Online-Katalog zur Verfügung, die Kunden können sich einloggen und digital beschaffen. Im Sinne der digitalen Beschaffung bestellt der Kunde die Ware, z. B. durch Hineinlegen der Ware in einen digitalen Einkaufskorb mit anschließender digitaler Versendung der Bestellung. Hier braucht sich der Einkäufer um keine Beschaffungssoftware kümmern, allerdings muss er sich in unterschiedlichen Softwaresystemen der Lieferanten zurechtfinden. So könnte sich die Sportina AG auf die Internetplattform der Lieferanten einloggen und online bestellen.

Bei der Buy-Side-Lösung loggen sich die Lieferanten in die Einkaufssoftware des Kunden ein und rufen die Bedarfsdaten aus dem ERP-System des Kunden ab. Hierauf können die Lieferanten sofort reagieren und liefern. Haben mehrere Lieferanten Zugriff auf das ERP-System des Kunden, ist der Angebotsvergleich für den Einkäufer sehr einfach, ohne dass er sich in anderen Computersystemen und Produktkatalogen zurechtfinden muss, allerdings ist das einkaufende Unternehmen selbst für den Betrieb und die Pflege der Internetplattform zuständig.

Beim E-Procurement über den elektronischen Marktplatz greifen mehrere Lieferanten sowie mehrere Kunden auf einen elektronischen Marktplatz zu. Die Marktplatzbetreiber stellen sowohl für die Lieferanten wie auch für die Kunden eine Softwareschnittstelle zur Verfügung. Die Handelsplattform bietet einen unkomplizierten Informationsaustausch, unabhängig von räumlichen und zeitlichen Barrieren. So kann ein europäischer Kunde problemlos sofort bei einem chinesischen Unternehmen trotz unterschiedlicher Zeitzonen und räumlicher Entfernung bestellen. Dazu kann der Kunde schnell und einfach Preisvergleiche der angebotenen Ware durchführen. Ein Beispiel hierfür ist die Plattform www.alibaba.com. Hierzulande stellen insbesondere www.ebay.de und www.amazon.de elektronische Marktplätze dar. Für den Nutzen eines elektronischen Marktplatzes zahlen die Handelspartner Gebühren und Transaktionskosten an den Betreiber.

MERKE

Die Kunden und Lieferanten stehen sich im Gegensatz zu der Sell-Side- und Buy-Side-Lösung beim elektronischen Marktplatz gleichberechtigt gegenüber.

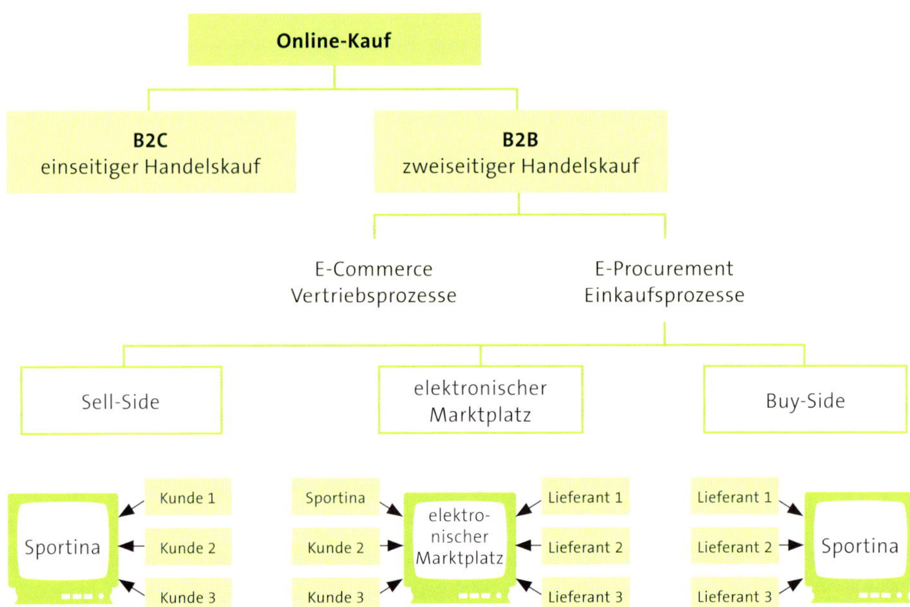

6.5.3 Elektronischer Einkauf über EDI

Der direkte elektronische Informationsaustausch zwischen nur zwei Handelspartnern kann per E-Mail-Verkehr oder per EDI (= Electronic Data Interchange) ablaufen.

Beispiel

Wird der Lagerbestand beim Kunden laut ERP-System unterschritten, wird eine Bestellung ausgelöst und an den Lieferanten gesendet. Daraufhin sendet das liefernde Unternehmen einerseits eine Auftragsbestätigung an den Kunden und setzt gleichzeitig einen Lieferauftrag in Gang usw.

Dieser Prozess kann automatisch und ohne menschliches Eingreifen erfolgen. Dies ist allerdings nur sinnvoll, wenn es sich um Einkaufsmaterialien handelt, die immer wieder benötigt werden, keine großen Verbrauchsschwankungen vorkommen und in gleichen Mengen bestellt werden soll. Andernfalls werden die Bestellvorschläge vom Sachbearbeiter geprüft, als Bestellungen übernommen und anschließend über elektronische Datenübertragung an den Lieferanten gesendet. Setzen die Handelspartner unterschiedliche ERP-Systeme ein, muss ein EDI-Konverter (= Übersetzungsprogramm) die Nachricht vom einen Geschäftspartner zum anderen übersetzen. Die Versendung von EDI-Nachrichten bringt auch Gefahren mit sich, deshalb werden bei Aufnahme der Geschäftsbeziehung EDI-Vereinbarungen getroffen. Vereinbart werden sollten:

- die zeitnahe Verarbeitung nach Empfang der EDI-Nachrichten
- das Treffen von Sicherheitsmaßnahmen zur Vermeidung von unberechtigtem Zugriff
- der Schutz personenbezogener Daten
- die Archivierung und Aufbewahrung der EDI-Nachrichten.

Durch den schnellen Datentransfer können Personal- und Materialkosten gespart werden, denn Routineaufgaben, wie z. B. das Schreiben von Angeboten, Bestellungen, Auftragsbestätigungen und Rechnungen, werden standardisiert und automatisiert und laufen papierlos ab.

7. Wareneingang und Lagerung

7.1 Anlieferung der Ware

Nach Bestellung der Ware ist es erforderlich, zu überprüfen, ob die Lieferung auch termingerecht erfolgt. Hierzu ist es sinnvoll, die Wareneingänge auf Termin zu setzen.

Wird die Ware geliefert, vollzieht sich dies in der Regel in folgenden Schritten:

Nachdem die Ware angeliefert wird ①, ist es zunächst erforderlich, die Ware auf Mängel zu überprüfen ②. Dies ist gesetzlich in § 377 HGB verankert.

RECHTSGRUNDLAGE

§ 377 Abs. 1 HGB
Ist der Kauf für beide Teile ein Handelsgeschäft, so hat der Käufer die Ware unverzüglich nach der Ablieferung durch den Verkäufer, soweit dies nach ordnungsmäßigem Geschäftsgang tunlich ist, zu untersuchen und, wenn sich ein Mangel zeigt, dem Verkäufer unverzüglich Anzeige zu machen.

Zur Prüfung der Ware gehört, ob die Ware
- tatsächlich bestellt wurde
- an die richtige Lieferadresse gebracht wurde
- zur rechten Zeit geliefert wurde
- in Güte und Beschaffenheit der Bestellung entspricht
- in der richtigen Menge geliefert wurde.

Diese Kriterien werden anhand der Bestellung und des Lieferscheins sowie der Ware überprüft. In der Regel wird die Ware zunächst nur auf äußerlich erkennbare Mängel überprüft und nur stichprobenartig genauer untersucht. Sind keine Mängel vorhanden, werden der Lieferschein und die Lieferscheinkopie unterschrieben ③.

Die Lieferscheinkopie kann der Spediteur nun mit zum Lieferanten zurücknehmen. Der Wareneingang kann anschließend in der Lagerdatei erfasst werden. Dies erfolgt in der Regel mit einem ERP-System. Bei einem Wareneingang von 50 Trikots und einer bestellten Liefermenge von 50 Trikots bleibt eine offene Liefermenge von 0. Im folgenden Beispiel ist die Rechnung dazu noch nicht eingegangen, deshalb beträgt die offene Rechnungsmenge 50 Stück. Zur Dokumentation kann ein Wareneingangsprotokoll oder ein Wareneingangsbuch ausgedruckt werden.

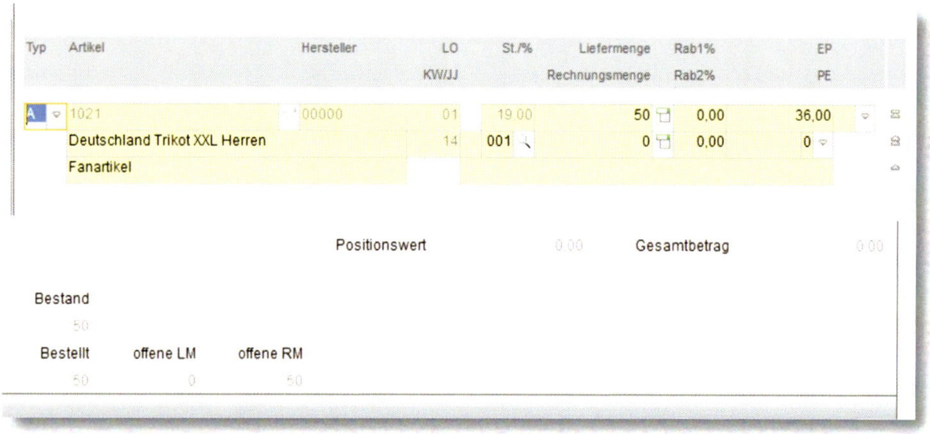

Nach Erfassung der Ware im System ④ wird parallel dazu die Eingangsware nun noch einmal einer gründlicheren Prüfung unterzogen und schließlich eingelagert ⑤. Der Lieferschein mit sonstigen Versandpapieren und eventuell notierten Mängeln geht an den Einkauf. Dort sind die Unterlagen zur Prüfung der zeitgleich oder ein paar Tage später eingehenden Rechnung erforderlich.

LF 3, Kap. 9.

7.2 Organisation der Warenlagerung

Die Lagerhaltung dient dem zeitlichen Ausgleich vom Eingang der Ware bis zu ihrem Bedarf für die Produktion oder den Absatz. Durch die Bereitstellung der Ware im Lager ist diese jederzeit verfügbar. Allerdings darf die Lagermenge auch nicht zu hoch sein, da die Lagerhaltung Kosten verursacht. Kosten der Lagerhaltung sind Miete und/oder Abschreibungen für Lagergebäude und -einrichtungen sowie Lagerpersonal. Mit der Lagerung der Waren sind auch Risiken verbunden. Die Waren könnten durch technischen Fortschritt veralten, durch Modeentwicklungen keine Abnehmer mehr finden, gestohlen werden oder durch unsachgemäße Lagerung verderben.

Kap. 4.1.3

MERKE

Zur Lagerhaltung gehören nicht nur die Ein- und Auslagerung sowie die Erfassung von Warenbewegungen, sondern auch die Warenpflege.

7.2.1 Eigen- oder Fremdlager

Damit die Ziele der optimalen Lagerhaltung erreicht werden, muss der Betrieb grundlegende Entscheidungen über die Lagerarten treffen, damit die Lagerung den betrieblichen Bedürfnissen und Erfordernissen genügt und die Kosten möglichst gering ausfallen.

Grundsätzlich ist zu entscheiden, ob ein Eigenlager oder ein Fremdlager sinnvoll ist. Bei einem Eigenlager handelt es sich um Lagerhaltung in eigenen Geschäftsräumen, mit eigenem Personal und auf eigenes Risiko. Voraussetzung ist, dass die Raumkapazität und das Personal mit Know-how vorhanden sind. Alternativ kann die Ware auch in einem Fremdlager deponiert werden. In diesem Fall obliegen die Verantwortung der Lagerung und das Risiko bei einem anderen Betrieb, der in der Regel auf die Lagerhaltung spezialisiert ist. Ob ein Eigenlager eingerichtet oder ein Fremdlager in Anspruch genommen wird, sollte unter anderem von einer Kostenanalyse abhängig sein.

MERKE

Bei einem Fremdlager sind die Kosten abhängig von der Stückzahl, dem Volumen oder dem Gewicht der Lagergüter, währenddessen beim Eigenlager fixe Kosten für Lagerräume und Lagereinrichtungen entstehen. Diese sind nur bedingt abhängig von der Lagermenge. Dazu fallen variable Kosten für Personal und Warenpflege an, welche von der Stückzahl abhängig sind.

7.2.2 Organisation des Lagers

Entscheidet man sich für Eigenlagerung, ist zu entscheiden, ob ein zentrales Lager oder ein dezentrales Lager eingerichtet werden soll. Wird es zentral geführt, ist die Ware an einem Ort eingelagert. Hier findet die Buchhaltung statt. Bei Bedarf gibt es nur eine Anlaufstelle. Beim dezentralen Lager werden die Waren an unterschiedlichen Plätzen aufbewahrt. Bei dieser Form besteht die Gefahr, dass der Überblick darüber verloren geht, welche Artikel vorrätig sind, wo sie sich befinden und wann sie wieder bestellt werden müssen. Vorteilhaft ist allerdings, wenn das dezentrale Lager direkt bei der Bedarfsstelle zu finden ist. In diesem Fall kann Transportzeit für die Beschaffung der Bedarfsgüter eingespart werden.

7.2.3 Bauformen des Lagers

Bei der Einrichtung eines Lagers sind unterschiedliche Bauformen möglich. Für Baustoffe sind Freilager sinnvoll. Dabei handelt es sich meistens um Schüttgüter, die witterungsunempfindlich sind. Aber auch durch Planen ausreichend geschützte landwirtschaftliche Produkte können in Freilagern untergebracht werden. Überwiegend findet man in der Landwirtschaft aber Silo- oder Tankanlagen für die Schüttgüter. Typisch für diese Art ist, dass neue Materialien oben eingegossen oder gekippt werden, währenddessen die Entnahme durch eine Auslaufeinrichtung am Boden erfolgt. Wird die Ware in Räumen untergebracht, ist man bestrebt, dass auf möglichst geringer Fläche viele Waren gelagert werden können. Bei schweren Artikeln, wie z. B. Maschinen, ist das nicht möglich, bei leichteren Artikeln können Etagenlager oder sogar Hochregallager eingerichtet werden. Hierbei sind Transporteinrichtungen erforderlich, die die Ware bis in die höchsten Regale befördern können.

7.2.4 Lagerplatzzuordnung

Bezüglich der Lagerplatzzuordnung muss sich das Unternehmen entscheiden, ob die Lagerartikel einen festen Lagerplatz bekommen sollen. Das Lagerpersonal weiß, wo die Artikel liegen und kann sie schnell wiederfinden. Spezifische Besonderheiten der Waren, die bei der Lagerung zu berücksichtigen sind, können besser berücksichtigt werden. Schwere Teile werden bei der Lagerung auf mehreren Ebenen eher unten, leichte Teile dagegen eher oben gelagert. Andernfalls können die Waren auch dort eingelagert werden, wo gerade Platz ist, was als chaotische Lagerhaltung bezeichnet wird. Variieren die Lagerbestände der Artikel, können bei diesem System die zur Verfügung stehenden Kapazitäten besser genutzt werden. Voraussetzung für die chaotische Lagerung ist, dass alle Artikel gekennzeichnet sind und alle Lagerbewegungen mit einem Warenwirtschaftssystem erfasst werden, damit jederzeit abgerufen werden kann, wo sich welche Artikel befinden.

MERKE

Der chaotischen Lagerhaltung sind allerdings insofern Grenzen gesetzt, dass nur Artikel mit ähnlichen Abmessungen in gleichen Lagerzellen gelagert werden können. Der Lagerplatz für Fitnessgeräte unterscheidet sich von einem Platz für Bälle.

7.3 Umweltaspekte bei der Lagerung

Bei der Lagerhaltung sind auch ökologische Gesichtspunkte zu berücksichtigen. Es gibt insbesondere für Gefahrenstoffe gesetzliche Vorschriften, wie diese zu lagern sind. Das Ziel der Gefahrstoffverordnung ist in § 1 festgelegt.

RECHTSGRUNDLAGE

§ 1 Abs. 1 Gefahrstoffverordnung
Ziel dieser Verordnung ist es, den Menschen und die Umwelt vor stoffbedingten Schädigungen zu schützen durch

1. Regelungen zur Einstufung, Kennzeichnung und Verpackung gefährlicher Stoffe und Zubereitungen,
2. Maßnahmen zum Schutz der Beschäftigten und anderer Personen bei Tätigkeiten mit Gefahrstoffen und
3. Beschränkungen für das Herstellen und Verwenden bestimmter gefährlicher Stoffe, Zubereitungen und Erzeugnisse.

So ist bei der Lagerung von Ölen zu beachten, dass die Behälter fest verschlossen sind und unter dem Regal Auffangbecken aufgestellt sind, damit das Öl im Falle des Auslaufens nicht in das Erdreich gelangt. Gefährliche Stoffe sind nach der neuen EU-Verordnung GHS (= Globally Harmonised System) als solche durch vorgegebene Symbole für Gefahrstoffe zu kennzeichnen:

	Die explodierende Bombe weist auf explosionsgefährliche Stoffe hin.
	Das Flammensymbol weist auf leicht- bis hochentzündliche Stoffe hin.
	Die Flamme über einem Kreis kennzeichnet brandfördernde Stoffe.

	Der Totenkopf mit gekreuzten Knochen weist auf giftige bis sehr giftige Stoffe hin.
	Das Symbol der Ätzwirkung weist auf ätzende Stoffe hin.
	Das Ausrufezeichen weist auf gesundheitsgefährdende Materialien hin.
	Dieses Symbol zur Gesundheitsgefahr weist auf gesundheitsgefährliche Stoffe hin.
	Das Umweltsymbol kennzeichnet umweltgefährdende Materialien.
	Die Gasflasche weist auf komprimierte Gase hin.

7.4 Bewertung der Lagerbestände

Die Lagerbestände müssen spätestens am Jahresende bewertet werden. Ändert sich der Einkaufspreis über das Jahr nicht, ist die Bewertung einfach: Der Jahresschlussbestand wird mit dem konstanten Einkaufspreis multipliziert. Ändert sich dieser, stellt sich allerdings die Frage, nach welchem Verfahren die Lagergüter bewertet werden. Nach § 253 HGB sind die Vorräte mit den Anschaffungs- bzw. Herstellkosten, vermindert um die Abschreibungen, zu bewerten. Abschreibungen sind in diesem Fall Preisminderungen für Werteverlust wegen Alterung oder technischem Fortschritt. Wurden die Vorräte zu unterschiedlichen Einkaufspreisen beschafft, kann zur Bewertung ein Durchschnittspreis herangezogen werden.

Beispiel

Der Deutschland-Fan Schal unterliegt vom 01. Januar bis zum 15. Juni, wenn eine internationale Fußballmeisterschaft mit deutscher Beteiligung beginnt, steigenden Einkaufspreispreisen. Der Bestandswert soll laufend nach der Durchschnittswertmethode ermittelt werden. Dann entwickeln sich die Durchschnittspreise wie folgt:

Datum	Zugang		Abgang	Bestand	Durchschnittsmethode Bestandswert	
	Menge	Bezugspreis	Menge		gesamt	je Stück
01.01.20xx				4	48,00 €	12,00 €
04.03.20xx	20	12,50 €		24	298,00 €	12,42 €
07.04.20xx			17	7	86,92 €	12,42 €
07.05.20xx	20	13,00 €		27	346,92 €	12,85 €
15.06.20xx			19	8	102,79 €	12,85 €

Am 01.01. sind vier Schals auf Lager. Beim Bestandswert von 48 € beträgt der Einkaufswert je Stück 12 €. Am 04.03. werden 20 Schals zum Einkaufspreis von 12,50 € dazu gekauft. Damit erhöht sich der gesamte Bestandswert auf 298 € (= 48 € + 20 • 12,50 €). Der durchschnittliche Bestandswert je Stück hat sich somit auf 12,42 € (gerundet) erhöht. Am 07.04. werden 17 Schals vom Lager genommen. Damit befindet sich der Lagerwert in Höhe von 86,92 € (= 298 € - 17 • 12,42 €) auf Lager. Am 07.05. werden 20 Schals für 13 € eingekauft. Nun erhöht sich der Durchschnittspreis auf 12,85 €.

Alternativ zur Durchschnittspreismethode kann aber auch eine Bewertung herangezogen werden, die den tatsächlichen Lagerabgang widerspiegelt. Wird immer die Ware zuerst entnommen, die am längsten im Lager ist, kann eine Bewertung nach dem Fifo-Verfahren (first in – first out) herangezogen werden. In dem Fall wird die Ware zu dem neueren Preis bewertet, da zuerst die ältere Ware dem Lager entnommen wird. Wird jedoch zuerst die Ware entnommen, die zuletzt ins Lager gekommen ist, kann die Lifo-Methode (last in – first out) angewendet werden. In diesem Fall werden die Lagervorräte zum älteren Einkaufspreis bewertet.

MERKE

Für alle Bewertungsmethoden für die Bilanz am Jahresende gilt der steuerrechtliche Grundsatz, dass die Lagervorräte nicht zu einem höheren Preis als dem Tagespreis angesetzt werden dürfen.

7.5 Die Wirtschaftlichkeit des Lagerungsprozesses

Das Ziel der Lagerhaltung ist darin zu sehen, ständige Lieferbereitschaft zu gewährleisten. Gleichzeitig soll die Lagerhaltung so kostengünstig wie möglich gestaltet sein. Beide Ziele können miteinander konkurrieren.

Das Bestandscontrolling versucht anhand von verschiedenen Kennzahlen die Wirtschaftlichkeit der Lagerhaltung zu überprüfen. Wie man den unten aufgeführten Formeln entnehmen kann, basieren alle Kennzahlen letztendlich auf dem durchschnittlichen Lagerbestand.

Der durchschnittliche Lagerbestand gibt Auskunft darüber, welche Bestandsmenge durchschnittlich im Lager ist. Der Lagerbestand kann in Stück, Liter, Quadrat- und Kubikmeter usw. erfasst und kann auf verschiedene Weise ermittelt werden. Variante A (siehe unten) ist recht ungenau, Variante B ist wesentlich genauer, vernachlässigt aber wie Variante A den Sicherheitsbestand (auch eiserner Bestand oder Mindestbestand genannt), Variante C berücksichtigt den Sicherheitsbestand, ist aber nur bei gleichmäßigem Lagerabgang anwendbar. Für die Berechnung des durchschnittlichen Lagerbestands mit dem Tabellenkalkulationsprogramm bietet sich die MITTELWERT-Funktion an. Bewertet man den durchschnittlichen Lagerbestand zum Bezugspreis, ergibt dies den durchschnittlichen Lagerwert in der Währungseinheit, z. B. in Euro.

Mit der Kenntnis des durchschnittlichen Lagerbestands kann die Umschlagshäufigkeit berechnet werden. Diese Kennzahl gibt an, wie oft der komplette Lagerbestand während eines Jahres umgeschlagen wurde, also wie oft die gesamten Waren in dem betrachteten Zeitraum aus dem Lager genommen wurden. Der Umschlagswert schwankt je nach Branche, Werkstoffart und Organisationsstandard des Unternehmens. Je höher die Umschlagshäufigkeit ist, desto kürzer ist der Zeitraum, in dem die Waren lagern. Die Lagerdauer gibt an, wie lange die Werkstoffe im Durchschnitt im Lager verbleiben, bevor sie weiterverarbeitet werden.

Die Kosten in Form von entgangenen Zinsen für das in den Lagerbeständen investierte Kapital (Lagerzinsen) werden mithilfe des Lagerzinssatzes ermittelt. Er gibt an, wie viel Prozent Zinsen vom Lagerwert dafür kalkuliert werden müssen.

MERKE

Lagerkennzahlen

durchschnittlicher Lagerbestand (Stück, Liter, ...) =	A: $\frac{\text{Jahresanfangsbestand + Jahresendbestand}}{2}$
	B: $\frac{\text{Jahresanfangsbestand + 12 Monatsendbestände}}{13}$
	C: $\frac{\text{opt. Bestellmenge}}{2}$ + Sicherheitsbestand
durchschnittlicher Lagerwert (€) =	durchschnittlicher Lagerbestand • Bezugspreis (€)
Umschlagshäufigkeit =	$\frac{\text{Warenverbrauch (Wareneinsatz)}}{\text{durchschnittlicher Lagerbestand}}$
durchschnittliche Lagerdauer (Tage) =	$\frac{\text{360 (Tage)}}{\text{Umschlagshäufigkeit}}$
Lagerzinssatz (%) =	$\frac{\text{Marktzinssatz pro Jahr (\%)} \cdot \text{durchschnittliche Lagerdauer (Tage)}}{\text{360 Tage}}$
Lagerzinsen (€) =	$\frac{\text{Lagerzinssatz (\%)} \cdot \text{durchschnittlicher Lagerwert (€)}}{100\ \%}$

8. Kaufvertragsstörungen beim Einkauf

Im Kapitel 6 wurde das Zustandekommen von Kaufverträgen behandelt. Allerdings ergeben sich aus dem Kaufvertrag nach § 433 BGB sowohl für den Kunden, als auch für den Lieferanten Verpflichtungen.

Kap. 6.

RECHTSGRUNDLAGE

§ 433 BGB Vertragstypische Pflichten beim Kaufvertrag

(1) Durch den Kaufvertrag wird der Verkäufer einer Sache verpflichtet, dem Käufer die Sache zu übergeben und das Eigentum an der Sache zu verschaffen. Der Verkäufer hat dem Käufer die Sache frei von Sach- und Rechtsmängeln zu verschaffen.

(2) Der Käufer ist verpflichtet, dem Verkäufer den vereinbarten Kaufpreis zu zahlen und die gekaufte Sache abzunehmen.

Erfüllt einer der Vertragspartner seine Pflicht nicht, liegt eine Kaufvertragsstörung vor, die in den folgenden Kapiteln thematisiert wird. Unter welchen Voraussetzungen die Kaufvertragsstörung vorliegt und welche Rechte daraus für den Vertragspartner resultieren, ist ebenso im BGB bei den Rechtsvorgaben der Schuldverhältnisse geregelt.

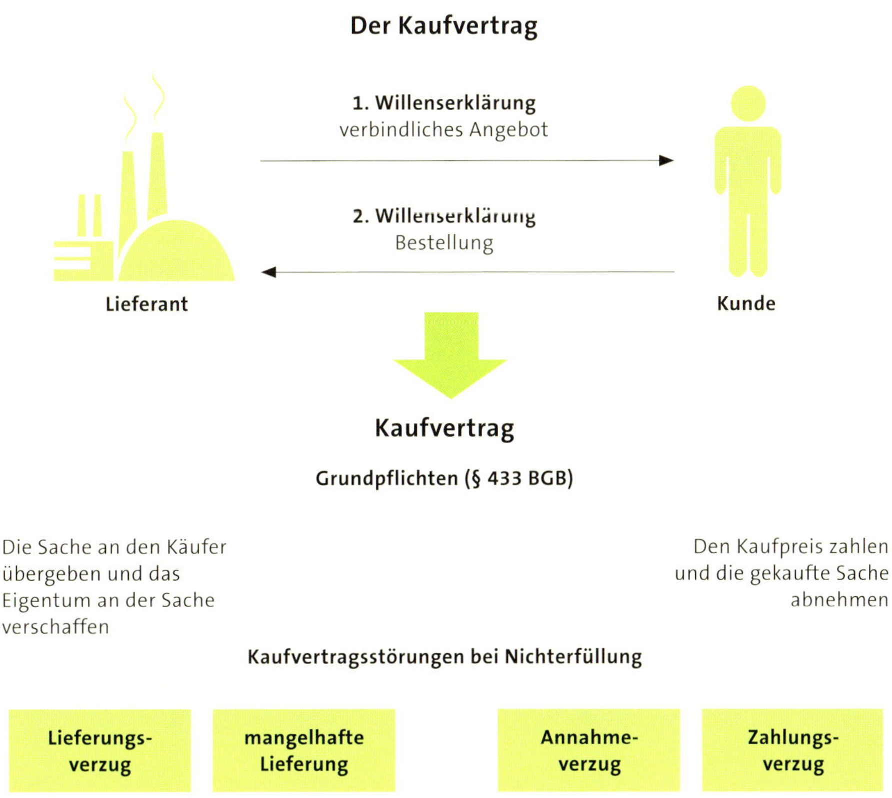

8.1 Lieferverzug

Mit Abschluss des Kaufvertrags verpflichtet sich der Verkäufer, die bestellte Ware zur rechten Zeit am richtigen Ort zu übergeben, andernfalls liegt Lieferverzug vor. Das Vorliegen des Lieferverzugs ist in § 286 BGB geregelt.

RECHTSGRUNDLAGE

§ 286 BGB Verzug des Schuldners

(1) Leistet der Schuldner auf eine Mahnung des Gläubigers nicht, die nach dem Eintritt der Fälligkeit erfolgt, so kommt er durch die Mahnung in Verzug. Der Mahnung stehen die Erhebung der Klage auf die Leistung sowie die Zustellung eines Mahnbescheids im Mahnverfahren gleich.

(2) Der Mahnung bedarf es nicht, wenn

1. für die Leistung eine Zeit nach dem Kalender bestimmt ist,
2. der Leistung ein Ereignis vorauszugehen hat und eine angemessene Zeit für die Leistung in der Weise bestimmt ist, dass sie sich von dem Ereignis an nach dem Kalender berechnen lässt,
3. der Schuldner die Leistung ernsthaft und endgültig verweigert,
4. aus besonderen Gründen unter Abwägung der beiderseitigen Interessen der sofortige Eintritt des Verzugs gerechtfertigt ist.

[...]

(4) Der Schuldner kommt nicht in Verzug, solange die Leistung infolge eines Umstands unterbleibt, den er nicht zu vertreten hat.

MERKE

Die Voraussetzung für einen Lieferverzug ist, dass der Lieferant trotz Fälligkeit nicht liefert und für die Verspätung selbst verantwortlich ist, z. B. durch fahrlässiges oder vorsätzliches Verhalten. Eine unverschuldete Lieferungsverzögerung liegt beispielsweise vor, wenn höhere Gewalt (z. B. Sturm, Hochwasser oder Streik) der Grund für den Verzug sind.

Zunächst ist zu klären, wann die Lieferung fällig ist: Ohne gesonderte Vereinbarung ist die Lieferung sofort fällig, andernfalls zum vereinbarten Termin. Die fällige Lieferung muss vom Kunden zunächst mit Setzen einer Nachfrist angemahnt werden. Hier regelt der Gesetzgeber allerdings folgende Ausnahmen: Wurde im Kaufvertrag der Termin kalendarisch festgelegt, z. B. „Liefertermin am 31.03.20.. fix", oder der Lieferzeitpunkt ist errechenbar („10 Tage nach Bestellungseingang"), dann ist eine Anmahnung nicht notwendig. Setzt sich der Lieferant selbst in Verzug, indem er z. B. dem Kunden mitteilt, dass er nicht mehr liefern kann oder will, ist ebenso eine Anmahnung der Lieferung nicht sinnvoll. Wenn schließlich die Lieferung keinen Sinn mehr hat, weil z. B. die Fan-Artikel für die WM 20.. nicht mehr benötigt werden, wenn sie erst nach der WM geliefert werden können, muss auch keine Nachfrist gesetzt werden.

MERKE

Zusätzliche Voraussetzungen für einen Lieferverzug sind:

- Der Lieferant liefert trotz Mahnung mit Fristsetzung nicht.
- Eine Mahnung ist nicht erforderlich, wenn:
  - der Lieferzeitpunkt bestimmbar oder errechenbar ist
  - der Lieferant sich selbst in Verzug setzt
  - die Lieferung ihren Zweck zu einem späteren Zeitpunkt nicht mehr erfüllen kann.

Die Mahnung mit Fristsetzung bei einem Lieferverzug könnte wie folgt aussehen:

SPORTINA AG

40 Jahre geballte Kompetenz in Sport und Fitness

Sportina AG • Holsterhauser Straße 202 • 44625 Herne

www.sportina.de
kontakt@sportina.de

Tel.: 02323/52765-0
Fax: 02323/52765-70

Figede e. K.
Frau Schütte
Dresdner Straße 2 - 5
01662 Meißen

Ihr Zeichen, Ihre Nachricht vom	Unser Zeichen, Unsere Nachricht vom	Name, Telefon	Datum
Schü	**Schn**		25.10.20xx

Unsere Bestellung Nr. 56 vom 11.10.20xx

Sehr geehrte Frau Schütte,

wir haben bei Ihnen mit oben genannter Bestellung

50 Deutschland-Trikots, Artikelnr. 756489
zum Sonderpreis von 29,99 € je Stück
zzgl. 12,00 € Versandkosten

geordert.

Sie haben uns die Lieferung innerhalb 8 Tagen mit Ihrer Auftragsbestätigung zugesagt. Inzwischen sind 14 Tage vergangen, ohne dass Sie uns einen Grund für die Verzögerung genannt haben. Bitte senden Sie uns die Ware bis zum 02.11.20xx zu.

Wenn die Trikots nicht bis zum 02.11.20xx eingetroffen sind, treten wir vom Kaufvertrag zurück und machen gegebenenfalls Schadenersatz geltend.

Freundliche Grüße

Sportina AG

Schnake
i. A. Schnake

Sportina AG
Holsterhauser Straße 202
44625 Herne

Handelsregistereintrag: HR-B 8765
Amtsgericht Herne
Vorstandsmitglieder: Stefanie Ringhausen, Rüdiger Klinger
Aufsichtsratsvorsitzende: Claudia Voß

Bankverbindung: Volksbank Herne eG
Kontonummer: 135 74 68, Bankleitzahl: 430 605 99
IBAN: DE22 4306 0599 0001 3574 68
BIC: GENODEVBHER

Der Gesetzgeber sieht folgende Rechtsfolgen für den Käufer vor:

- Er kann auf die Erfüllung des Kaufvertrags seitens des Lieferanten bestehen. Dies ist z. B. sinnvoll, wenn die Verzögerung der Lieferung nicht von großer Bedeutung ist, oder es sich um eine Sonderanfertigung handelt, die man von einem anderen Lieferanten auch nicht so schnell bekommt. Unter der Voraussetzung, dass den Lieferanten ein Verschulden trifft und die Lieferung unter Berücksichtigung oben genannter Ausnahmen auch angemahnt wurde, kann der Käufer wegen der verspäteten Lieferung Schadenersatz verlangen.
- Wurde dem Lieferanten zuvor eine angemessen Frist gesetzt, die jedoch erfolglos verstrichen ist und hat der Lieferverzug erhebliche Auswirkungen auf den Käufer, dann kann er vom Kaufvertrag zurücktreten.

RECHTSGRUNDLAGE

§ 323 BGB Rücktritt wegen nicht oder nicht vertragsgemäß erbrachter Leistung

(1) Erbringt bei einem gegenseitigen Vertrag der Schuldner eine fällige Leistung nicht oder nicht vertragsgemäß, so kann der Gläubiger, wenn er dem Schuldner erfolglos eine angemessene Frist zur Leistung oder Nacherfüllung bestimmt hat, vom Vertrag zurücktreten.

(2) Die Fristsetzung ist entbehrlich, wenn

1. der Schuldner die Leistung ernsthaft und endgültig verweigert,
2. der Schuldner die Leistung bis zu einem im Vertrag bestimmten Termin oder innerhalb einer im Vertrag bestimmten Frist nicht bewirkt, obwohl die termin- oder fristgerechte Leistung nach einer Mitteilung des Gläubigers an den Schuldner vor Vertragsschluss oder auf Grund anderer den Vertragsabschluss begleitenden Umstände für den Gläubiger wesentlich ist, oder
3. im Falle einer nicht vertragsgemäß erbrachten Leistung besondere Umstände vorliegen, die unter Abwägung der beiderseitigen Interessen den sofortigen Rücktritt rechtfertigen.

(3) Kommt nach der Art der Pflichtverletzung eine Fristsetzung nicht in Betracht, so tritt an deren Stelle eine Abmahnung.

(4) Der Gläubiger kann bereits vor dem Eintritt der Fälligkeit der Leistung zurücktreten, wenn offensichtlich ist, dass die Voraussetzungen des Rücktritts eintreten werden.

(5) Hat der Schuldner eine Teilleistung bewirkt, so kann der Gläubiger vom ganzen Vertrag nur zurücktreten, wenn er an der Teilleistung kein Interesse hat. Hat der Schuldner die Leistung nicht vertragsgemäß bewirkt, so kann der Gläubiger vom Vertrag nicht zurücktreten, wenn die Pflichtverletzung unerheblich ist.

(6) Der Rücktritt ist ausgeschlossen, wenn der Gläubiger für den Umstand, der ihn zum Rücktritt berechtigen würde, allein oder weit überwiegend verantwortlich ist oder wenn der vom Schuldner nicht zu vertretende Umstand zu einer Zeit eintritt, zu welcher der Gläubiger im Verzug der Annahme ist.

Der Rücktritt vom Kaufvertrag muss schriftlich mitgeteilt werden. Er ist vor allem dann sinnvoll, wenn die Ware auch problemlos bei einem anderen Lieferanten beschafft werden kann. Unter der Voraussetzung, dass den Lieferanten ein Verschulden trifft und die Lieferung unter Berücksichtigung oben genannter Ausnahmen auch angemahnt wurde, kann er statt der Lieferung Schadenersatz verlangen.

RECHTSGRUNDLAGE

§ 281 BGB Schadensersatz statt der Leistung wegen nicht oder nicht wie geschuldet erbrachter Leistung

(1) Soweit der Schuldner die fällige Leistung nicht oder nicht wie geschuldet erbringt, kann der Gläubiger unter den Voraussetzungen des § 280 Abs. 1 Schadensersatz statt der Leistung verlangen, wenn er dem Schuldner erfolglos eine angemessene Frist zur Leistung oder Nacherfüllung bestimmt hat. Hat der Schuldner eine Teilleistung bewirkt, so kann der Gläubiger Schadensersatz statt der ganzen Leistung nur verlangen, wenn er an der Teilleistung kein Interesse hat. Hat der Schuldner die Leistung nicht wie geschuldet bewirkt, so kann der Gläubiger Schadensersatz statt der ganzen Leistung nicht verlangen, wenn die Pflichtverletzung unerheblich ist.

(2) Die Fristsetzung ist entbehrlich, wenn der Schuldner die Leistung ernsthaft und endgültig verweigert oder wenn besondere Umstände vorliegen, die unter Abwägung der beiderseitigen Interessen die sofortige Geltendmachung des Schadensersatzanspruchs rechtfertigen.

(3) Kommt nach der Art der Pflichtverletzung eine Fristsetzung nicht in Betracht, so tritt an deren Stelle eine Abmahnung.

(4) Der Anspruch auf die Leistung ist ausgeschlossen, sobald der Gläubiger statt der Leistung Schadensersatz verlangt hat.

Hat der Kunde bereits Ausgaben getätigt, weil er auf die Lieferung vertraut hat, kann er auch diese vergeblichen Aufwendungen zurückverlangen.

RECHTSGRUNDLAGE

§ 284 BGB Ersatz vergeblicher Aufwendungen
Anstelle des Schadensersatzes statt der Leistung kann der Gläubiger Ersatz der Aufwendungen verlangen, die er im Vertrauen auf den Erhalt der Leistung gemacht hat und billigerweise machen durfte, es sei denn, deren Zweck wäre auch ohne die Pflichtverletzung des Schuldners nicht erreicht worden.

MERKE

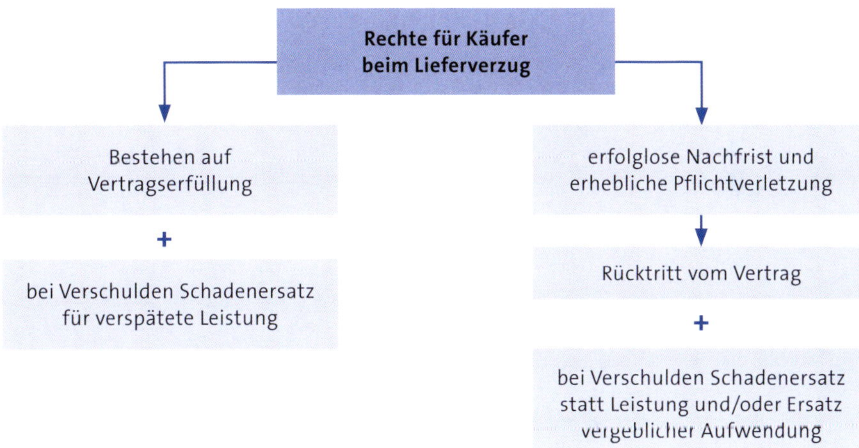

8.2 Annahmeverzug

Mit Abschluss des Kaufvertrags verpflichtet sich der Käufer, die gekaufte Ware abzunehmen, verweigert er dies jedoch, liegt ein Annahmeverzug vor.

RECHTSGRUNDLAGE

§ 293 BGB Annahmeverzug
Der Gläubiger kommt in Verzug, wenn er die ihm angebotene Leistung nicht annimmt.

MERKE

Die Voraussetzungen für einen Annahmeverzug sind laut Gesetzgeber, wenn die Ware auch tatsächlich zum rechten Zeitpunkt, in richtiger Menge am vereinbarten Ort angeboten wird und die Ware nicht angenommen wird, obwohl der Käufer dazu im Stande ist.

Genauso wie beim Lieferverzug kann in diesem Fall der Lieferant auf Vertragserfüllung bestehen. Zunächst muss er die Ware allerdings an einem neutralen Ort einlagern. Von diesem Zeitpunkt an muss der Kunde für Schäden an der Lieferung haften, wenn der Lieferant nicht absichtlich oder durch Unachtsamkeit für den Schaden verantwortlich ist. Andernfalls hat der Lieferant aber auch die Möglichkeit, vom Kaufvertrag zurückzutreten oder die Ware anderweitig zu verkaufen. In diesem Fall muss dem Käufer zuvor eine angemessene Frist gesetzt werden und ihn über Zeitpunkt und Ort des Verkaufs – der als Selbsthilfeverkauf bezeichnet wird – in Kenntnis setzen. Sind dem Verkäufer Kosten entstanden, beispielsweise für Lagerung, Verkauf und/oder Versteigerung, sind diese mit den Verkaufserlösen zu verrechnen und die Mehrkosten muss der Käufer tragen, Erlöse über die entstandenen Kosten hinaus sind wiederum an den Käufer auszuzahlen.

MERKE

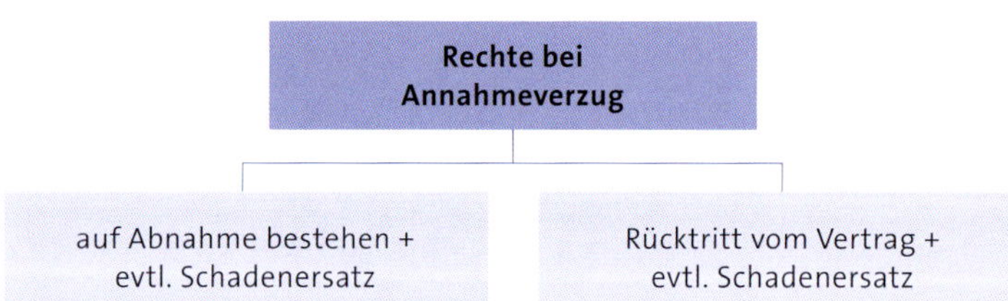

Eine Mitteilung an den Kunden mit dem Bestehen auf Erfüllung des Kaufvertrags könnte folgendermaßen aussehen:

Figede e. K.
Kunststoffproduktion

Figede e. K. • Dresdner Straße 1 - 5 • 01662 Meißen

Sportina AG
Holsterhauser Straße 202
44625 Herne

Ihre Zeichen, /Ihre Nachricht vom	Unsere Zeichen/Unsere Nachricht vom	☎	Meißen
/	fi-ro /	03625-249990	02.05.20xx

Nichtannahme unserer Lieferung

Sehr geehrte Frau Schnake,

Sie haben die bei uns am 01.05.20xx bestellten 30 Fußbälle nicht angenommen.

Wie vereinbart haben wir die Artikel innerhalb einer Woche an Ihre oben stehende Adresse geliefert und damit Ihren Auftrag ordnungsgemäß ausgeführt.

Die Fußbälle befinden sich in unserer Verkaufsstelle in Herne, Neuer Hellweg 7. Wenn Sie die bestellten Artikel nicht bis zum 08.05.20xx abnehmen, werden wir die Ware auf Ihre Kosten versteigern lassen.

Freundliche Grüße

Figede e. K.

Rose

i. A. Rose

Geschäftsführer:
Reinhard Figede

Amtsgericht Meißen HRB 221-6842
USt.-ID-Nr. DE123125648
Internet: www.figekunst.de

Sparkasse Meißen, BLZ 850 550 00
Kto.-Nr. 3000000150
IBAN DE66850550003000000150

Handelt es sich um schnell verderbliche Ware, kann der Verkäufer die Ware sofort verkaufen, dies wird als Notverkauf (vgl. § 228 BGB) bezeichnet.

8.3 Mangelhafte Lieferung

Mit Abschluss des Kaufvertrags verpflichtet sich der Verkäufer, die Sache zu übergeben und das Eigentum an der Sache zu verschaffen, und zwar frei von Sach- und Rechtsmängeln.

RECHTSGRUNDLAGE

§ 434 BGB Sachmangel

(1) Die Sache ist frei von Sachmängeln, wenn sie bei Gefahrübergang die vereinbarte Beschaffenheit hat. Soweit die Beschaffenheit nicht vereinbart ist, ist die Sache frei von Sachmängeln,

1. wenn sie sich für die nach dem Vertrag vorausgesetzte Verwendung eignet, sonst
2. wenn sie sich für die gewöhnliche Verwendung eignet und eine Beschaffenheit aufweist, die bei Sachen der gleichen Art üblich ist und die der Käufer nach der Art der Sache erwarten kann.

Zu der Beschaffenheit nach Satz 2 Nr. 2 gehören auch Eigenschaften, die der Käufer nach den öffentlichen Äußerungen des Verkäufers, des Herstellers (§ 4 Abs. 1 und 2 des Produkthaftungsgesetzes) oder seines Gehilfen insbesondere in der Werbung oder bei der Kennzeichnung über bestimmte Eigenschaften der Sache erwarten kann, es sei denn, dass der Verkäufer die Äußerung nicht kannte und auch nicht kennen musste, dass sie im Zeitpunkt des Vertragsschlusses in gleichwertiger Weise berichtigt war oder dass sie die Kaufentscheidung nicht beeinflussen konnte.

(2) Ein Sachmangel ist auch dann gegeben, wenn die vereinbarte Montage durch den Verkäufer oder dessen Erfüllungsgehilfen unsachgemäß durchgeführt worden ist. Ein Sachmangel liegt bei einer zur Montage bestimmten Sache ferner vor, wenn die Montageanleitung mangelhaft ist, es sei denn, die Sache ist fehlerfrei montiert worden.

(3) Einem Sachmangel steht es gleich, wenn der Verkäufer eine andere Sache oder eine zu geringe Menge liefert.

§ 435 BGB Rechtsmangel

Die Sache ist frei von Rechtsmängeln, wenn Dritte in Bezug auf die Sache keine oder nur die im Kaufvertrag übernommenen Rechte gegen den Käufer geltend machen können. Einem Rechtsmangel steht es gleich, wenn im Grundbuch ein Recht eingetragen ist, das nicht besteht.

MERKE

Sachmängel liegen laut Gesetzgeber vor, wenn die Sache zum Zeitpunkt des Gefahrenübergangs fehlerhaft ist. Dazu zählen:

- Mängel im Hinblick auf die Eigenschaft (falsche Art, andere oder fehlerhafte Beschaffenheit oder Produkteigenschaften, andere als die vereinbarte Qualität)
- Mängel in der Werbung/Produktkennzeichnung (nicht entsprechend den tatsächlichen Eigenschaften des Produkts)
- Mängel in der Montage und/oder Montageanleitung (fehlerfrei gelieferte Ware wird falsch durch den Monteur installiert)
- Mängel in der Menge der gelieferten Ware.

Der Käufer muss dem Lieferanten den Mangel in einer Mängelrüge mitteilen. Hierfür sieht der Gesetzgeber folgende Fristen, abhängig von der Erkennbarkeit, vor.

RECHTSGRUNDLAGE

§ 438 BGB Verjährung der Mängelansprüche

(1) Die in § 437 Nr. 1 und 3 bezeichneten Ansprüche verjähren

1. in 30 Jahren, wenn der Mangel
   a) in einem dinglichen Recht eines Dritten, auf Grund dessen Herausgabe der Kaufsache verlangt werden kann, oder
   b) in einem sonstigen Recht, das im Grundbuch eingetragen ist, besteht,
2. in fünf Jahren
   a) bei einem Bauwerk und
   b) bei einer Sache, die entsprechend ihrer üblichen Verwendungsweise für ein Bauwerk verwendet worden ist und dessen Mangelhaftigkeit verursacht hat, und
3. im Übrigen in zwei Jahren.

(2) Die Verjährung beginnt bei Grundstücken mit der Übergabe, im Übrigen mit der Ablieferung der Sache.

(3) Abweichend von Absatz 1 Nr. 2 und 3 und Absatz 2 verjähren die Ansprüche in der regelmäßigen Verjährungsfrist, wenn der Verkäufer den Mangel arglistig verschwiegen hat. Im Falle des Absatzes 1 Nr. 2 tritt die Verjährung jedoch nicht vor Ablauf der dort bestimmten Frist ein.

[...]

MERKE

- Ein offener Mangel ist sofort zu rügen.
- Ein versteckter Mangel ist sofort nach dem Entdecken zu rügen, spätestens aber zwei Jahre nach dem Kaufdatum.
- Ein arglistig verschwiegener Mangel ist ein Fehler, der absichtlich vom Lieferanten verschwiegen wird, um den Käufer zu täuschen. Nach dem Entdecken dieses Mangels hat der Kunde eine dreijährige Frist, vom 31.12. des Jahres beginnend, in dem er den Mangel entdeckt hat.

Der Gesetzgeber sieht bei einer mangelhaften Lieferung folgende Rechte für den Käufer vor:

RECHTSGRUNDLAGE

§ 437 BGB Rechte des Käufers bei Mängeln
Ist die Sache mangelhaft, kann der Käufer, wenn die Voraussetzungen der folgenden Vorschriften vorliegen und soweit nicht ein anderes bestimmt ist,

1. nach § 439 Nacherfüllung verlangen,
2. nach den §§ 440, 323 und 326 Abs. 5 von dem Vertrag zurücktreten oder nach § 441 den Kaufpreis mindern und
3. nach den §§ 440, 280, 281, 283 und 311a Schadensersatz oder nach § 284 Ersatz vergeblicher Aufwendungen verlangen.

§ 439 BGB Nacherfüllung

(1) Der Käufer kann als Nacherfüllung nach seiner Wahl die Beseitigung des Mangels oder die Lieferung einer mangelfreien Sache verlangen.

(2) Der Verkäufer hat die zum Zwecke der Nacherfüllung erforderlichen Aufwendungen, insbesondere Transport-, Wege-, Arbeits- und Materialkosten zu tragen.

(3) Der Verkäufer kann die vom Käufer gewählte Art der Nacherfüllung unbeschadet des § 275 Abs. 2 und 3 verweigern, wenn sie nur mit unverhältnismäßigen Kosten möglich ist. Dabei sind insbesondere der Wert der Sache in mangelfreiem Zustand, die Bedeutung des Mangels und die Frage zu berücksichtigen, ob auf die andere Art der Nacherfüllung ohne erhebliche Nachteile für den Käufer zurückgegriffen werden könnte. Der Anspruch des Käufers beschränkt sich in diesem Fall auf die andere Art der Nacherfüllung; das Recht des Verkäufers, auch diese unter den Voraussetzungen des Satzes 1 zu verweigern, bleibt unberührt.

(4) Liefert der Verkäufer zum Zwecke der Nacherfüllung eine mangelfreie Sache, so kann er vom Käufer Rückgewähr der mangelhaften Sache nach Maßgabe der §§ 346 bis 348 verlangen.

§ 440 BGB Besondere Bestimmungen für Rücktritt und Schadensersatz
Außer in den Fällen des § 281 Abs. 2 und des § 323 Abs. 2 bedarf es der Fristsetzung auch dann nicht, wenn der Verkäufer beide Arten der Nacherfüllung gemäß § 439 Abs. 3 verweigert oder wenn die dem Käufer zustehende Art der Nacherfüllung fehlgeschlagen oder ihm unzumutbar ist. Eine Nachbesserung gilt nach dem erfolglosen zweiten Versuch als fehlgeschlagen, wenn sich nicht insbesondere aus der Art der Sache oder des Mangels oder den sonstigen Umständen etwas anderes ergibt.

MERKE

Zunächst muss dem Verkäufer die Möglichkeit der Nachbesserung oder Ersatzlieferung gegeben werden. Ist dies nach zwei Versuchen fehlgeschlagen oder für den Käufer nicht zumutbar, kann er Preisminderung verlangen. Trifft den Lieferanten eine Schuld für den Mangel, kann der Kunde zusätzlich noch Schadenersatz geltend machen, obwohl der Lieferant seine Leistung erbracht und/oder den Preis gemindert hat. Der Schaden muss allerdings nachgewiesen werden. Bei einem erheblichen Mangel kann der Kunde auch vom Kaufvertrag zurücktreten, und, wenn den Lieferanten wiederum ein Verschulden trifft, Schadenersatz statt Leistung verlangen. Wurden schon Ausgaben getätigt, weil der Kunde auf die Lieferung vertraut hat, kann er auch diese vergeblichen Aufwendungen geltend machen.

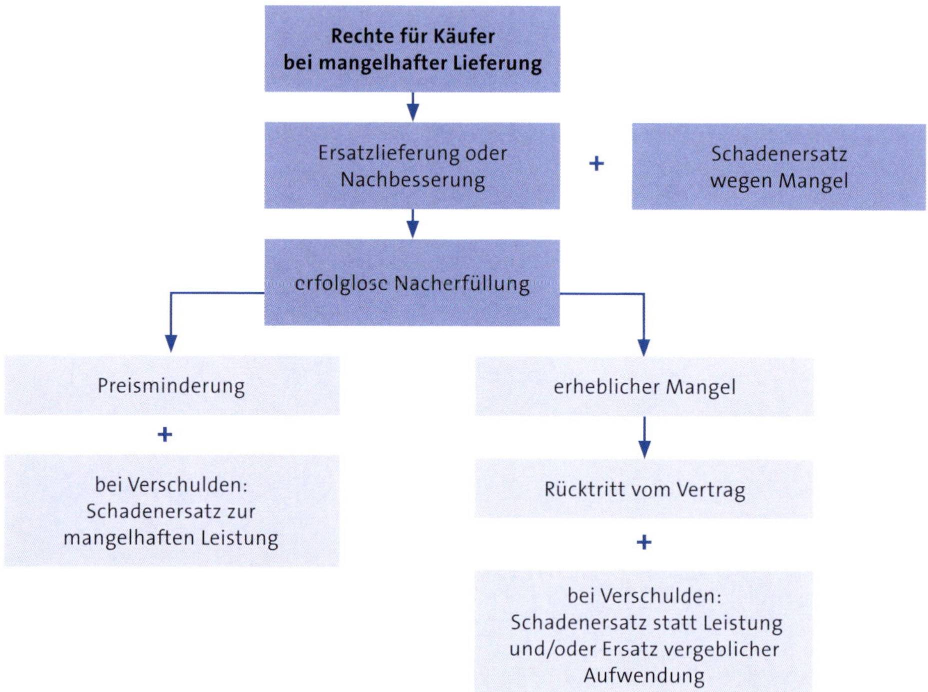
Rechte für Käufer bei mangelhafter Lieferung
Ersatzlieferung oder Nachbesserung
+
Schadenersatz wegen Mangel
erfolglose Nacherfüllung
Preisminderung
+
bei Verschulden: Schadenersatz zur mangelhaften Leistung
erheblicher Mangel
Rücktritt vom Vertrag
+
bei Verschulden: Schadenersatz statt Leistung und/oder Ersatz vergeblicher Aufwendung

Das vorrangige Recht des Käufers ist demnach zunächst die Ersatzlieferung oder Nachbesserung, vorausgesetzt der Kunde schreibt unverzüglich eine Mängelrüge. Diese könnte folgendermaßen aussehen:

SPORTINA AG

40 Jahre geballte Kompetenz in Sport und Fitness

Sportina AG • Holsterhauser Straße 202 • 44625 Herne

www.sportina.de
kontakt@sportina.de

Tel.: 02323/52765-0
Fax: 02323/52765-70

Figede e. K.
Frau Schütte
Dresdner Straße 2 - 5
01662 Meißen

Ihr Zeichen, Ihre Nachricht vom	Unser Zeichen, Unsere Nachricht vom	Name, Telefon	Datum
Schü	**Schn**		27.10.20xx

Mängelrüge zu unserer Bestellung Nr. 56 vom 11.10.20xx
Ihr Lieferschein Nr. 1152 vom 26.10.20xx

Sehr geehrte Frau Schütte,

Ihre oben genannte Lieferung ist heute bei uns eingegangen. Beim Auspacken haben wir festgestellt, dass es sich bei 10 der bestellten Artikel um Trikots der italienischen – statt wie vereinbart der deutschen Nationalmannschaft handelt.

Bitte liefern Sie uns umgehend 10 Deutschlandtrikots (Artikelnummer 756849) nach. Die falsch gelieferte Ware liegt bei uns zur Abholung bereit.

Die Rechnung zahlen wir 14 Tage nach Erhalt der Ersatzlieferung.

Freundliche Grüße

Sportina AG

Schnake
i. A. Schnake

Sportina AG
Holsterhauser Straße 202
44625 Herne

Handelsregistereintrag: HR-B 8765
Amtsgericht Herne
Vorstandsmitglieder: Stefanie Ringhausen, Rüdiger Klinger
Aufsichtsratsvorsitzende: Claudia Voß

Bankverbindung: Volksbank Herne eG
Kontonummer: 135 74 68, Bankleitzahl: 430 605 99
IBAN: DE22 4306 0599 0001 3574 68
BIC: GENODEVBHER

9. Rechnungseingang und Zahlungsfristen

9.1 Rechnungseingang und Überwachung offener Posten

Nachdem die Lieferung eingegangen ist, kommt in der Regel auch die Eingangsrechnung per Post oder digital, mit der die gelieferte Ware berechnet wird. Sowohl die in Papierform, als auch die elektronisch erhaltenen Rechnungen müssen geprüft und zehn Jahre aufbewahrt bzw. digital gespeichert werden.

Die Prüfung erstreckt sich auf die sachliche und rechnerische Richtigkeit und hilfreich ist hierfür der Abgleich der Rechnung mit dem Angebot, der Bestellung und dem Lieferschein. In der Regel wird ein Prüfungsstempel auf die Rechnung gesetzt.

Man unterscheidet nach der sachlichen und rechnerischen Richtigkeit. Bei der sachlichen Prüfung wird untersucht, ob die Ware den Vereinbarungen aus dem Kaufvertrag in folgenden Punkten entspricht:

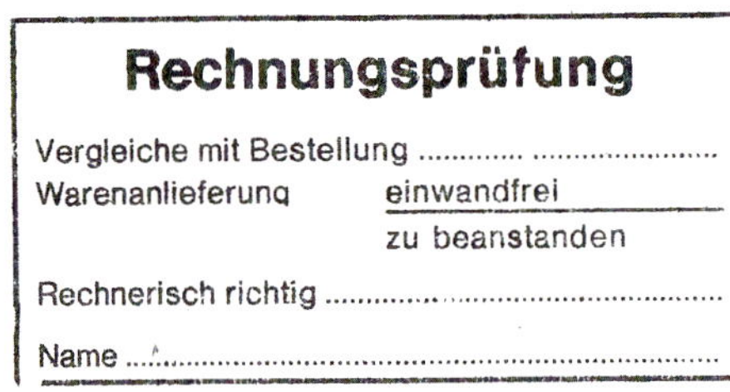
Rechnungsprüfung

Vergleiche mit Bestellung ....

Warenanlieferung einwandfrei

zu beanstanden

Rechnerisch richtig ....

Name ....

- Ist die Anschrift des Rechnungsstellers korrekt?
- Passt das Rechnungsdatum?
- Ist der Wareneingang in richtiger Güte, Qualität und Menge am rechten Ort erfolgt?
- Hat sich der Lieferant an die Lieferbedingungen gehalten?
- Sind die Zahlungsbedingungen wie vereinbart?
- Entsprechen die Preise, Nachlässe und Bezugskosten denen aus dem Angebot?
- Wurde die Umsatzsteuer gesondert ausgewiesen und ist der Umsatzsteuersatz korrekt?
- Enthält die Rechnung die Kontodaten des Rechnungsstellers?

Bei der rechnerischen Prüfung wird kontrolliert, ob die Rechenwege und -operationen korrekt durchgeführt wurden.

LF 3, Kap. 10.

INFO

Der ausgewiesene Umsatzsteuersatz auf Rechnungen beträgt in Deutschland für sämtliche Lieferungen und Leistungen 19 %. Ausnahmen sind in § 12 Umsatzsteuergesetz geregelt. 7 % Umsatzsteuer gelten z. B. für Lebensmittel, Bücher und Zeitschriften, Kunstgegenstände, Hotelübernachtungen. Umsatzsteuerfrei sind Export- und innergemeinschaftliche Lieferungen, Vermietung und Kreditvergabe usw.

Ist die Rechnung korrekt, wird dies auf der Rechnung mithilfe des Rechnungsprüfungsstempels vermerkt und in das Rechnungseingangsbuch eingetragen, damit sie pünktlich bezahlt wird. Mit der ERP-Software Sage New Classic 2015 kann das Rechnungseingangsbuch folgendes Aussehen haben:

Rechnungseingangsbuch Datum xx.xx.20xx Seite 1

OP-Nummer Belegnummer	SY	Datum	Lieferant Name	SC	Nettobetrag	USt.%	USt.Betrag	Bruttobetrag
00000000002 00000000002	W	xx.xx.20xx	60004 Figede	1	540,00	19,00	102,60	642,60
GESAMTSUMMEN					540,00		102,60	642,60

Die Rechnung wird nun in der Finanzbuchhaltung als offener Posten (OP) behandelt, der zum richtigen Zeitpunkt ausgeglichen werden muss.

In der Offene-Posten-Liste sind alle offenen Posten mit Rechnungsdatum, Betrag, Lieferant und Zahlungsbedingungen aufgeführt. In regelmäßigen Abständen wird überprüft, welche Rechnung bezahlt werden muss.

Dazu enthält die Liste genauere Informationen darüber, ob eine Rechnung bezahlt werden kann oder sie auf Zahlungsstopp steht. Denn sind vom Lieferanten noch Reklamationen zu erledigen, wird die Zahlung oft noch zurückgehalten oder nur ein Teilbetrag bezahlt, bis die Reklamation erledigt ist. Besteht nur eine Reklamation in geringem Wert einer Lieferung, ist es allerdings nicht rechtens, den gesamten Rechnungsbetrag auf Zahlungsstopp zu setzen.

9.2 Die Zahlung unter Ausnutzung von Skonto

Auf einer Rechnung ist es nicht nur wichtig zu vermerken, an wen mit welcher Bankverbindung zu zahlen ist, sondern auch zu welchem Termin. Dies ist in der Regel den Zahlungsbedingungen zu entnehmen. Typische Klauseln für Zahlungsbedingungen sind „zahlbar innerhalb 10 Tagen mit 2 % Skonto oder netto in 14 Tagen". In diesem Fall ist entweder 10 Tage nach Rechnungsdatum unter Abzug von 2 % Skonto vom Bruttorechnungsbetrag zu zahlen oder nach 14 Tagen ohne Abzug. Der Skontoabzug ist somit eine Belohnung für pünktliche Regulierung.

MERKE

Vorteil des Skontoabzugs für den Kunden ist der geminderte Zahlungsbetrag und für den Lieferanten, dass sein Kunde die Geldschuld pünktlich bezahlt.

Der effektive Jahreszinssatz des Skontonachlasses ist sogar so hoch, dass es sich sogar für Unternehmen, die gerade in Zahlungsschwierigkeiten stecken, lohnt, den Zahlungsbetrag von der Bank zu leihen und an die Bank die Zinsen zu zahlen. Zur Verdeutlichung folgendes Beispiel:

Beispiel

Das Unternehmen Figede stellt der Sportina AG eine Rechnung über 800 €. Die Zahlungsbedingung lautet: „zahlbar innerhalb 10 Tagen mit 2 % Skonto oder ohne Abzug in 30 Tagen".

Rechnungsbetrag:	800 €
Skontoabzug (2 %):	16 €
Zahlbetrag:	784 €
Verkürzte Zahlungsfrist:	20 Tage

Es stellt sich nun die Frage, wie hoch die Verzinsung des Nettobetrags für die 20 Tage ist:

Hierfür gibt es die Zinsformel

$$\text{Zinsen} = \frac{\text{Kapital (€)} \cdot \text{Prozent (\%)} \cdot \text{Tage}}{100\,\% \cdot 360\ \text{Tage}}$$

, die nach dem Prozentsatz umgestellt werden muss:

$$\text{Prozent} = \frac{\text{Zinsen (€)} \cdot 100\,\% \cdot 360\ \text{Tage}}{\text{Kapital (€)} \cdot \text{Tage}}$$

Man setzt die Werte in die Formel ein:

$$\text{Prozent} = \frac{16\ € \cdot 100\,\% \cdot 360\ \text{Tage}}{784\ € \cdot 20\ \text{Tage}} \approx 36{,}73\,\%$$

Die effektive Verzinsung des Zahlbetrags liegt somit bei 36,73 %. Da es bei keiner Bank eine solch hohe Verzinsung für ein Darlehen gibt, lohnt es sich auf jeden Fall pünktlich zu bezahlen und Skonto abzuziehen.

In der betrieblichen Praxis sind auch immer mehr gestaffelte Zahlungskonditionen üblich. Eine mögliche Zahlungskondition im Lieferantenstammdatensatz für einen Lieferanten könnte sein:

9.3 Zahlungsverzug

Die vierte mögliche Störung beim Kaufvertrag ist das Versäumnis des Kunden, pünktlich zu zahlen.

MERKE

Ein Zahlungsverzug liegt vor, wenn der Käufer nicht rechtzeitig bezahlt und vorsätzlich oder fahrlässig handelt, also den Zahlungsverzug zu vertreten hat.

Die Rechtsgrundlagen dazu sind in den §§ 286 ff. BGB geregelt.

LF 4, Kap. 8.1

Zu folgenden Zeitpunkten gerät der Kunde in Zahlungsverzug:

- Wenn nichts Genaues bestimmt wurde, ist eine Rechnung sofort nach Zugang fällig und der Kunde befindet sich nach 30 Tagen in Verzug (= 30-Tage-Regelung). Bei einem einseitigen Handelsgeschäft muss der Lieferant allerdings ausdrücklich darauf hinweisen und es reicht keine Klausel in den AGBs. Hier wäre der Vermerk „Wir bitten um sofortige Zahlung, da 30 Tage nach Erhalt der Rechnung die gesetzlich festgelegten Verzugszinsen anfallen." notwendig. Bei einem zweiseitigen Handelskauf ist der Hinweis nicht vorgeschrieben. Bestreitet der Kunde, dass er die Rechnung erhalten hat, ist nach § 286 BGB der Liefertermin maßgeblich, nämlich der Zeitpunkt der Gegenleistung. Dieser liegt meistens noch vor dem Rechnungsdatum.
- Der Zahlungsverzug kann auch vor den 30 Tagen eintreten, z. B. wenn der Zahlungstermin kalendermäßig genau bestimmt wurde (Zahlung am 05.06.20.. oder Zahlung nach 14 Tagen ab Rechnungsdatum). Wurde der Zahlungstermin nicht genau bestimmt (z. B. zwei Wochen nach Rechnungserhalt), muss dem Kunden zusätzlich noch mit einer Mahnung ein kalendarisch festgelegter Termin gesetzt werden.

MERKE

Die Rechte des Verkäufers bei einem Zahlungsverzug sind vergleichbar mit dem Lieferungsverzug. Der Verkäufer kann:

- sofort auf Zahlung bestehen und/oder Schadenersatz einfordern
- nachdem dem Käufer eine angemessene Nachfrist gesetzt wurde und diese abgelaufen ist, vom Kaufvertrag zurückzutreten und/oder Schadenersatz statt der Leistung verlangen oder Ersatz vergeblicher Aufwendungen einfordern. Der Rücktritt vom Kaufvertrag ist sinnvoll, wenn bekannt ist, dass der Käufer zahlungsunfähig ist und die Ware noch nicht verarbeitet worden bzw. noch vorhanden ist.

Die Höhe der Verzugszinsen und des Verzugsschadens regelt der § 288 BGB.

RECHTSGRUNDLAGE

§ 288 BGB Verzugszinsen und sonstiger Verzugsschaden

(1) Eine Geldschuld ist während des Verzugs zu verzinsen. Der Verzugszinssatz beträgt für das Jahr fünf Prozentpunkte über dem Basiszinssatz.

(2) Bei Rechtsgeschäften, an denen ein Verbraucher nicht beteiligt ist, beträgt der Zinssatz für Entgeltforderungen neun Prozentpunkte über dem Basiszinssatz.

(3) Der Gläubiger kann aus einem anderen Rechtsgrund höhere Zinsen verlangen.

(4) Die Geltendmachung eines weiteren Schadens ist nicht ausgeschlossen.

(5) Der Gläubiger einer Entgeltforderung hat bei Verzug des Schuldners, wenn dieser kein Verbraucher ist, außerdem einen Anspruch auf Zahlung einer Pauschale in Höhe von 40 Euro. Dies gilt auch, wenn es sich bei der Entgeltforderung um eine Abschlagszahlung oder sonstige Ratenzahlung handelt. Die Pauschale nach Satz 1 ist auf einen geschuldeten Schadenersatz anzurechnen, soweit der Schaden in Kosten der Rechtsverfolgung begründet ist.

Liegt demnach der Basiszinssatz wie im Januar 2017 bei -0,88 %, so beträgt der Verzugszinssatz bei einem zweiseitigen Handelskauf 8,17 % und bei einem einseitigen Handelskauf 4,12 %.

Beispiel

Die Verzugszinsen lassen sich wie folgt ermitteln: Eine Forderung über 2.000 € aus einem zweiseitigen Handelsgeschäft wird am 01.05.20.. fällig und die Überweisung des Zahlbetrags erfolgt erst am 25.05.20... So befindet sich der Kunde ab dem 03.05.20.. im Zahlungsverzug (Da der 01.05. ein Feiertag ist, verschiebt sich die Fälligkeit nach § 198 BGB um einen Tag.). Dem Kunden können dann Verzugszinsen für 22 Tage in Rechnung gestellt werden. Liegt der Basiszinssatz bei -0,88 %, so beträgt der Verzugszinssatz 8,12 %. Dies bedeutet, dass dem Kunden folgende Zinsen in Rechnung gestellt werden:

$$\text{Zinsen} = \frac{2.000\ € \cdot 8{,}12\ \% \cdot 22\ \text{Tage}}{100\ \% \cdot 360\ \text{Tage}} = 9{,}92\ €$$

Zusätzlich können dem Kunden pauschal 40 € in Rechnung gestellt werden, die dann mit Schadenersatzansprüchen verrechnet werden.

Um die Kunden nicht zu verärgern, werden in der Regel zunächst freundlich gemeinte Zahlungserinnerungen mit einem kalendermäßig fixierten Termin verschickt. So könnte eine erste Mahnung so aussehen:

Figede e. K.
Kunststoffproduktion

Figede e. K. • Dresdner Straße 1 - 5 • 01662 Meißen

Sportina AG
Frau Grünthal
Holsterhauser Straße 202
44625 Herne

Ihre Zeichen, /Ihre Nachricht vom	Unsere Zeichen/Unsere Nachricht vom	☎	Meißen
	fi-ro	03625-249990	22.05.20xx

Zahlungserinnerung

Sehr geehrte Frau Grünthal,

sicherlich ist es Ihrer Aufmerksamkeit entgangen, dass folgende Rechnung zur Zahlung überfällig wurde:

Rg-Nr.	Rg.-Datum	Lieferdatum	Warenwert	Umsatzsteuer	Rg.-Betrag
2402	16.04.20xx	14.04.20xx	4.029,41 €	765,89 €	4.795,00 €

Uns liegt dazu kein Grund vor, warum Sie diese Rechnung noch nicht bezahlt haben. Bitte teilen Sie uns diesen umgehend mit oder sorgen Sie für den Ausgleich bis zum 30.05.20xx.

Andernfalls werden wir für das Zahlungsversäumnis Verzugszinsen in Höhe von 9 % über dem derzeit gültigen Basiszinssatz sowie pauschal 40 € Schadenersatz berechnen und die Angelegenheit an unsere Rechtsabteilung weitergeben.

Freundliche Grüße

Figede e. K.

Rose

i. A. Rose

Geschäftsführer: Reinhard Figede	Amtsgericht Meißen HRB 221-6842 USt.-ID-Nr. DE123125648 Internet: www.figekunst.de	Sparkasse Meißen, BLZ 850 550 00 Kto.-Nr. 3000000150 IBAN DE66850550003000000150

Eine Mahnung sollte auf jeden Fall die Rechnungsnummer mit Rechnungsdatum und Rechnungsbetrag sowie das Lieferdatum enthalten. Eventuell kann der Mahnung auch eine Kopie der Rechnung beigefügt werden, damit der Kunde die Überweisung auch dann tätigen kann, wenn die Rechnung abhandengekommen ist. Befindet sich der Kunde tatsächlich im Zahlungsverzug, kann die Mahnung

Verzugszinsen einfordern und es können die Konsequenzen aufgeführt werden, die aus dem Zahlungsverzug entstanden sind.

Um Zahlungssäumnisse im Vorfeld gering zu halten, sollten Unternehmen bei neuen Kunden zunächst herausfinden, ob das Unternehmen liquide ist und es in der Vergangenheit seinen Zahlungsverpflichtungen nachgekommen ist.

Hierzu ist eine Anfrage bei der SCHUFA (= Schutzgemeinschaft für allgemeine Kreditsicherung) möglich. Bei der SCHUFA können Unternehmen bei berechtigtem Interesse (z. B. bei einer Lieferung oder Dienstleistung ohne Vorkasse) Auskünfte über einen Kunden einholen. Die SCHUFA bekommt ihre Informationen von Vertragspartnern, in der Regel Kreditinstituten, Versandhandelsunternehmen oder Telekommunikationsgesellschaften, und kann Auskunft über Bankkonten, Kreditkarten, Ratenzahlungsgeschäfte, Kredite, Bürgschaften usw. geben.

Ist sich ein Unternehmen unsicher, ob ein Kunde – insbesondere ein Neukunde – beliefert werden soll, könnte man ihn um Vorkasse oder Anzahlung bitten.

Gleichzeitig sollten sich Kunden über neue Lieferanten eine Auskunft einholen, bevor sie Anzahlungen leisten.

10. Zahlungsverkehr

Die herkömmliche Einteilung des Zahlungsverkehrs unterscheidet man nach unterschiedlichen Merkmalen:

- Welches Zahlungsmittel wird gewählt?
  Wird mit Geld, Gold, Gutscheinen, Wertpapieren usw. bezahlt?
- Ist ein Konto für die Zahlung notwendig?
  Die Barzahlung wird ohne Konto abgewickelt, für die halbbare Zahlung benötigt entweder der Zahler oder der Geldempfänger ein Konto und bei der bargeldlosen Zahlung benötigen beide ein Konto.
- Wann ist der Zahlungszeitpunkt?
  Die Vorkasse wird vor der Lieferleistung gezahlt, bei der Sofortzahlung und per Nachnahme wird Zug um Zug die Warenschuld mit der Geldschuld beglichen. Bei der Zahlung auf Ziel, in Raten oder beim Kreditkauf zahlt der Kunde erst nach Erhalt der Lieferleistung.

10.1 Bare und halbbare Zahlung

Ist die Zahlung fällig, muss die Rechnung beglichen werden. Für die Regulierung stehen unterschiedliche Zahlungsmöglichkeiten zu Verfügung. Nach einer EHI-Studie von 2016 wurde im Einzelhandel in 2015 zu 52,4 % bar bezahlt.

Der Zahlungsvorgang Geld gegen Ware wird als Barzahlung bezeichnet. Hierbei benötigt weder der Zahler noch der Geldempfänger ein Konto. Der Zahler bekommt eine Quittung oder einen Kassenbeleg für die Bezahlung.

Bei der halbbaren Zahlung benötigt nur eine Person ein Konto. Beispiele für die halbbare Zahlung sind:

- per Nachnahme
- mit Zahlschein
- durch Barscheck
- Paysafecard.

Bei der Zahlung per Nachnahme zahlt der Geldschuldner den fälligen Betrag sofort bei Erhalt der Ware an den Zusteller (Post oder Paketdienst). Der Zusteller überweist den Zahlbetrag anschließend auf das Konto des Lieferanten. In diesem Fall benötigt der Kunde kein Konto.

Eine andere Möglichkeit der halbbaren Zahlung für den Kunden ist der Zahlschein. Auch hierbei benötigt er kein Konto. Es wird ein neutraler Überweisungsvordruck verwendet.

Der Zahlungspflichtige kann einen Geldbetrag bei einer beliebigen Bank oder der Post einzahlen und dem Zahlungsempfänger, oben als Begünstigter eingetragen, wird der Betrag auf seinem Konto gutgeschrieben.

Eine dritte Möglichkeit für die halbbare Zahlung ist der Barscheck. Hierbei benötigt der Zahler ein Konto, der Zahlungsempfänger nicht. Der Geldschuldner füllt den Barscheck aus und gibt diesen weiter. Der Geldempfänger geht nun zur Bank des Scheckausstellers und erhält die eingetragene Summe in bar ausgezahlt.

Mit der Paysafecard ermöglicht die Kartenzahlung eine vierte Möglichkeit der halbbaren Zahlung. Hiermit zahlen Karteninhaber in Web-Shops. Die Karte kann in Tankstellen, am Kiosk oder online mit einem Guthaben von höchstens 1.000 €, bestehend aus 10 Karten über jeweils 100 €, erworben werden. Zusätzlich erhält er eine PIN. Der Karteninhaber muss weder beim Erwerb noch bei der Zahlung persönliche Daten angeben und benötigt kein Konto.

10.2 Abwicklung der Bankgeschäfte mit einem Girokonto

Üblicherweise haben alle Unternehmen und fast alle Konsumenten ein Girokonto bei einem Kreditinstitut (dazu gehört auch die Postbank). Dieses ist für die bargeldlose Zahlung erforderlich. Zu diesem Konto gehören Girokarten, mit denen Geld an Bankautomaten vom Konto abgehoben, bargeldlos in Einzelhandelsgeschäften bezahlt werden kann und der Kontostand abgefragt sowie Kontoauszüge ausgedruckt werden können. Bei Liquiditätsengpässen kann der Kontoinhaber seinen Kontokorrentkredit ausschöpfen. Bei Privatpersonen wird dieser als Dispokredit bezeichnet.

Für jedes Konto wird eine Kontonummer vergeben. Diese können fortlaufend vergeben oder mit internen Prüfziffern versehen werden. Am 14. März 2012 hat das Europäische Parlament die SEPA (= Single Euro Payments Area) Migrationsverordnung verabschiedet, hiernach sollten alle Überweisungen und Lastschriften in Europa einheitlich nur noch mittels SEPA erfolgen. SEPA ist ein europäisches Konzept für die Realisierung des einfachen Zahlungsverkehrs in Europa. An dem SEPA-Verfahren beteiligen sich die 28 EU-Mitgliedstaaten sowie Island, Norwegen, Liechtenstein, Schweiz und Monaco. Hierzu ist die Angabe der IBAN (= International Bank Account Number) statt der Kontonummer und des BIC (= Business Identifier Code) statt der Bankleitzahl erforderlich. Mit der IBAN soll auf europäischer Ebene ein einheitliches Kontonummernsystem eingeführt werden. Sie ist eine 34-stellige Kennziffer bestehend aus Kontonummer, Bankleitzahl, Länderkennung und Prüfziffer und sollte nach DIN 5008 zur besseren Lesbarkeit in Vierergruppen mit Leerstellen als Trennung auf Rechnungen, Briefbögen usw. gedruckt werden.

10.3 Kontoführung und Abwicklung des Zahlungsverkehrs per Electronic-Banking

Online-Banking oder auch Electronic-Banking ist die Abwicklung des Zahlungsverkehrs mit elektronischen Endgeräten über eine Internetverbindung und ermöglicht papierloses Bezahlen. Das elektronische Endgerät kann ein PC, Notebook oder Tablet sein. Die Abwicklung kann auch über ein Smartphone oder Telefon abgewickelt werden. Diese Form wird als Telefonbanking oder Mobile Banking bezeichnet. Abfragen von Kontoständen und Umsätzen sowie die Abwicklung des Zahlungsverkehrs erfolgen in allen Fällen online.

10.3.1 Zahlung per Überweisung

Bei der Abwicklung des Zahlungsverkehrs ist die Überweisung die häufigste Form, von der insbesondere Unternehmen Gebrauch machen. Der Geldschuldner erteilt seinem Kreditinstitut den Auftrag, von seinem Konto einen bestimmten Betrag an einen Zahlungsempfänger umzubuchen beziehungsweise zu überweisen. Alternativ ist die Überweisung auch auf einem Überweisungsträger in Papierform möglich.

Beispiel

Online-Überweisungen
Zunächst sind die Daten des Zahlungsempfängers mit seiner Kontoverbindung (IBAN und BIC), dem Betrag und dem Verwendungszweck (z. B. Rechnungs- und Kundennummer) einzutragen. Die Kontoverbindung des Zahlers – in diesem Fall Sportina – muss nicht extra eingetragen werden, da sich das Unternehmen über den eigenen Online-Account angemeldet hat.

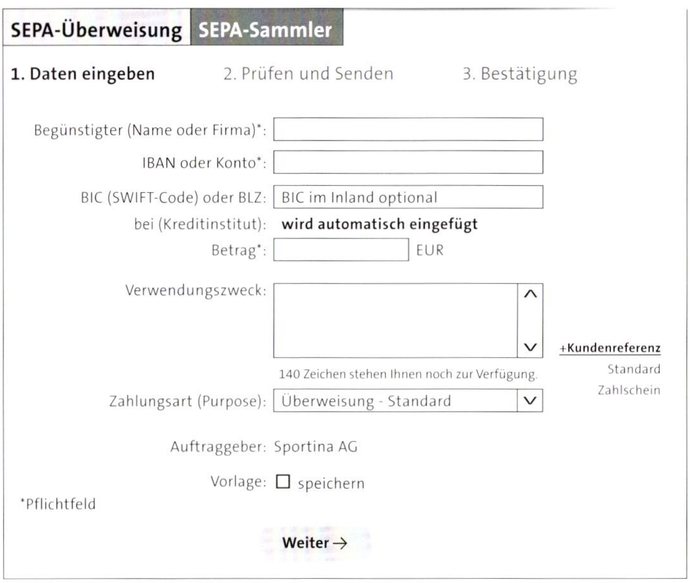
SEPA-Überweisung | SEPA-Sammler

1. Daten eingeben 2. Prüfen und Senden 3. Bestätigung

Begünstigter (Name oder Firma)*:
IBAN oder Konto*:
BIC (SWIFT-Code) oder BLZ: BIC im Inland optional
bei (Kreditinstitut): wird automatisch eingefügt
Betrag*: EUR
Verwendungszweck:
+Kundenreferenz
140 Zeichen stehen Ihnen noch zur Verfügung.
Standard
Zahlschein
Zahlungsart (Purpose): Überweisung - Standard
Auftraggeber: Sportina AG
Vorlage: ☐ speichern
*Pflichtfeld
Weiter →

Im zweiten Schritt müssen die eingegebenen Daten geprüft und an die Bank gesendet werden. Damit nur Autorisierte die Überweisung tätigen können, muss die TAN (Transaktionsnummer = nur einmal gültiges Passwort) eingegeben werden. Die TANs können bei der Bank online angefordert werden, z. B. per SMS-TAN-Verfahren bzw. mit der Applikation PushTAN mit dem Handy oder über einen TAN-Generator in Verbindung mit der Girocard neu erzeugt werden.

SEPA-Überweisung **SEPA-Sammler**

1. Daten eingeben **2. Prüfen und Senden** 3. Bestätigung

- Stecken Sie Ihre Karte in den TAN-Generator und drücken Sie die Taste F.
- Halten Sie den TAN-Generator in einem schrägen Winkel an die animierte Grafik.
- Passen Sie ggf. die Grafikgröße so an (über die Buttons + und - links über der Grafik), dass die Pfeilmarkierungen von Grafik und Gerät übereinstimmen.
- Beachten Sie bitte die Anzeige des TAN-Generators.

Sie haben eine **Einzelüberweisung** erfasst:

1. Überprüfen Sie die Richtigkeit der **letzten 10 Zeichen der IBAN des Empfängers** bei dem Institut Geldempfängerbank EG und bestätigen Sie diese mit der Taste **OK**.
2. Überprüfen Sie die Richtigkeit des **Betrags** und bestätigen Sie diesen mit der Taste **OK**.

Zur Bestätigung des Auftrages bitte die im TAN-Generator angezeigte TAN eingeben und absenden (Kartennummer 5555555555)*. **TAN**
Es gelten die Bedingungen für den Überweisungsverkehr

Alternativ gelangen Sie hier zur manuellen Eingabe über die Gerätetastatur.

*Pflichtfeld

← Abbrechen **Weiter →**

Im dritten Schritt wird die Überweisung getätigt. Die Bestätigung könnte so aussehen:

SEPA-Überweisung | **SEPA-Sammler**

1. Daten eingeben 2. Prüfen und Senden **3. Bestätigung**

Der Auftrag wurde entgegengenommen.
am 02.01.20xx um 15.30 Uhr
Verwendeter TAN 123456

- **Auftragsdeteils ausblenden**

Begünstigter (Name oder Firma):	Figede
IBAN oder Konto:	DE 78 4905 5555 5555 5555 55
bei (Kreditinstitut):	Geldempfängerbank EG
Betrag:	598,00 €
Verwendungszweck:	Rg. 123456
Zahlungsart (Purpose):	Überweisung - Standard
Auftraggeber:	Sportina AG

Druckansicht → **Weitere Überweisung →**

Der Dauerauftrag stellt eine Sonderform der Überweisung dar. Hierbei werden ebenfalls zwei Konten benötigt. Der Zahlungspflichtige gibt ebenso wie bei der Überweisung seinem Kreditinstitut den Auftrag, einen bestimmten Betrag von seinem Konto auf das Konto eines Zahlungsempfängers zu buchen. Hierbei müssen dieselben Angaben wie bei einer Überweisung gemacht werden. Die Besonderheit liegt darin, dass diese Zahlungen in gleicher Höhe und regelmäßig anfallen. Der Geldschuldner muss dem Kreditinstitut nur einmal den Auftrag erteilen. Anschließend laufen die Zahlungen in der Regelmäßigkeit und Höhe, die der Kunde angegeben hat, bis er den Auftrag z. B. elektronisch löscht oder persönlich bei seinem Kreditinstitut widerruft. Gewöhnlich werden Daueraufträge für die Zahlungen von Miete, Telefon- und Handyrechnungen (Flatrate) oder Kredit- und Versicherungsraten, aber auch Stromrechnungen erteilt.

10.3.2 Zahlungseinzug per Lastschrift

Bei der Lastschrift beauftragt der Zahlungsempfänger seine Bank, vom Konto des Zahlungspflichtigen einen Geldbetrag abzubuchen. Man unterscheidet hierbei das SEPA-Lastschriftverfahren und den Abbuchungsauftrag nach dem ELV (Elektronisches Lastschriftverfahren).

Für die Durchführung des SEPA-Lastschriftverfahrens muss der Geldempfänger bei der Bundesbank eine Gläubiger-Identifikationsnummer beantragen und sich von allen Geldschuldnern eine Erlaubnis für das Einziehen von Lastschriften einholen. Diese wird als SEPA-Mandat bezeichnet. Das Unternehmen muss für alle Konten, von denen es Geld empfängt, eine Mandatsreferenznummer vergeben und den Geldschuldnern die Gläubiger-Identifikations- und Mandatsreferenznummer mitteilen, sowie den Zeitpunkt, wann das Konto belastet wird und ob es sich um eine einmalige oder immer wiederkehrende Lastschrift handelt. Die Gläubiger-Identifikations- und Mandatsreferenznummer müssen bei jeder Lastschrift angegeben werden. Man unterscheidet die SEPA-Basislastschrift von der SEPA-Firmenlastschrift. Bei der SEPA-Basislastschrift zieht ein Unternehmen oder Verein einen Geldbetrag von einer Privatperson ein. Diese hat danach acht Wochen Zeit, den Betrag zurück zu buchen. Die SEPA-Firmenlastschrift ist ein Lastschriftverfahren zwischen zwei Unternehmen und vereinfacht die Geschäftsabwicklung. Die Bank des Zahlungspflichtigen erhält eine Kopie des Mandats und prüft bei jeder Lastschrift, ob ein korrektes Mandat vorliegt. In beiden Fällen kann der Lastschrift innerhalb von 13 Monaten widersprochen werden, wenn sie unerlaubt war.

Das Lastschriftverfahren wird gewöhnlich für Zahlungen verwendet, die regelmäßig anfallen, sich jedoch in ihrer Höhe unterscheiden. Sie kann aber auch bei unregelmäßigen Zahlungen eingesetzt werden. Dies kann bei Gas- und Stromrechnungen der Fall sein, wenn diese nach Verbrauch abgerechnet werden. Aber auch bei Telefon-, Internet- und Handyrechnungen ist dies üblich, wenn beispielsweise keine Flatrate vereinbart worden ist oder Zusatzkosten, z. B. für Telefonate ins Handynetz oder Ausland, anfallen.

Beispiel

Basis-Lastschrift
Zunächst ist das Registerblatt Lastschrift auszuwählen. Wie man sieht, wäre auch ein Lastschriftwiderspruch online möglich.

Nach Wahl der Firmen- bzw. Basis-Lastschrift sowie der einmaligen bzw. wiederkehrenden Lastschrift müssen die Daten wie bei der Überweisung eingegeben werden. Dazu kommen noch die Mandatsreferenznummer und das Mandatsdatum. Voreingestellt ist wieder der Zahlungsempfänger, in diesem Fall die Sportina AG, hinzu kommt die Gläubiger-Identifikationsnummer.

Lastschrift | **Lastschriftwiderspruch** | **SEPA-Sammler**

1. Daten eingeben 2. Prüfen und Senden 3. Bestätigung

Zahler (Name oder Firma)*:	
IBAN*:	
BIC (SWIFT-Code):	BIC im Inland optional
bei (Kreditinstitut):	**wird automatisch eingefügt**
Lastschriftart:	**Basis-Lastschrift**
Sequenz:	**Einmalige Lastschrift**
Fälligkeitstag*:	TT.MM.JJJJ
Mandatsreferenz*:	
Mandatsdatum*:	TT.MM.JJJJ
Betrag*::	EUR
Verwendungszweck:	+ Kundenreferenz
	140 Zeichen stehen Ihnen noch zur Verfügung.
Zahlungsart (Purpose):	Überweisung - Standard
Auftraggeber:	Sportina AG
Gläubiger-Identifikationsnummer:	DE05ZZZ99999999999 + GBK
Vorlage:	☐ speichern

*Pflichtfeld

← Zurück Weiter →

MERKE

Der Vorteil des Lastschriftverfahrens liegt klar auf der Hand: Die Forderungen werden pünktlich gezahlt. Nachteilig ist der erhöhte Arbeitsaufwand für den Zahlungsempfänger.

10.3.3 Zahlung per PayPal

Eine Sonderform des Online-Zahlungsverkehrs ist PayPal. Hier können die am Zahlungsverkehr beteiligten Personen Mitglied werden, indem sie sich dort registrieren lassen. Dabei sind persönliche Daten, darunter auch Kontodaten, anzugeben. Nun kann das PayPal-Mitglied online einkaufen und per PayPal bezahlen. PayPal belastet dann das Girokonto sofort. Es ist auch möglich, einen Geldbetrag per E-Mail zu versenden, wenn der Empfänger ebenfalls bei PayPal registriert ist. Der Vorteil für den Einkäufer ist die bequeme Zahlung. Dem Verkäufer bringt PayPal den Wettbewerbsvorteil, Kunden durch eine bequeme Zahlungsform zu gewinnen, allerdings muss der Zahlungsempfänger 1,9 % vom Zahlungsbetrag und 0,35 € für jede Geldtransaktion an das Unternehmen zahlen. PayPal übernimmt für den Kunden den Käuferschutz. Alternativ dazu bieten die deutschen Banken und Sparkassen das Zahlsystem paydirekt an. Dieses hat sich bis heute noch nicht durchgesetzt. Allerdings werden bei paydirekt Datenschutzbedingungen nach deutschem Recht zugrunde gelegt. Gleichzeitig ist auch davon auszugehen, dass der Käuferschutz reibungsloser funktioniert, da deutsche Kaufvertragsrechte die Grundlage sind und die Kommunikation innerhalb Deutschlands unkomplizierter ist.

10.3.4 Zahlung per Handy-Applikation

PayPal bietet auch eine Handyapplikation an, mit der auch über das Mobiltelefon in Online-Shops, bei einer Taxifahrt oder im Restaurant gezahlt werden kann. So bieten auch Einzelhandelsunternehmen Zahlungsmöglichkeiten über eine Handy-Applikation an. Der Handynutzer muss sich in der App registrieren lassen und seine Kontodaten angeben. Beim Bezahlen kann die App dann aufgerufen und die persönliche PIN eingegeben werden. Dann erscheint ein Barcode oder eine Nummer auf dem Handydisplay zum Einscannen an der Kasse.

Genauso ist auch die Zahlung per Telefonrechnung möglich. In der Regel muss bei einem Kaufvertrag dann eine bestimmte Servicenummer gewählt werden. Hierbei erhält man einen Code, den man dann beim Internetkauf angibt. Der Geldbetrag wird dann mit der nächsten Telefonrechnung in Abzug gebracht. Man muss keine Bankdaten preisgeben und der Betrag wird automatisch mit der Telefonrechnung eingezogen.

Nach einer Studie des ECC Köln und der Hochschule Aschaffenburg spielt das Mobile Payment noch keine große Rolle. Problematisch ist bei dieser Zahlungsform, dass die Handyzahlung nicht in allen Einzelhandelsfilialen möglich ist, Kassierer nicht immer über die Zahlungsform geschult sind und in Filialen, die sich in Funklöchern befinden, das mobile Zahlen ebenfalls nicht möglich ist.

10.4 Kartenzahlung

Neben der mobilen Zahlung mit dem Handy hat besonders die Kartenzahlung einen hohen Stellenwert beim Zahlungsverkehr. Nach der EHI-Studie von 2016 wurden im Jahr 2015 44,5 % der Bezahlungen als Kartenzahlungen durchgeführt.

Man unterscheidet folgende Kartenarten:

- **Debit-Karte**
  Die Zahlungen werden sofort vom Girokonto abgebucht, Beispiel hierfür ist die Girocard (vormals EC-Karte).
- **Credit-Card**
  Dem Karteninhaber wird ein monatlicher Kreditrahmen eingeräumt, der im Ganzen oder in Raten mit Verzinsung zurückgezahlt werden muss. Hierbei handelt es sich um die klassische Form der Kreditkarte.
- **Charge-Card**
  Die Zahlungen werden gesammelt und einmal im Monat wird das Konto mit der Summe belastet.
- **Daily-Charge-Card**
  Dies ist eine Kombination aus einer Charge- und einer Debit-Karte. Die Abrechnung erfolgt über ein zusätzliches technisches Kartenkonto. Einmal im Monat wird es durch Verrechnung mit dem Girokonto ausgeglichen.
- **virtuelle Kreditkarte**
  Der Karteninhaber hat die Karte physisch nicht vorliegen, sondern hat lediglich die Kreditkartennummer, die er bei der Zahlung angibt.
- **Prepaid-Card**
  Der Karteninhaber lädt die Karte bis zu einem bestimmten Betrag auf und kann in Höhe dieses Betrags zahlen.

Kreditkarten und Girocards sind so aufgebaut, dass sich auf der Vorderseite die Bank, die Kartennummer, die Kontonummer und das Gültigkeitsdatum sowie ein Chip für die Geldkarten-Funktion und auf der Rückseite ein Magnet- und Unterschriftsstreifen sowie BIC und IBAN befinden.

10.4.1 Girocard

Im Einzelhandel zahlen die Verbraucher mit der Girocard (vormals EC-Karte) mit dem Elektronischen Lastschriftverfahren (ELV), dem Electronic-Cash oder der Geldkarte.

Beim ELV wird die Karte in den Kartenleser gesteckt und die Kontodaten werden von dem Magnetstreifen gelesen. Dazu unterschreibt der Girocard-Besitzer, dass der Lastschrifteinzug von seinem Konto vorgenommen werden darf. Seit Februar 2016 wurde das ELV an das SEPA-Lastschriftverfahren angepasst. Es gilt demnach auch hier die Widerspruchsfrist von 13 Monaten. Problematisch ist auch, dass beim Kartenlesen nicht geprüft wird, ob das Konto gesperrt ist oder ob Guthaben vorhanden ist. Das Risiko des Zahlungsausfalls trägt der Zahlungsempfänger. Deshalb wird dieses Verfahren eher bei kleinen Beträgen oder registrierten Kunden angewendet. Für den Zahler und Geldempfänger entstehen hierbei keine Kosten.

Beim Electronic-Cash muss beim Kartenlesen die Persönliche Identifikationsnummer (PIN) eingegeben werden. Es wird überprüft, ob die PIN richtig ist, ob die Karte/das Konto nicht gesperrt ist und ob der Kontostand ausreichend ist. Das einheitliche Zeichen für Girocard weist auf die Zahlungsmöglichkeit im entsprechenden Handels- oder Tankstellenbetrieb hin.

Der Zahlungsempfänger muss eine Autorisierungsgebühr in Höhe von 0,3 % des Umsatzes und mindestens 0,08 € je Zahlungsvorgang an das Kreditinstitut zahlen, dafür übernimmt das Kreditinstitut das Risiko des Zahlungsausfalls.

Für die Zahlung mit der Geldkartenfunktion kann der Chip auf der Vorderseite der Girocard mit einem Betrag von maximal 200 € an Terminals, z. B. bei der Bank, per Handy-App, gegen Bargeld oder Lastschrifteinzug geladen werden. Danach kann mit dieser Geldkarte im Rahmen des zur Verfügung stehenden Budgets bezahlt werden. Bei Verlust der Girocard ist das Budget des Chips auch weg. Im Chip ist auch das Alter des Inhabers gespeichert, sodass mit der Geldkarte auch an Zigarettenautomaten mit einer Altersüberprüfung bezahlt werden kann. Hier zahlt der Geldempfänger wieder eine Autorisierungsgebühr in Höhe von 0,3 % des Umsatzes oder mindestens 0,01 € je Zahlungsvorgang. Weitere neue Zahlungsmöglichkeiten sind das girogo- und das girocard-Verfahren – kontaktlos –. Kleinere Geldbeträge können im Einzelhandel ohne Eingabe der PIN bezahlt werden.

10.4.2 Kreditkarte

Für den Erwerb der Kreditkarte schließt der Kontoinhaber mit seiner Hausbank einen Kreditkartenvertrag ab. Am beliebtesten sind in Deutschland die Kartensysteme von VISA- oder MASTER-Card. Die Leistungen unterscheiden sich von Bank zu Bank durch Gebühren und sonstige Leistungen.

Bei der Kreditkartenzahlung zahlt der Kunde die Ware mit der Kreditkarte. Im Einzelhandel liest ein Kartenlesegerät die Kreditkartennummer, das Gültigkeitsdatum und eine Prüfziffer, der Kreditkarteninhaber muss dazu noch eine Unterschrift leisten. Beim Online-Handel muss der Zahler die Daten beim Kauf selbst und dazu noch eine PIN eingeben. Die Daten werden an die Clearingstelle des Kreditkartengebers weitergeleitet. Das Handelsunternehmen erhält auf dem Konto bei seiner Bank die Gutschrift und einmal im Monat wird das Konto des Karteninhabers mit der Summe seiner Zahlungen belastet. Der Karteninhaber kann mit der Kreditkarte schnell und unkompliziert zahlen und sein Konto wird nur einmal im Monat belastet. Die Kreditkarte ist international verbreitet und der Karteninhaber kann auch weltweit Geld vom Bankautomaten abheben. Der Händler muss einen Kooperationsvertrag abschließen und kann mit der Zahlungsform den Kundenservice verbessern.

10.4.3 Zahlung per Scheck

Der Scheck ist eine weitere Zahlungsalternative, die im täglichen Zahlungsverkehr eingesetzt wird. Insbesondere bei nicht wiederkehrenden Zahlungen, wie Spenden, Zahlungsguthaben bei Versicherungen usw. wird vorzugsweise per Scheck bezahlt.

Der Barscheck wurde bereits als halbbare Zahlungsform erläutert, der Scheckbetrag wird an den Einreicher ausgezahlt. Eine sichere Variante der Scheckzahlung ist der Verrechnungsscheck. Hier steht links oben auf dem Scheck „Nur zur Verrechnung“. Wie auch beim Barscheck, kann der Besitzer diesen einlösen, aber der zu zahlende Betrag wird auf dem Konto des Scheckinhabers gutgeschrieben. Auf dem Scheck steht, dass der Scheck an eine namentlich genannte Person oder an den Überbringer ausgezahlt werden kann, deshalb ist der Inhaber des Schecks auch zum Einreichen berechtigt, wenn er nicht genannt wird. Diese Form wird auch als Inhaberscheck bezeichnet. Da das Geld aber auf dem Konto des Scheckinhabers gutgeschrieben wird, kann man im Nachhinein feststellen, wer den Scheck eingereicht hat. Eine sicherere Variante als der Inhaberscheck ist der Orderscheck. Der Scheck darf nur an die namentlich genannte Person ausgezahlt oder durch Indossament (Akzept auf der Rückseite) weitergegeben werden. Der Orderscheck hat an der rechten Seite einen roten Strich mit dem weißen Text „Orderscheck“ und den Vermerk „Order“ statt „Überbringer“, unterhalb der Schecksumme in Zahlen.

MERKE

Die Bestandteile eines Schecks sind gesetzlich vorgeschrieben:

- das Wort „Scheck“
- die unbedingte Anweisung, eine bestimmte Summe zu zahlen: „Zahlen Sie gegen diesen Scheck“
- das bezogene Geldinstitut = Bank des Geldschuldners
- Zahlungsort = Ausstellungsort des Geldschuldners
- Datum der Ausstellung
- Unterschrift des Ausstellers = Geldschuldner

Darüber hinaus gibt es kaufmännische Bestandteile:

- die Überbringerklausel
- die Kontonummer bzw. IBAN des Ausstellers
- die Schecknummer
- die Bankleitzahl bzw. BIC des bezogenen Kreditinstituts
- der Name des Zahlungsempfängers
- den Verwendungszweck
- die Schecksumme in Ziffern.

WISSENSCHECK

Im Online-Training zu diesem Buch können Sie zusätzlich Aufgaben zu diesem Lernfeld bearbeiten und so das Gelernte überprüfen.

Tutorials zu Office-Programmen

1. Microsoft Word

Textverarbeitungsprogramme ermöglichen die komfortable Eingabe, Formatierung und Bearbeitung von Textdokumenten.

Die folgenden Kapitel erläutern die Grundlagen der Textverarbeitung auf Basis der weit verbreiteten Textverarbeitungssoftware Microsoft Word. Alternativ kann auch das Modul „Writer" des kostenlosen Softwarepakets OpenOffice verwendet werden.

1.1 Aufbau von Microsoft Word

Ab der Version 2007 verfügt Microsoft Word statt der bis dahin üblichen Symbolleisten über ein sog. Menüband, das dem Benutzer häufig genutzte Funktionen der Textverarbeitungssoftware in Form von Schaltflächen und Untermenüs strukturiert anbietet. Dieses Menüband ist in Registerkarten ❶ unterteilt, die jeweils zusammengehörige Funktionen ❷ enthalten.

Besonders häufig verwendete Befehle können in der Schnellzugriffszeile ❸ über dem Menüband angezeigt werden.

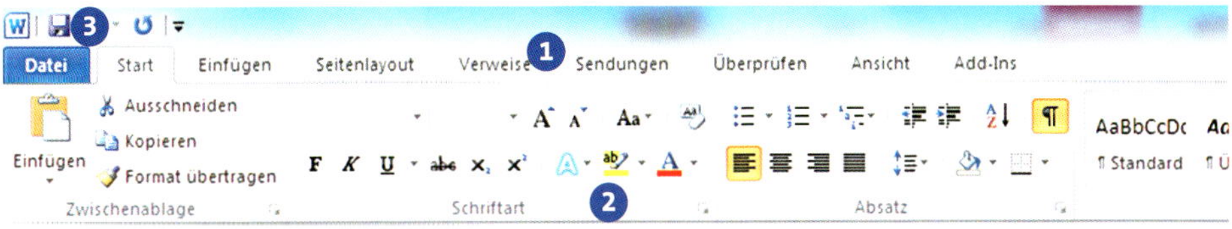

Aufbau des Menübandes von Microsoft Word

1.1.1 Erstellen und Speichern von Word-Dateien

Unter der Registerkarte „Datei" befinden sich in Microsoft Word die Funktionen zum Neuanlegen, Öffnen, Drucken und Speichern von Word-Dokumenten. Darüber hinaus können hier die Optionen des Textverarbeitungsprogramms eingestellt werden. Als einzige Registerkarte werden diese Befehle nicht im Menüband angezeigt, sondern verdecken das aktuell geöffnete Word-Dokument.

Mithilfe der Schaltfläche „Neu" kann ein neues Word-Dokument angelegt werden, das entweder leer ist oder auf Basis einer bereits vorhandenen Vorlagedatei erstellt wird. Die neue Datei kann dann direkt über die Schaltflächen „Speichern" bzw. „Speichern unter" unter Angabe eines Dateinamens (üblicherweise mit der Dateiendung „.docx") in einem frei wählbaren Verzeichnis gespeichert werden. Alternativ kann zur Speicherung der Datei auch das Diskettensymbol in der Schnellzugriffsleiste verwendet werden.

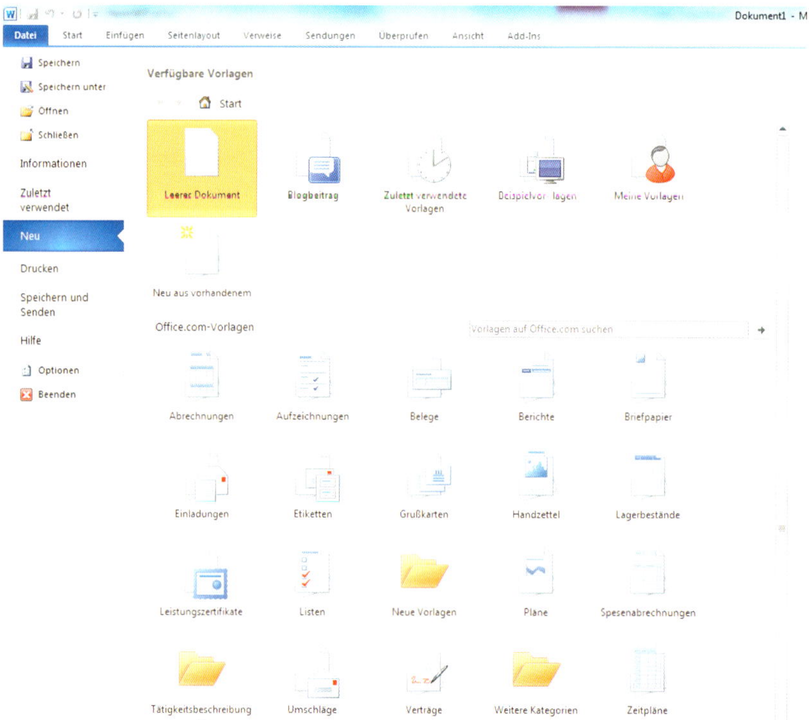

Dateimenü von Microsoft Word

1.1.2 Seite einrichten

Im Menüband befinden sich unter der Registerkarte „Seitenlayout" die wichtigsten Funktionen um das Papierformat ❶, die Seitenausrichtung ❷ und die Seitenränder ❸ des Word-Dokuments den Anforderungen entsprechend einzurichten.

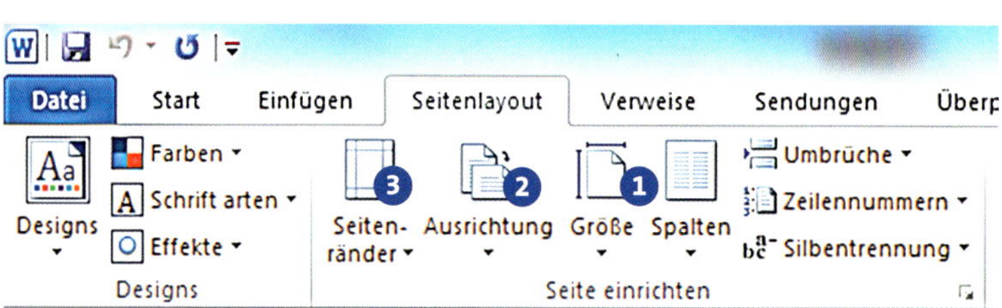

Funktionen zur Seiteneinrichtung unter Registerkarte „Seitenlayout" in Microsoft Word

Es ist in Microsoft Word auch möglich, in einem Word-Dokument für einzelne Abschnitte unterschiedliche Seiteneinstellungen zu verwenden. Dazu muss zwischen zwei Abschnitten ein sog. Abschnittsumbruch eingefügt werden. Die dazu benötigten Schaltflächen finden sich ebenfalls im Bereich „Seite einrichten" unter der Registerkarte „Seitenlayout".

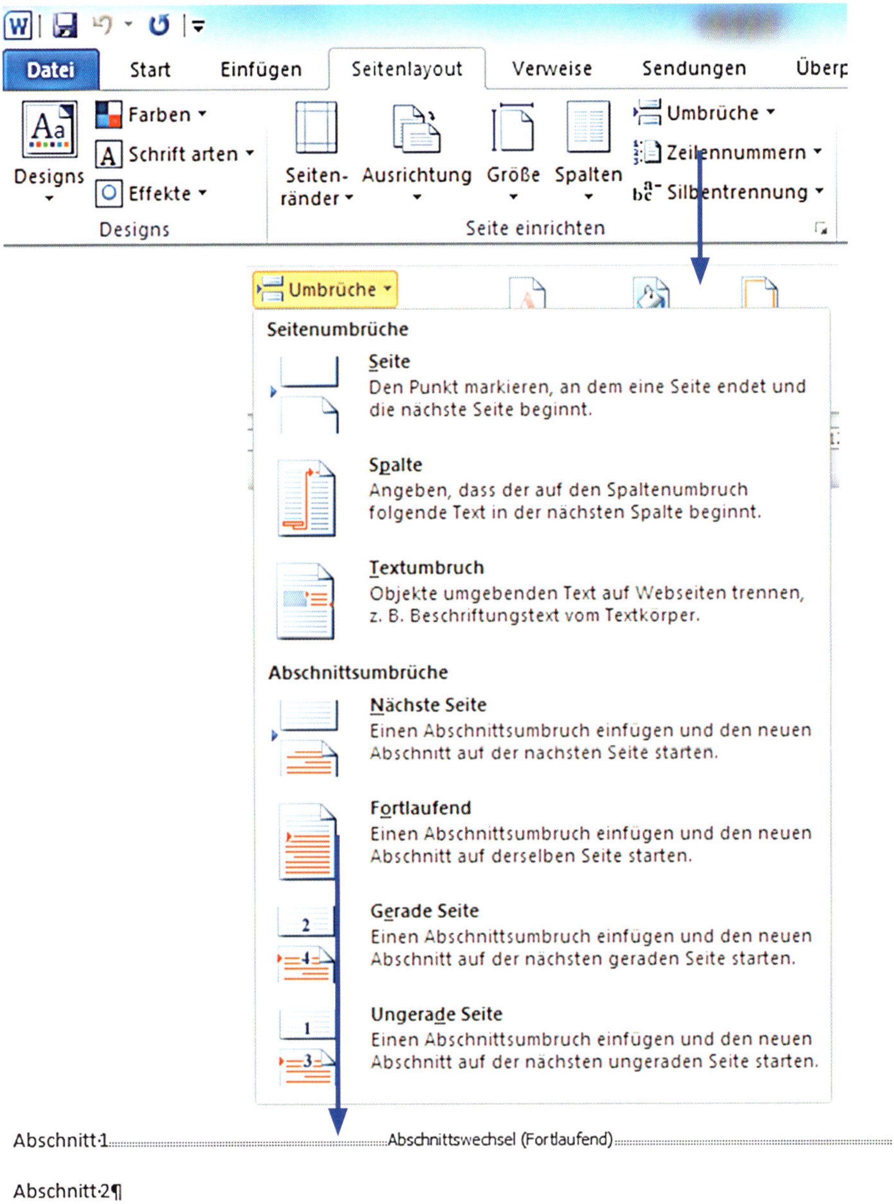

Einfügen eines Abschnittsumbruchs mit Microsoft Word

INFO

Die Einstellungen im Rahmen der Seiteneinrichtung, die mithilfe der Schaltflächen auf der Registerkarte „Seitenlayout“ im Menüband vorgenommen werden, wirken sich grundsätzlich nur auf den aktuellen Abschnitt aus.

Wenn die über das Menüband angebotenen Vorgaben zur Seiteneinrichtung nicht ausreichen, können über den Dialog „Seite einrichten“ weitere benutzerdefinierte Einstellungen vorgenommen werden. Dieser Dialog kann dabei z. B. über die kleine Schaltfläche in der Ecke des Bereichs „Seite einrichten“ auf der Registerkarte „Seitenlayout“ geöffnet werden.

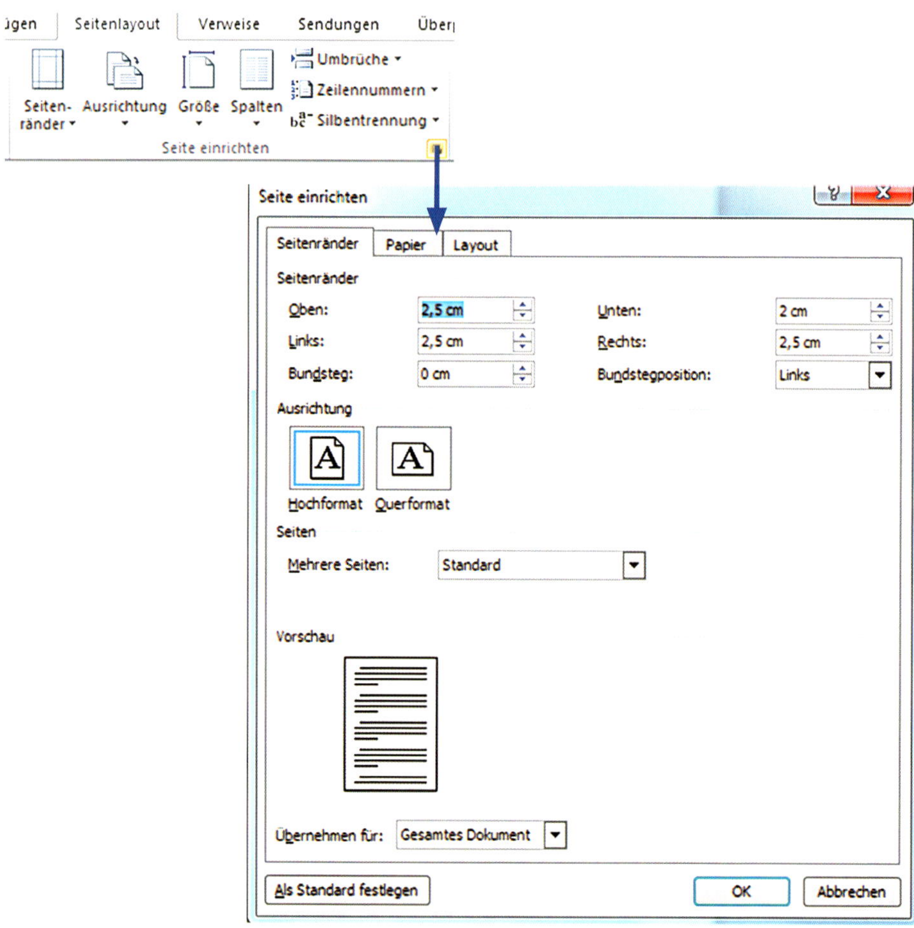

Öffnen des Dialogs „Seite einrichten“

Über den Dialog „Seite einrichten“ können alle Einstellungsmöglichkeiten vorgenommen werden, die Microsoft Word für die Seiteneinrichtung bietet. Der Dialog verfügt insgesamt über die drei Registerkarten „Seitenränder“, „Papier“ und „Layout“.

Die Registerkarte „Seitenränder“ enthält die folgenden Einstellungsmöglichkeiten:

1. Seitenränder einstellen
2. Seiten-Ausrichtung auswählen
3. besondere Seiteneinstellungen für doppelseitigen Druck oder Buchdruck vornehmen
4. Gültigkeitsbereich der Änderungen festlegen

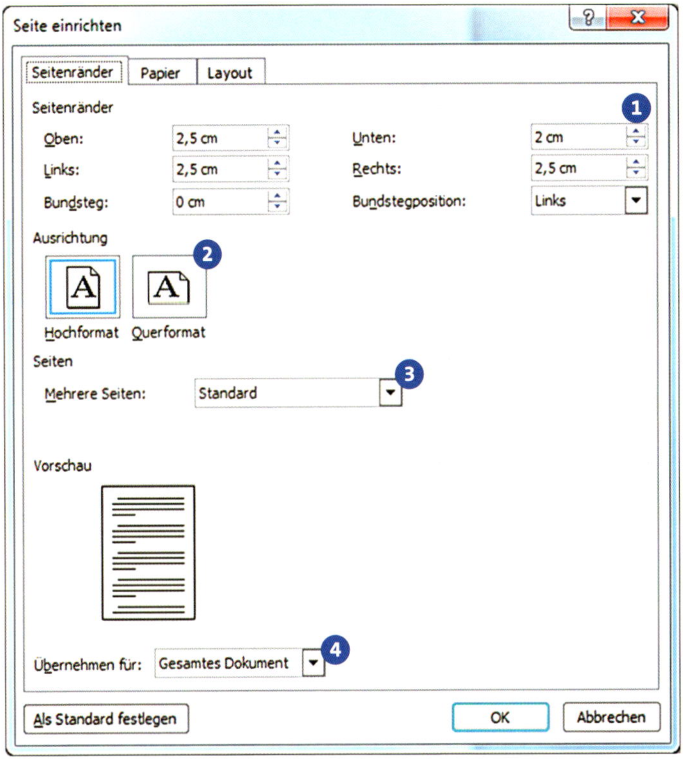

Dialog „Seite einrichten“ – Registerkarte „Seitenränder“

Auf der Registerkarte „Papier" können die folgenden Einstellungen vorgenommen werden:

1. vorhandenes Papierformat auswählen oder Papierbreite und -höhe manuell angeben
2. Druckerschächte (z. B. zur Verwendung von besonderem Briefpapier) auswählen
3. Gültigkeitsbereich der Änderungen festlegen
4. weitere Druckoptionen vornehmen

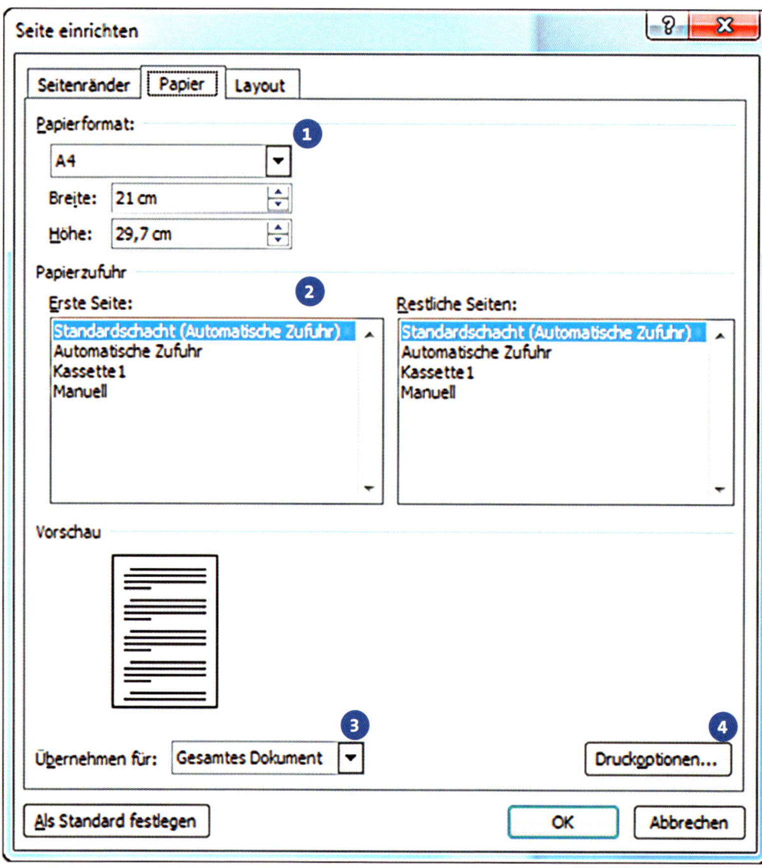

Dialog „Seite einrichten" – Registerkarte „Papier"

Die folgenden Optionen können auf der Registerkarte „Layout“ eingestellt werden:

1. Abschnittsbeginn des aktuellen Abschnitts verändern
2. Kopf- und Fußzeile einstellen
3. Ausrichtung des Textes auf dem Papier auswählen
4. Gültigkeitsbereich der Änderungen festlegen
5. Zeilennummern aktivieren
6. Papierrand einstellen

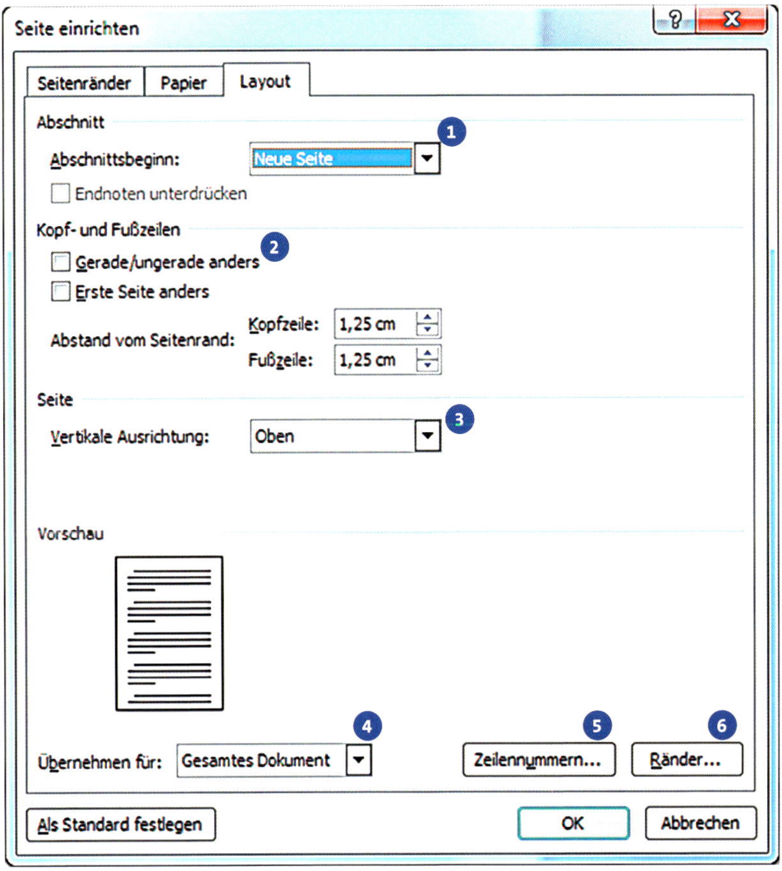

Dialog „Seite einrichten“ – Registerkarte „Layout“

1.2 Gestaltung von Dokumenten mit Microsoft Word

Neben der reinen Text- und Absatzformatierung bietet Microsoft Word viele weitere Möglichkeiten zur Gestaltung von Dokumenten. So können beispielsweise auch grafische Elemente wie Bilder oder Diagramme in eine Word-Datei eingefügt werden. Die folgenden Abschnitte erläutern die für die Erstellung von Geschäftsbriefen relevanten Gestaltungsfunktionen der Textverarbeitungssoftware.

1.2.1 Textformatierung

Für die Gestaltung von Texten in Microsoft Word sind auf der Registerkarte „Start“ im Bereich „Schriftart“ die folgenden, häufig genutzten Formatierungsfunktionen zu finden:

1. Schriftart und Schriftgröße einstellen
2. Einstellungen zur Groß- und Kleinschreibung vornehmen
3. Formatierung löschen
4. Formatierung von einem Textabschnitt auf einen anderen übertragen
5. Fettdruck, Kursivschrift bzw. Unterstreichung aktivieren
6. Text durchstreichen, tief- oder hochstellen
7. Textfarbe, Hervorhebung und spezielle Effekte auswählen

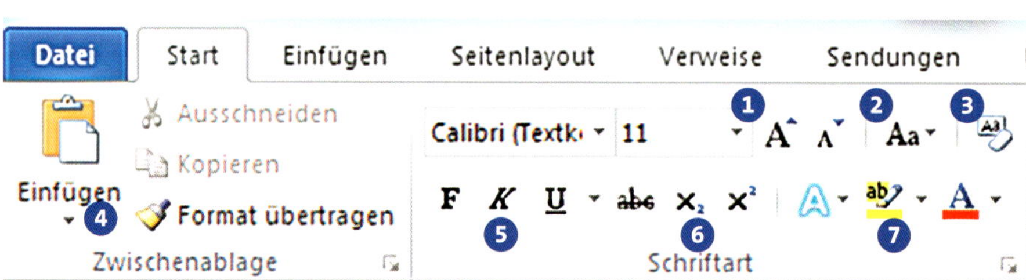

Formatierungsfunktionen auf der Registerkarte „Start“

Im Allgemeinen reichen die oben genannten Formatierungsfunktionen für die Anforderungen in der Praxis aus. Für weitere Einstellungsmöglichkeiten kann auf der Registerkarte „Start" im Bereich „Schriftart" der gleichnamige Dialog mithilfe der Schaltfläche geöffnet werden. Dieses Dialogfenster kann auch über das Kontextmenü eines markierten Textabsatzes aufgerufen werden.

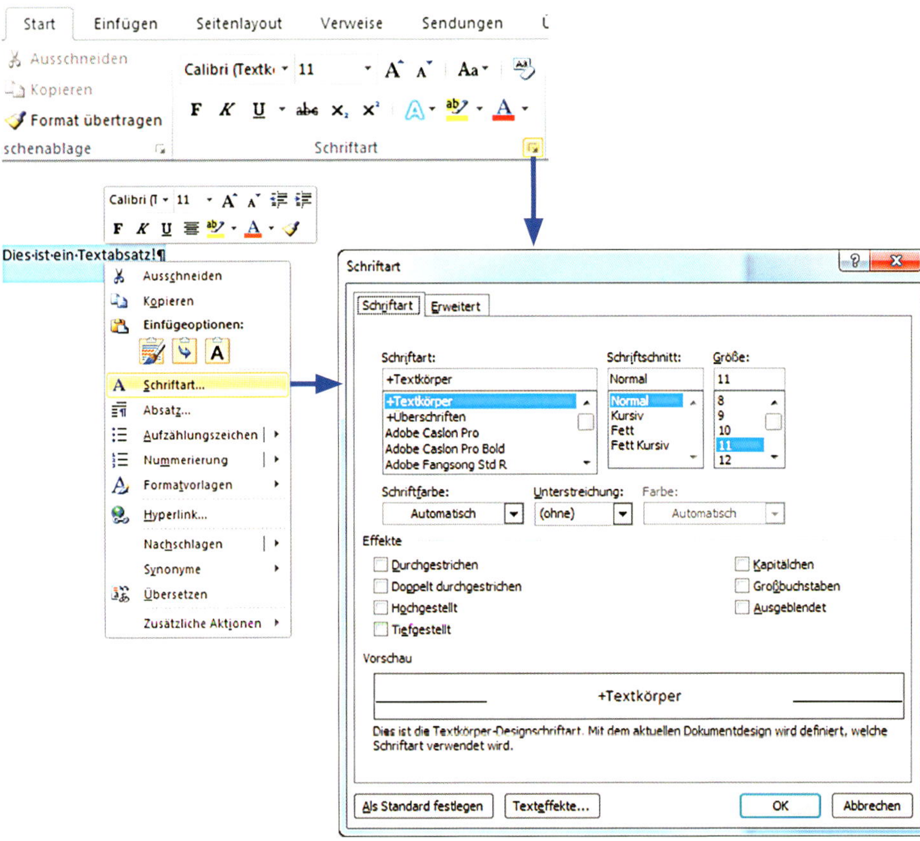

Öffnen des Dialogs „Schriftart"

Der Dialog „Schriftart" enthält, verteilt auf zwei Registerkarten, alle Funktionen von Microsoft Word zur Textformatierung.

Die Registerkarte „Schriftart" enthält die folgenden Einstellungsmöglichkeiten:

1. Schriftart und -größe sowie Fett- und Kursivschrift einstellen
2. Schriftfarbe einstellen
3. Unterstreichung aktivieren sowie die dafür verwendete Farbe auswählen
4. Texteffekte aktivieren
5. weitere grafische Effekte (z. B. Konturen, Schatten, Spiegelungen usw.) auswählen

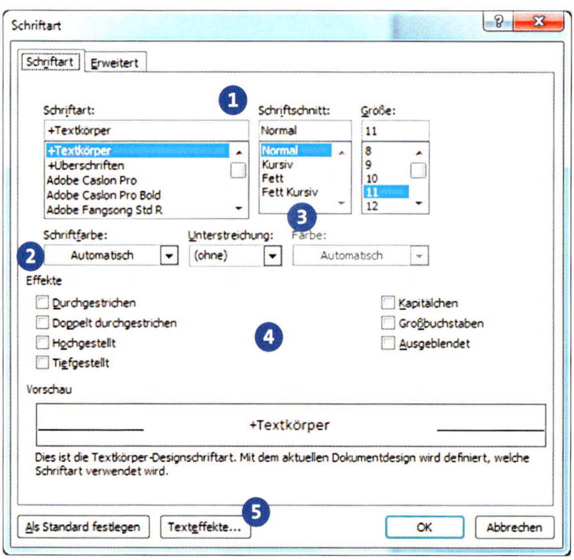

Dialog „Schriftart" – Registerkarte „Schriftart"

In der Registerkarte „Erweitert“ können die folgenden Einstellungen vorgenommen werden:

1. Abstände und Positionierung der einzelnen Buchstaben einstellen
2. spezielle Einstellungen für sog. OpenType-Schriftarten aktivieren

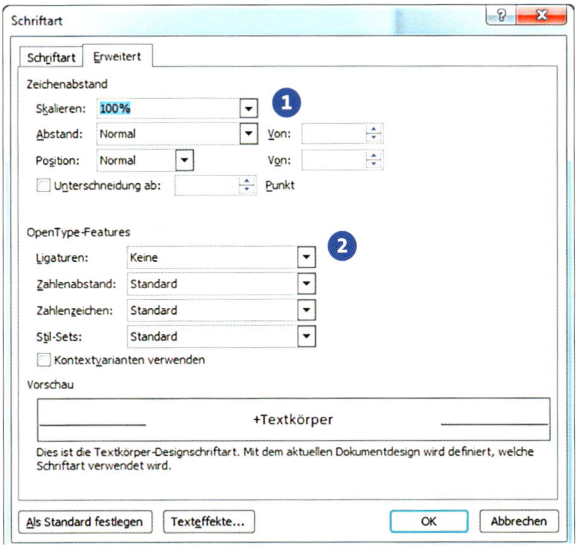

Dialog „Schriftart“ – Registerkarte „Erweitert“

1.2.2 Absatzformatierung und Tabstopps

Neben der Gestaltung des eigentlichen Textes besitzt auch die Absatzformatierung einen großen Einfluss auf die Lesbarkeit und die Übersichtlichkeit eines Dokuments. Die häufig genutzten Absatzeinstellungen können in Microsoft Word über entsprechende Schaltflächen vorgenommen werden, die sich im Menüband auf der Registerkarte „Start“ normalerweise direkt neben den Werkzeugen zur Textformatierung befinden:

1. Absatz als Aufzählung, Nummerierung oder Gliederung formatieren
2. Texteinzug des Absatzes verkleinern oder vergrößern
3. Absätze sortieren
4. Absatzmarken und andere Steuerzeichen anzeigen
5. Text ausrichten (linksbündig, rechtsbündig, zentriert, Blocksatz)
6. Zeilenabstand einstellen
7. Hintergrundfarbe für den Absatz auswählen
8. Rahmen für den Absatz festlegen

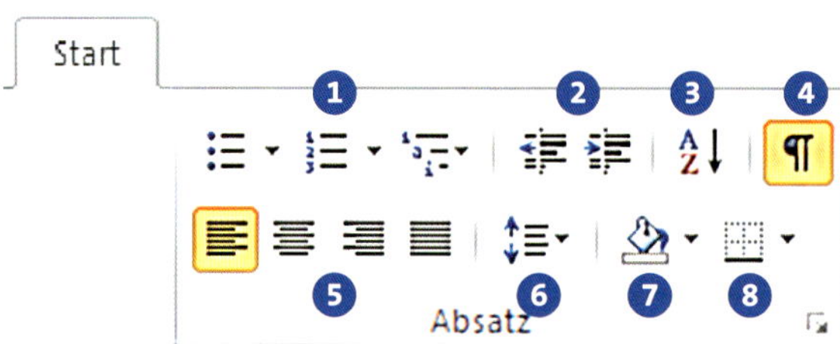

Funktionen zur Absatzformatierung auf der Registerkarte „Start"

Weitergehende Einstellungsmöglichkeiten in Bezug auf die Textausrichtung, die Einzüge, die Zeilenabstände sowie die Zeilen- und Seitenumbrüche können im Dialog „Absatz" vorgenommen werden. Dort findet sich auch die Schaltfläche für die Verwaltung der sog. Tabstopps, die zur genauen Textpositionierung innerhalb einer Zeile bzw. eines Absatzes genutzt werden können. Der Dialog „Absatz" wird mithilfe der Schaltfläche in der Ecke des gleichnamigen Bereichs unter der Registerkarte „Start" geöffnet. Alternativ kann der Dialog auch über das Kontextmenü des markierten Absatzes geöffnet werden.

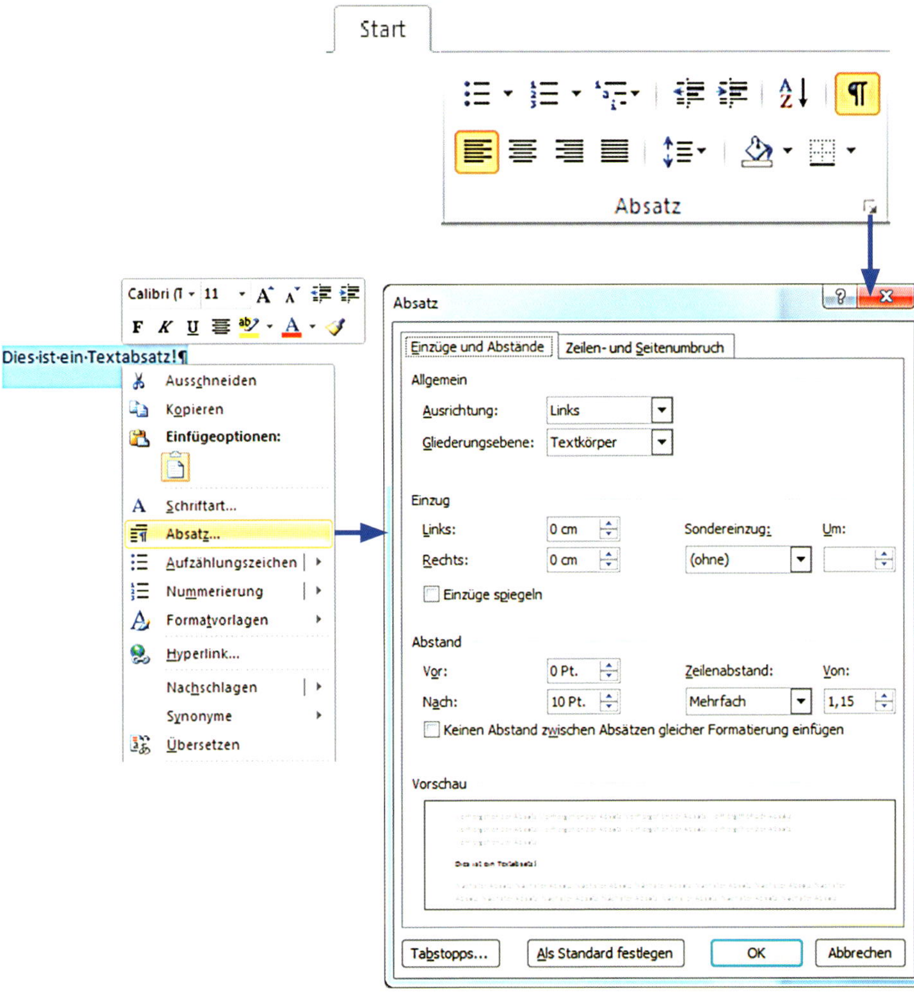

Öffnen des Dialogs „Absatz“

Der Dialog „Absatz“ verfügt insgesamt über zwei Registerkarten. Die Registerkarte „Einzüge und Abstände“ enthält dabei die folgenden Einstellungsmöglichkeiten:

1. Textausrichtung auswählen
2. Gliederungsebene des Absatzes (z. B. für ein Inhaltsverzeichnis) festlegen
3. Einzüge einstellen
4. Abstände vor und nach dem Absatz eingeben
5. Abstände zwischen den Zeilen festlegen
6. Tabstopps verwalten

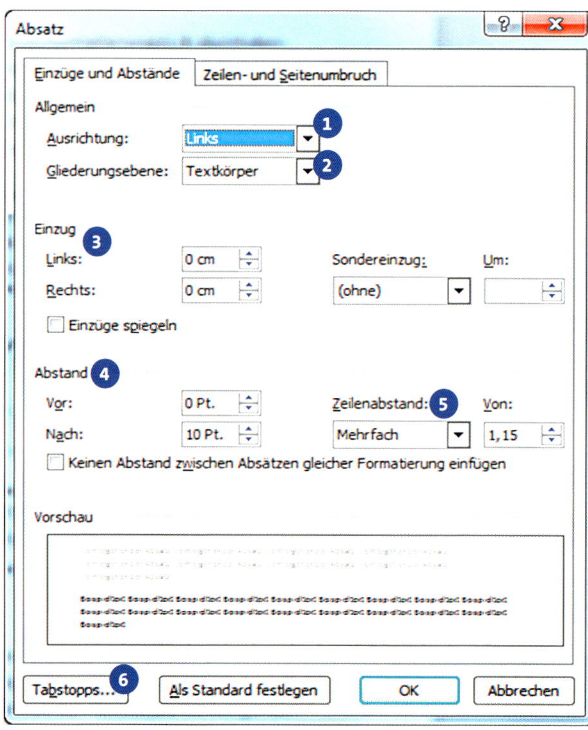

Dialog „Absatz“ – Registerkarte „Einzüge und Abstände“

In der Registerkarte „Zeilen- und Seitenumbruch“ des Dialogs „Absatz“ können die folgenden Einstellungen vorgenommen werden:

1. verhindern, dass eine einzelne Zeile durch einen Seitenwechsel vom restlichen Absatz getrennt wird

2. Trennung von Absätzen durch Seitenwechsel ausschließen
3. Anzeige des Absatzes auf einer Seite sichern
4. Seitenumbruch vor dem Absatz einfügen
5. Zeilennummern und Silbentrennung für den Absatz deaktivieren

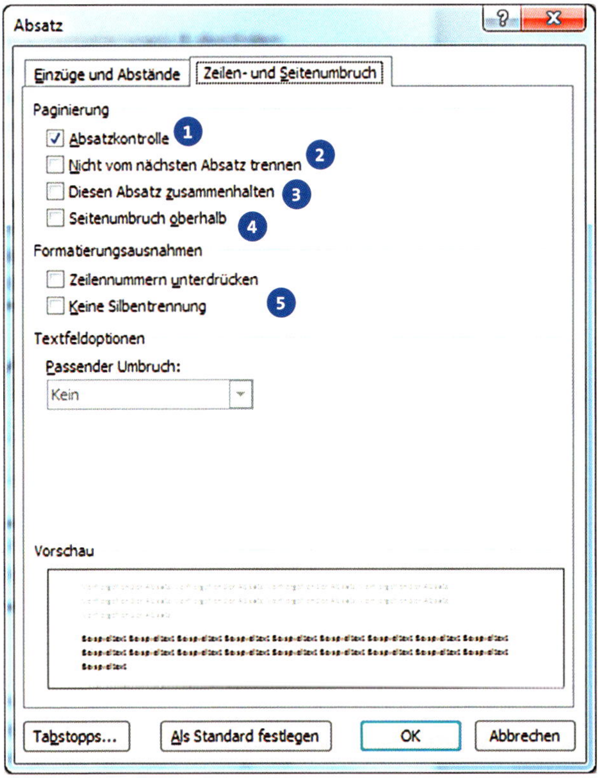

Dialog „Absatz" – Registerkarte „Zeilen- und Seitenumbruch"

TIPP

Mit der Tastenkombination „Umschalt + STRG + Leertaste" können geschützte Leerzeichen eingefügt werden, die einen Zeilenumbruch an dieser Stelle verhindern. Dies ist insbesondere für gegliederte Zahlenwerte relevant, die nicht durch einen Zeilenumbruch getrennt werden dürfen.

Mithilfe von Tabstopps können Textelemente innerhalb einer Zeile oder eines Absatzes horizontal positioniert werden. Die gewünschten Positionen werden im Dialog „Tabstopps“ (z. B. erreichbar über den Dialog „Absatz“) für die markierten Zeilen eingetragen und können dann über die Tabulator-Taste angesprungen werden.

TIPP

Tabstopps können auch durch einen Doppelklick auf der Linealleiste des Dokuments eingefügt werden. Außerdem können bereits vorhandene Tabstopps dort bei gedrückter linker Maustatse verschoben werden.

In dem Beispiel wurden die folgenden zwei Tabstopps eingetragen:

- 5 cm, links ausgerichtet
- 12 cm, rechts ausgerichtet.

Im Dialog „Tabstopps“ können folgende Einstellungen vorgenommen werden:

1. Textausrichtung für den ausgewählten Tabstopp auswählen
2. Füllzeichen für den ausgewählten Tabstopp auswählen
3. Tabstopps einfügen bzw. löschen

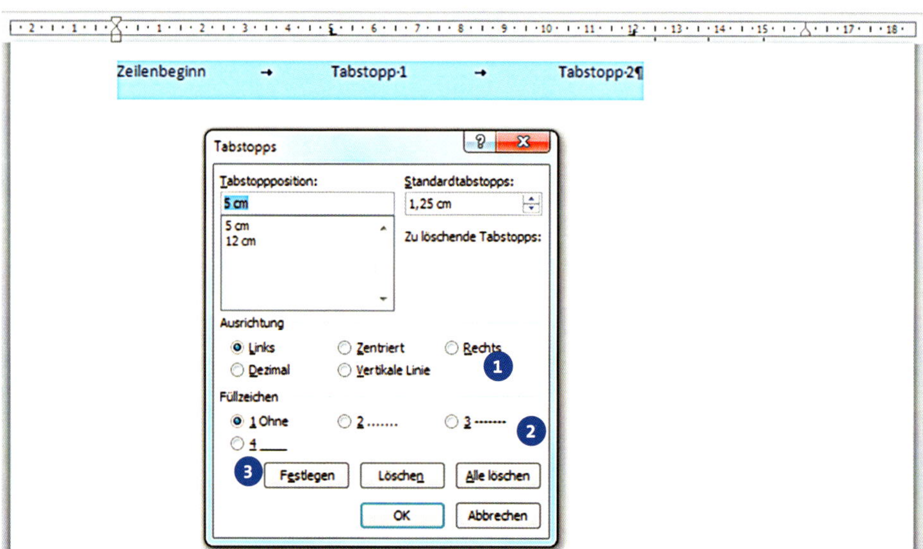

Beispiel für die Verwendung von Tabstopps

TIPP

Bei der Ausrichtung von Kommazahlen über mehrere Zeilen bietet sich die Verwendung eines Dezimaltabulators an, der dafür sorgt, dass die Kommata immer untereinander angezeigt werden.

1.2.3 Einfügen von grafischen Abbildungen und Textfeldern

Neben Texten können Word-Dokumente beispielsweise auch Fotos, Abbildungen, Diagramme und Ähnliches enthalten. Zu diesem Zweck enthält die Textverarbeitungssoftware im Menüband auf der Registerkarte „Einfügen“ den Bereich „Illustrationen“, in dem Schaltflächen für die folgenden Arten von grafischen Darstellungen zur Verfügung stehen:

1. Grafiken und Fotos, die als Datei vorliegen
2. Grafiken, Fotos, Sounds, Filme, die entweder in der lokalen ClipArt-Galerie gespeichert sind oder im Internet zum Download angeboten werden
3. vorgefertigte Abbildungselemente (z. B. Pfeile, Rechtecke usw.)
4. vorgefertigte Diagramme und Grafiken (SmartArts), die nur noch ausgefüllt werden müssen
5. Diagramme, die auf Basis der Daten in einer Excel-Tabelle erstellt werden
6. Screenshots (Bildschirmfotos)

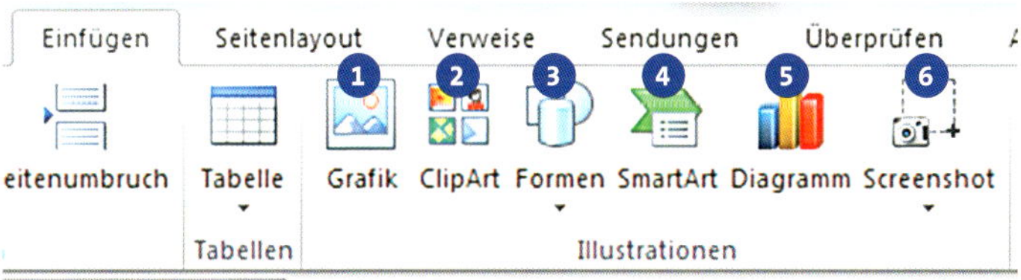

Einfügen von verschiedenen Illustrationsformen

Die weiteren Arbeitsschritte zum Einfügen einer Illustration sind abhängig von der ausgewählten Schaltfläche:

Grafik
Über einen Dateiauswahldialog kann eine Bilddatei von einem lokalen Datenträger (z. B. einer Festplatte oder einem USB-Stick) eingefügt werden.

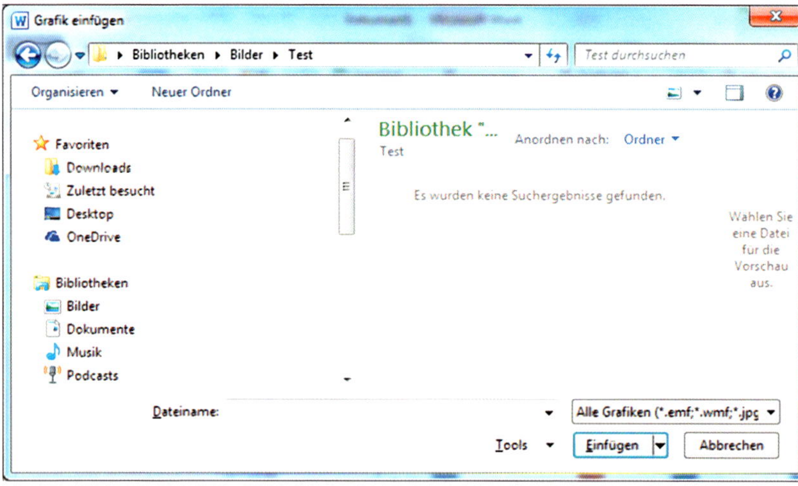

Einfügen von Bilddateien

ClipArt
Mithilfe von Suchwörtern wird die lokale ClipArt-Galerie nach entsprechend gekennzeichneten Mediendateien durchsucht. Zusätzlich kann die Suche auf das Internet (über die Suchmaschine Bing von Microsoft) erweitert werden.

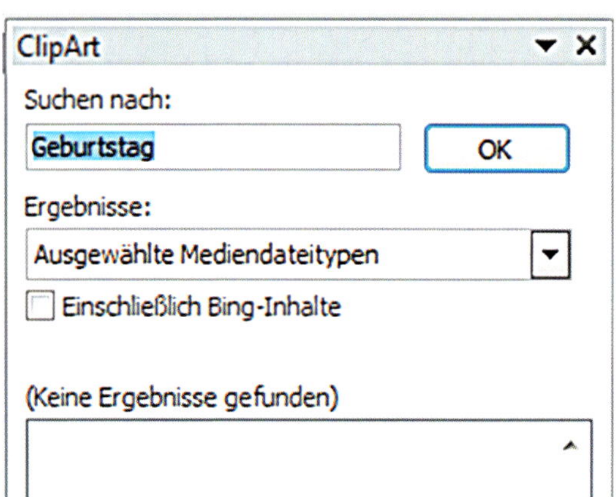

Suche nach ClipArts

Formen

Über einen Auswahldialog kann die gewünschte Form ausgewählt und dann mithilfe der Maus in das Dokument eingefügt werden.

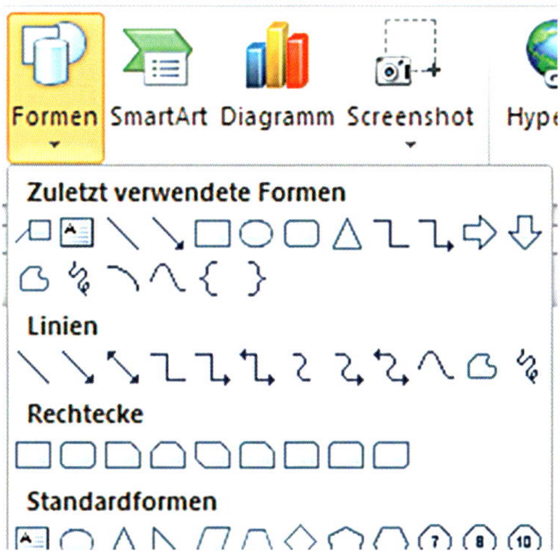

Einfügen von Formen

SmartArt

Aus verschiedenen Kategorien und einer Vielzahl von vorgefertigten Diagramm- und Abbildungsformen kann die gewünschte Variante ausgewählt und eingefügt werden.

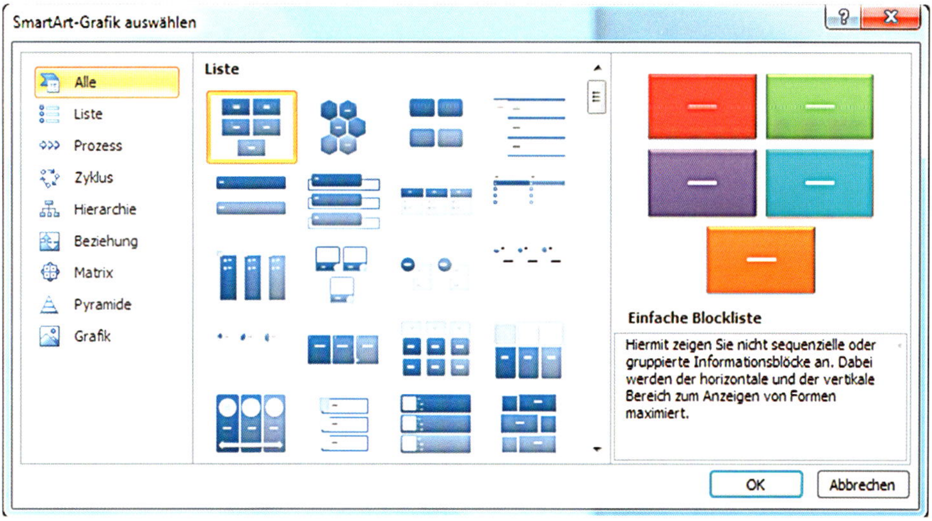

Einfügen von SmartArt-Grafiken

Diagramm

Nach der Auswahl der gewünschten Diagrammform (z. B. Säulen- oder Liniendiagramm) wird eine getrennte Excel-Tabelle geöffnet, die bereits einige Beispieldaten enthält, um die Bearbeitung des Diagramms zu erleichtern.

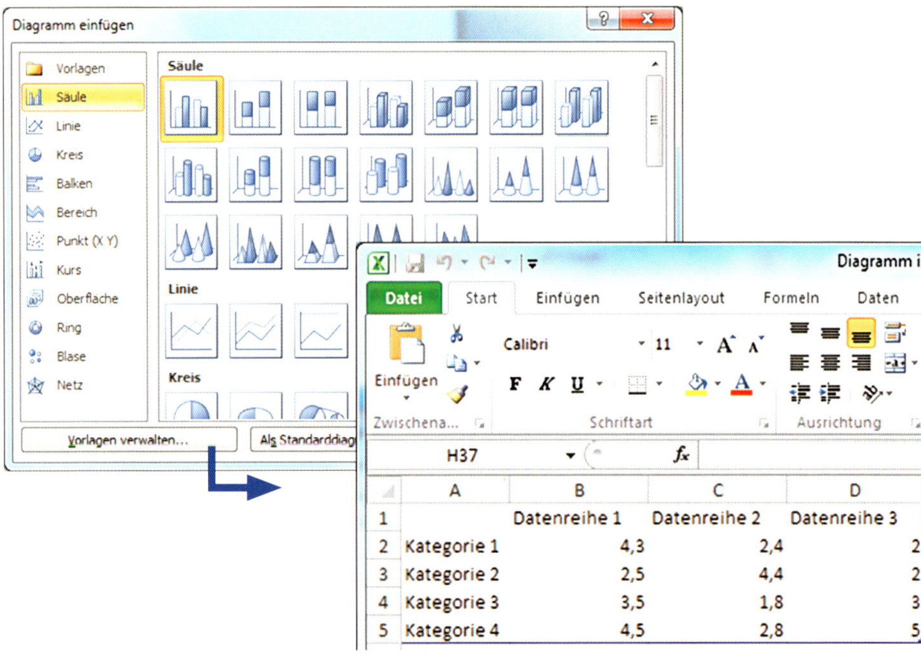

Einfügen von Diagrammen

Screenshot

Als Grundlage für einen Screenshot kann entweder ein geöffnetes Fenster oder ein frei wählbarer Bildschirmausschnitt verwendet werden.

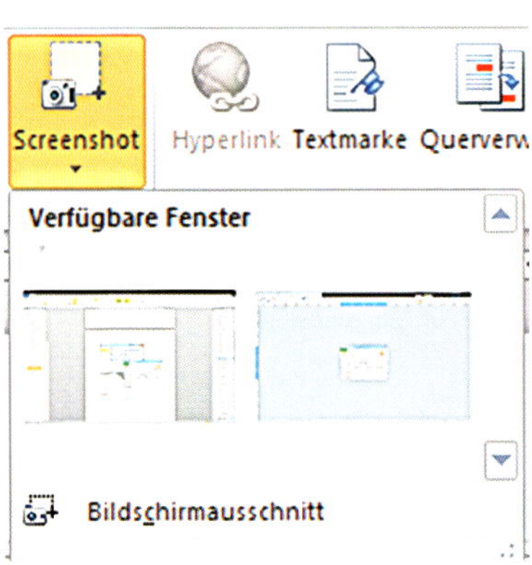

Einfügen von Screenshots

Nach dem Einfügen stehen für alle Illustrationsarten die gleichen Werkzeuge zur Positionierung und Integration des Darstellungsobjekts in das Dokument zur Verfügung. Diese Werkzeuge befinden sich unter der Registerkarte „Format“, die erst bei der Markierung der Illustration angezeigt wird:

1. Position des Darstellungsobjekts auf der Seite festlegen
2. Position des Darstellungsobjekts in Relation zum umliegenden Text festlegen
3. Darstellungsreihenfolge bei sich überlappenden Objekten verändern
4. Darstellungsobjekt auf der Seite ausrichten
5. mehrere Darstellungsobjekte zur gemeinsamen Bearbeitung miteinander verknüpfen
6. Darstellungsobjekt drehen

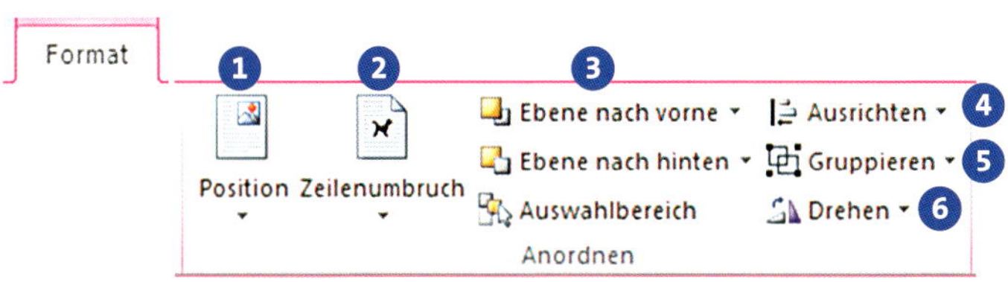

Positionierung von grafischen Darstellungsobjekten

Unter der Schaltfläche „Position“ stehen für die Illustration neben der Eingliederung in den Text insgesamt neun vorgegebene Positionen auf der Seite von oben links bis unten rechts zur Auswahl. Die Abbildung kann jedoch mithilfe der Maus per Drag & Drop auch an jede andere gewünschte Position auf der Seite verschoben werden.

Die Einstellungsmöglichkeiten, die die Schaltfläche „Zeilenumbruch“ enthält, legen fest, wie sich der Text direkt um die Illustration verhalten soll. Die folgende Tabelle stellt die angebotenen Umbrucharten und ihre Funktionsweise vor.

Umbruchart	Funktionsweise
Mit Text in Zeile 	Die Illustration wird wie ein Buchstabe im Text behandelt, dessen Position mit der Maus verschoben werden kann. Dabei ist zu beachten, dass die Höhe der Abbildung im Allgemeinen die gesamte Höhe der Zeile und damit den Abstand zur vorhergehenden Zeile festlegt.
Rechteck 	Auf Basis der Abmessungen der Illustration wird ein rechteckiger Bereich festgelegt, um den der Text herum geschrieben wird.
Passend 	Wie bei der Umbruchart „Rechteck" fließt der Text um die Illustration herum, allerdings können transparente Flächen an den Rändern der Abbildung ebenfalls für die Textdarstellung genutzt werden, sodass sich der Text um die tatsächliche Form der Illustration, anstatt um einen rechteckigen Bereich legt.
Transparent 	Die Funktionsweise dieser Umbruchart entspricht nahezu der Einstellung „Passend". Der einzige Unterschied liegt darin, dass (theoretisch) auch transparente Flächen im Inneren der Illustration für Text genutzt werden können.
Oben und Unten 	Die Illustration nimmt abhängig von ihrer Höhe eine bestimmte Anzahl von Zeilen ein, in denen kein Text links und rechts von der Abbildung dargestellt wird.
Hinter den Text 	Die Illustration wird hinter dem Text dargestellt, d. h. der Text wird über der Abbildung angezeigt.
Vor den Text 	Die Illustration wird vor dem Text dargestellt, d. h. Teile des Textes sind hinter der Abbildung nicht sichtbar.

Die Schaltflächen „Position" und „Zeilenumbruch" bieten beide die Auswahlmöglichkeit „Weitere Layoutoptionen …", die den Dialog „Layout" für die ausgewählte Illustration öffnet. In diesem Dialog können, auf insgesamt drei Registerkarten verteilt, noch präzisere Einstellungen bezüglich der Position, des Textumbruchs sowie der Größe der Abbildung vorgenommen werden.

Die Registerkarte „Position" im Dialog „Layout" enthält die folgenden Einstellungsmöglichkeiten:

1. horizontale Position der Illustration festlegen
2. vertikale Position der Illustration festlegen
3. weitere Optionen bezüglich der Position der Illustration aktivieren

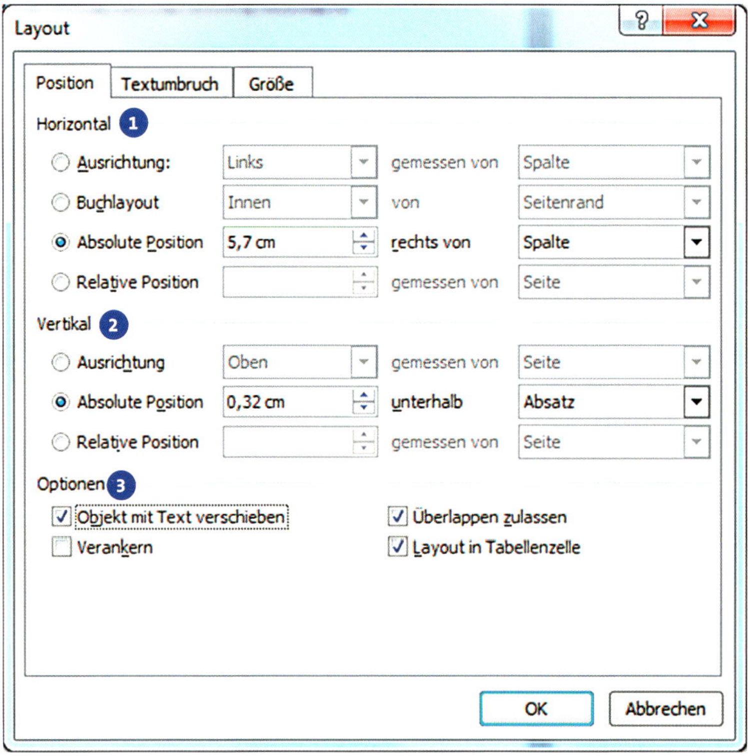

Dialog „Layout" – Registerkarte „Position"

In der Registerkarte „Textumbruch" können die folgenden Einstellungen vorgenommen werden:

1. Umbruchart auswählen
2. Textfluss (abhängig von der gewählten Umbruchart) einstellen
3. Abstände zum Text (abhängig von der gewählten Umbruchart) festlegen

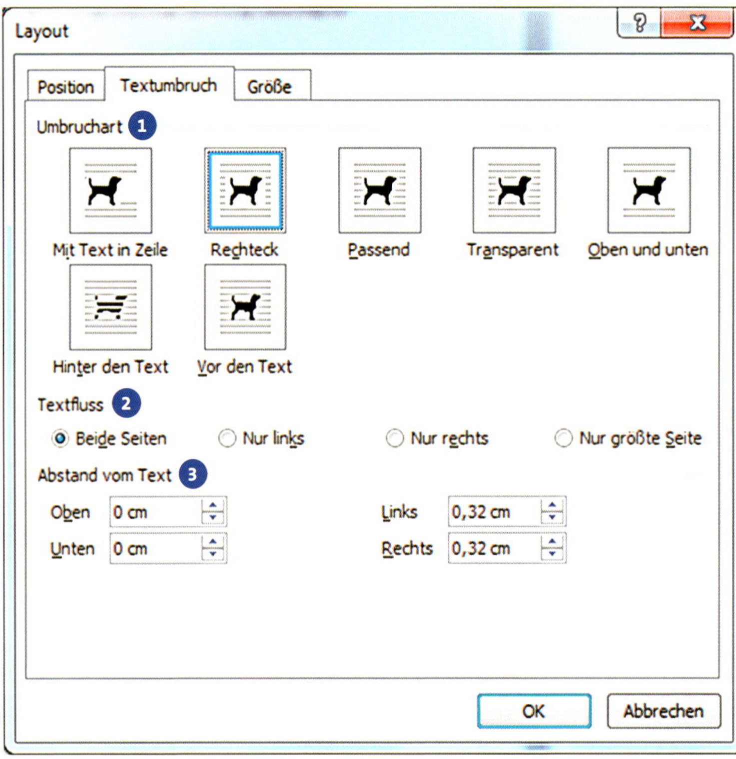

Dialog „Layout" – Registerkarte „Textumbruch"

Die folgenden Optionen können in der Registerkarte „Größe" eingestellt werden:

1. Höhe der Illustration einstellen
2. Breite der Illustration einstellen
3. Illustration drehen
4. Skalierung (Verkleinerung/Vergrößerung) der Illustration einstellen

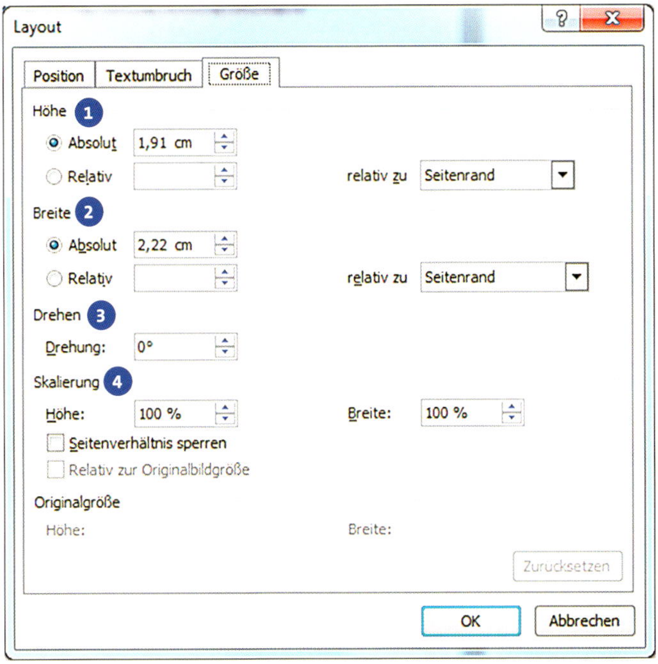

Dialog „Layout" – Registerkarte „Größe"

In einigen Situationen ist es notwendig, auch Texte frei in einem Dokument positionieren zu können. Daher kann in Microsoft Word unter der Registerkarte „Einfügen" ein sog. Textfeld eingefügt werden. Für die Festlegung der Position eines solchen Textfeldes können die gleichen, oben beschriebenen Funktionen wie bei einer Illustration verwendet werden.

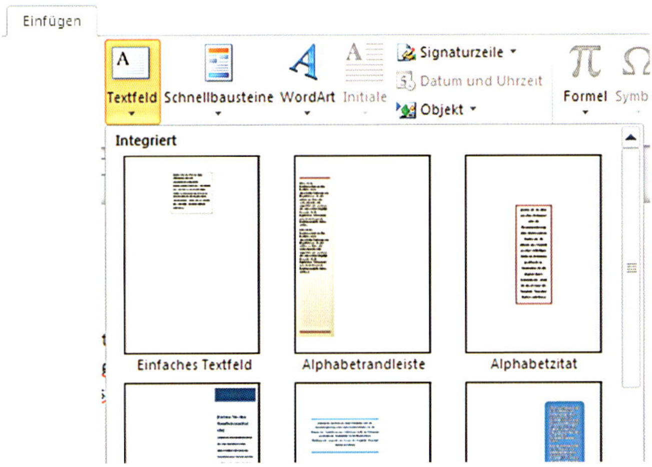

Einfügen eines Textfeldes

1.2.4 Gestaltung der Kopf- und Fußzeile sowie der Seitennummerierung

Die Bereiche zwischen dem oberen Blattrand und dem oberen Seitenrand sowie zwischen dem unteren Blattrand und dem unteren Seitenrand stellen die Kopf- und Fußzeilen eines Word-Dokuments dar. Die Bearbeitung dieser Zeilen wird am einfachsten durch einen Doppelklick in den jeweiligen Dokumentenbereich begonnen. Alternativ befinden sich auf der Registerkarte „Einfügen" jeweils eine Schaltfläche für die Kopf- und Fußzeile, mit deren Hilfe entweder ein vorgefertigtes Layout ausgewählt oder die eigenhändige Bearbeitung der Bereiche durchgeführt werden kann.

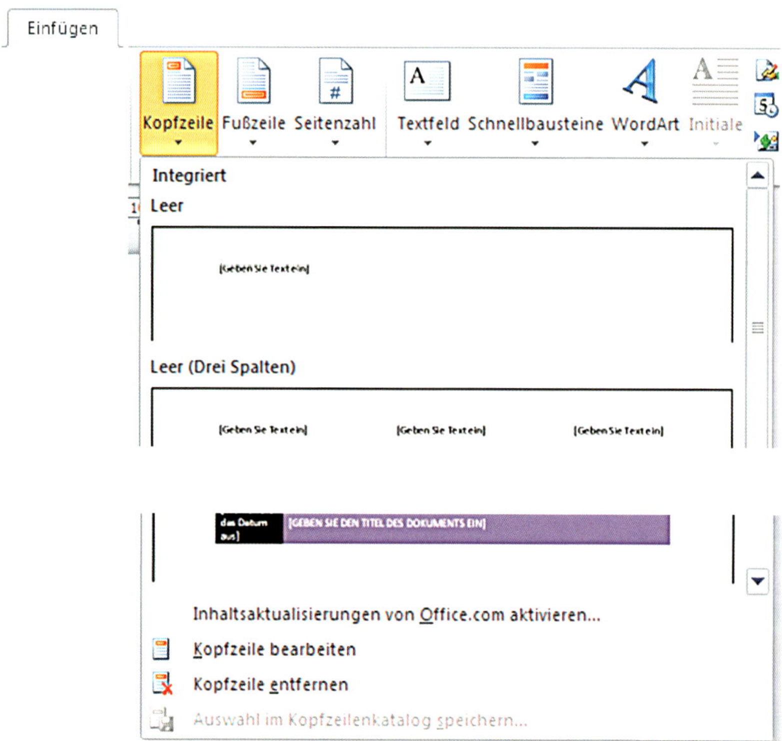

Bearbeitung von Kopf- und Fußzeile

Für die manuelle Gestaltung der Kopf- und Fußzeile können unter Berücksichtigung des begrenzten Platzes die bereits erläuterten Funktionen zur Formatierung und Positionierung von Texten und Illustrationen verwendet werden. Darüber hinaus bietet Microsoft Word einige spezielle Funktionen, die nur während der Bearbeitung der Kopf- und Fußzeile im Menüband in der neuen Registerkarte „Kopf- und Fußzeilentools/Entwurf" angezeigt werden. Die wichtigsten dieser Funktionen sollen im Folgenden einzeln vorgestellt werden:

Seitennummerierung
Über die Schaltfläche „Seitenzahl" kann die automatische Seitennummerierung einfügt und dafür in geeignetes, vorgefertigtes Layout für die Kopfzeile, für die Fußzeile oder für den Seitenrand ausgewählt werden. Alternativ kann auch die Seitenzahl an der aktuellen Cursorposition eingefügt werden.

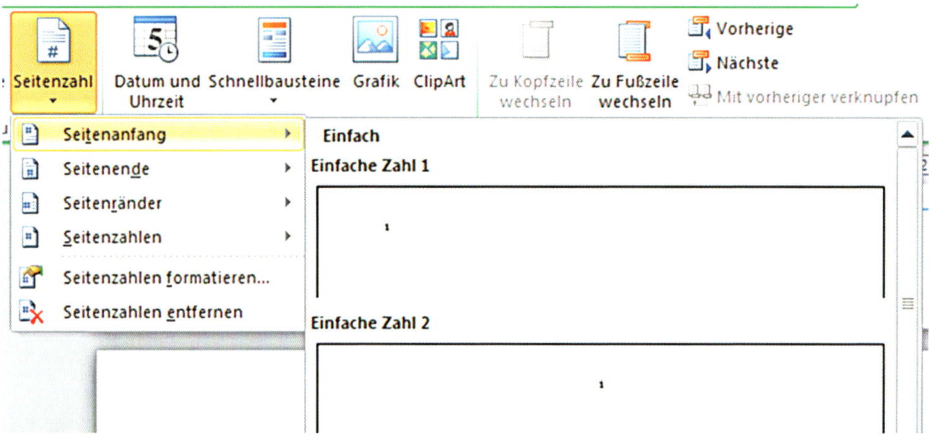

Einfügen von Seitenzahlen

TIPP

Die vorgefertigten Layouts für die Seitenzahlen können nach dem Einfügen noch umgestaltet werden. Im ersten Schritt sollte ein möglichst passendes Layout ausgewählt werden, das dann den tatsächlichen Anforderungen entsprechend angepasst wird.

Datum und Uhrzeit

Mithilfe der Schaltfläche „Datum und Uhrzeit" können an der Cursorposition das aktuelle Datum und die aktuelle Uhrzeit in das Dokument eingesetzt werden. Das verwendete Format wird dabei in einem separaten Dialog ausgewählt.

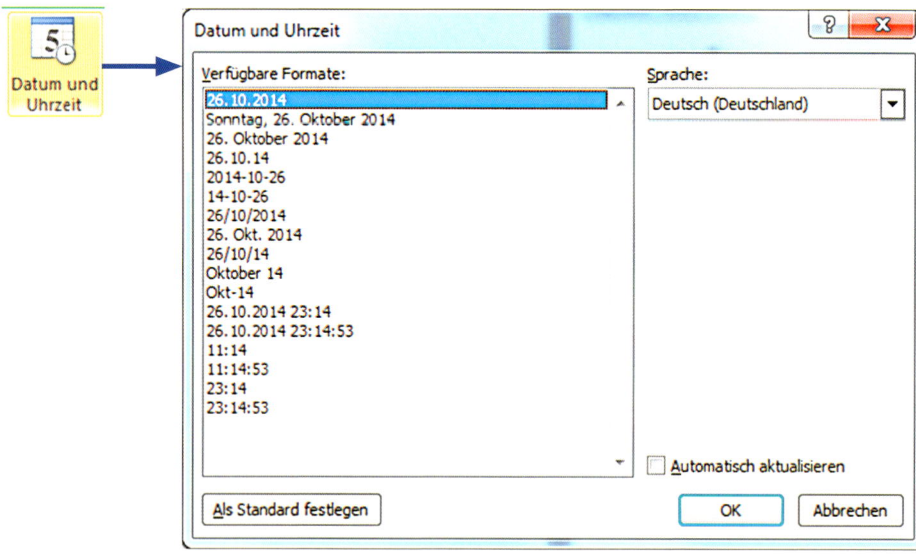

Einfügen von Datum und Uhrzeit

Verknüpfung der Kopf- und Fußzeilen verschiedener Abschnitte

Umfasst ein Word-Dokument mehrere Abschnitte (d. h. es wurden Abschnittsumbrüche eingefügt), müssen die Kopf- und Fußzeile für jeden Abschnitt einzeln gestaltet werden. Mit der Schaltfläche „Mit vorheriger verknüpfen" kann die Kopf- und Fußzeile eines Abschnitts mit dem vorherigen Abschnitt verbunden werden, d. h. Veränderungen wirken sich direkt in beiden Abschnitten aus. In der Darstellung der Kopf- und Fußzeile wird dies durch den Hinweis „wie vorherige" angezeigt.

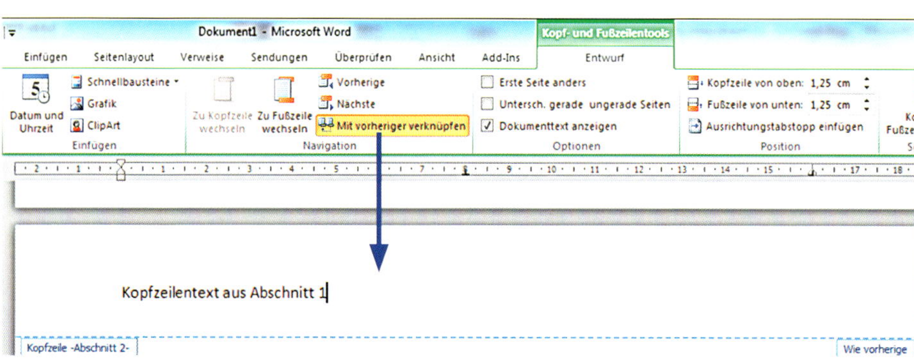

Verknüpfung von Kopf- und Fußzeilen

Einstellung der Ränder für die Kopf- und Fußzeilen

Auf der Registerkarte „Entwurf" der Kopf- und Fußzeilentools können die Ränder für die Kopf- und Fußzeilen schnell und ohne Umweg über die Seiteneinrichtung im Seitenlayout eingestellt werden.

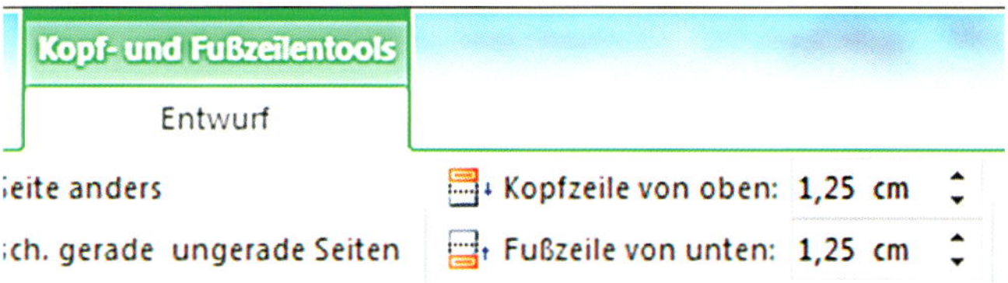

Einstellung der Ränder der Kopf- und Fußzeilen

Textausrichtung mithilfe von Ausrichtungstabstopps

Der Text der Kopf- und Fußzeilen wird häufig entweder links am Seitenrand, zentriert oder rechts am Seitenrand ausgerichtet. Um diese Ausrichtung schnell und unkompliziert einzustellen, können auf der Registerkarte „Entwurf" der Kopf- und Fußzeilentools spezielle Ausrichtungstabstopps über einen vereinfachten Tabstopp-Dialog eingefügt werden.

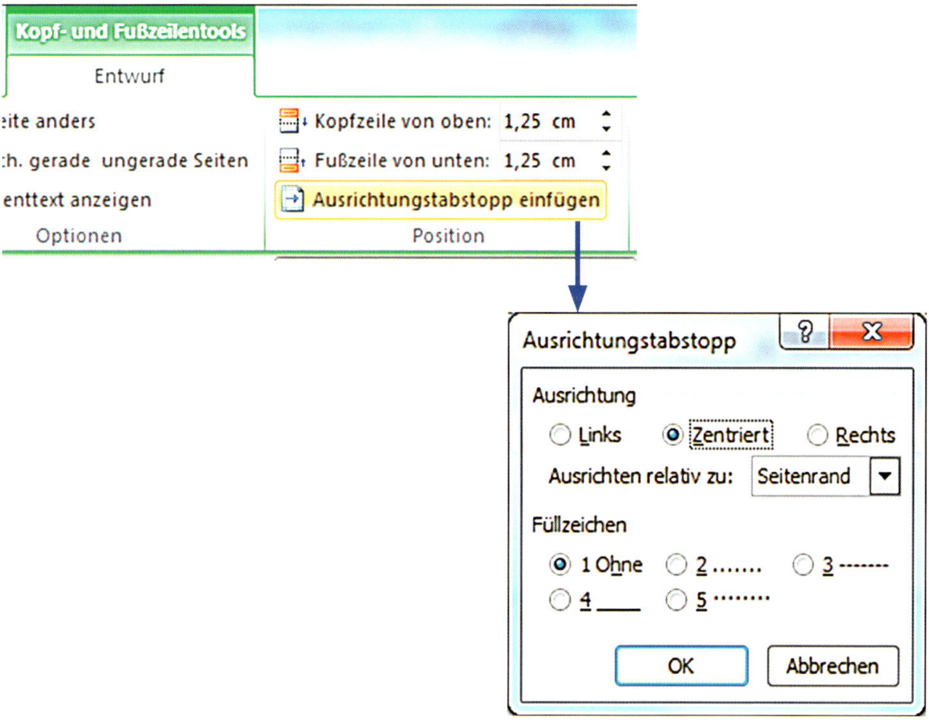

Einfügen von Ausrichtungstabstopps

2. Microsoft Excel

Eine Tabellenkalkulationssoftware erlaubt die Eingabe, Verarbeitung und Auswertung von Daten in tabellarischer Form. Darüber hinaus bieten die Programme zur Tabellenkalkulation auch die Möglichkeit, die Daten mithilfe von Diagrammen grafisch darzustellen.

Im Folgenden werden die Grundlagen der Tabellenkalkulation mithilfe der weit verbreiteten Tabellenkalkulationssoftware Microsoft Excel erläutert. Als Alternative kann auch das Modul „Calc" des kostenlosen Softwarepakets OpenOffice verwendet werden.

2.1 Aufbau von Excel-Dateien

Excel-Dateien – auch Excel-Mappen genannt – enthalten Tabellen mit Daten sowie ggf. Diagramme, die die Daten aus den Tabellen grafisch darstellen. Tabellen wiederum bestehen aus Zellen, die jeweils senkrecht die Spalten (durch Buchstaben gekennzeichnet) und waagerecht die Zeilen (durch Zahlen gekennzeichnet) der Tabelle ergeben. Jede Zelle hat dabei eine Adresse (z. B. A1), die sich aus der entsprechenden Spalte (A) und der Zeile (1) zusammensetzt.

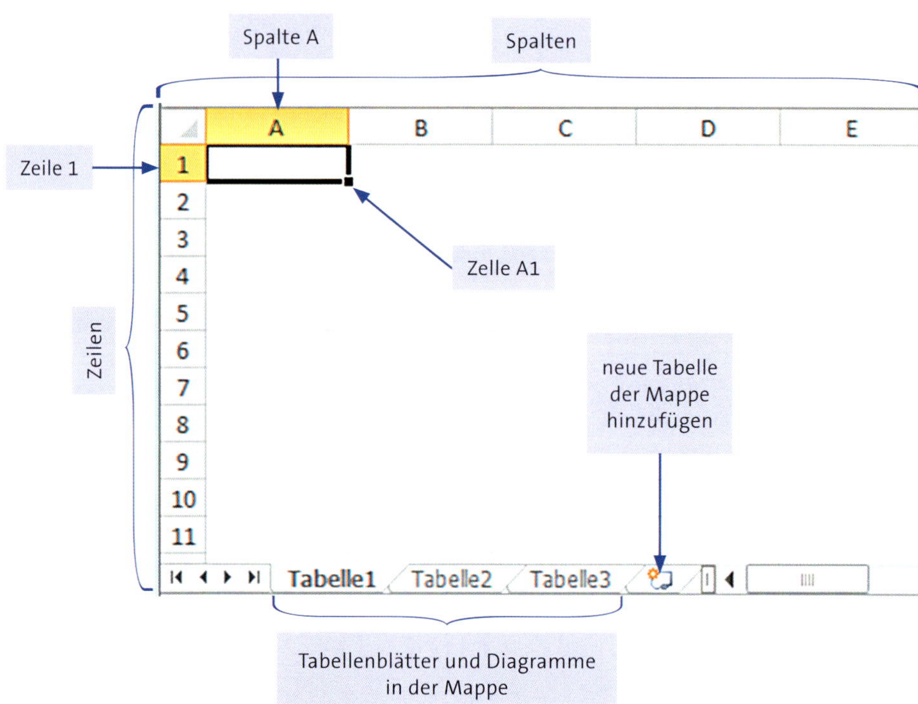

Aufbau einer Excel-Mappe

2.1.1 Menüstruktur von Microsoft Excel

Über dem aktuell angezeigten Tabellenblatt befindet sich seit der Excel-Version 2007 das sog. Menüband, das die häufig genutzten Menüs und Funktionen der Tabellenkalkulationssoftware strukturiert. In diesem Menüband können einzelne Registerkarten ❶ angewählt werden, die wiederum zusammengehörige Programmfunktionen ❷ enthalten.

Besonders häufig verwendete Befehle können in der Schnellzugriffszeile ❸ über dem Menüband angezeigt werden.

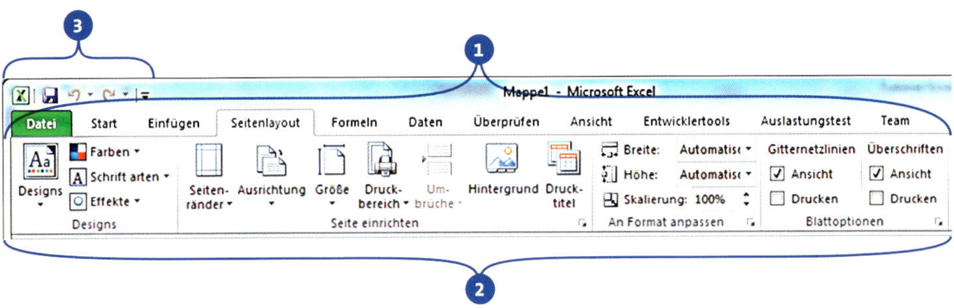

Aufbau des Menübandes von Microsoft Excel

2.1.2 Erstellung und Speicherung von Excel-Dateien

Mithilfe der Registerkarte „Datei" können dateibezogene Funktionen zum Neuanlegen, Öffnen, Drucken und Speichern von Excel-Dateien sowie die Optionen des Tabellenkalkulationsprogramms aufgerufen werden. Als einzige Registerkarte werden diese Befehle nicht im Menüband angezeigt. Sie verdecken stattdessen die aktuell geöffnete Excel-Mappe.

Über die Schaltfläche „Neu" kann eine neue Excel-Datei angelegt werden, die entweder leer ist oder auf Basis einer bereits vorhandenen Vorlagedatei erstellt wird. Die neue Datei kann dann direkt über die Schaltflächen „Speichern" bzw. „Speichern unter" unter Angabe eines Dateinamens (üblicherweise mit der Dateiendung „.xlsx") in einem frei wählbaren Verzeichnis gespeichert werden. Alternativ kann zur Speicherung der Datei auch das Diskettensymbol in der Schnellzugriffsleiste verwendet werden.

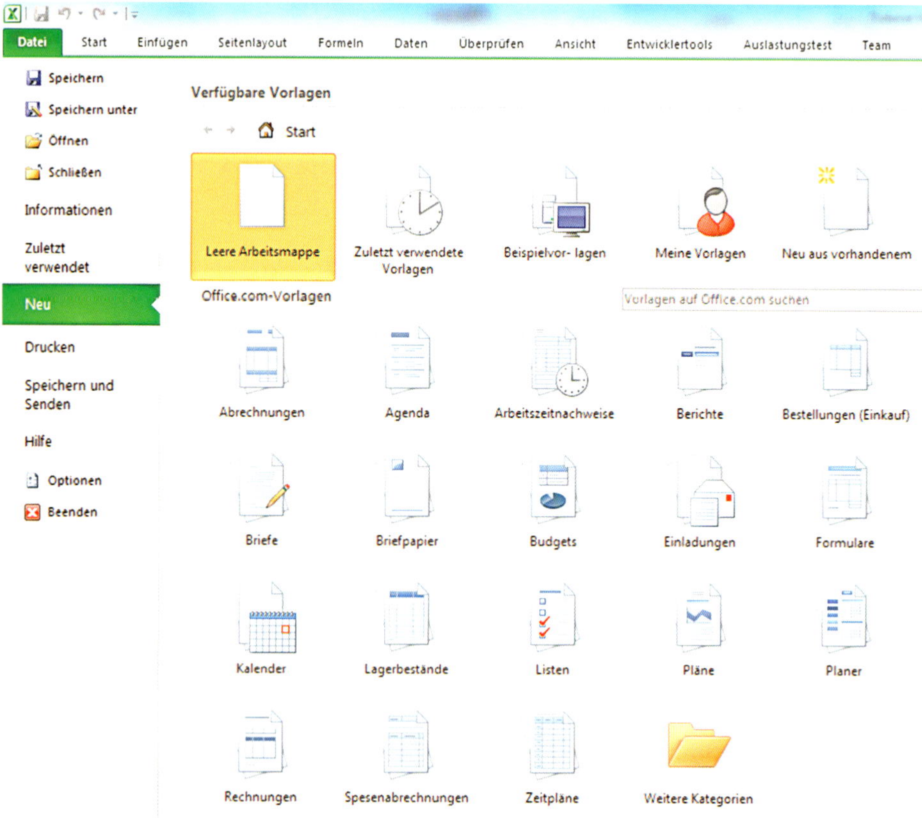

Dateimenü von Microsoft Excel

2.1.3 Anwendungsgebiete von Microsoft Excel

Die Tabellenkalkulationssoftware Microsoft Excel ist insbesondere im Büroalltag ein wichtiges Hilfsmittel für die unterschiedlichsten Tätigkeiten. Das Programm erfordert nur wenig Einarbeitung, um erste, brauchbare Ergebnisse zu erzielen und ist dabei gleichzeitig so flexibel, dass es in vielen verschiedenen Anwendungsgebieten eingesetzt werden kann. So können mithilfe von Microsoft Excel Dokumente wie Bestellungen, Lieferscheine oder Rechnungen genauso wie Zeitpläne oder Bestandslisten erstellt werden. Besonders häufig wird Excel jedoch für das Erstellen und die Nutzung von Formularen sowie für die Auswertung von umfangreichen Unternehmensdaten genutzt.

Formulare unterstützen betriebliche Prozesse, indem sie bestimmte Vorgangs- und Berechnungsschritte standardisieren und mithilfe von Formeln automatisieren. So besitzt ein gutes Excel-Formular im Allgemeinen einen Eingabebereich, in dem der Benutzer die notwendigen Grunddaten einträgt (z. B. die Daten zur Abwesenheit in einem Formular für die Reisekostenabrechnung). Diese Eingaben werden dann mithilfe von Formeln in der Excel-Tabelle verarbeitet und die gewünschten Ergebnisse in einem Ausgabebereich angezeigt (z. B. die Höhe der erstatteten Reisekosten in einem Formular für die Reisekostenabrechnung).

Für die Eingabe und Verwaltung aller Daten in einem Unternehmen ist Microsoft Excel jedoch nicht geeignet. Für diesen Zweck werden heute moderne Datenbankmanagementsysteme verwendet. Allerdings wird Microsoft Excel häufig zur Auswertung von Unternehmensdaten eingesetzt. Dazu wird ein bestimmter Ausschnitt aus einer Datenbank in eine Excel-Datei exportiert und anschließend mithilfe von statistischen Funktionen sowie unterschiedlichen Diagrammen verdichtet und übersichtlich dargestellt (z. B. der Vergleich der erzielten Auftragssummen aller Außendienstmitarbeiter in den letzten zwölf Monaten durch ein Säulendiagramm).

Diese Art von Datentabellen enthält im Allgemeinen eine Vielzahl von Datensätzen, wobei jede Zeile der Tabelle einen einzelnen Datensatz und jede Spalte ein Attribut oder eine Eigenschaft der Datensätze enthält.

Attribute der Datentabelle

	A	B	C
1	**Name**	**Geburtstag**	**Wohnort**
2	Meier	14.03.1977	Köln
3	Schmidt	02.10.1956	Berlin
4	Schneider	30.08.1982	Hamburg

Datensätze der Datentabelle

Beispiel für eine Datentabelle

2.2 Bearbeitung und Formatierung von Excel-Tabellen

Bei der Erstellung von Excel-Tabellen ist neben dem Inhalt der Tabellenzellen auch deren Größe und Formatierung für eine übersichtliche Darstellung von hoher Bedeutung.

2.2.1 Bearbeitung von Zeilen und Spalten

Alle Zellen in einer Zeile oder einer Spalte können schnell über die Zeilennummer bzw. über die Spaltenbezeichnung ausgewählt werden. Die anschließend ausgewählten Formatierungsbefehle wirken sich dann auf die komplette Zeile oder Spalte aus.

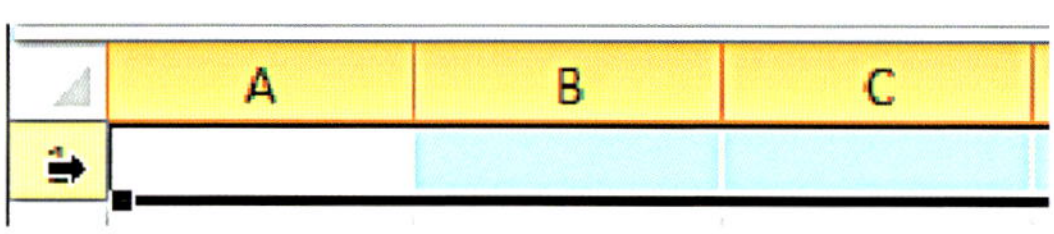

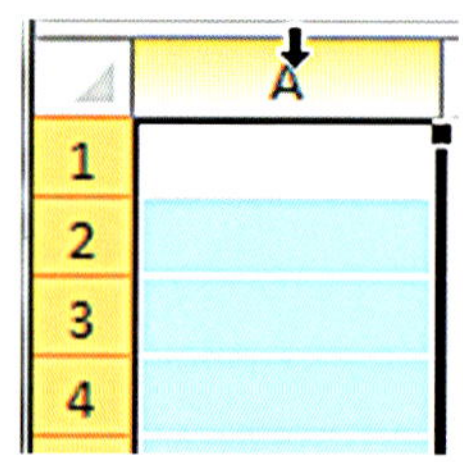

Auswahl einer Zeile und einer Spalte

Darüber hinaus können die Höhe einer Zeile und die Breite einer Spalte an den jeweiligen Rändern der Zeilennummer bzw. der Spaltenbezeichnung bei gedrückter Maustaste vergrößert oder verkleinert werden. Wird ein Doppelklick auf den Rand einer Zeile oder Spalte ausgeführt, wird die Zeilenhöhe bzw. Spaltenbreite automatisch an die enthaltenen Inhalte angepasst.

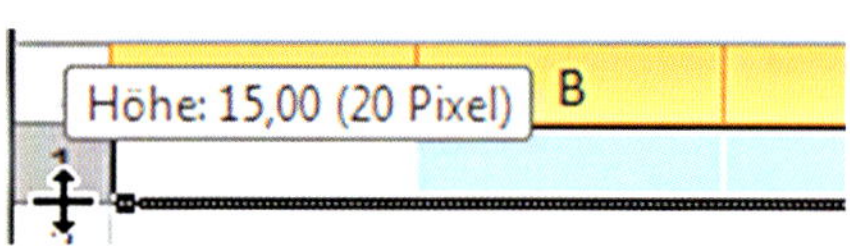

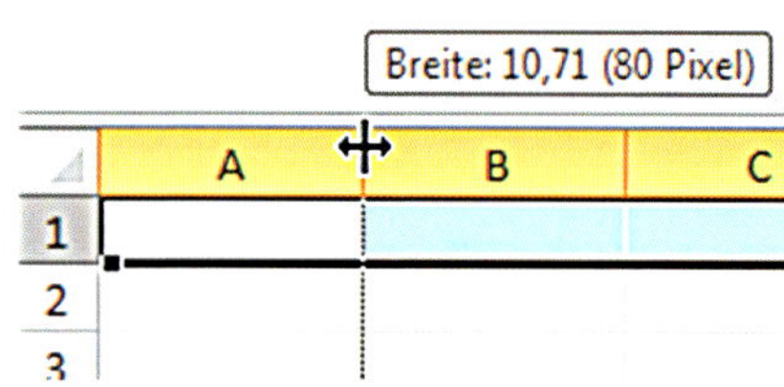

Verändern der Zeilenhöhe und der Spaltenbreite

Unter der Registerkarte „Start“ befinden sich neben den bereits besprochenen Funktionen zur Einstellung der Zeilenhöhe und der Spaltenbreite **1** auch die Funktionen zum Einfügen **2** bzw. zum Löschen **3** von Zeilen, Spalten sowie ganzen Blättern. Außerdem können Zeilen, Spalten und Blätter aus- und wieder eingeblendet werden **4**.

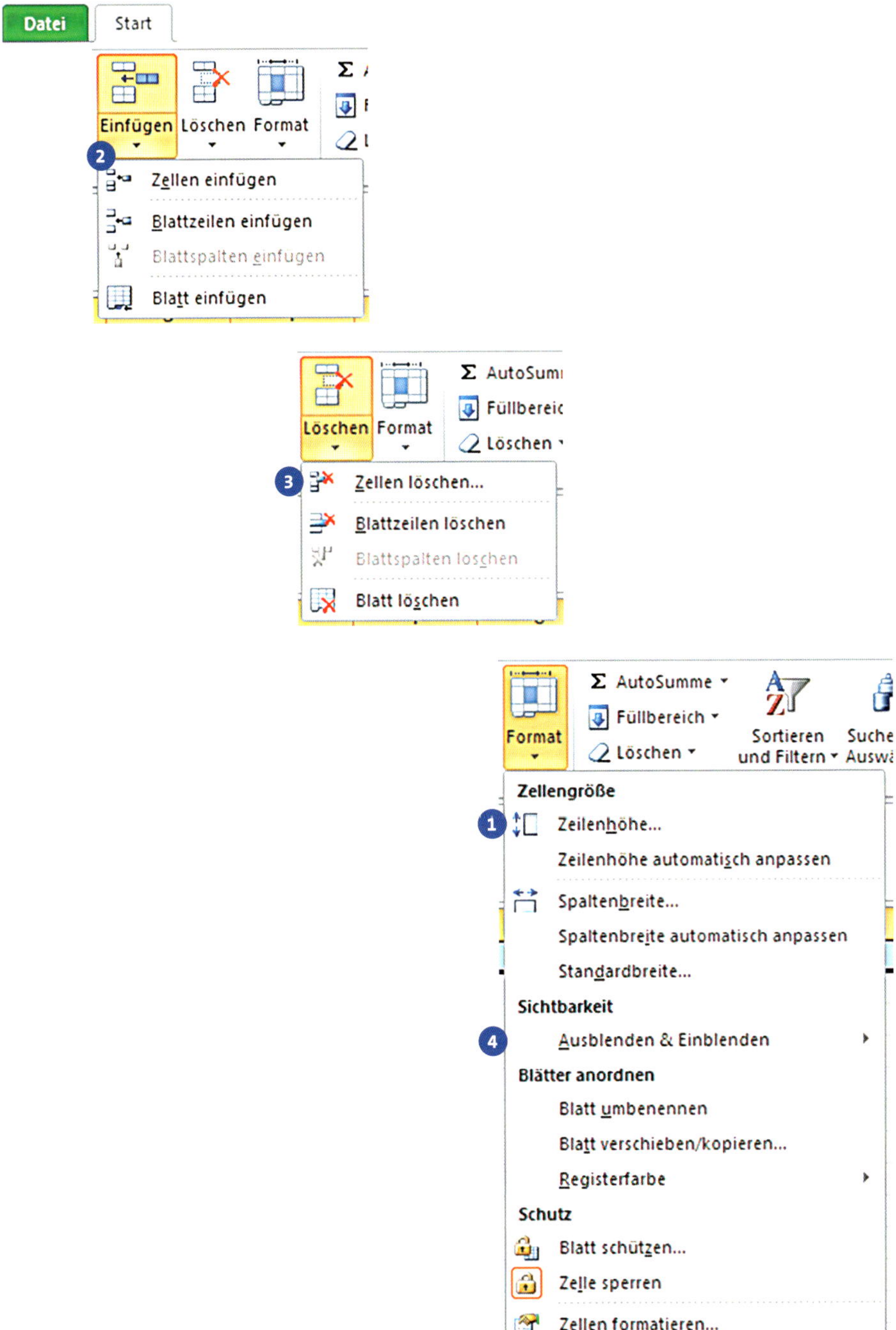

Funktionen zur Bearbeitung von Zeilen und Spalten im Menüband

All diese Funktionen finden sich auch in den Kontextmenüs der Zeilen und Spalten der Excel-Tabelle wieder, die durch einen Rechtsklick auf eine Zeile bzw. eine Spalte geöffnet werden.

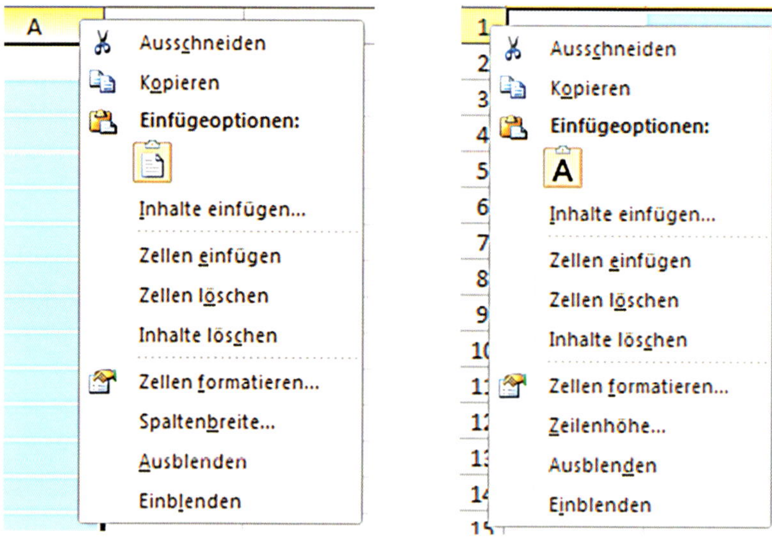

Kontextmenüs von Zeilen und Spalten

TIPP

Um möglichst schnell und effizient mit der Tabellenkalkulationssoftware Microsoft Excel arbeiten zu können, ist es sinnvoll, sich mit den Menüstrukturen vertraut zu machen. Es gibt für den Aufruf nahezu jeder Funktion mehrere Möglichkeiten in den verschiedenen Menüelementen des Programms. Insbesondere in Stresssituationen wie einer Prüfung können Sie daher kostbare Zeit einsparen, wenn Sie die Positionen der einzelnen Menüschaltflächen kennen und nicht danach suchen müssen.

2.2.2 Formatierung von Zellen

Um Tabellenzellen schnell zu formatieren, bietet Microsoft Excel die wichtigsten Befehle im Menüband in der Registerkarte „Start“ an:

1. Funktionen zur Schriftformatierung
2. Funktionen zur Rahmenformatierung
3. Auswahl der Schriftfarbe sowie des Zellenhintergrundes
4. Funktionen zur Textausrichtung
5. Zeilenumbruch und Verbindung von Zellen
6. Funktionen zur Zahlenformatierung
7. Anlage und Verwaltung von bedingten Formatierungen

Formatierungsbefehle in der Registerkarte „Start“

Als Alternative zu den Schaltflächen im Menüband können Zellen auch mithilfe des Dialogs „Zellen formatieren“ bearbeitet werden. Dieser Dialog kann z. B. über das Kontextmenü einer Zelle oder über kleine Schaltflächen in den Ecken der Bereiche der Registerkarte „Start“ aufgerufen werden. Beim Aufruf des Kontextmenüs durch einen Rechtsklick auf eine Zelle werden darüber hinaus einige häufig benutzte Formatierungsbefehle kompakt über der erscheinenden Menüfläche angezeigt und können dort schnell erreicht werden.

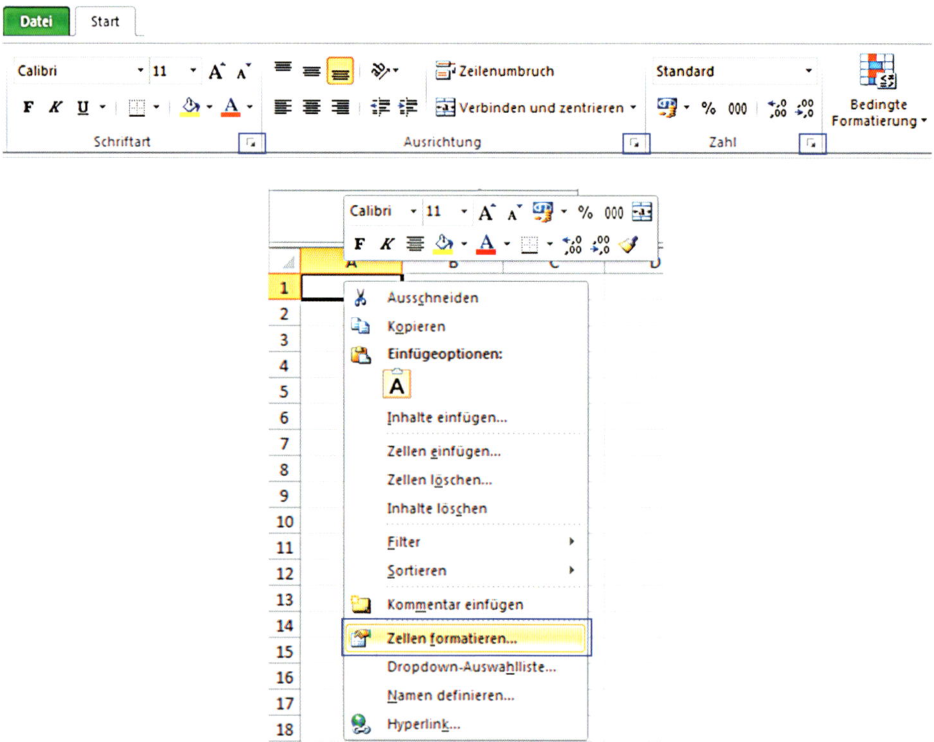

Aufruf des Dialogs „Zellen formatieren"

Im Dialogfenster „Zellen formatieren" finden sich auf sechs Karteireitern verteilt alle Formatierungsfunktionen, die Microsoft Excel anbietet.

In der Registerkarte „Zahlen" kann das Zahlenformat der Zelle ausgewählt werden. Abhängig vom gewählten Format bietet der Dialog weitere Einstellungsmöglichkeiten (z. B. Auswahl des Währungssymbols, Angabe der Nachkommastellen oder Aktivierung der Tausenderpunkte).

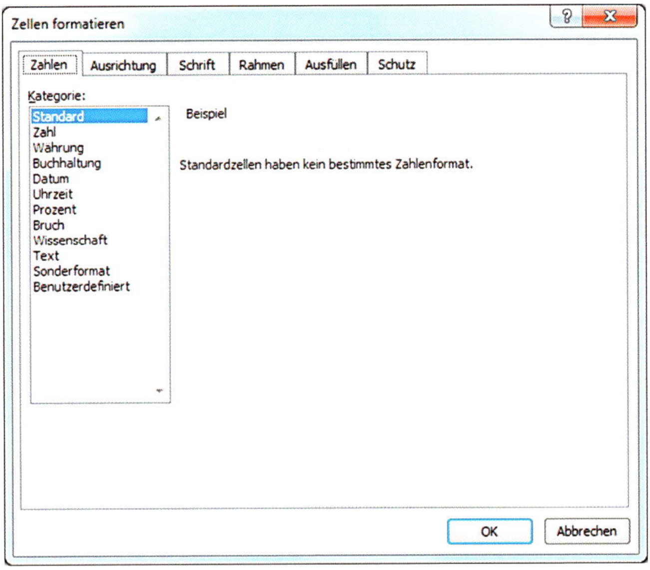

Karteireiter „Zahlen" im Dialog „Zellen formatieren"

In der Registerkarte „Ausrichtung" kann die horizontale und vertikale Textausrichtung eingestellt werden. Darüber hinaus ist es möglich den Text gradgenau zu drehen. Hier finden sich auch die Schaltflächen zur Aktivierung des automatischen Zeilenumbruchs, zur Optimierung der Zellengröße und zum Verbinden von Zellen.

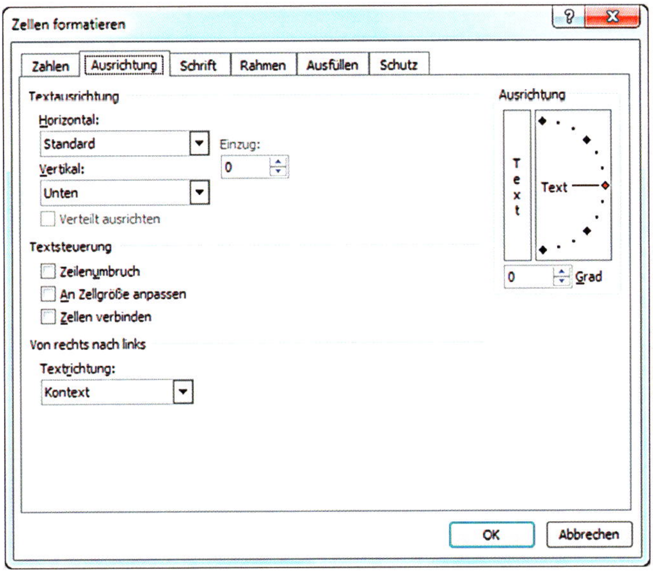

Karteireiter „Ausrichtung" im Dialog „Zellen formatieren"

In der Registerkarte „Schrift“ können die Schriftart und -größe, die Schriftfarbe sowie zusätzliche Effekte wie Fettschrift, Kursiv, Unterstrichen, Durchgestrichen, Hoch- oder Tiefgestellt ausgewählt werden.

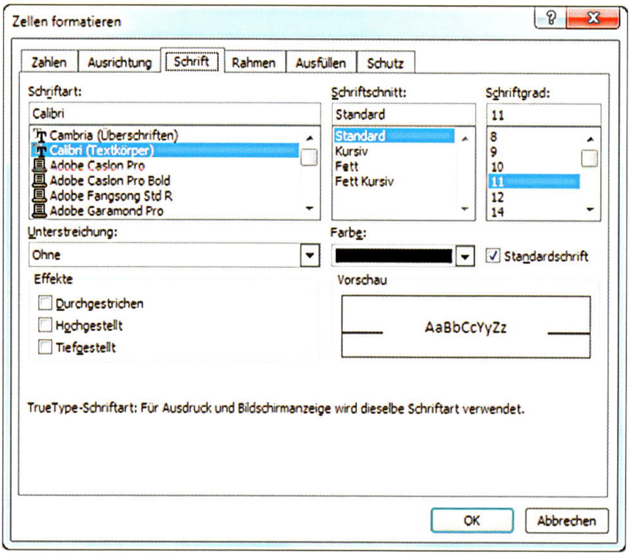

Karteireiter „Schrift“ im Dialog „Zellen formatieren“

In der Registerkarte „Rahmen“ finden sich alle Einstellungsmöglichkeiten (Linienart, Farbe und Positionierung) für den Rahmen der ausgewählten Zelle.

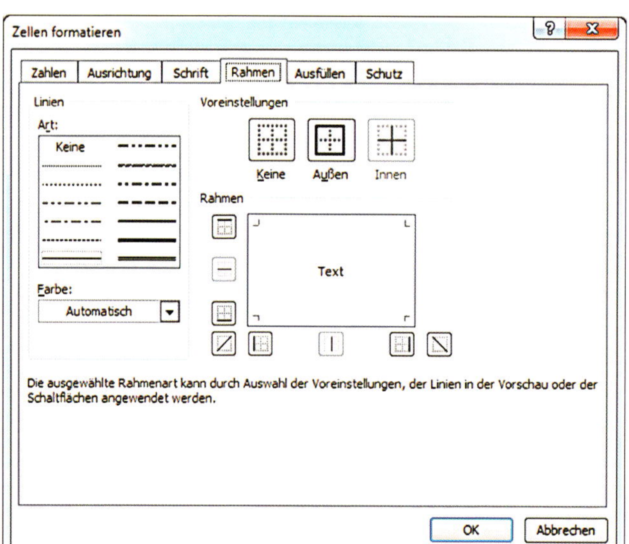

Karteireiter „Rahmen“ im Dialog „Zellen formatieren“

In der Registerkarte „Ausfüllen" kann die Hintergrundfarbe der Zelle festgelegt werden. In diesem Zusammenhang bietet Microsoft Excel eine Vielzahl von Effekten und Mustern an.

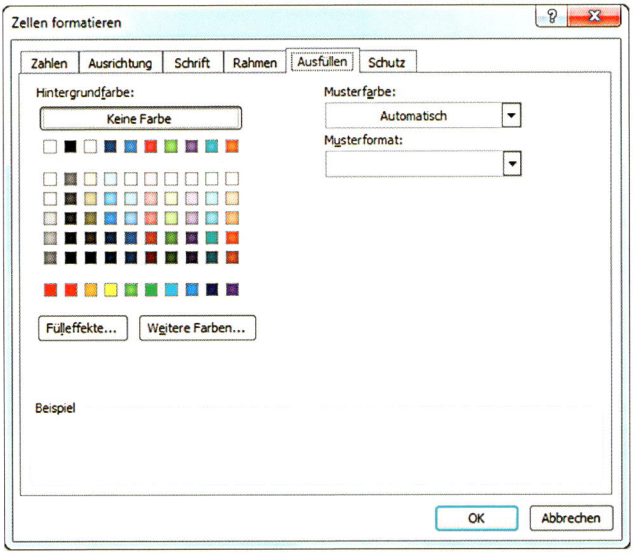

Karteireiter „Ausfüllen" im Dialog „Zellen formatieren"

Der letzte Karteireiter „Schutz" umfasst zwei Einstellungsmöglichkeiten, die jedoch nur wirksam werden, wenn der Dokumentenschutz aktiviert ist.

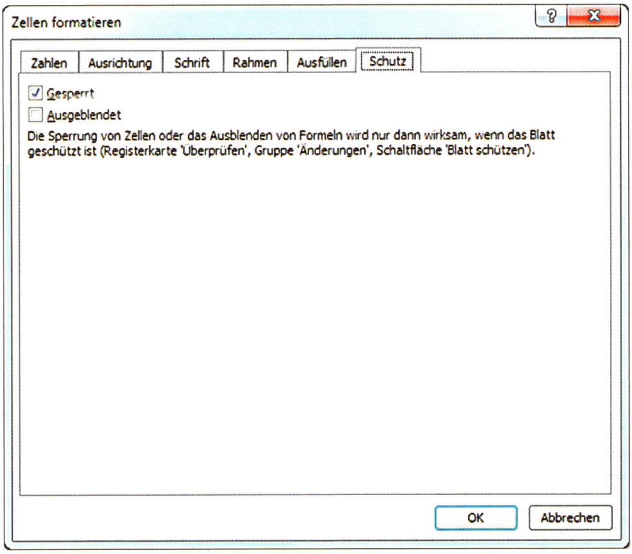

Karteireiter „Schutz" im Dialog „Zellen formatieren"

TIPP

Der Dialog „Zellen formatieren“ ist insbesondere dann interessant, wenn ausgefallene oder dem Benutzer bislang unbekannte Vorgaben bezüglich der Zellenformatierung verlangt werden, da der Dialog alle Formatierungsfunktionen von Microsoft Excel enthält. Durch die Vorschau- bzw. Beispieldarstellung können verschiedene Einstellungen schnell und unkompliziert ausprobiert werden.

Mithilfe der Schaltfläche **Format übertragen** in der Registerkarte „Start" kann die Formatierung einer Zelle bzw. eines Zellenbereichs schnell auf andere Zellen übertragen werden. Dazu müssen nur die bereits formatierten Zellen markiert und die Schaltfläche **Format übertragen** betätigt werden. Anschließend reicht es, die zu formatierenden Zellen auszuwählen.

2.2.3 Formatierungsvorlagen

Um die Formatierung von Zellen zu vereinfachen, bietet Microsoft Excel einige vorgefertigte Formatierungsvorlagen für einzelne Zellen und ganze Tabellen in der Registerkarte „Start“ an.

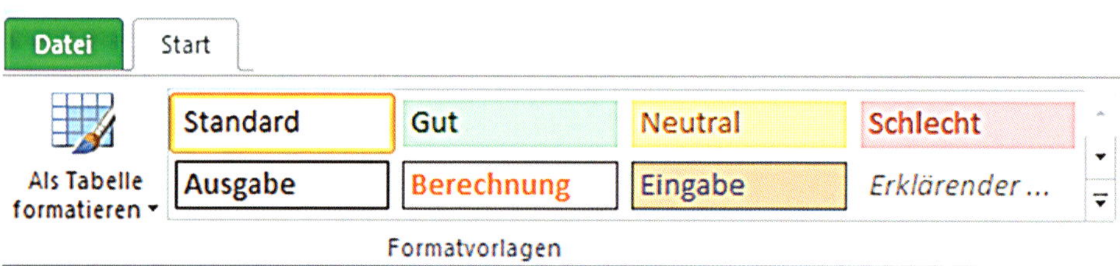

Formatierungsvorlagen

2.2.4 Verbinden von Zellen

Insbesondere bei der Gestaltung von Tabellen- und Spaltenüberschriften ist es häufig sinnvoll, mehrere Zellen zu einer großen Zelle zu verbinden. Zu diesem Zweck müssen erst die betreffenden Zellen markiert und anschließend die Schaltfläche in der Registerkarte „Start“ betätigt werden. Eine erneute Betätigung der Schaltfläche hebt das Verbinden der Zellen wieder auf.

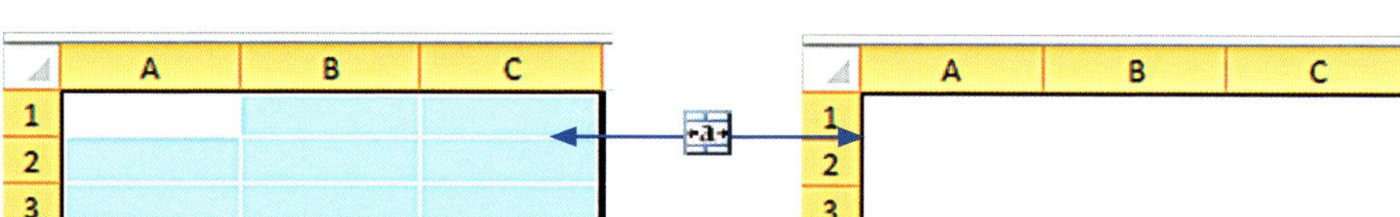

Zellen verbinden

2.2.5 Zeilenwechsel in Zellen

Die Verwendung von längeren Textpassagen ist in einzelnen Tabellenzellen oftmals problematisch. Microsoft Excel bietet zur besseren Darstellung eine Funktion zum automatischen Zeilenumbruch an, die über die Schaltfläche in der Registerkarte „Start" für die ausgewählten Zellen ein- und ausgeschaltet werden kann.

Mithilfe der Tastenkombination „Alt + Enter" können darüber hinaus manuelle Zeilenwechsel an beliebigen Stellen im Text einer Zelle eingefügt werden.

	A
1	Sportina AG Holsterhauser Straße 202 44625 Herne

Beispiel für manuelle Zeilenumbrüche

2.3 Formeln und einfache Funktionen

Mithilfe einer Tabellenkalkulationssoftware wie Microsoft Excel können jedoch nicht nur Daten übersichtlich und ansprechend dargestellt werden, darüber hinaus ist es auch möglich, aus vorhandenen Informationen mithilfe von Formeln neue Ergebnisse zu berechnen.

Zu diesem Zweck kann jede Zelle mit ihrem darin enthaltenen Wert in Microsoft Excel durch eine Zelladresse direkt angesprochen werden. Diese Zelladresse besteht aus der Buchstabenkennung der betreffenden Spalte sowie der entsprechenden Zeilennummer. Die erste Zelle hat beispielsweise die Adresse A1, die Zelle rechts daneben die Adresse B1 und die Zelle unter A1 kann mit der Adresse A2 angesprochen werden.

In einigen Fällen sollen jedoch nicht einzelne Zellen sondern ganze Zellenbereiche adressiert werden. In Microsoft Excel wird ein solcher Zellenbereich durch die Adresse der ersten Zelle (obere linke Ecke des Zellenbereichs) und die Adresse der letzten Zelle (untere rechte Ecke des Zellenbereichs) getrennt durch einen Doppelpunkt definiert. In der folgenden Abbildung ist beispielsweise der Zellenbereich A2:B4 markiert.

	A	B	C	D
1	1	2	3	4
2	5	6	7	8
3	9	10	11	12
4	13	14	15	16

Beispiel für einen Zellenbereich

Zelladressen bilden die Grundlagen von Formeln, die aus den Werten der angegebenen Zellen mithilfe von Funktionen und Rechenoperatoren neue Ergebnisse berechnen. In Microsoft Excel beginnen dabei alle Formeln grundsätzlich mit einem Gleichheitszeichen. Darüber hinaus unterstützt die Tabellenkalkulationssoftware u. a. die folgenden arithmetischen Operatoren:

Operator	Bedeutung	Beispielformeln
+	Addition	=A1+B2+47
-	Subtraktion	=B3-C2
*	Multiplikation	=A2*B2
/	Division	=150/C4
^	Potenz	=B3^3

Mithilfe dieser einfachen Operatoren wäre es bereits theoretisch möglich, viele Auswertungs- und Berechnungsaufgaben erfolgreich zu lösen. Da es beispielsweise nur schwer möglich ist, alle Zahlenwerte in einer Spalte einer Tabelle mit 100 Zeilen ausschließlich mithilfe des Operators „+" zu summieren, existiert in Tabellenkalkulationsprogrammen zusätzlich eine Vielzahl von Berechnungsfunktionen, mit deren Hilfe bestimmte Problemstellungen einfach und schnell gelöst werden können. Die meisten dieser Funktionen benötigen zusätzliche Angaben (sog. Funktionsparameter), die in Microsoft Excel in Klammern nach dem Funktionsnamen durch Semikolons getrennt eingegeben werden.

Auf diese Weise können in Microsoft Excel unter anderem die folgenden Funktionen in Formeln verwendet werden:

Funktion	Bedeutung	Beispielformeln
Summe(Wert1; Wert2; ...)	addiert die angegebenen Werte	=Summe(A1:A4) =Summe(A1;D4;100)
Produkt(Wert1; Wert2; ...)	multipliziert die angegebenen Werte	=Produkt(A1:A4) =Produkt(A1;D4;100)
Mittelwert(Wert1; Wert2; ...)	ermittelt den Mittelwert der angegebenen Werte	=Mittelwert(A1:A4) =Mittelwert(A1;D4;100)
Min(Wert1; Wert2; ...)	ermittelt den kleinsten Wert der angegebenen Werte	=Min(A1:A4) =Min(A1;D4;100)
Max(Wert1; Wert2; ...)	ermittelt den größten Wert der angegebenen Werte	=Max(A1:A4) =Max(A1;D4;100)

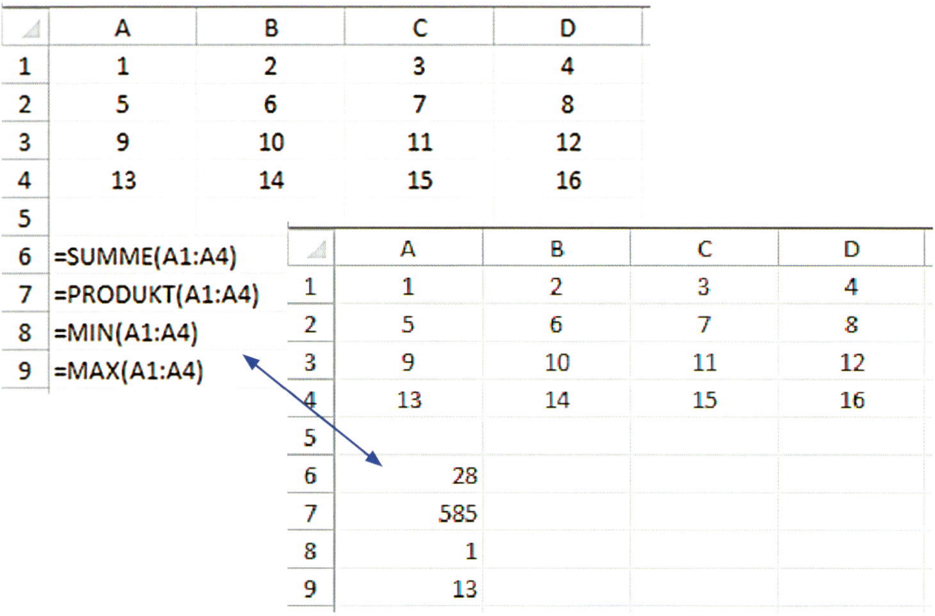

	A	B	C	D
1	1	2	3	4
2	5	6	7	8
3	9	10	11	12
4	13	14	15	16
5				
6	=SUMME(A1:A4)			
7	=PRODUKT(A1:A4)			
8	=MIN(A1:A4)			
9	=MAX(A1:A4)			

	A	B	C	D
1	1	2	3	4
2	5	6	7	8
3	9	10	11	12
4	13	14	15	16
5				
6	28			
7	585			
8	1			
9	13			

Beispiele für Funktionen

TIPP

Besteht eine Formel nur aus einer Zelladresse (z. B. „=A1“), wird einfach der Wert der entsprechenden Zelle übernommen. Eine solche Referenz kann beispielsweise dazu verwendet werden, um Werte aus einem Eingabebereich in einen anderen Bereich der Tabelle zu übernehmen. Wird die referenzierte Zelle verändert, wird diese Veränderung sofort auf die darauf verweisenden Zellen übertragen.

2.3.1 Kopierfunktion

Die Kopierfunktion von Microsoft Excel erhöht die Bearbeitungsgeschwindigkeit in Bezug auf die Eingabe von Daten und Formeln enorm. Sie wird über das kleine schwarze Quadrat unten rechts am Rahmen der aktuell ausgewählten Zellen aufgerufen. Wird der Mauszeiger über diese Schaltfläche bewegt, verändert sich das Quadrat zu einem Kreuz. Nun können bei gedrückter, linker Maustaste die markierten Zellen nach oben, unten, links und rechts beliebig weit kopiert werden.

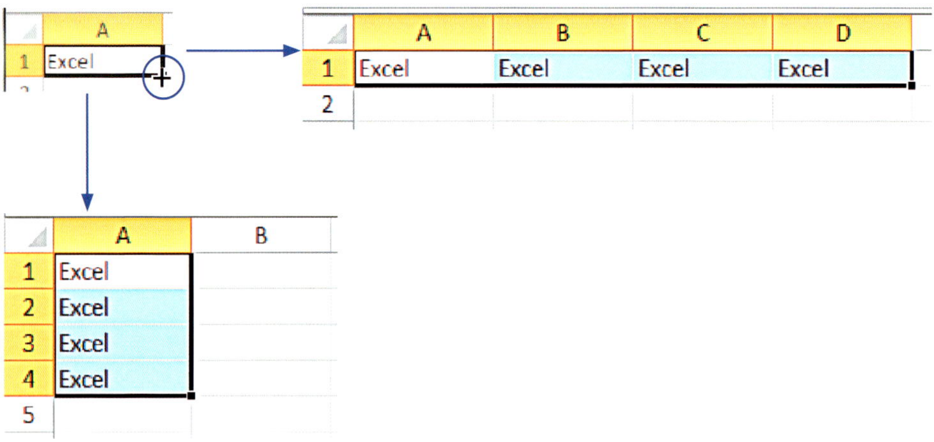

Aufruf der Kopierfunktion

Wird die Kopierfunktion auf Zellen mit Zahlen-, Datums- oder Uhrzeitwerten angewendet, versucht Microsoft Excel innerhalb der Zahlen eine Systematik zu finden und diese beim Kopiervorgang fortzusetzen.

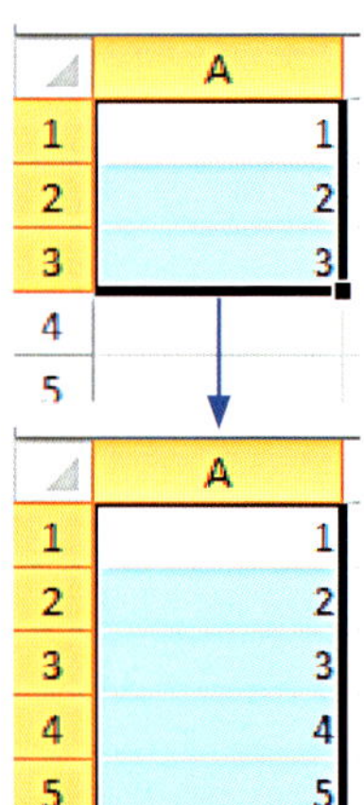

Aufruf der Kopierfunktion auf Zellen mit Zahlenwerten

Werden Zellen mit Formeln kopiert, verändern sich die Zelladressen innerhalb der Formel automatisch, abhängig von der Kopierrichtung. So werden die Zeilenbestandteile aller Zelladressen in einer Formel um den Wert 1 erhöht bzw. verringert, wenn die betreffende Zelle mit der Formel um eine Zelle nach unten bzw. nach oben kopiert wird. Wird die Zelle mit der Formel dagegen um eine Zelle nach rechts bzw. nach links kopiert, werden die Spaltenbestandteile aller in der Formel enthaltenen Zelladressen um den Wert 1 erhöht bzw. verringert.

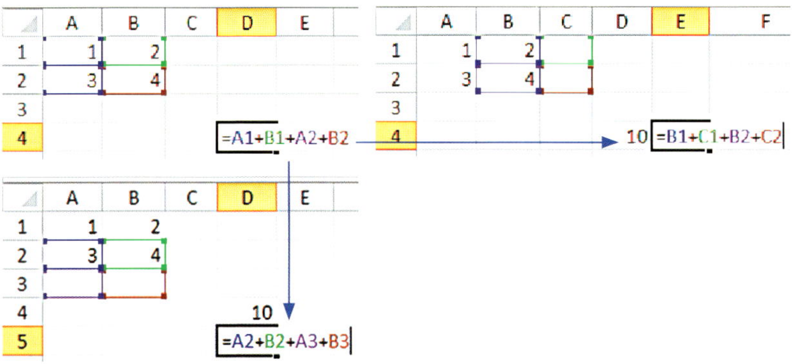

Aufruf der Kopierfunktion auf Zellen mit Formeln

2.3.2 Relative und absolute Adressierung

In einigen Fällen ist beim Kopieren einer Zelle die automatische Anpassung der Zelladressen in einer Formel nicht erwünscht. In diesen Fällen können Zelladressen teilweise oder vollständig bezüglich der Kopierfunktion fixiert werden. Zu diesem Zweck wird vor einem oder beiden Adressbestandteilen (Spaltenbezeichnung bzw. Zeilennummer) jeweils ein $-Zeichen gesetzt. So können beispielsweise statt der Zelladresse A1 auch $A1 oder A$1 oder sogar $A$1 verwendet werden. Die durch das $-Zeichen gekennzeichneten Bestandteile werden beim Kopieren nicht verändert.

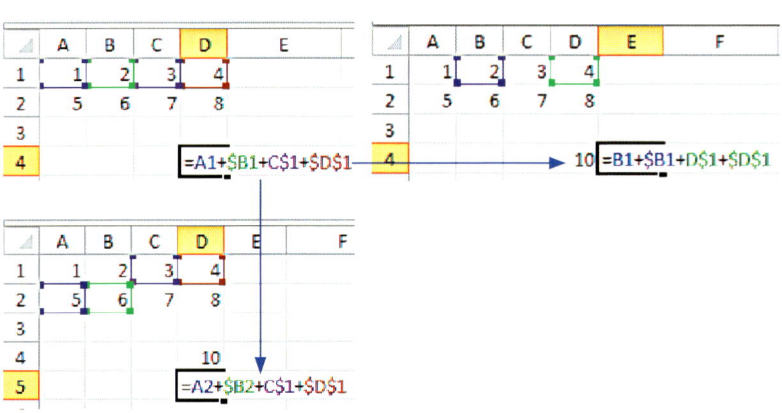

Beispiel für relative und absolute Adressierung

Zelladressen ohne $-Zeichen werden als relative Adressen bezeichnet, während Zelladressen, die $-Zeichen enthalten, teilweise bzw. vollständig absolute Adressen genannt werden.

TIPP

Während der Bearbeitung einer Formel können die gerade selektierten Zelladressen mithilfe der Taste „F4" durch die verschiedenen Formen der Adressierung geschaltet werden. Gegebenenfalls muss die Taste „F4" mehrfach betätigt werden, um die gewünschten Positionen für die $-Zeichen zu erreichen.

2.4 Prozentrechnung in Microsoft Excel

Im betrieblichen Alltag gehört die Prozentrechnung zu den wichtigsten mathematischen Hilfsmitteln, um Rabattbeträge, Zinsen, Steuern usw. zu berechnen. Dazu werden grundsätzlich die folgenden drei Formeln verwendet:

$$\text{Prozentwert} = \frac{\text{Prozentsatz} * \text{Grundwert}}{100}$$

$$\text{Prozentsatz} = \frac{\text{Prozentwert}}{\text{Grundwert}} * 100$$

$$\text{Grundwert} = \frac{\text{Prozentwert}}{\text{Prozentsatz}} * 100$$

Um die Prozentrechnung zu vereinfachen, enthält Microsoft Excel das spezielle Zahlenformat „Prozent", das jedoch eine Besonderheit bezüglich des angezeigten Zahlenwerts besitzt. So ist beispielsweise der angezeigte Wert „12 %" nicht der Zahl 12 sondern der Zahl 0,12 (12 geteilt durch 100) gleich zu setzen. Der angezeigte Wert einer als „Prozent" formatierten Zelle ist somit für die weitere Verarbeitung in einer Formel bereits automatisch durch 100 geteilt. Diese Besonderheit kann sichtbar gemacht werden, in dem eine als „Prozent" formatierte Zelle in das Zahlenformat „Zahl" umformatiert wird.

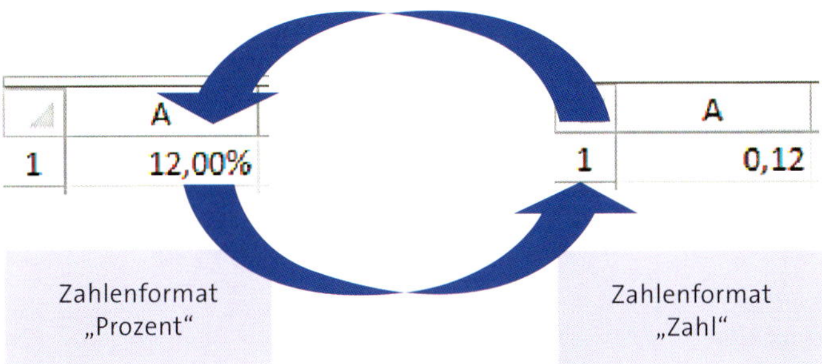

Beispiel für das Zahlenformat „Prozent“

Durch das Zahlenformat „Prozent“ vereinfachen sich die oben beschriebenen Formeln für die Prozentrechnung in Microsoft Excel wie folgt:

Prozentwert = Prozentsatz * Grundwert
Prozentsatz = Prozentwert / Grundwert
Grundwert = Prozentwert / Prozentsatz

	A	B	C	D	E
1	20%	von	250	ist	=A1*C1
2	150	ist von	250		=A2/C2
3	100	ist	40%	von	=A3/C3

	A	B	C	D	E
1	20%	von	250	ist	50
2	150	ist von	250		60%
3	100	ist	40%	von	250

Beispiele für Prozentrechnung in Microsoft Excel

ACHTUNG

Wird eine Zelle, die bereits einen Zahlenwert enthält, nachträglich auf das Zahlenformat „Prozent“ umgestellt, scheint es, als ob der bisherige Wert sich dadurch verändert und mit 100 multipliziert wird. Dieser Effekt beschränkt sich jedoch lediglich auf die Anzeige des Zahlenwerts. Wird die Zelle auf das Zahlenformat „Zahl“ zurückgestellt, erscheint wieder der alte Wert. Soll die Zelle jedoch tatsächlich als Prozentwert weiterverwendet werden, ist meistens eine Neueingabe des Zahlenwerts in Prozentschreibweise notwendig.

3. Microsoft PowerPoint

Präsentationsprogramme ermöglichen die Anfertigung ansprechender Präsentationen, die in vielen Unternehmensbereichen inzwischen alltäglich geworden sind. Dabei ist es völlig unerheblich, ob die aktuellen Umsatzzahlen, ein neues Projekt oder der strukturelle Aufbau eines Unternehmens präsentiert werden soll. Entscheidend ist, dass das zu präsentierende Thema wirkungsvoll in Szene gesetzt wird.

Die folgenden Kapitel erläutern die Grundlagen der Präsentationsprogramme auf Basis der weit verbreiteten Präsentationssoftware Microsoft PowerPoint. Alternativ kann auch das Modul „Impress" des kostenlosen Softwarepakets OpenOffice verwendet werden.

3.1 Einführung in das Präsentationsprogramm PowerPoint

Bei PowerPoint handelt es sich um ein Präsentationsprogramm, mit dem schnell und einfach effektvolle Präsentationen erstellt werden können. Es sollte jedoch darauf geachtet werden, dass

- die Präsentation den Vortrag nur unterstützt, nicht komplett wiedergibt
- die Präsentation das Publikum kurz informiert
- durch Bilder die Aufmerksamkeit des Publikums wiederhergestellt wird
- die Inhalte der Präsentation durch grafische Darstellungen verständlicher gemacht werden.

3.2 Anwendungsbeispiele für PowerPoint

PowerPoint wird üblicherweise zur Unterstützung bei Vorträgen oder zur Firmenpräsentation während einer Messe verwendet.

3.3 Bildschirmaufbau

Wenn PowerPoint gestartet wird, öffnet sich generell eine leere Präsentation, die standardmäßig das Titelfolien-Layout als erste Folie verwendet.

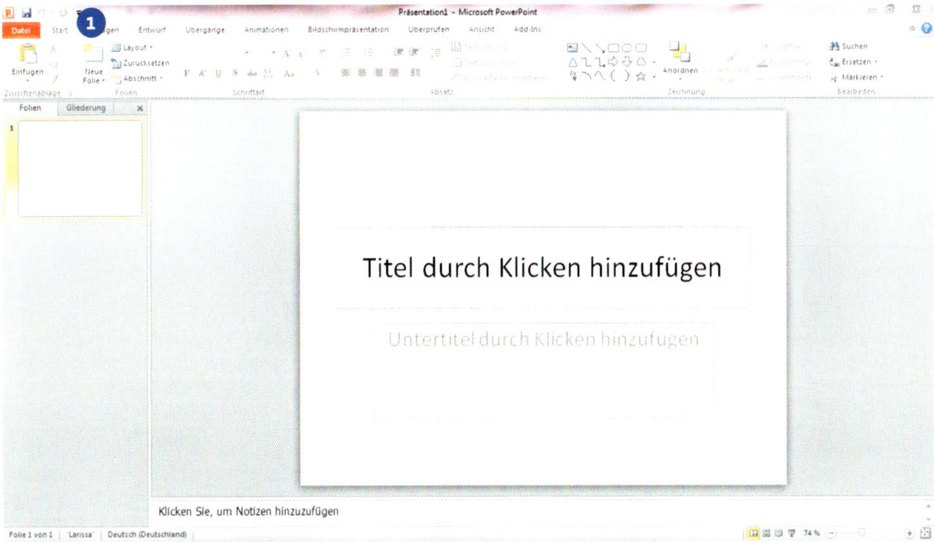

Bildschirmaufbau

Im oberen Bereich der Abbildung befindet sich das sog. Ribbon-Menü (1) mit den Registerkarten, die sich der jeweiligen Aktivität durch farbige Hervorhebung anpassen.

3.4 Registerkartenerklärung

Registerkarte	Erklärung
Datei	Unter dem Befehl „Optionen" können Einstellungen (z. B. Menüband) angepasst werden, Druckoptionen usw. vorgenommen werden.
Start	Hier befinden sich alle Symbole, die sich auf die Formatierung der Präsentation und das Einfügen von Folien beziehen.
Einfügen	Hier befinden sich alle Symbole, die das Einfügen von verschiedenen Elementen in eine Präsentation betreffen, z. B. Einfügen von Bildern, SmartArts, Videos, Hyperlinks, Kopf- und Fußzeile.
Entwurf	Hier befinden sich alle Symbole, die zum Foliendesign gehören, z. B. Effekte und Farben, Hintergrundformate, Designvorlagen.
Übergänge	Alle Symbole, die für Folienübergänge in einer Präsentation nötig sind, sind hier hinterlegt.

Animationen	Hier finden sich alle Symbole, die mit der Animation der Präsentation in Verbindung stehen.
Bildschirmpräsentation	Hier findet der Benutzer alle Symbole, die für die Bildschirmpräsentation benötigt werden (z. B. Anzeigedauer, Ausblenden bestimmter Folien, Aufzeichnung einer Bildschirmpräsentation).
Überprüfen	Um eine Präsentation noch einmal z. B. auf Rechtschreibfehler zu überprüfen oder Kommentare einzufügen, findet man die entsprechenden Funktionen auf dieser Registerkarte.
Ansicht	Alle Befehle, die für die Ansicht eines Dokuments wichtig sind (z. B. Folienmaster, Gitternetzlinien, Handzettelmaster, Lineal), findet man auf dieser Registerkarte.

3.5 Der Folienmaster

3.5.1 Corporate Design mit dem Folienmaster

Einheitlichkeit und klar erkennbare Strukturen sind die Grundlage einer überzeugenden Präsentation. Noch dazu sollte jede Präsentation einen Bezug zu dem Thema des Vortrags aufweisen. Präsentiert man sein Unternehmen, ist es wichtig, dies auch durch die professionelle Gestaltung der Präsentationsfolien im Corporate Design (CD) zu zeigen.

Das Corporate Design ist eine einheitliche Gestaltung aller Kommunikationsmittel und Produkte eines Unternehmens oder einer Organisation. Der Öffentlichkeit wird ein wiedererkennbares Erscheinungsbild vermittelt (z. B. durch typische Farben, Symbole, Grafiken).

Zum Corporate Design gehört alles, was das visuelle Erscheinen eines Unternehmens ausmacht:

- Firmenzeichen
- Geschäftspapiere
- Werbemittel in gedruckter und digitaler Form
- Verpackungen
- Klänge/Töne/Musik
- Architektur.

LF 2, Kap. 8.3
LF 2, Kap. 6.

Für ein komplettes grafisches Erscheinungsbild wird mehr benötigt, als ein aussagefähiges Symbol. Zum grafischen Erscheinungsbild gehören auch Typografie, Farben, Formate und Bilder.

Um das Corporate Design auch mit relativ wenig Aufwand in PowerPoint zu erreichen, bietet das Programm die Funktion „Folienmaster“ an. Hier erstellt man einmal ein Grundlayout für alle Layoutfolien, das sich anschließend auf alle erstellten Folien auswirkt. Im Grundlayout werden keine Texte eingegeben, sondern lediglich die vorhandenen „Platzhalter“ durch Formatierungen gestaltet. Texte, die im Folienmaster eingegeben werden, sind anschließend in der Präsentation nicht mehr erkennbar.

TIPP

Große Unternehmen haben bereits vorgefertigte Masterfolien im Folienlayout. Für die Unternehmenspräsentation ist es sinnvoll, diese zu verwenden.

Die Masterarten in PowerPoint sind:

- Folienmaster (einheitliches Design für alle Folien)
- Handzettelmaster (einheitliches Design für alle Handzettel)
- Notizenmaster (einheitliches Design für Notizen).

3.5.2 Vorgehensweise beim Folienmaster

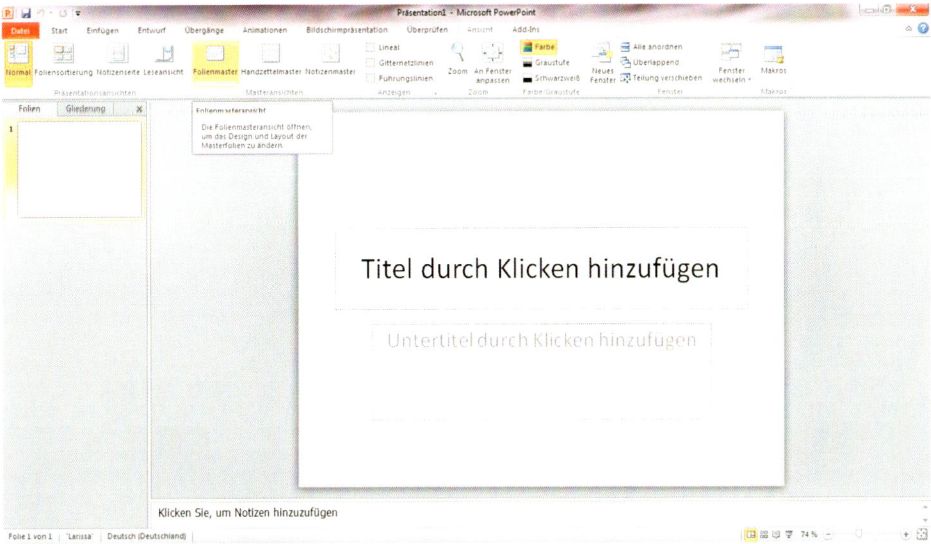

Folienmaster öffnen

Registerkarte „Ansicht" – „Folienmaster"

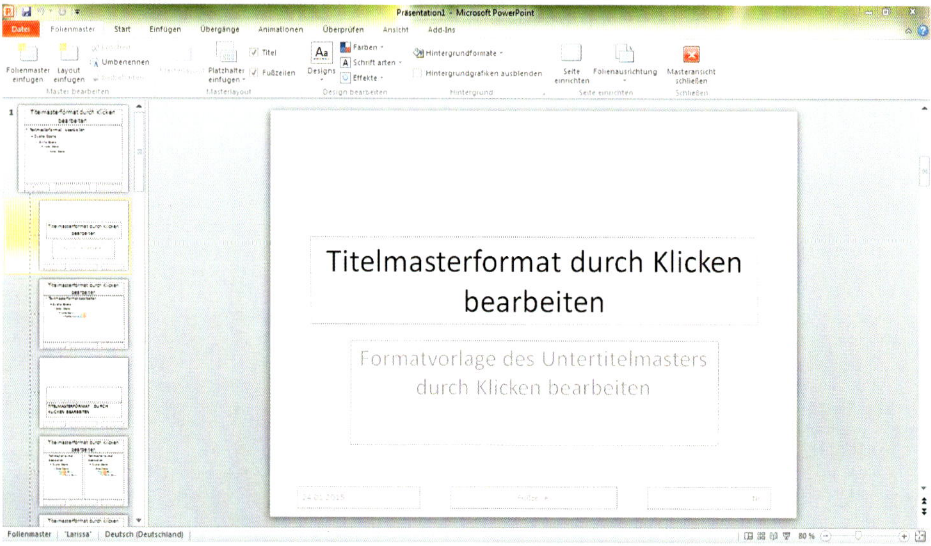

Masteransicht

Die Masteransicht öffnet sich. Im linken Bildschirmbereich erscheint die Folienansicht, auf der alle Layoutformate dargestellt werden, im rechten Bildschirmbereich sieht man die aktuelle Folie in der Bildansicht.

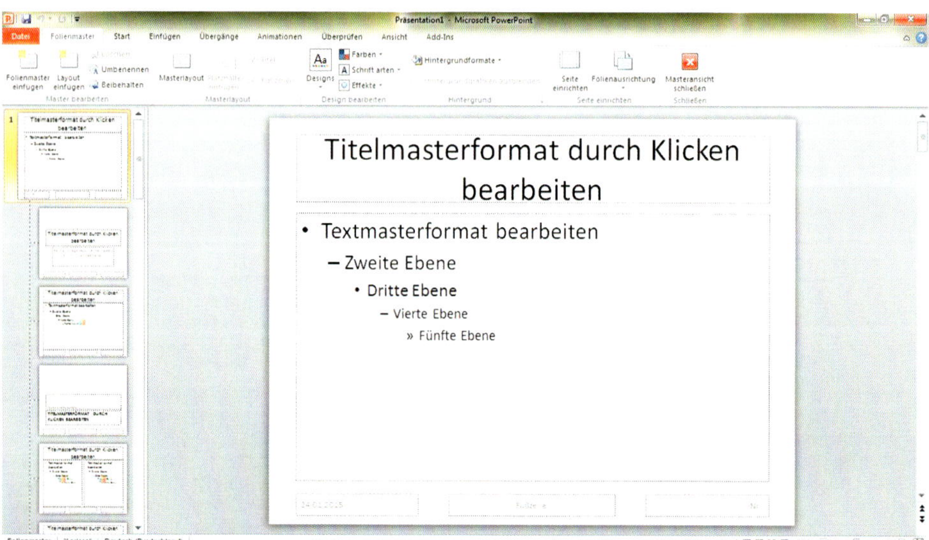

Titelmasterformat bearbeiten

In der Folienansicht klickt man die zu bearbeitende Folie an.

ACHTUNG

In der obersten Folie wirken sich die Veränderungen auf alle nachfolgenden Folien direkt aus. Ab der zweiten Folie kann man individuell bearbeiten.

Die in der Bildansicht erscheinende Folie kann nun bearbeitet werden. Durch Markierung des Bereichs, der verändert werden soll, kann man die Schriftart, Farbe, Größe usw. anpassen.

ACHTUNG

HIER KEINEN TEXT EINGEBEN!

Auf diese Weise können sowohl das Titelmasterformat, als auch das Textmasterformat auf verschiedenen Ebenen verändert werden.

Verändern der Aufzählungszeichen in unterschiedlichen Ebenen

- Die Ebene, die verändert werden soll, wird markiert.
- Über das Kontextmenü (rechte Maustaste) „Aufzählungszeichen" kann das gewünschte Zeichen ausgewählt werden.
- Für die verschiedenen Ebenen können jeweils unterschiedliche Nummerierungen und Aufzählungen vorgenommen werden.

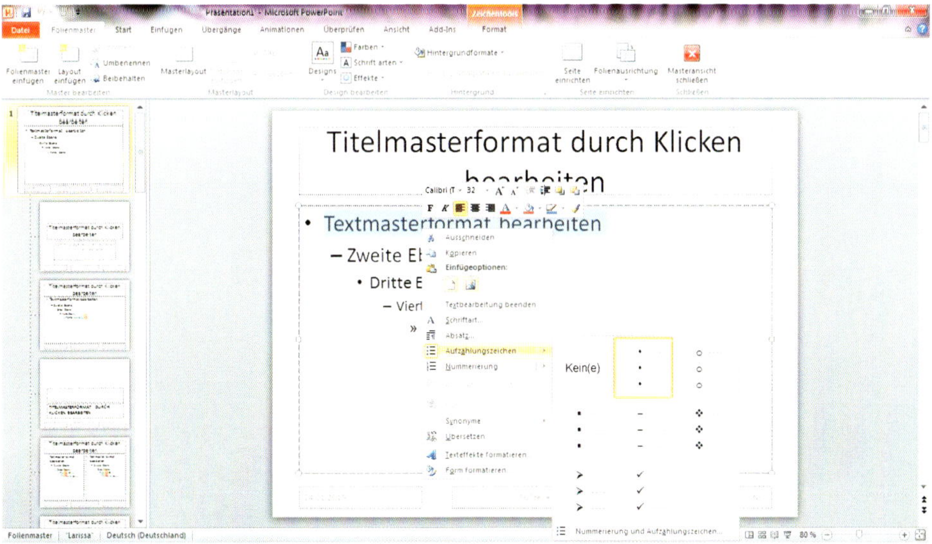

Aufzählungszeichen ändern

Einfügen einer Grafik

Die Grafik (z. B. ein Firmenlogo) sollte so eingefügt werden, dass der Platz für spätere Eingaben in der Präsentation nicht eingeschränkt wird. Sie sollte in Größe, Formatierung und Platzierung an das Corporate Design angepasst sein.

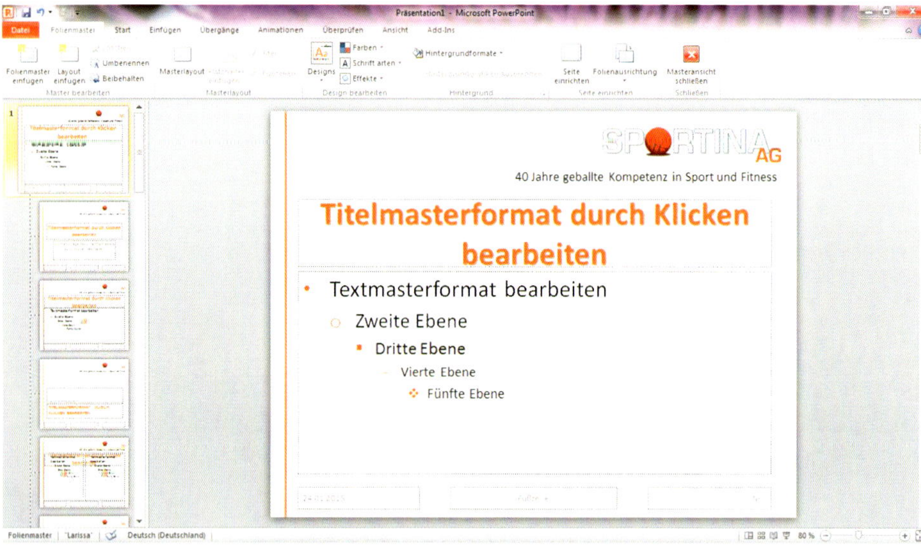

Einfügen einer Grafik

Gibt das Corporate Design die Platzierung nicht vor, empfiehlt es sich, die Grafik in der oberen linken Hälfte des Masters zu platzieren, alternativ kann auch die obere rechte Hälfte genutzt werden.

Vorgehensweise beim Einfügen einer Grafik

1. Registerkarte „Einfügen" – „Grafik"
2. Grafik auswählen und einfügen
3. Grafik durch Halten der Maustaste entsprechend platzieren

Kopf- und Fußzeile
Über die Einstellungen der Kopf- und Fußzeile im Masterlayout kann noch nicht die endgültige Kopf- und Fußzeile eingestellt werden. Im Masterlayout formatiert man lediglich, an welcher Stelle die Inhalte der Kopf- und Fußzeile stehen sollen. Schreibt man also in die Felder der Kopf- und Fußzeile direkt die Inhalte, werden diese später nicht angezeigt.

Um die Kopf- und Fußzeile anschließend darzustellen, sind folgende Schritte nötig:

1. Registerkarte „Einfügen" – „Kopf- und Fußzeile"
2. Im Menü die entsprechenden Angaben auswählen.
3. „Für alle übernehmen" anklicken (für alle Folien) oder „Übernehmen" anklicken (nur für die Einzelfolie).

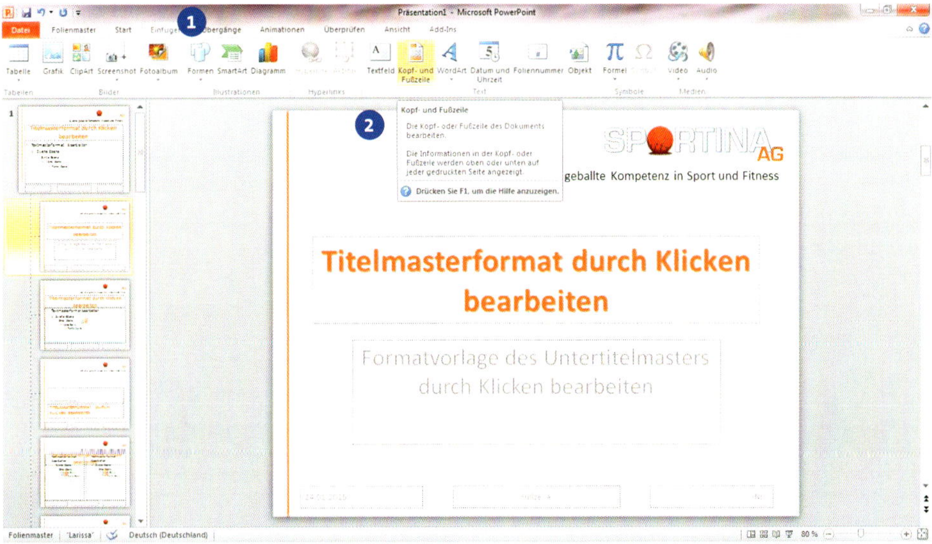

Kopf- und Fußzeile bearbeiten

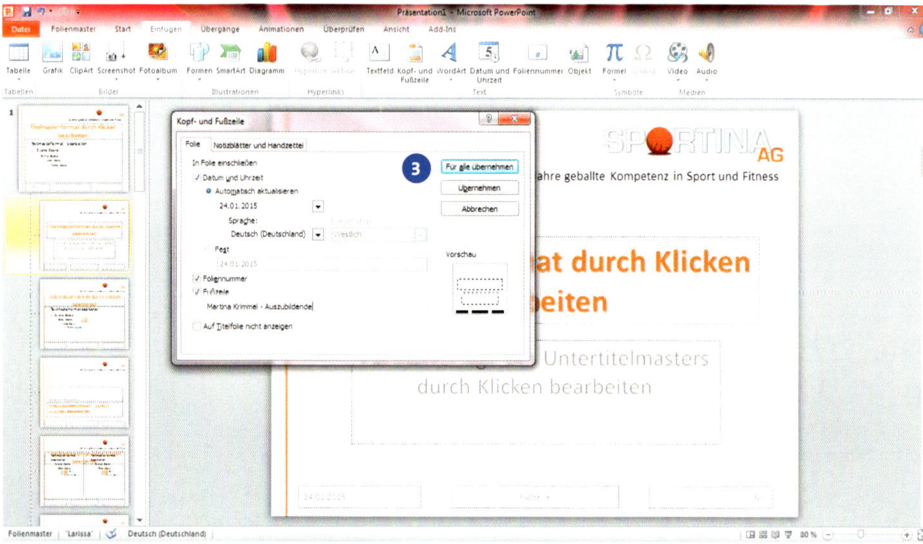

Kopf- und Fußzeile bearbeiten

Masteransicht schließen

Ist der Master vollständig angelegt, muss die Schaltfläche „Masteransicht schließen" ❶ betätigt werden. Nun kann mit der Erstellung der eigentlichen Präsentation begonnen werden.

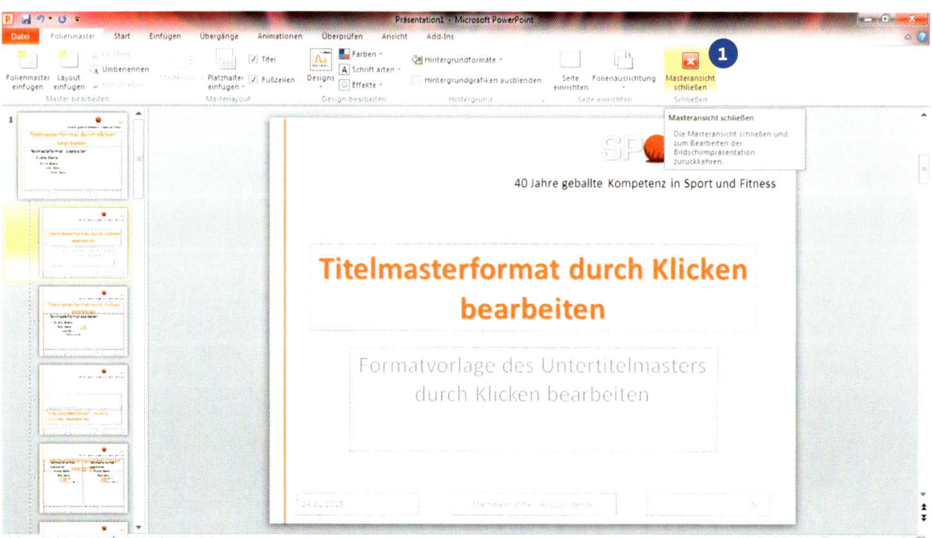

Masteransicht schließen

3.6 Eingabe von Texten

In der Bildansicht sind zwei Text- bzw. Eingabefelder erkennbar, in die der Präsentationstext eingefügt werden kann. Diese Felder werden als Platzhalter bezeichnet. Sie wurden in der Masteransicht bereits dem Layout angepasst.

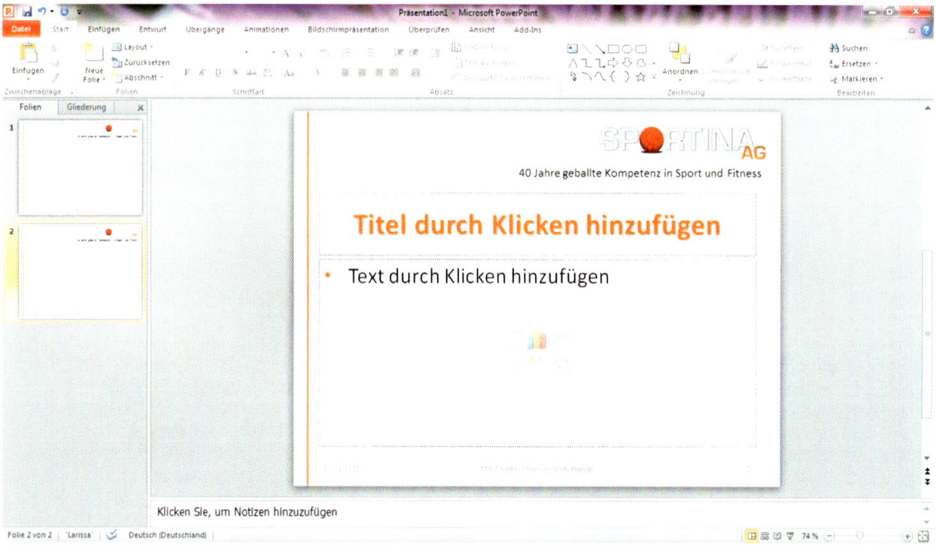

Eingabe von Texten

Durch Klicken in die Felder ist es möglich, den entsprechenden Text einzugeben.

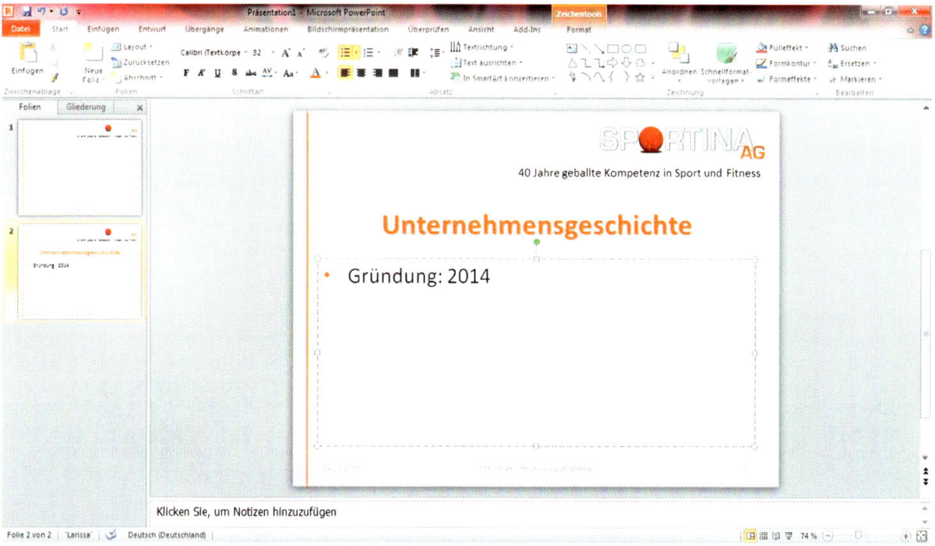

Eingabe von Texten

TIPP

Arbeiten Sie immer in den vorgegebenen Textfeldern, um Ihre Formatierung einheitlich zu gestalten.

3.7 Einfügen von weiteren Folien und Auswählen von anderen Layouts

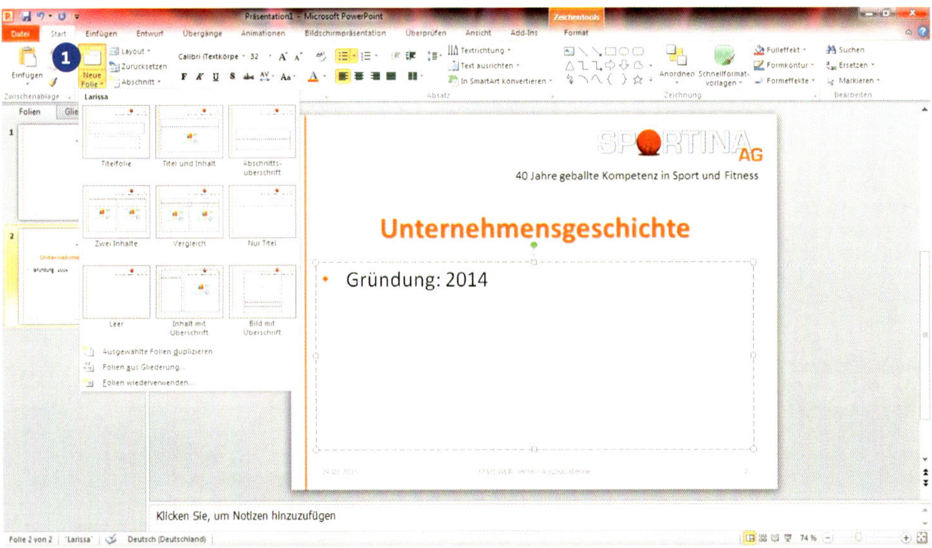

Einfügen weiterer Folien

Während in Word weitere Seiten automatisch angelegt werden, müssen in PowerPoint neue Folien manuell hinzugefügt werden. Dies ist über die Registerkarte „Start" 1 möglich. Es besteht die Möglichkeit, andere Layoutformate auszuwählen.

Folgende Formate sind verfügbar:

- Titelfolie (lediglich Text)
- Titel und Inhalt (Es können weitere Elemente wie Grafiken, Tabellen, Diagramme, Videos usw. hinzugefügt werden.)
- Abschnittsüberschriften (leiten ein neues Thema innerhalb der Präsentation ein)
- zwei Inhalte (können genutzt werden, um Texte und Grafiken auf einer Folie optimal zu positionieren)
- Vergleich (ähnlich wie „zwei Inhalte")
- Nur Titel (lässt nur die Eingabe eines Titels zu)
- leer (ohne Eingabemöglichkeit)
- Inhalt mit Überschrift (positioniert neben dem Text zusätzlich eine Inhaltsangabe)
- Bild mit Überschrift (positioniert ein Bild und die Überschrift).

Eingefügte und bearbeitete Folien erscheinen am linken Bildschirmrand in der Folienübersicht. In dieser Übersicht kann man einfach zwischen Folien hin- und herspringen, Folien löschen oder auch duplizieren.

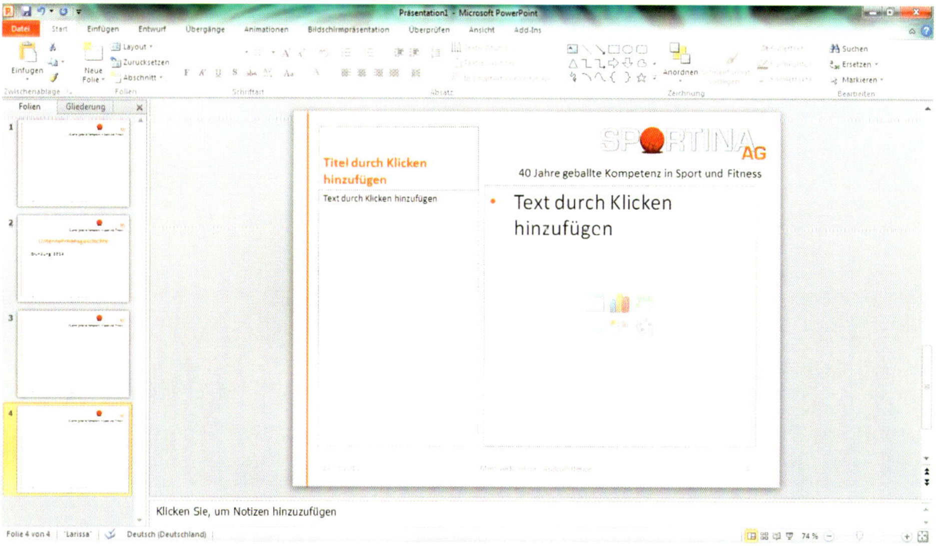

Folienlayouts

TIPP

Wenn Sie im Vorfeld nicht den Folienmaster bearbeitet haben, wird standardmäßig das Layout „Larissa“ angezeigt. Diesen Layouttyp können Sie im Registerblatt „Entwurf“ verändern und anpassen. Haben Sie den Folienmaster bereits im Corporate Design formatiert, finden Sie hier nun Ihre angepassten Folien.

3.8 Design- und Layoutvorlagen

Neben dem über den Folienmaster selbsterstellten Design besteht in PowerPoint auch die Möglichkeit, aus einer Vielzahl von Designs zu wählen und diese individuell im Folienmaster anzupassen.

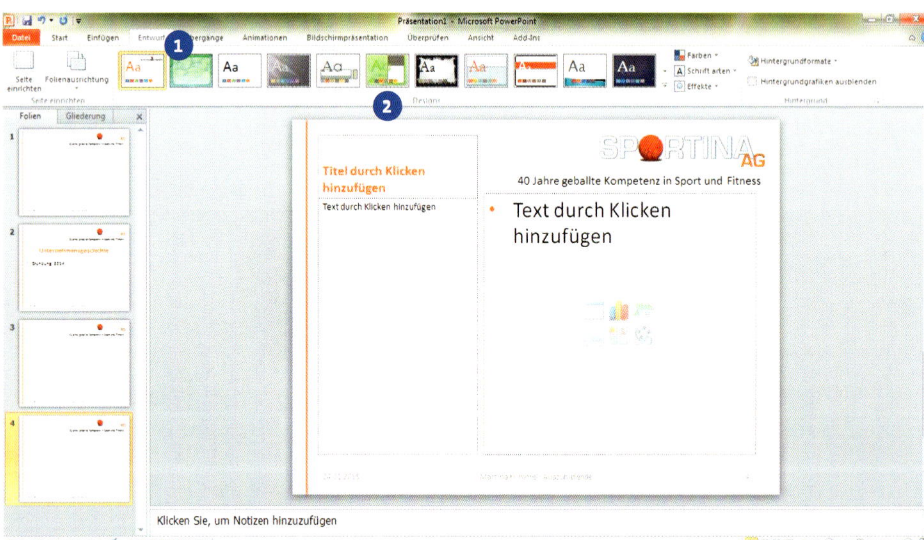

Design- und Layoutvorlagen

Sobald ein Design ausgewählt wird, fügt das Programm das Design zum Folienmaster der Präsentation hinzu bzw. ersetzt diesen.

Designs findet man unter der Registerkarte „Entwurf“ **1** im Bereich „Designs“ **2**. Alternativ bietet Office.com interessante Vorlagen unter dem Registerblatt „Start“ im Bereich „Neu“.

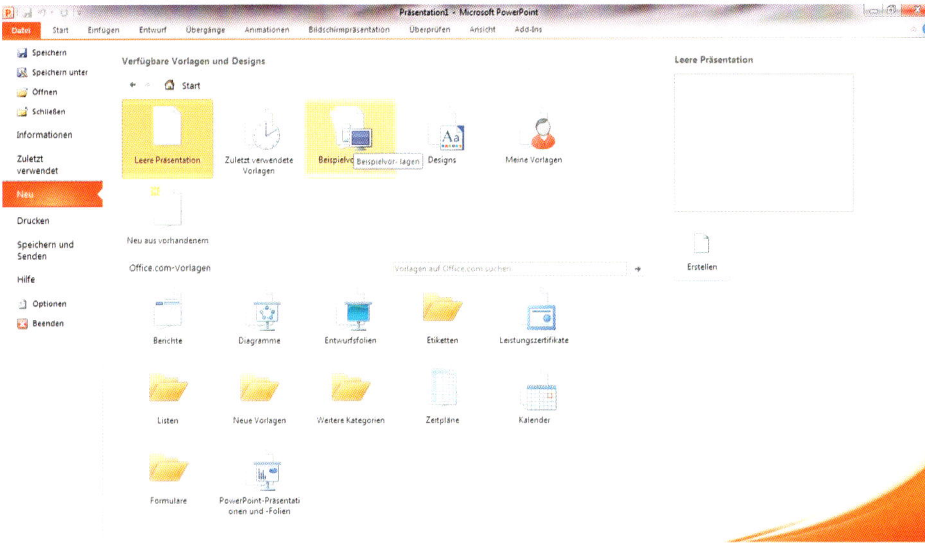

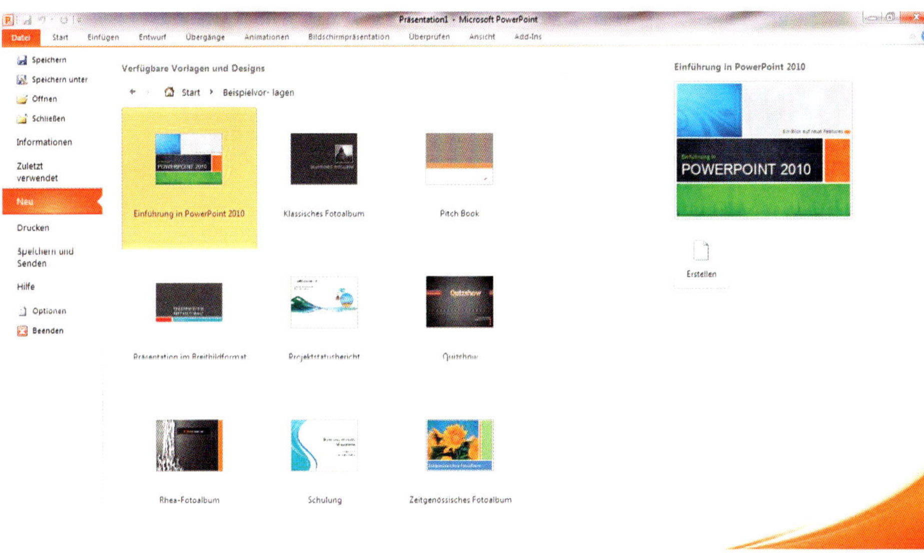

Weitere Designs

TIPP

Eine interessante Darstellung der Möglichkeiten mit PowerPoint 2010 findet man bei den Beispielvorlagen. Öffnen Sie einfach einmal die Datei „Einführung in PowerPoint 2010“ und lassen Sie sich überraschen.

Soll eine Präsentation als eigenes Design oder als PowerPoint-Vorlage gespeichert werden, kann die Speicherung über „Speichern unter“ **1** erfolgen. Als Dateityp wählt man „PowerPoint-Vorlage“ **2**. Der Dateiname ändert sich automatisch in „potx“. Auch der Speicherort wird automatisch verändert. Die Vorlage wird nun im Ordner „Templates“ gesichert und kann für weitere Präsentationen aufgerufen werden.

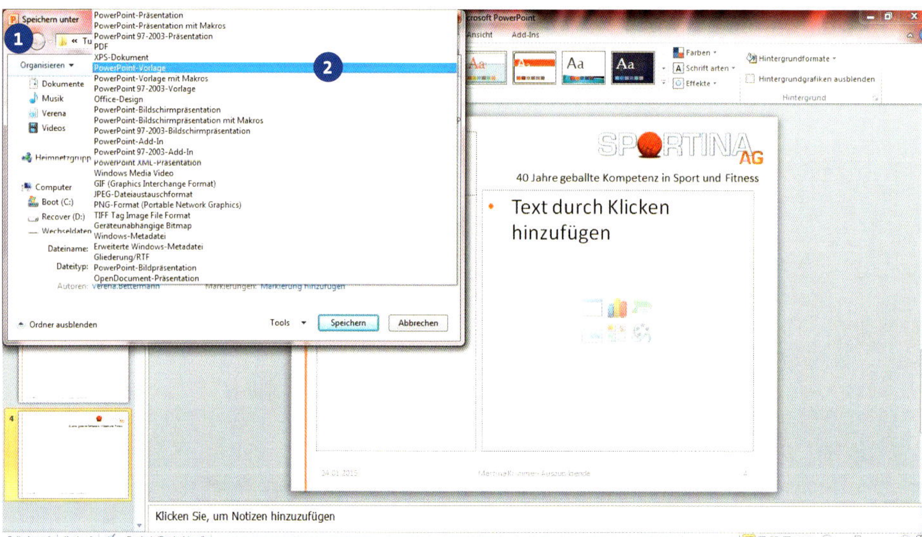

Speichern einer Datei als Vorlage

3.9 Hilfsmittel

3.9.1 Lineal, Gitternetz- und Führungslinien

Lineal, Gitternetz- und Führungslinien sind ideale Hilfsmittel, um Objekte sauber und professionell anzuordnen. Über die Registerkarte „Ansicht" lassen sich diese Hilfsmittel einfügen.

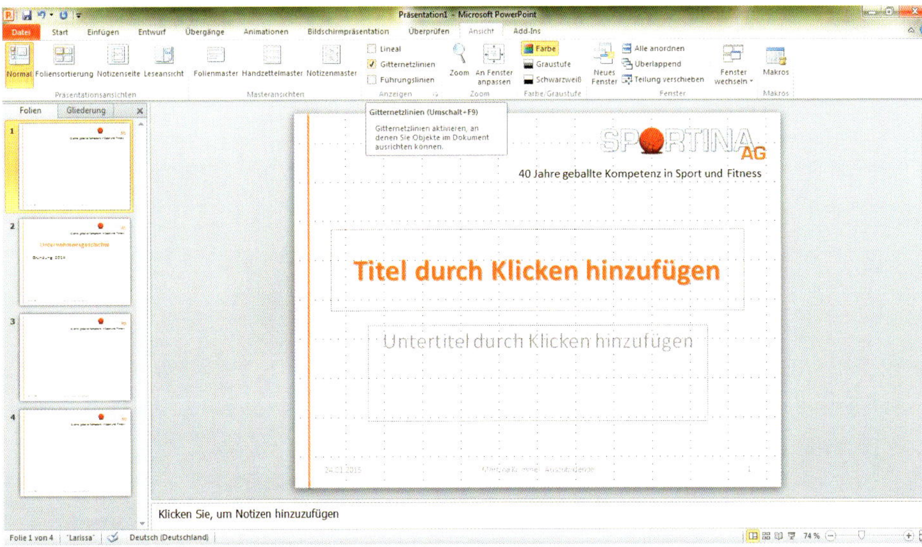

Gitternetzlinien

3.9.2 Notizfeld

Das Notizfeld bietet Raum für zusätzliche Notizen. Diese können dann über die Notizseiten ausgedruckt werden. Außerdem hat man in PowerPoint die Möglichkeit, diese Notizen in der Referentenansicht der Bildschirmpräsentation wieder einzublenden.

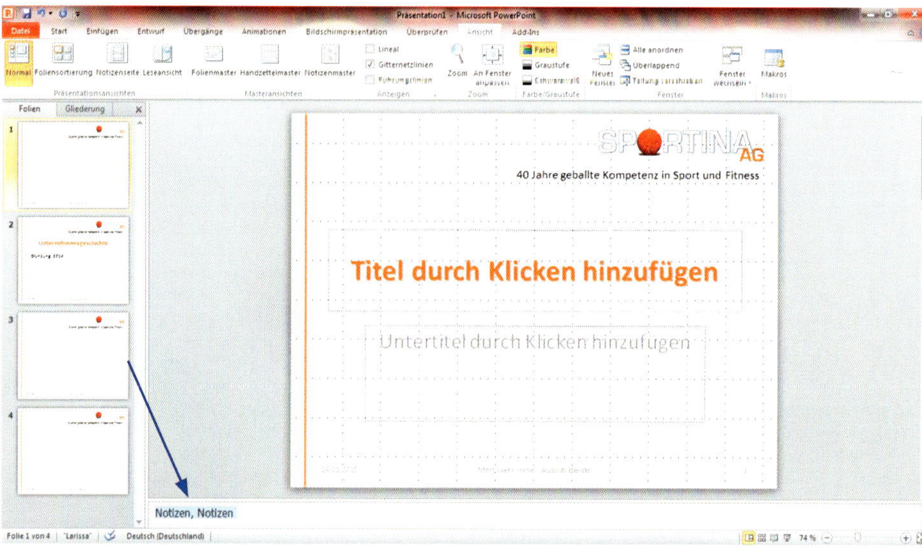

Notizfeld

3.10 Animationen und Folienübergänge

Der große Vorteil einer Präsentation mit PowerPoint ist das Einfügen von Effekten (z. B. Erscheinen und Bewegen von Objekten). Dies macht eine Präsentation insgesamt interessanter.

ACHTUNG

Zu viele Effekte überladen eine Präsentation. Setzen Sie Animationen dezent ein, damit sie einen wirkungsvollen Effekt erzielen. Sie können Animationen auch für alle Folien übernehmen. Dann wirkt die Gestaltung insgesamt einheitlicher.

Animationen findet man unter der Registerkarte „Animationen". Wenn das Objekt (z. B. Überschrift, Text) markiert wurde, können unterschiedliche Animationen ausgewählt werden.

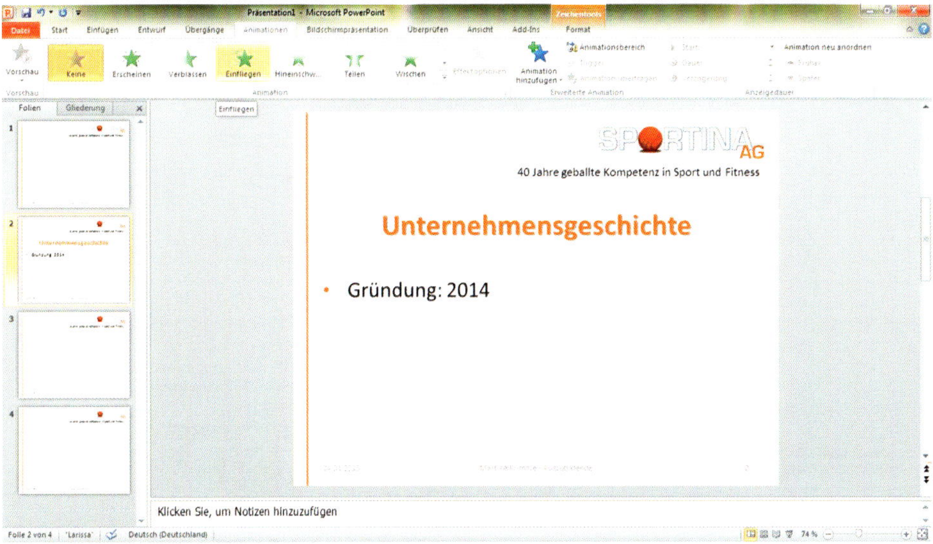

Animationsmöglichkeiten

Im Animationsbereich kann man sich die bisher eingestellten Animationen anzeigen lassen und diese individuell bearbeiten (Änderung der Reihenfolge, der Geschwindigkeit usw.). Klickt man einzelne Animationen in diesem Bereich über das Kontextmenü an, können detailliertere Effektoptionen eingestellt werden.

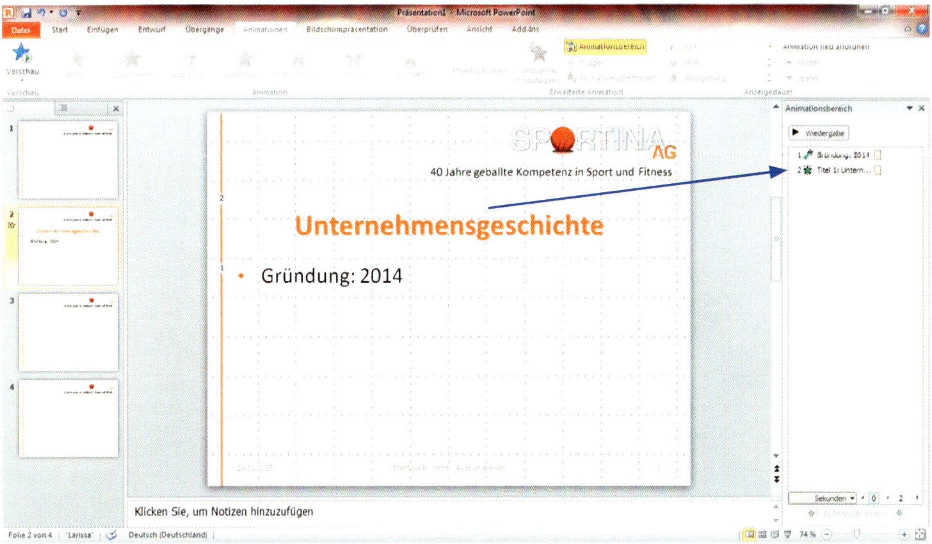

Effektoptionen (1)

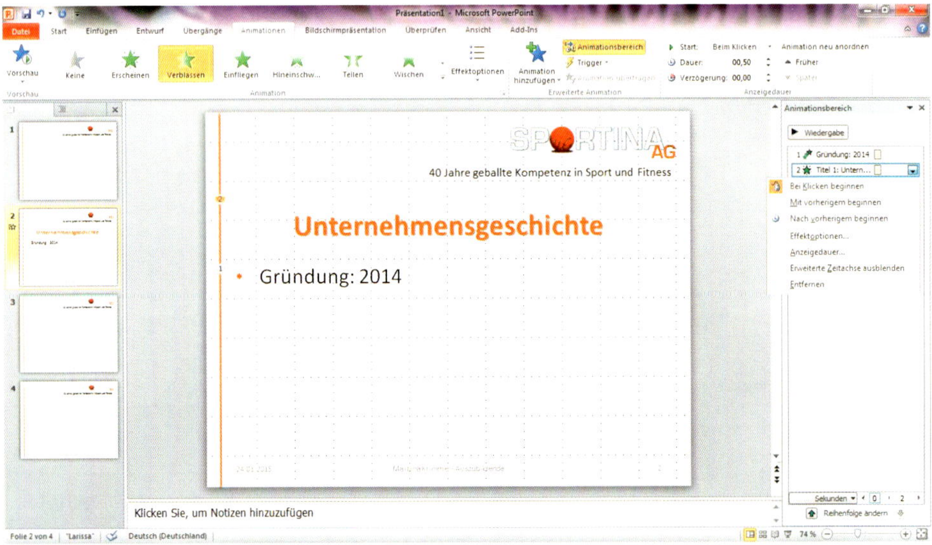

Effektoptionen (2)

Folienübergänge bezeichnen die Art des Wechsels zwischen den einzelnen Folien. Sie lassen sich über das Menü „Übergänge“ ❶ einstellen. Auch hier gilt die Empfehlung, einheitliche Übergänge beizubehalten, um ein Feuerwerk der Animationen zu vermeiden. Die zur Verfügung gestellten Effekte können auch hier wieder individuell bearbeitet werden ❷ (z. B. Änderung der Geschwindigkeit oder Einfügen eines Sounds).

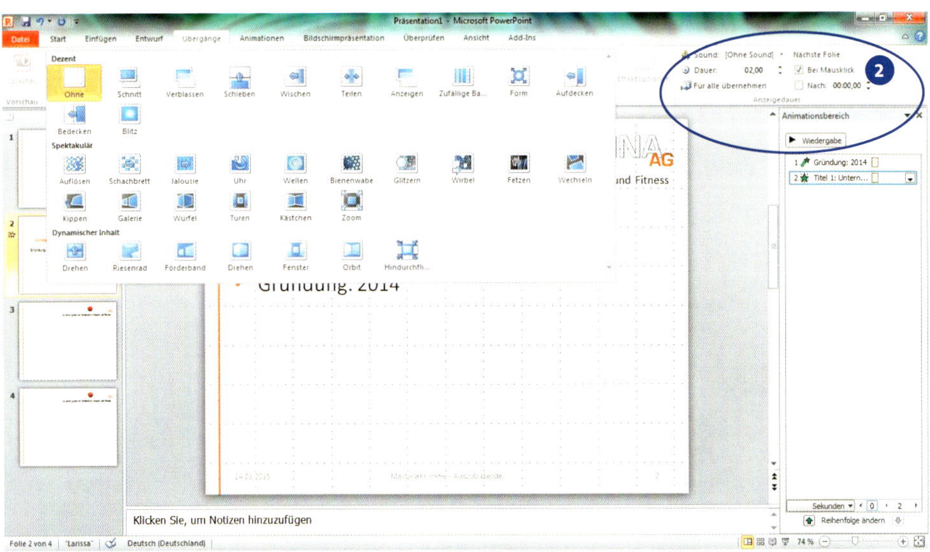

Folienübergänge

3.11 Einfügen von Organigrammen

Um die hierarchische Unternehmensstruktur darzustellen, kann man auch in PowerPoint die sog. SmartArt-Grafiken nutzen.

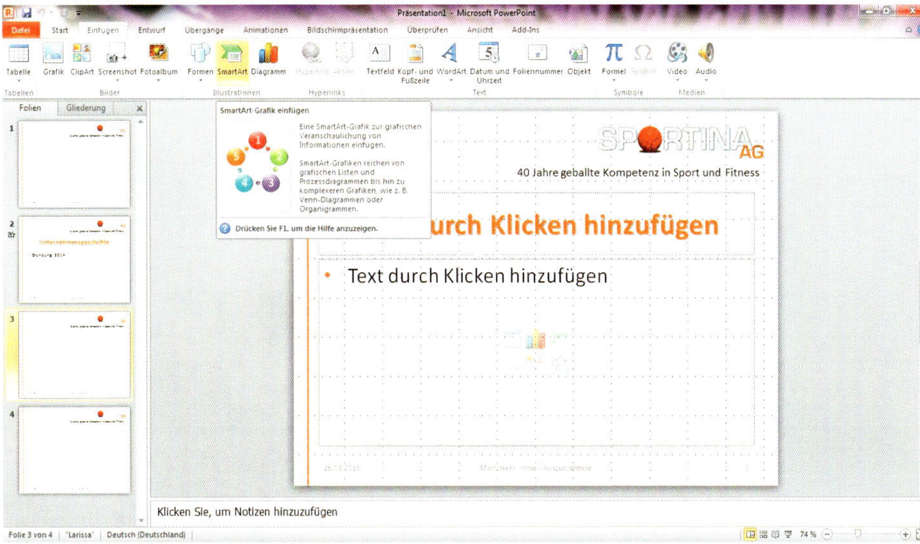

Einfügen von SmartArt

Organigramme finden sich im SmartArt-Bereich unter „Hierarchie".

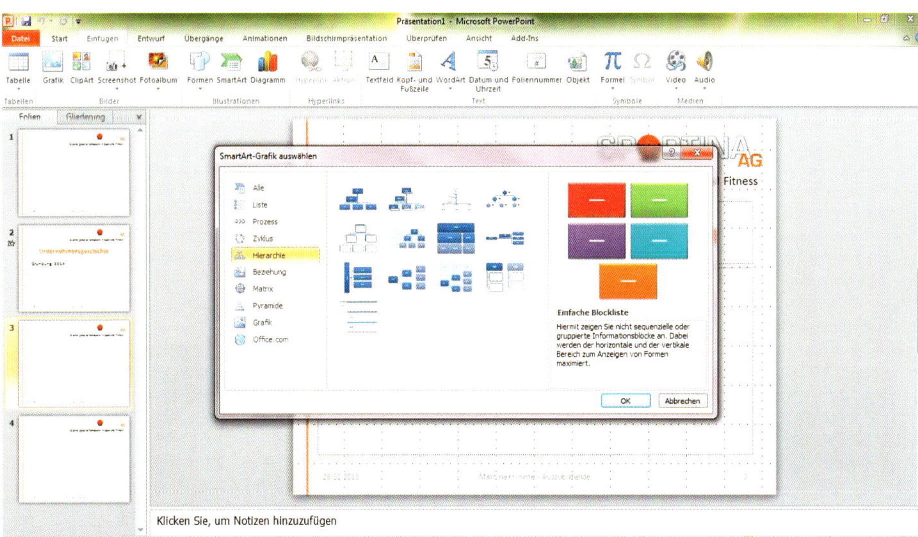

Organigramme auswählen

Nach Auswahl eines Organigrammtyps lassen sich Texte durch einfaches Klicken in die einzelnen Elemente eintragen. Die Schriftgröße wird der Länge des Textes automatisch angepasst.

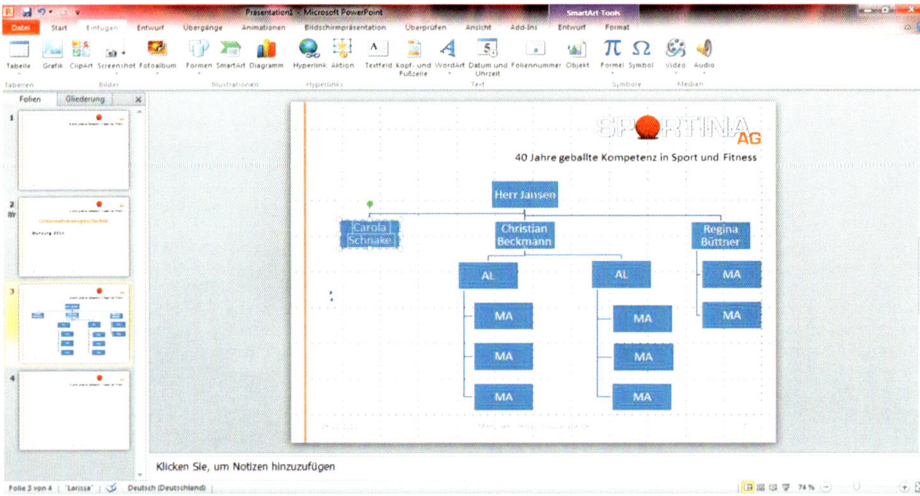

Organigramme erstellen

Über das SmartArt-Tool (lässt sich nur öffnen, wenn das SmartArt markiert wurde) können weitere Elemente zum Organigramm hinzugefügt werden. Dazu muss das jeweilige Element des Organigramms markiert sein. Über die Schaltfläche „Layout" kann das Organigramm in eine andere Struktur gebracht werden (z. B. hängend dargestellt werden).

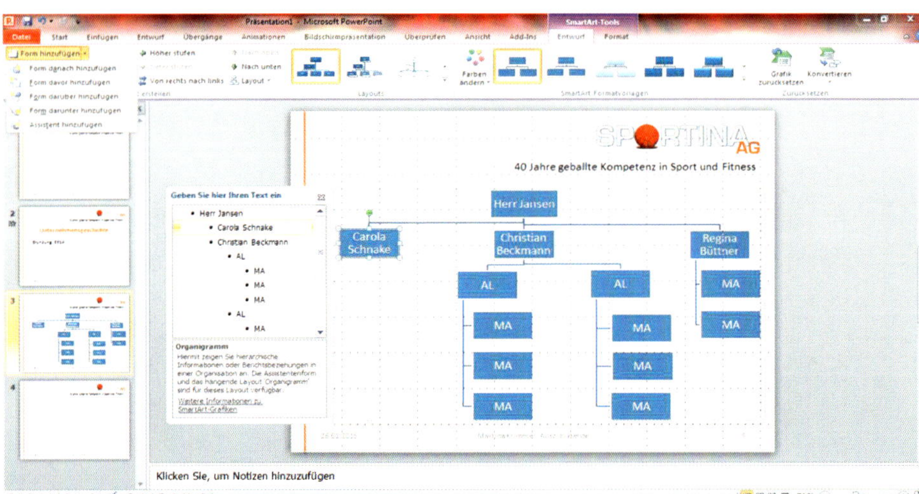

Organigramme weiter bearbeiten

3.12 Einfügen von Diagrammen

Über das Menü „Einfügen“ lassen sich außerdem Diagramme in die Präsentation einfügen. Diese sind – wie Organigramme auch – animierbar. Hier ist nur darauf zu achten, welchen Diagrammtyp man wählt, da nicht jeder Typ eine Animation von Diagrammelementen (Säulen, Kreise) zulässt.

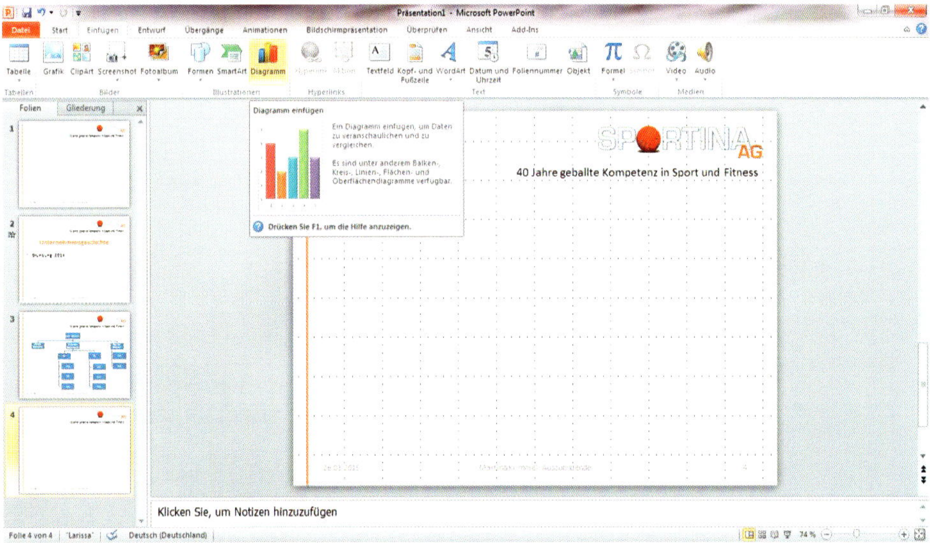

Diagramme einfügen

Fügt man ein Diagramm ein, kann man aus einer Vielzahl unterschiedlicher Diagrammtypen wählen. Mit Auswahl des Diagramms startet automatisch das Tabellenkalkulationsprogramm Excel mit einer Beispieltabelle, die die Nutzer an ihren Diagrammtyp entsprechend anpassen können.

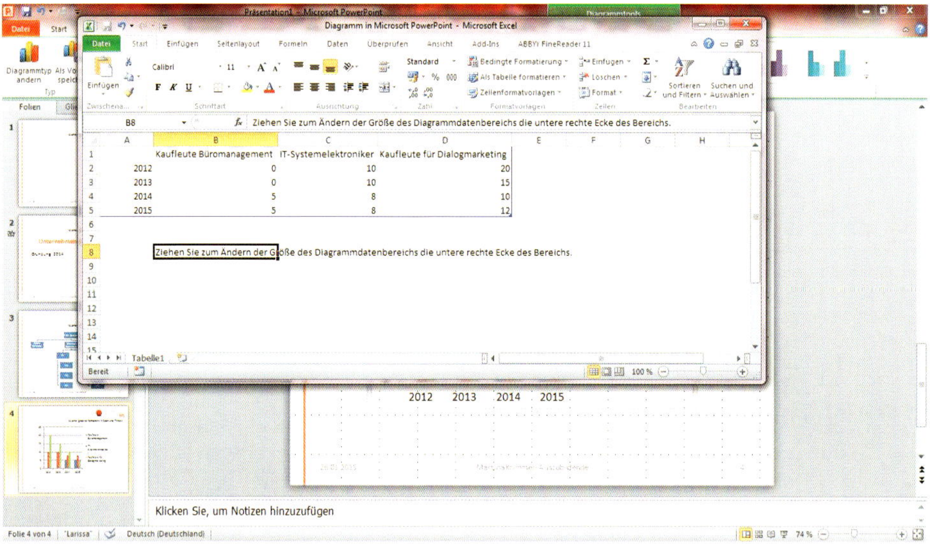

Excel-Tabellen bearbeiten

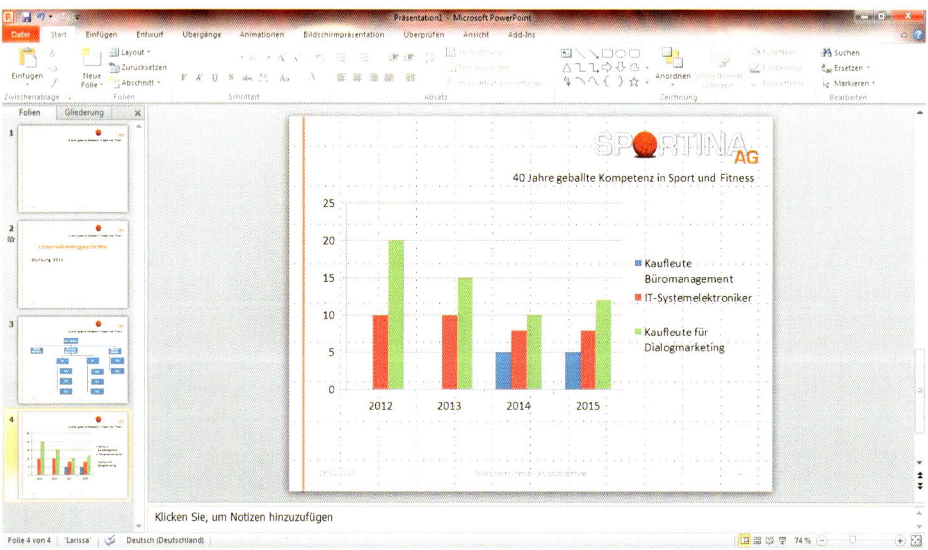

Eingefügtes Diagramm

3.13 Folien durch Hyperlinks verzweigen

Hyperlinks ermöglichen es, innerhalb der Folien zu springen. Sie können zum Beispiel auch mit Grafiken, Objekten und Texten verknüpfen. Um einen Hyperlink zu erstellen, markiert man den entsprechenden Textbereich (oder die Grafik) und kann über das Kontextmenü der rechten Maustaste die Option „Hyperlink" ansteuern.

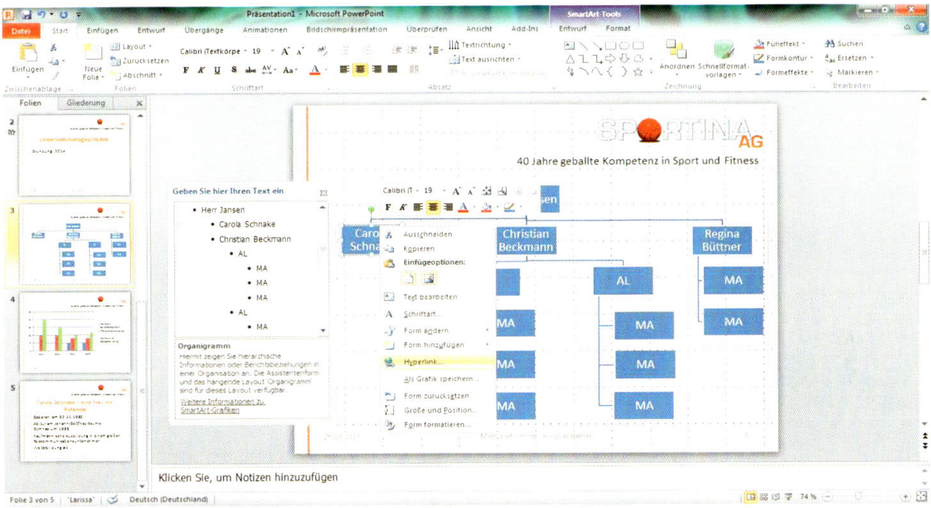

Kontextmenü „Hyperlink"

Es öffnet sich das Fenster „Hyperlink einfügen", in dem nun die entsprechenden Einstellungen vorgenommen werden können.

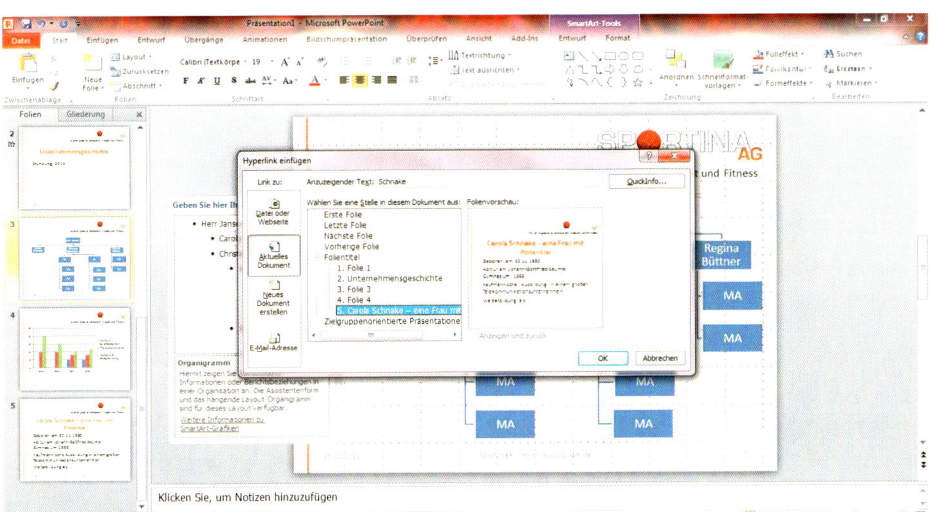

Hyperlinks einfügen

Hyperlinks, die bereits genutzt wurden, können durch eine Farbveränderung sichtbar bleiben. Die Farbeinstellung dafür kann im Designmenü vorgenommen werden.

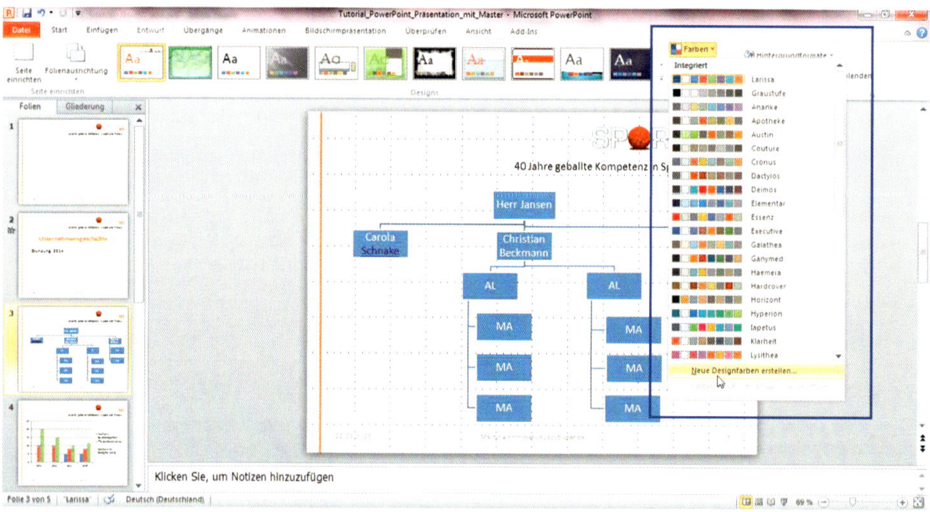

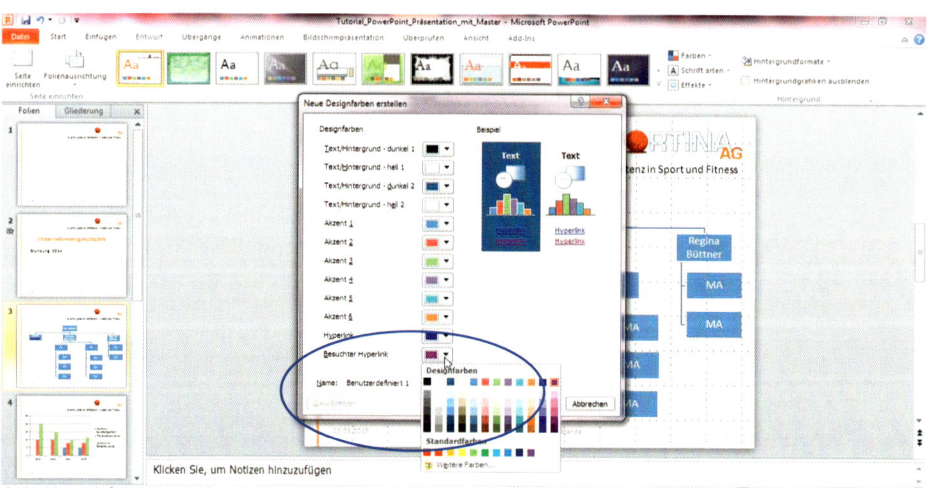

Farbeinstellung für benutzte Hyperlinks

PowerPoint gibt zusätzlich im Bereich „Einfügen" – „Formen" voreingestellte interaktive Schaltflächen vor. Diese sind bereits mit Hyperlinks hinterlegt. Natürlich kann man diese Voreinstellung auch problemlos ändern bzw. anpassen. Dazu wählt man zunächst die interaktive Schaltfläche aus und zieht sie per Drag & Drop an die gewünschte Stelle in der Präsentation.

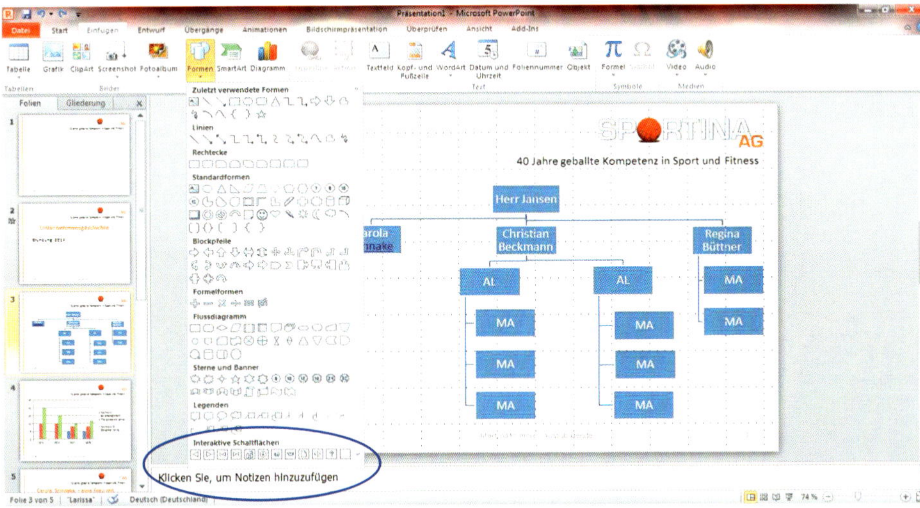

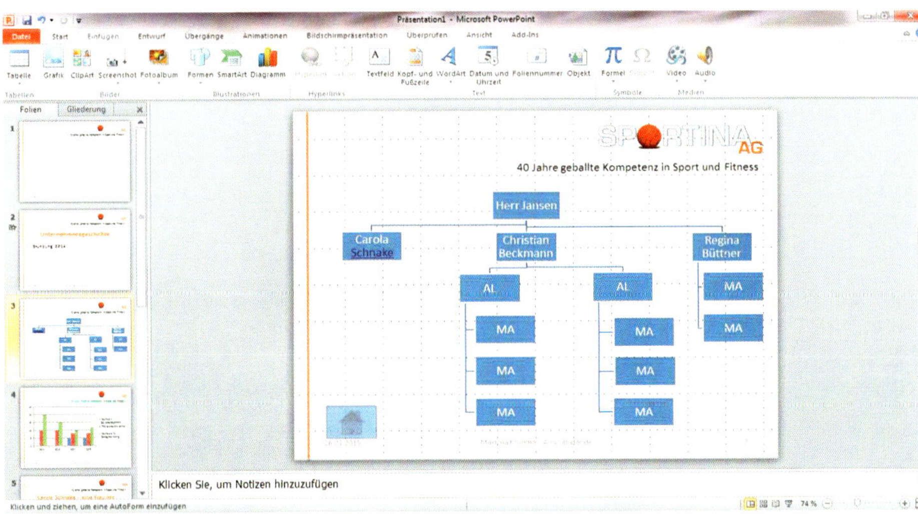

Interaktive Schaltflächen einfügen

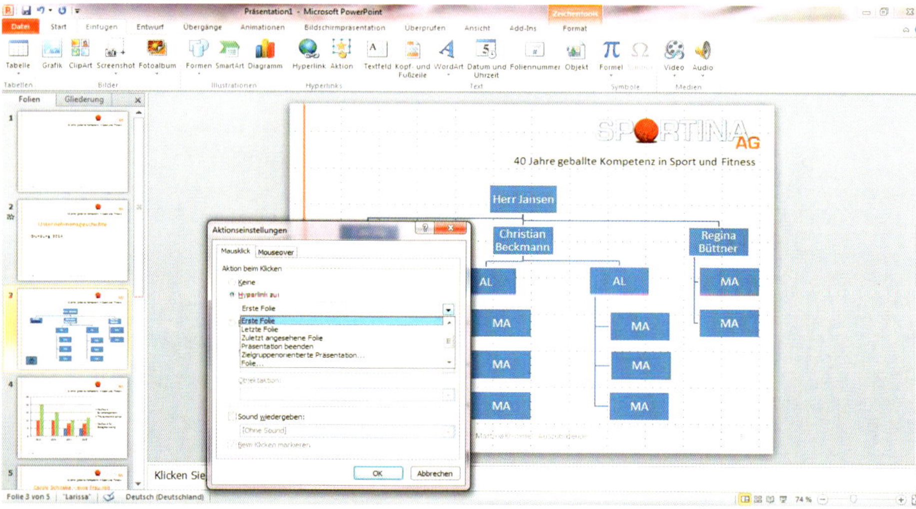

Interaktive Schaltflächen verlinken

3.14 Speichern von Präsentationen

PowerPoint-Präsentationen werden – im schulischen Bereich kommt das noch häufiger vor – meistens nicht an dem PC präsentiert, an dem sie erstellt wurden. Daraus ergibt sich mitunter das Problem, dass es zu Kompatibilitätsproblemen kommen kann. Um dies zu vermeiden, sollte geschickt gespeichert werden.

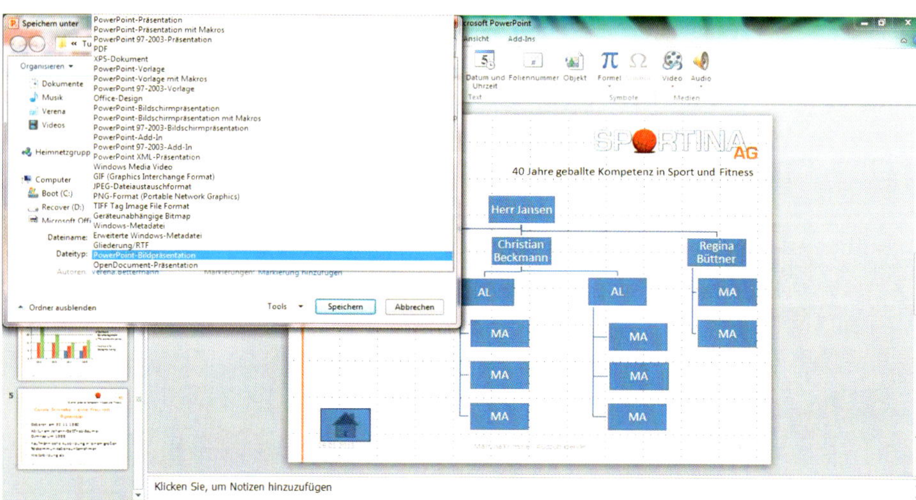

Speichermöglichkeiten

Über „Speichern" oder „Speichern unter" kann die Präsentation gespeichert werden. Wählt man „Speichern unter" kann man zudem aus einer Vielzahl von Speicherformaten wählen.

TIPP

Sie können Ihre Präsentation nicht nur als PowerPoint-Datei, sondern auch als PDF, als Bild (JPEG) oder als selbstablaufende Präsentation (*.PPSX) speichern. Um dieses Dateiformat zu nutzen, muss auf dem Rechner, der die Präsentation abspielt, PowerPoint oder ein PowerPoint-Viewer installiert sein.

Unter dem Bereich „Speichern und Senden" finden sich weitere Dateitypen, die für Präsentierende interessant sind.

Beispielsweise kann aus der Präsentation ein Video in voller Qualität erstellt werden, das über Datenträger, per Web oder E-Mail verbreitet werden kann. Dieses Video enthält alle aufgezeichneten Zeitabläufe, Kommentare und Laserpointerbewegungen. Außerdem enthält es alle Folien, die in der Bildschirmpräsentation nicht ausgeblendet sind, und auch alle Animationen, Übergänge und Medien werden beibehalten.

Weiterhin ist es möglich, die Bildschirmpräsentation für eine CD zu verpacken. Hierzu erstellt PowerPoint ein Paket (verknüpfte oder eingebettete Elemente wie Sounds, Videos oder Schriften werden mit verpackt), mit dem andere Personen die Präsentation auf den meisten Computern wiedergeben können.

Außerdem können in diesem Menüpunkt Handouts erstellt werden, die in Word weiterbearbeitet oder formatiert werden können.

3.15 Tipps für eine gelungene PowerPoint-Präsentation

Präsentationsteilnehmer können sich im Allgemeinen nur etwa sieben Informationseinheiten in einer bestimmten Zeit merken. Dies hängt mit der Gedächtnisleistung des menschlichen Kurzzeitgedächtnisses zusammen, das zwischen fünf und neun Speicherplätzen für Informationen aufweisen kann. Bietet man daher dem Publikum zu viele Informationen an, kann das zu einer Überlastung und daraus folgend zu einem Vergessen der Informationen führen. Dies ist der Grund dafür, warum Folien nicht zu sehr überladen sein sollten.

Es gilt:

- **bei Textfolien maximal sieben Zeilen verwenden**
- **sieben Zeilen pro Folie mit je sieben Wörtern ermöglicheneine leserliche Schriftgröße**
- **maximal sieben Wörter pro Zeile.**

Häufig findet man komplett ausgeschriebene Texte auf einer Folie. Dies verleitet die Präsentierenden dazu, dass dieser Text abgelesen wird. Darunter leidet die Lebendigkeit der Präsentation sehr. Daher gilt die Regel:

Kurzsätze bilden!

Diese können schnell aufgenommen und dann – mit Blickkontakt zum Publikum – frei ausformuliert werden.

„*Ein Bild sagt mehr als 1.000 Worte*" gilt auch weiterhin als Grundsatz. Allerdings verleitet PowerPoint gerne dazu, eine Präsentation durch Bilder zu überfrachten.

Bei Nutzung von Bildern sollte man sich auf wenige beschränken, die aber aussagekräftig sind!

Bei der Textgestaltung sollten folgende Tipps beachtet werden:

- Für Überschriften können Fragen genutzt werden (regt zum Nachdenken an).
- Schriftgröße für den Text mindestens 24 pt
- Überschriften sollten ca. 4 pt größer als der Text sein.
- Serifenlose Schriften (z. B. Arial, Tahoma) lassen sich besser lesen, als Serifenschriften (z. B. Courier New, Times New Roman).
- Eine Schriftart reicht vollkommen aus (am besten direkt im Master festlegen).
- Bei der Schriftfarbe darauf achten, dass Schwarz und Blau als Standardfarbe für Texte genutzt werden, da Rot und Grün schwerer wahrgenommen werden können.
- Für mehr Farbigkeit in der Präsentation kann man mit farbigen Aufzählungszeichen Akzente setzen (am besten auch schon im Master formatieren und auf die Corporate Identity achten!).

Wegen der besseren Lesbarkeit sollte auf einen extrem farbigen Hintergrund verzichtet und eine helle Hintergrundfarbe verwendet werden.

Bildquellenverzeichnis

Lernfeld 1

S. 28: © XtravaganT – fotolia.com; S. 31: © fotogestoeber – fotolia.com;
S. 34: © Alexander Raths – fotolia.com; S. 39: © Robert Kneschke – fotolia.com;
S. 49: © rcx – fotolia.com; S. 55: © XtravaganT – fotolia.com; S. 58: © www.wis.ihk.de;
S. 60: © stockpics – fotolia.com; S. 66: © Phoenixpix – fotolia.com;
S. 76: © ra2 studio – fotolia.com; S. 99: © www.stadtwerke-herne.de

Lernfeld 2

S. 136: © VBG, Ihre gesetzliche Unfallversicherung, 22281 Hamburg, www.vbg.de;
S. 143: © VBG, Ihre gesetzliche Unfallversicherung, 22281 Hamburg, www.vbg.de;
S. 145: © VBG, Ihre gesetzliche Unfallversicherung, 22281 Hamburg, www.vbg.de;
S. 146: © VBG, Ihre gesetzliche Unfallversicherung, 22281 Hamburg, www.vbg.de;
S. 157: © www.dguv.de; S. 186: © www.iso7010.de; S. 197: © Lucky Dragon – fotolia.com;
S. 246: © www.postmaster-magazin.de; S. 250: © fotomek – fotolia.com;
S. 254: © FreedomMan – fotolia.com; S. 255: © rdnzl – fotolia.com;
S. 256/1: © dudek – fotolia.com; S. 256/2: © dudek – fotolia.com;
S. 257/1: © jdwfoto – fotolia.com; S. 257/2: © jayrb – fotolia.com;
S. 261: © massimo_g – fotolia.com; S. 263: © Erwin Wodicka – fotolia.com

Lernfeld 3

S. 274: © MH – fotolia.com; S. 277: © Rev dolgachov – fotolia.com;
S. 286: © Andrey Popov – fotolia.com; S. 289: © Robert Kneschke – fotolia.com;
S. 291: © Robert Kneschke – fotolia.com; S. 292: © Robert Kneschke – fotolia.com;
S. 311: © Africa Studio – fotolia.com; S. 330: © kuzmafoto.com – fotolia.com;
S. 331: © LoloStock – fotolia.com; S. 334: © D. Ott – fotolia.com;
S. 338: © Oleksiy Mark – fotolia.com; S. 340: © Nmedia – fotolia.com;
S. 344: © yulyla – fotolia.com; S. 352: © vvoe – fotolia.com;
S. 353: © Sven Hoppe – fotolia.com; S. 355: © birdeyefotolia – fotolia.com;
S. 356: © Singkham – fotolia.com; S. 357: © contrastwerkstatt – fotolia.com;
S. 359: © PHOTOMORPHIC PTE. LTD. – fotolia.com

Lernfeld 4

S. 375: © Boguslaw Mazur – fotolia.com; S. 399: Sage New Classic 2015 – www.sage.de;
S. 402: © Sage New Classic 2015 – www.sage.de; S. 403: © Sage New Classic 2015 – www.sage.de; S. 406: © TransFair e. V.; S. 420: © Sage New Classic 2015 – www.sage.de;
S. 421: © Sage New Classic 2015 – www.sage.de; S. 427: © Sage New Classic 2015 – www.sage.de; S. 429: © Jürgen Effner – fotolia.com; S. 430/431: © www.iso7010.de;
S. 453: © Sage New Classic 2015 – www.sage.de

Stichwortverzeichnis

B

C

D

E

I

J

K

L

M

N

S

T

U

V

W

Z